A conserver

O^3
161.
(1)

L'atlas est de format grand in fol.
gr. fol. O^3 162

DOCUMENTS

SUR

L'HISTOIRE, LA GÉOGRAPHIE ET LE COMMERCE

DE

L'AFRIQUE ORIENTALE.

PARIS. — IMPRIMERIE DE Mme Ve BOUCHARD-HUZARD, RUE DE L'ÉPERON, 5.

DOCUMENTS

SUR

L'HISTOIRE, LA GÉOGRAPHIE ET LE COMMERCE

DE

L'AFRIQUE ORIENTALE

RECUEILLIS ET RÉDIGÉS

PAR M. GUILLAIN,

CAPITAINE DE VAISSEAU;

PUBLIÉS

Par ordre du Gouvernement.

PREMIÈRE PARTIE.

EXPOSÉ CRITIQUE

DES

DIVERSES NOTIONS ACQUISES SUR L'AFRIQUE ORIENTALE,

depuis les temps les plus reculés jusqu'à nos jours.

PARIS,

ARTHUS BERTRAND, ÉDITEUR,

LIBRAIRE DE LA SOCIÉTÉ DE GÉOGRAPHIE,

RUE HAUTEFEUILLE, 21.

1856

À Monsieur

Le Vice-Amiral Romain-Desfossés,

Sénateur,

Grand Officier de la Légion d'Honneur.

Amiral,

Le Voyage qui a donné lieu au travail dont je publie aujourd'hui la première partie a été entrepris, en 1846, par un bâtiment de la division navale de Bourbon, alors placée sous votre commandement.

En m'assurant, avec une prévoyante sollicitude,

tous les moyens de remplir cette mission, vous avez puissamment contribué à diminuer les difficultés de son exécution.

Plus tard, devenu Ministre de la Marine, vous avez jugé utile de réunir, sous la forme d'une relation, les divers renseignements recueillis dans le cours du Voyage, et la tâche m'en a été confiée par vous.

Enfin, Amiral, il m'est impossible d'oublier l'empressement que vous avez mis à faire valoir les services rendus pendant la campagne du Ducouëdic, et auquel plusieurs de mes officiers et moi nous devons, sans aucun doute, les récompenses qui nous ont été accordées sous votre ministère.

Toutes ces considérations, Amiral, devaient naturellement me porter à vous dédier mon travail, si déjà les sentiments que je vous ai voués n'en avaient fait un besoin pour mon cœur.

Quelque douteux que soit le mérite de cet ouvrage,

permettez-moi donc de vous en offrir la dédicace comme un témoignage de la gratitude et du respectueux attachement que professe pour vous,

Amiral,

votre tout dévoué
et très-obéissant serviteur,

Guillain.

PRÉFACE.

Le livre que je publie n'a pas eu le bonheur de naître au milieu de circonstances favorables. Quand je parcourais péniblement, mais avec l'ardeur que donne l'accomplissement d'une mission utile, les contrées décrites dans les pages suivantes, ce qui m'aidait à supporter les fatigues et à vaincre les difficultés de ma tâche, c'était la conviction que j'avais de l'opportunité de l'œuvre pour laquelle j'amassais des matériaux, c'était la certitude de travailler et de produire à propos. Hélas! je comptais alors sans les événements, ou plutôt, quand je partais pour le voyage dont ce livre est le compte rendu, dans les dernières et paisibles années du règne de Louis-Philippe, on n'avait pas encore admis comme vérité usuelle la maxime fataliste devenue depuis une banalité : L'imprévu gouverne le monde. Voyageur, je n'avais pas prévu, en effet, quelles immenses étapes le monde allait se mettre à franchir; navigateur, je n'avais point pressenti les tempêtes qui devaient bientôt souffler dans le ciel de ma patrie, si serein au jour des adieux.

Lorsque je quittai la France, on s'y entretenait avec intérêt d'une petite île dont le gouvernement venait de prendre possession, Maïotte, et d'un petit souverain arabe qu'on appelait l'imam de Mascate. Et je m'étais mis en route, heureux de me dévouer à l'étude d'une question qui avait en ce moment sa part dans les préoccupations du public, et serrant précieusement dans mon portefeuille ce *bon billet* qui garantit, comme on sait, tout absent contre l'oubli. Hélas! à mon retour, le *bon billet* était impitoyablement protesté : la France et son gouvernement ne se souvenaient plus ni du voyageur ni de l'objet du voyage. Il faut avouer qu'il existait bien quelques raisons pour cela.

Quoi qu'il en soit, en dépit du découragement que devait me causer l'indifférence plus que probable des lecteurs sur lesquels j'avais cru autrefois pouvoir compter, il m'a fallu, au milieu du fracas de deux révolutions et d'une grande guerre, composer laborieusement et achever lentement un livre que peu de gens attendent et que personne ne désire. Mais comme, après tout, ce livre n'est point une œuvre de fantaisie, comme il traite de questions sérieuses et qu'il s'adresse à des intérêts durables, je me résigne, pour lui, à l'inattention du moment, et j'attendrai patiemment que l'avenir lui ramène son heure, lui refasse, pour ainsi dire, une nouvelle opportunité. Eh! qui sait? Au train dont les choses vont aujourd'hui, peut-être sera-ce avant longtemps; d'ailleurs, parmi les faits actuels il en est un de nature à lui rendre l'à-propos plus tôt qu'on ne l'imagine. Je m'expliquerai à ce sujet après avoir dit par quelles raisons fut entrepris le voyage qui a donné lieu à ce travail, pourquoi et comment j'ai écrit ces volumes et les ai livrés à la publicité.

En 1841, Mayotte avait été concédée à la France; en 1843, le gouvernement de juillet plantait son pavillon sur cette île, et peu de temps après y jetait les fondements d'un établissement militaire. Cette prise de possession occupait alors beaucoup la presse; les hommes impartiaux louaient, avec raison, cette mesure, qui était, certainement, un acte de haute et sage prévoyance, et pouvait même, à cette époque, passer pour un acte de courage, eu égard aux embarras que nous créait la politique inquiète de l'Angleterre, à l'endroit de notre agrandissement maritime et colonial. La situation de Mayotte à l'ouvert nord du canal de Mozambique, à égale distance de la côte d'Afrique et de Madagascar, non loin des possessions africaines du sultan de Mascate, dans des parages fréquentés par de nombreux bâtiments de commerce, donnait à cette île, comme point militaire, une importance universellement reconnue, et chacun rappelait qu'elle avait été nommée un petit Gibraltar par tel capitaine de vaisseau de la marine anglaise.

Quant à son importance commerciale, moins propre à effaroucher les susceptibilités d'outre-Manche et les timidités d'en deçà, elle était plus positive encore, d'un intérêt plus actuel surtout; mais elle n'existait que virtuellement : c'était un germe à féconder, un de ces germes puissants, il est vrai, que les grands peuples, après quelques mois à peine d'incubation, font naître à la vie sensible et se développer selon la loi commune à toutes les existences, la loi du progrès. La France, pour vivifier Maïotte, n'avait qu'à le vouloir : les éléments nécessaires à son initiative existaient, les circonstances locales et environnantes l'y invitaient, son intérêt l'y poussait.

Était-il besoin de rappeler l'état précaire des anciennes possessions françaises dans les mers de l'Inde, misérables épaves arrachées au lamentable naufrage de 1815? Pondichéry, Chandernagor et Karikal étouffaient sous la pression du vaste empire indo-britannique ; Bourbon, éclipsée par sa sœur d'autrefois, l'île de France, menacée de l'émancipation des esclaves, réalisée depuis, n'avait, d'ailleurs, pas de port; Madagascar était encore une proie trop difficile à étreindre, et toute notre action, de ce côté, s'était bornée à occuper, en sus de notre petit établissement fiévreux de Sainte-Marie, l'îlot de Nossi-bé, d'où, il faut bien le dire, nous surveillons la grande île à peu près comme Jersey surveille la France. Maïotte, seule, par sa belle position maritime au double point de vue politique et commercial, ayant, au reste, des proportions plus en rapport que Madagascar avec nos moyens et nos tendances, Maïotte, disons-nous, pouvait nous dédommager un peu de nos colonies perdues et de la triste condition où se trouvaient celles qui nous restaient.

Pénétré de ces idées, le ministère de la marine avait porté toute son attention sur notre nouvel établissement, et il n'aurait pas tenu à lui, j'en suis convaincu, que Maïotte n'acquît bientôt tout le développement commercial dont elle est susceptible, si la révolution de 1848 n'était venue soulever, dans les régions politiques, des problèmes bien autrement graves. Les diverses mesures qui furent prises tout d'abord par ce département prouvèrent et son intelligence de la situation et ses louables desseins.

En premier lieu, il fallait établir dans quelle sphère d'activité Maïotte aurait à se mouvoir. Or, ne produisant encore rien ou presque rien par elle-même, elle devait nécessairement, pour un temps sans doute assez long, se borner au rôle d'entrepôt, que lui rendait facile son gisement sur la route parcourue par les bateaux qui, de l'Inde, des golfes Persique et Arabique, viennent trafiquer à la côte orientale d'Afrique, et *vice versâ*. Dans cette voie, elle n'avait pas à craindre la concurrence des établissements portugais du Mozambique, qui n'existent pour ainsi dire que nominalement, et auxquels la mère patrie ne saurait rendre la vie qu'elle n'a plus elle-même. Quant à Madagascar, pays sans unité politique, privé de la paix intérieure qui enrichit et civilise, entravé dans sa marche par l'esprit anti-progressif naturel aux peuplades sauvages, la concurrence de ses ports n'était pas plus menaçante.

Mais si, pour établir sa prééminence commerciale, Maïotte n'avait rien à redouter du côté de l'île malgache et du Mozambique, elle avait, au nord de celui-ci, un rival plus sérieux contre lequel il lui faudrait lutter avec autant de prudence que d'énergie : c'était l'imam ou sultan de Mascate, qui travaillait depuis plusieurs années à faire de Zanzibar, centre politique de ses possessions sur la côte orientale d'Afrique, l'entrepôt du commerce établi entre cette côte et les contrées baignées par l'océan Indien.

Convaincu que la première condition du succès, dans cette lutte pacifique, était la connaissance exacte des pays avec lesquels Maïotte aurait à nouer des relations et de la vie morale, politique et industrielle de leurs populations, — connaissance indispensable pour éviter les lenteurs, la timidité, l'hésitation qu'on met toujours à s'avancer dans une route nouvelle, — le département de la marine prit, à la fin de 1845, la résolution de faire explorer toute la côte orientale d'Afrique, et il désigna pour cette intéressante mission le brick *le Ducouëdic*, au commandement duquel j'eus l'honneur d'être nommé. L'exploration fut exécutée, sauf les modifications dont il sera parlé ultérieurement, dans le cours des années 1846, 1847 et 1848.

Au retour du brick en France, en 1849, mon premier soin dut être de rédiger le travail relatif à l'objet principal du voyage : il fut remis au ministère de la marine au commencement de 1850, et autographié, dans le courant de la même année, par les soins du ministère du commerce, qui avait concouru aux frais de la mission et s'y était fait représenter par un agent spécial. Ce mémoire présentait un exposé général du commerce de l'Afrique orientale, ayant Zanzibar pour entrepôt; il tendait à démontrer aux commerçants français qu'ils participeraient avantageusement à ce mouvement d'échanges, en prenant Maïotte pour base de leurs opérations, comme lieu de dépôt et de ravitaillement. J'avais satisfait ainsi au besoin le plus immédiat de nos négociants pour les premières spéculations qu'ils voudraient tenter dans cette voie.

Toutefois je ne m'étais pas borné à étudier le commerce des pays explorés. La géographie, l'hydrographie et l'ethnologie de l'Afrique orientale, contrée qui est si peu connue encore, n'avaient pas été oubliées par le personnel de l'expédition : d'ailleurs, un lien plus ou moins direct, plus ou moins intime, rattache chacune des branches de la science au commerce, surtout quand celui-ci est appelé à s'engager dans un chemin non encore frayé, et peut lui fournir d'utiles enseignements ou des indices assez sûrs pour les spéculations à entreprendre. Bref, les documents recueillis durant l'exploration sur ces divers sujets étant assez nombreux pour former la matière d'un second travail beaucoup plus étendu que le premier, et le département de la marine ayant pensé que la publication en serait intéressante, je fus chargé de les coordonner et d'en présenter l'ensemble sous forme de relation de voyage.

Mais une fois à l'œuvre, quand je voulus me rendre compte des faits que j'avais observés, je fus souvent obligé de me reporter en arrière et de demander aux livres des historiens, des voyageurs et des géographes l'origine de certaines coutumes, l'étymologie de certains noms ou mots, la raison d'être de telle ou telle situation politique, et je pus juger, par la difficulté que je trouvai à me satisfaire, combien les écrivains de toutes les époques avaient négligé l'histoire de l'Afrique orientale. Donc, en écrivant purement et simplement le récit du voyage du *Ducouëdic*, j'aurais, sans doute, donné une idée de l'état actuel des points principaux du littoral; mais un pareil récit n'eût permis ni de connaître le passé du pays ni d'apprécier l'importance qu'il est susceptible d'acquérir dans l'avenir. La vie des peuples est comme celle des individus : tout s'y enchaîne, effet et cause à la fois. On ne peut juger de la virtualité de ceux-là par la situation où ils sont à un moment précis de leur histoire, pas plus qu'on ne peut juger de la valeur d'un homme par un fait pris isolément dans son existence. Or aucun travail d'ensemble n'avait été présenté sur le passé de l'Afrique orientale; c'est cette lacune que j'ai essayé de combler à l'aide de l'introduction historique qui précède ma relation. Les difficultés de ma tâche en ont été considérablement accrues, outre que l'accomplissement de celle-ci, nécessitant des recherches laborieuses et trop souvent inutiles, a exigé plus de temps et retardé ainsi la publication de mon livre. Mais, outre que ce retard a peu d'inconvénients lorsqu'il s'agit d'une contrée où les transformations de toute nature se produisent très-lentement, il m'a paru devoir être suffisamment compensé par ce que mon travail devait offrir de plus complet, puisqu'il réunirait l'histoire de l'origine et du développement des États maritimes de la côte orientale d'Afrique à un aperçu de ce qu'ils sont aujourd'hui.

Cependant je ne me dissimule pas tout ce qui manque à la première partie de ce travail, combien de doutes, combien de vides à combler subsisteront après elle ; aussi n'ai-je pas la prétention d'offrir au public une œuvre achevée, mais seulement, ainsi que le titre de l'ouvrage l'indique, une série de documents sur l'histoire, la géographie et le commerce de l'Afrique orientale. Je ne fais aucune difficulté de l'avouer, de même que j'ai beaucoup emprunté aux savants qui m'ont devancé dans cette étude et dont les écrits m'ont guidé dans mes recherches, de même j'ai laissé de nombreuses lacunes à remplir pour ceux qui traiteront le sujet après moi. Un mot maintenant du plan de l'ouvrage.

Comme cette série de documents forme deux groupes distincts, l'un relatif au passé, l'autre au présent, j'ai divisé l'ouvrage en deux parties : la première contient un examen des notions acquises à diverses époques sur le pays que j'étudiais, et le récit des principaux événements dont il a été le théâtre ; je l'ai intitulée, Exposé critique des diverses notions acquises sur l'Afrique orientale, depuis les temps les plus reculés jusqu'a nos jours. Elle forme la matière de ce volume.

La seconde, qui présente l'ensemble des documents de toute nature recueillis pendant l'exploration, a pour titre, Relation du voyage d'exploration exécuté, par le brick le Ducouëdic, pendant les années 1846, 1847 et 1848 ; elle forme la matière de deux autres volumes.

Enfin un album de plans, de vues de villes, d'armes et d'ustensiles, de portraits d'indigènes pris au daguerréotype, tous colligés dans le cours de la campagne, forme une annexe importante et non sans intérêt, je l'espère, au texte, dont elle était, d'ailleurs, le complément indispensable. Les plans ont été levés par MM. Grasset et Caraguel, alors enseignes, aujourd'hui lieutenants de vaisseau ; c'est ce dernier qui les a dressés, c'est à lui que sont dus aussi la plupart des dessins reproduits dans l'album. D'autres dessins sont l'œuvre de M. Bridet, lieutenant de vaisseau. Les opérations daguerriennes ont été faites, sous ma direction, par le chef de timonerie Vernet.

La deuxième partie étant précédée d'un avant-propos, je n'ai à signaler, dans cette préface, que l'ordre des matières composant le premier volume. J'ai établi dans ces matières cinq divisions qui m'ont paru naturellement indiquées par les diverses dominations politiques ou prééminences commerciales auxquelles la côte orientale d'Afrique a été successivement et plus ou moins assujettie, et j'ai donné à chacune d'elles ou à la période qu'elle comprend le nom de la nation dont la suprématie était établie sur le pays ou qui y avait des relations exclusives. De là les désignations suivantes :

1° *Période anté-historique* (arabe et phénicienne),

2° *Période gréco-romaine*,

3° *Période musulmane*,

4° *Période portugaise*,

5° *Période omânienne*,

chacune de ces périodes faisant le sujet d'un livre.

Le premier livre présente une série de considérations générales et de commentaires sur les quelques notions qui nous ont été transmises touchant les navigations et le commerce des Phéniciens, des Hébreux et des Arabes jusqu'à l'époque où la domination grecque s'établit en Égypte dans la personne de Ptolémée Soter. Mon principal but, dans ce livre, est d'établir que les navigateurs arabes ont, les premiers, reconnu et fréquenté la côte orientale d'Afrique.

Le second constate les progrès de la navigation et du commerce dans la mer Érythrée, et les connaissances géographiques acquises sur le littoral baigné par cette mer. Il embrasse, au point de vue politique et chronologique, l'intervalle de temps pendant lequel régnèrent, en Égypte, les Ptolémées d'abord, puis les Romains jusqu'à l'hégire.

Le troisième traite de l'origine et du développement des colonies fondées par les Arabes musulmans à la côte orientale d'Afrique, c'est-à-dire des petits royaumes ou États dont les noms se sont conservés jusqu'à nos jours, et par lesquels la souveraineté des Arabes s'étendit sur tout le littoral : il se termine à l'époque de l'arrivée des Portugais dans la mer de l'Inde.

Le quatrième est consacré au récit des événements qui amenèrent et suivirent la substitution de la domination des Portugais à celle des Arabes. Il s'arrête au moment où, la puissance des nouveaux conquérants s'affaiblissant dans les Indes, sous les efforts combinés des Hollandais, des Anglais et des nations indigènes, les Arabes d'Omàn ou de Mascate apparaissent sur la scène politique et commencent la lutte qui les rendit maîtres de tous les points de la côte situés au nord du cap Delgado.

Le cinquième, enfin, contient l'historique des actes accomplis dans les établissements d'Afrique par les Arabes d'Omàn, qui en sont encore maîtres aujourd'hui. Ce livre débute par un exposé succinct de l'origine et des progrès de la puissance des imams d'Omàn.

Les documents qui ont servi à la rédaction de cette première partie ont été extraits d'un très-grand nombre d'ouvrages imprimés ou manuscrits traitant d'histoire ancienne et moderne, de géographie, d'ethnographie, etc., et surtout de relations de voyages, la plupart ne contenant que des notions partielles et fort incomplètes sur les points à éclaircir, et même souvent qu'un fait isolé, sans date précise et perdu au milieu d'un grand nombre d'autres entièrement étrangers à mon sujet.

La collection de ces matériaux a été pour moi d'autant plus longue et difficile, que presque tous les ouvrages où j'avais à les chercher sont écrits en langues étrangères, dont plusieurs me sont inconnues. Aussi une pareille tâche eût-elle été au-dessus de mes forces, si je n'avais trouvé auprès de quelques érudits un concours aussi bienveillant qu'il m'était indispensable, et pour lequel je suis heureux de proclamer ici toute la reconnaissance que je leur ai déjà exprimée. En première ligne, je dois citer le savant professeur conservateur des manuscrits arabes à la bibliothèque impériale, M. Reinaud : son obligeance à mon égard s'est montrée inépuisable, et j'ai reçu de lui tout à la fois aide, conseils et encouragements. J'ai beaucoup pris dans ses excellents ouvrages; il reconnaîtra son bien quand il m'accordera l'honneur de me lire, et je le prie de se rappeler alors qu'on ne peut emprunter qu'aux riches. J'ai agi de même avec M. Quatremère, de qui j'ai adopté et inséré (ce que j'avais de mieux à faire) l'opinion si bien raisonnée sur l'Ophir des Hébreux.

Je n'oublierai pas non plus M. le vicomte de Santarem : son érudition inépuisable en tout ce qui se rattache aux gloires historiques de sa patrie m'a souvent aplani des difficultés, et je remplis un pieux devoir en déposant sur sa tombe ce tribut de ma gratitude.

Je dois aussi de chaleureux remercîments à plusieurs orientalistes distingués, MM. Derembourg, Defrémery, Kazimirski de Biberstein : chacun d'eux m'a donné de nombreuses preuves de bienveillance toute personnelle, et leurs travaux m'ont souvent été fort utiles.

J'ai encore à mentionner l'obligeant concours de tous les conservateurs des bibliothèques publiques dont il m'est arrivé de réclamer les bons offices; mais, par-dessus tous, il me faut nommer M. Landresse, bibliothécaire de l'Institut, si complaisant à mettre à ma disposition les livres du riche dépôt confié à ses soins.

Enfin, parmi les personnes qui m'ont aidé à accomplir ce travail ardu, je dois un souvenir tout particulier à mon excellent ami M. d'Avezac, et j'acquitte ici ma dette avec bonheur : son érudition et ses connaissances bibliographiques m'ont fourni de précieuses indications pour les recherches que j'avais à faire.

Puissent tous ceux à qui je viens de payer mon tribut de reconnaissance ne pas trop regretter, à la lecture de ce volume, le temps que je leur ai dérobé et l'assistance qu'ils m'ont si généreusement prêtée.

Et, maintenant, il me reste à remplir une obligation que tout auteur contracte envers le public auquel il s'adresse ; cette obligation, c'est de se demander, dans son for intérieur, non pas si son livre est bien fait (l'on n'est jamais tenu qu'à faire ce qu'on peut), mais s'il était utile et à propos de l'écrire et de le livrer à la publicité.

Eh bien! ma réponse à cette question est aussi nettement affirmative qu'elle l'était il y a sept ans. Au retour de mon voyage, en 1849, je traçais les lignes suivantes, que je retrouve dans mes notes et que je n'écrirais pas d'une manière bien différente aujourd'hui :

« Le grand courant commercial se dirigeant des
« mers de l'Inde et de la Chine vers l'Europe se com-
« pose d'un nombre infini d'affluents qui se rappro-
« chent et se confondent en suivant une ligne tan-
« gente au cap de Bonne-Espérance, d'où elles se por-
« tent vers l'Atlantique. Un de ces affluents, le plus
« modeste sans doute, mais le plus intéressant pour
« la France, puisqu'il compte parmi ses tributaires
« l'île de la Réunion, Sainte-Marie, Nossi-bé et
« Maïotte, s'alimente de courants secondaires pre-
« nant leur source aux rivages de l'Afrique orien-
« tale, de la grande île de Madagascar et des petits
« archipels qui entourent celle-ci comme des satel-
« lites.

« Le jour où le génie civilisateur de l'ancien
« monde, secouant sa torpeur et reprenant force et
« courage pour les grandes entreprises, aura con-
« traint la Méditerranée et l'océan Indien à s'unir
« à travers l'isthme de Suez, le grand courant com-

« mercial dont il vient d'être question se détournera
« vers le nord pour pénétrer dans la mer Rouge.
« Alors tous les affluents qui partent des îles de Mas-
« careigne, de l'île malgache et de toute la partie
« de la côte orientale d'Afrique au sud du cap Del-
» gado passeront à peu de distance du groupe des
« Comores, et pourront faire escale à Maïotte, dont
« l'importance sera ainsi considérablement accrue. »

Ces appréciations me paraissent maintenant mieux fondées que jamais. La question du percement de l'isthme de Suez, qui, depuis l'époque où le vainqueur des pyramides s'en préoccupa, n'avait été sérieusement agitée que par une école philosophique célèbre, dont quelques membres remplissent, en ce moment, de hautes fonctions dans les régions gouvernementale et industrielle, cette question si importante a été complétement élaborée par des études récentes, et non-seulement elle est résolue scientifiquement, mais encore elle est à la veille d'une solution pratique. Demain, peut-être, la pioche du travailleur entamera le sol des antiques merveilles, le sol classique de l'Égypte, et dans peu d'années, à coup sûr, les deux mers seront unies à jamais à travers les terres sablonneuses de la patrie des Pharaons. Alors ce que j'ai dit et écrit de Maïotte, ce que tous les esprits clairvoyants en ont pensé se réalisera; les intérêts de Maïotte et des autres colonies françaises situées dans les mêmes régions ne seront plus, sans doute, le côté principal de la question ; car celle-ci aura grandi de toute la distance qui sépare un fait de détail d'un fait général, les intérêts d'une nation de ceux du monde entier. Mais la valeur de notre établissement, loin d'en être diminuée, prendra, au contraire, des proportions plus considérables, par suite même de l'accroissement incalculable de vitalité qui se sera produit dans les contrées voisines, c'est-à-dire Madagascar et l'Afrique orientale. La civilisation moderne, héritière de la civilisation gréco-romaine, ne mentira pas à son origine, et, quand elle aura ouvert au commerce européen la voie jadis suivie par les flottes des Ptolémées et des Césars, elle saura se montrer digne de sa devancière et faire de grandes choses dans des régions illustrées par ces grands noms. Ainsi les localités dont ce livre traite fixeront de nouveau, et à un bien plus haut degré qu'autrefois, l'attention qui s'est détournée d'elles, et le livre lui-même aura reconquis cette opportunité qu'il avait perdue et qui semblait devoir lui manquer longtemps.

Un dernier mot, qui renfermera ma plus sérieuse pensée, et qui s'adresse plus particulièrement aux hommes politiques.

Lorsque, sous les successeurs d'Alexandre et de César, les flottes égyptiennes accomplissaient le périple de la mer Érythrée, elles se partageaient, au-delà du détroit, en deux groupes : l'un se dirigeait vers les rivages de l'Asie méridionale, l'autre s'acheminait le long de la côte orientale d'Afrique. Comme les deux contrées étaient célèbres par leurs richesses, bien connues et fréquentées par les navigateurs, elles excitaient également l'intérêt des commerçants de l'époque. De nos jours, si l'on étudie les perspectives ouvertes par la canalisation prochaine de l'isthme de Suez, c'est surtout, c'est presque exclusivement le périple indien qui attire et absorbe l'attention publique; le périple africain semble ignoré, et c'est à peine si, parfois, le nom de l'île Bourbon est prononcé au milieu des prévisions auxquelles cet événement donne naissance. Ici l'enthousiasme de nos compatriotes fait fausse route. Sans doute, le commerce français a, dans l'Indo-Chine et l'Océanie, quelques débouchés assez précieux pour qu'il ait à se féliciter de voir abréger la distance qui l'en sépare ; mais, de ce côté, les intérêts anglais bénéficieront du changement de route, c'est le pavillon anglais qu'on rencontre à chaque pas dans le long parcours d'Aden au Japon et à la Nouvelle-Zélande. Au contraire, l'embranchement africain de la grande voie maritime promise à l'Europe peut être dominé par l'intérêt français, non-seulement parce que nous possédons sur cette route Bourbon, Sainte-Marie, Maïotte et Nossi-bé, mais parce que nous y aurons, quand nous le voudrons, Madagascar, notre Australie à nous, et des comptoirs secondaires échelonnés le long des côtes du Zanguebar, du golfe d'Adel et de l'Abyssinie, étudiées avec soin, dans le cours de ces vingt dernières années, par les voyageurs français.

De tout cela, il est vrai, personne ne parle ; la presse, l'opinion, la Bourse sont à mille lieues de cet ordre d'idées ! Mais c'est le devoir des gouvernants, et leur plus beau privilége, de se préoccuper des questions importantes bien avant que le public y songe. Celui-ci, qui n'a pas à s'enquérir des moyens d'exécution, est toujours suffisamment prêt, et les projets les plus grandioses ne le trouvent jamais en arrière ; car les idées s'élaborent en lui par un travail latent dont souvent il n'a pas conscience, et elles éclosent au moment précis, imprévues pour tous, si ce n'est pour les semeurs d'idées, gouvernements et penseurs ; elles éclosent, dis-je, toutes faites, toutes formées et bientôt mûres pour la moisson : si l'on veut n'être pas pris au dépourvu, on doit ne pas attendre même que le germe se développe au grand jour.

Eh bien ! le moment va venir, et il faut se hâter. Se hâter, en politique, c'est être prêt non pour l'heure, mais avant l'heure ; c'est devancer les années, c'est faire en sorte que les plans apparaissent complétement dressés au moment de la mise en œuvre, comme Minerve sortit tout armée du cerveau de Jupiter. N'attendons pas l'avenir au passage, il serait déjà loin quand nous penserions à le saisir; pour arriver à temps avec cet infatigable marcheur, il faut se mettre en chemin dès qu'on le voit poindre à l'horizon. Dans peu d'années, à travers l'isthme de Suez ouvert, nos navigateurs entreront d'emblée dans les mers de l'Afrique orientale : il faut leur préparer le terrain et agir de telle sorte qu'ils y trouvent l'influence française solidement assise (1).

Quels magnifiques débouchés pour notre commerce! quelles opulentes régions! quels marchés pleins de souvenirs et d'espérances! Depuis vingt ans, le département de la marine fait les plus constants, les plus louables efforts, mais aussi de douloureux sacrifices, pour développer le commerce et établir quelques comptoirs sur les plages inhospitalières de l'Afrique occidentale; et, pourtant, que sont Saint-Louis, Gorée, les établissements d'Assinie et du Gabon, auprès de ceux que nous possédons déjà et que nous pourrions posséder, plus tard, de l'autre côté du continent? Que sont les objets de traite que le Sénégal nous envoie par l'Atlantique auprès de ceux qui nous viendront du pays sou-

---

(1) Il ne faut pas oublier que la mer Rouge a aussi son Gibraltar, le port d'Aden, qui commande le détroit de Bab-el-Mandeb. Or, si cette position, dont l'Angleterre s'est emparée déjà, n'était pas neutralisée par quelque mesure propre à garantir le libre passage du détroit à tous les pavillons, le percement de l'Ile de Suez, au lieu d'ouvrir aux navires de l'Europe une entrée directe dans l'océan Indien, n'aurait fait que reculer jusqu'au fond du golfe Arabique, l'impasse qui ferme la Méditerrauée du côté de l'Égypte.

mali, du Souahhel, si riches en or, en ivoire, en épices, en gommes et résines, en peaux, miel, cire, sésame, en beaux bois, en produits métallurgiques variés, auprès de ceux de la grande île malgache, qui, au besoin, fournirait l'Europe entière de sucre, de riz et de bois d'ébénisterie? Certes, on ne saurait le nier, il y a entre les deux côtes une immense différence, toute à l'avantage de celle que le percement de l'isthme de Suez va rapprocher de nos ports de 2,000 lieues environ, et qu'il mettra ainsi à 1,600 lieues de Marseille, trajet égal à celui qu'il faut effectuer pour se rendre du même port à notre établissement du Gabon.

Qu'on y réfléchisse! Demain, peut-être, la paix sera faite en Europe, et ces immenses armements que le gouvernement français a préparés pour les besoins de la guerre se trouveront sans destination : enverra-t-on pourrir dans les arsenaux ces magnifiques navires à voiles et à vapeur? La France renoncera-t-elle en un instant au prestige que lui donne, depuis deux ans, le développement de puissance maritime dont elle a offert au monde le spectacle inattendu? Il n'est pas permis de le supposer : on ne se découronne pas si bénévolement du jour au lendemain, et la France est une nation qui s'habitue vite à tous les genres de grandeur. Elle continuera donc d'entretenir une flotte nombreuse, et, comme un tel déploiement de forces non utilisées serait puéril, elle se servira de ses vaisseaux pour accroître son influence dans les parages où son commerce a besoin de s'étendre. Alors quel champ plus vaste et plus fécond pourrait-on ouvrir à l'activité de sa marine que celui dont je viens de parler et que dans ce livre j'essaye de faire connaître ?

Lorient, le 6 février 1856.

NOTA.

L'orthographe adoptée dans cet ouvrage pour les noms propres asiatiques et africains, diffère, comme on le verra, de celle qui a été employée jusqu'ici par les orientalistes et les voyageurs : sans prétendre faire autorité en agissant ainsi, j'ai eu pour but de figurer le plus exactement possible, pour les lecteurs français, la prononciation de ces mots telle que je l'ai entendue de la bouche des indigènes.

Dans les citations où j'ai eu des notes à mettre, je les ai indiquées par des astérisques pour les distinguer des notes de l'auteur ou du traducteur des passages cités.

EXPOSÉ CRITIQUE

DES

DIVERSES NOTIONS ACQUISES SUR L'AFRIQUE ORIENTALE,

depuis les temps les plus reculés jusqu'à nos jours.

LIVRE PREMIER.

PÉRIODE ANTÉ-HISTORIQUE.

Les Arabes, les Hébreux et les Phéniciens à la côte orientale d'Afrique.

A quel âge du monde est-il permis de faire remonter la découverte du vaste rivage qui borde l'Afrique en regard de la presqu'île indienne? Quels peuples s'aventurèrent les premiers sur ces mers inconnues et arrachèrent à ces contrées lointaines le secret de leurs richesses? Que faut-il penser de ces grandes navigations qui épouvantaient encore l'imagination il y a quatre siècles à peine, et dont les chroniqueurs ont attribué la gloire aux peuples des temps les plus reculés?

Il faut l'avouer, pour résoudre de telles questions, nous ne possédons guère que des données incertaines ou insuffisantes : les solutions diverses présentées par les savants qui ont étudié la matière nous paraissent plus ou moins conjecturales, et, pour en faire ressortir quelque chose de vrai, les difficultés sont grandes. Le scepticisme absolu des uns, l'enthousiasme aveugle des autres, présentent un double écueil qu'à chaque pas on rencontre, et qu'il faut éviter en se dirigeant au moins autant avec le flambeau de l'analogie qu'aux vagues lueurs des traditions antiques.

Posons d'abord en principe qu'il n'est pas de fable si absurde qui n'ait pour fondement quelque parcelle de vérité : l'écho, si faible qu'il soit, n'a jamais parlé de lui-même. Reconnaissons ensuite que, s'il est des savants qui se sont joués du temps et des distances, des difficultés et des périls avec cette merveilleuse facilité qui caractérise *la folle du logis*, il en est aussi qui, frappés de la grandeur des moyens et de la multiplicité des conditions qu'exige l'art de la navigation, tel qu'il se pratique de nos jours, se sont exagéré la portée de ces difficultés et de ces périls à l'époque de la navigation primitive, au point de voir des impossibilités là où il n'existait réellement que des obstacles.

Il est des conceptions qui naissent d'instinct : l'esprit humain y arrive naturellement, fatalement, comme les lèvres du nouveau-né vont au sein de sa mère. Du jour où l'homme trouva l'Océan devant lui, par une création toute spontanée, l'idée de la navigation vint au monde. Le mot que Dieu avait dit à la mer : *Tu n'iras pas plus loin*, il ne l'avait pas dit à l'homme; le flot avait beau s'élancer en mugissant contre celui-ci comme pour lui renvoyer en signe de défi le commandement divin qui l'enchaînait au delà de la rive, l'homme, cet éternel questionneur, ce chercheur infatigable, n'eut garde de s'arrêter à son tour, contemplateur inactif, devant la barrière menaçante : il dut, instantanément, vouloir et s'efforcer de pouvoir la franchir. Ce qu'il fallut de jours pour que l'habitant des grèves, voyant flotter, emportée par la vague, une branche tombée de la forêt prochaine, conçût et exécutât le projet d'en assembler un certain nombre et de se confier à ce frêle radeau pour essayer ses premiers pas sur son nouveau domaine; ce qu'il fallut de temps encore pour que, enhardi par ce premier essai, il creusât un tronc d'arbre avec le tranchant des cailloux, et, aidant ses bras d'une rame, ou tendant à la brise quelque natte tissue avec le jonc des marais ou les grandes feuilles des palmiers, il s'élançât en dominateur sur l'élément soumis, nul ne le sait; mais il est permis de conjecturer qu'il ne fallut que peu d'années de cette existence inoccupée et longuement monotone que traînait au premier âge la créature privilégiée, douée de cet instinct d'immense curiosité dans lequel la légende a placé la source des fautes de nos premiers pères. Sans doute il y a loin de ces courses en pirogues, faites par des temps choisis, dans des parages connus, en vue du havre où s'élève la hutte, aux navigations lointaines vers des rivages ignorés, en butte à toutes les inclémences des vents et des flots. L'homme, si petit et si faible devant l'immensité des océans et les grandes convulsions de la nature, n'oubliera pas tout de suite que la tempête se joue de sa pauvre nacelle comme l'ouragan fait de la feuille morte; que l'horizon a des profondeurs qui épouvantent; le ciel, des ténèbres dans lesquelles se perdent et le port qu'on a quitté et celui que l'on cherche; que la mer recèle dans ses abîmes et des écueils où l'on se brise et des monstres dont la première vue terrifie. Mais la prudence enchaînera son audace tout au plus pendant la durée du péril, et, la tourmente passée, il gourmandera lui-même sa faiblesse et rira de ses terreurs.

L'homme primitif a dans son cœur deux impulsions irrésistibles, l'amour du luxe et le besoin de connaître, qui surexcitent, de concert, ses facultés intellectuelles et physiques. En même temps que l'habitude émousse, de jour en jour, les sensations de l'effroi et instruit son inexpérience, il sent ses convoitises s'allumer, et la vanité, ce grand mobile des peuples et des hommes enfants, roidit son âme contre la peur, son intelligence et sa force contre l'obstacle. Et puis, les hasards heureux ou fâcheux de la mer ne sont-ils pas là pour aider à sa timidité ou à son ignorance? C'est, à certains jours, la mansuétude des vents et des flots qui le tente; c'est un courant ignoré, c'est la tempête imprévue (1), qui le saisissent et l'entraînent, malgré lui, à des rivages nouveaux. C'est, d'autre part, la rencontre en un même but, glorieusement atteint, de hardis explorateurs partis de points diamétralement opposés, et les révélations mutuelles qui doublent les conquêtes de chacun. C'est aussi le parcours facile d'une longue côte avec la certitude du retour au pays natal, du ravitaillement quotidien, de l'abri assuré aux approches de la nuit ou de la bourrasque, parcours presque sans péril avec des embarcations légères, et qui soumet aux investigations du voyageur des distances considérables. C'est, ensuite, le fruit inconnu apporté par

---

(1) C'est ainsi que Barthélemi Diaz fut entraîné au delà du cap des Tempêtes, avant que la découverte de Vasco de Gama lui valût le nom de Bonne-Espérance.

le courant, et dont l'imagination, aidée par le calcul et le rapprochement de certaines circonstances, rêve ou devine l'origine. C'est le pic géant qui imprime sur les horizons sereins sa vague silhouette, et semble ne s'élever à des hauteurs prodigieuses que pour servir de signal d'appel d'un monde à l'autre. Enfin, par-dessus tout cela, c'est le triple aiguillon du profit, de la gloire et de l'inconnu, qui harcèle l'homme et ne lui permet pas longtemps de s'arrêter dans ses hésitations et dans ses épouvantes. Qu'alors un événement heureux vienne lui livrer le secret du fer et des plantes textiles (et cette conquête, on ne peut le nier, remonte, pour la plus grande partie de l'ancien monde, aux premiers temps de l'humanité), où s'arrêtera l'audace de l'homme, quelles que soient les ténèbres qui obscurcissent encore son intelligence? N'est-ce pas, du reste, l'ignorance qui, souvent, engendre les grandes témérités? S'il est des hommes dont l'imagination s'exagère les obstacles avant le moment de la lutte, beaucoup d'autres aussi ne les exaltent qu'après les avoir vaincus. Il y a plus de vanité que de pusillanimité chez ceux qui sont près de la nature ou près de leur naissance; l'enfant et le sauvage nous en donnent tous les jours la preuve. Si l'hôte primitif des bords de l'Océan a laissé en face de lui quelque terre inexplorée, c'est, n'en doutons pas, que celle-ci se trouvait à des distances physiquement infranchissables avec ses ressources matérielles. Toutefois, gardons-nous de mesurer l'importance des résultats que la navigation peut atteindre à l'étendue des ressources dont elle dispose. Avec les plus simples engins de navigation, sans connaissances nautiques ni astronomiques, les peuplades les moins civilisées ont parcouru et parcourent encore d'énormes étendues de mer. Ne savons-nous pas que les sauvages de l'Océanie se rendent, dans leurs pirogues, à des îles éloignées de leur point de départ de 50, 50, 60 lieues et plus? S'il a fallu traverser tant de siècles pour que Christophe Colomb découvrît l'Amérique, ce n'est pas à la faiblesse et à l'imperfection des moyens de navigation auxquels étaient réduits les peuples de l'antiquité, encore moins à la défaillance de leur courage, qu'il faut s'en prendre, mais aux retards de la science, qui n'avait pas encore dit : Marche toujours, un monde est là!

Nous avons cru devoir présenter tout d'abord ces considérations philosophiques, afin qu'elles nous servissent de fil conducteur au milieu du dédale des théories et des systèmes, des obscurités de la tradition, des enthousiasmes irréfléchis et des scepticismes outrés auxquels a donné lieu l'étude des navigations attribuées aux peuples anciens. Ceux qu'on a toujours regardés comme les plus habiles dans cet art de la locomotion maritime n'ont pas d'histoire propre; leurs noms, et quelques-uns de leurs actes, ne nous ont été conservés que par les mentions accidentelles qui en sont faites dans les chroniques des nations plus récemment entrées dans la vie historique de l'humanité. Ainsi, les Phéniciens ne nous sont connus que par quelques mots égarés çà et là dans l'histoire biblique et gréco-romaine. Nous ignorons presque entièrement ce qu'étaient, comme navigateurs, les Égyptiens, qui jouent un si grand rôle dans les fastes du genre humain. Nous savons peu de chose, sous le même rapport, des Carthaginois eux-mêmes, enfants et successeurs de Tyr; nous ne savons rien des Indiens, rien de la Chine, à peine quelques mots des Arabes.

Soit en raison de l'imperfection des moyens graphiques et de l'ignorance des procédés de transmission, soit par l'effet du dédain que devaient avoir des nations exclusivement guerrières pour les entreprises pacifiques du commerce, dédain qui leur faisait rejeter dans la même obscurité, et le cultivateur qui creusait la terre pour les nourrir, et le marin qui sillonnait la mer pour les enrichir; soit que les grandes révolutions politiques ou religieuses et les envahissements des barbares aient causé la destruction d'une grande quantité de documents précieux, tous les peuples qui se sont trouvés plus ou moins en dehors de ce grand courant historique qui a pris naissance au cœur de l'Asie pour venir aboutir à la civilisation européenne, en passant par l'Égypte et Jérusalem, la Grèce et Rome, sont restés dans une obscurité qui a rendu pour eux l'histoire injuste et ingrate. Les modernes, de leur côté, n'ont eu que trop de tendance à regarder son silence comme mérité, et ses affirmations sans preuves, touchant quelques faits extraordinaires échappés à l'oubli, comme le résultat de ses distractions, de ses complaisances, ou des adultérations coupables de quelques-uns de ses interprètes. Les civilisations naissantes n'ont pas assez conscience de ce qu'elles doivent à leurs mères; elles ont un penchant à ne dater que d'elles-mêmes; aussi, les voyons-nous aussi crédules pour leurs propres hauts faits que sceptiques pour les grandes choses exécutées par leurs devancières.

Nous nous trouvons fort heureusement exempts, aujourd'hui, de ce travers des sociétés que l'âge n'a pas mûries. Nous ne sommes peut-être pas plus modestes, mais nous sommes plus justes et nous ne faisons aucune difficulté de convenir que, si l'histoire a souvent manqué aux peuples, les peuples, en aucun temps, n'ont manqué à l'histoire. Aussi pourrons-nous dire, pour nous résumer : — les tendances naturelles de l'homme, ses instincts aventureux, sa soif de richesses, son ardeur d'investigation étant connus et prouvés par l'expérience du présent et du passé, il est probable que toutes les grandes choses affirmées par la tradition, et qui ne sont pas physiquement impossibles, ont été exécutées.

Ces observations préliminaires faites, examinons maintenant quelle a été la part de l'antiquité dans les connaissances acquises sur le vaste littoral qui borde l'Afrique à l'Orient, et dans le mouvement politique et commercial qui résulta de sa découverte; nous chercherons ensuite ce qu'il faut en attribuer au peuple que sa situation géographique et son caractère national mettaient le plus directement en rapport avec cette partie du continent africain.

Les premières nations de l'Asie avaient, de temps immémorial, fait faire à la navigation des progrès remarquables. Sémiramis lui avait donné l'essor chez les Assyriens vingt siècles avant J. C. L'Égypte, au temps de Sésostris, possédait une marine puissante et habile : vers l'an 1645 avant notre ère, en même temps que Danaüs, son frère, conduisait par mer en Grèce une colonie d'Égyptiens, le pharaon put équiper une flotte de quatre cents voiles, avec laquelle il se rendit maître de toutes les provinces maritimes et de toutes les îles de la mer Rouge jusqu'à l'Inde, tandis que, à la tête de son armée, il envahissait cette presqu'île par terre, traversait le Gange et s'avançait jusqu'à l'Océan. D'un autre côté, il faisait, si nous en croyons Diodore de Sicile, creuser des canaux de communication depuis Memphis jusqu'à la mer d'Arabie, dans l'intention de faciliter les relations de tous les peuples de la terre avec l'Égypte, et laissait, à la fin de son règne, ouvert à celle-ci le commerce de la Libye, de l'Éthiopie et de la péninsule arabique. Nous savons tout ce qu'il s'amasse de doutes autour de ces grands noms de Sémiramis et de Sésostris, mais les faits n'en persistent pas moins. Nous n'ignorons pas non plus, et nous aurons lieu d'en parler plus tard, combien les Égyptiens étaient antipathiques à la mer; mais les marins étrangers ne manquaient pas aux flottes de l'Égypte. En effet, dans les temps les plus reculés naissait et grandissait, sur un coin de terre baigné par la Méditerranée, ce petit peuple de navigateurs qui remplit l'ancien monde du bruit de sa puissance maritime et de ses richesses commerciales, et qui fonda successivement Sidon, Tyr et Carthage. Ce peuple non-seulement trafiquait avec toutes les nations riveraines de la Méditerranée, mais fournissait encore des pilotes et des marins aux expéditions maritimes des souverains étrangers. C'est ainsi que, environ mille ans avant J. C., sous le règne de Salomon, se passa, chez les Hébreux, le fait qui se trouve raconté au chapitre ix du troisième livre des Rois, dans les termes suivants :

« Le roi Salomon fit aussi construire une flotte à Asion-
« gaber, qui est près d'Ailath, sur le rivage de la mer
« Rouge, au pays d'Édom. Et Hiram (roi de Tyr) envoya
« ses serviteurs, gens de mer, et qui entendaient la ma-
« rine. Et ils vinrent en Ophir; et ils apportèrent de là
« quatre cent vingt talents d'or au roi Salomon. »

Ce fait se trouve confirmé par l'auteur des Paralipomènes, qui, après avoir dit que Salomon alla à Asiongaber et à Ailath pour visiter cette flotte, ajoute : « Et Hiram lui

« envoya, sous la conduite de ses serviteurs, des navires et
« des matelots expérimentés dans la marine, qui s'en allè-
« rent avec les serviteurs de Salomon en Ophir. »

Quelle était cette contrée d'Ophir si abondante en or, et dans quelle partie du monde était-elle située? Cette question a été depuis longtemps agitée par les savants; les hypothèses les plus hasardées ont été mises en avant par quelques-uns d'entre eux, et il en est même qui ont cru pouvoir pousser la hardiesse au point de faire naviguer les flottes de Salomon jusqu'au Pérou. Enfin il n'est pas de pays producteur de l'or où quelque savant n'ait voulu voir l'Ophir de Salomon.

Comme cette question a été traitée *ex professo*, d'une manière fort remarquable, dans un mémoire de M. Quatremère, publié en 1845, nous ne croyons pas pouvoir mieux faire, pour arriver à une solution satisfaisante, que de citer quelques passages mêmes de l'écrit de ce savant, sauf à y ajouter nos propres observations sur quelques points qui nous paraissent susceptibles d'être discutés et peut-être rectifiés.

« Parmi les opinions qui ont été émises, dit M. Quatre-
« mère, trois seulement me paraissent mériter un examen
« sérieux : 1° celle qui place Ophir sur la côte orientale de
« l'Afrique; 2° celle qui voit dans cette contrée la côte de
« Malabar; 3° enfin celle qui regarde Ophir comme ayant
« formé une partie de l'Arabie Heureuse. Je vais discuter cha-
« cune de ces hypothèses, en commençant par la dernière.
« Cette opinion, proposée d'abord par J. Dav. Michaë-
« lis (1), a été ensuite développée par Gosselin (2), Bre-

---

(1) *Spicilegium geographiæ exteræ*, t. II, p. 181 et seqq.
(2) *Recherches sur la géographie systématique et positive des anciens*, t. II, p. 91 et suiv.

« dow (1), qui l'ont appuyée et fortifiée de nouvelles preuves.
« Toutefois, je ne saurais admettre cette assertion, malgré
« les efforts qu'ont faits ces savants distingués pour mettre
« la chose hors de doute. Voici les raisons qui m'empêchent
« de souscrire à cette opinion.

« D'abord, si l'on suppose que la côte de l'Arabie Heu-
« reuse nous représente le site de l'antique Ophir, les vais-
« seaux de Hiram et de Salomon, qui allaient trafiquer dans
« ce pays, n'avaient à parcourir que la longueur du golfe
« Arabique. Or cette distance se trouve de beaucoup trop
« courte pour s'accorder avec le récit de l'auteur du pre-
« mier livre des Rois, puisque, suivant cet écrivain, le
« voyage d'Ophir, en comprenant l'aller et le retour, de-
« mandait un espace de trois années. En second lieu, la
« ville de Dafar, située dans l'Arabie Heureuse, et dans la-
« quelle M. Gossellin a cru reconnaître le nom d'Ophir, se
« trouvant à plusieurs journées du rivage de la mer (*), il
« est, ce me semble, peu naturel de croire que cette ville
« ait été regardée comme le but des navigations des Juifs et
« des Phéniciens. Troisièmement, si l'Arabie Heureuse
« avait formé la limite du commerce de ces peuples, il est
« douteux que, pour arriver dans cette contrée, on eût

---

(1) *Historiche untersuchungen*, t. II, p. 253.

(*) Nous croyons devoir rapprocher ici de l'objection présentée par M. Quatremère l'opinion émise par le savant Fulgence Fresnel, au sujet de la position de Dafar : « Le nom de Zhafâr s'applique aujourd'hui
« non plus à une ville en particulier, mais à une série de villages si-
« tués sur la côte ou près de la côte de l'océan Indien, entre Mirbât et
« le cap Sedjir. Du plus oriental au plus occidental, il peut y avoir la
« distance de dix-sept ou dix-huit heures, ou deux journées de cara-
« vane. Voici les noms de ceux qui avoisinent le rivage en allant de l'est
« à l'ouest : Tàckah, Addahàriz, Albélid, Alhhàfah, Ssalâlah, Awckad.

« choisi la voie de la mer. Quand on connaît tout ce que la
« navigation du golfe Arabique présentait et présente en-
« core de dangers et d'ennui, quand on se figure cette mer
« étroite, semée de bas-fonds et de rochers, dont le fond
« est tapissé de larges bancs de coraux et de madrépores
« qui coupent les câbles des vaisseaux, sur laquelle on ne
« voyage pas sans avoir presque toujours la sonde à la
« main, on sentira, je crois, que cette route, pour arriver
« dans l'Arabie Heureuse, n'était pas, à beaucoup près, la
« plus courte ni la plus sûre, et que les commerçants de-
« vaient trouver un immense avantage et une grande éco-
« nomie de temps à préférer le chemin de la terre et à tra-
« verser la péninsule de l'Arabie, où de nombreuses
« caravanes de chameaux offraient, en tout temps, des moyens
« de transport assurés et peu dispendieux. C'est ainsi que la
« reine de Saba, se rendant auprès de Salomon, arriva à
« Jérusalem après avoir traversé le désert de l'Arabie ou
« côtoyé les rivages de la mer Rouge. . . . .

« . . . .

« Si les Phéniciens et les Juifs avaient eu pour but, dans
« leurs navigations, le commerce de l'Arabie Heureuse, nous
« verrions figurer en première ligne, parmi les produits

« Les quatre premiers points sont sur la mer, et les deux derniers à
« peu de distance du rivage. Celui que l'on nomme Bélid ou Hharekâm
« (c'est le nom chhkili) est en ruines, mais en ruines splendides; c'est
« l'antique Zhafàr. » (Voir les *Lettres sur l'histoire des Arabes avant
l'islamisme*, par Fulgence Fresnel. 1 vol. in-8, 4ᵉ lettre, page 27.)

Il ne nous appartient pas de décider entre les assertions contradictoires de deux hommes aussi érudits que M. Quatremère et M. Fresnel.
Mais celle de ce dernier fût-elle vraie, l'argumentation de M. Quatremère contre l'opinion de Gossellin sur Ophir est assez forte pour se passer de l'objection fondée sur l'éloignement de Dafar du rivage de la mer.

« de ce négoce, les aromates. On sait combien les parfums
« de tout genre sont estimés dans l'Orient, quelle consom-
« mation il s'en fait, tant à la cour des princes que chez les
« particuliers. Et les cérémonies du culte de Dieu, prati-
« quées avec tant de magnificence dans le temple que ve-
« nait de fonder Salomon, réclamaient l'emploi d'une im-
« mense quantité d'encens et d'aromates. Aussi, quand la
« reine de Saba se rendit en personne auprès du roi des
« Juifs, elle lui offrit, entre autres présents, une cargaison
« de parfums. Il est donc clair que, si les vaisseaux juifs
« avaient trafiqué dans l'Arabie Heureuse, ils n'auraient pas
« manqué de rapporter à Jérusalem un chargement de cette
« précieuse denrée. Or il n'en est fait aucune mention
« parmi les objets que les flottes combinées des Juifs et des
« Phéniciens allaient chercher dans la contrée d'Ophir. Et
« les marchandises indiquées par l'auteur des livres des
« Rois comme formant la principale branche du commerce
« d'Ophir, ou ne se trouvent pas dans l'Arabie Heureuse,
« ou ne s'y rencontrent pas en plus grande quantité que
« sur les côtes de l'Inde, de l'Afrique, et dans tout autre
« pays de l'Orient. Ainsi, par exemple, l'Arabie n'a jamais
« nourri d'éléphants. Par conséquent, l'ivoire n'y étant
« pas une production indigène, et ne s'y trouvant que
« parce qu'il y était importé d'ailleurs, ne pouvait former
« une branche de trafic tant soit peu importante.

« L'or, cette denrée précieuse que le pays d'Ophir versait
« dans le commerce avec tant d'abondance, ne paraît pas
« avoir été jamais un produit de l'Arabie, ou si la terre
« renfermait quelques filons de ce métal, ils ne furent ja-
« mais exploités, ni par les habitants ni par les étrangers...

« Les Ptolémées, les Romains, maîtres de l'Égypte, n'au-
« raient pas eu besoin d'entreprendre à grands frais des
« expéditions lointaines et hasardeuses, s'ils avaient eu à
« leur porte une source inépuisable de richesses qu'ils n'au-
« raient eu, pour ainsi dire, que la peine de ramasser. Or
« nous ne voyons pas, dans l'histoire, que l'Arabie ait jamais
« fourni au commerce de ces peuples une quantité d'or tant
« soit peu notable. Les écrivains arabes ou turcs n'ont ja-
« mais indiqué l'or, natif ou autre, comme formant une
« production de l'Arabie Heureuse (*). . . . . . .
« . . . .
« On a voulu rattacher au commerce que les Juifs entre-
« tenaient avec Ophir le voyage de la reine de Saba à Jéru-
« salem, et cette assertion ingénieuse peut avoir quelque
« chose de vrai; mais elle ne prouverait pas que la contrée
« d'Ophir fût identique avec les États de cette princesse (**).

(*) Dans l'intérêt de la thèse que nous avons pour but de développer dans ce premier livre, savoir, que les Arabes doivent être regardés comme les premiers navigateurs qui aient fréquenté la côte orientale d'Afrique, nous croyons devoir faire remarquer que, si l'argumentation de M. Quatremère, au sujet de la non-existence de l'ivoire et de l'or parmi les productions de l'Arabie, ne prouve pas absolument que les vaisseaux de Salomon ne pouvaient aller se charger de ces objets en quelque port de la côte sud d'Arabie, elle prouve, du moins, que, pour qu'ils les y trouvassent, il fallait qu'ils y fussent apportés du pays de production par d'autres navigateurs que les Hébreux et les Phéniciens. Et, en effet, avant l'époque dont il s'agit, l'or d'Ophir était connu des Iduméens; et la reine de Saba, elle-même, dont le pays ne produisait pas d'or, avait le moyen de se procurer ce précieux métal, puisque dans les présents qu'elle offrait au roi Salomon se trouvaient compris six-vingts talents d'or.

(**) La contrée d'Ophir pouvait être soumise à la reine de Saba, de même qu'à l'époque du Périple toute la côte d'Azanie se trouvait, nous dit l'auteur de ce récit, soumise, d'après un droit ancien, au souverain de l'Ara-

« On peut croire que les vaisseaux phéniciens et juifs, dans
« le cours de leur navigation, relâchaient quelquefois dans
« les ports de l'Arabie Heureuse et de la côte d'Afrique qui
« lui est opposée. La reine, considérant combien ce trafic
« pouvait devenir lucratif pour elle-même et pour ses su-
« jets, eut peut-être l'idée d'engager Salomon à établir,
« entre les deux pays, des relations commerciales qui ne
« devaient pas manquer de procurer, à l'un et à l'autre
« peuple, des profits incalculables. Tel fut, on pourrait le
« supposer, un des motifs qui déterminèrent la reine de
« Saba à venir en personne conduire une négociation qui
« lui paraissait, sans doute, trop importante pour être con-
« fiée à un simple ambassadeur.

« Les autres productions qui, avec l'or et l'ivoire, for-
« maient la cargaison des vaisseaux juifs et phéniciens, à
« leur retour d'Ophir, ne conviennent guère, si je ne me
« trompe, à l'Arabie Heureuse; on y chercherait vainement
« les pierres précieuses, le beau bois appelé *algummim* ou
« *almugghim*..... Les singes, il est vrai, se trouvent en
« très-grande abondance dans l'Arabie Heureuse; mais

bie première. C'est de cet indice que d'Anville a tiré son plus fort argument pour établir l'identité d'Ophir avec la côte orientale d'Afrique ou,
plus particulièrement, le pays de Sofala. Cette sujétion d'Ophir à l'autorité
de la reine de Saba étant admise, l'opinion que rappelle M. Quatremère ac-
querrait, dès lors, plus de vraisemblance. En acceptant, comme il le fait,
l'identité d'Ophir avec le pays de Sofala, on ne peut guère admettre, en
effet, que les vaisseaux phéniciens et juifs se soient dirigés, comme par
intuition, vers cette contrée d'Ophir, sans être d'abord entrés en communication avec Saphar ou quelque autre port de l'Arabie Heureuse, où
ils pouvaient trouver les indications nécessaires pour se diriger vers la
contrée qui devint ensuite le but des expéditions régulières faites par
le roi Salomon.

« ils ne sont là, comme ailleurs, que des hôtes fort incom-
« modes, pour lesquels on chercherait vainement des
« acheteurs.

« Une seconde opinion, qui a réuni un grand nombre de
« partisans, est celle qui place Ophir dans l'Inde, sur la
« côte de Malabar; car je ne parle pas des hypothèses des
« savants qui ont cherché cette contrée dans l'île de Ceylan,
« dans la presqu'île de Malaca ou dans l'île de Sumatra.
« Suivant les défenseurs de l'opinion que j'indique, le bois
« appelé *algummim* ou *almugghim* était le bois de sandal,
« les *toukkiïm* étaient les paons.

« Au premier abord, je l'avoue, cette supposition semble
« le mieux fondée et paraît de nature à obtenir tous les suf-
« frages; toutefois, quand on y réfléchit un peu, elle pré-
« sente des difficultés graves. Je n'insisterai pas sur ce que
« Strabon assigne à une époque bien postérieure aux voyages
« des Phéniciens à Ophir, la découverte des moussons qui
« conduisent les navigateurs dans l'Inde. En effet, cette as-
« sertion du géographe grec ne prouve rien. Que les Égyp-
« tiens, chez qui le commerce maritime était resté dans
« l'enfance, aient, durant une longue suite de siècles,
« ignoré le fait, aussi curieux qu'important, de ces vents
« réguliers qui soufflent alternativement dans une direc-
« tion opposée, ce n'est pas une raison de croire que les
« Phéniciens, ces navigateurs si habiles, aient partagé cette
« ignorance.

« Mais d'autres raisons, ce me semble, s'opposent à ce
« que l'on place dans l'Inde la contrée d'Ophir. Si les vais-
« seaux juifs et tyriens avaient fait voile pour la côte de
« Malabar, ou tout autre point de l'une ou de l'autre des

« presqu'îles en deçà et au delà du Gange, on verrait figu-
« rer, sur la liste, des marchandises apportées de ce pays :
« la soie, les châles, les riches tissus de coton, les parfums,
« le poivre, la cannelle et tant d'autres denrées que l'Inde a
« toujours envoyées en Europe. Mais aucun de ces produits
« ne se trouve indiqué par l'historien hébreu, tandis que
« l'or est désigné par cet écrivain comme ayant formé le
« principal objet qu'Ophir livrait au commerce, et celui
« qui attirait d'une manière spéciale les avides Phéniciens,
« et les engageait à s'élancer dans ces expéditions loin-
« taines. Or tout le monde sait que l'Inde n'a jamais
« fourni d'or au commerce ; cette contrée, si heureuse, si
« favorisée de la nature, ne possède pas de mines de ce mé-
« tal, ou, du moins, ses habitants ont eu le bon esprit de ne
« pas les exploiter. Ebn-Batoutah parle, il est vrai, d'une
« mine d'or qui existait dans l'Inde, mais il ne la regarde
« pas comme une des sources de la richesse du pays. Fi-
« rischtah, dans son *Histoire de l'Inde* (1), atteste égale-
« ment que le pays de Kemaoun fournit de l'or, que l'on
« obtient par des lavages; mais cette province, située tout
« à l'extrémité septentrionale du pays, n'a jamais pu en-
« voyer les produits de son sol sur la côte de Malabar
« pour contribuer aux spéculations du commerce maritime.
« Joignant aux produits riches et variés du sol inépuisable
« les merveilles d'une industrie qu'aucun autre peuple,
« jusqu'à ces derniers temps, n'avait pu surpasser, les In-
« diens n'avaient jamais eu de denrées des autres pays,
« tandis que toutes les nations du globe étaient plus ou

(1) Tome II, p. 789.

« moins leurs tributaires. Fournissant au luxe les diamants,
« les pierreries, les parfums, les tissus précieux, et tant
« d'autres objets devenus pour lui d'une nécessité indis-
« pensable, ils avaient toujours reçu en échange l'or et
« l'argent, les seules denrées précieuses que leur terre ne
« leur offrît pas. Aussi, dans les anciens temps, l'or des au-
« tres parties du globe a pris la route de l'Inde pour n'en
« plus sortir. . . . .

. . . .

« Quant à l'ivoire, que la contrée d'Ophir fournissait en
« abondance, il ne fut jamais un des produits de premier
« ordre que le commerce ait été chercher dans l'Inde. Ce
« n'est pas que cette contrée ne renferme un très-grand
« nombre d'éléphants de la plus haute taille; mais les ha-
« bitants, en général, se contentent de réduire à l'état de
« domesticité ces énormes quadrupèdes, et ne leur font
« pas la guerre pour leur arracher leurs défenses, qui,
« d'ailleurs, ne sont ni si grandes ni de si belle qualité que
« celles des éléphants d'Afrique.

« Dans le bois appelé *algummim* ou *almugghim* on a
« cru reconnaître le bois de sandal; mais il faut observer
« que, chez les Orientaux, ce bois est le plus souvent em-
« ployé comme parfum. Or nous ne voyons pas que le bois
« désigné par l'historien hébreu ait servi à un pareil usage,
« car Salomon en fit faire des instruments de musique et
« d'autres meubles pour le service du temple de Jérusalem.

« On croit généralement que le mot *toukkiïm* doit signi-
« fier des paons, et cette opinion semble, au premier
« abord, très-plausible; cependant une considération
« m'empêche d'adopter cette hypothèse : si les paons

« avaient été apportés en grand nombre dans la Palestine,
« à coup sûr ils se seraient multipliés dans cette contrée,
« ainsi qu'ils se propagent encore aujourd'hui dans des pays
« beaucoup plus septentrionaux. Or cet oiseau est tellement
« remarquable par la beauté extraordinaire de son plumage,
« que, sans doute, l'auteur du Cantique des cantiques et les
« autres écrivains hébreux auraient fait plus d'une fois al-
« lusion à l'élégance de ce volatile et à la magnifique parure
« de ses ailes ; mais il ne se trouve pas nommé ailleurs que
« dans le passage du livre des Rois où il est fait mention
« du commerce d'Ophir. Dans le xe siècle de notre ère,
« Massoudi (1) parle des paons que l'on allait chercher dans
« l'Inde, et que l'on transportait dans la Perse, où ils pon-
« daient habituellement. Plus tard l'écrivain persan de la
« vie du sultan Masoud le Gasnévide (2) atteste expressé-
« ment que, de son temps, les paons avaient été conduits
« de l'Inde dans la ville de Hérat, où ils s'étaient multipliés.
« Je sais que le paon, à une époque très-reculée, était
« connu des Grecs, qui avaient cru devoir consacrer ce ma-
« gnifique volatile à Junon, la reine des dieux. Mais ce fait
« ne prouve en aucune manière l'identité d'Ophir et de
« l'Inde ; il démontrerait, au contraire, que, dès avant le
« règne de Salomon, les Phéniciens avaient été, par une
« autre voie, chercher cet oiseau dans l'Inde, et l'avaient
« porté sur les côtes de la Méditerranée. On peut donc sup-
« poser que le mot hébreu *toukkiim* ne désigne pas réelle-
« ment le paon. . . . .

. . . .

(1) *Moroudj*, t. 1, folio 165 r. et v.
(2) *Man. pers. de Genty*, 38, folio 11 v., 12 r.

« Après avoir réfuté les hypothèses des savants qui ont
« placé Ophir dans l'Arabie Heureuse ou dans quelque par-
« tie de l'Inde, il me reste à exposer sur ce sujet mon opi-
« nion particulière. Si je ne me trompe, il faut en revenir
« au sentiment de d'Anville, Bruce, etc., et admettre que la
« contrée d'Ophir était située sur la côte orientale d'Afri-
« que, aux lieux où existe encore aujourd'hui le royaume
« de Sofalah. Cette hypothèse est celle qui, ce me semble,
« réunit en sa faveur le plus grand nombre de probabilités.

« D'abord, nous avons vu que l'or était la principale
« denrée que produisait Ophir, et que c'était surtout l'ap-
« pât de ce riche métal qui attirait dans cette riche contrée
« les vaisseaux juifs et phéniciens ; que le commerce de ce
« pays avait, dans l'espace de quelques années, jeté dans la
« Palestine une immense quantité d'or. Ce métal était si
« bien regardé comme étant, par excellence, un produit
« particulier à cette contrée, que, chez les écrivains hé-
« breux, le mot ophir est souvent employé d'une manière
« absolue pour désigner l'or. On doit croire que les ri-
« chesses métalliques apportées d'Ophir provenaient de
« mines abondantes que renfermait cette région. Or quel
« est le pays du globe qui, avant la découverte du nou-
« veau continent, a produit, dans tous les temps, la plus
« grande quantité d'or? Tout le monde répondra que c'est
« l'Afrique ; et même aujourd'hui, il paraît que cette par-
« tie du globe peut fournir l'or en plus grande quantité
« que l'Amérique elle-même. La poudre d'or d'Afrique a
« toujours été célèbre, d'autant plus que ce métal s'y trouve
« partout à un extrême état de pureté, et n'a besoin, pour
« être extrait des sables, que d'un simple lavage. Il est

« donc peu étonnant que les Phéniciens, instruits de bonne
« heure des trésors immenses que l'Afrique orientale pou-
« vait offrir à leur cupidité, aient profité de leur alliance
« avec Salomon, qui leur donnait un port sur la mer Rouge
« pour se lancer dans des expéditions lointaines et hasar-
« deuses, mais dont les périls étaient bien compensés par
« la certitude de bénéfices prodigieux ; ce commerce lucra-
« tif ne fut presque jamais entièrement interrompu. Bien
« longtemps après la ruine des Phéniciens, les Romains
« entretenaient avec les contrées de la Barbarie un trafic
« soutenu, sur lequel Cosmas (1) nous donne des détails
« intéressants, et qui avait pour principal objet d'obtenir,
« en échange de marchandises, une quantité plus ou moins
« abondante de poudre d'or. Au moyen âge, les Arabes,
« non moins commerçants et non moins avides que les
« Phéniciens, allaient faire de fréquents voyages sur la côte
« orientale d'Afrique et dans l'île de Madagascar, d'où ils
« rapportaient surtout de l'or. . . . .

« Un passage du livre de Job semble encore venir à
« l'appui de mon opinion : l'écrivain de ce livre vénéra-
« ble (2) fait mention des *poussières d'or* עַפְרוֹת זָהָב. Cette
« expression, que l'on a traduite d'une manière peu exacte
« par *gleba auri*, désigne, je crois, l'or en poudre, tel
« qu'on le recueille avec tant d'abondance dans les sables
« d'Afrique. . . . .

« Quant à l'ivoire, il est inutile d'insister beaucoup pour
« prouver que l'Afrique en a, dans tous les temps, livré au
« commerce une immense quantité. Les éléphants, dans

---

(1) *Topographia Christiana*, p. 140.
(2) Chap. xxviii, v. 6.

« cette partie du monde, ne sont pas, comme dans l'Inde,
« attirés dans des piéges et pris vivants, pour être ensuite
« apprivoisés et employés comme monture des grands, ou
« pour porter de lourds fardeaux. Les nègres, qui font à cet
« énorme quadrupède une guerre acharnée, n'ont pour but
« que de le tuer, afin de lui enlever ses défenses, qui de-
« viennent l'objet d'un trafic considérable. . . . .

« Quant aux singes, on sait que l'Afrique en renferme
« une immense quantité, de toutes les espèces. Il est même
« remarquable que cette partie du globe a, dans les temps,
« fourni les singes que les bateleurs employaient pour
« amuser les passants. . . . .

« Les oiseaux appelés *toukkïïm* étaient, si je ne me
« trompe, les perroquets ou les perruches. On conçoit fa-
« cilement que ce bel oiseau, si commun dans l'Afrique, ait
« pu, dans ces temps anciens, comme encore de nos jours,
« exciter une sorte d'engouement et devenir, pour les
« Juifs et pour les Phéniciens, un objet de commerce assez
« important. On sent aussi que cet oiseau, qui ne se repro-
« duit pas en captivité, a dû bientôt disparaître des con-
« trées où son plumage et son langage l'avaient fait re-
« chercher durant quelque temps. On pourrait croire aussi
« que, par le mot *toukkïïm*, il faudrait entendre la pin-
« tade, qui est si commune en Afrique, dont le plumage,
« si régulièrement tacheté, avait pu procurer à cet oiseau,
« dans quelques contrées de l'Orient, un succès de mode.

« Nous avons vu que les pierres précieuses faisaient partie
« des marchandises que la contrée d'Ophir offrait au com-
« merce des Phéniciens et des Juifs. Or le vaste continent
« de l'Afrique produit, en aussi grande abondance que

« d'autres contrées du globe, des pierreries de divers
« genres. . . . .

« . . . . . Quant au bois précieux appelé *almugghim*,
« ou *algummim*, il serait peu difficile de lui trouver son
« analogue en Afrique. Cette partie du globe renferme tant
« d'espèces de beaux bois, dont les unes sont propres pour
« la teinture, d'autres pour la menuiserie, que l'on n'au-
« rait, à cet égard, d'autre embarras que celui du choix.
« Comme je dois ici me borner à ce qui concerne les côtes
« orientales de l'Afrique, il existe dans ces contrées trois
« genres de bois dont les auteurs arabes parlent en plu-
« sieurs endroits avec beaucoup d'éloges, je veux dire le
« bois de *bakam*, c'est-à-dire le bois du Brésil, et celui qui
« porte le nom de *kand*. Comme l'usage du premier est
« borné à la teinture, et que les deux autres, c'est-à-dire
« le bois de *kand* et celui de *sadj*, nous sont représentés
« par les Orientaux comme des bois précieux dont on for-
« mait de très-beaux ouvrages de menuiserie, il me semble
« que l'un ou l'autre de ces bois peut être regardé comme
« répondant à celui que l'historien hébreu nomme *al-
« gummim* (*).

(*) Voici, pour compléter l'indication donnée par M. Quatremère, en ce qui concerne les bois que produit la côte orientale d'Afrique, une note des diverses essences qui, à notre connaissance, existent actuellement sur le littoral de cette côte, avec l'indication des usages auxquels ces bois sont ou pourraient être appropriés; nous les désignons par leur nom indigène, sans pouvoir dire si quelqu'un d'entre eux correspond aux bois de *bakam*, de *kand* et de *sadj*, cités, par M. Quatremère, d'après les auteurs arabes.

Le *m'zimbati*. Ce bois a beaucoup de ressemblance avec le *teck* de l'Inde. Le tronc de l'arbre n'atteint pas une très-grande hauteur; mais il a communément de 2 à 3 mètres de circonférence à sa base, il sert aux constructions, pour bordages et grosses pièces droites.

« D'après les détails dans lesquels je viens d'entrer, je
« crois être autorisé à conclure que le pays d'Ophir, où
« abordaient les vaisseaux de Salomon et de Hiram, était
« réellement la contrée de Sofalah, située sur la côte orien-
« tale d'Afrique. »

Si le lecteur, après avoir lu ces extraits du mémoire de

Le m'voulé. Ce bois est de couleur rougeâtre; il se conserve moins à l'eau que le précédent; mais on en fait de même des bordages, des madriers et de belles planches.

Le m'tonddooh (takamaka de Madagascar). Ce bois fournit de bonnes courbes pour les constructions maritimes, et on en tire aussi des pièces de mâture.

Le m'tché. Ce bois est très-lourd et très-dur; il fournit des pièces de quille de très-grande dimension.

Le m'sikoundazi. Ce bois a, pour la couleur, quelque rapport avec le noyer et le gaïac; on en tire de très-belles planches.

Le m'gnienvou. Cet arbre fournit de très-bon bois, mais dont les pièces n'atteignent pas plus de 6 à 8 mètres sur 25 à 30 centimètres; on l'emploie dans la construction des bateaux.

Le m'sambarao. Ce bois, dont on trouve fréquemment, à Zanzibar, des plateaux de 1^m,50 de large, est employé pour construire les portes massives des maisons arabes. Très-solide, très-lourd, il résiste aux vers et même aux termites; il est susceptible de recevoir un très-beau poli. Il est d'une couleur jaune clair, avec des veines blanches, noires et rouges, très-agréablement fondues.

Le m'tcha. Cet arbre atteint des dimensions de 18 à 20 mètres. On en fait des pièces de mâture superbes, bien qu'un peu lourdes.

Le m'sandarouss. C'est un bois dur et résineux, qui donne aussi des pièces de mâture.

Le m'gourousi. C'est une espèce de bois de fer incorruptible. On en tire des poutres et des poutrelles.

Comme bois plus particulièrement propres à la menuiserie et à l'ébénisterie, on en trouve sur toute la côte.

Le m'tata. Ce bois est jaune, veiné, très-dur, se travaillant bien, susceptible d'un très-beau poli.

Le m'komasi. Ce bois est rouge vif, très-beau, pouvant se travailler finement.

Le calambaki. Bois de senteur très-odorant, d'une couleur verte et

M. Quatremère, veut prendre connaissance de celui non moins intéressant de d'Anville (1), il restera convaincu qu'on ne saurait accumuler, en faveur d'une opinion, plus de preuves décisives que ne l'ont fait ces deux savants, dont les écrits résument d'ailleurs, en les corroborant, ceux de leurs devanciers, et notamment les ouvrages de l'ancien évêque d'Avranches, Huet, l'auteur du savant traité des *Navigations de Salomon*, publié au commencement du XVIIIe siècle. Pour ce qui nous regarde, nous nous trouvons forcé de convenir que, malgré les assertions contraires, et notamment celle du savant Gossellin, nous acceptons comme acquis à l'histoire 1° que le pays d'Ophir d'où provenaient les produits apportés par les flottes de Salomon était situé à la côte orientale d'Afrique, et plus particulièrement dans la partie de cette côte connue sous le nom de *Mozambique* et de *Sofala*; 2° qu'au temps où ce roi régnait, les navigateurs hébreux et phéniciens communiquaient

---

noire bien mélangée, susceptible de recevoir un très-beau poli. On en fait de fort jolies cassettes.

Le *mananingha*. Bois jaune orange veiné de rouge, d'un grain fin, dur et bien marbré.

Le *fenès* (jaquier). Bois de couleur jaune curcuma, très-employé pour les décorations des portes et fenêtres, et très-propre à la sculpture. Les artistes de Zanzibar le fouillent avec beaucoup de goût et de perfection.

Toutes les forêts avoisinant Senna sont peuplées d'arbres fournissant des bois d'ébénisterie très-curieux, et entre autres de l'ébène de fort belle qualité. Le fleuve semble s'offrir pour transporter ces bois à la mer.

Nous avons emprunté une partie de ces détails au rapport de M. Loarer, qui, à titre d'agent du ministère du commerce, a pris part à la mission dont cet ouvrage a pour but de publier les résultats.

(1) Mémoire sur le pays d'Ophir, où les flottes de Salomon allaient chercher l'or, par M. d'Anville, tome XXX, *Mémoires de littérature tirés des registres de l'Académie royale*, etc., pag. 83 à 93.

avec cette côte. Ce commerce de l'or d'Ophir était, du reste, antérieur à Salomon ; car, outre ce que nous avons déjà dit dans une note précédente, que l'or d'Ophir était connu des Iduméens avant le temps de David, le livre des *Paralipomènes* fait mention d'une grande quantité d'*or d'Ophir* tenue en réserve par ce dernier prince; et il est naturel de penser que, pour arriver au point où il se trouvait sous Salomon et Hiram, il avait fallu que ce commerce existât depuis longtemps, et qu'il se fût même écoulé une longue suite d'années depuis le jour où, pour la première fois, des navigateurs venus des régions au nord de la mer Érythrée avaient doublé le cap des Aromates, descendu la côte jusqu'à Sofala et reconnu la possibilité du riche trafic que dix siècles avant J. C. Salomon et ses alliés exploitaient avec tant de hardiesse et de bonheur. Cherchons donc l'origine de ce mouvement commercial et tâchons de remonter jusqu'aux hardis pionniers qui mirent les premiers les pieds sur ces rivages et en firent connaître aux Phéniciens la situation géographique et les richesses.

Quand on promène les yeux sur la carte du monde, quelques instants de réflexion suffisent pour se rendre compte de l'admirable position topographique occupée par la péninsule arabique. Appuyée, du côté du nord-ouest, au rivage de la Méditerranée, qui la met en rapport avec tous les pays que cette mer baigne, elle s'enfonce comme un coin entre l'Asie et l'Afrique, participant de la nature de chacun de ces deux continents, et prête ainsi à les rendre tous les deux tributaires de son génie et de sa situation; puis elle refoule l'océan Indien jusqu'à ce que sa côte sud-est vienne se placer en regard de celle de l'Inde et parallèlement à une partie du rivage oriental de l'Afrique. L'Océan, en s'échancrant profondément sous la saillie de l'immense presqu'île, l'enveloppe d'une vaste ceinture d'eau qui lui ménage à la fois un canal de circumnavigation et une ligne de défense infranchissable. Au nord-est, où une lacune existe, le désert, à son tour, la protége : la mer de sable continue l'Océan et le supplée, et tous deux lui font, au milieu de l'ancien monde, une de ces positions insulaires prédestinées au monopole commercial. Elle supporte, à son extrémité sud-est, tout l'effort de ce cintre géant que la nature a tracé du cap des Courants à Ceylan ; au nord-ouest, elle est le point d'appui de tout le système commercial établi entre le bassin de la mer Méditerranée et celui de la mer de l'Inde.

Dans une grande partie de son étendue, le sol en est aride et ingrat. Le désert, qui se ramifie à sa surface, en rompt l'unité, et de nombreuses oasis parsèment çà et là cette immense mer de sable. Son indépendance générale étant assurée par sa situation géographique, et l'indépendance individuelle de ses habitants commandée, pour ainsi dire, par sa constitution géologique, elle a dû être longtemps à se créer une unité politique, même éphémère ; et, par suite, toute l'énergie qu'elle n'a pu, comme ses voisins, dépenser dans les nécessités des grandes guerres, elle a dû l'employer forcément aux spéculations commerciales.

En effet, tout semble marquer à l'Arabie sa mission providentielle dans cette sphère d'activité. N'est-ce pas la Providence qui, pour procurer à l'habitant de ces contrées le libre parcours de ses immenses lagunes de sable, lui a donné un merveilleux moyen de transport, le chameau, sobre comme lui, comme lui infatigable ? L'Arabe, porté, avec ses marchandises, par ce précieux animal, a pu traverser toute l'étendue de son territoire et communiquer, de tout temps, au nord et à l'est, avec les peuples qui remplissaient, aux premiers âges, la scène du monde.

Il a l'Égypte d'un côté, de l'autre la Palestine, la Syrie, Babylone, la Chaldée, la Perse ; et, pour le solliciter à chercher d'autres tributaires et à se créer sur l'Océan des routes nouvelles, plus rapides que ses navigations dans les sables sur le dos de son chameau, douze cents lieues de côtes lui ouvrent les mers dans toutes les directions. A l'est, c'est le golfe Persique qui, par l'Euphrate, remonte au cœur de la partie occidentale de l'Asie et se resserre à Ormus pour mettre l'Inde à deux pas du rivage de l'Arabie. A l'ouest, c'est la mer Rouge qui le transporte au flanc oriental de l'Égypte et de l'Abyssinie, et qui, rapprochant ses rives au détroit de Bab-el-Mandeb, semble l'inviter à franchir ce canal d'une enjambée, pour l'introduire dans les mystérieuses solitudes du centre de l'Afrique, que l'ancien monde n'a pas connues et que souvent même il a niées. Enfin, entre ces deux golfes, l'Arabe possède le vaste rivage que viennent battre les vagues de l'océan Indien : immense bassin dont il ignore les profondeurs, mais dont il connaît inévitablement les deux côtés est et ouest, car ses yeux en ont vu le commencement au delà des gorges des deux détroits, et son imagination a pu facilement les prolonger dans la vaste étendue de mer qui se déploie vers le sud.

Ce n'est pas tout : les circonstances météorologiques conspirent avec la disposition des lieux pour l'entraîner aux régions lointaines. Les vents eux-mêmes lui fournissent le mot de l'énigme. Dans ces parages la brise n'a pas de ces caprices qui déroutent les prévisions du marin et déconcertent son audace. Pendant six mois de l'année, la mousson entraîne du sud-ouest au nord-est et les nuages du ciel et les vagues de la mer, et pendant les six autres mois, régulièrement, mathématiquement, pour ainsi dire, vagues et nuages sont portés par le vent dans une direction diamétralement contraire.

Ce phénomène a-t-il pu longtemps échapper à l'observation de l'Arabe du sud ? A-t-il fallu des siècles pour que celui-ci entendît et comprît cette révélation qui, pendant six longs mois, gronde sous ses pieds et au-dessus de sa tête ? Eh quoi ! ce phénomène si clair et si simple, si visible, si tangible (qu'on nous passe l'expression), dont les phases ont une si longue durée et une régularité si parfaite, aurait-il fallu au pêcheur arabe plus de temps, pour le connaître, qu'il n'en a fallu au pasteur des temps primitifs pour lire, presque couramment, les nombreux hiéroglyphes tracés sur la voûte céleste ? Certes, cela n'est pas admissible ; aussi, lorsqu'on nous raconte comme un événement merveilleux la découverte faite par Hippale dix siècles après l'époque où les vaisseaux des Tyriens et des Hébreux allaient chercher l'or des mines de Sofala, poussés par cette mousson qui n'était déjà plus le secret exclusif des Arabes, on prouve seulement la légèreté présomptueuse des nouveaux venus sur ces mers, et le caractère peu communicatif de ceux dont ils partageaient le monopole commercial.

Ainsi donc, nous devons admettre, comme incontestable,

la découverte faite, dans les temps les plus reculés, par les Arabes de l'Yémen et du Hhadheurmâ'ut, de ce phénomène si intéressant, qui se passait, pour ainsi dire, chez eux, et que les navigateurs, d'après les Arabes eux-mêmes, ont nommé *mousson* (1). En conséquence, maîtres, de bonne heure, de cette clef de la navigation de l'océan Indien, les Arabes devenaient forcément, pour peu que les circonstances les entraînassent à prendre ce rôle, les intermédiaires obligés entre les peuples assis sur les bords de la Méditerranée, dans le golfe de Syrie, et les contrées qui prolongeaient, au midi, le continent africain.

En effet, la navigation du golfe Persique était naturelle au navigateur arabe : en suivant ses bords et franchissant le détroit d'Ormus, où il touchait à la fois d'une main l'Asie et de l'autre le rivage de la patrie, il côtoyait de proche en proche la Carmanie, la Gédrosie, l'Indo-Scythie, jusqu'à la péninsule de Laris (2), poussé par la mousson de l'ouest pendant toute la durée de laquelle il lui était impossible de songer à retourner en arrière vers son point de départ (3). Arrivé au sinus Barygazenus, et le revirement périodique

(1) Du mot arabe *maussem*, qui signifie *époque marquante*.

(2) La Carmanie avait pour limite maritime orientale le mont Carpella, aujourd'hui le cap Jacks, portion de côte comprise dans le littoral de la province nommée depuis *Kerman*.

La côte de Gédrosie s'étendait du mont Carpella jusqu'à l'embouchure de l'Indus, où figurent aujourd'hui les pays de Mekran et de Lus.

L'Indo-Scythie s'étendait des bouches de l'Indus jusqu'au delà du sinus Barygazenus, aujourd'hui golfe de Cambaie, et comprenait ainsi les pays que nous connaissons sous les noms de *Sind*, de *Cotch* et de *Gouzerate*, ce dernier représentant la péninsule de Laris.

(3) Vers la fin de la mousson de sud-ouest, les vents passent successivement à l'ouest, au nord-ouest et au nord avant de s'établir au nord-est, qui est la direction générale de la mousson dite de nord-est.

s'opérant dans la direction des vents, il lui était facile, de tâtonnement en tâtonnement, de tentative en tentative, de se laisser dériver au double courant de l'atmosphère et des flots, le long du rivage de cette presqu'île indienne qui, au fond de chaque baie ou derrière chaque promontoire, lui offrait ou lui faisait pressentir une source nouvelle de richesses, jusqu'à ce qu'enfin, sans trop de périls et sans obstacle insurmontable, il en vînt à toucher les bords de l'antique Taprobane.

Du côté de l'occident, même facilité, même pente naturelle, même conspiration des éléments pour entraîner le bateau de l'Hedjaz ou de l'Yémen vers des points de la côte d'Afrique de plus en plus éloignés. Laissant de côté les communications si simples et si incontestables entre les deux rives opposées du golfe Arabique, comment supposer que l'Arabe ait résisté longtemps à l'attrait de ce monde qui semblait venir au-devant de lui toucher presque à l'embouchure du détroit, dont les grèves s'arrondissaient sous ses yeux, et qui, pour peu qu'il s'aventurât sur les eaux en s'avançant, par degrés, dans la largeur du golfe Avalitique (1), lui montrait dans l'air transparent les sommets de ses montagnes, jusqu'à la pointe orientale du continent ? Certes, en peu de temps, l'appât de l'inconnu, les irrésistibles suggestions de la cupidité, les récits de quelque aventurier, durent lui faire franchir tous les degrés de cet arc de cercle qui commence au détroit, et l'entraîner, un jour, jusqu'au cap des Aromates qui le termine à l'est.

De cette position, il planait, presque par tous les côtés,

(1) Le fond du golfe compris entre la côte sud d'Arabie et la côte d'Adel.

sur les abîmes incommensurables, excepté sur un point où son regard, décrivant les contours du cap, surprenait le brusque renversement de la côte, et suivait, avec une ardente curiosité sans doute, le rivage s'enfonçant dans le sud-ouest vers des limites inconnues. Qu'il ait hésité quelque temps devant ces horizons infinis, cela est facile à comprendre ; mais ici, comme à la côte indienne, les trésors naissaient sous la proue de son bateau, et l'attiraient vers le midi par un attrait magique ; ici, comme là-bas, sa prudence pouvait s'appuyer sur la présence du rivage, qui lui servait comme de rampe pour descendre de baie en baie, de promontoire en promontoire, vers des lieux plus éloignés. Puis l'expérience lui apprit bientôt que, si la mousson de nord-est le surprenait au sud du cap des Aromates, les vents et les courants le retenaient fatalement captif derrière cette barrière infranchissable, qui ne s'ouvrait plus pour lui qu'au bout de six mois, au renversement de la mousson. Après cette expérience, et elle dut être prompte, il n'eut plus qu'à s'abandonner aux éléments pour faire la conquête maritime et commerciale de tout ce littoral, si bien doué par la nature pour tenter et satisfaire des marchands aussi avides que les Arabes.

La pratique de la navigation des deux côtes une fois acquise, le navigateur de ces contrées, récapitulant les faits et les observations, avait pu reconnaître que la direction suivie pour descendre la côte de l'Inde différait peu de celle qu'il avait dû suivre en côtoyant le littoral oriental de l'Arabie et de l'Afrique. Il lui avait suffi, pour cela, de rapporter l'une et l'autre direction à certaines positions du soleil ou d'étoiles remarquables. Calculant alors les distances parcourues au moyen du temps qu'il y avait employé, il dut arriver (ce n'est, il est vrai, qu'une hypothèse) à comprendre que, dans ce vaste trapèze, dont sa pensée, avec les éléments donnés, traçait assez exactement la base de l'extrémité connue de la presqu'île indienne au cap des Aromates, il pouvait, se confiant à la mousson favorable, se décider à perdre de vue cette terre qu'il avait prise pour guide dans ses premières navigations, et se porter d'une côte à l'autre sans s'astreindre à suivre leurs sinuosités. C'est, comme nous le verrons, ce que fit plus tard Hippale, cité dans une des pages qui précèdent.

Maintenant que, à l'aide de considérations tirées de l'analogie et des données géographiques et météorologiques, nous avons rendu facilement acceptable l'opinion que les Arabes ont, dès la plus haute antiquité, connu et fréquenté tout le pourtour de la mer Érythrée, revenons en arrière, et demandons à l'histoire ce qui se passait au point de vue commercial parmi les grandes nations qui florissaient alors en Asie.

Aussi loin que remonte l'histoire authentique, nous trouvons des traces qui prouvent que le commerce des denrées de l'Inde était déjà en vigueur. La *casse* et le *cinnamome* (qui paraissent n'être que deux qualités de la même épice, la cannelle) étaient importés à Tyr et en Égypte dès les temps les plus reculés. Moïse en parle souvent, et dans les termes les plus précis; il énumère même des quantités telles (500 *sicles* de myrrhe, 500 de casse, 250 de cinnamome), qu'on en conclut naturellement que ces substances n'étaient ni rares ni difficiles à se procurer. Nul doute que les magnificences de Ninive, de Babylone, de Thèbes durent prendre en partie leurs sources dans le commerce des productions de l'Inde, et les importations que les Phéniciens en firent dans toutes les villes du littoral de la Méditerranée, prouvent surabondamment les communications incessantes établies alors entre l'opulente presqu'île et les nations qui l'avoisinaient. Mais ce qu'il faut surtout remarquer, c'est que, parmi les précieux objets fournis par ce commerce, la substance la plus curieuse était la cannelle, dont nous venons de constater la présence chez les Hébreux au temps de Moïse, et que la cannelle, pourtant, n'a pu être trouvée dans des lieux plus rapprochés que Ceylan ou la côte de Malabar.

Eh bien! quels pouvaient être les agents de ce vaste trafic, s'alimentant seulement que dans des contrées aussi éloignées que l'étaient ces deux dernières?.....

Les Hindous? Mais l'aversion superstitieuse de ce peuple pour la mer est un fait acquis à l'histoire. « La religion « de l'Inde, dit le docteur W. Vincent (1), défend aux « natifs de passer l'*Attock*, c'est-à-dire la *rivière défen-* « *due* (l'Indus); et, si leur religion était primitivement la « même qu'aujourd'hui, ils ne pouvaient pas naviguer sur « la mer, car ceux-là mêmes qui voyagent sur les rivières « doivent venir prendre leurs repas à terre. » Il n'est plus étonnant, après cela, que l'histoire ne fasse point mention des Hindous comme navigateurs.

Étaient-ce les Perses ou les Égyptiens? Mais leurs préjugés politiques ou religieux contre la mer, et même contre ceux qui la fréquentaient, ont été aussi mentionnés dans l'his-

---

(1) *The Periplus of the Erythrean sea.*

toire (1). Une circonstance qui fait voir le peu d'habitude que les Perses avaient de la navigation, c'est qu'Alexandre, entouré de leurs troupes et à la porte de leur pays, ne les employa pas pour le service de sa flotte lorsqu'il s'embarqua sur l'Indus pour entrer dans la mer. Quant à l'Égypte, ses communications avec l'Inde, dans les âges reculés, n'auraient pu être habituelles sans laisser un long retentissement dans les traditions de l'antiquité. L'envahissement de l'Inde par Sésostris, à la tête d'une flotte de quatre cents voiles, et l'émigration de Danaüs en Grèce, sont des faits purement politiques et militaires, que l'histoire peut bien accepter comme elle accepte les vagues rumeurs des temps primitifs, mais qui ne sauraient servir de base à la constatation d'un mouvement commercial pareil à celui qui exista entre l'Inde et les nations asiatiques en deçà de l'Euphrate et de la mer Érythrée.

Sans doute, les nations voisines, telles que la Perse et la Chaldée, ne manquèrent pas de trafiquer avec une contrée aussi riche, et de faire passer, par la voie de terre, une partie des denrées que leur commerce en obtenait, aux peuples situés au nord et au nord-ouest de leurs frontières; mais si l'on fait attention aux immenses difficultés que devaient présenter, pour le transport par terre, la longueur des voyages, les fleuves à traverser, et surtout les hautes montagnes, dont les chaînes barrent le pays en plusieurs endroits, et si, d'un autre côté, on étudie soigneusement la carte, on sera convaincu que, pour faire arriver ces denrées soit aux peuples les plus florissants de l'Asie occiden-

(1) Voir Gossellin, t. II, *Recherches sur la géographie des anciens*; Diodore, liv. I; Marco-Polo, liv. III.

tale, soit aux nations maritimes qui se trouvaient en position de les répandre sur tout le littoral de la Méditerranée, la route la plus courte, la plus facile, et presque l'inévitable, assurément, devait être celle qui, mettant à profit la navigation établie dès longtemps sur l'océan Indien et le golfe Persique, venait, par les ports de l'Arabie, chercher une issue vers la Mésopotamie, la Syrie, l'Égypte et les rivages de la mer qui les baigne, soit à travers le désert, soit par la mer Rouge.

C'est, en effet, ce qui eut lieu, et l'histoire est là qui le prouve. De tout temps, d'immenses caravanes, parties de Minéa, dans l'intérieur de l'Arabie, de Gerrha, sur la côte occidentale du golfe Persique, de Hhadeurma'ut sur l'Océan, et même de Sabéa et de l'Yémen, venaient se rencontrer, non loin du golfe Elanitique, à Pétra, dont les ruines magnifiques nous racontent encore l'antique puissance ; et de là, dans toutes les directions, elles s'acheminaient vers l'Égypte, la Palestine (1) et la Syrie, par Arsinoë, Gaza, Tyr, Jérusalem, Damas et une infinité d'autres routes secondaires, qui aboutissaient toutes à la Méditerranée. Plus tard, quand la navigation des Arabes se perfectionna, et qu'une pratique fréquente leur eut enseigné les dangers de la mer Rouge et les moyens de les conjurer, une grande partie de ce transit se fit par cette voie de communication, et il s'y joignit les riches produits que les Sabéens recevaient des régions lointaines de la côte orien-

---

(1) Voici ce qu'on trouve dans Ézéchiel : « Ceux de Dan et de Savan, « allant de pays en pays, apportaient de la casse, de la canne et du fer « brillant. Les marchands de Sheba et de Noameh faisaient le commerce « de toutes les principales épices, de l'or et des pierres précieuses. »

tale d'Afrique. Aussi n'est-il pas douteux que, si les Phéniciens furent les premiers navigateurs qui introduisirent les marchandises de l'Orient chez tous les peuples assis sur les bords de la Méditerranée, les Arabes (1) furent les intermédiaires obligés, des mains desquels ils les reçurent de tout temps. Si l'histoire de Sésostris n'est pas une de ces légendes qu'on trouve invariablement dans le berceau de tous les peuples enfants, s'il faut ajouter foi aux historiens qui n'ont pas hésité à conduire la flotte de ce monarque à travers la mer Rouge et l'océan Indien jusqu'au Gange, il est indubitable que ce sont les Arabes qui l'auront guidée sur ces mers. Si, d'un autre côté, nous acceptons l'opinion que Sésostris n'était qu'un personnage fictif, auquel les Égyptiens attribuaient toutes leurs grandes aventures nationales, comme les Grecs faisaient pour Hercule, il n'en restera pas moins avéré que ces peuples fréquentaient l'océan Indien : or nous avons montré qu'ils n'avaient pu y être introduits que par les Arabes et sur des vaisseaux montés par des équipages arabes.

Quant aux navigations de Salomon en Ophir, ou plutôt à la côte de Sofala, sur les navires manœuvrés par les marins de Tyr (fait bien autrement assuré que le voyage de Sésostris), il paraîtra à tous, comme à nous, impossible d'admettre que ce roi, qui n'avait pas de marine, ou que les Tyriens, qui n'avaient pas de port sur la mer Rouge,

---

(1) Agatharchides, bibliothécaire d'Alexandrie, qui écrivait 200 ans avant J. C., constate que, de son temps, on regardait les épices comme un produit de l'Yémen, preuve que les navigateurs gréco-égyptiens ne naviguaient pas encore au delà de Saba. C'étaient donc les Arabes qui les y amenaient de l'Inde, puisque l'Arabie ne les produit pas. — Nous reviendrons, plus tard, sur cette question.

aient découvert eux-mêmes l'existence de la riche contrée qu'ils allaient visiter, et bravé, spontanément et de prime saut, les périls et les difficultés de cette navigation lointaine. A moins de tenir pour avéré que les Phéniciens avaient antérieurement à cette époque fait le tour du continent africain, et pour constaté que cet immense périple pouvait aboutir au fond du golfe Arabique (question que nous allons examiner tout à l'heure), force nous est d'admettre que la connaissance du pays dont il s'agit, obtenue depuis longtemps par les Arabes, si bien placés pour y arriver, comme nous l'avons fait voir, s'est transmise de chez eux chez les Hébreux, avec lesquels ils avaient tant de rapports et d'origine de langage, tant d'analogie physique et morale, et, de plus, d'incessantes communications, comme le prouve à chaque page l'histoire sainte, et notamment ce long voyage entrepris et réalisé par la reine de Saba pour aller visiter le grand roi Salomon.

Aussi, comme toutes ces données s'éclaircissent et se confirment dès que l'histoire commence à parler un langage mesuré et positif! Néarque, envoyé par Alexandre pour parcourir les mers de l'Inde, découvre sur la côte de Gédrosie des traces nombreuses de la navigation arabe. Il y trouve des noms de villes arabes, des vaisseaux arabes et un pilote arabe pour le conduire; il écrit au long le mot *djezira* (île ou presqu'île), et rencontre, établi sur le rivage, à peu de distance de l'Indus, le peuple appelé *Arabitæ*, qui, selon toute probabilité, n'était qu'une colonie venue de la rive opposée du golfe. Ce n'est pas tout : ce commerce des Arabes avec les côtes de l'Inde était un fait tellement établi à cette époque, il s'y était déjà tellement développé par une longue existence antérieure, que, lorsque les premiers Ptolémées voulurent se soustraire à ce monopole, qui venait, jusqu'au sein de leur royaume, leur faire payer si cher les denrées demandées, et que, dans ce but, ils ouvrirent la navigation de la mer Rouge à leurs flottes, celles-ci, ainsi que nous le verrons plus tard, arrivèrent bien à franchir le détroit, mais elles s'arrêtèrent à Saba, et la conviction des Grecs fut longtemps que les richesses qu'ils y trouvaient étaient les produits directs de l'Arabie elle-même.

Par toutes les considérations analogiques et historiques précédentes, nous croyons avoir suffisamment prouvé que l'Arabie a été, de tout temps, le centre du commerce entre les nations de l'Orient et les peuples riverains de la Méditerranée; que les Arabes livraient les produits de ces contrées au commerce des Phéniciens et des Égyptiens; que les Arabes, de temps immémorial, avaient découvert la partie de l'Afrique orientale située au sud du détroit, et la fréquentaient au moins jusqu'à Sofala; enfin que les autres peuples n'y parvinrent plus tard qu'après eux et par eux. De cette étude préliminaire et des autres renseignements fournis par l'histoire subséquente, renseignements développés et qui se développeront en leur lieu dans le cours de cette introduction, il résultera ce fait capital : tous les peuples qui ont touché à la côte orientale d'Afrique, les Hébreux, les Tyriens, les Égyptiens, les Grecs, les Romains, et de nos jours, enfin, les Portugais, n'ont fait que passer sur cette côte, et, en s'éteignant, leurs relations commerciales ou leur domination temporaires ont laissé, après elles, les établissements ou la domination arabe qui les y avaient précédés et qui leur ont survécu.

Il nous reste, à présent, à étudier la question sous un autre point de vue. Sans doute, la navigation arabe, dont l'histoire a si peu parlé, se trouvait plus qu'une autre en position d'arriver à la côte orientale d'Afrique et d'y progresser ; sans nul doute aussi, les Phéniciens, si célèbres, au contraire, comme navigateurs, n'avaient pas de port sur la mer Rouge qui les mît à même d'arriver à cette côte par la voie la plus directe. Mais n'est-il pas possible d'admettre que le génie maritime de ces derniers leur ait permis de s'avancer bien au delà des parages connus des autres nations, et de parvenir jusqu'à l'océan Indien en contournant l'Afrique par l'ouest et le sud ? Ceci nous amène à nous occuper des circumnavigations africaines, sujet de tant de controverses. Faisons-le donc le plus succinctement possible, mais avec un esprit entièrement dégagé de tout système préconçu. Pour cela rappelons-nous les considérations préliminaires mises en tête de ces pages, afin de ne pas nous laisser influencer outre mesure par les objections tirées de la distance des lieux, des périls de la mer et de la faiblesse des moyens de navigation alors en usage ; tenons-nous enfin dans une certaine défiance contre les anciens historiens, même les plus savants, qui, ne se trouvant jamais en rapports assez directs et assez fréquents avec les voyageurs et les commerçants, racontaient généralement assez mal, niaient outre mesure ou croyaient avec exagération, et se trouvaient trop souvent disposés à n'accueillir les informations plus exactes qui leur survenaient que par le mot de l'abbé de Vertot : « Mon siége est fait. »

Hérodote, qui écrivait vers l'année 445 avant J. C., a, le premier, fait mention d'une circumnavigation autour de l'Afrique. Voici ce qu'on lit dans un endroit de l'ouvrage où il traite de l'étendue de la terre et de la forme des continents (1) :

« La Libye montre elle-même qu'elle est environnée de
« la mer, excepté du côté où elle confine à l'Asie. Né-
« chos (2), roi d'Égypte, est le premier que nous sachions
« qui l'ait prouvé! Lorsqu'il eut fait cesser de creuser le
« canal qui devait conduire les eaux du Nil au golfe Ara-
« bique, il fit partir des Phéniciens sur des vaisseaux, avec
« ordre d'entrer à leur retour, par les colonnes d'Hercule,
« dans la mer septentrionale (3) et de revenir de cette ma-
« nière en Égypte.

« Les Phéniciens, s'étant donc embarqués sur la mer
« Érythrée (4), naviguèrent dans la mer australe. Quand
« l'automne était venu, ils abordaient dans l'endroit de la
« Libye où ils se trouvaient, et semaient du blé. Ils atten-
« daient ensuite le temps de la moisson, et, après la ré-
« colte, ils se remettaient en mer. Ayant ainsi voyagé pen-
« dant deux ans, la troisième année ils doublèrent les co-
« lonnes d'Hercule et revinrent en Égypte. Ils racontèrent,
« à leur retour, qu'en faisant voile autour de la Libye ils
« avaient eu le soleil à leur droite. Ce fait ne me paraît nul-
« lement croyable; mais, peut-être, le paraîtra-t-il à quel-
« que autre. C'est ainsi que la Libye a été connue pour la
« première fois. »

Ce qui frappe surtout à la première lecture de ce récit,

---

(1) Traduction d'Hérodote, par Larcher, t. III, p. 154 et 155.
(2) Néchos vivait de 617 à 601 avant J. C.
(3) La mer Méditerranée.
(4) Le golfe Arabique.

c'est le cachet de simplicité, de vraisemblance et de bonne foi dont il est empreint, et qui est parfaitement en harmonie avec le bon sens et la véracité ordinaires d'un historien aussi sérieux et d'une aussi grande considération que l'a toujours été Hérodote ; aussi n'est-il pas étonnant que beaucoup de savants et de géographes aient partagé, et partagent encore, la croyance au fait affirmé par ce passage des œuvres du père de l'histoire. Quand une affirmation se produit en des termes positifs, qu'elle ne répugne point au sens commun et qu'elle ne dépasse pas les limites du possible, il est bien difficile de la combattre avec succès par de simples raisonnements. On peut entasser contre elle des objections plus ou moins puissantes, mais la preuve directe n'arrive pas et la solution recule sans cesse ; le point en litige reste tout au plus douteux, admis par les uns et rejeté par les autres. Il y a plus, ce partage des opinions, au lieu de nuire à l'assertion de l'historien, la corrobore de toute la force des objections réfutées.

Deux autorités puissantes résument, à nos yeux, tout ce qui a été dit contre la vérité du fait exposé par Hérodote ; ce sont 1° l'ouvrage du docteur W. Vincent, sur *le Périple de la mer Érythrée*, attribué à Arrien ; 2° *les Recherches sur la géographie des anciens*, par Gosselin.

Le docteur Vincent s'est servi de l'argument des difficultés et des périls de la mer avec une exagération qui ne paraît pas d'un bon augure pour la cause qu'il plaide. Il ramasse avec complaisance, dans tous les auteurs qui ont traité de la matière, Marco-Polo, El-Edrisi, Marmol, Bruce, etc., tout ce qu'il peut trouver de plus propre à jeter l'effroi dans l'imagination de son lecteur; il rappelle les noms donnés par les marins à certains points de leurs relâches ou à certains parages visités par eux (1), la *prison*, le *détroit du tombeau*, le *port de la mort*, la *porte de l'affliction*, etc.; puis il s'écrie : « Si telle était la terreur des marins, qui visitaient les comptoirs de la côte orientale d'Afrique avec la mousson favorable, qu'ils aient pu affecter aux lieux où ils passaient des dénominations aussi lugubres, quelle eût été leur épouvante, et comment l'auraient-ils exprimée, s'ils avaient entrepris de passer le cap Corrientes, et s'ils s'étaient avancés jusque dans l'Océan qui entoure la pointe sud de l'Afrique, au milieu de ses vagues hautes comme des montagnes, *the mountainous billows of the stormy cape.* »

Le docteur Vincent aurait pu cependant apprendre, auprès de la multitude de marins de son pays qui faisaient, de son temps, le voyage de l'Inde, qu'il est souvent aussi facile de doubler le cap de Bonne-Espérance que d'aller de Douvres à Calais. Ignorait-il que la navigation de la Méditerranée, parcourue cependant, par les Phéniciens, dans tous les sens et dans tous ses parages, est souvent, par la force des coups de vent, la hauteur et la dureté des vagues, et la présence de nombreux archipels, tout aussi périlleuse que la navigation de l'Océan qui entoure la pointe sud de l'Afrique? Le docteur Vincent avait-il oublié aussi que ces mêmes Phéniciens s'étaient, à ce qu'il paraît, avancés jusqu'à la mer Baltique, le long des côtes occidentales de l'Europe, qui ne le cèdent en rien à celles du continent africain sous le rapport des dangers dont elles sont semées et de l'inclémence des éléments.

(1) *The Periplus of the Erythrean sea*, by W. Vincent, part the first, p. 169.

Après avoir épuisé toutes les ressources de l'argumentation que nous venons de combattre, le docteur Vincent passe à un autre genre d'objections encore moins acceptable. Il cherche à retirer à l'opinion qui admet, comme vraie, l'exécution du voyage autour de l'Afrique, l'appui qu'elle reçoit de la croyance qu'y ajoutaient les anciens. Il expose que, à l'époque du Périple d'Arrien et jusqu'au temps de Pline, on ne connaissait des côtes d'Afrique, du côté de l'est, que la partie au nord du cap Delgado; du côté de l'ouest, que celle qui a pour borne au sud la *corne* d'Hannon (d'après lui, cap Noun ou cap Bojador), en sorte que Pline et les autres auteurs qui croyaient à la réunion de l'océan Indien et de l'Atlantique la plaçaient précisément sur un parallèle qui s'étendait de l'un à l'autre de ces caps opposés. Par suite de cette conviction, non-seulement ils supprimaient le vaste triangle compris entre cette ligne hypothétique et les deux côtés qui vont se confondre au cap de Bonne-Espérance, mesurant ensemble une étendue qui n'a pas moins de 84 degrés de longueur, mais encore ils rapprochaient les deux caps de manière à rendre presque nulle la longitude qui les sépare. Cette erreur des anciens, suivant le docteur Vincent, leur a fait regarder la circumnavigation de l'Afrique comme une chose aussi aisée à exécuter que de doubler le premier cap venu, et, selon lui, ils auraient admis qu'elle avait été faite, par la seule raison qu'ils la croyaient facile : ils l'eussent niée, prétend-il, s'ils avaient connu la configuration réelle de l'Afrique méridionale.

Cette supposition du savant docteur est tout à fait gratuite; fût-elle vraie, elle n'ébranlerait en rien la confiance que peut mériter le récit d'Hérodote. Qu'importent les erreurs de Pline et des géographes de son temps ? Qu'auraient fait à la solution de la question leur incrédulité et leur dénégation ? Lorsqu'un fait est affirmé par une autorité respectable, et qu'il se présente accompagné de circonstances qui le rendent probable, il n'y a que deux manières de l'infirmer, c'est de faire comparaître des témoignages qui le contredisent absolument, ou de prouver victorieusement qu'il est impossible. Ni l'un ni l'autre n'a été fait.

Le docteur Vincent s'étonne ensuite que le nom du chef de cette expédition soit resté dans l'oubli. Comment, dit il, une aussi magnifique découverte n'a-t-elle pas immortalisé le nom de son auteur? Comment l'histoire reste-t-elle muette à son sujet, lorsque, dans les écrits d'Hérodote lui-même, elle a conservé le nom de Sataspes, que Xercès avait envoyé faire le tour de l'Afrique par le détroit de Gadès, et qu'il fit mettre à mort parce qu'il était revenu sans l'exécuter ? Nous ne saurions partager l'étonnement du docteur Vincent; la tradition est pleine de ces lacunes. L'histoire nous a transmis le nom d'Érostrate, qui incendia le temple d'Éphèse, et nous ignorons le nom de l'architecte qui éleva la cathédrale de Cologne. L'Amérique ne porte pas le nom de celui qui l'a découverte; et, si Christophe Colomb eût vécu dans un siècle moins civilisé et privé du bienfait de l'imprimerie, son nom serait peut-être même resté enseveli dans l'oubli des générations. Concluons que le récit de l'aventure de Sataspes ne prouve rien, si ce n'est qu'il fallait que la possibilité de faire le tour de l'Afrique fût un article de foi assez généralement admis pour que le roi de Perse fît mettre à mort un homme qui n'avait pu l'exécuter. Remarquons, d'ailleurs, que le malheureux Sataspes avait commencé sa navigation par le côté où elle était le plus difficile; il s'arrêta comme devait s'arrêter plus tard Hannon, le navigateur carthaginois.

Nous terminerons cette discussion par l'énoncé de l'objection la plus sérieuse du docteur Vincent. Les Arabes, dit-il, ont, de temps immémorial, parcouru les bords de l'océan Indien; ils avaient dépassé, sur la côte orientale d'Afrique, la limite des connaissances de l'Égypte, de la Grèce et de Rome; enfin, après une longue suite de siècles, les Portugais les ont trouvés, de nos jours, établis à Mozambique. Eh bien ! il n'a jamais été question qu'ils eussent doublé le cap de Bonne-Espérance; aucun de leurs géographes n'en a fait mention, et il ne s'en est pas conservé le moindre souvenir dans les établissements qu'ils ont occupés de tout temps et qu'ils occupent encore.

L'objection est spécieuse; mais voici ce qu'on peut y répondre : Si les Phéniciens ont été précédés par les Arabes à la côte orientale d'Afrique, ils n'en sont pas moins regardés comme des navigateurs tout au moins aussi courageux, plus aventureux peut-être, à coup sûr plus instruits que les Arabes; et ils avaient de bien plus fortes raisons que ceux-ci de tourner l'Afrique au sud, puisqu'ils n'avaient pas de port sur la mer Rouge. D'un autre côté, il est fort possible d'admettre que les Arabes se sont avancés jusqu'au cap, l'ont contourné et ont remonté la côte opposée dans le nord-ouest, mais qu'ils ont dû renoncer de bonne heure à poursuivre une navigation longue et périlleuse en voyant qu'ils ne rencontraient plus dans ces parages nouveaux les richesses trouvées si abondamment par eux, et avec moins de peine et de dangers, sur la côte orientale et sur celle de l'Inde.

Si nous examinons maintenant la réfutation de Gossellin (1) nous y trouvons le même système d'arguments indirects, les seuls possibles, du reste, contre le récit simple et positif d'Hérodote. Ce n'est pas le fait lui-même que Gossellin combat (2), ce sont les arguments mis en avant, par ceux qui ont cru à la vérité du récit d'Hérodote, pour servir d'appui à leur opinion.

Ces arguments sont au nombre de trois :

1° Les anciens n'auraient point su que l'Afrique était une véritable péninsule, si le tour n'en avait pas été fait par quelque navigateur.

2° Les Phéniciens ont raconté qu'ils avaient mis environ trois ans pour faire le tour de l'Afrique, et cette circonstance est une preuve de son exécution.

3° Enfin, autre preuve, les Phéniciens ont rapporté qu'en faisant voile autour du continent africain ils avaient eu le soleil à leur droite.

M. Gossellin prétend, avec raison, que ce ne sont pas là des preuves suffisantes; que les Égyptiens, au temps d'Hérodote, savaient assez de géographie et d'astronomie pour affirmer que l'Afrique était une péninsule, et qu'au sud du

---

(1) *Essai sur la géographie des anciens*, par Gossellin, p. 207 et suiv.

(2) Voici ce qu'on lit à la page 207 de l'ouvrage de Gossellin : *Nous sommes loin de penser que le tour de l'Afrique n'avait jamais été fait avant Néchos; les nombreux témoignages que nous avons recueillis sur une géographie perfectionnée des temps très-antérieurs à ceux dont nous parlons ne permettent guère de douter que toutes les côtes du continent n'eussent été parcourues. Il ne serait donc pas impossible que la relation qui nous occupe eût été forgée d'après le souvenir confus de ces antiques voyages.*

tropique du Cancer on pouvait, en regardant l'occident, voir le soleil à sa droite; enfin qu'on est trop ignorant de la manière dont avançaient les navires des anciens, de leur vitesse absolue ou relative aux vents, aux courants, à l'usage fait de la voile ou de la rame, pour se permettre de voir un argument péremptoire dans la durée du temps assigné par les Phéniciens à leur circumnavigation.

Tout cela est vrai, mais prouve la maladresse des adversaires combattus par Gossellin. Lui-même, à son tour, tombe dans l'erreur quand il prétend faire accepter comme arguments sérieux

Qu'Hérodote ne croyait pas lui-même la zone torride habitable;

Que les Phéniciens ne font aucune mention du fait astronomique si important qui a dû se présenter dans leur voyage, à savoir la disparition des étoiles circumpolaires, notamment la Grande et la Petite Ourse, et leur réapparition à l'approche de l'équateur sur la rive occidentale;

Enfin, qu'ils racontent avoir fait leurs semailles en automne, sans remarquer le changement qui avait dû s'opérer dans l'ordre des saisons par suite de leur arrivée au tropique austral, changement qui devait faire correspondre l'automne avec une époque de l'année diamétralement opposée.

Non, ce ne sont pas là des objections valables; et pour ne parler que de la dernière, elle nous paraît facile à réfuter. Qu'importe, en effet, que l'automne de l'hémisphère nord corresponde au printemps de l'hémisphère sud, si pour ce dernier les semailles, au lieu de se faire dans son automne, se font dans son printemps? Or c'est ce qui a lieu, nous pouvons l'affirmer, sur la côte orientale d'Afrique au sud de l'équateur, où les céréales sont semées dans les mois de novembre et de décembre, fin de l'automne pour les Phéniciens et fin du printemps de l'hémisphère sud dans le langage des astronomes. Les Phéniciens, qui, dans leurs voyages, continuaient, sans doute, de compter le temps selon l'habitude de leur pays, ont donc pu dire au moins, pour ce qui concerne une partie de leur périple, qu'ils avaient semé en automne.

Hérodote nous a donné un récit simple, sans prétention, avouant naïvement que lui-même ne le regardait pas comme croyable. Ses idées erronées en géographie et en astronomie en faisaient un fort mauvais juge. Aussi ne juge-t-il pas, il raconte, et expose avec bonne foi ses scrupules au lecteur. A l'appui du fait, il ne nous présente que quelques circonstances; ces circonstances sont très-appréciables, on ne peut le nier, mais ce n'est pas, après tout, le rapport des Phéniciens qu'il nous transmet. Qui nous dit que ceux-ci n'avaient pas laissé de leur voyage une description qui eût satisfait Gossellin? Nous ne la possédons pas, voilà tout, mais elle a probablement existé, et il a pu arriver ou que ceux qui ont communiqué le fait à Hérodote ne lui aient pas tout dit, ou qu'Hérodote lui-même, qui ne croyait pas le récit digne de foi, ait négligé de donner des détails qui pouvaient lui paraître insignifiants à lui et qui eussent été concluants pour d'autres. Dans tous les cas, nous ne pourrions concevoir que l'absence, dans la narration de l'historien, de certaines choses qui auraient pu s'y trouver dût réduire à néant ce qu'il y a mis.

L'examen que nous venons de faire des objections présentées contre la réalité d'une expédition phénicienne autour de l'Afrique nous permet de conclure (telle est, du moins, notre conviction), que, malgré les autorités imposantes qui l'ont combattue, elle conserve toute la probabilité que lui donne l'intéressant récit d'Hérodote.

Ce récit, au reste, n'est pas le seul document qui nous soit parvenu, relativement à la circumnavigation de l'Afrique. Nous n'avons pas la prétention de les passer tous en revue; nous ne nous occuperons ni du *mage* (ou du nommé *Magos*) qu'Héraclide le Pontique fait arriver, vers l'an 280 avant J. C., chez Gélon, roi de Syracuse, et qui se vantait d'avoir fait le tour de l'Afrique ; ni d'Hannon, à qui on a faussement attribué cette gloire, puisqu'il dit lui-même, dans son périple, s'être arrêté à un cap qui ne peut être que le cap Noun ou le cap Bojador; ni de l'homme de Cœlius Antipater, cité par Pline, qui, pour l'objet de son commerce, se rendait d'Espagne en *Éthiopie* (1), prise inconsidérément par Huet pour l'Éthiopie orientale, tandis qu'il ne s'agissait que de l'Éthiopie occidentale; ni, enfin, du fait rapporté par Pline, et relatif aux débris d'un vaisseau espagnol naufragé qui furent trouvés sur les côtes du golfe Arabique, lorsque Caïus César, fils d'Agrippa, y commandait. Toutes ces traditions, dénuées de preuves et de détails, ne pouvaient en rien servir, et n'ont jamais servi de base à l'opinion de ceux qui ont cru à l'exécution du tour de l'Afrique par les anciens. Après l'expédition faite sous Néchos, il ne reste plus, selon nous, d'important que le récit d'Eudoxe de Cyzique.

(1) Les anciens confondaient sous le nom d'*Éthiopiens* tous les hommes de couleur noire.

L'aventure de cet Eudoxe remonte au siècle de Ptolémée Lathyre, c'est-à-dire à 100 ans environ avant l'ère chrétienne; elle est, par conséquent, postérieure de cinq siècles à la relation du périple des Phéniciens, sous Néchos (1). C'est un roman fort curieux et fort intéressant que la vie de cet aventurier ; malheureusement pour sa véracité et pour la solidité de la cause que ses partisans ont soutenue, il existe de lui deux relations différentes, et il se trouve que ces deux relations sont entièrement contradictoires. Pour toute réfutation, nous allons les transcrire toutes les deux, et, comme elles se détruisent l'une l'autre, nous serons dispensé d'en discuter les erreurs, les mensonges et les impossibilités.

La première de ces relations se trouve dans Pomponius Méla, extraite d'un ouvrage perdu de Cornélius Népos (2), qui la tenait d'une source inconnue. Après avoir parlé des Éthiopiens de Méroë, Méla passe à la description des côtes d'Afrique, à partir du détroit de Bab-el-Mandeb (3) :

« Au delà, les côtes se prolongent au sud-est (4), et n'of-

---

(1) Si nous parlons ici de l'aventure d'Eudoxe, sans considération pour l'ordre chronologique des faits, c'est pour nous débarrasser, une fois pour toutes, de la question des circumnavigations africaines, qui ne ferait, plus tard, qu'entraver le récit.

(2) Pompon. Méla, lib. III, cap. IX, x, p. 291-302.

(3) Ce qui suit est presque entièrement extrait de l'ouvrage de Gossellin.

(4) La description que donne ici Méla annonce que ce géographe connaissait assez mal cette côte, déjà fort bien décrite, cependant, trente ans auparavant, par Artémidore d'Éphèse (*Artemidor. apud Strab.*, lib. XVI, p. 773, 774, *et supra*, p. 171, 172).

Dans les anciennes cartes, on abaissait beaucoup trop au midi le cap des Aromates : c'est ce qui explique la direction sud-est donnée à la côte d'Adel par Méla.

« frent rien de remarquable. Ce sont de vastes plages, de
« hautes montagnes escarpées, et la côte, par son élévation,
« ressemble plutôt aux bords d'un fleuve qu'au rivage de
« la mer.

« Ensuite vient une côte très-longue et entièrement
« déserte (1).

« On a douté, pendant quelque temps, si la mer s'éten-
« dait au midi de cette côte, si elle achevait de circonscrire
« le continent, ou si l'Afrique, inculte et stérile, se pro-
« longe indéfiniment.

« Mais on est instruit qu'Hannon, envoyé par les Cartha-
« ginois, après avoir passé les colonnes d'Hercule, a par-
« couru une grande partie de l'Océan; que, partout, il a
« trouvé une mer libre, et qu'il n'est revenu sur ses pas
« que parce que les vivres lui ont manqué.

« D'un autre côté, Népos assure que, du temps de nos
« aïeux, un certain Eudoxe, fuyant la colère de Lathyre,
« roi d'Alexandrie, sortit du golfe Arabique, navigua sur
« l'Océan, et parvint à Cadix.

« Ainsi l'on s'est procuré quelques connaissances des
« côtes de cette mer (2). »

Ce qui suit est le résultat des découvertes d'Eudoxe, dont
Méla va rendre compte, en les liant immédiatement à ce
qu'il vient de dire.

« Au delà des côtes désertes dont nous venons de parler,

---

(1) Il s'agit, probablement, ici de la côte d'Ajan; mais il est singulier
que Méla ne fasse pas mention du cap des Aromates (*Guardafui*), et n'indique pas le brusque changement de la côte, qui, après avoir couru à
l'est, se renverse brusquement au sud-ouest.

(2) Voyez ci-après la note 1, page 60, pour ce qui regarde le plus ou
moins d'exactitude des traductions.

« on trouve des peuples muets, qui ne peuvent se faire en-
« tendre que par signes; les uns ont une langue et ne peu-
« vent articuler aucun son; les autres n'ont point de lan-
« gue ; d'autres ont les lèvres jointes ensemble, et n'ont
« qu'un petit trou sous les narines, par lequel ils boivent
« au moyen d'un chalumeau, et, lorsqu'ils veulent manger,
« ils aspirent une à une les graines qu'ils rencontrent.
« Avant l'arrivée d'Eudoxe, le feu était tellement inconnu
« à quelques-uns de ces peuples, et ils en furent si émer-
« veillés, qu'ils embrassaient les flammes avec transport, et
« cachaient dans leur sein des charbons ardents, jusqu'à
« ce que la douleur les leur fit abandonner (1).

« Après ces peuples, la côte forme un vaste golfe, et dans
« ce golfe est une grande île qu'on dit n'être peuplée que
« de femmes dont le corps est velu, et qui deviennent fé-
« condes sans le secours des hommes. Elles sont si farou-
« ches, que les liens les plus forts suffisent à peine pour les
« contenir. C'est Hannon qui rapporte ce fait ; et l'on ne
« peut se refuser à le croire, puisque, après en avoir fait
« tuer quelques-unes, il les fit écorcher et en apporta les
« peaux (2).

« On remarque, après avoir passé ce golfe, une monta-

(1) Ce qui précède n'est qu'un mauvais roman assez ridicule, et c'est tout ce qu'Eudoxe *a observé* sur cette immense étendue de côtes qui s'étend de la côte d'Ajan à la rivière de Nun. Ce qui va suivre n'est que la copie du périple d'Hannon, faite à rebours, avec quelques erreurs de plus.

(2) L'île des *Gorilles* (orangs-outangs) (*) est le point le plus avancé au sud qu'Hannon ait atteint sur la côte orientale d'Afrique. Gosselin place cette île à l'embouchure de la rivière qui est près du cap *Noun*; d'autres pensent qu'Hannon a atteint le cap *Bojador*.

(*) Voyez la note 2 de la page précédente.

« gne élevée et toujours embrasée, que les Grecs appellent
« *Theón Ochema*, le char des dieux, etc..... »

Nous croyons inutile de reproduire la suite de cette relation, qui n'est d'aucun intérêt pour le sujet qui nous occupe ; qu'il nous suffise d'avoir établi qu'Eudoxe a commencé sa prétendue navigation à l'issue du golfe Arabique, et que, dans un trajet de plus de 3,000 lieues, il n'a pu rapporter, comme résultat de ses observations, que les quelques fables absurdes qui précèdent le passage où, arrivé à l'île des *Gorilles*, il ne fait plus que copier le Périple d'Hannon, en y mêlant des erreurs qui lui sont propres.

Voici maintenant la seconde relation attribuée à Eudoxe. C'est Possidonius (1) qui, après l'avoir entendue à Cadix, où Eudoxe avait raconté ses aventures, l'a donnée comme preuve de la possibilité de faire le tour de l'Afrique, dans un passage de ses ouvrages perdus que Strabon avait extrait, et qu'il nous a conservé.

« Possidonius, écrit Strabon, parlant de ceux qu'on dit
« avoir navigué autour de l'Afrique.... raconte qu'un cer-
« tain Eudoxe de Cyzique, député et chargé de faire des li-
« bations aux jeux Corinthiens, vint en Égypte sous le rè-
« gne d'Évergète second ; qu'il eut des conférences avec ce
« prince et ses ministres, et particulièrement sur la naviga-
« tion du Nil dans sa partie supérieure. Cet homme obser-
« vait avec attention les particularités des lieux, et il était,
« d'ailleurs, assez instruit.

« Dans le même temps, le hasard fit qu'un Indien fut
« amené au roi par ceux qui gardaient le fond du golfe Ara-

---

(1) *Possidon. apud Strab.*, lib. II, p. 98 et sequent

« bique. Ils disaient l'avoir trouvé, seul et à demi mort,
« dans un navire. Ils ne pouvaient savoir ni qui il était ni
« d'où il venait, parce qu'ils n'entendaient point son lan-
« gage. On le mit entre les mains de gens qui lui apprirent
« le grec : quand il le sut, il conta comment, après s'être
« embarqué sur les côtes de l'Inde, il s'était égaré et avait
« abordé dans le lieu où il fut trouvé, après avoir vu mourir
« de faim tous ses camarades. Il promit que, si on voulait
« le renvoyer, il montrerait le chemin des Indes aux pilotes
« que le roi choisirait pour s'embarquer avec lui.

« Eudoxe fut du nombre de ceux que le roi nomma. Il
« partit avec différents objets destinés à faire des présents,
« et rapporta en échange des aromates et des pierres pré-
« cieuses...; mais il fut privé des profits qu'il avait espéré
« faire, parce que le roi s'appropria tout ce qu'il rappor-
« tait.

« Après la mort de ce prince, Cléopâtre, sa veuve, prit
« les rênes du gouvernement et fit repartir Eudoxe avec plus
« de marchandises que la première fois. Dans son retour,
« les vents le portèrent sur la côte d'Éthiopie; il aborda en
« quelques lieux, fit amitié avec les habitants, leur donna
« des vivres, ainsi que du vin et des figues séchées, qu'ils
« ne connaissaient point ; il reçut en échange des secours
« et des guides, mit par écrit quelques mots de leur langue,
« et trouva un morceau de bois qui avait formé la partie
« antérieure d'un navire, sur laquelle était sculptée la fi-
« gure d'un cheval : comme il apprit que ce fragment avait
« fait partie d'une navire venu des plages occidentales, il
« l'emporta et reprit sa route.

« Arrivé en Égypte, il ne trouva plus Cléopâtre sur le

« trône. Le fils de cette reine (Ptolémée Lathyre) y était
« monté, et Eudoxe fut dépouillé une seconde fois de tout
« ce qu'il rapportait, parce qu'on découvrit qu'il avait dé-
« tourné plusieurs objets à son profit. Quant aux débris du
« navire qu'il avait embarqués, il les exposa, dans le mar-
« ché, à l'examen des pilotes, et ils furent reconnus pour
« avoir fait partie d'un vaisseau de Cadix. Les commerçants
« de cette ville arment de gros bâtiments ; mais les moins
« riches en ont de petits qu'ils appellent *chevaux*, parce
« que la figure d'un cheval est représentée sur leur proue.
« Ils s'en servent pour aller pêcher sur les côtes de la Mau-
« ritanie jusqu'au fleuve *Lixus*. Des pilotes reconnurent
« même ces débris pour avoir appartenu à un navire qui,
« avec quelques autres, avait tenté de s'avancer plus loin
« que le *Lixus*, sans qu'aucun d'eux eût jamais reparu.

« D'après ces renseignements, Eudoxe, ayant conclu qu'il
« était possible de faire par mer le tour de l'Afrique, re-
« tourna chez lui, et se remit en mer avec tout ce qu'il
« possédait. Il relâcha d'abord à Dicæarquie (1), ensuite à
« Marseille, et parcourut ainsi la côte jusqu'à Cadix, annon-
« çant partout son projet. Ayant rassemblé des fonds, il
« arma dans cette ville un grand navire et deux barques
« semblables aux bâtiments légers des pirates; ensuite il
« embarqua des esclaves musiciens, des médecins, des ar-
« tisans, et fit voile pour l'Inde, poussé par des vents qui
« soufflaient de l'ouest (2) sans interruption. Son équipage,
« fatigué, le força d'aborder où le vent le portait. Il crai-
« gnait le flux et le reflux : ce qu'il craignait arriva; le

(1) Aujourd'hui Pouzzoles, près de Naples.
(2) Les vents alizés, à ce qu'il paraît, n'étaient pas encore inventés.

« navire toucha, mais doucement, de sorte qu'il ne fut pas
« subitement brisé; on eut le temps de sauver les mar-
« chandises, et même la plus grande partie des bois du
« vaisseau, qui servirent à construire une troisième barque
« aussi grande qu'un bâtiment à cinquante rames. Eudoxe
« reprit sa route, jusqu'à ce qu'enfin il rencontra des peu-
« ples qui parlaient la même langue que celle dont il avait
« mis quelques mots par écrit, et il en inféra que ces peu-
« ples étaient de la même nation que les Éthiopiens, chez
« lesquels il avait abordé autrefois (1), et semblables à ceux
« qu'il avait vus dans le palais de Bogus.

« Alors il abandonna son voyage aux Indes, et com-
« mença son retour. Chemin faisant, il aperçut une île
« déserte, abondante en eau et en bois, il en marqua la
« position. Arrivé heureusement en Mauritanie, il vendit
« son navire, et se rendit par terre auprès de Bogus, à qui
« il conseilla d'envoyer une flotte vers les lieux d'où il ve-
« nait. Mais le conseil de ce prince s'y opposa, dans la
« crainte que, montrant ainsi le chemin aux étrangers, on
« ne fût exposé à leurs incursions. Eudoxe apprenant en-
« suite que, sous prétexte de le charger de l'exécution de
« son projet, on devait l'abandonner dans quelque île dé-
« serte, se sauva sur les terres de la domination romaine, et
« de là en Ibérie.

« Il arma de nouveau un petit bâtiment rond, et un au-
« tre long, à cinquante rames, l'un propre à tenir le large,
« l'autre à reconnaître les côtes. Il embarqua des outils de
« labourage, des graines, des ouvriers pour bâtir des mai-

(1) Sur la côte orientale d'Afrique. Voyez plus haut.

« sons, et recommença son voyage, résolu, si sa navigation
« se prolongeait jusqu'à une saison trop avancée, d'hiver-
« ner dans l'île qu'il avait remarquée précédemment, d'y se-
« mer, d'y faire la moisson, et d'achever ensuite la naviga-
« tion qu'il avait entreprise. Voilà, dit Possidonius, ce que
« j'ai appris des aventures d'Eudoxe : sans doute que les
« habitants de Cadix et de l'Ibérie connaissent les particula-
« rités de ce dernier voyage. »

Pour mieux faire apprécier ce récit, que nous avons extrait tout entier de l'important ouvrage de Gossellin (1), nous allons le faire suivre des réflexions qu'il a suggérées à ce savant géographe.

« Ainsi, dit Gossellin, voilà une nouvelle histoire d'Eu-
« doxe, entièrement différente de celle que nous avons
« rapportée, et aussi inconnue à Cornélius Népos, à Méla
« et à Pline, que la première l'avait été à Possidonius et à
« Strabon. Rien, sans doute, n'en prouve mieux la fausseté
« que cette étonnante variation entre deux auteurs tels que
« Népos et Possidonius, qui, s'efforçant d'établir un même
« fait, en appellent à la déposition d'un même navigateur,
« et présentent, néanmoins, des preuves tellement oppo-
« sées, qu'on ne connaît point d'exemple d'une contradic-
« tion plus forte.

« On peut voir dans Strabon avec quel mépris il réfute
« cette relation, et comment il démontre l'invraisemblance
« de presque tous les événements dont elle est remplie.
« Nous ne le suivrons pas dans sa critique, nous nous bor-

(1) Voir, pour toute cette question du voyage d'Eudoxe, le grand ouvrage de Gossellin, *Recherches sur la géographie des anciens*, t. I, de a page 217 à 239.

« nerons à quelques remarques qui auront un rapport plus
« direct à l'objet qui nous intéresse.

« Admettons, pour un instant, qu'Eudoxe ait exécuté
« tous les voyages dont Possidonius vient de parler, il en
« résultera incontestablement

« 1° Qu'Eudoxe ne s'est point embarqué sur le golfe Ara-
« bique, et qu'il n'a point traversé l'Océan méridional, pour
« se rendre de l'Égypte à Cadix, comme il l'avait dit dans
« sa première relation;

« 2° Que c'est, au contraire, d'Alexandrie qu'il est parti
« pour Cyzique, en traversant la Méditerranée; que de Cy-
« zique il a passé à Pouzzoles, à Marseille et de là à Cadix,
« en longeant toujours les côtes méridionales de l'Europe;

« 3° Que, par conséquent, il n'est nullement question du
« tour de l'Afrique à cette époque, la seule, cependant, à
« laquelle on puisse rapporter le récit de Cornélius Népos;

« 4° Que, si Eudoxe a pensé réellement à entreprendre ce
« grand voyage, ce n'est que par l'océan Atlantique qu'il a
« espéré de pouvoir réussir, puisqu'il a cru devoir se rendre
« à Cadix pour le tenter : il ne peut donc plus être question
« de son départ de l'embouchure du golfe Arabique;

« 5° Enfin que, dans les divers séjours qu'Eudoxe a faits
« à Cadix, loin de s'être vanté jamais d'avoir fait le tour
« de l'Afrique, il convenait, au contraire, qu'il ne l'avait
« point achevé.

« Il n'existe donc, dans tout ce rapport très-circonstancié,
« aucun vestige de la première expédition qu'Eudoxe s'était
« attribuée, ni rien qui laisse soupçonner qu'il ait fait le
« tour de l'Afrique. Il est vrai qu'Eudoxe n'était pas encore
« de retour de sa dernière entreprise, lorsque Possidonius

« partit de Cadix; mais il est certain aussi que, depuis, on
« n'en a plus entendu parler. »

Ce passage, extrait textuellement de l'ouvrage de Gossellin (1), résume parfaitement, selon nous, les impressions qui devront naître dans l'esprit de tous ceux qui liront ces deux relations des voyages d'Eudoxe; aussi nous croyons-nous en droit de les regarder, avec lui, comme le roman d'un aventurier.

Nous terminerons ici ce que nous avions à dire au sujet de la navigation de l'océan Indien et de la connaissance de l'Afrique orientale, acquise, dans l'antiquité, antérieurement à l'époque où naquit l'histoire. Nous croyons que de notre examen il ressort d'une manière suffisante

1° Que les côtes de la mer Erythrée, c'est-à-dire de cette partie de l'océan Indien comprise entre l'Afrique, l'Arabie et l'Inde, ont été, dès la plus haute antiquité, le théâtre d'un commerce important;

2° Que ce commerce a été, de tout temps, entre les mains des Arabes;

3° Que les autres peuples, tels que les Phéniciens, les Hébreux, les Égyptiens, n'y ont pris part que secondairement et temporairement, avec l'aide ou par l'entremise des Arabes, notamment en ce qui a rapport aux navigations de Salomon;

4° Que l'opinion qui place l'Ophir du roi des Juifs à la côte orientale d'Afrique vers le pays de Sofala est parfaitement admissible;

5° Enfin que l'on peut considérer comme très-acceptable

(1) Il en est de même de tout ce qui a rapport à l'aventure d'Eudoxe, et nous ne nous sommes pas cru autorisé à contrôler les traductions données par un homme qui fait autorité dans le monde savant.

l'exécution du tour de l'Afrique, au moins celle dont le récit nous a été transmis par Hérodote (1).

Nous allons rechercher, à présent, quels furent, chez les peuples dont l'histoire est considérée comme authentique, les connaissances relatives aux contrées qui nous occupent et les rapports commerciaux ou maritimes que ces peuples eurent avec elles. Cette étude fera le sujet du livre suivant.

(1) Voici un nouveau renseignement, que nous donnons, bien entendu, sous toute réserve. C'est un extrait de l'*Asiatic*, journal de Londres, cahier d'avril 1820 :

« Cape of Good Hope,

« Phenician navigators. — A discovery was recently made in the environs of the cape of Good Hope, which must be interesting to the historian; whilst digging a cave, the workmen found the Hull of a vessel, constructed of Cedar which is said to be the remains of a Phenician gallery. If this appropriation is just, there is no longer room to doubt that the bold adventurers of Tyre had reached the south point of Africa. » (*Calcutta journal.*)

Nous ignorons si, depuis 1820, le monde scientifique s'est ému de cette *découverte* ou l'a laissée dans l'oubli.

LIVRE II.

PÉRIODE GRÉCO-ROMAINE.

Relations des navigateurs grecs et romains avec la côte orientale d'Afrique.

La civilisation, dans sa marche progressive à travers l'océan des âges, ne s'est pas développée suivant une ligne non interrompue : si au point où elle est parvenue de nos jours, elle nous paraît, avec raison, ne s'être jamais arrêtée, il n'en est pas moins réel qu'elle est venue à nous, comme le flot vient au rivage, avançant et grandissant par une série d'ondulations successives, dont les reliefs et les creux correspondent à ses ascensions et à ses décadences, éclipses temporaires précédant de nouvelles aurores, moments d'arrêt précurseurs de plus vigoureux élans! Née dans le fond de l'Asie, elle a été tour à tour indienne, égyptienne, persane, grecque, romaine ; puis elle s'est essayée à l'universalité par le catholicisme et le mahométisme, pour devenir définitivement *humaine* à l'époque où nous nous trouvons. Dans le cours de ce développement, inégal mais continu, et surtout à ses premières heures, les moyens de communiquer la pensée, de fixer et de transmettre la science et l'histoire par de bons procédés graphiques manquaient encore aux hommes ; la difficulté d'établir des rapports de peuple à peuple, augmentée par les défiances, les jalousies, les préjugés religieux et les guerres qui en étaient les conséquences habituelles, attardait le progrès dans sa course et forçait les nations récemment nées à la civilisation de reprendre le mouvement bien en arrière du point déjà atteint par celles qui les avaient précédées. Les forces acquises étaient ainsi perdues en grande partie, et ne passaient d'un peuple à l'autre, amoindries par le temps et l'espace, que lorsque le dernier venu avait déjà atteint l'âge adulte. Au sein de la nation elle-même, l'absence de centralisation, les divisions de castes ou de classes, et la difficulté de s'entendre d'une partie du territoire à l'autre, s'opposaient à toute solidarité, et, isolant les groupes de population, laissaient ignorer aux uns les progrès accomplis par les autres.

Aussi chaque nationalité nouvelle croyait-elle naître à la vie sans avoir été engendrée, et les peuples, comme des parvenus, dédaignant leurs devanciers, se croyaient le droit, dans leur vanité naïve, d'infliger à l'étranger le nom de barbare, sans se douter qu'ils insultaient à leur père. Chacun d'eux rapportait donc tout à soi, et se croyait le commencement et la fin de toutes choses.

Cette magnifique faculté de cosmopolitisme, qui fait l'honneur de notre époque, n'a appartenu, dans le passé, qu'au seul peuple romain. La Grèce, nation éminemment encyclopédique, comme on l'a dit, mais concentrant sa vie en elle-même, en fut privée jusqu'à l'avénement d'Alexandre, qui la possédait complétement, mais qui l'emporta avec lui dans la tombe.

Nous ne serons donc pas surpris si, dans le cours de l'examen qui va suivre, il nous faut revenir sur des faits accomplis et connus, si les historiens nous donnent comme nouvelles des choses déjà consacrées par une haute antiquité, et surtout si, dans l'appréciation que nous allons faire des connaissances géographiques ou des relations commerciales des Grecs et des Romains eux-mêmes, nous les voyons s'arrêter bien en deçà de ce qui était connu et pratiqué depuis plusieurs siècles par différents peuples navigateurs et commerçants, et principalement par les Arabes.

La Grèce resta bien longtemps sans rapports directs ni indirects avec les contrées qui nous occupent. A peine trouve-t-on, dans ses poëtes et ses historiens, quelques vagues renseignements puisés à des sources étrangères. Homère, qui vivait environ 900 ans avant J. C., paraît avoir eu certaines notions sur l'existence de l'Inde. Dans un de ses poëmes, il conduit Neptune en Éthiopie et le place entre nations à *peau noire*, l'une à l'est, l'autre à l'ouest; mais il ne donne aucun détail sur les caractères physiques qui différencient ces deux peuples. C'est Hérodote, venu 400 ans plus tard, qui, le premier, fit mention de la longue chevelure qui distingue les *Éthiopiens* de l'est (Indiens) de ceux de l'ouest. Cet historien, du reste, parle beaucoup de l'Inde : c'est à lui, comme nous l'avons vu, que nous devons le récit du voyage des Phéniciens sous Néchos, dont nous nous sommes occupé précédemment. Nous lui devons aussi l'histoire du périple de Scylax de Caryandre, qui, sur l'ordre de Darius, fils d'Hystaspe, aurait descendu l'Indus jusqu'à la mer, contourné les côtes de l'Arabie, et serait venu, après quelques mois de navigation, aborder au fond de la mer Rouge. A cet égard, nous avons déjà fait pressentir notre incrédulité quand nous avons parlé, dans notre premier paragraphe, de l'indifférence, ou, plutôt, de l'aversion des Persans pour la navigation. L'histoire ne nous a pas appris que les rois perses aient jamais eu de flotte dans l'océan Indien, ni même dans le golfe Persique; du côté de la Méditerranée, leurs forces maritimes étaient entièrement composées de Phéniciens, de Cypriotes ou d'Égyptiens.

Au reste, notre intention n'est pas de discuter ce fait, qui n'a aucun rapport avec la côte orientale d'Afrique. Du côté de celle-ci, Hérodote ne nous apprend absolument rien. Il regardait la zone torride comme inhabitable, et croyait que l'Océan entourait l'Afrique à peu de distance de la mer Rouge.

Après Hérodote, il ne nous reste à mentionner que Ctésias, médecin à la cour de Perse sous Artaxerce Mnémon, qui vécut soixante ans après Hérodote, et fut contemporain de Xénophon. Nous lui devons une relation sur l'intérieur de l'Inde, qu'il visita par la voie de terre. Cette relation est tellement mêlée de fables absurdes qu'elle ferait douter de la véracité du narrateur, et ôterait toute importance à sa narration, s'il ne s'y trouvait quelques vérités fort remarquables qui prouvent que, s'il a inventé ou accepté beaucoup de fables, il a été témoin oculaire de quelques faits intéressants.

Voilà tout ce que l'histoire grecque nous fournit de renseignements sur les contrées baignées par la mer de l'Inde, et, pour obtenir quelques notions nouvelles, nous sommes obligé de franchir, après Ctésias, un espace de soixante-dix ans, et d'arriver à l'époque d'Alexandre.

Malgré ses agitations et ses guerres intestines continuelles, la Grèce avait glorieusement travaillé à son œuvre civilisatrice. Les arts, les sciences, la philosophie s'étaient élevés dans son sein à une hauteur merveilleuse, quand elle donna naissance, vers le milieu du IIIe siècle avant notre ère, à l'un de ces vastes génies qui, par leur universalité et la puissance d'unité qui les caractérise, semblent personnifier et résumer en eux une nation et une époque : ce génie, c'était Aristote. Au milieu de son immense savoir, brillaient de grandes connaissances géographiques. Dans un passage de ses ouvrages, il affirme que la terre est ronde, et lui donne 400,000 stades de circonférence. De plus, d'après cette hypothèse que la terre était une sphère, il paraît avoir, le premier, conçu l'idée d'un voyage à travers l'Atlantique; car il remarque que les côtes d'Espagne ne peuvent pas être fort éloignées des côtes de l'Inde : « Cette pensée, d'une témérité si heureuse, dit l'historien « géographe W. Desborough Cooley, est son bien propre; « les erreurs de ses calculs appartiennent à son époque. » Un fait des plus curieux, qui se rencontre dans les écrits géographiques du philosophe de Stagyre, c'est une allusion aux îles de *Taprobane* et de *Phébol*, placées, l'une au delà de l'Inde, l'autre dans la mer d'Arabie, ce qui a fait dire, avec juste raison, à Malte-Brun : « La critique moderne « s'étonne de voir Aristote nommer *Taprobane* longtemps « avant le siècle des Ptolémées, et indiquer même l'île de « Madagascar, nommée *Phanbolon* par les Arabes, quoique « le nom de *Saibala*, que portait aussi *Phébol*, dût la faire « chercher plus à l'est. »

Mais ce n'était pas tout encore : si Aristote résumait la

Grèce intelligente, il préparait aussi Alexandre. Pendant que Philippe de Macédoine, en forçant à l'unité toutes ces petites républiques brouillonnes, qui s'agitaient sur le sol hellénique, organisait l'instrument politique et militaire de la destinée de son fils, le philosophe faisait au jeune prince un esprit à la hauteur de sa mission. Dès lors, quand celui-ci monta sur le trône, il possédait, pour l'accomplissement des desseins gigantesques que son génie allait enfanter, les deux grandes forces du monde, le sabre et l'idée. Alexandre comprit son pouvoir, en même temps qu'il sentit que la Grèce était lasse de cette pression inféconde qu'exerçait, depuis longtemps, sur sa jeune et vigoureuse civilisation, ce vieux monde de l'Asie décrépit et agonisant; aussi, à peine a-t-il assuré le repos de l'Empire, un instant ébranlé par la mort de Philippe, qu'à l'âge de vingt-deux ans au plus, il franchit l'Hellespont, se jette sur l'Asie, soumet tout le littoral jusqu'à l'Égypte, s'empare de celle-ci, et, trois ans après son départ de Macédoine, fonde, à l'embouchure du Nil, Alexandrie, la capitale de trois mondes, où désormais l'Orient et l'Occident, leur histoire, leur science, leurs dogmes même, seront contraints de s'accoupler pour de prodigieux enfantements.

L'Égypte à peine soumise, Alexandre marche vers la haute Asie, ruine à jamais la puissance des Perses par la bataille d'Arbèle, en Assyrie, s'empare, en quelques mois, de Babylone, de Suze, de Persépolis, d'Ecbatane, et, après avoir organisé ses conquêtes, envahit l'Inde et vient camper sur les bords de l'Indus.

C'est là qu'il conçut l'idée de l'expédition de Néarque. Il ordonna à ce général de descendre le fleuve, d'entrer dans l'Océan et de remonter la côte de l'Inde et le cours de l'Euphrate. L'histoire a raconté les énormes difficultés que rencontrèrent les Macédoniens dans cette longue navigation sur des mers inconnues, ne possédant que de vagues données sur la direction des vents. Nous avons mentionné plus haut les circonstances de ce voyage, qui permettent de constater la fréquentation antérieure et habituelle de ces parages par les Arabes; nous nous bornerons à dire ici qu'il fut riche en conséquences commerciales, et qu'il eût produit des résultats bien autrement grandioses, si la mort ne fût venue, brusquement, frapper Alexandre à la fleur de l'âge, au moment où son génie, ivre du succès de son expédition maritime, rêvait de faire exécuter, par ses vaisseaux, le tour du continent africain.

Alexandrie, sous le règne des Ptolémées, ne mentit ni à la gloire, ni au génie, ni à l'espérance de son fondateur. Par sa magnifique situation géographique, elle devint le centre du commerce établi entre l'Asie, l'Afrique orientale et tout le littoral de la Méditerranée. Elle fut le rendez-vous de tous les savants, et les richesses scientifiques de toutes les nations s'entassèrent dans ses murs aussi bien que leurs richesses matérielles. La géographie, dont les progrès suivent ordinairement ceux du développement commercial, y fut cultivée avec fruit; mais, comme le commerce maritime des contrées au sud-est de l'Égypte était depuis longtemps entre les mains des Arabes, ce ne fut qu'avec lenteur que les flottes d'Alexandrie s'avancèrent vers le détroit de la mer Rouge, et pénétrèrent dans l'Océan, qui bat à la fois les côtes de l'Inde et celles de l'Afrique.

Il n'est pas douteux que l'école d'Alexandrie a été très-riche en documents géographiques ; malheureusement, les commotions politiques et religieuses en ont probablement anéanti la plus grande partie. Cependant les auteurs romains nous en ont conservé quelques-uns, et les fragments qui se trouvent dans leurs ouvrages nous ont permis de renouer la chaîne des traditions. C'est ainsi que les noms d'Ératosthène, Agatharchides, Artémidore, Hipparque, et des parties importantes de leurs écrits, ont pu parvenir jusqu'à nous.

Ératosthène était bibliothécaire d'Alexandrie sous Ptolémée Évergète Ier, et mourut 194 ans avant J. C. Ses connaissances astronomiques lui avaient valu le titre d'*inspecteur de la terre*. Il eut la gloire de soutenir le fait entrevu par Aristote, que la terre était une sphère, et que l'immense étendue de l'Océan occidental ne pouvait pas empêcher les marins d'aller à l'Inde par l'Occident. Il avait recueilli quelques renseignements sur la côte orientale d'Afrique, d'un individu, nommé Timosthène, qui serait descendu jusqu'à l'île *Cerné*. Il nous importe peu de savoir jusqu'à quel point ce Timosthène est digne de foi; d'autant plus qu'il nous est impossible de déterminer la position de cette île. Il faut remarquer, seulement, que le mot de *Cerné* est un terme de la langue carthaginoise qui signifie *fin*; aussi Hannon avait-il désigné sous ce même nom la dernière île qu'il avait rencontrée sur la côte occidentale d'Afrique.

S'il est vrai, comme le docteur W. Vincent (1) croit l'avoir lu dans Pline, que ce Timosthène donnait à la mer Rouge une longueur de quatre journées de navigation, on

(1) Voyez l'ouvrage du docteur Vincent sur le périple de la mer Érythrée, tome I, page 26, et, au bas de la page, la note 11.

comprend combien son assertion, à propos de cette *Cerne* orientale, est dénuée de toute valeur.

Agatharchides, plus jeune qu'Eratosthène, mais son comtemporain, était né à Cnide, en Carie, et florissait vers l'année 177 avant notre ère. Il était président de la bibliothèque d'Alexandrie. On trouve dans ses écrits et ce qu'Eratosthène lui avait appris, et ce que lui-même avait enseigné à Artémidore d'Ephèse, qui le suivit de près, et qui paraît n'avoir été que son copiste. Ces écrits ont une haute importance; Strabon, Pline et Diodore les mentionnent avec le plus grand respect, et ils sont la source à laquelle tous les historiens ont puisé leurs renseignements, jusqu'à la découverte des moussons. Ils nous apprennent que le commerce de l'Égypte sous les Ptolémées s'étendait d'Arsinoë ou Suez jusqu'à Ptolémaïs-Théron, un peu plus bas que 18° 10′ sur la côte occidentale de la mer Rouge, à 350 milles en deçà du détroit. On a prétendu, il est vrai, que, cent ans auparavant, Ptolémée Philadelphe connaissait une grande partie de la côte d'Afrique; mais ce qu'il y a de positif, d'après les affirmations d'Agatharchides, c'est que les flottes de l'Égypte la fréquentaient peu. Strabon cite Eratosthène (1), pour prouver que le détroit était alors ouvert au commerce, et Artémidore pour montrer que les relations s'étendaient même jusqu'à la *corne du Sud* : Agatharchides paraît lui-même avoir connu la direction du rivage africain au delà du détroit; et en effet il mentionne sa courbure vers l'est. Toutefois il n'est pas parfaitement certain s'il a voulu parler de la petite incurvation qui existe à toucher le détroit ou de

(1) Liv. XVI, p. 769.

celle, beaucoup plus considérable, qu'au delà de celui-ci la côte affecte jusqu'au cap Guardafui.

Au reste, les relations habituelles que l'Égypte entretenait avec les Arabes, maîtres du commerce de l'Inde, avaient dû depuis longtemps procurer à l'école d'Alexandrie beaucoup de renseignements sur la géographie des côtes de la mer Érythrée, en dépit du mystère systématique dont ces avides monopoleurs entouraient la navigation de ces contrées. Cependant ces renseignements durent être fort vagues et entièrement théoriques; car, malgré le désir des Ptolémées de se soustraire à ce monopole qui leur faisait payer si cher les denrées apportées à l'Égypte par les vaisseaux arabes ou les caravanes de Petra, malgré les grands travaux de canalisation qu'ils exécutèrent sur le Nil, malgré le soin qu'ils mirent à construire, équiper des flottes, à protéger leur navigation et leur trafic sur la côte occidentale de la mer Rouge, il n'en est pas moins avéré que, du temps d'Agatharchides, le mouvement régulier du commerce n'avait pas atteint le milieu de ce golfe. Aussi la réputation dont jouissait l'Arabie Heureuse, autrement dite le pays des Sabéens, pour ses richesses, son commerce, ses produits réels ou supposés, était-elle si bien assise à Alexandrie, à l'époque d'Agatharchides, qu'il nous en a laissé un tableau aussi remarquable par l'enthousiasme qui s'y révèle que par les déductions qu'il fournit à l'analyse du commentateur.

« Le pays des Sabéens, dit le savant bibliothécaire d'A-
« lexandrie, abonde en productions de toutes sortes; l'air
« qu'on y respire est si chargé d'odeurs suaves, que les
« naturels sont obligés d'atténuer la force de ces parfums
« par des aromes d'une nature opposée, comme si la nature

« ne pouvait pas supporter l'excès même du plaisir. La
« myrrhe, l'encens, la casse, la cannelle sont *produits* (1),
« dans ce pays, par des arbres d'une hauteur extraordi-
« naire..... Les hommes y sont robustes (2), guerriers,
« marins habiles. Ils s'embarquent dans de grands vaisseaux
« et voguent vers les contrées qui produisent les substances
« odoriférantes, ils y établissent des colonies et en expor-
« tent le *larimnus*, un parfum qu'on ne trouve en aucun
« autre lieu. Il n'existe, en effet, sur la terre aucune nation
« aussi riche que les Gerrhéens (3) et les Sabéens, leur si-
« tuation géographique les plaçant au centre de tout le
« commerce qui se fait entre l'Asie et l'Europe. Ce sont eux
« qui ont enrichi le royaume (4) de Ptolémée, qui ont pro-
« curé à l'industrie des Phéniciens les opérations les plus
« profitables, une variété infinie de marchandises et des
« profits incalculables. Eux-mêmes possèdent à profusion
« tous les objets de luxe, vaisselle, sculpture, garniture de
« lits, trépieds et autres articles servant à meubler et à dé-
« corer les maisons, tous de beaucoup supérieurs à ce qu'on
« peut voir en Europe. Dans leur manière de vivre, ils
« égalent les princes en magnificence. Une telle nation, chez
« laquelle se trouve en si grande abondance toutes les su-
« perfluités de la vie, doit son indépendance à la distance
« qui la sépare de l'Europe. Son luxe l'eût rendue bientôt

(1) Erreur d'Agatharchides, qui prouve son peu de connaissance du commerce de l'Inde.

(2) « Les Sabéens, hommes de haute stature, » avait dit Isaïe, plus de six cents ans auparavant.

(3) Gerrha était une ville très-commerçante sur la rive occidentale du golfe Persique.

(4) Le texte porte Συρίαν, la Syrie de Ptolémée.

« la proie des souverains européens qui ont toujours sur
« pied des troupes préparées pour la conquête et qui, s'ils
« pouvaient trouver les moyens de les envahir, auraient
« bientôt réduit les Sabéens à la condition de leurs agents
« et facteurs, tandis qu'ils sont actuellement obligés de les
« accepter comme les maîtres du commerce. »

Ce récit, traduit presque mot à mot du texte de l'auteur, donne lieu à une foule de considérations importantes. Il prouve que, sous le règne de Ptolémée Philométor, en l'année 177 avant J. C., 146 ans après la mort d'Alexandre, les rois grecs qui régnaient en Égypte n'avaient pas trafiqué directement avec l'Inde, mais qu'ils en recevaient les productions de Saba, capitale de l'Yémen. Le voyage par mer le long de la côte arabe de la mer Rouge était encore fort incertain à cette époque : les Sabéens de l'Yémen avaient des communications avec les Gerrhéens du golfe Persique, et les uns et les autres avec les Phéniciens, par le golfe Elanitique, et avec les Grecs d'Égypte par Arsinoë et Myos-Hormos.

Quelques personnes ont cependant fait honneur à Ptolémée Philadelphe de l'établissement du commerce avec l'Inde, et des richesses que l'Égypte en avait retirées. Cette opinion ne s'appuyait que sur le fait mentionné par Athénéus de la présence d'esclaves *indiens* que les rois d'Égypte faisaient paraître dans les cérémonies publiques. Le mot d'*Indiens* n'a pas un sens précis dans cette circonstance : de même qu'antérieurement on avait les Éthiopiens de la Libye et les Éthiopiens de l'Inde, le mot *indien* avait une signification aussi étendue qu'elle l'a de nos jours et pouvait s'appliquer également aux hommes de couleur de l'Asie et à ceux de l'Afrique. Le commerce avec les Arabes fut longtemps lui-même appelé le *commerce indien*. Dans tous les cas, nous savons que ceux-ci faisaient le trafic des esclaves; et il est évident que si ces prétendus esclaves indiens ne venaient pas de la côte africaine de la mer Rouge, où les Ptolémées faisaient le commerce des éléphants et exploitaient des mines d'or, ils avaient dû être achetés sur les marchés arabes.

Quant à la richesse introduite par le commerce dans le pays des Ptolémées, elle s'explique facilement par ce fait que, si les Arabes avaient le monopole du commerce d'importation de l'Inde en Égypte, l'Égypte avait celui de l'exportation des mêmes marchandises chez les peuples de l'Europe, monopole que les Phéniciens lui disputaient de moins en moins depuis qu'Alexandre s'était emparé de Tyr et avait à la fois humilié son orgueil et abaissé sa puissance.

Il paraîtra peut-être étonnant que l'expédition de Néarque n'ait pas profité davantage aux Macédoniens d'Égypte; mais il ne faut pas oublier que la mort d'Alexandre ne permit pas de faire ressortir de cette expédition toutes les conséquences qu'elle pouvait avoir, surtout après le demembrement de l'empire qui suivit presque immédiatement la fin prématurée du jeune conquérant. D'ailleurs il est probable que les rois d'Alexandrie préférèrent tout d'abord jouir paisiblement des avantages positifs que leur procurait le commerce de seconde main, que de s'exposer aux périls ou aux difficultés d'une longue navigation dans la mer Rouge et dans la mer Érythrée qu'ils ne connaissaient pas. Nous disons qu'ils ne connaissaient pas la mer Érythrée, malgré les indices qui nous sont restés qu'Agatharchides devait avoir connaissance de la côte d'Afrique jusqu'au cap Guardafui, parce que les récits qu'il nous a laissés deviennent pleins de fables et de merveilles dès qu'il a passé le détroit. Or on le sait, et on l'a dit souvent, c'est l'ignorance qui engendre les fables et le merveilleux.

Quelle que fût dans les premiers temps la résignation des Ptolémées à leur infériorité commerciale, ils voyaient toujours avec jalousie le monopole arabe et leurs regards étaient sans cesse attirés vers le détroit et les contrées lointaines dont il était la clef. Aussi leur commerce propre, malgré une concurrence formidable, commença-t-il bientôt à s'accroître d'année en année et à gagner à l'est et au sud. Tant que le gouvernement d'Alexandrie conserva quelque vigueur, ce commerce fut protégé dans la mer Rouge. Strabon et Diodore nous apprennent une circonstance dont Agatharchides n'a pas fait mention et qui était probablement postérieure à son époque : c'est que les Nabathéens qui habitaient la partie de l'Arabie à l'est du fond du golfe, ayant exercé des pirateries contre la flotte d'Égypte, avaient été réprimés par une force navale équipée dans ce but. Ce fait prouve l'attention que le gouvernement de l'Égypte portait à ce commerce. Il prouve encore, de plus, que, si les navires égyptiens traversaient, à cette époque, la mer Rouge à la hauteur de Myos-Hormus ou de Bérénice, ils n'avaient pas encore atteint sur la côte arabe Musa ou Ocelis, à l'entrée du détroit.

Néanmoins, du côté du sud, ils faisaient de jour en jour quelques progrès. En effet, il paraît avéré qu'alors et même longtemps avant (comme plus tard au temps du Périple et, quinze siècles après, au temps de Vasco de Gama), des entrepôts commerciaux arabes, pour les produits de l'Inde, existaient sur la côte d'Afrique, en dehors du golfe, sous la suzeraineté du roi de Maphartis, et que le port de Mosyllon au nord-ouest du cap Guardafui faisait concurrence à ceux des pays de Saba et de Hhadheurmâ'ut. Il est fort probable que les flottes égyptiennes ne tardèrent pas à s'y rendre, afin de se soustraire aux exigences des Sabéens lorsque ceux-ci mettaient leurs marchandises à un prix trop élevé. On trouve un indice de l'existence de ce commerce peu après l'époque d'Agatharchides, dans un passage de Strabon qui a cité Artémidore, contemporain de Ptolémée Lathyre en l'an 104 avant J. C., pour prouver que le mouvement commercial s'étendait alors sur la côte orientale d'Afrique jusqu'à la *Corne du Sud* (1).

Quelque vagues que soient ces indications, elles n'en prouvent pas moins la tendance du commerce égyptien à s'avancer au sud. D'ailleurs, pour corroborer cette preuve et pour montrer en même temps tout l'intérêt qu'excitait à Alexandrie la grande navigation, nous avons l'aventure d'Eudoxe de Cyzique, sous ce même Ptolémée Lathyre, et le récit d'Iambule, auquel Diodore n'a pas craint de donner une place dans l'histoire, quelque fabuleux qu'il pût être.

Cet Iambule, fils de marchand et marchand lui-même, avait reçu une éducation remarquable. En trafiquant en Arabie pour les épices, il fut fait prisonnier et réduit en esclavage. Enlevé d'Arabie par des Éthiopiens, il arriva sur la côte d'Afrique et fut par eux abandonné sur l'Océan au ca-

---

(1) Voyez *Artem. apud Strabon.*, lib. XVI, pag. 773-774. Le docteur Vincent place la *Corne du Sud* au cap Baxos; nous prouverons, plus tard, que sa situation probable était à l'emplacement où se trouve actuellement Ras-el-Khil.

price des vents. Les vents et la mer le portèrent à Ceylan, où il resta sept années. Le récit d'Iambule, au milieu d'une foule de fables absurdes, contient, sur Ceylan et certaines coutumes éthiopiennes, des détails qui sont encore vrais de nos jours. Ce qu'il y a de fort singulier et ce qui le fait révoquer en doute, c'est que, malgré ce séjour fort long, l'auteur n'y fait pas une seule fois mention de la cannelle. D'ailleurs la date de ce récit est inconnue, et l'on ne peut trop s'étonner de son existence dans les écrits de Diodore, car la circonstance principale, celle qui a trait à la direction des moussons, était ignorée des Grecs et de Diodore lui-même, et ne fut connue de ceux-là qu'un siècle plus tard. N'est-il pas à présumer que l'histoire d'Iambule est un roman fabriqué sur des renseignements fournis par les Arabes? Quoi qu'il en soit, elle reste comme une preuve du fait que nous avons avancé, que, si la navigation gréco-égyptienne ne s'étendait pas encore fort loin hors du détroit, l'école d'Alexandrie n'en possédait pas moins des données assez exactes sur la géographie des contrées situées au delà.

Mais les circonstances politiques allaient encore une fois changer sur cette vieille terre d'Égypte que toutes les grandes nations devaient fouler tour à tour. Soixante-six ans après Artémidore, 30 années avant J. C., Auguste réduisait le royaume des Ptolémées en province romaine.

Il n'est pas douteux que la domination nouvelle eut d'abord pour résultat d'arrêter dans ce pays les grandes entreprises nautiques. Sans elle, probablement, quelque hardi navigateur n'eût pas manqué de tenter, soit par le détroit de Gadès, soit d'un des ports de la mer Rouge, de mettre à exécution ces vastes projets de circumnavigation que diverses rumeurs signalaient comme ayant déjà été exécutés, et de convertir enfin en histoire positive le roman d'Eudoxe de Cyzique. Mais l'ébranlement causé par la conquête arrêta cet essor. Ce n'est pas que le gouvernement de Rome mît des entraves au mouvement commercial et maritime; au contraire, il en respecta la liberté, il le favorisa même. D'ailleurs, la paix et la sécurité qui avaient succédé au triomphe d'Auguste ne pouvaient manquer de servir au développement du commerce. On put regretter de voir neutraliser les tendances aventureuses qui, chez des peuples auparavant indépendants, portaient les traficants et les navigateurs à chercher de nouvelles voies pour aller disputer à certaines nations le monopole qui les enrichissait; mais les opérations régulières s'accrurent et se fortifièrent. Quant aux connaissances géographiques, si elles gagnèrent peu en étendue, elles acquirent plus de précision et de solidité.

En Égypte particulièrement, les Romains n'eurent garde de s'immiscer dans les relations établies depuis tant d'années dans la mer Rouge et qui amenaient des trésors incalculables dans la ville des Ptolémées. Ils se contentèrent d'imposer des redevances, en retour desquelles ils assuraient une puissante protection aux intéressés. L'expédition d'Ælius Gallus, dirigée par ordre d'Auguste contre l'Arabie, l'Éthiopie et les Troglodytes, prouve combien le nouveau gouvernement avait à cœur de protéger le commerce égyptien et de l'arracher au monopole des Arabes. On sait que, par suite de la trahison de Syllœus, ministre d'Obodax, roi de Petra, aidée de l'ignorance dans laquelle le général romain était des lieux et des hommes, cette expédition se changea en une déroute où la flotte périt et où l'armée courut de grands dangers. Cet insuccès dut retarder pour longtemps la marche des conquérants vers les mers indo-africaines. Nous savons par Strabon, qui était dans l'intimité d'Ælius Gallus, que la malheureuse tentative de celui-ci n'eut pas même pour résultat une augmentation des connaissances géographiques. Au reste, le silence des traditions prouve que rien de nouveau ne fut acquis à la science depuis l'époque où écrivait Agatharchides, ou tout au plus celle d'Artémidore, jusqu'au moment où eut lieu la découverte importante d'Hippale.

A cette découverte, en effet, commence une ère nouvelle. Nous avons vu, par le récit d'Iambule, ce que le hasard avait pu déjà faire une fois pour conduire à la connaissance de ce fait météorologique si intéressant des moussons. Le même hasard se renouvela encore, mais avec des circonstances moins fabuleuses, sous le règne de l'empereur Claude. Un affranchi d'Annius Plocamus, chargé de percevoir les revenus de l'Arabie (on voit que la conquête romaine ne s'était pas longtemps arrêtée), s'était laissé surprendre par la mousson et avait été jeté dans l'île de Ceylan. Ce que le hasard avait fait, Hippale fut, par la réflexion et par le calcul, amené à l'exécuter. Navigateur instruit, il conjectura que la régularité des vents périodiques devait être une loi invariable de la nature, et peu d'années après l'aventure arrivée à l'affranchi d'Annius Plocamus, vers la septième année du règne de Claude (d'après Dodwell et Harris) correspondant à la 47ᵉ année de l'ère chrétienne, il eut le courage de s'éloigner des côtes et de s'ouvrir au travers de l'Océan une route inconnue du monde grec et romain. Le succès de cette tentative hardie opéra dans le mouvement commercial une révolution complète, et le double périple du fond de la mer Rouge à la péninsule indienne et à la côte orientale d'Afrique s'organisa dans des conditions régulières, sans avoir désormais recours aux Arabes, si ce n'est d'une manière toute secondaire. Pour témoigner leur reconnaissance à l'auteur de cette brillante découverte, les Grecs donnèrent le nom d'Hippale à la mousson d'été ou mousson de sud-ouest.

Toutes les particularités qui se rattachent à la navigation ou au commerce, tels qu'ils furent pratiqués après l'événement dont nous venons de rendre compte, et les notions géographiques recueillies alors sur la contrée qui nous occupe, nous ont été transmises dans les ouvrages de Ptolémée et dans un écrit peu étendu, mais très-précieux (1), connu sous le nom de *Périple de la mer Érythrée* ou *Périple d'Arrien*, parce qu'il a été attribué d'abord au célèbre Arrien, de Nicomédie. L'analyse des deux documents nous permettra de constater ce que les Grecs et les Romains savaient de cette contrée, peu de temps avant l'époque où les événements politiques arrêtèrent le mouvement d'expansion qui se faisait du cœur de l'empire des Césars aux extrémités du monde, et forcèrent ses navigateurs et ses commerçants à céder la place, sur la côte africaine, aux commerçants et aux navigateurs arabes. Cette analyse a été déjà faite plusieurs fois, et par des hommes dont le savoir était d'une notoriété telle, que nous n'eussions jamais osé nous permettre de toucher à un sujet par eux élaboré, si nous n'avions eu pour raison et pour excuse notre récente explo-

(1) « Orientalem oram Africæ sulcavit autor Peripli, cujus aucto-

ration de ces parages, et, par celle-ci, la faculté de nous procurer des éléments d'appréciation qui manquaient à ces géographes érudits.

Eu égard à cette dernière circonstance, le monde savant nous pardonnera ce que notre entreprise peut avoir de téméraire. D'ailleurs, nous nous faisons un devoir de proclamer notre respectueuse gratitude pour le puissant secours que nous avons trouvé dans les ouvrages de nos devanciers, et de confesser hautement que, si nous sommes assez heureux pour apporter quelques pierres nouvelles à l'édifice, c'est en grande partie à leurs laborieuses recherches que nous le devons.

Avant d'aborder le travail analytique que nous sommes décidé à entreprendre, voyons s'il est possible de découvrir dans quel ordre chronologique les deux documents en question ont vu le jour. Nous savons que Ptolémée vivait sous le règne de l'empereur Adrien; mais nous ignorons à quelle époque parut le *Périple de la mer Érythrée*.

Certes, si la version qui attribuait le Périple à Arrien s'était trouvée fondée, la question eût été, par cela même, résolue, puisque ce personnage vivait, comme Ptolémée, sous le règne du successeur de Trajan. Mais il est généralement reçu aujourd'hui que le Périple est l'œuvre d'un Grec d'Égypte, dont le nom est resté ignoré, et, en admettant même que ce Grec se nommât aussi Arrien, il ne ressortirait de ce fait aucun indice de l'époque à laquelle parut le document dont il s'agit. Pour la déterminer, au moins d'une

---

ritas majoris est facienda quam cæterorum omnium, utpotè qui solus veritati consentanea scripserit. » (Vossius ad Melam, pag. 595; edit. varior. Lugd., 1722.)

manière approximative, les savants se sont livrés à de longues controverses. Dodwel a pensé que cette narration fut écrite sous le règne de Marc-Aurèle et de Lucius-Vérus, qui commença en 161. Salt (1) croit avoir reconnu le Zoscalès du Périple dans Zahakalé, qui régna entre les années 77 et 89 de J. C., identité qui, si elle était prouvée, assignerait à l'exécution du Périple et à sa relation une époque à peu près correspondante à la dernière de ces deux dates. Le docteur Vincent, avec Saumaise, a reculé cette époque jusqu'au temps de Claude ou de Néron (2). Enfin un autre savant, dont la perspicacité est universellement reconnue, M. Letronne, n'a adopté ni l'une ni l'autre de ces dates :
« La diction du Périple, dit-il, appartient certainement à
« une époque plus récente, et toute personne un peu exer-
« cée à distinguer les styles jugera que cette époque ne
« saurait être antérieure au temps de Septime Sévère. Le
« passage où il est dit que le roi des Homérites, Charibaël,
« était ami des empereurs et leur avait envoyé de fré-

---

(1) *Abyssinie*, t. II, page 251.

(2) Selon le docteur Vincent, le Périple aurait été écrit à la fin du règne de Claude ou au commencement du règne de Néron. Si nous nous en tenons à la date la plus récente, la dixième année de ce dernier règne, c'est-à-dire la 64ᵉ de J. C., il existerait, entre l'époque de la découverte d'Hippale, en 47, et l'époque du Périple, un intervalle de dix-sept années seulement. Or la manière dont s'exprime l'auteur, à propos des changements importants survenus dans la navigation par suite de la connaissance des moussons, fait naître l'idée d'un espace de temps écoulé plus considérable, comme on peut en juger par les extraits suivants de la version latine : « ..... *Universum autem hunc commemoratum navigatio-*
« *nis cursum atque orbem à Cana et Arabiâ felice* OLIM *parvis navi-*
« *giis ipsos sinus ambientes conficiebant. Primus Hippalus guberna-*
« *tor invenit navigationem per altum mare.....* EX ILLO TEMPORE AD
« HODIERNUM USQUE DIEM, *alii quidem statim à Cana, alii ab Aroma-*
« *tum Emporio solvunt.* »

« quentes ambassades, annonce que le trône impérial fut
« alors occupé pendant assez longtemps par deux princes :
« ce sont, je pense, Septime Sévère et son fils Caracalla,
« qui régnèrent conjointement pendant un espace de douze
« années, depuis 198 jusqu'à 210. La rédaction du Périple
« se placerait dans cet intervalle (1). »

Nous ne nous arrêterons pas à discuter ici les arguments sur lesquels chacune de ces opinions est fondée ; nous croyons pouvoir dire seulement qu'il n'en est aucun qui ne soit réfutable. En conséquence, nous ne nous trouvons pas suffisamment autorisé à adopter de préférence l'une ou l'autre des solutions présentées.

Peut-être pensera-t-on que, de la comparaison des deux documents, il pourrait ressortir quelque indice propre à éclairer le commentateur sur l'antériorité de l'un relativement à l'autre. En effet, comme nous le verrons tout à l'heure, s'il existe entre eux des analogies remarquables, ils présentent aussi des dissemblances non moins importantes ; mais, malheureusement, celles-ci ne sont pas de nature à faciliter la solution du problème. La plus saillante de ces dissemblances par exemple, la mention faite par Ptolémée d'un point de la côte situé plus au sud que *Rhapta*, limite extrême du Périple, ne prouve pas, selon nous, que ses écrits sont postérieurs au Périple. D'abord, Ptolémée ne parle de *Prasum* comme de l'île *Ménuthias* qu'accidentellement, dans un chapitre à part, à la fin de ses considérations géographiques sur l'Afrique. Dans son itinéraire, il

---

(1) Voy. *Nouvel examen de l'inscription grecque*, etc. — Nouveau recueil de l'Académie des inscriptions, tome IX, page 173.

s'arrête, comme le Périple, à Rhapta. Ensuite nous objecterons que, du temps de l'auteur du Périple, *Prasum* pouvait fort bien être connu sous ce nom ou sous un autre, sans que cet auteur, qui traçait un itinéraire tout commercial et maritimement pratique, crût devoir faire mention de points géographiques n'ayant aucun rapport avec le but tout spécial qu'il se proposait. Au reste, le texte même du Périple vient à l'appui de cette interprétation : « Ces « marchés de l'Azanie, « dit-il après avoir parlé de Rhapta, » « sont *presque* les derniers de la terre ferme..... Après ces « lieux, l'Océan qui n'a pas été navigué tourne vers le « couchant et, prenant à revers les côtes de l'Éthiopie, de « la Libye et de l'Afrique, se joint à la mer occidentale. » *Ces lieux sont presque les derniers!* Quels sont les autres? L'auteur ne s'explique pas ; pourtant il y en a ; mais l'itinéraire commercial est terminé, et dès lors sa tâche lui semble accomplie.

D'ailleurs ne pourrait-on pas croire, à plus forte raison, que Ptolémée est antérieur au Périple, quand on compare l'opinion erronée de ce géographe sur l'inclinaison de la côte au sud-est à l'assertion si simple, si positive et si relativement vraie contenue dans les paroles que nous venons de citer : « L'Océan, prenant à revers les côtes de « l'Éthiopie....., se joint à la mer occidentale? » Comment Ptolémée aurait-il pu se tromper aussi gravement sur un point capital, où le Périple s'était tant approché de la vérité?

Quoi qu'il en soit, de ce que Ptolémée ait été moins bien informé que l'auteur du Périple, nous n'inférerons pas qu'il a dû écrire longtemps avant que ce document ait paru. Une seule chose nous semble prouvée par là, c'est que les deux écrivains ont travaillé sur des renseignements venus de sources diverses. Quant à la question d'antériorité, elle nous paraît jusqu'à présent insoluble. Quelle serait, après tout, l'importance de cette solution? Il est évident que, longtemps avant Ptolémée, l'état de la navigation et du commerce était, le long des côtes de l'Afrique et de l'Inde, tel que le Périple nous l'a fait connaître, et par conséquent un document pareil aurait pu être rédigé bien avant l'époque où le géographe de Péluse écrivait. Qu'on se rappelle, en effet, que de la découverte d'Hippale à Ptolémée cent vingt années au moins s'écoulèrent : c'était plus qu'il n'en fallait pour que cette navigation s'organisât et fût décrite. L'essentiel, pour nous, est de reconnaître que le Périple, quel que soit son âge, est le document le plus important à consulter pour se faire une juste idée de ce qu'étaient, au temps des empereurs romains, la navigation, le commerce et les connaissances géographiques, en ce qui regarde la côte orientale d'Afrique. Les faits se présentent dans cette relation avec un tel cachet de vérité, qu'il nous est impossible de ne pas la croire écrite, ou par un homme, ou sous la dictée d'un homme qui avait été témoin oculaire de ce qu'il racontait.

Aussi, et pour cette raison seule du mérite supérieur de ses données, nous commencerons par l'examen du Périple la double analyse dont nous nous sommes imposé la tâche. Voici, selon ce document, comment les choses se passaient :

Les flottes d'Égypte partaient de *Myos-Hormos*, port situé, sur la côte occidentale de la mer Rouge, vers le 27ᵉ degré de latitude nord (situation déterminée par la présence de trois îles mentionnées par Agatharchides et connues des modernes sous le nom d'*îles Jaffatéennes*), ou bien de *Bérénice*, autre port de la même côte, à peu près 4 degrés plus au sud que le précédent : ces deux ports communiquaient, chacun par une route, avec *Koptos*, sur les bords du Nil. Les vaisseaux destinés pour la côte d'Afrique mettaient à la voile en juillet, afin de sortir du détroit avec les vents favorables, et d'être hors du golfe extérieur (golfe d'Adel) avant l'époque à laquelle les vents d'est commencent à s'y faire sentir (1). Dans ce trajet, les navigateurs rencontraient, sur la côte d'Abyssinie, *Ptolémaïs-Théron*, ville fondée par Ptolémée-Philadelphe; puis *Adulis*, 1 degré 1/2 plus au sud ; ils passaient ensuite le détroit, sur la côte occidentale duquel Ptolémée a signalé le village de *Deiré* (Δειρη, en grec, le cou ou le goulot). Alors ils longeaient la côte d'Adel où, du détroit au cap Guardafui, le Périple signale comme marchés : *Avalitès* (la moderne Zéila, d'après le docteur Cooley), près du détroit (à 50 ou 60 milles, selon Ptolémée); *Malaó*, 800 stades ou 80 milles plus loin [le docteur Vincent le fait correspondre à la place occupée par Zéila (2)] ; *Moondus*, 1,000 stades plus loin ; *Moosullon* (*Mossylon* de Pline, *Mosylon* suivant Ptolémée), à la dis-

---

(1) On sait que, dans la partie de la mer Rouge comprise entre le détroit et le 19e degré nord, les vents de nord règnent de la fin de mai à la fin de septembre, et que, dans le golfe extérieur compris entre le détroit et le cap Guardafui (le promontoire des Aromates), les vents de la partie de l'est s'établissent en octobre.

(2) Malaó correspondrait à Berbera, d'après le docteur Cooley, qui, grâce aux récentes explorations de MM. Carless et Cruttendern dans le pays des Soumal, a dû déterminer les positions de toutes ces anciennes

tance de deux ou trois jours de navigation, c'est-à-dire à 100 ou 150 milles. Mosylon était le grand marché des anciens sur cette côte, et c'est de lui qu'est venu le nom de *commerce mosyllitique*. Ce commerce était très-important; il fournissait, entre autres objets d'exportation, la cannelle, preuve suffisante que les Arabes, seuls navigateurs qui eussent pénétré jusqu'à Ceylan, en étaient les agents principaux. S'il est vrai, ce dont nous doutons, que le pays produisait aussi une qualité inférieure de cette substance, l'espèce dite mosyllitique est présentée par Dioscoride comme une des plus belles, et devait, par conséquent, venir de l'Inde ou directement, ou par les ports de l'Arabie Heureuse. Après Mosylon, les points qui se présentaient étaient *Nilo-Ptoléméon*, les marchés de *Tapa-Tégé*, la *petite Daphnón*, la *grande Daphnón* ou *Akannay* (le Périple ne donne pas la position de ces lieux); enfin on arrivait au *cap des Aromates*, où finit la côte d'Adel, nommée *Barbaria* dans le Périple, et où commence la contrée qui fait le sujet spécial de cette étude. Ici nous laisserons parler l'auteur du Périple lui-même, en traduisant textuellement sa description de la côte orientale d'Afrique :

« ..... Ensuite, la terre ferme s'infléchissant vers le midi,
« vient le marché des Aromates et l'extrémité la plus avan-

---

localités mieux que ne le pouvaient les commentateurs qui l'ont précédé, puisque, de leur temps, on ne connaissait rien de cette côte. Voici les correspondances qu'il indique pour les autres lieux mentionnés jusqu'à Aromata : Moondus à Meyt, Moosullon à Bendeur-Gacem, Nilo-Ptoléméon ou Tapa-Tégé à Bendeur-Khour, la petite Daphnón à Bendeur-M'raïah, la grande Daphnón ou Akannay à Moyah-Buah. (Voy. le mémoire du docteur Cooley, *Journal of the royal geographical Society of London*, vol. IX, part. II.)

« cée du continent barbarique, Apocope (1) vers le levant.
« Le port est exposé à la houle, et, dans de certains temps,
« il est périlleux, parce qu'il est ouvert au vent du nord.
« Un indice local qu'il doit y avoir une tempête, c'est que
« le fond se trouble et change de couleur. Quand ceci ar-
« rive, tous s'enfuient au grand promontoire, lieu cou-
« vert et sûr appelé *Tabœ*. On importe à ce marché les
« choses susnommées; il fournit lui-même la casse, le gi-

(1) Le mot grec ἀπόκοπον, qu'on trouve dans le texte, est un adjectif au nominatif neutre, qui signifie *coupé*. Selon nous (ou selon les personnes compétentes que nous avons consultées), il est ici pris substantivement pour désigner une coupure existant dans les terres et susceptible de servir de mouillage aux bateaux, et constitue, avec les deux mots qui le précèdent, une apposition à un autre membre de la même phrase, que nous avons traduit par *l'extrémité la plus avancée du continent barbarique*.

Pour que le lecteur ait sous les yeux tous les éléments qui peuvent lui servir à se fixer sur la signification du mot *Apocope* et sur le sens du membre de phrase auquel il appartient, nous avons cru devoir rassembler les citations suivantes :

Voici d'abord la phrase du texte :

Μετὰ ταύτην..... τὸ τῶν ἀρωμάτων ἐμπόριον καὶ ἀκρωτήριον τελευταῖον τῆς βαρβαρικῆς ἠπείρου, πρὸς ἀνατολὴν ἀπόκοπον* :
— après vient le marché des Aromates et l'extrémité la plus avancée du continent barbarique, apocope vers le levant. (La traduction latine dit : *Post hanc est Aromatum emporium. Extremum vero barbaricæ continentis est promontorium ortum versus apocopon*. Puis on trouve en marge : *Apocopon emporium*. Il est aisé de voir que cette traduction est peu exacte, et que le traducteur a pris sur lui d'appliquer le mot *emporium* au mot *apocopon*).

Plus loin, on lit dans le texte du Périple : Τὰ λεγόμενα μικρὰ ἀπόκοπα καὶ μεγάλα τῆς Ἀζανίας (*apocopa parva et magna Azaniæ, uti appellantur*), ce qu'on nomme les petites et grandes apo-

* Dans cette phrase, on peut, il est vrai, considérer ἀπόκοπον comme un adjectif, et traduire ainsi : *le promontoire..... brusquement terminé vers le levant*. Mais cette version nous paraît douteuse et détruit, en outre, tout rapport entre le mot ἀπόκοπον ainsi traduit et le pluriel ἀπόκοπα, qui se trouve plus loin.

« zir, l'asyphe, l'aroma, la magla, le motò et l'encens. De
« *Tabœ*, après 400 stades, en côtoyant la Chersonèse, et
« le courant vous porte vers ce lieu, est un autre marché
« appelé Opône, auquel sont conduits les objets susnom-
« més : il fournit une grande quantité de casse, d'aroma,
« de motò, de très-bons esclaves, que le plus souvent on
« exporte en Égypte, et une grande quantité d'écaille beau-
« coup meilleure que celle qui se trouve ailleurs. On na-
« vigue d'Égypte vers tous ces marchés éloignés (de par delà)

copes de l'Azanie. Puis le texte termine la phrase par ces mots : διὰ ἀγχυροβολιων, que le traducteur rend en latin par *anchoris jacendis et figendis accommodata*, et que nous avons traduits par *bons ancrages*.

D'un autre côté, on trouve, dans Ptolémée, à propos d'un golfe qui, selon lui, fait suite à Opône, cette phrase : Καλεῖται δὲ τοῦτον μονον κόλπον, ἀπόκοπα, traduite dans l'édition de Wilberg par *vocarique hunc tantùm sinum apocopa* : c'est ce golfe seul qu'on appelle les *apocopes*. Avant ceci, Ptolémée parle d'un premier golfe contigu à Aromata : Εἶναι δὲ συνεχῆ τοῖς Ἀρώματι πρῶτον κόλπον, *continentem autem esse cùm Aromatis primum sinum aliquem*, il y a un premier golfe contigu avec Aromata.

Le docteur Vincent a pensé qu'un apocope devait signifier un promontoire. Stuch, dans ses commentaires sur le Périple, a dit à propos du mot ἀπόκοπον : *Ce mot paraît être une redondance, à moins qu'il ne signifie escarpé, à pic ; car peu après, ajoute-t-il, viennent deux lieux ou promontoires nommés apocopes* (allusion au passage cité ci-dessus : τὰ μικρὰ ἀπόκοτα καὶ μεγάλα). Stuch paraît être dans l'indécision, puisqu'il dit *lieux* ou *promontoires*, *loca sive promontoria*.

Nous croyons que tout ce qui précède édifiera le lecteur, et le décidera à embrasser notre opinion sur le sens du mot en question. Que signifierait la phrase de Ptolémée, c'est ce golfe seul qu'on nomme les apocopes ? Comment trouver dans ἀπόκοπον le sens de *saillant*, quand de tous les mots inscrits dans le dictionnaire il n'en est pas un qui, de près ni de loin, représente l'idée d'une saillie : ἀπόκοπή, *retranchement*, en termes de grammaire, retranchement d'une syllabe à la fin

« dans le mois de juillet, appelé *epiphi*. Des lieux de par
« deçà, d'Ariace et de Barigaza, on a coutume de porter
« aux marchés susdits diverses choses, du froment, du riz,
« du beurre, de l'huile de sésame, de l'*othonium*, soit
« *monache*, soit *sagmatogène*, des ceintures et du miel de
« canne appelé *sucre*. Les uns naviguent expressément
« pour ces marchés; d'autres se chargent, pendant la tra-
« versée, de ce qu'ils rencontrent. Le pays n'est gouverné
« par aucun roi ; mais les marchés sont régis respective-
« ment par leurs propres seigneurs.

« Après Opône, la côte s'étendant surtout vers le midi,
« se présentent d'abord ce qu'on appelle *petites* et *grandes*
« *apocopes* de l'Azanie (1)..... par de bons ancrages.....
« fleuves..... en six courses vers le sud-ouest ; ensuite le
« petit rivage et le grand rivage en six autres courses.
« Après celui-ci viennent successivement les escales de l'A-
« zanie : d'abord celle nommée de *Sœrapion*, puis celle de
« *Nikôn*, après lequel se trouvent plusieurs fleuves et d'au-

d'un mot ; ἀτόκιτσι, *adjectif*, coupé, châtré, énervé; ἀποκόπτω,
je coupe? Enfin le texte de Ptolémée ne semble-t-il pas confirmer notre
version, quand il parle d'un premier golfe contigu à Aromata?

Une erreur a certainement été commise par le docteur Vincent, dans le
sens du passage qui nous occupe; il a traduit πρὸς ἀνατολὴν ἀπόκοπον
par *au levant des apocopes*. Nous avions peine à nous imaginer comment l'auteur du Périple avait été chercher les apocopes, à propos du
cap des Aromates, pour faire une comparaison de position, alors qu'il
trouvait à une bien moins grande distance des points géographiques
d'une importance beaucoup moins contestable, tels que le promontoire
de Tabæ, la Chersonèse d'Opône et le marché d'Opône lui-même. Mais
après avoir vu le texte grec du Périple, nous nous sommes aperçu
que le commentateur anglais avait commis une inadvertance en lisant
ἀποκόπων, au génitif pluriel, au lieu de ἀπόκοπον, ou qu'il avait
eu entre les mains une copie défectueuse.

(1) Le texte offre ici des lacunes que nous figurons par des points.

« tres ports successifs, répartis par relâches et courses d'un
« jour chaque, sept en tout jusqu'aux îles *Pyralaôn* et à
« ce qu'on appelle le *canal* (ou *nouveau canal*) (1). Après
« ce dernier, un peu au-dessus du sud-ouest, après deux
« courses nychthémères (de nuit et de jour), vers le cou-
« chant (2) se présente une île appelée *Ménouthésias*, éloi-
« gnée de la terre ferme d'environ 300 stades, basse et
« pleine d'arbres, dans laquelle sont des rivières et plu-
« sieurs sortes d'oiseaux et des tortues de montagnes. Il
« n'y a aucune bête féroce, si ce n'est des crocodiles (3),
« qui n'attaquent pas les hommes. On y trouve de petites
« barques, soit cousues, soit d'une seule pièce, lesquelles
« sont employées pour la pêche et pour la chasse aux tor-
« tues. En cette île même, on les prend particulièrement
« avec des paniers, que l'on met, en guise de filets, à l'ou-
« verture des brisants.

« A partir de cette île, après deux journées, se trouve,
« sur le continent, le dernier marché de l'Azanie, appelé

---

(1) Le manuscrit unique porte καίνης λεγομενης διώρυχος; les traductions que nous avons eues entre les mains, se conformant à ce texte, portent aussi *et ce qu'on nomme le nouveau canal*. Cependant il paraît que certains hellénistes, trouvant que καίνης ne se liait pas avec ce qui précède, ont lu καὶ της, *et ce qu'on appelle le canal*. Nous reviendrons en temps et lieu sur cette différence.

(2) Nous avons ponctué comme dans le texte, ce qui donne à la phrase le sens de : *après deux courses, se présente vers le couchant*; mais le sens véritable est évidemment : *après deux courses vers le couchant, se présente*. La connaissance de la direction de la côte en cet endroit supplée à l'insuffisance du texte, insuffisance qui n'est, sans doute, que le résultat d'une erreur de copiste.

(3) Il s'agit, sans doute, ici, d'une grande espèce de lézard, car il n'existe de crocodiles en aucune des îles de cette côte, si ce n'est à Madagascar.

« *Rhapta* (les Rhaptes), dénomination qu'il a prise des sus-
« dites petites barques cousues. On y trouve beaucoup
« d'ivoire et d'écaille. Autour de ce pays habitent des
« hommes très-grands de taille, agissant en chefs chacun
« dans sa localité; mais la région elle-même, d'après un
« ancien droit, soumise à l'autorité de ce qu'on appelle
« l'*Arabie première*, est gouvernée par le roi Mopharite.
« De ce roi, la tiennent à tribut ceux de Muza, qui y expé-
« dient des navires, confiés le plus souvent à des patrons
« et des serviteurs arabes, lesquels y ont commerce et pa-
« renté, et qui sont familiarisés avec les lieux et enten-
« dent la langue qu'on y parle.

« On porte à ces marchés des lances qui se font spécia-
« lement à Muza, des hachettes, de petits glaives ou cou-
« teaux, des alênes et plusieurs sortes de verroteries. En
« quelques endroits, on porte du vin et beaucoup de fro-
« ment, non pour le gain mais en présent, pour se con-
« cilier les barbares. De ces lieux, on exporte beaucoup
« d'ivoire, mais inférieur à celui d'*Adulis*; on en tire éga-
« lement de la corne de rhinocéros, de l'écaille, la plus
« belle après celle de l'Inde, et un peu de Nauplios. Et ces
« marchés de l'Azanie sont presque les derniers du con-
« tinent, qui est sur la droite en venant de *Bérénice*. En
« effet, après ces lieux, l'Océan qui n'a pas été navigué
« tourne vers le couchant, et, longeant au midi les côtes
« opposées de l'Éthiopie, de la Libye et de l'Afrique, il se
« joint à la mer occidentale. »

Les commentateurs du Périple se sont efforcés de faire
concorder les lieux particuliers indiqués dans ce substantiel
écrit avec ceux qui portent sur les cartes modernes un nom

et une situation déterminés. Cette assimilation devait être, en effet, d'un grand intérêt pour l'histoire de la géographie, puisque, entre autres particularités, elle aurait fait connaître le terme de la navigation des marchands grecs et romains sur cette côte. Mais, d'abord, elle était impossible quant aux villes, puisque celles qui s'y trouvaient, même à l'époque où les Portugais abordèrent aux rivages de l'Afrique orientale, devaient leur origine aux immigrations des Arabes musulmans en ce pays, et que leur fondation était ainsi postérieure de sept ou huit siècles à l'époque du Périple. Tout au plus pouvait-on espérer de découvrir les rapports géographiques ou topographiques existant entre les indications données dans l'itinéraire et certaines parties de la côte ; or on ne connaissait pas encore assez les détails de celle-ci pour arriver à des assimilations raisonnées. Enfin était-il moins difficile, par une appréciation purement géodésique de l'Itinéraire, de déterminer le point de la côte correspondant à Rhapta, et de résoudre ainsi la question véritablement intéressante dont on cherchait la solution? Non, sans doute; car, d'une part, on n'avait, pour évaluer les distances parcourues, que le nombre de courses ou de journées mentionnées dans le journal, sans connaissance positive du chemin fait ni de la direction suivie dans chacune d'elles ; d'autre part, on n'avait qu'une idée fort incomplète et souvent fort erronée des circonstances météorologiques qui président à la navigation de cette côte. A défaut de ces connaissances pratiques locales que ne suppléaient ni la science ni l'érudition des commentateurs, ceux-ci ne pouvaient donc, en essayant de reporter les données géographiques du Périple sur leurs cartes, que se livrer à des conjectures, à des rapprochements plus ou moins ingénieux, pour arriver, en définitive, à un résultat sinon faux, du moins fort incertain.

Ceci établi, nous allons, plus heureux que nos devanciers, appliquer à l'analyse du Périple les notions positives que la pratique des lieux nous a mis à même d'acquérir.

Nous l'avons déjà fait comprendre, les seules données pouvant nous servir d'arguments pour établir les rapports cherchés sont : 1° l'intervalle parcouru, évalué d'après l'indication du nombre de courses; 2° la concordance de quelques détails géographiques contenus dans l'itinéraire avec ce que nous savons de la configuration réelle de la côte. Il nous faut donc déterminer tout d'abord la valeur moyenne de la course, en tenant compte des circonstances météorologiques et géographiques qui, le long de ce rivage, influent d'une manière invariable sur la navigation.

Eh bien, dans la partie de la mer Rouge comprise entre le détroit et le parallèle de 19 degrés nord, les vents du sud règnent d'octobre à mai, et sont remplacés par les vents du nord pendant les mois de juin, juillet, août et septembre; il fallait donc que les bateaux partant de Myos-Hormos ou de Bérénice, pour sortir de cette mer, missent à la voile pendant ces derniers mois, et l'auteur du Périple nous apprend, en effet, que les départs avaient lieu dans le mois d'epiphi, c'est-à-dire en juillet. Dans le golfe extérieur, en d'autres termes, du détroit au cap des Aromates, la mousson de l'est se fait sentir dans la première quinzaine d'octobre, et les bateaux qui vont à l'est de ce cap doivent avoir dépassé son méridien avant le 1er novembre. C'est aussi à partir de la même époque qu'on peut descendre au sud, c'est-à-dire avec la mousson de nord-est, qui souffle du nord-est à l'est jusqu'à la mi-avril, sans interruption ni changement de direction (1), et même avec une intensité assez égale pour permettre de calculer, très-approximativement, des distances d'après le nombre de journées mises à les parcourir.

C'était donc durant la mousson de nord-est que les bateaux de la mer Rouge destinés pour la côte orientale d'Afrique descendaient le long de cette côte. Notons de suite, comme conséquence de cette première donnée, que les seuls coups de vent qu'ils eussent à craindre ne pouvaient venir que de la même partie de l'horizon, et qu'ainsi, lorsqu'ils relâchaient pour cause de mauvais temps, ils devaient le faire *en des mouillages abrités du nord à l'est.*

Pendant les mois de novembre, décembre, janvier et la moitié de février, la force de la brise est telle en temps ordinaire, qu'elle ferait filer de 2,5 à 3 milles par heure au bateau de la plus médiocre construction, sous la plus prudente voilure. En outre, le courant qui suit la direction générale de la côte, dans le même sens que le vent, a une vitesse moyenne de 1,5 mille par heure, depuis Ras-Hhafoun jusqu'à une vingtaine de lieues plus loin que Ras-Açoued; et au delà de ce dernier jusqu'au cap Delgado, sans même que le vent cesse d'être modéré, cette vitesse n'est pas moins de 2 à 3 milles à l'heure. Dans le parcours du premier espace, le mouvement de progression du bateau

---

(1) Le calme et les brises variables qu'on éprouve ordinairement dans la mer de l'Inde, aux environs de l'équateur, ne se produisent pas le long de la côte et jusqu'à une distance d'au moins 20 ou 25 lieues au large. En se tenant en dedans de cette limite, ce que font et faisaient autrefois, à plus forte raison, tous les bateaux naviguant dans ces parages, on continue donc de recevoir le vent de la mousson.

supposé atteint ainsi 4 milles à l'heure; dans le parcours du second espace, il doit atteindre au moins 5 milles. Nous compterons donc, dans le premier cas, 96 *milles pour une course nychthémère et* 48 *milles pour une course de jour;* dans le second cas, 120 *milles ou* 60.

Ayant ainsi déterminé notre unité de longueur en ce qui regarde la mesure des distances, esquissons brièvement les caractères géographiques dont la connaissance nous paraît nécessaire à l'interprétation motivée du document que nous analysons.

Sur toute l'étendue de côte comprise entre Ras-Ilhafoun et Ouarcheikh, le profil du rivage est à peine accidenté par quelques sinuosités et n'offre d'autre saillie remarquable que les deux caps nommés, par les Arabes, Ras-Mâabeur et Ras-el-Khil : ceux qu'on désigne sous les noms de Ras-Aouad, Ras-Açoued et Ras-M'routi sont si peu apparents, qu'il faut être tout à fait près du rivage pour reconnaître leur existence. Par cela même, dans tout l'espace ci-dessus indiqué, c'est seulement à Ras-Mâabeur et à Ras-el-Khil que le rivage présente une échancrure ou un enfoncement notable; encore n'est-ce qu'au nord de ces caps, car, du côté du sud, au contraire, le rivage affecte une courbure un peu convexe avant de reprendre sa première direction. Les bateaux s'abritent dans ces deux endroits pendant la mousson de sud-ouest et peuvent y mouiller aussi dans les beaux temps de la mousson de nord-est; l'un et l'autre sont des lieux d'aiguades, particularité qui se retrouve d'ailleurs en plusieurs endroits intermédiaires, principalement au sud de Ras-Mâabeur-Serir, à Drâsalahh, à Ouadi-Nougal, où le rivage entre un et où il y a un fond propre à l'ancrage de bateaux : ces lieux de station sont probablement, avec les baies de Ras-Mâabeur et de Ras-el-Khil, ce que le Périple signale comme les grandes et petites apocopes de l'Azanie.

Le premier havre, au sud de Hhafoun, est celui de Ouarcheikh, et, d'après la nature du terrain et la configuration actuelle de la côte, nous ne pensons pas qu'il ait pu, en aucun temps, en exister d'autre plus au nord. Mais, à partir de Ouarcheikh jusqu'au Djoub, se trouvent plusieurs petits havres naturels, circonstance dont on doit, ce nous semble, dans l'examen auquel nous allons nous livrer, se préoccuper bien plus encore que des villes qu'on y voit aujourd'hui, et dont la fondation, comme nous l'avons déjà dit, est certainement postérieure de plusieurs siècles à l'époque du Périple.

Enfin, sur toute l'étendue de côte comprise entre Ras-Hhafoun et l'équateur, il n'y a aucun cours d'eau permanent qui débouche à la mer, et le premier fleuve qu'on puisse mentionner comme correspondant à quelqu'une des escales de l'Azanie est le Djoub : car il n'est pas probable que, par une erreur analogue à celle que, plus tard, les géographes arabes ont commise, l'auteur du Périple ait attribué à l'une de ces escales le cours d'eau qui passe à quelques lieues en arrière des villes de Moguedchou, Meurka et Braoua (1).

Ces données générales et suffisamment positives nous étant acquises, procédons à l'examen de la relation, pour

---

(1) On sait que les géographes arabes désignaient ce fleuve, qui est le Dénok ou Haine's river, sous le nom de *Nil de Magdachou*, et le faisaient déboucher à la mer, près de cette ville (Moguedchou).

déterminer, s'il est possible, la position des lieux qui y sont désignés.

Le *marché des Aromates* et l'*extrémité la plus avancée du continent barbarique*, avec son *apocope vers le levant*, se retrouvent évidemment, celle-ci dans l'un des promontoires d'Assir et de Yerdefoun, celui-là dans l'échancrure tournée vers l'est, comprise entre ces deux caps, et que les indigènes nomment *Ouadi-Tohheun*. Au point de vue nautique, la baie de Benna (1) nous paraîtrait cependant avoir dû être prise pour ancrage de préférence à Ouadi-Tohheun. Au reste, l'un et l'autre mouillage sont exposés aux vents du nord; aussi sont-ils périlleux parfois, c'est-à-dire quand, ainsi que cela a lieu au début de la mousson de nord-est et dans les trois premiers mois de son cours, les vents de cette partie viennent à souffler par bourrasques qui durent de trois à cinq jours. C'était sans doute dans de semblables circonstances et d'après les indices qui annoncent ces bourrasques que, comme le dit l'auteur du Périple, « les ba-
« teaux allaient se mettre à l'abri sous le grand promon-
« toire de Tabæ, lieu couvert et sûr où il y avait aussi un
« marché. »

Le grand promontoire de Tabæ ne peut donc être que la pointe nord-ouest de la presqu'île de Hhafoun, et son mouillage, la baie du nord de cette même presqu'île, nommée *Khour-Hordya*, sur le côté nord de laquelle est aujourd'hui le village d'Hordya, où l'on fait encore un peu de commerce. Notre opinion est corroborée par la suite de la description.

(1) Pour ces localités et les suivantes, voyez, sur la carte, planche 1 de l'Album.

« *De Tabœ, après 400 stades, en côtoyant la Chersonèse,*
« *est un autre marché appelé Opône.* »

Si nous mesurons 400 stades ou 13 lieues à partir du mouillage d'Hordya, en côtoyant la presqu'île, comme il est dit dans le Périple, nous arrivons dans la baie sud de Hhafoun, qui a dû, de tout temps, être un lieu fréquenté par les bateaux, soit de l'Inde, soit des golfes Persique et Arabique, faisant le commerce de la côte orientale d'Afrique; car c'est un excellent mouillage pendant la mousson de nord-est, et aucun des points qui viennent ensuite jusqu'à Ouar-cheikh n'offre le même avantage. C'est donc dans la baie sud de Hhafoun que nous placerons l'Opône du Périple.

« Après Opône, la côte s'étendant surtout vers le midi,
« se présentent les petites et grandes apocopes de l'Azanie...
« par de bons ancrages... fleuves... six courses dans le sud-
« ouest... »

Nous n'avons pas besoin de faire remarquer que les lacunes existant ici dans le texte ouvrent un champ large aux conjectures, mais rendent impossible une interprétation positive et complète de cette phrase.

D'après ce que nous avons dit dans notre exposé préliminaire, nous croyons pouvoir placer les grandes apocopes (1) aux creux formés, dans la côte, par la projection de Ras-Mâabeur et celle de Ras-el-Khil; les petites apocopes se-

---

(1) Nous avons à signaler ici une nouvelle inadvertance du docteur Vincent; il ne parle jamais que d'une grande et d'une petite apocope, ce qui est manifestement contraire au texte, où l'on trouve, comme on l'a vu à la note 1 de la page 89, *les* grandes et *les* petites apocopes, τα μικρα ἀπόκοπα καί μεγαλα. De ces deux apocopes, qui sont, pour lui, des promontoires, il en a identifié une, la grande, avec le **cap des Basses** (Ras-Açoued).

raient alors représentées par les anses ou criques beaucoup moins profondes que forment les sinuosités du rivage compris entre ces deux caps, et dont les principales ont été désignées précédemment (1).

Il n'est pas inutile de faire observer, en passant, au sujet du mot Azanie, employé par l'auteur du Périple pour désigner le pays d'Azan, que la partie de côte comprise entre Ras-Ilhafoun et Ras-el-Khil est nommée par les Arabes *Bar-el-Khazaïne* (terre ou côte des réservoirs) (2). C'est, nous le croyons, de cette appellation tout arabe qu'on a fait, par corruption, les mots Azan, Azanie et Ajan, dont le dernier figure sur nos anciennes cartes ; seulement l'auteur du Périple étendait le nom d'Azanie à toute la côte orientale, au lieu de le restreindre, comme l'est aujourd'hui celui d'El-Khazaïne, à la partie de côte que nous avons désignée.

Quant au mot *fleuves*, qui se trouve dans ce passage, nous ne savons pas si la phrase dont il faisait partie affirmait ou niait la présence de cours d'eau. Le fait est que nous ne connaissons aucun fleuve proprement dit sur cette partie de la côte, et nous avons tout lieu de croire qu'il n'en existe pas. Cependant, en donnant au mot ποταμος du texte une signification moins ambitieuse (3), on pourrait admettre qu'il est là pour désigner les nombreux torrents et ravines qui forment, sur la côte, les réservoirs auxquels elle a dû son nom. L'un de ces torrents, désigné sous le nom de *Ouadi-Nougal*, est assez considérable et coule pendant plu-

---

(1) Voyez ci-devant, page 97.
(2) Voyez au ch. XVI de la relation, IIe partie.
(3) Le mot grec ποταμος signifie également fleuve, rivière ou torrent.

sieurs mois de l'année. Ajoutons encore, en nous tenant dans le même ordre d'idées, que les six courses ou 96 lieues comptées à partir d'Opône nous font arriver aux environs d'Obbia, endroit où se trouvent une aiguade et le lit d'un ruisseau qui coule seulement pendant la saison des pluies. Toutefois ce ruisseau est assez remarquable, puisqu'il est considéré comme limite commune des territoires des Medjeurtine et des Abgal, et son lit ne se dessèche pas entièrement, car les tribus de l'une et de l'autre peuplade viennent y abreuver leurs troupeaux durant la saison sèche.

Après ces six courses dans le sud-ouest, nous avons à en compter six autres pour le parcours du *petit rivage* et du *grand rivage*. Ce dernier se terminera ainsi un peu au nord de Ras-M'routi (1), à partir duquel nous devons, comme nous l'avons expliqué, estimer la course à 20 lieues, eu égard à l'augmentation de chemin, donnée par un courant plus fort.

« Après le grand rivage se présentent successivement les
« escales de l'Azanie : d'abord celle de Sœrapion, après une
« première course. »

Or, à 20 lieues environ du point où nous avons placé la

---

(1) Par suite de l'erreur qu'a commise le docteur Vincent en identifiant la Corne du Sud de Ptolémée et ce qu'il appelle la *grande apocope du Périple* avec le cap des Basses (Ras-Açoued), il s'est trouvé conduit à reporter l'extrémité sud du grand rivage à peu près au port de Braoua. Une première conséquence de cette assimilation est que, contrairement au Périple, qui ne laisse supposer aucun lieu d'escale sur toute l'étendue du petit et du grand rivage, ce commentateur y ferait entrer les ports de Ouarcheikh, Moguedchou, Gondeurcheikh et Meurka, tous au nord de celui de Braoua, et dont la disposition naturelle devait évidemment faire des lieux d'escale. Il résulterait, en outre, de ladite assimilation, une grande difficulté pour placer Sœrapion *à une journée après la fin du grand rivage,* entre Braoua et le Djoub, où il n'y a pas de havre.

AGE   DE   SABLE

MOUILLAGE

Plateaux de Roches
à fleur d'eau

fin du grand rivage, se trouve (le premier de tout le littoral en venant du nord) le petit havre de Ouarcheikh, relâche sûre dont les bateaux qui venaient de parcourir cette longue côte inhospitalière ne devaient pas manquer de profiter. Aujourd'hui on n'y voit qu'un groupe de huttes; mais, autrefois, il y existait une ville dont on trouve des ruines (voyez le croquis ci-contre) enfouies dans le sable (1), et qui était déjà abandonnée lors de l'arrivée des Portugais, comme l'indique le nom de Bandel-Velho (2) (vieux port) qu'ils lui donnèrent. C'est donc à Ouarcheikh que nous placerons le Sœrapion du Périple (3), première escale de l'Azanie.

Nikon, la seconde, se trouvera, par suite de cette assimilation, tomber sur l'un des points situés entre Moguedchou et Meurka, peut-être à Gondeurcheikh, havre plus grand que Ouarcheikh et bon mouillage pour les bateaux. On y voit encore les restes d'une ville en pierre (4), aux-

(1) Voyez au chapitre XVI de la relation, II⁰ partie.
(2) *Bandel*, corruption du mot arabe *Ben'deur*, port ou mouillage fréquenté. *Velho*, mot portugais, *vieux*.
(3) La particularité d'un promontoire touchant à ce point, d'après Ptolémée, qui dit *le port et le promontoire de Sœrapion*, semble encore justifier notre opinion. Le petit havre de Ouarcheikh était, en effet, formé par une presqu'île assez élevée qui, minée depuis par les chocs de la mer, se présente aujourd'hui sous l'aspect d'une chaîne d'îlots, dont les formes et la disposition attestent la primitive réunion en une seule masse.
(4) Nous ne prétendons pas que cette circonstance soit un argument en faveur du rapport dont nous suggérons l'idée : sans doute, la fondation de Gondeurcheikh date à peu près de la même époque que celle de toutes les cités aujourd'hui connues sur cette côte, c'est-à-dire du x⁰ siècle. Nous ne mentionnons l'existence d'une ville en cet endroit que pour prouver qu'il a pu autrefois servir d'escale et de marché.

Au reste, nous avons proposé ce point parce que la distance de 57 milles, qui le sépare de Ouarcheikh, est plus rapprochée de la lon-

quels sont mêlées les huttes en paille de la population soumali, qui occupe aujourd'hui cette localité.

Après Nikon, nous avons à compter cinq autres courses, dont chacune est limitée par une escale, et que nous supposerons aboutir, la première, au port de Braoua; la seconde, à un point intermédiaire entre ce port et l'embouchure du Djoub, par exemple Djora; la troisième, à cette embouchure; la quatrième, à Cheut-Bourgâo (la rivière Durnford des cartes); la cinquième enfin, qui doit nous conduire aux îles Pyralâon et au *canal* ou *nouveau canal*, nous fait arriver au groupe des îles Kouiyou, Patta, Mandra, Lâmou, séparé de la terre ferme par un bras de mer ou canal navigable (1).

gueur de la course, telle que nous l'avons estimée, que ne l'est la distance de 71 milles, comprise entre Meurka et Ouarcheikh; mais, sauf cette particularité, le port de Meurka pourrait, tout aussi bien que celui de Goudeurcheikh, représenter l'escale de Nikon.

(1) Comme conséquence naturelle des positions par lui données à la fin du grand rivage et à ce qu'il appelle la *grande apocope*, positions dont nous avons suffisamment prouvé l'inexactitude, le docteur Vincent place le *nouveau canal* à Mombase. Cette opinion, qui devait, après tout, fatalement se produire, est inadmissible non-seulement parce qu'elle repose sur des bases fausses, mais encore par une autre raison que nous fournissent certaines indications du Périple sur les points venant après le *nouveau canal*.

En effet, nous devons, à deux courses nychthémères au delà de ce dernier, trouver l'île Ménouthésias, et la conséquence forcée de l'opinion du docteur Vincent sur la position du *nouveau canal* serait alors d'identifier cette île avec l'île Moufia (Mafiia). Or lui-même repousse cette identification, et c'est, comme nous le dirons bientôt, avec toute raison qu'il préfère rapporter Ménouthésias à l'île Zanzibar. Mais, en ce cas, le *nouveau canal* ne peut être placé à Mombase, puisqu'il y a, entre Mombase et Zanzibar, une course nychthémère tout au plus, au lieu des deux que le Périple indique entre Ménouthésias et le *nouveau canal*. Au contraire, en plaçant celui-ci où nos estimations précédentes nous ont conduit à le faire, nous sommes précisément à deux courses nychthémères de l'île Zanzibar.

Ici nous devons nous arrêter quelques instants, car la détermination du point où nous sommes parvenu a soulevé bien des controverses, et demande, de notre part, une discussion qu'il ne sera malheureusement pas en notre pouvoir d'abréger autant que nous le voudrions (1).

Nous avons déjà fait connaître, à la note 1 de la page 92, la divergence qui s'était produite, au sujet du passage que nous examinons, entre les anciens traducteurs et commentateurs du Périple et certains hellénistes modernes, ceux-ci lisant *ce qu'on appelle le canal*, ceux-là *le canal dit nouveau*. Il est certain qu'en adoptant cette dernière leçon on se trouve en face d'une difficulté très-sérieuse, à savoir que cette appellation fait naître nécessairement l'idée d'un canal plus ancien, dont le Périple ne dit pas un mot. Cependant, l'adjectif *nouveau* est bien dans le manuscrit unique; il se retrouve dans le texte imprimé, au moins dans l'édition que nous avons eue entre les mains; enfin beaucoup de savants, entre autres le docteur Vincent, l'ont admis et traduit sans faire la moindre remarque à cet égard. Il y a plus, l'emploi du mot *nouveau* dans le texte serait pratiquement admissible, s'il était permis de traduire ici διωρυχος par l'un des mots *passage* ou *voie*, parce qu'alors l'expression de nouveau passage ou nouvelle voie signifierait une route nouvellement adoptée, par opposition à une autre suivie antérieurement, ce qui, comme on le verra plus loin, a pu se produire dans la navi-

---

(1) Nous avons dressé, sur notre carte, un plan particulier des îles Kouïyou, Patta, Mandra et Lâmou, afin que le lecteur puisse mieux, en le comparant au plan de Mombase, apprécier la valeur de notre opinion quant à la position du canal et des îles Pyralaon du Périple.

gation de cette partie de la côte. Pour nous, qui sommes incompétent à nous prononcer sur la partie grammaticale ou littéraire de la question, nous nous rangerons rationnellement du parti de ceux qui ont lu simplement *le canal*, à cause de la difficulté que nous avons tout d'abord signalée. D'ailleurs la suppression du mot *nouveau*, dans le texte, nous paraît au moins chose sans importance, sinon insignifiante pour le but que nous nous proposons ici, qui est, avant tout, d'identifier les lieux du Périple avec certains points de la côte. Au reste, les personnes, qui, acceptant pour le mot διωρυχος le sens de *passage*, seraient ainsi parfaitement fondées à y ajouter le mot *nouveau*, comme le porte le texte, n'auront, en lisant ce qui suit, qu'à mettre partout ce mot à côté du mot *canal*, pour que notre argumentation s'applique à la leçon préférée par elles.

Tout le monde le reconnaîtra sans doute, l'essentiel est de trouver au point de la côte où nous sommes arrivé un *canal*, désignation déjà assez vague et assez incomplète par elle-même pour qu'elle ait dû nécessairement exercer la subtilité des commentateurs; et, puisque nos calculs nous ont conduit à l'entrée du bras de mer qui sépare les îles Patta, Lamou, etc., de la terre ferme, nous allons examiner si ce n'est pas là ce que le Périple nomme le *canal* ou le *nouveau canal*, comme on voudra.

Et, d'abord, quelle idée peut-on se faire du sens qui s'attache ici à l'une et l'autre de ces deux désignations, si ce n'est celle d'un canal naturel adopté comme passage ou d'un canal artificiel pratiqué dans le même but, servant, dans l'un et l'autre cas, à établir entre des points de la côte une communication plus courte ou plus facile dans des eaux calmes qu'elle ne l'est le long d'une côte battue par la mer. Disons, à ce sujet, que, partout où le rivage est bordé de récifs laissant entre eux et lui une profondeur suffisante pour leur tirant d'eau, les bateaux arabes ne manquent pas de s'engager dans ces canaux naturels, où ils se trouvent, ainsi, abrités de la houle. Ce qui est pratiqué aujourd'hui par les Arabes a pu l'être anciennement par les navigateurs égyptiens. Toutefois ce fait ne se produit pas sur un seul point de la côte : à partir d'Ouarcheikh, il existe de ces canaux naturels en beaucoup d'endroits; et particulièrement sur l'espace compris entre le Djoub et le groupe d'îles de Patta, la côte est bordée d'une chaîne d'îlots et de récifs formant avec elle un chenal presque continu. On peut se demander, dès lors, pourquoi, s'il s'agissait d'un canal de ce genre, l'auteur du Périple en aurait fait une mention spéciale aux îles Pyralàon.

Mais, si nous identifions les îles Pyralàon avec les îles Kouiyou, Patta, Lâmou, etc., comme nous sommes conduit à le faire par l'estime du chemin, cette mention spéciale s'expliquera beaucoup mieux.

En effet, le bras de mer dont il s'agit et qui circule entre la terre ferme et des îles très-étendues, si on les compare aux îlots dont nous avons parlé plus haut, ce bras de mer étroit, dans lequel les bateaux peuvent se mouvoir à la perche comme sur un de ces canaux qui servent de voies de communication intérieure; ce bras de mer, disons-nous, justifie, on ne saurait le nier, l'appellation de canal bien autrement qu'un simple chenal, bordé, du côté du large, par des îlots s'élevant à peine au-dessus du niveau de la mer, ou même par de simples hauts fonds ou récifs, et du milieu duquel on ne cesse d'apercevoir la pleine mer, où l'on se croirait encore, si ce n'était le calme relatif des eaux sur lesquelles on navigue.

Disons, en outre, que l'appropriation de ce bras de mer à une navigation de cabotage, telle que celle décrite dans le Périple, s'expliquerait de diverses manières et par des raisons suffisantes. Ainsi il a pu arriver que les navigateurs, qui étaient d'abord dans l'usage de faire route en longeant la partie de ces îles tournée vers le large, en soient venus un jour à connaître et à pratiquer la passe située entre elles et le rivage du continent, passe qui se sera alors appelée le *canal*.

Les choses ont pu se produire également comme il suit : les marchands que des affaires appelaient sur quelque point de l'une des îles nommées depuis *Patta*, *Lâmou*, etc., étant arrivés à leur destination en donnant dans le chenal qui sépare ces îles de la terre ferme, avaient d'abord coutume d'en sortir par la voie qui les y avait conduits, ayant à lutter, pour ce retour, contre le vent et la houle du large ; mais un moment sera venu où ils auront appris ou compris qu'en s'enfonçant entre la terre ferme et les îles ils pouvaient reprendre la mer plus bas (au sud de l'île Lâmou), sans cesser d'avoir le vent favorable, et ils auront adopté ce passage, qui, dès lors, se sera encore appelé le *canal*.

Certes, nous ne nous dissimulons pas que ces explications sont aussi hypothétiques que la signification des mots auxquels elles se rapportent est incertaine ; mais nous les croyons plausibles, et surtout bien autrement acceptables que ne l'est l'hypothèse admise par le docteur Vincent, d'un canal artificiellement pratiqué, canal duquel on n'a jamais trouvé nulle trace, et qu'aucune tradition ne mentionne (1).

Quant à l'opinion de Stuch, qui tend à rapporter les îles Pyralāon aux îles Pemba, Zanzibar et Mafiia, toute spécieuse qu'elle est, nous la repoussons également, et cela pour deux raisons : outre que l'espace compris entre Ouarcheikh et la plus nord de ces îles est beaucoup trop grand pour que le trajet en puisse être fait en six courses, comme le texte l'indique pour le trajet de Særapion aux îles Pyralāon, où trouver ensuite cette île Ménouthésias dont il va être question tout à l'heure? Donc nous nous en tiendrons à l'opinion

(1) Le docteur Vincent a voulu voir le *nouveau canal* dans la partie la plus rétrécie et la moins profonde du bras de mer dont Mombase est entourée, endroit qui découvre parfois à mer basse et semble, en certains moments, convertir l'île en une presqu'île. Cette particularité topographique se rencontrait à merveille pour rassurer le savant docteur sur l'exactitude de ses précédentes appréciations, exactitude dont il aura certainement douté, en ne trouvant que l'île *unique* de Mombase où le Périple indiquait *les îles* Pyralāon. Ce malencontreux pluriel a dû lui causer un grand embarras, quoiqu'il ait gardé le silence à cet égard.

Il est vrai que, dans un passage qui termine la page 151 du premier volume de son Traité, il parle du désir qu'il aurait d'assimiler les îles Pyralāon aux îles Patta, Lâmou, etc.; mais la satisfaction de ce désir (que nous nous estimons heureux de voir conforme à notre opinion) ferait encourir à l'auteur une grave responsabilité : le texte du Périple dit, *jusqu'aux îles Pyralāon et au nouveau canal*, sans exprimer l'idée d'une distance, d'une séparation quelconque entre le premier et le second des lieux ainsi désignés. Le docteur Vincent, au contraire, en maintenant le *canal* à Mombase, mettrait entre lui et les îles Pyralāon, s'il obtenait de les assimiler à Patta, Lâmou, etc., une distance de plus de deux journées. Quarante et quelques lieues, quand le Périple n'en mentionne pas une ! Ce serait user trop largement de la liberté d'interprétation.

Quant au sens véritable à donner aux expressions du texte, question déjà suffisamment traitée par nous, le docteur Vincent n'en était plus embarrassé, du moment qu'il pouvait adopter l'idée d'un fossé ou canal émise ci-dessus : elle a, du moins, l'avantage de s'accorder parfaitement avec le résultat donné par la supputation des dix-neuf courses du Périple, que nous avons évaluées avec assez de précision, croyons-nous, pour n'avoir pas commis de trop graves erreurs.

Reprenons maintenant le cours de notre examen :

« Au delà de ce dernier (le canal), après deux courses « nychthémères vers le couchant, on rencontre une île « étroite appelée *Ménouthésias*, éloignée de la terre ferme « de 300 stades, basse et pleine d'arbres, etc. »

A partir du groupe où nous avons cru devoir placer les

---

creusé de main d'homme. Il a supposé, en effet, que les Arabes avaient pu creuser le gué qui joint l'île de Mombase au continent, dans le but de se mettre à couvert des invasions des indigènes de la terre ferme. Mais, d'une part, est-il permis d'attribuer aux petites populations arabes qui existaient, il y a dix-sept ou dix-huit cents ans, à la côte d'Afrique, assez de science et de moyens d'action pour creuser, sur une largeur suffisante, un canal ou fossé qui n'aurait pas dû avoir moins de 600 mètres (*) de longueur dans un fond de sable mobile, découvrant seulement aux marées de Sizygie et sur une étendue de 100 mètres à peine? C'eût été là un travail digne des Pharaons, et il n'y en avait pas, que nous sachions, à la côte orientale d'Afrique à cette époque. Les Égyptiens la fréquentaient, sans doute, avec leurs vaisseaux ; mais, simples commerçants de passage, qu'avaient-ils besoin de creuser un canal qui isolât Mombase du continent? Était-ce comme moyen de fortification? Ils ne demeuraient pas sur les lieux. Était-ce pour créer une communication nouvelle qui permît aux bateaux de contourner l'île? A quoi bon? Les navigateurs qui dictaient ou consultaient le Périple se seraient bien gardés de chercher à contourner Mombase. La raison en est péremptoire, et sera bientôt comprise par ceux qui ont visité le pays ou qui regarderont la carte : c'est que, le vent de la mousson existante ayant porté un bateau au fond de l'un des deux bras de mer qui entourent l'île, ceux-ci se trouvant à peu près parallèles entre eux, il lui serait tout aussi difficile de sortir par l'autre bras, après l'isthme franchi, que de retourner par où il était venu.

(*) Voyez le plan de Mombase, planche XLIV de l'Album.

îles Pyralaon et le nouveau canal, à peu près à la distance indiquée, nous rencontrons successivement les trois îles Pemba, Zanzibar et Mafiia, dont l'une doit être certainement la Ménouthésias du Périple. Mais il nous paraît fort difficile d'établir d'une manière positive à laquelle des trois nous devons la rapporter; car il n'est aucune d'elles dont le choix ne soulève, à la rigueur, quelque objection. Cependant nous pouvons, au moins, rechercher quelle est celle des trois qui réunit en sa faveur le plus de probabilités, et pour cela nous allons examiner jusqu'à quel point, considérées isolément, elles présentent les divers caractères physiques attribués à l'île Ménouthésias, c'est-à-dire les seuls dont on puisse raisonnablement admettre l'immutabilité dans un espace de dix-sept siècles.

Récapitulons d'abord nettement les caractères de cette nature énoncés dans le journal; ce sont : 1° une distance de quatre courses à partir du nouveau canal, c'est-à-dire 80 lieues au delà de Lamou; 2° une distance de 300 stades ou de 30 milles de la terre ferme; 3° une forme étroite et basse, un sol boisé, sillonné par quelques cours d'eau. Et maintenant comparons :

1° Pemba est à 58 lieues de Lamou; Zanzibar, à 80 lieues; Mafiia, à 110 lieues. Sur le premier point, Zanzibar doit donc être prise de préférence aux deux autres.

2° La plus courte distance de Pemba à la côte est de 20 milles ou 200 stades; celle de Zanzibar, de 16 milles ou 160 stades; celle de Mafiia, de 10 milles ou 100 stades. Sur le second point, Pemba conviendrait donc mieux que Zanzibar. Quant à Mafiia, sa distance du continent, comme celle qui la sépare de Lamou, est tellement en désaccord avec les données les plus caractéristiques du journal à l'égard de Ménouthésias, que nous croyons pouvoir, dès à présent, ne plus nous en occuper.

3° Pemba est basse et couverte d'arbres ; Zanzibar, quoique plus élevée que Pemba, n'en doit pas moins être regardée comme une île basse : de plus elle est, aussi, bien boisée, et a dû l'être plus encore avant qu'elle fût cultivée et peuplée comme elle l'est aujourd'hui. Quant aux rivières ou torrents, Zanzibar seule en possède; car on ne saurait donner ni l'un ni l'autre de ces noms aux criques marécageuses qu'on trouve sur les rives de Pemba et aux quelques minces filets d'eau qui viennent s'y perdre. Sur le troisième point, nous accorderons donc la préférence à Zanzibar sur Pemba qui n'a plus ainsi, pour être assimilée à Ménouthésias, d'autre titre que la distance dont elle est éloignée de la côte; et comme le texte du Périple ne mentionne qu'approximativement la distance de Ménouthésias au continent (*environ* 300 stades), nous croyons être autorisé à ne pas nous préoccuper d'une manière trop absolue de cette indication. On s'explique, d'ailleurs, très-bien que n'ayant, pour estimer la distance de Ménouthésias à la terre ferme, d'autre moyen que le temps mis par les bateaux à faire le trajet de l'une à l'autre, l'auteur du Périple ait pu, par diverses causes, être induit en erreur dans une pareille estimation. Après tout, le trajet s'effectuait probablement d'un point habité de la côte à un point habité de l'île, plutôt qu'entre leurs points les plus rapprochés; or certaines parties de Zanzibar sont à 26 et 28 milles (260 et 280 stades) des points les plus voisins de la terre ferme, ce qui approcherait suffisamment de l'estimation du Périple.

Dès lors, les trois particularités les plus caractéristiques attribuées à Ménouthésias se retrouvant dans l'île Zanzibar, on pourrait, sans se montrer trop facile, les rapporter l'une à l'autre.

Mais, nous dira-t-on peut-être, comment l'auteur du Périple, signalant l'île Ménouthésias, n'aurait-il fait aucune mention ni de l'île Pemba, qui se présente avant Zanzibar, ni de Mafiia, qu'on rencontre après celle-ci? Voyons si cette objection est réellement aussi sérieuse qu'elle le paraît au premier abord.

Remarquons-le tout de suite, l'objection ne saurait être valable, si l'on n'admet 1° qu'on ne pouvait arriver à Zanzibar sans avoir aperçu Pemba, 2° que cette dernière, une fois connue, avait assez d'importance relative pour que l'auteur du Périple lui accordât une mention dans son récit; car on verra, en jetant un coup d'œil sur la carte de la côte, qu'il n'y manque pas d'îles dont les navigateurs n'ignoraient certainement pas l'existence, et dont l'auteur n'a cependant rien dit.

Eh bien! la première proposition nous semble pratiquement très-contestable. En effet, Pemba est une île tellement basse, que, de la mâture d'un grand navire, on n'en aperçoit pas les points culminants à plus de 12 ou 15 milles. Il est donc de toute impossibilité de la voir à bord d'un bateau côtoyant le rivage du continent à 4 ou 5 milles, ainsi que le faisaient les anciens navigateurs, puisque le point d'une pareille route le plus rapproché de l'île en est encore séparé par 15 ou 16 milles de distance. On est, dès lors, autorisé à penser que les navigateurs qui exécutaient le Périple commercial dont la description nous occupe arrivaient, le plus souvent, à Zanzibar sans avoir, par eux-mêmes, connaissance de l'île Pemba. Qu'ils aient été informés de son existence par les habitants de la côte, c'est chose vraisemblable; puisque ceux-ci avaient des barques et se livraient à la pêche, ils pouvaient avoir découvert l'île dont il s'agit. Mais l'auteur du Périple en eût-il été informé lui-même, à quel titre aurait-il mentionné, dans son itinéraire, une île qui, il y a dix-sept siècles, n'offrait certainement pas le moindre intérêt commercial, et n'était, d'ailleurs, d'aucune utilité comme relâche (1)?

Quant à l'île Mafiia, quoiqu'elle soit tout aussi basse que Pemba, il nous paraît difficile qu'on n'en aperçoive pas la pointe ouest en longeant le rivage du continent; mais, sous tous les rapports, elle ne méritait, pas plus que Pemba, l'attention de l'auteur du Périple, ni une mention particulière dans son récit.

En conséquence, nous maintenons l'opinion que nous avons émise, et nous nous hâtons d'aborder la dernière partie de notre analyse.

(1) L'île Pemba est une formation calcaire, un amas de polypiers que le travail incessant des madrépores, favorisé par le calme des eaux du côté de l'ouest (le côté sous le vent de l'île), développe sans cesse. Ce qui figure aujourd'hui sur nos cartes avec le nom de Pemba est, en réalité, un groupe de quinze à vingt îlots, dont le principal, qui est de beaucoup plus grand que tous les autres, a tout au plus, en surface, le tiers de la superficie de Zanzibar; sa partie la plus élevée n'atteint pas plus de 50 mètres au-dessus du niveau de la mer, et cette partie est à 35 milles du point le plus rapproché de la terre ferme. Sur presque toute son étendue, elle est recouverte d'un sol très-riche et purement végétal. Le genre de formation de cette île encore si basse aujourd'hui, la qualité du sol qui la recouvre ne permettent-ils pas de penser que son étendue et sa configuration ont dû subir de notables modifications dans l'intervalle de plus de dix-sept siècles qui nous sépare de l'époque du Périple?

« A partir de cette île (Ménouthésias), après deux jour-
« nées, se trouve, sur le continent, le dernier marché de
« l'Azanie, appelé *Rhapta*..... »

Or deux journées, toujours comptées à 20 lieues chacune,
nous font arriver non loin de l'embouchure de l'Oufidji (1).
Le Périple ne nous signale pas de fleuve auprès de Rhapta,
et, sauf la distance qui la sépare de Ménouthésias, n'indique, dans la description qu'il en fait, aucune particularité
géographique qui nous aide à reconnaître le plus ou moins
d'exactitude de notre résultat.

Quant aux détails concernant le commerce et l'activité
maritime dont ce marché était le théâtre, ils peuvent parfaitement s'adapter à la localité où vient déboucher l'Oufidji : les petites barques cousues qui étaient employées à
Rhapta se retrouvent encore dans les barques appelées au-

---

(1) Le docteur Vincent, après avoir remarqué que Zanzibar se prêtait
mieux que Pemba et Mafiia à une assimilation avec Ménouthésias et
avoir accepté cette assimilation (ce qui le mettait en contradiction avec
lui-même quant à la distance indiquée dans le Périple, entre Ménouthésias et le canal), place Rhapta à Kiloua. Or Ménouthésias est à deux
courses seulement de Rhapta, et le trajet de Zanzibar à Kiloua exigerait
quatre courses de 50 milles, longueur qu'il a précédemment attribuée à la
course; il en faudrait aussi près de quatre des nôtres; ajoutons, enfin,
qu'aujourd'hui même un bon bateau ne met pas moins de trente-six
heures pour se rendre du port de Zanzibar à Kiloua. C'est donc un nouvel accommodement que le docteur fait avec les indications du journal
pour arriver à placer Rhapta à Kiloua, sans toutefois justifier cette préférence, contraire à la donnée du Périple, par aucun argument qui ne
puisse également s'appliquer à la localité de l'Oufidji.

Nous avons encore une objection à présenter contre l'identification
dont il s'agit, et celle-là nous la puisons dans les propres résultats présentés par le docteur Vincent. Dans le tableau (page 135 de son premier
volume) où il signale les correspondances approximatives qu'il croit
pouvoir établir entre les divisions du Périple et certaines parties de la
côte, il arrive, par suite de son évaluation de la longueur de la course,

jourd'hui *M'tépé* (1), faites absolument de la même manière, et servant au transport des grains et autres articles de commerce entre l'Oufidji et Zanzibar ; l'ivoire et les cornes de Rhinocéros y sont offerts, comme en tous les points de la côte au nord et au sud, et les tortues à écaille se trouvent en grand nombre dans les eaux environnantes parsemées d'îlots et de bancs. Enfin les bords du fleuve sont très-fertiles ; on y récolte en abondance du riz, du millet et autres grains nourriciers, et il en devait être ainsi pour Rhapta, puisque le Périple nous apprend qu'on n'y apportait du fro-

à trouver une distance totale de 14,800 stades entre Aromata et Rhapta, qui doivent être évidemment comptés en suivant les inclinaisons de la côte, et qui représentent pour lui 19° 55'. Puis, rapprochant cette distance de celle qui existe entre Kiloua et Guardafui, qu'il dit être de quelque chose plus forte que 20 degrés, il semble vouloir tirer de cette coïncidence apparente une preuve en faveur de son estimation. Nous prions de remarquer d'abord que la distance en ligne droite d'Aromata à Rhapta doit être nécessairement plus courte que l'espace parcouru en suivant, comme le faisaient les navigateurs du Périple, la côte, et par conséquent, les inclinaisons et les sinuosités de celle-ci : il y aurait donc déjà, dans le simple rapprochement des deux distances telles qu'elles nous sont présentées dans ce tableau, un indice ou que la distance directe est trop forte, c'est-à-dire que Kiloua est trop éloignée d'Aromata pour représenter Rhapta, ou que la distance totale résultant de l'évaluation des courses est beaucoup trop petite, erreur que nous croyons moins probable que l'autre. Mais il y a plus, c'est que la distance de Guardafui à Kiloua n'est pas de 20 degrés ou 15,000 stades, mais bien de 24 degrés ou 18,000 stades : l'adoption du premier de ces nombres par le savant commentateur est, sans doute, le résultat d'une inadvertance, qui lui a fait prendre la différence en latitude pour la distance directe. Cette erreur rectifiée, l'identification de Rhapta et de Kiloua aurait pour conséquence de placer Rhapta à une distance directe d'Aromata plus forte de 3,500 stades que la somme des distances parcourues pour effectuer le trajet de l'un à l'autre de ces points, ce qui est impossible. — D'après tout cela, on comprendra facilement que nous ne nous rangions pas à l'opinion du docteur Vincent.

(1) Voir planche 52 de l'Album.

ment que pour en gratifier les indigènes, mais non dans un but de commerce. Nous ne voyons donc, en définitive, aucune raison de repousser l'assimilation de cette localité à la Rhapta du Périple : assimilation à laquelle nous sommes arrivé, après tout, sans idée préconçue, avec un entier dégagement des opinions émises, avant nous, par les commentateurs, sans torturer les textes et sans les faire plier violemment aux besoins d'une thèse quelconque : n'employant, en un mot, purement et simplement que les données du Périple, mais nous aidant, dans cet emploi, des notions positives que nous avons pu acquérir par nous-même sur la géographie et la navigation de la côte.

On nous objectera peut-être que notre évaluation des distances est toute conjecturale, que rien ne prouve que nous n'ayons pas donné à la course une valeur trop grande ou trop petite. Sans doute, nous n'avons pas, à proprement parler, de preuve mathématique à faire valoir ; mais, qu'on veuille bien se le rappeler, ce n'est pas arbitrairement que nous avons évalué ; ce n'est point après coup non plus et en vue d'un résultat systématique à atteindre. Nous avons fixé nos moyens de mensuration avant tout, et nous l'avons fait d'après des considérations dont nous laissons assurément à chacun le droit d'apprécier la justesse, mais qui reposaient toutes sur des particularités géographiques, météorologiques et nautiques constatées par une assez longue fréquentation des lieux.

Donc, *à priori*, nous avons pu nous croire dans une bonne voie, et, si nos prémisses nous ont conduit à une conséquence suffisamment rationnelle et vraisemblable, nous serons autorisé à dire que les éléments dont nous nous sommes servi perdent ce caractère conjectural qu'on pouvait se croire en droit de leur reprocher.

Eh bien! que le lecteur prenne la peine de refaire avec nous, mais d'une manière succincte, l'itinéraire que nous venons de tracer si minutieusement et si laborieusement depuis Opône jusqu'à Rhapta, et il s'assurera d'abord que notre évaluation des courses indiquées par le Périple nous a donné des résultats non-seulement raisonnables, mais presque toujours les plus raisonnables, et quelquefois les seuls raisonnables, qu'il fût possible d'obtenir ; de plus, qu'elle nous a permis de déterminer des points où, sous le rapport géographique, nos données, acquises sur les lieux, concordaient, à peu de chose près, avec celles du Périple.

Ce que nous venons de dire sera rendu plus sensible à l'esprit du lecteur par le tableau ci-joint, qui lui permettra de faire, en raccourci, le trajet que nous l'invitons à recommencer.

TRAJET D'OPONE A RHAPTA, D'APRÈS LE PÉRIPLE.	stades.	stades.	TRAJET DE LA BAIE DE HHAFOUN A L'EMBOUCHURE DE L'OUFIDJI, EN SUIVANT LA CÔTE.	stades.
A partir d'Opòne, trajet de six courses, plusieurs grandes et petites apocopes se présentent dans ce trajet, qui est de..............		2,880	De la baie de Hhafoun au ruisseau d'Obbia, portion de la côte dont le rivage sinueux présente plusieurs anses et baies, et particulièrement celles de Ras-Mâabeur et de Ras-el-Khil, on compte de 93 à 95 lieues, c'est-à-dire.	2,820
Petit et grand rivage, trajet exigeant six courses.	2,880		D'Obbia à Ouarcheikh, premier havre de la côte après Hhafoun (Opòne); le rivage, d'abord très-bas sur un espace d'environ 25 lieues, s'élève ensuite d'une manière très-sensible : le trajet est de 119 lieues. . . .	3,570
Escales de l'Azanie, d'abord Særapion, une course.	600			
Puis Nikon, après laquelle plusieurs fleuves et d'autres ports successifs divisés en plusieurs stations et courses, jusqu'aux îles Pyralaön et au canal, six autres courses.	3,480	3,480		
		3,600	De Ouarcheikh au groupe des îles Kouiyou, Patta, Lamou, etc., trajet dans lequel on rencontre plusieurs petits havres et embouchures de rivières; il y a 123 lieues.	3,690
De là à l'île Ménouthésias deux courses nychthémères.............................		2,400	De ce groupe à l'île Zanzibar il y a 85 lieues.	2,550
Enfin, de Ménouthésias à Rhapta, deux courses.		1,200	De la pointe sud-ouest de Zanzibar à l'embouchure de l'Oufidji il y a 40 lieues...............	1,200
Longueur estimée du trajet d'Opòne à Rhapta, d'après le nombre de courses du Périple. . .		13,560	Longueur réelle du trajet de Hhafoun à l'Oufidji, en suivant la côte....................	13,830
			La distance, en ligne directe, de Hhafoun à l'embouchure de l'Oufidji est de.................	13,140

La distance, en ligne directe, d'Opòne à Rhapta serait donc à peu près, comme celle de Hhafoun à l'Oufidji, de 13,140 stades (1). En rapportant Aromata à Guardafui, et tenant compte des positions relatives de ce dernier cap et de Hhafoun, on aurait ainsi :

    Distance d'Aromata à Rhapta. . . . .   13,800 stades.
    Différence en latitude de ces deux points. . . . .   19° 55′ (2).
    Latitude de Rhapta (Guardafui étant par 11° 55′ nord). . . .   8° sud.

(1) Nous n'avons aucun moyen d'établir la distance directe d'Opòne à Rhapta, puisque, le journal ne donnant pas la direction ou les directions suivies dans chaque course, il est impossible d'en opérer la réduction en chemin direct. Ce que nous savons seulement, c'est que, en raison des obliquités de la route, la distance directe comprise entre le point de départ et le point quelconque de la côte où l'on croirait devoir placer Rhapta doit être plus courte que le nombre de stades obtenu en faisant la somme des courses. Or cette condition se trouve remplie dans les résultats présentés ci-dessus et résumée dans les nombres 13,140 et 13,560 stades.
(2) Cette différence résulte du gisement de l'embouchure de l'Oufidji (Rhapta) par rapport à Guardafui (Aromata), et de leur distance directe.

D'après ce tableau, on a non-seulement un aperçu de la concordance des indications géographiques du Périple avec celles que nous fournissent les connaissances actuelles ; mais on voit encore que la distance totale obtenue, entre Opône et Rhapta, par notre évaluation des courses s'accorde, à 270 stades près ou 27 milles, avec la distance existant entre Ilhafoun et l'embouchure de l'Oufidji. C'est là, ce nous semble, une concordance frappante et un résultat, à tout prendre, assez satisfaisant pour que nous n'hésitions pas à regarder comme très-près de la vérité notre opinion, qui place Rhapta vers les 8 degrés de latitude sud, non loin de l'endroit où le fleuve que nous venons de nommer se jette dans la mer.

Ici se termine ce que nous avions à dire du Périple, puisqu'à Rhapta s'arrête l'itinéraire commercial tracé dans ce document. On ne doit point conclure de ceci que Rhapta fût le dernier des points connus par les Grecs sur la côte orientale d'Afrique. Comme nous l'avons déjà fait observer, le texte du Périple dément une pareille assertion et affirme manifestement l'existence d'autres lieux plus éloignés que ceux qu'il désigne. Mais, pour l'auteur de la relation, cette indication, purement géographique, n'avait qu'une importance secondaire ; aussi se contente-t-il de nous la donner, sans s'y appesantir. Nous ne devons donc voir, dans cet itinéraire, qu'un document intéressant par l'exactitude de ses traits principaux, et, dans celui qui l'a écrit ou dicté, qu'un homme pratique, un navigateur commerçant qui décrit sa route et signale ses points de relâche, sans prétendre faire de la géographie.

Tel n'a pas été le rôle de Ptolémée. Géographe, quand

il a traité de cette partie du monde il l'a fait en géographe ; mais, comme il travaillait sur de simples renseignements, dont ses opinions, parfois erronées, en géographie et en météorologie devaient amoindrir encore la valeur, le savant est resté, en précision et en exactitude, inférieur au navigateur. Si son itinéraire de la côte orientale d'Afrique offre quelques concordances remarquables avec celui du Périple, les différences le sont peut-être davantage et constatent, pour nous, cette infériorité à un très-haut degré.

Ce résultat de la comparaison des deux écrits nous inspirerait, ainsi que nous l'avons donné à entendre précédemment, une forte présomption en faveur de l'opinion qui assigne aux travaux de Ptolémée une époque antérieure à celle du Périple ; mais, l'opinion contraire fût-elle positivement démontrée, il n'en faudrait pas moins admettre, comme un fait de toute évidence, que Ptolémée ignora l'existence de ce dernier écrit : en voyant le soin qu'il a mis à discuter les opinions de Marin de Tyr sur la position du pays qui nous occupe et l'ordre dans lequel celui-ci avait présenté les principaux points du rivage entre Aromata et Rhapta, comment comprendre que, connaissant également le Périple, il n'eût pas discuté ce qui, dans cette relation, était contraire à ses propres opinions ? Au surplus, il est certain que Ptolémée a pris pour unique sujet de discussion et de critique, pour point de départ de ses travaux géographiques, la table de Marin de Tyr, et qu'il considérait ce document comme l'expression la plus avancée ou la moins incomplète des notions qu'on avait, de son temps, sur la géographie de la côte orientale d'Afrique (1).

(1) Voici comment s'exprime Ptolémée à propos de Marin de Tyr :

Lorsque les navigateurs gréco-romains pénétrèrent vers le sud de cette côte, au delà des limites connues du temps de Strabon, les relations de leurs voyages parvinrent à Marin, et celui-ci enrichit ses cartes des découvertes que ces relations contenaient. Les ouvrages de ce géographe ont été perdus, et c'est à Ptolémée que nous devons la connaissance de plusieurs de ces expéditions et des résultats que Marin crut pouvoir en tirer.

L'un de ces navigateurs, Diogène (1), avait écrit qu'étant arrivé près d'Aromata, il fut poussé par le vent du nord, et qu'il parvint en vingt-cinq jours aux marais où le Nil prend sa source. Selon lui, ces marais étaient un peu au nord du cap Rhaptum.

Un autre navigateur, nommé Théophile (2), assurait qu'étant parti de Rhapta par un vent du sud, il arriva le vingtième jour à Aromata. Théophile évaluait la navigation d'un jour et d'une nuit à 1,000 stades (3), d'où Marin concluait que le voyage était de 20,000 stades.

« On voit qu'il a compulsé un grand nombre de relations modernes, outre celles qui étaient plus anciennement connues, et qu'ayant examiné avec soin les écrits de tous les géographes qui l'ont précédé, il a corrigé et mis en ordre tout ce que les anciens et lui-même avaient, auparavant, trop légèrement admis ou mal disposé. » (Voyez *Géographie de Ptolémée*, traduction de M. l'abbé Halma, liv. I, chap. VI.)

(1) Voy. *Géographie de Ptolémée*, liv. I, chap. IX.

(2) Voy. *Géographie de Ptolémée*, liv. I, chap. IX.

(3) Il est à remarquer que les indications données par les pilotes Diogène et Théophile sur leurs traversées n'avaient rien d'irrationnel, comme le pensa Ptolémée. Le cours régulier des moussons avait permis, en effet, de suivre, sans déviation ni interruption, même aux environs de l'équateur, à l'un, la route d'Aromata à Rhapta avec la mousson de nord-est ; à l'autre, la route opposée avec la mousson de sud-ouest : les deux traversées avaient été faites, évidemment, en des saisons différentes. Quant à l'inégalité des nombres de jours employés à les effectuer, elle

Un troisième pilote, appelé Dioscorus (1), avait dit que la distance de Rhapta au cap Prasum était de 5,000 stades (2).

La distance d'Aromata à Prasum se trouvait donc ainsi évaluée à 25,000 stades.

Marin attribuait à la côte d'Afrique une direction nord et sud; alors les 25,000 stades, comptés à raison de 500 au degré, à partir d'Aromata qu'il plaçait par 4° 15' nord, portaient le cap Prasum à 45° 45' de latitude sud. Il fut effrayé, avec juste raison, de la hauteur de cette latitude; mais, ayant appris, par les relations des navigateurs, que les environs de Prasum étaient habités par des Éthiopiens, et qu'on y trouvait des rhinocéros et des éléphants, il fixa le terme de leurs navigations au 24e degré sud, sans en donner d'autre raison que celle de la convenance du climat pour la race d'hommes et l'espèce d'animaux qu'on disait exister dans le pays.

Le premier résultat auquel était arrivé Marin, et qui

---

s'explique facilement soit par une intensité différente du vent qui poussait chaque navigateur, et, en effet, les vents de la mousson de sud-ouest sont ordinairement plus forts que ceux de la mousson de nord-est, soit peut-être encore par une différence dans le nombre des escales que chacun des deux pilotes avait faites dans sa traversée. Remarquons, enfin, qu'en estimant à environ 1,000 stades la distance parcourue pendant un jour et une nuit de navigation, le pilote Théophile approchait très-fort de la vérité, puisque nous avons reconnu que, dans cet espace de temps, c'est-à-dire en vingt-quatre heures, le mouvement de progression d'un bateau était, en moyenne, d'un peu plus que 36 lieues ou 1,085 stades dans la navigation d'Aromata à Rhapta. On pourrait très-bien, au reste, par diverses combinaisons d'escales, parfaitement rationnelles, faire concorder l'une et l'autre traversée avec le nombre de courses du Périple.

(1) Voy. *Géographie de Ptolémée*, liv. I, chap. IX.

(2) Cette évaluation, combinée avec la position de Rhapta, d'après le Périple, aurait placé le Prasum à 166 lieues au delà de Rhapta, c'est-à-dire à peu près la distance de l'Oufidji à Mozambique, en suivant la côte.

l'avait si fort effrayé, était évidemment dû aux principes faux qu'il avait appliqués à des renseignements déjà fort incomplets. D'abord, en supposant à la côte, et par conséquent à la route faite, une direction unique, et suivant la ligne nord et sud, il avait considérablement exagéré la distance directe du point de départ au point d'arrivée, et la différence en latitude de ces points ; il s'était trompé, sans doute aussi, sur la longueur du chemin total parcouru, en prenant chaque jour écoulé dans le voyage pour un jour de navigation, supposant ainsi la traversée effectuée sans relâche ou escale ; enfin il errait encore dans la conversion des stades en degrés, puisqu'il n'évaluait le degré qu'à 500 stades. La réduction tout arbitraire qu'il fit subir à ce premier résultat l'eût-il rendu peu différent de la vérité, qu'alors même on n'eût pu l'accepter comme sérieux.

De son côté, Ptolémée, ne trouvant pas les renseignements fournis à Marin par les pilotes, suffisamment explicites quant aux circonstances de leur navigation et au nombre de jours qu'ils y avaient effectivement employés ; n'admettant pas, d'ailleurs (en quoi il se trompait), que la direction ni l'intensité des vents, dans les parages où ils avaient effectué cette navigation, pussent rester fixes pendant vingt et vingt-cinq jours ; ayant appris, enfin, que, d'Aromata à Rhapta, la côte inclinait au sud-ouest et, de Rhapta à Prasum, au sud-est, Ptolémée, disons-nous, renchérit encore sur Marin quant à la réduction toute gratuite imposée, par ce dernier, à la distance estimée entre Aromata et Rhapta.

Il apprit, en outre, dit-il, des marchands qui faisaient les voyages de l'Arabie Heureuse à la côte orientale d'Afrique,

« que l'ordre de la course, depuis le rivage d'Aromata jus-
« qu'à Rhapta, était bien différent de la description que
« Marin en avait faite ; que, d'ailleurs, à cause des vents
« qui variaient sans cesse sous l'équateur, on ne pouvait
« compter, pour une navigation d'un jour et d'une nuit sous
« ce cercle, que tout au plus 400 ou 500 stades, etc. (1) ; »
enfin, que, d'après les circonstances au milieu desquelles
s'effectuait le voyage, on employait communément quinze
jours et quinze nuits, ou trente journées, pour se rendre
d'Aromata à Rhapta.

On peut déjà reconnaître, d'après les considérations pratiques dont nous avons fait précéder notre analyse du Périple, et les observations que nous ont suggérées les indications fournies, par les pilotes, à Marin de Tyr (2), que quelques-uns des renseignements donnés à Ptolémée et admis comme vrais par lui étaient inexacts. On peut donc prévoir aussi qu'en les employant comme base de son travail il devait infailliblement être conduit à de graves erreurs. Cette prévision sera confirmée par l'examen de l'itinéraire et des tables de Ptolémée pour ce qui a trait à la côte comprise entre Aromata et Rhapta, examen qui nous permettra, en

---

(1) Voy. *Géog. de Ptol.*, liv. I, chap. xvii. — Nous ferons remarquer que, dans ses *Recherches sur la géographie systématique et positive des anciens*, le savant Gossellin nous semble avoir donné à ce passage une portée exagérée en appliquant à toute l'étendue de la route le chiffre de 500 stades pour l'espace parcouru en un jour et une nuit. Il est évident que Ptolémée ne l'entendait pas ainsi ; car, d'après ses tables, il plaçait Rhapta à environ 350 lieues dans le sud 43° ouest d'Aromata, c'est-à-dire, pour lui, à 8,900 stades de distance directe ; tandis que les 30 journées de l'itinéraire, comptées, comme l'a fait Gossellin, à 250 stades, n'auraient donné, même en supposant la route toujours directe, qu'une distance de 7,500 stades entre Aromata et Rhapta.

(2) Voir la note 3, page 122.

outre, de constater sur quels points s'accordent et sur quels points diffèrent ces documents et le Périple.

Pour faciliter cette double tâche, nous avons dressé le tableau ci-joint ; il présente, avec l'ensemble des éléments dont Ptolémée s'est servi et des résultats auxquels il est arrivé, les distances comprises entre les principaux points de l'itinéraire, déduites des positions qui leur ont été assignées par lui, mais réduites à leur valeur réelle en parties de grand cercle, à raison de 600 stades au degré.

NOMBRE des journées de l'itinéraire.	INDICATION DES LIEUX.	DISTANCES DIRECTES d'après les positions relatives qui leur sont assignées dans les tables (1), le degré étant évalué à 500 stades.			DISTANCE RÉELLE à raison de 600 stades au degré.	CHEMIN PARCOURU dans une journée.
1	D'Aromata à Panon........................	85' au sud 45° ouest	ou	705 stades.	70',5	705 stades.
6 (2)	De Panon à Opône........................	75' au sud 53° ouest	ou	622	62',2	103 —
	D'Opône au promontoire Zingis............	45' au sud	ou	373	37',3	
	De Zingis au mont Phalangis..............	60' à l'ouest	ou	500	50'	
	De Phalangis aux apocopes................	67' au sud 63° ouest	ou	556	55',6	
4	D'Opône à la Corne-du-Sud, limite septentrionale du petit rivage, c'est-à-dire étendue du golfe nommé *les Apocopes*............	229' au sud 31° ouest	ou	1,980	198'	495 —
3	Espace rempli par le petit rivage............	134' au sud 27° ouest	ou	1,112	111'	370 —
5	Espace rempli par le grand rivage............	134' au sud 63° ouest	ou	1,112	111'	222 —
5	De l'extrémité sud du grand rivage au port et promontoire de Særapion.	134' au sud 63° ouest	ou	1,112	111'	222 —
	De Særapion à Essina ou Issina............	43' au sud 45° ouest	ou	357,9	35',7	
	D'Essina à Niki...........................	54' au sud 34° ouest	ou	448	44',8	
	De Niki à l'embouchure du fleuve de Rhapta..	168' au sud 10° ouest	ou	1,394	139',4	
	De cette embouchure à Rhapta (la ville).....	90' à l'ouest	ou	747	75'	
	De la même embouchure au promontoire Rhaptum............	117' au sud 43° est	ou	971	97'	
6	De Særapion au marché de Rhapta..........	300' au sud 37° ouest	ou	2,500	250'	416 —

Différence en latitude d'Aromata à Rhapta.. 13°
Différence en longitude — — .. 12° } Position de Rhapta relativement à Aromata, 8,880 stades dans le sud 43° ouest.

(1) Nous avons adopté les chiffres donnés, dans l'édition de Vilberg, pour les positions géographiques des lieux.
(2) Le nombre 6 est sans doute mis par erreur dans l'itinéraire; il ne doit y avoir qu'une journée, si on en juge par les positions relatives de Panon et d'Opône.

Avec ce tableau sous les yeux, analysons maintenant le texte.

« Il y a un premier golfe contigu à Aromata, dans lequel
« se trouve le village des *Pans* (Πανῶν κώμη), éloigné d'Aro-
« mata d'une journée de voyage, et le marché d'Opône, dis-
« tant du village de six journées. »

Si Ptolémée avait réellement estimé la route faite dans une journée à 250 stades, il aurait placé le village dont il s'agit à 30 milles au delà d'Aromata ; mais, d'après la position que ses tables lui assignent, il faut le chercher à 85 milles dans le sud-ouest ou à 60 milles plus au sud que ce promontoire : or 60 milles valaient, pour Ptolémée, 500 stades, équivalant, en réalité, à 50 milles : c'est donc à cette distance ou de Ras-Assir ou de Yerdefoun que nous devons retrouver le village des *Pans*, c'est-à-dire entre Ras-Benna et la pointe nord-ouest de la presqu'île de Hhafoun, à peu près où l'aurait placé notre estimation de la course.

Remarquons que dans le Périple il n'est pas fait mention de ce point.

« A *six* journées de ce village des *Pans* est le marché
« d'Opône. »

Six journées, comptées même à 250 stades seulement chacune, placeraient Opône à 1,500 stades de Panon, c'est-à-dire à près de 100 milles au delà de Ras-Hhafoun, ce qui serait en contradiction par trop grande avec l'indication si précise et si clairement descriptive du Périple : *A 400 stades de Tabaï, en côtoyant la Chersonèse, est Opône*. Mais ici encore l'itinéraire de Ptolémée est corrigé par ses tables, dans lesquelles Opône est placé à 75 milles dans le sud 55° ouest des Pans, c'est-à-dire à 622 stades pour ce géographe, et à

62 milles pour nous du point où nous avons marqué la position des *Pans*. Or les 62 milles, mesurés à partir de ce point, en contournant la presqu'île de Hhafoun, nous conduisent dans la baie sud de cette presqu'île, de même que l'a fait le Périple. Quant au nombre de journées indiquées comme employées au trajet des Pans à Opône, il est évident qu'une erreur aura été commise dans la copie de texte; car l'auteur, après avoir présenté comme praticable en un jour le trajet d'Aromata aux *Pans*, auquel il attribuait 85 milles de long, n'a pu admettre qu'il fallût six journées pour effectuer celui des *Pans* à Opône qu'il met à 75 milles l'un de l'autre.

On a vu que, d'après le texte, Opône se trouverait dans le même golfe que le village des Pans, et par conséquent au nord de Hhafoun. Mais nous ne nous arrêterons pas à cette difficulté, sachant le peu de précision des renseignements qu'avait Ptolémée sur la délinéation de la côte. Du reste, nous venons de voir que cette erreur est corrigée par les tables, qui placent Opône au delà de Ras-Hhafoun.

« Immédiatement après ce marché (Opône) est un autre « golfe, où commence l'Azanie, à l'entrée duquel sont le « promontoire Zingis et le mont Phalangis aux trois som- « mets : c'est ce golfe seul qu'on appelle *les Apocopes*, et « on peut le traverser en deux jours et deux nuits. » (4 courses.)

Opône étant situé dans la baie sud de Hhafoun et le promontoire Zingis, à l'entrée du golfe qui suit immédiatement ce marché, nous inclinerions tout d'abord à rapporter le promontoire dont il s'agit à la pointe sud-est de Hhafoun.

C'est, en effet, à partir de cette pointe que commence aussi la côte dite El-Khazaïne, nom entre lequel et celui d'Azanie nous avons déjà signalé un rapprochement possible (1); mais, contrairement à l'indication du texte, les tables placent Zingis à 45 milles dans le sud d'Opône. Quant au mont Phalangis, avec la particularité qui lui est attribuée, nous sommes embarrassé pour lui trouver une assimilation acceptable : il est possible qu'un même nombre de mornes et de promontoires de la partie sud de la presqu'île, étant vus de certaines positions, présente l'aspect d'un mont à trois sommets ; toutefois nous devons dire qu'il n'y existe pas, rigoureusement, de montagne découpée de cette sorte. D'ailleurs Ptolémée indique, par la position qu'il donne, dans ses tables, au promontoire Zingis et au mont Phalangis, que celui-ci était situé à 60 milles ou 500 stades, c'est-à-dire réellement 50 milles, dans l'ouest, de celui-là. Sauf les éclaircissements que pourrait fournir, à ce sujet, une détermination positive des points subséquents, il nous est donc impossible, à l'aide des seules indications du géographe sur Zingis et Phalangis, de trouver leurs analogues sur la côte.

Le trajet du golfe qui suit Opône, étant de quatre journées, aurait dû être de 1,000 stades ou 120 milles d'étendue pour Ptolémée, si ces journées avaient été comptées, par lui, à 250 stades chacune. Mais nous voyons, dans le texte, qu'après ce golfe doit commencer le petit rivage, et dans les tables il est fait mention d'un cap sous le nom de *Corne-du-Sud*, après les apocopes et avant le petit rivage : ce cap nous semble donc servir à la fois de limite sud au

---

(1) Ci-devant page 101.

golfe et de limite nord au petit rivage. Or, d'après les tables, la Corne-du-Sud est à 229 milles ou, pour Ptolémée, 1,980 stades dans le sud 31 degrés ouest d'Opône : les quatre journées indiquées, dans l'itinéraire, comme nécessaires au trajet du golfe nommé *les Apocopes* n'ont donc pas été comptées à 250 stades chacune, mais bien à 495.

Ceci établi, si nous rendons aux 1,980 stades que met Ptolémée entre Opône et la Corne-du-Sud leur véritable valeur en degrés, nous voyons que les 3° 18' qu'ils représentent rapporteraient la Corne-du-Sud à Ras-el-Khil. Cette identification nous paraît d'autant plus admissible (1), que Ras-el-Khil est le cap le plus proéminent de la côte au sud de Ras-Hhafoun, et qu'il est encore aujourd'hui désigné, par les Arabes, comme le point de séparation entre deux côtes de nature et d'aspect tout différents, celle dite El-Khazaïn, au nord, et, au sud, celle dite *Sif-el-Taouil* (la longue

(1) Le docteur Vincent, qui a donné au mot *apocope* le sens de promontoire, et n'a vu dans le texte du Périple qu'*une* grande et *une* petite apocope (voyez la note de la page 100), a cru pouvoir identifier la grande apocope avec la Corne-du-Sud de Ptolémée, les rapportant l'une et l'autre au cap appelé *Ponta-das-Baixas* (pointe ou cap des Basses) par les Portugais, et *Ras-Açoued* (cap noir) par les Arabes. Mais la position réelle de ce cap est par 4° 32' nord; c'est-à-dire qu'entre lui et Guardafui (le promontoire des Aromates), qui est par 12 degrés nord, il y a une différence en latitude de 7° 28'. Or Ptolémée, en plaçant le promontoire d'Aromata par 6 degrés nord et sa Corne-du-Sud par 1 degré nord, n'a mis entre eux qu'une différence de 5 degrés. On voit donc, par ce rapprochement, que le docteur Vincent porte la Corne-du-Sud 2° 28' plus au sud que Ptolémée n'a prétendu le faire. Et ce n'est pas tout encore; la distance qui sépare Ras-Açoued ou le cap des Basses de Hhafoun (Opône), est plus que le double de celle que l'itinéraire du géographe grec met entre Opône et la Corne-du-Sud. Est-il besoin d'ajouter à ces raisons que le cap des Basses ne présente ni saillie ni élévation qui frappe les yeux, tandis que Ras-el-Khil est parfaitement remarquable sous ces deux rapports.

plage). Nous ferons bientôt ressortir l'analogie que présente cette dernière désignation avec la qualification donnée, par les anciens, au rivage qui, selon Ptolémée, venait après la Corne-du-Sud.

La Corne-du-Sud étant rapportée à Ras-el-Khil, le golfe appelé, par Ptolémée, *les Apocopes*, serait alors, aux termes du texte, l'espace limité par ce dernier cap et Ras-Hhafoun, comprenant ainsi les grandes et petites apocopes du Périple; le promontoire Zingis, que Ptolémée aurait, par méprise, placé au delà d'Opône, deviendrait le Ras-Hhafoun, extrémité nord de la courbe où commence la côte d'El-Khazaïne; enfin le mont Phalangis aux trois sommets se retrouverait peut-être dans une haute terre située sur ladite côte, à environ 30 milles dans l'ouest-sud-ouest de Ras-Hhafoun, et qui présente, à ce qu'il paraît, trois points culminants à son sommet; elle est indiquée sur la carte du capitaine Owen et figurée par un groupe de trois mornes (1)

On pourrait donc, avec un peu de bonne volonté, quant à la partie de l'itinéraire comprise entre Opône et le petit rivage, accorder le texte de Ptolémée avec la réalité; mais les positions relatives données, dans ses tables, au promontoire Zingis, au mont Phalangis et aux Apocopes sont tout à fait en désaccord avec la configuration réelle de la côte; car on n'y trouve, aux points correspondants à ces positions, ni promontoire, ni monts, ni apocopes remarquables (2). Poursuivons notre examen.

(1) Voyez carte générale de la côte orientale d'Afrique. Nous n'avons pu reconnaître nous-même cette terre, parce que ce fut le soir que nous partîmes de Hhafoun pour descendre la côte.

(2) La position donnée aux Apocopes par les tables les placerait un peu au sud de Ras-Mâabeur.

« A partir de ce golfe (les Apocopes) s'étend le petit ri-
« vage, qu'on traverse en trois journées; puis le grand ri-
« vage, dont la traversée est de cinq journées, le trajet de
« l'un et l'autre exigeant une navigation de quatre jours
« et de quatre nuits. » (8 courses.)

Lorsque nous avons fait l'analyse du Périple, nous ne nous sommes pas expliqué au sujet de ces dénominations de *petit* et de *grand* rivage, parce que nous savions que l'occasion de le faire se présenterait avec plus d'à propos quand nous aurions à nous occuper de l'examen des documents laissés par Ptolémée; cherchons donc actuellement le sens réel de ces deux qualifications. Aux termes du passage que nous venons de citer, elles semblent tout naturellement justifiées par l'étendue proportionnelle des deux parties de la côte qu'elles servent à désigner; mais nous ferons remarquer que ce rapport ne se reproduit pas dans les tables, où l'étendue de l'un comme de l'autre rivage est représentée par 154 milles, leur gisement seul étant différent. Cette contradiction entre le texte et les tables pourrait, sans doute, n'être qu'apparente : par exemple, si le petit rivage était droit et le grand profondément découpé, on pourrait s'expliquer que, quoiqu'il n'y eût entre leurs extrémités respectives qu'une égale étendue, le parcours de l'un pût exiger cinq journées, alors que celui de l'autre n'en exigerait que trois ; mais ces particularités n'existent pas dans le profil de la côte. D'ailleurs, pourquoi les navigateurs auraient-ils établi une division purement linéaire dans un espace du littoral qu'ils parcouraient sans s'arrêter? A quoi bon faire une distinction entre les trois premières et les cinq dernières de ces huit courses, qu'ils effectuaient consécutivement? Tout au plus l'hypothèse serait-elle admissible, s'ils avaient eu un lieu de relâche habituel au point de jonction des deux rivages.

Il semble donc que les désignations dont il s'agit doivent avoir eu une autre cause, et nous croyons qu'on peut la trouver dans l'opposition même que présente l'aspect des deux parties de côte auxquelles on les a appliquées.

En effet, de Ras-el-Khil (Corne-du-Sud) à Ras-Aouad, la côte est très-basse; c'est, à proprement parler, une plage bordée çà et là de petites falaises rocheuses, ayant de 3 à 4 mètres de hauteur : ce caractère est uniforme dans toute son étendue et répond assez bien au nom de *Sif-et-Taouïl* (la longue plage), qui lui a été donné par les Arabes. Au contraire, à partir de Ras-Aouad (cap de la substitution), la côte s'élève graduellement, et, à 3 ou 4 lieues en arrière du rivage, elle est dominée par une terre beaucoup plus élevée, de hauteur uniforme, très-remarquable par sa couleur rougeâtre, et que les Arabes nomment *Djebel-el-Hirab*. On cesse d'apercevoir cette haute terre aux environs de Ras-Açoued; mais la côte conserve toujours une élévation de beaucoup supérieure à celle de la partie dite *Sif-et-Taouïl*. Nous pensons, en conséquence, que c'est à cette disposition naturelle des lieux que sont dues les appellations de *petit* et *grand* rivage dont se servaient les navigateurs anciens. Mais il y a plus, notre opinion est encore justifiée par la coïncidence des divisions de l'itinéraire avec l'étendue respective des deux parties de côte que nous venons de décrire : les trois courses du petit rivage, estimées à 48 milles chacune, et mesurées à partir de Ras-el-Khil, font arriver à Ras-Aouad, et les cinq courses du grand rivage à une journée en deçà de Ouarcheikh, le Sœrapion du Périple.

Et qu'on ne dise pas que nous appliquons arbitrairement ici notre propre évaluation de la course au lieu de celle de Ptolémée, car, si on veut bien se reporter en arrière, on verra que, des positions relatives attribuées, par le géographe, au village des Pans, à Opône et à la Corne-du-Sud, combinées avec le nombre des courses de son itinéraire, il résulte une moyenne de 559 stades pour la course, c'est-à-dire 55 milles environ. Il est vrai, d'un autre côté, que, d'après l'étendue donnée, dans ses tables, au petit et grand rivage, et qui est, pour chacun, de 154' ou 1,112 stades, Ptolémée n'a évidemment compté que 370 stades, c'est-à-dire 37 milles pour chaque course du premier, et 222 stades, c'est-à-dire 22 milles pour chaque course du second ; mais c'est là, sans nul doute, une concession faite à cette persuasion erronée, dans laquelle il était, qu'aux environs de l'équateur la course ne devait pas être évaluée à plus de 250 stades. Or, pour lui, les deux rivages étaient compris entre 1 degré nord et 2 degrés sud de latitude.

Quoi qu'il en soit de nos suppositions, pour rentrer rigoureusement dans les données de Ptolémée, nous ne porterons, pour le moment, sur la carte, à partir de Ras-Aouad, que les 154 milles ou 1,112 stades donnés, par lui, comme étendue du grand rivage : nous allons voir si cela nous conduira à un résultat satisfaisant.

« Immédiatement après ces rivages vient un autre golfe,
« dans lequel est un marché nommé *Essina*, que l'on ren-
« contre après une navigation de deux jours et de deux
« nuits. Ensuite est l'escale de Sœrapion, après une course
« de nuit et de jour. »

Une première remarque à faire à propos de ce passage, c'est que les positions assignées, dans les tables, aux deux villes qui y sont nommées les placent, l'une relativement à l'autre, dans un ordre inverse de celui du texte : c'est là une contradiction inexplicable. Pour que ce ne fût pas une contradiction, il faudrait, comme l'a fait Ptolémée, supposer au profil de la côte une délinéation telle, qu'à l'endroit occupé par Essina elle fît un retour, vers le nord et l'est, jusqu'à Særapion, pour reprendre ensuite sa première direction. Or il n'y a rien de pareil dans la configuration réelle du rivage, et, si les renseignements nautiques donnés, à Ptolémée, sur le chemin parcouru du grand rivage à Essina et à Særapion l'ont conduit à placer le second de ces points plus nord et plus est que le premier, c'est, sans doute, que Særapion se présentait avant Essina, en descendant la côte. Au reste, quelque parti que nous prenions, nous sommes destiné à ne pouvoir sortir d'embarras : que ce soit Essina ou Særapion qui prenne le premier rang sur la côte en venant du nord, nous ne parviendrons pas davantage à mettre les indications de Ptolémée d'accord avec la réalité.

En effet, il s'agit, pour nous, d'arriver à deux ports, dont l'un est caractérisé par la présence d'un promontoire. Nous consentons bien volontiers à laisser le golfe où doit se trouver Essina; nous ne gagnerions rien à doubler la difficulté, d'autant que le mot *golfe* paraît décidément être pour Ptolémée quelque chose de trop vague pour que nous y ajoutions une grande importance. Mais, si nous faisons bon marché du golfe, il ne nous est pas permis d'être aussi accommodant quant aux deux ports. Eh bien! voici d'abord ce qui existe : si nous consultons la carte, nous voyons qu'à partir de Ras-Aouad nous pouvons parcourir un espace de 270 milles environ sans rencontrer un seul havre, et que ce n'est qu'à cette distance que nous trouvons enfin le port de Ouarcheikh et son promontoire adjacent.

Voici maintenant où nous mènent les distances données par Ptolémée :

Si nous ajoutons les quatre courses mentionnées dans le paragraphe dont nous nous occupons, aux cinq courses attribuées au grand rivage, évaluant les courses, comme le veut Ptolémée, à 250 stades chacune, nous obtenons un total de 2,250 stades, c'est-à-dire 225 milles ou 75 lieues, qui, portées sur la carte à compter de Ras-Aouad, nous font arriver à 15 ou 16 lieues en deçà de Ouarcheikh, où il n'y a ni baie ni havre pour placer Essina.

D'autre part, si, n'employant que les données des tables, nous additionnons ensemble les 134 milles ou 1,112 stades d'étendue du grand rivage et les 134 milles ou 1,112 stades qui en séparent l'extrémité sud de Sœrapion (qu'on n'oublie pas que, dans les tables, Sœrapion occupe une position plus nord et plus est qu'Essina), nous avons pour résultat un total de 2,224 stades, c'est-à-dire de 222 milles ou 74 lieues, qui, mesurées sur la carte à partir de Ras-Aouad, placeraient Sœrapion à 17 lieues au nord de Ouarcheikh, endroit où l'on ne trouve pas plus de port ni de promontoire pour représenter Sœrapion que de baie ou de havre pour y justifier l'existence d'Essina.

Ainsi, soit avec le texte, soit avec les tables, nous voilà dans l'impossibilité d'accorder ici les assertions de Ptolémée avec ce qui existe, tandis que les données du Périple s'y sont trouvées aussi conformes que possible.

Pour rapprocher le géographe de la vérité, il eût fallu réduire d'abord à néant le prétendu golfe où le texte place Essina, répudier également le texte en ce qui regarde la place d'Essina relativement à Sœrapion, puis adopter, au contraire, la version du texte en ce qui concerne la position de Sœrapion à six courses de la fin du grand rivage : les six courses ajoutées aux cinq du grand rivage feraient, au total, 2,750 stades ou 277 milles, qui, comptés à partir de Ras-Aoud, placeraient, grâce à tous ces accommodements, Sœrapion à Ouarcheikh. Alors, mesurant, à partir de cette localité, les 43 milles ou 357 stades qui, d'après les tables, séparent Essina de Sœrapion, et qui représentent réellement 35 ou 36 milles, une douzaine de lieues, nous arriverions exactement à Moguedchou, où nous trouverions ainsi un autre havre naturel pour placer l'escale et le marché d'Essina. Mais alors, il est vrai, nous aurions refait Ptolémée ; nous ne l'aurions pas commenté.

« De là (de l'escale de Sœrapion) commence le golfe qui
« mène, en trois courses nychthémères, aux *Rhaptes*, et à
« l'entrée duquel est situé un marché appelé *Niki* (1). Au-
« près du cap Rhaptum coule un fleuve et se trouve la
« métropole (la ville capitale), peu éloignée de la mer,
« l'un et l'autre portant le même nom. Autour du golfe
« qui s'étend des Rhaptes jusqu'au promontoire Prasum,
« golfe très-grand, mais peu profond, vivent des barbares
« anthropophages. »

A voir la façon brusque et incomplète dont il termine son itinéraire, on dirait que Ptolémée, sentant toute l'insuffisance et le peu de certitude de ses renseignements,

(1) Tonice dans les tables ; sans doute le Nikon du Périple.

se hâte d'en finir avec un récit qu'il ne saurait terminer d'une manière satisfaisante. Nous ne trouvons, en effet, dans ce paragraphe final, aucune mention de tous les points qui figurent dans la dernière partie du Périple, et dont les positions, comme les particularités géographiques, se trouvent si bien en harmonie avec certains détails de la côte; entre Sœrapion ou Essina et Rhapta, Ptolémée ne nous signale ni fleuves, ni escales, ni îles Pyralãon et Ménouthésias, mais seulement un golfe dont le trajet est de six courses, et à l'entrée duquel est la ville de Niki ou Tonice. Tant de lacunes dans l'œuvre du grand géographe grec ne semblent-elles pas assigner à son travail une place toute naturelle entre les écrits de Marin de Tyr et le Périple? Ne représente-t-il pas un des degrés de la progression qui dut s'opérer dans la géographie et la navigation de cette côte, à partir des premières notions que recueillit Marin jusqu'à l'époque où, plus fréquemment exécuté par les navigateurs gréco-égyptiens, le voyage d'Aromata à Rhapta put être relaté avec cette précision que nous offre le Périple? Sans doute, ce sont là de fortes présomptions; mais ne revenons pas sur cette question d'antériorité, que nous avons précédemment élucidée dans la mesure de nos moyens, et qui nous a paru insoluble; mieux vaut compléter tout de suite notre analyse, en recherchant quelle position donneraient à Rhapta les indications contenues dans le dernier paragraphe cité.

Et d'abord, en comptant les journées à 250 stades, Rhapta se serait trouvée à 1,500 stades seulement au delà de Sœrapion; mais, si nous consultons les tables, nous voyons, d'après les positions assignées à ces deux points, qu'ils sont placés à 2,500 stades en ligne directe, ce qui fait, pour chaque journée, 416 stades, sans tenir compte des obliquités produites dans la route par les rentrées et les saillies du rivage. Maintenant, si nous rendons aux 2,500 stades de Ptolémée leur valeur réelle en parties de grand cercle, nous aurons, pour distance directe de Sœrapion à Rhapta, 250 milles, ce qui placerait cette dernière non loin de l'embouchure du Djoub, c'est-à-dire à peu près sous l'équateur. Eh bien, outre que ce résultat est, de tous points, en opposition avec celui du Périple, à l'exactitude duquel nous n'hésitons pas à donner pleine créance, nous ferons remarquer qu'en l'adoptant Ptolémée s'est mis en désaccord avec lui-même sur un point fort important ; car, en tête de son itinéraire, il nous a fait connaître, d'après les renseignements donnés par les navigateurs, qu'au delà de Rhapta la direction de la côte incline au sud-est ; et chacun peut voir sur la carte qu'il n'en est point ainsi à partir du Djoub, mais bien que cette inclinaison n'est sensible qu'au delà de Kiloua. Force est donc de conclure ou que Ptolémée a été induit en erreur quant au nombre de journées employé à se rendre de Sœrapion à Rhapta, ou que la Rhapta de Ptolémée et celle du Périple ne désignent pas la même localité. Or cette dernière hypothèse n'est guère acceptable, vu la similitude de noms qu'on trouve dans les deux écrits et l'accord possible des deux itinéraires jusqu'à Sœrapion. Ajoutons aussi que la mention faite, par Ptolémée, d'un cap Prasum plus sud de 8° 50' que Rhapta donne à penser que sa description doit plutôt s'avancer au delà que rester en deçà de la limite extrême du Périple. Supposer, avec Gossellin, que l'auteur de ce dernier a confondu le cap Rhaptum et le Prasum, c'est vouloir, à plaisir et dans un esprit purement systématique, admettre l'erreur là où se montrent toutes les apparences de la vérité. Disons, en passant, que, dans le Périple, il n'est pas plus question du cap Rhaptum que du cap Prasum. Si nous devions croire à une pareille confusion de la part de l'un des deux auteurs, nous l'attribuerions plutôt à Ptolémée, en le voyant, d'ailleurs, sans autre renseignement que l'évaluation de Dioscorus, porter le Prasum 8 degrés plus sud que son Rhapta, c'est-à-dire juste à l'endroit où nous avons vu se placer logiquement et régulièrement la Rhapta du Périple. Au reste, nous reviendrons tout à l'heure aux déductions que Gossellin a tirées des données géographiques contenues dans les deux ouvrages dont il s'agit; nous avons à conclure d'abord sur le travail de Ptolémée pour ce qui a trait à la côte orientale d'Afrique.

La double analyse que nous venons de faire minutieusement démontre, selon nous, la supériorité bien marquée du Périple. Soit inexactitude dans les renseignements dont Ptolémée s'est servi, soit conséquence des modifications qu'il y a introduites et de l'emploi qu'il en a fait, toujours est-il que sa géographie de la côte comprise entre Aromata et Rhapta présente une foule d'erreurs et de contradictions.

Dans l'itinéraire, — donnée fondamentale fausse consistant en une estimation de la course souvent trop faible des 7/12 de ce qu'elle devrait être; interversion ou omission des lieux; nombre de courses erroné.

Dans les tables, — évaluation trop faible de 1/6 quant au nombre de stades correspondant à 1 degré de grand cercle.

Enfin, et comme produit de toutes ces erreurs, opposition flagrante des détails de l'itinéraire et des positions données à certains lieux, avec la configuration réelle de la côte; résultat final, nécessairement faux.

Tel est le jugement que, malgré notre respect pour une haute renommée et notre admiration pour un vaste génie, nous nous croyons autorisé à porter sur la partie de sa Géographie que nous venons de commenter.

Séduit par l'autorité scientifique du grand géographe d'Alexandrie, croyant, d'ailleurs, les calculs de celui-ci *basés* sur des renseignements positifs fournis par les navigateurs, d'Anville en a accepté tels quels les résultats quant à la différence en latitude de Rhapta et d'Aromata; puis, se bornant à rectifier l'erreur de Ptolémée quant à la latitude attribuée par lui à ce dernier cap, il a dû, dès lors, placer Rhapta par 1° 30' de latitude sud (1) : les positions qu'il a données aux lieux intermédiaires ne sont que la déduction plus ou moins rigoureuse des positions acceptées pour les deux points extrêmes.

Gosselin, qui, dans le but de déterminer positivement la limite des connaissances des anciens sur les côtes occidentale et orientale de l'Afrique, s'est livré à un examen approfondi des travaux de Ptolémée (2), a, selon nous, exagéré encore les erreurs du géographe grec. Voici les observations que nous a suggérées la partie de son travail qui concerne la côte orientale. Nous avons déjà vu qu'il avait, à

---

(1) Voyez Mémoire sur la mer Érythrée (*Mémoires de littérature tirés des registres de l'Académie royale*, t. XXXV, p. 590 et suiv.).

(2) Voyez *Recherches sur la géographie systématique et positive des anciens*, t. Ier, p. 183 et suiv.

tort, appliqué à toute l'étendue du voyage d'Aromata à Rhapta l'évaluation de la course à 250 stades, ce que Ptolémée seulement admettait pour les courses faites aux environs de l'équateur; et l'on comprend qu'il a dû ainsi considérablement diminuer l'espace compris entre les points de départ et d'arrivée. Ce n'est pas tout : l'erreur partielle de Ptolémée était, du moins, diminuée, dans ses tables, par le nombre trop faible de stades qu'il faisait équivaloir au degré de grand cercle; mais Gossellin, en attribuant au même degré une valeur de 700 stades, substituait à deux erreurs agissant en sens contraire deux erreurs plus fortes et agissant dans le même sens, ce qui devait avoir pour effet de raccourcir outre mesure la distance d'Aromata à Rhapta. En procédant ainsi, il est arrivé à placer ce dernier point par 3 degrés nord et le promontoire Prasum par 0° 45' nord. Aussi le savant commentateur, au lieu de prouver, comme il le croyait, que la limite des connaissances des anciens n'atteignait pas l'équateur, n'a réellement fait qu'ajouter ses propres erreurs aux conséquences rigoureuses des fausses données de Ptolémée.

Nous croyons inutile de produire ici toutes les critiques que soulèvent les rapports admis, par Gossellin, entre les divers points de l'itinéraire de Ptolémée ou du Périple et certains points de la côte; nous comprenons à quelles aberrations les commentateurs pouvaient être entraînés alors qu'on n'avait encore sur la géographie de l'Afrique orientale, sur l'hydrographie de ses côtes, sur les mœurs et l'industrie de ses habitants, que de faux ou insuffisants renseignements. S'il en avait été autrement, le savant dont nous

signalons à regret les écarts n'aurait sans doute pas cru
que les ports ou marchés maritimes d'Essina, de Særapion,
de Tonice aient pu être situés sur une côte dont le rivage
roide, exposé aux vents et à la mer, n'a jamais offert le moindre abri aux bateaux qui la parcouraient : côte où les plus
anciens géographes arabes n'ont signalé aucune ville ; que
les navigateurs portugais nous ont tous représentée comme
stérile et inhospitalière, et que les marins arabes se gardent
même encore aujourd'hui d'aborder. Il n'aurait sans doute
pas non plus rapporté Rhapta, le lieu des barques cousues,
au Bandel-Velho des Portugais, c'est-à-dire au petit havre
de Ouarcheikh, localité dont les habitants paraissent avoir
été, de tout temps, étrangers à la navigation, et dont le
sol sablonneux et infécond jusqu'à une grande distance du
rivage ne produit pas un arbre susceptible de servir à la
construction de la plus chétive barque. Enfin il n'aurait pas
eu l'idée des singuliers accommodements au moyen desquels il en est venu à assimiler le promontoire de Prasum à
un cap de Brava (Braoua), introuvable sur tout ce littoral,
et l'île Ménuthias, à une île imaginaire, pouvant d'autant
moins être située à l'embouchure de la rivière de Magadasho
(Moguedchou) que celle-ci n'existe pas, du moins en tant que
rivière débouchant à la mer. Nous n'en finirions pas si nous
voulions relever une à une toutes les erreurs, géographiques
et autres, que Gossellin a entassées dans ses applications et
appréciations des détails fournis sur la côte orientale d'Afrique par le Périple et la géographie de Ptolémée ; mais nous
croyons en avoir dit assez pour qu'on n'oppose pas aux résultats auxquels nous avons été conduit en commentant ces

deux documents les opinions et les résultats contraires présentés par le savant dont nous respectons, d'ailleurs, la haute érudition.

Ici se termine notre étude sur ce que l'antiquité nous a transmis de plus complet touchant la géographie et la navigation de l'Afrique orientale. Les hommes de science diront si les quelques vérités qu'elle a mises en évidence sont de nature à indemniser l'auteur de ses efforts, et surtout, le lecteur, de sa patience. En attendant, il ressort clairement de cette longue discussion qu'il y a une difficulté extrême à placer exactement sur nos cartes les points connus des anciens, à l'aide des vagues renseignements de leurs navigateurs et des calculs incertains de leurs savants. C'est que, dans ce temps-là, comme le fait judicieusement remarquer le docteur Vincent, les géographes ne naviguaient pas, et les marins étaient dépourvus de science; les uns et les autres ne pouvaient donc nous laisser que des erreurs ou des à peu près.

Mais ne soyons pas trop sévères pour ces erreurs : la civilisation gréco-romaine n'en a pas moins accompli largement sa tâche dans l'œuvre du progrès, aussi bien en géographie que dans les autres sphères d'activité de l'intelligence humaine. Thalès, Anaxagore, Aristote ont connu ou soupçonné la sphéricité de la terre; Ératosthène a le premier évalué le degré du parallèle passant par Rhodes, et le premier, aussi, il a indiqué un moyen de mesurer la circonférence de la terre; Hipparque a fondé l'astronomie et enseigné que la mensuration des cieux était applicable à la surface du globe qu'ils enveloppent; Marin et Dioscore ont commencé à dessiner des cartes; Ptolémée, enfin, a la gloire d'avoir inventé un système général pour déterminer la position des lieux. Dans cette longue période qui s'écoule entre Thalès et le grand géographe de Péluse, la science a marché sans s'arrêter; mais, au temps où écrivait ce dernier, elle était encore trop peu sûre d'elle-même et reposait sur des données trop insuffisantes pour ne point faire quelques faux pas. Les erreurs de fait du savant Ptolémée ont été corrigées par le temps : les principes qu'il avait émis sont restés et ont aidé considérablement aux progrès de la géographie et de la navigation.

Quoi qu'il en soit, telle a été la gloire des peuples historiques, que, si leurs découvertes furent plus limitées que celles des autres, ils en ont fait au moins profiter le monde entier. Et, si nous avons dû reconnaître et prouver combien les Arabes l'emportaient sur tous les autres navigateurs de cette époque par l'étendue et l'ancienneté de leurs navigations, nous ne manquerons pas non plus de faire remarquer qu'ils n'ont travaillé que pour eux-mêmes, et que la science et le progrès ne leur doivent rien jusqu'à présent, si ce n'est les quelques renseignements pratiques que le hasard ou la force leur ont arrachés.

Le Périple de la mer Érythrée ne nous a édifiés qu'imparfaitement au sujet du rôle que jouaient alors les Arabes dans les localités fréquentées par les vaisseaux égyptiens. D'après ce qu'il dit de Rhapta, nous pouvons bien, par analogie, les supposer établis dans tous ces lieux *gouvernés par des chefs particuliers* tributaires, peut-être aussi, de quelque petit souverain de l'Arabie; mais il ne nous est pas appris quelles étaient la nature et l'importance de ces établissements, s'ils étaient permanents, et s'il en existait dans tous les points de relâche et dans tous les comptoirs. Il est certain, du moins, que, comme trafiquants, les Arabes se trouvaient partout, et que le commerce direct était tout entier en leurs mains ; indubitablement encore, leur navigation propre s'étendait, dans ses ramifications nombreuses, plus au sud que celle des commerçants étrangers. Quel est le point extrême qu'elle atteignait? Nous ne saurions le déterminer. Nous verrons, plus loin, où elle arrivait sous la domination musulmane et lors de la découverte portugaise. Mais c'est probablement à des renseignements donnés par eux que l'on doit l'indication de Prasum et de l'île Ménuthias ; car il nous paraît positif que les relations régulières des navigateurs gréco-romains avec la côte orientale d'Afrique ne s'étendirent jamais au delà de Rhapta.

Pendant combien de temps ces derniers jouirent-ils des bénéfices que leur rapportait le commerce de ces riches contrées ? L'histoire se tait désormais sur les lieux qui sont l'objet de nos investigations ; elle nous apprend seulement que, malgré la décadence politique des Romains, leur luxe et leurs richesses ne diminuèrent que très-tard, et nous retrouvons, en effet, dans les écrits d'un Égyptien du VIe siècle, le moine Cosmas, des preuves de l'existence actuelle du commerce de l'Inde. Mais la relation de l'historien chrétien ne prouve pas que ce commerce fût resté entre les mains des Grecs d'Égypte, ni que des expéditions commerciales fussent toujours dirigées de la côte orientale d'Afrique vers ce pays : il y a plus, comme on le verra bientôt, cette côte lui était inconnue.

C'est que les temps étaient bien changés ! Déjà commençaient à s'épaissir les ténèbres du moyen âge sous lesquelles furent ensevelis pendant si longtemps l'art et la science. Le mouvement religieux qui s'opérait dans le monde absorbait toute l'activité humaine. La foi condamnait temporairement l'intelligence au sommeil; la vérité était exposée dès lors à devenir sacrilége. C'est précisément dans le but de faire plier une vérité scientifique aux exigences d'une foi aveugle que Cosmas écrivit son ouvrage, la *Topographie du monde chrétien*. Au XVe siècle, Galilée devait être jeté en prison pour avoir prouvé le mouvement de la terre. Dès le VIe siècle, Cosmas composait un gros livre pour réfuter l'opinion, monstrueuse à ses yeux, puisqu'elle était contraire à l'Écriture sainte, qui attribuait à la terre la forme d'un globe. C'est de cet ouvrage que nous extrayons les passages suivants; ils montreront dans quelle ignorance on était retombé quatre siècles après l'époque de Ptolémée et du Périple, touchant l'Afrique orientale et la navigation de ses côtes. Nous en donnons ici la traduction :

« ..... On divise la terre en trois parties : l'Asie, la Li-
« bye et l'Europe. On appelle Asie, l'Orient; Libye, le midi
« jusqu'à l'occident; Europe, le nord jusqu'au rivage occi-
« dental. Sur notre terre, comme le rapportent, avec juste
« raison, les étrangers, quatre golfes sortent de l'Océan,
« savoir : le nôtre, qui de Gadès, à l'occident, vient baigner
« les contrées qui sont sous la domination romaine; l'Ara-
« bique, dit *Érythréen*, et le Persique, qui, tous deux, s'a-
« vancent du Zinge vers les parties orientales et méridio-
« nales de la terre, à partir de la contrée qu'on appelle
« *Barbaria*, où se termine le pays d'Éthiopie. En effet,
« comme le savent tous ceux qui naviguent dans la mer
« de l'Inde, le Zinge est situé au delà du pays producteur

« de l'encens, dont le nom est *Barbaria* et qu'entoure
« l'Océan, qui, de là, s'enfonce dans les deux golfes. Le qua-
« trième golfe s'étend de la partie septentrionale de la terre
« vers l'Orient, et s'appelle mer *Caspienne* ou d'*Hircanie*.
« Or c'est dans ces golfes seulement qu'il est possible de
« naviguer, mais non dans l'Océan, tant à cause de l'agi-
« tation continuelle des flots et des vapeurs épaisses qui
« obscurcissent les rayons du soleil, que parce qu'il occupe
« des espaces infinis. J'indique toutes ces choses parce que
« je les ai, en partie, constatées par moi-même, et en par-
« tie empruntées à un homme remarquable par sa piété.
« J'ai, en effet, navigué, pour cause de commerce, dans
« trois de ces golfes, celui de la domination romaine,
« l'Arabique et le Persique, et, en me renseignant auprès
« des habitants et des pilotes, j'ai pu acquérir une con-
« naissance exacte des lieux.

« Or, en naviguant un jour vers l'Inde intérieure, nous
« nous avançâmes presque jusqu'à la *Barbarie,* au delà de
« laquelle est le Zinge : car c'est ainsi qu'on nomme l'en-
« trée de l'Océan. Comme nous dérivions vers la droite,
« je vis voler une multitude d'oiseaux, qu'on appelle *supha*
« (ou *suspha*), dont la grosseur est double au moins de
« celle des milans. Je remarquai, au même moment, que
« le temps, dans cet endroit, devenait très-mauvais. Nous
« étions tous frappés de terreur, et ceux qui s'y connais-
« saient, aussi bien les matelots que les pilotes, disaient
« que nous étions près de l'Océan, et criaient à l'homme
« qui tenait le gouvernail : « Venez sur la gauche, rentrez
« dans le golfe, de crainte que, emportés dans l'Océan par
« l'impétuosité des flots, nous ne périssions. » Car l'Océan

« se précipitant dans le golfe, soulevait des vagues im-
« menses, et les flots qui sortaient du golfe nous entraî-
« naient vers l'Océan. C'était, pour nous, un spectacle des
« plus horribles, et nous étions saisis d'un indicible effroi.
« Pendant ce temps-là, une foule de ces oiseaux, que j'ai ap-
« pelés *suspha*, volaient au-dessus de nos têtes et suivaient le
« navire, ce qui était un signe du voisinage de l'Océan (1). »

Il est facile de reconnaître, dans cette dernière description, toutes les circonstances qui se présentent, de nos jours, aux navigateurs, lorsque, débouchant du golfe d'Aden et doublant le cap Guardafui ou des Aromates, ils se trouvent exposés au double effort du courant qui sort du golfe et des vagues que pousse la mousson de sud-ouest. Ce tableau est plein de vérité et semble tracé tout exprès pour combattre l'opinion de ceux qui refusent à Cosmas l'honneur d'avoir exécuté ce voyage.

Mais ce détail mis à part, quand on lit l'exposition vague et banale qui le précède, on se demande avec étonnement à quoi ont servi tous les travaux des géographes d'Alexandrie, la découverte d'Hippale, le Périple, les écrits de Ptolémée, etc., si, quatre siècles, au plus, après eux, un homme d'étude, ayant à sa portée toute la masse de documents recueillis par l'école d'Alexandrie, a pu composer un ouvrage de géographie qui, relativement à une contrée importante comme l'Afrique orientale, ne contenait pas même les quelques vérités qu'ils avaient livrées au monde. Nous croirions vraiment que l'obscurité devait fatalement se faire dans tout esprit embrasé de la foi nouvelle, si nous

(1) *Opinion du chrétien Cosmas, l'indico-pleusse, sur le monde.* Livre II.

ne nous rappelions, d'un côté, que l'imprimerie n'existait pas encore pour mettre à portée de tous les lumières acquises, de l'autre, que l'empire romain tombait alors en ruines, et qu'au milieu des débris de sa puissance politique la science elle-même s'en allait en poussière.

Voici maintenant un autre extrait du même livre qui confirme ce que nous venons de dire, et montre à quel point de décadence étaient arrivées, du temps de Cosmas, les sciences géographiques.

« Le pays qui produit l'encens est situé aux confins de
« l'Éthiopie : elle est placée au milieu des terres ; mais au
« delà est l'Océan. Les habitants de la Barbarie, voisins de
« ces régions méditerranéennes, s'y rendent et en expor-
« tent l'encens, la casse, la canne et beaucoup d'autres ob-
« jets, qu'ils transportent eux-mêmes, par mer, à Adulis,
« chez les Homérites, dans l'Inde intérieure et dans la
« Perse. On trouve même écrit, dans les livres des Rois,
« que la reine de Saba, c'est-à-dire du pays des Homérites,
« nommée par le Seigneur, dans les évangiles, *la reine du*
« *midi*, avait offert à Salomon des épices que, par la voie
« du commerce, elle obtenait de la Barbarie, séparée de ses
« États seulement par un golfe, puis du bois d'ébène, des
« singes et de l'or d'Éthiopie, dont son royaume était voi-
« sin, le golfe Arabique s'étendant seul entre les deux con-
« trées. On voit aussi, dans les paroles du Seigneur, qu'il
« appelle lui-même ces lieux les confins de la terre : *La*
« *reine du midi viendra au jugement avec sa génération,*
« *et il prononcera son arrêt sur elle, parce qu'elle est ve-*
« *nue des confins de la terre pour entendre la sagesse de*
« *Salomon.*

« Le pays des Homérites n'est pas, en effet, très-éloigné
« de la Barbarie ; il n'y a entre eux qu'un trajet de deux
« jours par mer. Au delà de la Barbarie est l'Océan, qui
« prend là le nom de *mer du Zendj*. La contrée qu'on ap-
« pelle *Sasus* est aussi près de l'Océan, comme aussi l'O-
« céan est près du pays de l'encens ; elle produit beaucoup
« d'or (1). »

Ainsi, pour Cosmas, et sans doute pour tous les géographes du vi[e] siècle, cet immense rivage qui s'étend au sud
du cap des Aromates, ces nombreux comptoirs aux appellations grecques n'ont jamais existé ! Plus de pilotes grecs
sillonnant rapidement ces mers, sous l'impulsion puissante
de la mousson, d'Aromata à Rhapta et au Prasum ! plus de
villes, plus d'*Emporion*, plus d'îles aux noms euphoniques !
Les grecs d'Alexandre, les Romains de l'empire ne sont plus
sur ce théâtre de leur gloire. Les Égyptiens d'Alexandrie
écrivent toujours en grec ; mais leurs actes, leur courage,
leurs sciences, tout a dégénéré comme leur langue. Le
génie de la Grèce et de Rome s'est retiré bien loin vers le
nord et l'occident ; encore y sommeille-t-il profondément,
et bien des siècles passeront avant qu'il se réveille.

En attendant, les Arabes ont recouvré, en Orient, l'antique monopole dont ils avaient été les détenteurs exclusifs
jusqu'à l'époque de la conquête romaine ; seuls, comme
autrefois, ils ont la clef du mystère qui se cache dans les
profondeurs de l'océan Indien, cette mer dont les orages
effrayaient tant le moine voyageur ; seuls ils ont encore le
privilége de parcourir les rivages de cette *Azanie* du Périple et de Ptolémée, dont le nom même paraît inconnu au

(1) *Topographie chrétienne*, pag. 139 et suiv.

successeur des géographes d'Alexandrie. Et leur reprise de possession est si complète et si exclusive, qu'ils imposent leur langage au descendant de leurs vainqueurs et de leurs maîtres! Cosmas nomme *Zingium* la partie de la terre située au delà de la Barbarie et baignée par l'Océan, *innavigable* pour lui; il ne se doute pas que cette mer du Zendj, qu'il regarde comme l'entrée d'un abîme sans fin, bat de ses flots, dociles pour qui sait dompter ou éluder leurs colères, un vaste littoral dont les Ptolémée et les Césars ont exploité les richesses.

C'en est donc fait, le grand mouvement progressif imprimé aux sciences géographiques par l'école d'Alexandrie est arrêté; seul, le trafiquant de l'Yémen ou de l'Omân parcourra les mers indo-africaines, et il ne faudra rien moins que l'énorme secousse donnée au monde par Mahomet, pour qu'au milieu de la nuit qui couvrira l'Orient et l'Occident, nous voyions briller les premières lueurs de la renaissance.

LIVRE III.

PÉRIODE MUSULMANE.

Les Arabes fondent de petits États indépendants à la côte orientale d'Afrique.

L'empire romain marchait rapidement à sa dissolution. De tous les points du monde, les barbares se ruaient à la curée gigantesque, et chaque horde, s'acharnant sur sa proie, emportait un lambeau du colosse agonisant. Obligés, pour se défendre, de rappeler leurs troupes disséminées dans les contrées lointaines, les césars voyaient ces dernières s'affranchir de la domination impériale ou succomber sous un nouveau conquérant. Ils n'avaient plus pour tributaire le commerce de l'Inde et de l'Afrique orientale ; le port d'Aden, centre de ce commerce, et auquel ils avaient imposé le nom de *port romain*, n'était plus sous leur domination, et, peu à peu, leurs légions avaient abandonné l'Arabie tout entière.

Cependant l'Yémen n'était pas resté longtemps indépendant : les chrétiens d'Abyssinie l'avaient conquis, et, par suite de la conformité de foi religieuse, des relations suivies s'étaient établies entre les nouveaux et les anciens maîtres de l'Arabie Heureuse. Les intérêts commerciaux rendaient, d'ailleurs, cette alliance précieuse à la cour de Constantinople : car les ports de l'Arabie, qui s'ouvraient sur l'océan Indien, offraient, seuls, aux Romains un moyen de s'affranchir de la dépendance des Perses pour l'importation de la soie; cette considération avait même engagé Justinien à envoyer plusieurs ambassades dans l'Yémen ; mais les princes de cette contrée ne purent, ainsi que nous l'apprend Procope (1), remplir complétement les intentions de l'empereur. Les marchands persans, favorisés par l'heureuse situation de leur pays, par sa richesse et sa puissance politique, continuèrent à affluer sur les marchés de l'Inde et à y dominer.

A cette époque, en effet, l'empire des Perses, gouverné par la famille des Sassanides, acquérait une prépondérance de plus en plus marquée. Le commerce de l'Inde, auquel il participait déjà au temps des Séleucides, et qui, sous la domination des Parthes, avait fait la prospérité de la ville de Séleucie, s'était élevé à des proportions bien plus remarquables encore sous la nouvelle dynastie : on sait à quel point devinrent alors florissantes, par suite du mouvement de navigation qui s'établit dans le golfe Persique, les villes de Hira, d'Obollah et de Sohhar. Sous Chosroès le Grand, ce commerce presque tout entier était tombé aux mains des Persans. Le peu de concurrence qu'ils eussent encore à redouter sur le marché indien venait des ports de l'Yémen; et cette partie de l'Arabie ne devait pas tarder à être elle-même occupée par une armée persane.

Vers l'an 601, Séif-ben-Dhou-Yezin, l'un des derniers des-

1) *Procop. de Bello Persico*, édition de 1662, liv. I, ch. xx, p. 61.

cendants des rois Hymiarites, ayant demandé le secours de Chosroès II (1) pour délivrer l'Yémen du joug des Abyssins, le puissant monarque arma des troupes et fit envahir cette province. Ce fut près d'Aden, où le débarquement avait eu lieu, que se livra entre les Perses et les partisans de Masrouk, le roi abyssin, un combat acharné où celui-ci périt. La mort de ce prince mit fin, dans l'Arabie méridionale, à la domination des Éthiopiens, qui avait duré soixante-douze années; et, à partir de cette époque, des vice-rois gouvernèrent le pays au nom de la Perse, jusqu'au jour où Mahomet le soumit à ses armes.

Cependant, quoique placés sous une nouvelle domination, les Arabes prirent, comme durant celle des Romains, une grande part dans le mouvement commercial, soit à titre d'agents, soit à titre de spéculateurs. Les relations qu'ils entretenaient à Socotra, à la côte d'Adel et à la côte orientale d'Afrique, relations que les vicissitudes politiques avaient pu gêner mais non détruire, la position centrale de leur pays, relativement à ceux où se faisait le commerce, leur aptitude maritime, tout enfin contribuait à faire d'eux des intermédiaires. Leur abaissement, en tant que population vaincue et soumise, ne laissait pas moins persister leur su-

---

(1) Plusieurs écrivains orientaux, entre autres Nikbi-ben-Massoud, *Histoire des rois de Perse*, manuscrits persans, n° 61, et Shehab-Eddin-Ahmed-el-Mokri-Asaffy, *Livre des Perles*, attribuent le fait de l'expulsion des Abyssins de l'Yémen à Chosroès I*er*, connu sous le nom de *Nouchirvan*. (Voy. les notices de M. de Sacy sur ces deux ouvrages, *Notices et extraits des manuscrits de la bibliothèque du roi*, t. II.) Nous avons cru, en cette circonstance, devoir adopter la version de M. Noël Desvergers, orientaliste distingué, auteur d'une *Histoire de l'Arabie*. (Voy. la partie *Arabie* de l'UNIVERS PITTORESQUE.)

prématie commerciale, éclipsée seulement, et plus encore en apparence qu'en réalité, sous la domination des conquérants que le flot des révolutions amenait et emportait tour à tour.

Après tout, dans ces mers où ils naviguaient depuis si longtemps avec tant de hardiesse et de bonheur, et notamment à la côte orientale d'Afrique, les Arabes (et c'était là une des principales causes de cette survivance opiniâtre de leur commerce en dépit de l'asservissement temporaire de leur pays), les Arabes, disons-nous, avaient seulement jusqu'alors fondé des comptoirs et non des établissements politiques. Les opérations commerciales s'y faisaient, il est vrai, sous la surveillance d'agents envoyés du port d'expédition, et auxquels certaines redevances étaient payées ; mais ces comptoirs ne constituaient en rien une forme quelconque d'État ayant ses lois, son gouvernement et sa population permanente. Dans beaucoup de lieux même, les transactions s'effectuaient directement, à tout risque et en toute liberté, sans l'intervention d'aucune autorité arabe. Bref, navigateurs entreprenants et trafiquants adroits, les Arabes n'avaient été, jusqu'alors, ni colonisateurs ni conquérants.

Il faut à l'esprit de conquête une base, l'unité nationale; l'Arabie n'avait pas encore constitué la sienne. Sa configuration se prêtait mal à une centralisation complète ; ses diverses provinces, malgré l'affinité de mœurs et de langage, étaient restées politiquement isolées ; et, quelque grandes que fussent les richesses accumulées par le commerce dans ses villes, celles-ci, manquant entre elles de cohésion, n'avaient pu former un État puissant et pesant de quelque poids sur le monde. Toutefois, ces mêmes circonstances s'ajoutant à sa situation péninsulaire et à la difficulté de ses abords du côté du nord, l'Arabie, sauf l'asservissement momentané de certaines parties restreintes de son territoire, était demeurée indépendante. Il en avait été de même de ses groupes de population, chacun d'eux se trouvant protégé contre ses voisins par de hautes montagnes ou de vastes plaines sablonneuses; il en était de même, enfin, pour chacun de ses habitants, qui, en respirant l'air de la patrie, sentait pénétrer en lui le besoin de cette liberté un peu sauvage.

L'indépendance était donc la passion de l'Arabe. Mais cette passion, quand elle n'est pas tempérée par l'esprit de sociabilité, fait naître dans les rapports individuels l'antagonisme et la turbulence. Aussi l'intérieur de cette grande presqu'île était-il loin de jouir de l'état de paix qui semble devoir être le fruit de la richesse et de la liberté. Ses populations avaient tourné contre elles-mêmes toute l'énergie de leur nature; les rivalités de famille entretenaient de perpétuelles discordes, et les dissensions intestines ensanglantaient, à chaque instant, les rues de ses villes et les sables de ses déserts.

Mahomet parut, et tout changea : la foi nouvelle eut le pouvoir de réunir tous ces tronçons divisés; l'Arabie n'eut bientôt plus qu'un seul camp et qu'une seule armée composée d'apôtres. Alors le prosélytisme ardent de ce peuple se rua comme un torrent sur le monde; et si rapide fut son cours, si irrésistible son élan, qu'en moins d'un siècle et demi l'islamisme couvrait l'Afrique, l'Asie et une partie de l'Europe comme d'un vaste croissant dont les pointes menaçaient, d'un côté, le royaume des Francs en Aquitaine, de l'autre les empereurs de Constatinople.

Cependant l'union que l'ascendant du prophète avait imposée aux tribus de l'Arabie n'eut pas une longue durée; sa mort fut le signal de querelles politiques et de dissidences religieuses qui déchirèrent et ensanglantèrent de nouveau le pays. Pour échapper aux persécutions qu'elles engendraient, l'émigration fut une ressource heureuse, et fréquemment employée par ceux des vaincus qui habitaient ou qui purent atteindre les rives de l'Omân ou de l'Yémen. La côte orientale d'Afrique leur offrit alors un refuge naturel d'autant plus précieux que ses relations séculaires avec l'Arabie en avaient fait comme un prolongement de la patrie, et que sa distance du théâtre des événements assurait à l'exilé l'oubli et le repos.

Aussi les historiens qui ont parlé de la côte orientale d'Afrique nous apprennent-ils que les Émozéides ont été les premiers Arabes mahométans qui se soient établis sur cette côte. Leur opinion repose sur une chronique que les Portugais trouvèrent à Kiloua, lors de la prise de cette ville par dom Francisco d'Alméyda. Les Émozéides étaient des partisans de Zéid, fils d'Ali (surnommé Zéin-el-Abedin), fils de Hhoucin, fils d'Ali, cousin et gendre de Mahomet. On dit que, sous le khalifat d'Hescham-Ben-Abd-el-Malek, lors d'une levée de boucliers qui avait eu lieu à Coufa, au commencement de l'an 122 de l'hégire (739 de J. C.), en faveur de la famille des Alides, ce Zéid, proclamé khalife par les insurgés, ayant été vaincu et tué, bon nombre de ses partisans, dès lors en butte aux persécutions, émigrèrent à la côte d'Afrique.

Les Émozéides n'y formèrent pas de populations considérables ; mais, se groupant sur les points où ils pouvaient être à l'abri des attaques indigènes, ils s'y fortifièrent et se répandirent, plus tard, de proche en proche, sur tout le littoral.

Thévet prétend (1), d'après l'assurance qui lui en a été donnée par des Africains, que la loi de Mahomet fut apportée à la côte d'Afrique et imposée à quelques populations, par un certain Hamza, fils d'Ab-el-Mélik ou Abd-el-Malek. Si, par ce dernier nom, Thévet a voulu désigner le cinquième khalife de la race des Ommyades, qui régna de l'an 65 à l'an 86 de l'hégire, l'introduction du mahométisme dans l'Afrique orientale serait antérieure d'une cinquantaine d'années à l'immigration des Émozéides. Mais le fait avancé par Thévet n'est confirmé par aucun historien ni par aucune tradition locale.

Au reste, il est probable que, d'une part, le besoin d'expansion développé chez les sectateurs du prophète, de l'autre, les fureurs des partis, tour à tour triomphants dans le khalifat, durent, par une action simultanée et incessante, déterminer un courant continuel de l'Arabie vers l'Afrique. Mais ces émigrations individuelles ou par groupes de familles étaient peu importantes, et l'histoire devait enregistrer seulement celles qui furent remarquables soit par le nombre d'individus, soit par les événements qui se produisirent à l'arrivée des fugitifs dans leur pays d'adoption.

Ce n'est pas aux écrivains arabes qu'est dû ce que nous savons de l'histoire et de la chronologie des premiers établissements musulmans fondés à la côte d'Afrique. Cepen-

(1) *Cosmographie universelle*, t. I, p. 96, verso.

dant les relations entre l'Arabie et le Zanguebar étaient fort actives, si nous en jugeons par un événement qui se passa au commencement du règne d'Aboul-Abbas-es-Saffah, appelé au khalifat en l'année de l'hégire 132 (749-50 après J.C.). Les habitants de Mossoul s'étant soulevés en faveur des Ommyades, Yahia, frère du khalife, fut chargé de leur châtiment. Il enveloppa dans un massacre général onze mille hommes avec leurs femmes et leurs enfants. Quatre mille nègres de la côte du Zanguebar, qui faisaient partie de son armée, furent les ministres de cette sanglante exécution.

Cette circonstance est une preuve des rapports intimes qui continuaient d'exister entre l'Arabie et la côte orientale d'Afrique, où nous avons vu que le commerce des esclaves avait lieu de temps immémorial. D'autres faits du même genre nous sont fournis par Nowaïri et par Aboulféda. Le premier nous apprend qu'au IXe siècle de notre ère, les Zendj (indigènes du Zanguebar) composaient une partie considérable de l'armée des khalifes de Bagdad, et que ces anciens esclaves furent même un moment sur le point de renverser le khalifat. Nous lisons, enfin, dans la chronique d'Aboulféda (1), qu'en l'année 256 ou 257 de l'hégire (870 ou 871 après J. C.) la partie méridionale de la Mésopotamie avait été envahie par une bande de guerriers originaires du Zanguebar, et qu'à cette époque Bassora fut prise et saccagée par les Zendj.

Mais, si ces faits nous démontrent les relations de l'Arabie avec la côte orientale de l'Afrique, ils ne nous apprennent pas quelle était la nature des établissements que les musul-

---

(1) Voy. *Chronique d'Aboulféda*, t. II. p. 228 et suiv., et pag. 238.

mans y avaient formés. Massoudi, le premier écrivain mahométan qui ait parlé de cette côte, après l'avoir visitée lui-même, ne nous fournit, à cet égard, aucun renseignement, comme on va le voir par la reproduction de ses principales remarques pour ce qui a trait à l'Afrique orientale (1).

Après avoir rappelé ce que dit Ptolémée des sources et du cours du Nil, Massoudi continue ainsi : « Il (le Nil) s'avance, « coulant à travers cette partie du pays des soudans qui « borde le pays des Zendj, et une branche s'en détache et « va se jeter dans la mer des Zendj, qui est celle de l'île de « Cambalou. Cette île est bien cultivée ; ses habitants sont « musulmans, mais ils parlent la langue des Zendj. Les « mahométans ont conquis cette île et fait ses habitants « prisonniers, tout comme ils ont pris l'île de Crète dans la « Méditerranée. Ce fait arriva au commencement de la dynastie des Abassides ou à la fin de celle des Ommyades.

« De cette île à l'Omân la distance est, selon le dire des « marins, d'environ 500 parasanges par mer. Toutefois, « ce n'est de leur part qu'une simple approximation, non « géométriquement mesurée. Beaucoup des navigateurs de « Syraf et de l'Omân, qui fréquentent cette mer, disent « qu'ils y trouvent, à peu près à l'époque des crues du Nil « en Égypte, des changements dans la couleur de la mer « sur le petit espace où le courant de la rivière continue,

---

(1) Nous devons la traduction de quelques-uns de ces passages, extraits du *Moroudj-ed-Dzeheb*, à l'obligeance de M. Reinaud ; nous avons aussi puisé à la notice de Deguignes sur le même ouvrage, au mémoire de M. Quatremère sur les Zendj, et enfin dans ce qui a été publié de la traduction anglaise de M. A. Sprenger.

« en raison de son impétuosité. La rivière vient des mon-
« tagnes des Zendj, et a 1 mille environ de largeur. L'eau
« est douce et devient boueuse au temps des crues. Il y vit
« des alligators de même que dans le Nil d'Égypte, etc. (1). »

Parlant ensuite de la mer de l'Inde, qu'il dit être identique avec la mer abyssine, et dont il discute l'étendue, Massoudi ajoute : « Elle a un golfe s'étendant vers l'Abys-
« sinie aussi loin que Beurbera, pays situé entre le terri-
« toire des Zendj et celui des Abyssins (2). Ce golfe, appelé
« *Beurberien*, a 500 milles de longueur, et, sur toute son
« étendue, 100 milles de largeur. Les navigateurs de l'O-
« mân vont sur cette mer aussi loin que l'île de Cambalou
« dans la mer des Zendj. Cette île est habitée par des mu-
« sulmans et par des Zendj qui n'ont pas embrassé l'isla-
« misme. » Et plus loin : « Ces navigateurs s'avancent sur
« la mer des Zendj aussi loin que l'île de Cambalou et le
« Sofala (bas pays) du Demdemah, qui est à l'extrémité du
« pays des Zendj et des basses terres aux environs. Les
« marchands de Syraf ont aussi l'habitude de naviguer sur
« cette mer. J'y ai fait un voyage en partant de Sohhar,
« qui est la capitale de l'Omân, avec un équipage de Syra-
« fiens ; ils sont les propriétaires des bateaux....... Et, en
« l'an 304, je revins de l'île Cambalou en Omân dans un

---

(1) *Moroudj-ed-Dzeheb*, traduction de M. Sprenger, t. Ier, pag. 232 et 233.

(2) Le golfe auquel Massoudi fait ici allusion n'est pas seulement le golfe d'Aden, mais aussi la partie de la mer de l'Inde qui baigne les côtes de l'Afrique orientale, au nord de l'équateur ; pour lui, comme pour les autres géographes arabes qui vinrent après lui, le pays de Beurbera était compris entre l'Abyssinie et le Djoub, limite nord du pays des Zendj.

« vaisseau appartenant à Ahmed et Abd-el-Semad, frères
« d'Abd-er-Rahim Jafer, de Syraf, etc., etc. (1). »

Enfin, un autre passage, relatif à l'île de Cambalou, est ainsi conçu : « La quantité des îles de la mer des Zendj est
« innombrable. Au nombre de ces îles il y en a une qui est
« à environ une ou deux journées (*yaum*) de la côte (2).
« On y trouve une population musulmane sur laquelle des
« chefs musulmans se sont transmis héréditairement le
« pouvoir. On les appelle Cambalous (3). »

Les passages que nous venons de reproduire ne contiennent, il est vrai, que de vagues indications sur les voyages exécutés par l'auteur dans les eaux de l'Afrique orientale, mais ils ne sont cependant pas sans intérêt pour nous ; ils jettent, en effet, quelques traits de lumière sur cette mer des Zendj, à peine nommée dans le traité de Cosmas, qui la présentait comme non navigable ; ils nous montrent ensuite la côte orientale d'Afrique, fréquentée bien au delà des limites mentionnées dans le Périple et la géographie de Ptolémée. Ainsi se trouve corroboré, par des faits indéniables, ce que nous avions établi seulement par déduction et analogie, savoir : que les Arabes étaient depuis longtemps

---

(1) *Moroudj-ed-Dzeheb*, traduction de M. Sprenger, t. Ier, p. 260, 261 et suiv.

(2) Quoique l'expression employée par Massoudi puisse désigner aussi bien douze heures que vingt-quatre heures, nous croyons devoir adopter la dernière interprétation : d'abord, parce que, le trajet devant s'effectuer en pleine mer, il n'y avait plus possibilité, pour les bateaux qui l'entreprenaient, de passer la nuit à l'ancre ; ensuite, parce que, d'après un passage de son livre, il semble résulter que, dans la pensée de Massoudi, la navigation se poursuivait pendant la nuit, si ce n'est sur la mer de Colzoum. (Voy. manuscrit n° 74, supp. arabe, fol. 177.)

(3) *Moroudj-ed-Dzeheb*, manuscrit de la bibliothèque nationale, n° 598, fol. 172.

en pleine possession de la navigation de cette mer *des Zendj*, désignation dont le *Zingium* de Cosmas et le *Zingis* de Ptolémée n'étaient évidemment que des dérivés empruntés aux Arabes.

Enfin nous y trouvons aussi, et pour la première fois, l'extrémité, alors connue, de l'Afrique orientale, désignée sous le nom de Sofala, qu'elle a conservé depuis, et auquel les Arabes ajoutèrent d'abord le qualificatif *Ed-Dzeheb*, pour rappeler la plus importante de ses productions, l'or.

Toutefois l'existence, dans la mer des Zendj, d'une île appelée *Cambalou* ou *des Cambalous*, habitée et gouvernée par des musulmans depuis au moins un siècle et demi, est encore, pour notre sujet, la plus intéressante des particularités consignées dans les passages que nous avons cités. En effet, l'époque à laquelle, d'après Massoudi, aurait eu lieu la conquête de cette île par les Arabes (le commencement du règne des Abassides) diffère de peu d'années de celle de la défaite de Zéid, et nous pouvons voir, dans l'établissement mahométan de Cambalou, l'un des premiers résultats de l'émigration et du développement des Émozéides à la côte orientale d'Afrique.

Mais à laquelle des îles connues aujourd'hui peut-on rapporter cette île, dont on ne saurait mettre en doute l'existence, puisque Massoudi lui-même l'a visitée?

Voyons si le voyageur arabe nous fournit les moyens de résoudre la question. Voici les caractères distinctifs attribués par lui à cette île :

1° Sa situation dans une mer où débouche une *branche du Nil*;

2° Sa distance de 500 parasanges de l'Omân;

3° Son éloignement d'une ou deux journées de la terre ferme;

4° La nature de sa population, composée de Zendj et de musulmans, placée sous une domination musulmane et parlant le langage des Zendj.

Examinons maintenant la valeur de chacune de ces indications et le parti que nous pouvons tirer de leur combinaison pour arriver à la solution cherchée :

1° Massoudi, après avoir dit qu'une branche du Nil se détache pour aller déboucher dans la mer des Zendj, ajoute : « Cette mer est celle de l'île Cambalou. »

Voilà, certes, une de ces vagues assertions auxquelles il est difficile de donner un sens précis. Ces paroles signifient-elles que le fleuve a son embouchure dans les eaux de l'île, ou seulement que dans la mer des Zendj, où débouche cette branche du Nil, se trouve une île qu'on appelle l'île *des Cambalous?* Cette dernière interprétation serait la plus naturelle; mais alors la donnée de Massoudi ne précise rien, car la mer des Zendj est grande et contient, comme il le dit lui-même, un nombre considérable d'îles. Si, au contraire, nous devons chercher l'île Cambalou en face de l'embouchure d'un cours d'eau important, il n'est qu'une île située dans cette position, à la distance indiquée par Massoudi : c'est la grande Comore ou Angazidja, qui se trouve, en effet, à une ou deux journées de la terre ferme, à peu près en regard de l'embouchure du fleuve Livouma ou Rouvouma. Mais non-seulement ce fleuve n'est point une branche du Nil, il n'est même pas celui auquel Massoudi fait allusion, et que nous croyons être le Djoub. Au reste, la dénomination de branche du Nil, employée par l'auteur arabe, ne peut être appliquée au Djoub plus qu'à tout autre fleuve du pays des Zendj, et cette dénomination, n'étant sans doute que le résultat d'une erreur commise par Massoudi, ne nous paraît pas devoir être prise au sérieux. En résumé, s'il est possible de tirer quelque conséquence de la donnée que nous venons de discuter, nous nous en tiendrons à voir dans l'île et le fleuve dont elle fait mention la grande Comore et le Livouma.

Continuons notre examen.

2° L'île des Cambalous était distante de l'Omân de 500 parasanges. Mais Massoudi a l'attention de faire observer lui-même que cette distance n'est évaluée, par les navigateurs, que d'une manière approximative, et non par une mesure géométrique. Une indication ainsi formulée nous donne de la marge, mais elle n'est de nature à fixer notre choix sur aucune des îles principales de la mer des Zendj; toutes, en effet, et particulièrement celles qui remplissent la troisième des conditions énumérées plus haut, sont à plus de 500 parasanges : cette donnée ne nous est donc d'aucune utilité.

3° L'île Cambalou est éloignée d'une ou deux journées de la terre ferme.

Disons d'abord qu'un pareil renseignement ne peut s'éloigner de la réalité que d'une manière insignifiante, et qu'il faut l'accepter forcément comme à peu près vrai. Mais alors se trouvent mises hors de cause toutes les îles qui bordent la côte; car toutes sont en vue et à quelques heures de navigation du continent. Certes, si ce n'était l'obligation de tenir compte de la distance indiquée, on pourrait admettre que l'île Cambalou était une des îles connues depuis sous les noms de *Pemba*, *Zendjibar* (Zanzibar) et *Ma-*

fiia (Monfia), qui, d'après la chronique des sultans de Kiloua, que nous reproduirons tout à l'heure, sembleraient avoir pu être occupées par des Arabes musulmans avant l'époque du voyage de Massoudi. L'une d'elles surtout, Mafiia, présente, de plus, cette particularité, qu'elle se trouve en face de l'embouchure de l'Oufidji, qu'on a cru pendant longtemps sortir du grand lac Nyaça, et dont la source paraît, du moins, être voisine de ce lac. Mais Mafiia n'est séparée de la côte que par un canal de 3 lieues 1/2, partagé encore par une petite île intermédiaire.

Quant à Zanzibar et à Pemba, elles sont séparées du rivage opposé par une distance de 6 à 8 lieues, qui n'a jamais pu demander, pour être effectuée, ce trajet d'une à deux journées dont parle Massoudi.

4° Enfin l'île des Cambalous était peuplée de musulmans et de Zendj sous une domination musulmane; ses habitants parlaient le langage des Zendj.

Nous venons de voir pourquoi les îles Pemba, Zanzibar et Mafiia, auxquelles s'appliquerait cette circonstance importante, ne peuvent être prises pour l'île Cambalou. Nous ne saurions admettre non plus que cette île ait pu être celle de Madagascar, quoique cette opinion ait été émise par un savant commentateur (1). Comment, en effet, Massoudi n'aurait-il pas dit un mot du fait si frappant de l'immensité de cette île, alors même qu'il n'en eût possédé qu'une idée très-incomplète? Comment, d'ailleurs, le fait de la conquête par les musulmans pourrait-il raisonnablement être appliqué à Madagascar? D'abord, à cette époque, l'importance du

(1) Voyez *Introduction à la géographie d'Aboulféda*, par M. Reinaud, page 306.

mouvement d'émigration arabe n'était nullement en rapport avec les difficultés qu'aurait présentées la conquête d'une île aussi vaste. Et puis le langage des habitants de Madagascar n'a-t-il pas des caractères qui lui sont propres et le font différer essentiellement du langage des populations africaines de l'autre rive du canal ? Madagascar est, d'ailleurs, à trois journées au moins de cette rive, pour un bateau de la nature de ceux qui servaient aux navigateurs de cette époque. Enfin, au temps de Massoudi, plus encore sans doute qu'aujourd'hui, les Arabes ne passaient pas du continent à l'île sans prendre connaissance des Comores. Comment donc Massoudi eût-il alors gardé un silence complet sur ces dernières îles ?

Disons maintenant notre opinion personnelle sur le sujet dont il s'agit, avec cette réserve, bien entendu, que nous ne prétendons, en aucune façon, la justifier d'une manière positive.

Nous pensons qu'il existe de fortes présomptions pour que l'île des Cambalous soit l'une des Comores, et principalement la plus occidentale de ces îles, celle que nous avons déjà nommée *Comore* ou *Angazidja*. Comme nous l'avons dit, elle est située presque en regard de l'embouchure d'un grand cours d'eau, le Livouma, et elle n'est aussi qu'à une ou deux journées de la terre ferme. L'étendue assez restreinte de cette île et la nature de ses productions ne nous semblent pas une objection à ce qu'elle pût être alors fréquentée par les navigateurs de l'Omân et de Syraf. Le sol d'Angazidja, de même que celui de ses voisines, est très-fertile : les eaux de toutes les Comores abondent en tortues à écailles ; la mer jette de l'ambre sur leurs côtes ; leurs forêts de cocotiers permettaient sans doute alors, comme aujourd'hui, d'y faire une grande quantité de cordages pour la marine, en même temps que d'autres essences non moins abondantes pouvaient y fournir des bois de mâture et de construction. La grande Comore n'a, il est vrai, ni mines d'or ni éléphants ; mais ses habitants musulmans, poussés au commerce maritime par leurs traditions comme par leur position insulaire, allaient sans doute chercher l'or et l'ivoire à la côte d'Afrique, pour les revendre aux marchands qui abordaient chez eux. Bref, la grande Comore, habitée par une population musulmane ayant des besoins à satisfaire et des objets d'échange à offrir, pouvait bien, au temps de Massoudi, attirer les bateaux marchands de l'Omân et de Syraf, ceux-ci y trouvant, de leur côté, un débouché pour leurs étoffes, leurs armes et autres objets fabriqués.

Cependant, une raison nous empêche de nous prononcer d'une manière absolue en faveur de l'opinion qui verrait l'île de Cambalou dans la grande Comore : c'est l'existence, sur cette île, d'un volcan dont le voyageur n'a rien dit et dont il ne pouvait, ce nous semble, manquer de faire mention. Cette objection, nous l'avouons, est extrêmement grave, et nous ne pouvons, en terminant, que nous ranger à l'avis de M. Reinaud, c'est-à-dire qu'avec les seules données de Massoudi, les auteurs arabes qui lui sont postérieurs ne nous ayant fourni aucun renseignement nouveau (1), il est difficile de rien affirmer en réponse à la question que nous nous étions posée.

(1) Edrisi et Ibn-Sayd font mention d'une île que l'un appelle *Qambalou*, et l'autre *Cambala*, mais entre laquelle et l'île Cambalou, de Massoudi, on ne peut établir aucun rapport d'identité.

Voici maintenant ce que Massoudi nous apprend du pays des Zendj :

« Nous avons déjà parlé des Zendj et des différentes po-
« pulations abyssines qui sont établies à la droite du Nil et
« qui s'étendent jusqu'à la partie inférieure de la mer abys-
« sine. Les Zendj, à la différence des Abyssins, traversèrent
« le canal qui part de la partie supérieure du Nil et va se
« jeter dans la mer des Zendj. Ils habitent cette contrée, et
« leurs habitations s'étendent jusqu'à Sofala, qui est la par-
« tie la plus reculée du pays des Zendj. C'est là que se ren-
« dent les navigateurs de l'Omân et de Syraf; Sofala est le
« terme de leur voyage.

« Sa situation est dans la partie la plus basse de la mer
« des Zendj : de même que la partie la plus reculée de la
« mer de Sin touche aux îles de Syla, de même la partie la
« plus reculée de la mer des Zendj touche au pays de So-
« fala et de Ouac-Ouac (1). C'est une terre abondante en
« or, riche en merveilles et très-fertile. Les Zendj l'ont
« choisie pour le siége de leur empire et ont mis à leur
« tête un roi, qu'ils appellent *Ouklimen* : c'est le nom que
« le roi des Zendj a porté dans tous les temps. Eklimn, qui
« est le chef de tous les rois zendj, marche à la tête de
« trois cent mille cavaliers; leurs montures sont les va-
« ches; il n'y a pas de chevaux ni de mulets, et ils ne
« connaissent pas ces animaux ; ils ne connaissent pas non
« plus la neige ni la grêle. Parmi eux, il y a des races qui

(1) La simple mention que fait Massoudi de ce territoire ne nous donne pas lieu de nous en occuper ici ; nous aurons occasion d'y revenir quand nous examinerons les opinions émises, au sujet du pays de Ouac-Ouac, par les géographes qui vinrent après lui.

« ont les dents aiguisées et qui se mangent les unes les au-
« tres. Les habitations des Zendj commencent à la rive du
« fleuve qui sort du haut du Nil, et s'étendent jusqu'au
« pays de Sofala et de Ouac-Ouac, et l'étendue du pays
« qu'ils habitent est, pour sa longueur et sa largeur, d'en-
« viron 700 parasanges, consistant en terres, en vallées, en
« montagnes et en sables (1). . . . .
. . . .

« Le titre du roi des Zendj, c'est Oklimen (2), ce qui
« veut dire le fils du grand maître, c'est-à-dire le dieu du
« ciel et de la terre; ils appellent le créateur Tamkaland-
« jalou (3). . . . .
« Les éléphants sont extrêmement communs dans le pays
« des Zendj; mais tous sont sauvages, et l'on n'en voit au-
« cun privé. Les Zendj ne s'en servent point à la guerre,

---

(1) Manuscrit 598, fol. 167.

(2) Ce mot a été lu de diverses manières, selon le manuscrit dont on faisait usage. M. Quatremère écrit Wakliman; M. Sprenger, Afliman; Deguignes, dans sa notice sur le traité de Massoudi, pour laquelle il a consulté trois manuscrits différents (n° 598, in-4 de 274 folios; — n° 599, in-4 de 391 folios; — n° 599 A, in-fol. de 984 folios), a traduit par *Phalimi* ou *Aphlimi*. Nous ne sommes pas compétent pour dire laquelle de ces diverses leçons doit être adoptée; mais nous croyons intéressant de signaler l'analogie qui existe entre les mots employés par Deguignes pour rendre les expressions du texte arabe et le mot *M'falmé* ou *Moufalmé*, qui est le nom par lequel les indigènes désignent les sultans de Kiloua, et qui correspond pour eux au titre de roi ou de sultan. Les deux mots *Ouaklimen* et *Eklimen* ou les variantes qu'en présentent les divers manuscrits du Moroudj-ed-Dzheb pourraient bien n'être autres que ceux de *Ouafalmé* et *Moufalmé* ou *M'falmé* : le premier, pluriel du mot désignant les chefs ou rois zendj, et le second, forme du singulier, s'appliquant à l'un d'eux au plus puissant d'entre eux.

(3) Manuscrit 598, fol. 171. La première syllabe du mot est douteuse, et pourrait également être lue *ma* ou *nam* au lieu de *tam*.

« ni pour d'autres usages, et cherchent seulement à les
« tuer..... C'est de ce pays que viennent ces grandes dents
« d'éléphants, dont chacune pèse 150 *mann* et même da-
« vantage : elles sont, pour la plupart, apportées en Omân,
« et de là envoyées dans l'Inde et dans la Chine..... Les
« Zendj ne font aucun usage de cette substance (l'ivoire);
« ils emploient, pour leur parure, le fer au lieu de l'or et
« de l'argent. Les bœufs, qui, comme nous l'avons dit plus
« haut, leur servent de bêtes de somme, sont aussi leurs
« montures dans les combats : ces animaux portent une
« selle et une bride, et courent avec autant de vitesse que
« les chevaux.....

« Suivant les Zendj, leur roi a été choisi de Dieu pour
« les gouverner et les traiter avec équité. Dès qu'un de ces
« princes s'écarte des règles de la justice et commet quel-
« que acte de tyrannie, ils le mettent à mort et privent ses
« descendants de la succession au trône; car ils préten-
« dent que le roi, lorsqu'il se conduit ainsi, cesse d'être
« le fils du seigneur du ciel et de la terre. Les Zendj sont
« fort éloquents et ont des orateurs qui haranguent le peu-
« ple dans leur langue (1). »

Il semblera peut-être étonnant qu'au milieu de tous
ces détails, dont le vague et l'exagération n'ont pas besoin
d'être relevés, Massoudi n'ait pas dit un mot des points du
littoral où trafiquaient ses compatriotes. Il est peu probable, en effet, qu'il ait exécuté son voyage uniquement pour
visiter l'île de Cambalou, et que le bateau qu'il montait

---

(1) Ces derniers extraits du *Moroudj-ed-Dzeheb* sont empruntés aux *Mémoires géographiques sur l'Égypte et sur quelques autres contrées voisines*, etc., par M. Quatremère.

n'ait pas relâché en quelqu'un de ces points. Il se peut, cependant, que le voyage n'ayant pas pour but l'étude des lieux, l'auteur ait jugé inutile de décrire, pour des Arabes, des établissements fondés par des Arabes ou connus par eux de temps immémorial, et qu'il se soit contenté de noter ce qu'il entendait raconter sur les naturels du pays qui habitaient l'intérieur. Son silence en ce qui concerne la côte est d'autant plus regrettable que l'époque à laquelle il fit ce voyage à Cambalou dut être à peu près celle à laquelle furent fondées plusieurs des villes qui devinrent bientôt les points les plus importants de ce littoral. Nous voulons parler de Moguedchou, Braoua, Patta, Mélinde, Mombase et Kiloua.

Les seuls renseignements que nous possédions sur l'époque de la fondation de plusieurs de ces villes et sur les événements qui y donnèrent lieu, sont contenus dans la chronique dont nous avons précédemment fait mention (1). Cette chronique nous a été transmise par Joan de Barros; nous allons reproduire ici, en les traduisant, les principaux passages de la version portugaise, et voir quelles inductions il est possible d'en tirer.

« Un grand nombre d'Arabes, d'une tribu voisine de la ville d'El-Ilhaça située dans le golfe Persique, aux environs de Bahharin', s'embarquèrent sur trois navires et émigrèrent sous la conduite de sept frères qui fuyaient les persécutions du sultan de cette ville. Ils abordèrent à la côte d'Ajan. La première cité qu'ils y fondèrent fut celle de Magadaxo (Moguedchou), et ensuite celle de Braoua, qui était encore, à l'arrivée des Portugais, régie à la manière d'une

(1) Ci-devant, pages 160 et 169.

république, par douze (1) chefs issus des sept frères qui en avaient été les fondateurs. Moguedchou devint un État puissant, et imposa sa souveraineté à tous les Arabes de la côte. Les premiers venus dans le pays, les Émozéides, qui se trouvaient d'une opinion religieuse différente, ne voulurent pas se soumettre aux Arabes de la cité nouvelle. Hors d'état de résister par la force, ils se retirèrent dans l'intérieur, se mêlèrent aux Cafres, dont ils adoptèrent les coutumes, et parmi lesquels ils contractèrent des mariages. Ils formèrent ainsi une population métisse, intermédiaire entre les nègres et les Arabes, tant par le sang et les idées religieuses que par la zone de terrain qu'ils occupèrent, et qui touchait, à l'est, aux établissements des mahométans, à l'ouest au territoire des naturels de la contrée. Ce sont eux que les Arabes du littoral désignent sous le nom de *Bedouï* (Bédouins).

« Ce furent les gens de Magadaxo qui atteignirent les premiers, avec leurs navires, le pays de Sofala, et qui les premiers exploitèrent commercialement les mines d'or de cette région. Un hasard de mer leur fit découvrir cette côte : un de leurs navires y fut entraîné par la tempête et la force des courants (2). »

Nous n'avons trouvé nulle part la date précise de la fondation de Moguedchou et de Braoua. D'Herbelot dit seulement, d'après le géographe persan (3), que la première fut fondée

---

(1) C'est peut-être par erreur que Barros mentionne douze chefs. De nos jours encore, les tribus de Braoua sont au nombre de sept, dont on fait remonter l'origine aux sept frères dont parle l'historien.

(2) Voyez *Première décade de l'Asie*, par Joan de Barros, liv. VIII, ch. IV.

(3) Le nom de l'auteur, souvent désigné ainsi dans d'Herbelot, est *Abd-el-Moat*.

sous les khalifes d'Égypte. Or, cette dynastie commença de régner en l'an 296 de l'hégire. Une autre indication un peu plus précise, tout indirecte qu'elle est, se rencontre dans Barros, à propos de la fondation de Kiloua; mais, comme la valeur en est toute relative à l'époque de ce dernier événement, nous devons d'abord procéder à la détermination de cette époque.

Selon la chronique de Kiloua, *un peu plus de soixante-dix ans* après la fondation de Moguedchou et de Braoua, à peu près vers l'an 400 de l'hégire, régnait à Schiraz, ville du golfe Persique, un roi maure nommé Sultan-Ilhacen, qui laissa après lui sept fils. L'un de ceux-ci, nommé Ali, était peu considéré par ses frères, parce qu'il était fils d'une esclave abyssinienne, tandis que leur mère, à eux, était d'une noble famille et issue des princes de Perse. Mais Ali suppléait à la bassesse de sa naissance par la supériorité de sa sagesse et de son mérite personnel. Pour se soustraire au mépris et aux mauvais traitements de ses frères, il résolut d'aller chercher dans une nouvelle patrie une destinée meilleure que celle qui lui était échue parmi les siens. Emmenant sa femme, ses fils, toute sa famille et quelques autres individus qui voulurent s'associer à son entreprise, il s'embarqua, dans l'île d'Hormouz, sur deux navires, et se dirigea sur la côte du Zanguebar, dont la renommée vantait les riches mines d'or. Il aborda successivement à Moguedchou et à Braoua; mais il y trouva des Arabes mahométans, avec lesquels, lui qui était de la secte religieuse dominant en Perse, se trouvait en dissidence. Et, comme sa ferme intention était de former un État particulier dont il fût le maître souverain, il descendit le long de la côte et atterrit à Kiloua. Voyant que la disposition naturelle de ce territoire, entouré d'eau, le mettrait à l'abri des hostilités de ses voisins, il l'acheta, au prix d'une certaine quantité d'étoffes, de ceux qui y résidaient, à la condition qu'ils se retireraient sur la terre ferme. Dès qu'ils furent partis, il se mit à élever des fortifications, afin de pouvoir se défendre non-seulement contre les attaques des Cafres, mais aussi contre celles de quelques populations maures qui l'avoisinaient, notamment celles des îles Songo et Changa, dont la domination s'étendait jusqu'à Monpana (1), distant de Kiloua d'environ 20 lieues.

« Comme Ali était un homme de beaucoup de talent et de sagesse, il eut bientôt créé une ville remarquablement grande et forte, à laquelle il donna le nom qu'elle porte aujourd'hui. Quand il s'y vit solidement établi, il commença à étendre sa domination sur les populations les plus proches. C'est ainsi qu'il envoya un de ses fils, fort jeune, établir son autorité sur l'île Monfia et sur d'autres îles de ces parages. Ce courageux fondateur prit bientôt le titre de sultan, que gardèrent ses successeurs (2). »

Nous reproduisons dans la note ci-dessous (3) la suite de

---

(1) Ce nom nous est inconnu. Peut-être aurait-il fallu lire dans la chronique arabe Monfia. La distance donnée par Barros ne serait pas une objection contre cette hypothèse, car toutes les distances indiquées par lui entre les différents points de cette côte sont plus ou moins erronées. Peut-être encore le point indiqué comme limite est-il la pointe connue aujourd'hui sous le nom de *Pouna*, à l'ouvert sud du canal de Zanzibar, et située à 37 lieues de Kiloua.

(2) *Première décade de l'Asie*, liv. VIII, chap. v.

(3) « A la mort d'*Ali-ben-Ilhacen*, son fils *Ali-Bumale* (*) hérita de « son père et régna *quarante ans*. Comme il n'avait pas d'enfant, le

(*) Peut-être Ali-bou-Ali.

cette chronique, qui n'est, à peu de chose près, qu'une aride nomenclature des sultans successeurs d'Ali ; mais, quelque rapide qu'elle soit, elle suffit pour donner une assez haute

« gouvernement de Kiloua passa à *Ali-Bou-Soloquele*, fils de son frère,
« le jeune prince que nous avons dit établi à Monfia. Le règne de ce roi
« ne fut que de *quatre ans* et *six mois*. Il eut pour successeur son fils
« *Daoud*, qui fut chassé de Kiloua, après *quatre ans* de règne, par *Ma-*
« *tata-Mandelima*, roi de Changa, son ennemi. *Daoud* se retira à Mon-
« fia, où il mourut. Matata laissa à Kiloua un sien cousin du nom d'*Ali-*
« *bou-Bekre*, qu'après deux ans les Parsis chassèrent et remplacèrent
« par *Hhoucein-Seliman*, cousin de Daoud, décédé. Seliman régna *seize*
« *ans*. Il eut pour successeur *Ali-ben-Daoud*, son cousin, qui régna
« *soixante ans*, et laissa le trône à un de ses petits-fils, nommé, comme
« lui, *Ali*. Celui-ci était un méchant homme ; le peuple se souleva con-
« tre lui après *six ans* de règne, et le précipita vivant dans un puits.
« Après quoi, il prit pour souverain, à sa place, son frère *Hhacen-ben-*
« *Daoud*, qui régna *vingt-quatre ans*. A ce dernier succéda *Seliman*,
« qui était de race royale. Mais, comme c'était un très-mauvais roi, après
« *deux ans* de règne seulement, les habitants se soulevèrent, lui tran-
« chèrent la tête, et élevèrent au pouvoir son fils Daoud, deuxième du
« nom, qu'ils firent venir de Sofala (*), où il était gouverneur et où il
« avait acquis de grandes richesses. *Daoud* régna *quarante ans* et laissa
« le trône à son fils *Seliman-Hhacen*. Ce nouveau roi eut un règne re-

(*) Voici, d'après la même chronique, par suite de quels événements ce Daoud, deuxième du nom, se trouvait gouverneur à Sofala : Un homme de Kiloua étant à pêcher dans une petite barque à l'entrée du port, un gros poisson se prit à sa ligne, et la manière dont il se débattait indiquant au pêcheur que la capture était bonne, celui-ci, pour ne pas la perdre et éviter la rupture de sa ligne, démarra la barque et se laissa aller au large. Mais, entraîné par les courants, qui sont très-forts dans ces parages, le pêcheur, quand il songea à regagner le port, s'en trouvait déjà trop éloigné pour l'atteindre, et il ne parvint à reprendre terre qu'au port de Sofala. Il y trouva un bateau de Mogucdchou qui venait y faire la traite de l'or, et sur lequel il retourna à Kiloua, où il raconta ce qu'il avait vu du riche trafic fait, à Sofala, par les Mores de Mogued chou. L'une des conditions imposées à ces derniers pour jouir de cet avantage était de transporter, chaque année, à Sofala quelques jeunes gens de leur caste, considérée, par les Cafres, comme étant d'une race supérieure qu'ils voulaient propager parmi eux. Aussitôt que le sultan de Kiloua eut connaissance de ce traité entre les gens de Mogucdchou et ceux de Sofala, il envoya un navire en ce dernier port pour obtenir les mêmes avantages. Il fit offrir aux Sofaliens de leur donner autant de pièces de drap que les gens de Mogucdchou y transportaient d'individus, outre que, pour satisfaire au désir qu'ils avaient d'améliorer leur race, il enverrait s'établir parmi eux quelques habitants de Kiloua disposés à s'allier aux filles ; il s'engageait aussi à y entretenir un dépôt de marchandises. Ces propositions furent acceptées par les indigènes de Sofala, et ce fut ainsi que les marchands de Kiloua entrèrent en jouissance du commerce de l'or. Puis, avec le temps et le développement de leurs relations avec les Cafres, ils y fondèrent un établissement dépendant de Kiloua, dont le sultan nomma les gouverneurs parmi les membres de sa famille, et finit par accaparer le monopole de ce trafic, ainsi que fit ce Daoud dont il est parlé ci-dessus.

idée de l'importance du royaume de Kiloua. Elle nous permet de constater qu'il s'étendait, au nord, jusqu'au delà de l'île Pemba, et, au sud, jusqu'à Sofala, dont la découverte

« marquable; il se fit seigneur de la rançon de Sofala, des îles de Pemba,
« de Monfia et de Zanzibar, et d'une grande partie de la côte de la terre
« ferme. Il ne se contenta pas d'être conquérant; il embellit la ville et
« y fit construire une forteresse en pierre et chaux, avec murailles, tours
« et châteaux; car, jusqu'à son règne, Kiloua était presque tout entière
« construite en bois : tout cela se fit dans l'espace de *dix-huit ans* que
« dura son règne. Il eut pour successeur son fils *Daoud*, qui régna *deux*
« *ans*; puis *Talut* (*), frère de ce dernier, qui ne régna qu'*un an*; enfin un troisième fils, nommé *Hhoceïn*, qui régna *vingt-cinq ans*.
« Comme celui-ci n'avait pas de fils, le trône passa à un quatrième fils
« de Seliman, nommé *Ali-Boui* (**), qui vécut *dix ans*. Ce fut le plus
« heureux de cette nombreuse lignée; il put achever toutes ses entreprises. A ces quatre frères succéda *Bou-Seliman*, leur cousin, qui
« régna *quarante ans*. Après lui régna, pendant *quatorze ans*, *Ali-*
« *Daoud*, auquel succéda son petit-fils *Hhacen*, qui régna *dix-huit*
« *ans* et fut un excellent prince. A sa mort, la royauté échut à son fils
« *Seliman*, qui, après *quatorze ans* de règne, fut tué par trahison. Après
« lui régnèrent son fils *Daoud* pendant *deux ans*, puis *Hhacen*, frère
« de Daoud, pendant *vingt-quatre ans*. Hhacen mort sans enfants, le
« pouvoir retourna aux mains de *Daoud*, son prédécesseur, qui avait
« régné deux ans par suite de l'absence de son frère, parti pour la Mecque, et auquel il avait rendu, à son retour, le trône, qui lui appartenait. Cette fois, *Daoud* régna *vingt-quatre ans*. Il eut pour successeur
« son fils *Seliman*, qui ne régna que *vingt jours*, et fut dépossédé par
« son oncle Hhacen. Hhacen régna *six ans et six mois*; n'ayant pas d'enfants, il eut pour successeur Taluf, son neveu, frère de Solyman, qu'il
« avait détrôné. *Taluf* régna *un an*, et fut remplacé par un autre de
« ses frères, nommé aussi *Seliman*, qui garda le trône *deux ans et*
« *quatre mois*. Après ce laps de temps, il fut renversé par un autre *Se-*
« *liman*, son oncle, qui régna *vingt-quatre ans quatre mois et vingt*
« *jours*. Après lui régna *vingt-quatre ans* son fils *Hhacen*, auquel succédèrent son frère *M'hhammed-Ladil* pendant *neuf ans*, et le fils de
« ce dernier, *Seliman*, pendant *vingt-deux ans*. Seliman mourut sans
« enfants. Son oncle *Ismaël-Ben-Hhacen* régna *quatorze ans*. A sa mort,
« le *gouverneur* se fit déclarer roi, mais ne régna qu'*un an*, et fut rem-

(*) Peut-être Thaleb.
(**) Peut-être Albouni.

par les Arabes de Kiloua avait été le résultat d'un hasard (1), comme cela était arrivé antérieurement pour les gens de Moguedchou, qu'ils parvinrent à y supplanter. De plus, en

« placé par celui qui avait rempli sous lui la place qu'il occupait avant
« son usurpation. Ce *dernier* ne régna non plus qu'*un an*. Le peuple
« choisit alors pour nouveau roi *Mahhmoud*, homme pauvre, mais de
« sang royal. Sa pauvreté lui fut un obstacle, et le força, au bout d'*un*
« *an*, de renoncer au trône. On choisit pour roi, après lui, *Hhacen*, fils
« de l'ancien roi Ismaël, qui régna *dix ans* et eut pour successeur *Saïd*,
« qui régna *dix autres années*. Après celui-ci une nouvelle usurpation
« eut lieu ; le *gouverneur* se fit déclarer roi et régna *un an*. Il avait pris
« pour gouverneur son frère, nommé Mahhmoud, qui avait trois fils ;
« mais, craignant ses neveux, il les avait envoyés, loin de Kiloua, gou-
« verner les terres de sa domination. Sofala échut, dans cette circon-
« stance, à un nommé Youceuf, qui gouvernait cette contrée à l'époque
« où Pero da Nhaya alla y construire une forteresse par l'ordre du roi
« Emmanuel de Portugal, comme nous le verrons plus loin. A la place
« du gouverneur usurpateur, les gens de Kiloua élèvent *Abdallah*, fils
« du roi défunt Saïd ; il régna *un an et six mois*, et après lui son frère
« *Ali* régna également *un an et six mois*. A la mort de celui-ci, le gou-
« verneur de Kiloua choisit pour roi un certain *Hhacen*, fils du gouver-
« neur précédent, qui avait usurpé le trône après Saïd. Mais le peuple
« n'y voulut point consentir, et fit choix d'un individu du sang royal
« nommé *Chumbo*, qui ne régna qu'*un an*. Le peuple rappela alors au
« trône ce *Hhacen*, qu'il n'avait pas voulu accepter d'abord, et qui ré-
« gna *cinq ans*. Son successeur fut *Ibrahim*, fils de l'ancien sultan Mahh-
« moud. Celui-ci régna *deux ans* et fut remplacé par son neveu *Alfu-
« daïl* (*), qui resta *fort peu de temps* sur le trône.

« Alfudaïl ne laissait qu'un fils, qu'il avait eu d'une esclave. Le gou-
« verneur retint alors le pouvoir, mais sans se faire déclarer roi. Il exis-
« tait encore un fils du roi Seliman décédé, cousin germain d'Alfudaïl :
« aussi, quoique Ibrahim fût maître absolu de Kiloua, le peuple ne lui
« donnait jamais que le titre d'émir. Néanmoins il fut maintenu dans
« son usurpation par les événements qui surgirent alors et amenèrent
« dans ces parages Pedro Alvarez Capral, Joan de Nova, et enfin Vasco
« de Gama, qui l'obligea à se reconnaître tributaire du roi de Portugal
« lors de son second voyage dans ces mers, qu'il avait si glorieusement
« conquises à son pays. »

(1) Voyez la note (*), page 179.

(*) Sans doute El-Fodeul.

supputant le nombre d'années qui y sont indiquées comme durée des divers règnes, on arrive à ce résultat, qu'en l'an 906 de l'hégire, les successeurs d'Ali avaient régné pendant une série non interrompue de cinq cent trente et un ans, y compris deux ans pour le gouvernement de l'émir Ibrahim, qui, à la date où s'arrête notre supputation, régnait depuis peu de temps. La chronique ne donne aucune indication quant au temps qu'avait duré le règne du fondateur de la dynastie ou l'époque de son arrivée à Kiloua : on ne peut guère admettre, toutefois, d'après les actes accomplis sous ce premier règne, qu'il ait eu une durée moindre que dix ans. Ces dix ans, réunis aux cinq cent trente et une années précitées, font un total de cinq cent quarante et une années lunaires écoulées entre l'arrivée de Capral (1) devant Kiloua et la fondation de cette cité par Ali-ben-Ilhacen. Nous serions ainsi conduit à reporter l'époque de la fondation de Kiloua à l'année 365 de l'hégire. Mais il y aurait alors contradiction entre cette partie de la tradition qui fixe la durée des règnes des sultans de Kiloua et celle qui indique l'année 400 comme étant à peu près l'époque à laquelle vivait Ilhacen, de Schiraz, père d'Ali, fondateur de cet État puissant, à moins que l'à peu près de Barros n'ait la prétention de se jouer librement dans cette énorme marge qui s'étend de 365 à 400 ans, et plus. Quoi qu'il en soit, si, pour arriver à fixer la date de la fondation de Moguedchou, qui, selon la chronique, précéda celle de Kiloua d'un peu plus de soixante-dix ans, nous retranchons ce nombre de trois cent soixante-cinq, nous trouvons pour résultat deux cent

---

(1) On sait que Capral arriva à Kiloua en juillet 1500 (906 de l'hégire).

quatre-vingt-quinze, qui serait la date de la fondation de Moguedchou. Or, c'est seulement en l'an 296 que commença, en Égypte, la dynastie des khalifes fatimites, sous laquelle, d'après le géographe persan, aurait eu lieu cette fondation, et, si son assertion était exacte, la date que nous venons de trouver serait, sans contredit, trop reculée de quelques années au moins.

D'un autre côté, si, négligeant les détails de la chronologie des rois de Kiloua, dans laquelle on pourrait, sans trop de sévérité, soupçonner quelques inexactitudes, nous acceptons pour date approximative de la fondation de cette ville l'année 400, indiquée comme étant celle où vivait le sultan de Schiraz, père du fondateur, ce nombre, diminué de soixante-dix, nous donnera pour date de la fondation de Moguedchou l'an 330 de l'hégire, ce qui s'accorderait plus vraisemblablement avec la donnée générale du géographe persan.

Toutefois, on ne peut s'empêcher de remarquer tout ce qu'il y a de vague dans cette donnée, comparativement aux détails précis de la chronique de Kiloua, qui nous semble, par cela même, commander plus de confiance : il est facile d'admettre, d'ailleurs, que la première indique moins l'époque précise à laquelle Moguedchou fut fondée que le temps où cette île eut acquis assez d'importance pour être connue et fréquentée par les navigateurs et par les commerçants de la mer Rouge et du golfe Persique. Si Massoudi était entré dans quelques détails sur certaines localités de cette côte, on pourrait conclure de son silence à l'égard de Moguedchou que cette ville n'existait pas lors du voyage de l'auteur à l'île Cambalou ; mais, nous l'avons déjà fait observer, ce silence est absolu en ce qui concerne les détails de la côte.

A défaut de documents contradictoires de ceux que nous avons produits, nous croyons donc devoir nous arrêter aux dates approximatives suivantes :

Pour la fondation de Moguedchou, l'an 295 de l'hégire; pour la fondation de Kiloua, l'an 365.

L'établissement politique des Arabes musulmans à Sofala, auquel un passage de la chronique fait allusion, pourrait ainsi être reporté entre les années 510 et 520 de l'hégire.

Nous nous sommes livré à cette longue dissertation, parce qu'il nous a paru nécessaire de fixer, au moins approximativement, l'époque où surgit, à la côte d'Afrique, le premier établissement politique des Arabes mahométans; nous soumettrons le moins que nous pourrons la patience du lecteur à de pareilles épreuves. Les géographes arabes ne nous en donneraient que de trop fréquentes occasions, si nous nous obstinions à résoudre toutes les questions soulevées par leurs récits. On vient de voir combien de difficultés présente la fixation d'une simple date; on verra tout à l'heure que, pour la détermination des lieux, des faits et des coutumes, nous ne devons pas attendre d'eux plus de clarté, de précision ni d'exactitude.

Après tout, si nous trouvons aussi peu de renseignements exacts dans les écrivains arabes, sur la côte orientale d'Afrique, cela tient en partie au fait, déjà relevé par nous, qu'il n'existait pas entre elle et l'Arabie un véritable lien de colonie à métropole; toute cette terre des Zendj et ses dépendances étaient, politiquement parlant, pour l'Arabie, un pays étranger où allaient trafiquer un certain nombre de ses marchands, et où quelques-uns se fixaient selon leur bon plaisir, sans impulsion, comme sans protection de la mère patrie. Les commerçants sont, de leur nature, peu géographes, encore moins ethnologues, et ce n'était pas à la côte orientale d'Afrique qu'allaient alors les hommes distingués dans l'art et la science. Le grand courant intellectuel portait vers l'Europe. Il a fallu une série de siècles et de relations de commerce incessantes, pour que les lettrés de l'Arabie, qui, la plupart, écrivaient loin de ses frontières, soient parvenus à acquérir quelques connaissances sur l'orient de l'Afrique, connaissances le plus souvent amoindries ou adultérées par les nombreux intermédiaires qui les avaient transmises jusqu'à eux.

Les Grecs, dans leur courte apparition sur cette côte, nous en avaient appris davantage, et nous allons voir les Arabes, au lieu de redresser, comme ils le pouvaient, les erreurs des géographes d'Alexandrie, les amplifier encore et nous donner, pêle-mêle avec quelques vérités, toutes les fables, toutes les exagérations que peut enfanter une imagination orientale.

Au surplus, à l'époque dont nous nous occupons, les connaissances géographiques étaient fort incomplètes, sinon entièrement erronées; on manquait généralement de moyens pour mettre la vérité à la place des contes absurdes auxquels la crédulité et l'absence de tout esprit d'observation pouvaient seules donner crédit. On écrivait sur de simples bruits, accueillis sans contrôle, ou sur de vagues renseignements fournis soit par des marchands, que la crainte de perdre leurs monopoles rendait peu communicatifs, soit par des marins ignorants et conteurs, n'ayant garde de renoncer au droit proverbial qu'a tout homme venu de loin. Ceux qui voyageaient dans l'intérêt pur de la science étaient alors de rares exceptions. Il fallait être mû par l'âpre soif du gain pour braver l'effroi qu'inspiraient les dangers de ces mers lointaines. Les récits des navigateurs et les écrits des savants s'accordaient pour dégoûter d'avance tout homme qui eût pu songer à entreprendre un voyage d'exploration. On a vu, précédemment, dans un passage de Cosmas que nous avons cité (1), l'idée qu'on se faisait, au VIe siècle, de l'impossibilité de s'avancer dans l'Océan, qui baigne la côte orientale d'Afrique. Voici ce que, quatre cents ans plus tard, Massoudi écrivait sur la navigation de la mer de Beurbera et de celle des Zendj :

« Les marins de l'Omàn croient que le golfe Beurberien, appelé par eux mer de Beurbera et du pays de Jafouni (sans doute Hhafoun), est beaucoup plus grand que nous ne l'avons dit. Les vagues de cette mer sont grandes comme de hautes montagnes ; ce sont des vagues *aveugles*, terme par lequel les marins désignent des vagues s'élevant comme des montagnes et laissant entre elles des abîmes aussi profonds que les plus profondes vallées ; mais elles ne déferlent pas et ne produisent pas d'écume comme les vagues des autres mers : les marins croient que ces vagues sont enchantées.

« Les navigateurs de l'Omàn qui fréquentent cette mer sont des Arabes de la tribu d'Azd, et, lorsqu'en la traversant (*) ils voient leur navire parfois élevé au sommet de ses vagues, puis s'abîmant de nouveau entre elles, ils récitent,

---

(1) Voyez ci-devant, page 148 et suivantes.
(*) Dans son *Introduction à la géographie d'Aboulféda*, pages 206 et 308, M. Reinaud émet, au sujet de ce passage, la pensée que les ba-

dans leur trouble, des vers tels que ceux-ci : « O Beurbera
« et Jafonni et les vagues enchantées! — Jafonni et Beur-
« bera et leurs vagues sont comme tu les vois. »

. . . .

Parlant ensuite de la mer des Zendj, pratiquée aussi par les marins de l'Omân et par ceux de Syraf, Massoudi mentionne deux naufrages faits, à sa connaissance, par des bateaux syrafiens, qui se perdirent corps et biens dans le trajet.

Mais ce n'était pas tout. Après avoir traversé cette mer de Beurbera, le navigateur engagé dans la mer des Zendj avait encore en perspective ces montagnes d'aimant qui disloquaient les navires, en attirant à elles leurs clous et leurs ferrures ; puis, au delà, les ténèbres de la mer environnante, où l'on disparaissait pour toujours. Aussi ne sait-on, en vérité, ce qu'il faut le plus admirer, ou du courage de ceux qui s'exposaient à de pareils périls en vue d'un misérable trafic, ou de la simplicité de ceux qui étaient depuis si longtemps témoins de semblables témérités, sans chercher à savoir si les dangers affrontés étaient ou non réels.

Qu'on ne s'étonne donc pas de tout ce qu'on rencontrera

---

teaux se rendant du golfe Persique à l'île Cambalou, ne passaient pas directement de la côte sud-est d'Arabie à la côte nord-est d'Afrique, mais qu'ils contournaient le golfe d'Aden en suivant ses rives. Outre que le mot *traverser*, dont le savant traducteur s'est lui-même servi, semblerait impliquer le contraire, nous avons une raison décisive pour ne point adopter son opinion : c'est que, les voyages de l'Omân à Cambalou s'effectuant avec la mousson du nord-est, qui donne en plein dans le golfe d'Aden, un bateau qui aurait suivi la route supposée se serait trouvé, une fois arrivé au détroit, *sous-venté* de toute la profondeur du golfe; il n'aurait pu regagner le méridien de Guardafui qu'à l'expiration de la mousson régnante, c'est-à-dire au moment où, celle-ci étant remplacée par la mousson de sud-ouest, il n'est plus possible de s'avancer au sud : il eût donc manqué son voyage.

de vague, de faux et de bizarre dans les extraits qui vont suivre. Nous aurions pu nous contenter d'en faire un résumé succinct, où seraient entrés le peu de renseignements exacts qui s'y trouvent épars; mais nous avons préféré les donner textuellement, afin de présenter le tableau bien caractérisé de la contrée qui nous occupe, telle qu'elle apparaissait alors aux yeux de ceux qui étaient le plus à même de la connaître; tableau qui, comparé à celui de la même contrée à l'époque de la domination portugaise, fera naître un contraste intéressant : ce sera, pour ainsi dire, le roman mis en regard de l'histoire.

Les relations arabes que nous possédons forment une série non interrompue depuis le Xe jusqu'au XVe siècle inclusivement. On peut donc suivre de siècle en siècle les progrès des connaissances acquises, et se convaincre que, malheureusement, elles ont été loin de s'accroître en proportion des années écoulées.

Nous avons ouvert la série par Massoudi, qui écrivait au Xe siècle ; à la même époque vivait et écrivait aussi un Arabe du nom d'Abou-Zéid-Hassan. Celui-ci n'avait pas voyagé comme Massoudi ; il n'était jamais sorti du golfe Persique, et sa relation n'est, il le déclare lui-même, que le récit d'un marchand nommé Soleyman, modifié et complété par lui, d'après ses propres lectures et ce qu'il tenait des personnes qui avaient parcouru les mers orientales. La description qu'il nous a laissée du pays des Zendj corrobore celle de son contemporain (1), et semble même la reproduire dans plusieurs de ses parties.

(1) Voyez *Relation des voyages arabes et persans dans l'Inde et à la Chine*, traduction de M. Reinaud, Chaîne des chroniques, liv. II,

« Le pays des Zendj, dit Abou-Zéid, est vaste. Les plantes
« qui y croissent, telles que le *dhorra*, qui est la base de
« leur nourriture, la canne à sucre et les autres plantes y
« sont d'une couleur noire. » Il est bien entendu, une fois
pour toutes, que nous ne nous rendons garant d'aucune
des assertions des écrivains arabes. « Les Zendj ont plu-
« sieurs rois en guerre les uns avec les autres; les rois ont
« à leur service des hommes connus sous le titre d'*Almo-
« khazza moun* (ceux qui ont la narine percée), parce qu'on
« leur a percé le nez. Un anneau a été passé dans leur na-
« rine, et à l'anneau sont attachées des chaînes. En temps
« de guerre, ces hommes marchent à la tête des combat-
« tants; il y a, pour chacun d'eux, quelqu'un qui prend
« le bout de la chaîne et qui la tire, en empêchant l'homme
« d'aller en avant. Des négociateurs s'entremettent auprès
« des deux partis : si l'on s'accorde pour un arrangement,
« on se retire; sinon, la chaîne est roulée autour du cou du
« guerrier; le guerrier est laissé à lui-même; personne ne
« quitte sa place, tous se font tuer à leur poste. Les Arabes
« exercent un grand ascendant sur ce peuple; quand un
« homme de cette nation aperçoit un Arabe, il se prosterne
« devant lui et dit : Voilà un homme du pays qui produit
« la datte, tant cette nation aime la datte et tant les cœurs
« sont frappés.

« Des discours religieux sont prononcés devant ce peu-
« ple; on ne trouverait, chez aucune nation, des prédica-
« teurs aussi constants que le sont ceux de ce peuple dans
« sa langue. Dans ce pays, il y a des hommes adonnés à la

page 137, et, dans le Discours préliminaire, les passages où M. Reinaud
prouve qu'Abou-Zéid était contemporain de Massoudi.

« vie dévote, qui se couvrent de peaux de panthères ou de
« peaux de singes ; ils ont un bâton à la main et s'avancent
« vers les habitations ; les habitants se réunissent aussitôt ;
« le dévot reste quelquefois tout un jour, jusqu'au soir, sur
« ses jambes, occupé à les prêcher et à les rappeler au sou-
« venir de Dieu. (Qu'il soit exalté!) Il leur expose le sort
« qui a été éprouvé par ceux de leur nation qui sont morts.
« On exporte de ce pays les panthères zendjyennes, dont la
« peau, mêlée de rouge et de blanc, est très-grande et
« très-large.

« La même mer renferme l'île de Socothora, où pousse
« l'aloès socothorien. La situation de cette île est près du
« pays des Zendj et de celui des Arabes. La plupart de ses
« habitants sont chrétiens. . . . .

« Cette circonstance vient de ce que, lorsque Alexandre
« fit la conquête de la Perse, il était en correspondance
« avec son maître Aristote, et lui rendait compte des pays
« qu'il parcourait successivement.

« Aristote engagea Alexandre à soumettre une île nom-
« mée *Socothora*, qui produit le *sabr*, nom d'une drogue
« du premier ordre, sans laquelle un médicament ne pour-
« rait pas être complet. Aristote conseilla de faire évacuer
« l'île par les indigènes et d'y établir des Grecs qui seraient
« chargés de la garder, et qui enverraient la drogue en
« Syrie, dans la Grèce et en Égypte. Alexandre fit évacuer
« l'île et y envoya une colonie de Grecs. En même temps
« il ordonna aux gouverneurs de provinces, qui, depuis la
« mort de Darius, obéissaient à lui seul, de veiller à la
« garde de cette île. Les habitants se trouvèrent donc en
« sûreté jusqu'à l'avénement du Messie. Les Grecs de l'île

« entendirent parler de Jésus, et, à l'exemple des Romains,
« ils embrassèrent la religion chrétienne. Les restes de ces
« Grecs se sont maintenus jusqu'à aujourd'hui, bien que
« dans l'île il se soit conservé des hommes d'une autre
« race. »

Un siècle après Massoudi et Abou-Zéid, Albyrouny parle du commerce qui se faisait entre Sofala, l'Inde et la Chine, commerce qui avait enrichi Soumenat, ville de la côte de Gouzerate, servant de point de relâche aux navires (1).

Après Albyrouny se présente, dans la série dont nous avons indiqué les termes extrêmes, un écrivain qui traite plus longuement que ses prédécesseurs les questions géographiques et ethnologiques relatives à la région qui nous occupe : c'est le chérif Edrisi ou El-Edrisi, géographe du XIIe siècle. On a de lui un Traité de géographie accompagné de cartes, où se trouvent représentées la mer de l'Inde et toutes les contrées qu'elle baigne : la côte d'Adel et la côte orientale d'Afrique y sont figurées par le commencement d'une ligne courbe qui, du détroit de Bab-el-Mandeb, se prolonge tantôt au nord, tantôt au sud de l'équateur, jusqu'aux mers de la Chine. En faisant ce singulier tracé, Edrisi, ainsi qu'on le voit par plusieurs passages de son traité, était préoccupé de l'idée d'Hipparque et de Ptolémée relativement à la direction de la côte orientale de l'Afrique, aussi bien que de l'idée de plusieurs physiciens de l'antiquité, qui regardaient la terre comme inhabitable au sud de la ligne équinoxiale. Quoi qu'il en soit, l'ouvrage d'Edrisi semble résumer assez complétement les connais-

(1) Voyez *Fragments arabes et persans relatifs à l'Inde*, par M. Reinaud, page 112.

sances qu'avaient les savants de son époque sur l'Afrique orientale; nous donnons, à cause de cela, sa description complète, en recommandant, toutefois, au lecteur de ne pas oublier qu'Edrisi écrivait sa géographie à la cour du roi de Sicile, et qu'il n'avait pas voyagé, en Orient, au delà des bords de la Méditerranée.

1ᵉʳ Climat. — 6ᵉ section (1). — « Cette section com-
« prend la description, du côté du midi, des villes de Car-
« founa (2), de Markah et d'El-Nedja.

« Ces trois pays dépendent de celui de Berbera, forment
« la limite de ses dépendances, et sont situés sur les bords
« de la mer d'Yémen. Les habitants de Berbera se nour-
« rissent en grande partie de la chair de tortues marines,
« qui portent chez eux le nom de *lebeh*.

« On peut se rendre par mer, en deux journées, de
« Djouah à Carfouna. Ce pays est dominé par une haute
« montagne qui s'étend vers le sud. De Carfouna à Ter-
« meh (*), trois journées par mer. C'est ici que commence
« la montagne de Khakouï, laquelle a sept cimes très-
« hautes et se prolonge sous les eaux de la mer (**) durant

---

(1) *Traduction de la géographie d'Edrisi*, par M. P. A. Jaubert, page 44 et suiv.

(2) Le manuscrit n° 334 porte *Corcouna*. (*Note du traducteur.*)

(*) Nous trouvons à ce mot une note du traducteur, ainsi conçue : « Ras-Terma ou le cap de Terma est situé sur la côte occidentale de la mer Rouge, à 160 lieues environ du cap Guardafui. » Nous pensons qu'il y a ici confusion de sa part. En allant de Carfouna à Termeh, Edrisi nous paraît descendre la côte d'Ajan et non pas rebrousser chemin jusqu'au fond de la mer Rouge.

(**) Il nous a été impossible de comprendre le sens de ces paroles, qui se répéteront un peu plus loin, sans plus de clarté. La côte Est de la presqu'île est très-accore, et, si Edrisi fait ici allusion à une projection sous-marine de la montagne, son assertion est sans fondement.

« l'espace de 44 milles. Auprès de ces cimes sont des vil-
« lages connus sous le nom d'*El-Hadyé*. De Khakouï à
« Markah, on compte, par mer, trois petites journées (*),
« et sept par terre. A deux journées (**) de Markah, dans
« le désert, est une rivière qui est sujette à des crues comme
« le Nil, et sur laquelle on sème du dourha (1). De Mar-
« kah à El-Nedja, un jour et demi par mer et quatre par
« terre.

« El-Nedja est la dernière terre dépendante de Berbera.
« D'El-Nedja à Carfouna, il y a huit journées. El-Nedja est
« une petite ville située sur le bord de la mer. De là à Be-
« douna, six journées. C'est un bourg considérable, très-
« peuplé. Les naturels de ce pays mangent des grenouilles,
« des serpents et d'autres animaux dont l'homme a géné-
« ralement horreur. Ce pays est limitrophe de celui des
« Zendj. Carfouna et Bedouna sont infidèles; leur terri-
« toire touche à celui des Zendj le long du rivage de la mer
« Salée. Toute cette contrée a vis-à-vis d'elle, du côté du
« nord, l'Yémen, dont elle est séparée par un bras de mer
« de 600 milles d'étendue, plus ou moins, selon la profon-
« deur des golfes dans l'intérieur des terres et l'extension
« des caps dans le sein des mers.

« Dans cette section sont également comprises quatre
« îles, dont deux, situées du côté de l'orient, dans le golfe
« des Herbes, sont connues sous les noms de *Khartan* et
« de *Mertan*. La troisième est celle de Socotra, connue par

(*) Le texte porte *madjra* et non *journées*.
(**) Le texte porte *marhála*, et non *journées*.
(1) On trouve, en effet, une rivière du nom de Jubo dans le pays de Markah. (*Note du traducteur.*)

« l'aloès qu'elle produit, et éloignée du rivage de deux
« journées de navigation (*) par un vent favorable. Vis-à-vis
« de cette île, sur la côte de l'Yémen, est la ville de Ber-
« bat (**). La quatrième île s'appelle *Cabala* (1). Elle est si-
« tuée dans la partie occidentale de cette section déserte,
« mais ombragée d'arbres. On y trouve des montagnes hautes
« et escarpées, diverses espèces d'animaux féroces et autres,
« et une source dont les eaux s'écoulent dans la mer. Elle
« est quelquefois visitée par ceux qui viennent de l'Yémen
« et par les navires de Colzoum et de l'Abyssinie, qui y re-
« lâchent pour faire de l'eau. Elle est située en face de la
« forteresse connue sous le nom de *Mikhlaf-Hakem*, sur la
« côte d'Yémen. . . . .

« Quant à l'île Socotra, elle est grande, renommée,
« belle et couverte d'arbres. Sa principale production vé-
« gétale est l'arbre qui produit l'aloès, et il n'existe ni dans
« l'Hhadermàut', ni dans l'Yémen, ni dans le Sahar, ni ail-
« leurs, aloès qui égale en bonté celui de Socotra. Cette île
« est, comme nous l'avons dit, voisine, du côté du nord et
« de l'ouest, de la province d'Yémen, dont elle est une dé-
« pendance et une appartenance. Elle est située en face
« des villes de Melinda et de Mombasa, dans le Zanghebar.
« La plupart des habitants de l'île de Socotra sont chré-
« tiens ; en voici la raison : » Ici Edrisi reproduit, sauf
quelques différences de forme, la version d'Abou-Zéid, que
nous avons déjà donnée (2).

(*) Le texte porte deux *madjra*.
(**) C'est Merbat qu'il faut lire.
(1) L'Abrégé porte Cambala. (*Note du traducteur.*)
(2) Ci-devant, page 190.

Avant de passer à la section suivante, dans laquelle Edrisi continue la description de la côte orientale, examinons tout de suite l'identité qu'il est possible d'établir entre les points qu'il a décrits et ceux que nous connaissons aujourd'hui sur la même partie de la côte.

Quatre localités importantes, quatre noms connus et figurant encore sur nos cartes modernes, occupent une place dans cette description : Socotra, puis Markah, Melinde et Mombase. La Socotra d'Edrisi n'est évidemment autre que l'île connue de nous sous ce nom depuis sa découverte par Diego Fernandez Pereira. Il ne saurait non plus y avoir de doute quant à l'identité de Markah avec Meurka; elle est fort bien caractérisée par le fait que mentionne Edrisi, savoir, l'existence *à deux marhâla dans l'intérieur, d'une rivière sujette à des crues comme le Nil, et sur les bords de laquelle on sème du dorrha*. Ces particularités se retrouvent, en effet, dans la rivière dont le cours a été reconnu, il y a quelques années, par le lieutenant Christopher, et signalé par cet officier sous le nom de *Haine's river*. A l'époque où M. Jaubert a fait sa traduction, on ne pouvait soupçonner l'existence de ce cours d'eau, si ce n'est par la vague mention que plusieurs géographes arabes en avaient faite sous le nom de *Nil de Magdachou;* le Djoub était le seul cours d'eau connu dans cette partie de la côte : ainsi s'explique l'erreur qu'a commise le traducteur en assimilant le Djoub à la rivière mentionnée par Edrisi. La distance indiquée par le géographe arabe comme séparant le cours de la rivière de la ville doit, il est vrai, être réduite à quatre ou cinq heures de marche; mais on verra bientôt qu'en ce qui concerne les distances, Edrisi a pu commettre de non moins grandes erreurs, et que, dans ses indications sur bien d'autres points, on ne trouve pas même autant de précision et d'exactitude qu'il y en a dans sa description de Meurka. Quoi qu'il en soit, le rapport que nous venons d'établir nous autorise à conclure que la ville de Meurka existait déjà dans les premières années du xiie siècle.

Quant aux cités de Mombase et de Melinde, l'auteur y reviendra bientôt; elles n'ont été mentionnées par lui qu'à propos de l'île Socotra, qu'il représente comme située en face de ces deux villes. Il nous semble inutile de signaler cette nouvelle erreur d'Edrisi ; chacun peut voir sur la carte que Melinde et Mombase sont bien loin, dans le sud-ouest, de Socotra, et non en face de cette île. Mais Edrisi donnant à la côte de Zanguebar une direction ouest-nord-ouest et est-sud-est à partir de la côte d'Adel, au lieu de la renverser au sud-ouest, de façon à lui faire former avec cette dernière un angle aigu, il se trouve ainsi conduit à placer Socotra dans la partie sud d'un canal formé au nord par la côte d'Arabie, et au sud, par celle du Zanguebar : encore faut-il, pour s'expliquer son opinion quant à la position respective des trois points, admettre, de sa part, une autre erreur dans l'appréciation de la distance qui sépare Melinde et Mombase de Socotra.

A la vue de pareils écarts sur des points encore peu éloignés de parages connus et fréquentés depuis des siècles, on pressent tout d'abord que les distances données par Edrisi manquent de la précision nécessaire, et que, si la similitude de noms nous permet de reconnaître l'identité de quelques-uns des points qu'il cite, avec des lieux connus, il nous sera à peu près impossible de déterminer la position de ceux dont les noms nous sont inconnus ou présentés sous une forme douteuse. Dans la description que nous avons reproduite, cette impossibilité n'est que trop réelle, comme on va le voir.

La position des points nommés dans la description n'étant donnée ni en latitude ni en longitude, nous n'avons d'autre moyen de les retrouver sur la carte qu'en partant d'un point dont l'identité avec l'un de ceux d'Edrisi soit bien établie, et nous servant alors des distances indiquées par le géographe comme séparant ce point de chacun des autres. Mais notre premier embarras est d'apprécier ces distances dont le texte est loin de préciser clairement le mode d'évaluation. Edrisi ne dit pas le sens qu'il attache aux mots *yaum* et *madjra* employés par lui comme mesures itinéraires maritimes, et dont le premier représente un temps de progression, le second un espace moyen parcouru en un temps déterminé. Or, d'après Freytag, le mot *yaum*, de même que notre mot *jour*, s'emploie pour désigner une durée de douze heures comme pour en désigner une de vingt-quatre. Le mot *madjra* signifie *trajet accompli par un navire dans un jour de navigation* (1); mais, par un jour de navigation, doit-on entendre douze heures ou vingt-quatre heures? Le silence d'Edrisi sur ces deux points étant absolu, nous avons recherché si de la comparaison de plusieurs passages analogues du texte il ne pouvait pas ressortir quelque indice propre à nous fixer à cet égard; et, voyant qu'en

(1) Aboulféda en donne une définition plus explicite; il dit dans ses *Prolégomènes* (Opinion des philosophes au sujet de la mer) : « On appelle *madjra* (course) l'espace qu'un navire parcourt en un jour et une nuit avec un bon vent. » Mais cela ne tranche pas la question quant au sens donné à ce mot par Edrisi.

certains cas Edrisi se servait seulement du mot *yaum*, tandis que dans d'autres il employait *yaum bi layllatihi* (un jour et sa nuit), nous avons naturellement pensé que le premier devait être compté seulement pour douze heures, l'autre en indiquant positivement vingt-quatre. Quant au mot *madjra*, nous trouvons, dans la partie même de la description ci-dessus reproduite, un passage qui peut nous aider à estimer la valeur moyenne du *madjra*, pris dans le sens d'espace itinéraire. Socotra, nous dit Edrisi, *est éloigné du rivage* (du rivage d'Arabie, sans doute, puisqu'il s'agit du golfe des Herbes, situé sur cette côte) *de deux madjra* par un bon vent; or, il y a environ 200 milles marins (1) entre cette île et le point le plus rapproché de la côte d'Arabie: il résulterait donc de ce passage qu'un madjra effectué avec un vent favorable pourrait être compté pour 100 milles marins, ce qui, en admettant une course de vingt-quatre

---

(1) Dans son *Commentaire de l'Afrique d'Edrisi*, Hartmann, discutant la valeur qui peut être donnée à la course ou madjra (*cursus*), cite plusieurs auteurs d'après lesquels la course équivaudrait à 100,000 pas ou 100 milles romains ou arabes, c'est-à-dire à 80 milles marins. Mais, outre que cette estimation est en désaccord avec la valeur implicitement indiquée, par Edrisi lui-même, dans l'application qu'il fait du madjra, en fixant la distance de Socotra à la côte d'Arabie, elle nous paraît trop faible appliquée à la navigation de la côte d'Afrique, où un bateau arabe, poussé par l'une ou l'autre mousson, ne doit pas avoir un sillage horaire moindre que 4 milles. De plus, nous voyons (*Introduction à la géographie d'Aboulféda*, page 267) qu'Edrisi et Aboulféda estimaient le madjra à 100 milles haschémytes, qualification qui semble indiquer que ces milles étaient comptés en coudées haschémytes plus grandes d'un quart que la coudée commune, dont 4,000 composent le mille arabe : les 100 milles haschémytes ou le madjra correspondraient ainsi à 107 milles marins. En adoptant le chiffre de 100 milles, nous sommes donc, selon toute apparence, plutôt au-dessous qu'au-dessus de l'espace que le madjra représentait pour les géographes arabes.

heures, donnerait un sillage d'un peu plus de 4 milles à l'heure.

La valeur moyenne du madjra étant obtenue, comme la navigation de la côte orientale d'Afrique est toujours faite à l'aide des moussons, le chemin qu'on y parcourt en vingt-quatre heures doit équivaloir, de fait, au madjra, et la journée de navigation (yaum étant pris dans le sens de douze heures) à un 1/2 madjra; nous devons donc compter la journée pour 50 milles marins, et la journée avec sa nuit pour 100 des mêmes milles, courant non compris (1).

Toutes ces évaluations, fort imparfaites, nous ne le dissimulons pas, sont, néanmoins, ce qu'on peut déduire de plus rationnel des seuls indices fournis par le texte. Ces bases posées, abordons l'analyse de la description, en prenant pour point de repère Meurka, la seule des localités dont la situation nous soit connue.

Entre Meurka et la montagne de Khakouï, Edrisi compte trois petits madjra ou un peu moins de 300 milles de sillage, qui, par l'effet d'un courant moyen de 1',5 à l'heure pendant soixante et quelques heures sous voiles, se sont augmentés d'environ 100 milles : le trajet total effectué entre les deux points a donc été réellement d'à peu près

---

(1) Nous avons déjà fait connaître ci-devant, page 96, la vitesse moyenne des courants sur la côte orientale d'Afrique. Il semblera peut-être que, d'après la manière dont nous avons déterminé la valeur du madjra, nous ne devrions pas tenir compte du courant dans les distances données par Edrisi; mais nous ferons observer que, dans le trajet de Socotra à la côte d'Arabie, dont nous nous sommes servi pour évaluer le madjra, le courant, outre qu'il est peu sensible, n'agit pas, comme sur la côte d'Afrique, dans le sens direct de la route, et qu'ainsi il n'ajoute pas, comme dans ces derniers parages, son effet au sillage du bateau : nous n'y aurons donc pas égard dans nos calculs.

400 milles, qui, mesurés sur la carte à partir de Meurka, placeraient la montagne de Khakouï entre Ras-Aouad et Ras-el-Khil. Or il n'existe pas de montagne en cet endroit ; la côte est, au contraire, fort basse sur un très-long espace, et ce n'est qu'à 80 milles en deçà du point où nous sommes arrivé qu'on trouve la terre élevée nommée aujourd'hui *Djebal-el-Hirab* (montagne de la quille). Mais, voudrait-on ne pas tenir compte de sa trop faible distance de Meurka, cette montagne longue et à la crête droite et unie ne pourrait, en aucune façon, être rapportée à Khakouï, montagne remarquable, au contraire, par les sept cimes qu'Edrisi y signale. Nous voilà donc, dès notre premier pas, retombé dans le champ des hypothèses. Si, poursuivant néanmoins, nous mesurons, à partir du point où nous avons été conduit à placer Khakouï, les 200 milles (courant compris) dont se compose le trajet entre Termeh, où la montagne commence, et Carfouna, ce dernier viendrait correspondre à peu près à Ras-Mâabeur. Enfin, si, pour trouver la position d'El-Nedja, entre lequel et Carfouna notre auteur indique huit journées de navigation ou 540 milles (sillage et courant), nous mesurons un espace égal en revenant de Carfouna, supposé Ras-Mâabeur, vers le sud, El-Nedja se trouverait placé à Ouarcheikh, c'est-à-dire à 60 milles en deçà de Meurka ; cependant, d'après l'ordre apparent de la description, El-Nedja devrait être à une journée et demie au delà de Meurka.

En présence de résultats aussi décevants, il nous paraît inutile de pousser plus loin la reconnaissance des lieux mentionnés dans la description d'Edrisi. Au reste, après l'avoir essayé vainement pour toutes les parties de cette description, et, nous pouvons le dire, avec une opiniâtreté digne de plus de succès, nous osons affirmer qu'une application méthodique des arguments fournis par le texte ne permet pas de rapporter, même approximativement, les lieux qui y sont nommés à des points connus aujourd'hui. Nous nous contenterons donc désormais, quand nous aurons reproduit les passages relatifs à notre sujet, de signaler les rapprochements de noms que rendrait admissibles une coïncidence entre les particularités attribuées, par Edrisi, aux lieux qu'il cite et celles que présentent, à notre connaissance, certaines localités de la même côte. Dans ce but, revenons un instant aux lieux dont il a déjà été question, savoir : Djouah, Carfouna, Termeh, Khakouï, El-Nedja et Bédouna.

Djouah nous paraît avoir été très-probablement situé sur la côte nord du pays des Soumal (le pays de Beurbera des géographes arabes) entre Bendeur-Gacem et M'raïah. Le supposer placé comme l'a fait M. Jaubert, au Bandel d'Agoa de la carte de d'Anville, ne nous semble pas rationnel. En effet, l'auteur, après avoir décrit la côte occidentale de la mer Rouge et nommé quelques villes de l'Abyssinie, nous fait entrer dans le pays de Beurbera, *qui obéit aux Abyssiniens, et dont le premier village est Djouah*, après lequel vient Carfouna, suivi de Termeh, où commence Khakouï, au delà de laquelle est Meurka, etc. Or, quel que soit le peu de méthode et d'ordre mis par Edrisi dans sa description, il n'en est pas moins évident qu'il procède en allant de l'ouest vers l'est pour lui, du nord au sud pour nous. Djouah doit donc se trouver sur la côte en deçà de Carfouna et, à plus forte raison, en deçà de Khakouï, qui, nous le montrerons plus bas, n'est autre que la presqu'île de Hhafoun, dans le sud de laquelle d'Anville a placé Bandel d'Agoa ; Djouah ne peut donc être rapporté à ce dernier point.

En usant de la liberté que les nombreuses incorrections des manuscrits arabes laissent pour l'interprétation des noms propres, on pourrait voir le plateau du *Djebel-Yerd'foun*, dans la haute montagne qui, d'après Edrisi, domine le pays de Carfouna et s'étend vers le sud ; on pourrait même, sans trop de complaisance, trouver un peu d'analogie entre Carfouna, qui est écrit dans d'autres manuscrits *Carcouna* et *Serfouna*, et le Yerd'foun' ; enfin, ce n'est pas, sans doute, par hasard que les anciens géographes arabes ont signalé deux lieux voisins, nommés par eux *Carfouna* et *Khafouni*, dans le même parage où se trouvent également voisins deux lieux nommés *Yerd'foun'* et *Hhafoun*. Le rapport que nous avons fait pressentir une fois admis, Carfouna correspondrait alors à un point voisin du cap Guardafui, et à l'ouest plutôt qu'au sud, si l'on devait prendre à la lettre les trois journées par mer qui, selon Edrisi, séparaient Carfouna de Termeh, où commence la montagne de Khakouï.

Quant à cette montagne, disons tout de suite, pour ne pas nous escrimer, comme à plaisir, contre une évidente incorrection de nom, que Khakouï a été mis, soit par ignorance de l'auteur, soit par erreur de copiste, pour *Hafouny* (1), nom par lequel Ibn-Sayd et d'autres géographes arabes désignent la montagne aux sept cimes ou aux sept caps dont il s'agit. Il n'y a plus, dès lors, de doute sur son identité avec la presqu'île de Hhafoun, dont le pourtour ex-

(1) Il paraît même que certains manuscrits d'Edrisi portent Hhafouny au lieu de Khakouï.

térieur présente, en effet, le même nombre de caps, dont chacun porte encore aujourd'hui un nom particulier. Une erreur analogue à celle qui a été commise pour le nom de Hhafouny s'est produite encore dans le texte pour celui des villages signalés comme situés sur la montagne. Au lieu d'El-Hadyé, c'est El-Haouiié ou Haouiia qu'il faut lire, d'après Ibn-Sayd et Aboulféda ; Haouiia est le nom d'une population soumali, dont le territoire, au temps d'Edrisi, comprenait la presqu'île de Hhafoun, mais qui fut, plus tard, refoulée vers le sud par le développement des populations de sang mêlé auxquelles l'établissement de quelques Arabes, dans le nord de ce pays, donna naissance.

Pour ce qui est d'El-Nedja et de Bedouna, nous ne saurions, à l'égard de leur situation, présenter que de vagues hypothèses. D'après les distances indiquées par Edrisi, El-Nedja devrait se trouver en deçà de Meurka lorsqu'on vient du nord, et, d'un autre côté, il nous la montre comme située au delà, puisque, *dépendante, comme Meurka, du pays de Berbera, El-Nedja est*, nous dit-il, *la dernière dépendance de ce pays*. Si nous n'étions retenu par cette indication, nous pourrions, en mesurant, à partir de Meurka et du côté du nord, la journée et demie de navigation qui sépare cette ville de celle d'El-Nedja, rapporter celle-ci à Ouarcheikh ; mais elle est trop positive pour que nous n'y ayons pas égard. Enfin le bourg considérable de Bedouna, dont les naturels mangent des grenouilles, des serpents et d'autres animaux immondes, et dont le territoire est limitrophe du pays des Zendj ; Bedouna, que nous allons voir, dans la section suivante, situé à trois journées au delà de Braoua, pourrait avoir été situé aux environs de l'embouchure du Djoub, fleuve à partir duquel plusieurs géographes arabes, qui l'ont indiqué sous le titre de *branche du Nil*, nous paraissent avoir fait commencer le pays des Zendj : il se serait trouvé ainsi, comme le dit Edrisi, limitrophe de ce dernier pays.

Passons maintenant à la septième section de la géographie d'Edrisi :

« 1ᵉʳ climat. — 7ᵉ section. — Cette section comprend
« la description d'une partie de la mer des Indes et de la
« totalité des îles qui s'y trouvent, et qui sont habitées
« par des peuples de races diverses. Au midi des pays com-
« pris dans cette section sont le restant de la région des
« Cafres noirs et divers pays voisins de la mer; notre in-
« tention est de décrire toutes ces choses avec clarté : nous
« disons donc que cette mer est la mer des Indes, et que
« sur son rivage est située la ville de Merouat, à l'extrémité
« du pays des Cafres, peuples sans foi, qui n'adorent que
« des pierres enduites d'huile de poisson. Tel est le degré
« de stupidité où sont tombés ces peuples et l'absurdité de
« leurs infâmes croyances. Une partie de ce pays obéit au
« roi des Berbers, et l'autre dépend de l'Abyssinie.

« De Merouat, situé, sur la côte, à Medounat (1), on
« compte trois journées. Cette dernière ville est ruinée,
« presque déserte, sale et désagréable à habiter. Les habi-
« tants vivent de poisson, de coquillages, de grenouilles,
« de serpents, de rats, de lézards et d'autres reptiles dé-
« goûtants. Ces peuples se livrent à l'exercice de la pêche
« maritime sans embarcations, et sans se tenir constam-

---

(1) Le manuscrit n° 334 porte *Beroua* et *Nedouba*; le manuscrit B, *Berouat* et *Bedouna*. (*Note du traducteur.*)

« ment sur le rivage. Ils pêchent à la nage (ou en plon-
« geant), avec de petits filets tissus d'herbes et fabriqués
« par eux. Ils attachent ces filets à leurs pieds, au moyen
« de liens et de nœuds coulants qu'ils tiennent avec les
« mains ; ils resserrent le filet aussitôt qu'ils sentent que
« le poisson y est entré, et cela avec un art dans lequel ils
« excellent et avec des ruses dont ils ont une longue expé-
« rience. Pour attirer le poisson, ils se servent de reptiles
« terrestres. Bien qu'ils vivent dans un état de détresse
« et de misère profondes, cependant ces peuples (Dieu
« aime ceux qui résident dans leurs foyers domestiques)
« sont satisfaits de leur sort et se contentent de ce qu'ils
« ont. Ils obéissent au gouvernement du Zendj (du Zan-
« ghebar).

« On va de Medouna, en suivant la côte, à Melinde, ville
« des Zendj, en trois jours et trois nuits par mer. Melinde
« est située sur le bord de la mer, à l'embouchure d'une
« rivière d'eau douce. C'est une grande ville, dont les ha-
« bitants se livrent à la chasse et à la pêche. Sur terre,
« ils chassent le tigre et d'autres animaux féroces. Ils ti-
« rent de la mer diverses espèces de poissons qu'ils salent
« et dont ils font commerce.

« Ils possèdent et exploitent des mines de fer, et c'est
« pour eux un objet de commerce et la source de leurs
« plus grands bénéfices. Ils prétendent connaître l'art d'en-
« chanter les serpents les plus venimeux, au point de les
« rendre sans danger pour tout le monde, excepté pour
« ceux à qui ils souhaitent du mal ou contre lesquels ils
« veulent exercer quelque vengeance. Ils prétendent aussi
« qu'au moyen de ces enchantements, les tigres et les lions

« ne peuvent leur nuire. Ces enchanteurs portent, dans
« la langue de ce peuple, le nom d'*El-Mocnefa*.

« De cette ville à Manisa (1), sur la côte, deux journées.
« Celle-ci est petite et dépend du Zendj. Ses habitants s'oc-
« cupent de l'exploitation des mines de fer et de la chasse
« aux tigres. Ils ont des chiens de couleur rouge qui com-
« battent toute espèce de bêtes féroces et même les lions.
« Cette ville est située sur les bords de la mer, près d'un
« grand golfe que les navires remontent durant un espace
« de deux journées, et sur les rives duquel il n'existe point
« d'habitations, à cause des bêtes féroces qui y vivent dans
« des forêts où les Zendj vont les poursuivre, ainsi que nous
« venons de le rapporter. C'est dans cette ville que réside
« le roi du Zanghebar. Ses gardes vont à pied, parce qu'il
« n'y a point dans ce pays de montures ; elles ne sauraient
« y vivre.

« De Manisa au bourg d'El-Banès, par terre, six jour-
« nées, et, par mer, 150 milles (*). El-Banès est un bourg
« très-grand et très-peuplé. Les habitants adorent un tam-
« bour nommé Errahim, aussi grand que....... (2), couvert
« de peau d'un seul côté, et auquel est suspendue une
« corde, au moyen de laquelle on frappe le tambour. Il en

---

(1) Pour Mombasa, comme portent le n° 334 et le manuscrit B. (*Note du traducteur.*)

Le nom Souahheli de l'île Mombase est *M'vita*. Nous ne savons si les caractères arabes nécessaires pour écrire ce dernier mot se rapprochent de ceux qui s'emploient pour rendre le mot Manisa ; mais, s'il en était ainsi, on pourrait admettre que le copiste arabe a écrit Manisa au lieu de M'vita.

(*) Le texte porte 1 madjra 1/2.

(2) Mot dont il n'a pas été possible de déterminer la signification. (*Note du traducteur.*)

« résulte un bruit effroyable qui se fait entendre à 3 milles
« de distance ou environ.

« El-Banès (1) est la dernière dépendance du Zendj; elle
« touche au Sofala, pays de l'or. D'El-Banès, sur la côte, à
« la ville nommée *Tohnet*, par mer, 150 milles (*), et, par
« terre, huit journées, attendu que dans l'intervalle il existe
« un grand golfe qui, s'étendant vers le midi, oblige les
« voyageurs à se détourner du droit chemin, et une haute
« montagne nommée *Adjoud*, dont les flancs ont été creu-
« sés, de tous côtés, par les eaux qui en tombent avec un
« bruit épouvantable. Cette montagne attire à elle les vais-
« seaux qui s'en approchent (2), et les navigateurs ont soin
« de s'en écarter et de la fuir.

« La ville de Tohnet dépend aussi du pays de Sofala et
« touche à celui des Zendj. Il y a beaucoup de villages, et
« ils sont tous placés sur le bord des *rivières* (3). Dans tout
« le Zendj, les principales productions sont le fer et les
« peaux de tigre du Zanghebar. La couleur de ces peaux
« tire sur le rouge, et elles sont très-souples. Comme il
« n'existe pas de bêtes de somme chez ces peuples, ils sont
« obligés de porter sur leur tête et sur leur dos les objets

---

(1) Hartmann pense qu'il faut lire El-Baies. Nous suivons littéralement l'orthographe de notre manuscrit, qui est ici conforme au manuscrit B. (*Note du traducteur.*)

(*) Le texte porte 1 madjra 1/2.

(2) L'auteur veut probablement parler des courants qui peuvent porter sur la côte (voy. d'Herbelot, *Bibl. orient.*, au mot *Aguird*); peut-être aussi fait-il allusion aux prétendues montagnes d'aimant (Hartmann, *Edris. Afr.*, page 101). (*Note du traducteur.*)

(3) Le mot traduit par rivières signifie golfe ou vallée, d'après Castel. Mais nous avons tout lieu de croire que, dans la langue de notre auteur, le sens de ce mot a plus d'extension. (*Note du traducteur.*)

« destinés pour les deux villes de Melinde et de Mombasa,
« où se font les ventes et les achats. Les Zendj n'ont point
« de navires dans lesquels ils puissent voyager ; mais il
« aborde chez eux des bâtiments du pays d'Omân et autres,
« destinés pour les îles de Zaledj qui dépendent des Indes :
« ces étrangers vendent (au Zanghebar) leurs marchandises
« et achètent les productions du pays. Les habitants des îles
« de Raledj (1) vont au Zanghebar dans de grands et de
« petits navires, et ils s'en servent pour le commerce de
« leurs marchandises, attendu qu'ils comprennent le lan-
« gage les uns des autres (*). Les Zendj ont au fond du
« cœur un grand respect pour les Arabes. C'est pour cela
« que, lorsqu'ils voient un Arabe, soit voyageur, soit négo-
« ciant, ils se prosternent devant lui, exaltent sa dignité
« et lui disent dans leur langue : Soyez le bienvenu, ô
« fils de l'Yémen ! Les voyageurs qui vont dans ce pays dé-
« robent les enfants et les trompent au moyen des fruits
« (litt. *des dattes*) qu'ils leur donnent ; ils les emmènent

(1) Le manuscrit B porte Zanedj. (*Note du traducteur.*)

(*) Edrisi énonce ici, dit M. Reinaud, « un des faits les plus curieux de l'ethnographie moderne, à savoir la communauté de langage entre les Malais proprement dits et les habitants de Madagascar. » (*Introduction à la géographie d'Aboulféda*, pages 390 et 391.) Il nous semble qu'il ne s'agit point ici de Madagascar, mais de la côte du Zanguebar. La conformité de langage entre les gens de cette côte et les marchands qui s'y rendaient de l'Omân, ainsi que d'autres pays, y compris les îles Zauedj, provenait, sans doute, de ce que ces marchands étaient Arabes, et qu'à la côte, ils trafiquaient avec des Arabes ou des descendants d'Arabes. Les habitants des îles Zauedj étaient-ils des Malais, et Madagascar était-elle une de ces îles? Ce sont là deux questions non résolues et sans la solution affirmative desquelles la conformité de langage signalée par Edrisi ne saurait s'appliquer qu'aux habitants du Zanguebar, et non à ceux de Madagascar.

« çà et là, et finissent par s'emparer de leurs personnes et
« par les transporter dans leur propre pays; car les habi-
« tants du Zanghebar forment une population nombreuse
« et manquent de ressources (1). Le prince de l'île de
« Keich, située dans la mer d'Omân, entreprend avec ses
« vaisseaux des expéditions militaires contre le Zendj, et y
« fait beaucoup de captifs. »

Avant de nous occuper des îles de cette section, arrêtons-nous un moment, pour jeter un regard en arrière
et tâcher de voir clair, s'il est possible, dans l'exposition
d'Edrisi.

Six localités plus ou moins importantes figurent dans cette
partie de la 7ᵉ section du 1ᵉʳ climat; trois, que nous pouvons,
à la rigueur, retrouver sur nos cartes, et trois, absolument inconnues. Les premières sont Merouat ou Berouat,
ou Beroua (probablement pour Braoua), Melinde et Manisa
ou Mombasa; les autres sont Bedouna ou Medouna, ou Nedouba, El-Banès et Thonet.

Au premier abord, quand nous nous demandons quelle
est cette cité de Merouat (Berouat ou Beroua) qui forme,
dans cette section, le point de départ, et que, parmi les
noms connus aujourd'hui, nous rencontrons celui de Braoua,
qui lui ressemble tant, nous nous estimons heureux d'être
en pays connu; mais notre satisfaction n'est pas de longue
durée, car Braoua, par la position qu'elle occupe sur nos
cartes, nous reporte à plus de 100 milles en deçà du point
assigné à Bedouna, dernière ville de la précédente section.
Heureusement, nous nous confions plus à la ressemblance

(1) Il y a ici un jeu de mots assez difficile à traduire en français.
(*Note du traducteur.*)

des noms qu'aux distances indiquées par Edrisi. Mais cherchons si, dans les autres indications que cet auteur nous fournit, nous trouverons quelque chose de concluant.

« Merouat, nous dit-il, est située à *l'extrémité du pays des Cafres.* » Ce serait fort bien, s'il nous apprenait en même temps où commence et où finit le pays des Cafres (1); mais il nous le laisse ignorer. Toutefois, comme il ajoute qu'une partie de ce pays obéit au roi des Berbers, et que l'autre partie dépend de l'Abyssinie, nous devons penser qu'il s'agit de ces immenses territoires compris entre le cours du Djoub, l'Abyssinie, le golfe d'Aden ou de Beurbera et la mer des Indes. Ce territoire est aujourd'hui occupé par deux populations distinctes : les Soumal à l'est, et les Galla à l'ouest. Mais, au temps d'Edrisi, les uns et les autres étaient confondus sous le nom de *Kafers*. A l'époque dont il s'agit, en effet, l'islamisme n'avait pas encore pénétré dans cette contrée de l'Afrique. Certaines parties du littoral même, Carfouna et Bedouna, sont signalées par Edrisi comme infidèles. Quelques villes maritimes seules, Moguedchou, Meurka, Braoua, fondées par des Arabes musulmans, étaient mahométanes; mais elles n'en restaient pas moins comprises dans le pays des Cafres, à l'extrémité duquel, comme Edrisi le dit de Berouat, elles se trouvaient situées. Cette indication n'est donc pas, à tout prendre, entièrement dénuée de valeur. Mais pourrons-nous en dire autant au sujet de l'indication suivante, savoir que Merouat, située sur la côte, est *distante de trois journées de Medouna* ou Be-

---

(1) Le nom de Cafre (*Kafer*, infidèle) est, on le sait, donné, par les Arabes, à tous les habitants de l'Afrique orientale non soumis à la loi de Mahomet.

douna? Non, car nous avons déjà vu ce que valent les distances données par Edrisi. Et puis, d'ailleurs, qu'est-ce que Medouna? Est-ce la même ville que *la Bedouna* dont il a été question à la section précédente, et que l'auteur nous a dite être à six journées d'El-Nedja? Il est difficile de se former une opinion à ce sujet, puisque le texte est muet et ne présente entre les deux localités d'autre analogie que celle qu'on peut remarquer en ce qui a trait à la nourriture de leurs habitants; encore la description qui suit le nom de Bedouna, à la 6e section, y est-elle présentée de telle sorte, que l'on ne sait trop si elle s'applique à ce bourg ou à la petite ville d'El-Nedja.

Nous avons espéré un moment sortir de nos incertitudes, en rencontrant un nom qui nous est familier, celui de Melinde. Cette ville est ruinée aujourd'hui; mais, avant la venue des Portugais, elle était florissante. Sa positiom nous est bien connue. Elle était, ainsi que nos cartes l'indiquent, située par 3° 15' sud à peu près. Mais nous nous sommes bientôt aperçu que ce nouveau point de repère ne nous servirait en rien pour retrouver la position de Merouat et de Medouna. En effet, entre cette dernière ville et Melinde, il y aurait eu, selon Edrisi, *trois jours et trois nuits par mer.* Le chemin résultant de cette navigation, en la supposant même effectuée sans courant, placerait Medouna à plus de 60 milles au nord du Djoub, et reculerait Merouat (située à trois journées en deçà de Medouna) à 150 milles au nord de la Braoua de nos cartes. Et cependant il est plus que probable que c'est bien cette dernière ville que désigne la Merouat d'Edrisi, écrite Berouat dans le manuscrit 334, et Beroua, dans le manuscrit B. Ici, manifestement, ce ne sont point les synonymies qui sont trompeuses, mais bien les connaissances géographiques de l'auteur qui sont en défaut et ses appréciations des distances qui sont erronées. On s'en étonnera peu, après les quelques mots que nous avons dits sur le tracé de sa carte. On s'en étonnera encore bien moins, quand on aura lu ce qui nous reste à exposer.

Après Melinde vient la cité de Mombase, qu'Edrisi met à deux journées de Melinde. S'il s'agissait de deux journées par terre, le géographe serait assez près de la vérité; mais il ne s'explique pas à ce sujet, et, en l'absence de toute mention spéciale, il n'y a pas lieu de douter qu'il ne s'agisse, en cette occasion, d'une traversée par mer, représentant une distance d'environ 150 milles, courant compris. Or, la distance réelle qui sépare ces deux villes n'est guère que de 1 degré (60 milles); à propos de deux points si peu éloignés, c'est là une différence considérable. Pourtant Melinde et Mombase sont deux cités qui devaient être, à cette époque, bien connues et très-fréquentées, et c'était pour Edrisi le cas, plus que jamais, de donner un renseignement exact. Mais poursuivons.

La dernière ville du Zendj est, dit-il, El-Banès; elle touche au Sofala. Il la place à *six journées par terre* ou à *1 madjra 1/2 par mer* de Mombase. La distance correspondante à 1 madjra 1/2 (courant compris), comptée à partir de la position réelle de Mombase, met El-Banès auprès de l'embouchure de l'Oufidji, à l'ouest de l'île Mafiia. Thonet, 1 madjra 1/2 plus loin, se trouverait, par suite, placée un peu au delà du cap Delgado.

Si ce n'étaient pas là des situations indiquées à l'aventure, on pourrait penser, d'après la position ainsi attribuée à

El-Banès, que l'Oufidji était alors considéré comme la limite méridionale du pays des Zendj (1) : donnée qui ne serait pas sans intérêt. Mais nous nous garderons de prendre au sérieux toute conséquence des rapports établis d'après des éléments aussi peu positifs que le sont les éléments fournis par Edrisi.

Cependant, faisons-le remarquer, pour ne rien omettre, la position que nous avons été conduit à donner à El-Banès est en rapport avec certain détail qu'Edrisi ajoute à ce qu'il dit de Mombase. En effet, selon lui, Mombase est située *près d'un grand golfe que les navires remontent pendant deux journées* [ce qui fait un trajet de 150 milles (2)], *et sur les bords duquel il n'y a pas d'habitations à cause des bêtes féroces*, etc. El-Banès devait donc être en dehors de ce golfe; or, le golfe mentionné ici par Edrisi ne peut être que la courbure affectée par la côte à par-

---

(1) Les géographes arabes ont varié d'opinion sur l'étendue du pays des Zendj et sur les points qui en étaient pour eux les limites. Les uns, comme Massoudi, semblent avoir désigné sous ce nom tout le pays compris entre l'embouchure du Djoub et le cap Corrientes, y faisant ainsi figurer le Sofala. D'autres, comme Edrisi et Ibn-Sayd, en séparaient le Sofala. Mais aucun n'a précisé, que nous sachions, le point à partir duquel commençait ce dernier pays.

(2) Ibn-Sayd dit que ce golfe peut être remonté à plus de 300 milles. Il nous semble que l'étendue en profondeur donnée par les géographes arabes aux divers golfes qu'ils mentionnent dans leur description de la côte, est simplement une partie de la longueur de la courbe que la côte présente en ces endroits. L'idée erronée qu'ils se faisaient de sa direction générale devait, en effet, quand ils avaient à y indiquer un golfe, les porter à en placer les deux extrémités à peu près sur le même parallèle, et à lui attribuer en profondeur ce qui n'était réellement que la distance plus ou moins exacte parcourue par les navires qui le côtoyaie pour se rendre de son entrée à l'un des points situés sur ses bords même au delà de son autre extrémité.

tir de l'île Ouacine, courbure qu'on doit regarder comme terminée à la pointe Pouna, et qui présente un développement de 200 milles environ : ce serait donc au delà de cette pointe qu'il nous faudrait chercher le point correspondant à El-Banès, et notre hypothèse, heureuse au moins en cela, ne se trouve point avoir failli à cette condition spéciale.

Enfin, quant à la montagne nommée *Adjoud*, située entre cette dernière ville et Thonet, et attirant les navires qui s'en approchent, on pourrait, d'après ce qu'en dit le géographe, la rapporter au cap Delgado (cap délié, mince), aux environs duquel les courants sont très-forts. Le commentateur Hartmann a supposé qu'Edrisi avait voulu faire allusion à quelqu'une de ces montagnes d'aimant qui, pour les géographes arabes, semblent jouir du privilége de l'ubiquité : son opinion ne contredit pas notre hypothèse, puisqu'il est admis que cette fable des montagnes d'aimant ne peut avoir pris sa source que dans l'existence de courants violents auprès de certains promontoires; elle la justifierait, au contraire. Mais une difficulté plus réelle se présente : le rapport que nous venons de supposer entre la montagne Adjoud et le cap Delgado fût-il admis, il resterait encore à se rendre compte de ce que peut être ce grand golfe placé entre El-Banès et Thonet, et qui oblige les voyageurs à se détourner du droit chemin quand ils se rendent, par terre, de l'un à l'autre de ces points. Peut-être le détour signalé par le géographe, et dont il a évidemment mal indiqué la cause, s'expliquerait-il par l'existence, dans cette partie de la côte, de la baie de Mikendany et de quelques cours d'eau considérables, tels que les rivières Lindy et Livouma, dont les embouchures, assez larges, obligeaient sans doute les voyageurs à chercher au-dessus de celles-ci un gué ou quelque endroit où, les bords de ces rivières se trouvant moins écartés, elles étaient ainsi plus facilement traversées. Mais cette explication ne résout pas complétement la difficulté signalée.

Au reste, le défaut capital de la description d'Edrisi n'est pas dans les imperfections, mais dans les lacunes qu'on y remarque. Ce qui nous étonne encore plus que toutes les erreurs ou les confusions qu'il a commises, c'est l'absence, dans son traité, de certaines notions qui devaient naturellement s'y trouver. Comment se fait-il, par exemple, qu'il ait décrit ce littoral sans parler de l'importante cité de Kiloua? L'évidente pénurie de renseignements où il se trouvait n'est pas même, en ce cas, une explication suffisante. Il y avait, en effet, à l'époque où il composait son ouvrage, près de deux cents ans que Kiloua était fondée, et depuis bien longtemps aussi elle avait soumis à sa domination les îles Pemba, Zanzibar et Mafiia, dont il ne paraît pas non plus soupçonner l'existence. La même remarque s'applique, avec plus de raison encore, au silence également gardé par lui quant à la cité de Moguedchou, alors qu'il nomme les villes de Markah et de Braoua, qui, comme nous le dirons plus loin, en étaient dépendantes à cette époque. De pareilles lacunes prouvent surabondamment que le géographe de la cour du roi Roger ne savait presque rien de l'Afrique orientale; il semble même n'avoir pas pris la peine de se renseigner, quoiqu'il eût pour cela toutes les facilités désirables.

Passons maintenant aux îles de la septième section.

« En face du rivage des Zendj sont les îles de Zaledj (1).
« Elles sont nombreuses et vastes ; leurs habitants sont
« très-basanés, et tout ce qu'on y cultive de dorrha, de
« canne à sucre et d'arbres de camphre y est de couleur
« noire. Au nombre de ces îles est l'île de Cherboua (2),
« dont la circonférence est, à ce qu'on dit, de 1,200 milles

(1) Notre manuscrit porte tantôt *Zaledj*, tantôt Raledj et Ranedj. Ce sont les îles que d'Herbelot, Hartmann et autres ont décrites, d'après les géographes arabes, sous le nom de Ranch ou Ranah. [*Note du traducteur* (*).]

(2) Le manuscrit n° 334 porte Saranda. (*Note du traducteur.*)

(*) M. Reinaud fait observer que M. Jaubert n'a pas bien rendu le nom de ces îles et qu'il faut lire, dans le texte, *Zabedj* au lieu de *Zaledj*. En voyant toutes les variantes que les manuscrits, et souvent le même manuscrit, présentent dans l'orthographe du nom de ces îles (variantes qui, soit qu'on les attribue aux copistes, soit qu'on les attribue à l'auteur, accusent, dans ce dernier cas, une certaine hésitation quant au nom à employer, et, dans le premier, peu de netteté dans l'écriture du manuscrit original), nous nous demandons si Edrisi n'a pas voulu ou s'il ne devait pas écrire *Djezair-el-Zenoudj* (îles des Zendj), ce qui nous semblerait ici beaucoup plus rationnel que *îles Zabedj*, en tant que ce dernier nom doive désigner les îles Malaises. Nous ne pouvons juger que par les yeux, et nous ne savons pas si les mots Zenoudj et Zabedj ou Zaledj, écrits en caractères arabes, sont tellement différents qu'un copiste ne puisse, l'écriture de l'original y aidant, prendre l'un de ces mots pour l'autre ; nous soumettons en toute humilité notre réflexion aux orientalistes. Mais nous insisterons sur ce fait qu'en lisant *îles des Zendj*, tout ce que dit Edrisi dans le passage précité, depuis les mots « les Zendj n'ont pas de navires, etc., » jusqu'à ceux-ci, « attendu qu'ils comprennent le langage les uns des autres, » est parfaitement en harmonie avec les rapports établis, depuis des siècles, par des bateaux de l'Omân, des Comores et de Madagascar avec le Zanguebar (*a*) ; au lieu qu'en lisant *îles de Zabedj*, tout ce passage n'est plus rationnel, à moins d'admettre l'existence de rapports analogues entre ce même Zanguebar et les îles Malaises, tant par des bateaux de ces îles que par l'intermédiaire des bateaux de l'Omân.

Or, les voyages directs de ces îles au Zanguebar étaient, nous le croyons, au-dessus de ce que les marins arabes et malais pouvaient entreprendre à cette époque. Que des bateaux de l'Omân destinés pour les Comores et Madagascar touchent au Zanguebar, c'est tout naturel, et c'est encore la route qu'ils suivent aujourd'hui quand ils se rendent en ces îles ; mais on ne saurait comprendre que ces mêmes bateaux de l'Omân, qui sont destinés pour les îles Malaises, s'y rendissent en touchant au Zanguebar. A l'appui de l'idée que nous avons exprimée de la substitution possible du mot de Zenoudj à celui de Zanedj, Zaledj ou Zabedj, nous citerons le passage suivant d'Albyrouni, reproduit par M. Reinaud dans son *Introduction à la géographie d'Aboulféda*, page 408 : « Les îles de la partie de la mer de l'Inde qui est tournée vers l'orient et qui « se rapproche de la Chine sont les îles du Zabedj ; les îles situées du côté de l'occident sont les « îles des Zendj. » Enfin nous ferons remarquer encore qu'Ibn-el-Alouardy, mentionnant, dans sa description du pays des Zendj, que les habitants de ce pays ne possèdent pas de bateaux, et expliquant comment ils ont, cependant, des relations commerciales avec l'extérieur, dit que les marchands de l'Omân y abordent chaque année et font les agents de ces relations ; mais il ne parle en aucune façon, au même titre, des bateaux des îles Zabedj.

(*a*) Voyez, pour ce qui a trait au commerce du Zanguebar, le chapitre xxv de la relation.

« et où l'on trouve des pêcheries de perles et diverses sortes
« d'aromates et de parfums, ce qui y attire des marchands.
« Parmi les îles de Zaledj comprises dans la présente sec-
« tion, on compte aussi celle d'El-Andjebeh, dont la ville
« principale se nomme, dans la langue du Zanghebar, *El-*
« *Anfoudja*, et dont les habitants, quoique mélangés, sont
« actuellement, pour la plupart, musulmans. La distance
« qui la sépare d'El-Banès, sur la côte des Zendj, est de
« 100 milles (*). Cette île a 400 milles de tour; on s'y
« nourrit principalement de figues-bananes (**). Il y en a
« de cinq espèces......... Cette île est traversée par une
« montagne nommée *Wabra*, où se réfugient les vaga-
« bonds chassés de la ville, formant une brave et nom-
« breuse population, qui infeste souvent les environs de la
« côte et qui se maintient sur le sommet de cette mon-
« tagne dans un état de défense contre le souverain de
« l'île. Ils sont courageux et redoutables par leurs armes
« et leur nombre.

« Cette île est très-peuplée; il y a beaucoup de villages
« et de bestiaux : on y cultive le riz. On dit que, lorsque
« l'état des affaires de la Chine fut troublé par les dissen-
« sions et que la tyrannie et les rébellions devinrent exces-
« sives dans l'Inde, les habitants de la Chine transportèrent
« leur commerce à Zanedj (ou Zabedj, selon M. Reinaud)
« et dans les autres îles qui en dépendent, entrèrent en
« relations et se familiarisèrent avec ses habitants, à cause

---

(*) Le texte porte 1 madjra.
(**) Cette particularité, les deux noms Andjebeh et Anfoudja, qui ont évidemment une physionomie toute malgache; enfin les faits mention-nés dans l'alinéa qui suit, nous semblent désigner l'île de Madagascar.

« de leur équité, de la bonté de leur conduite, de l'aménité
« de leurs mœurs et de leur facilité dans les affaires. C'est
« pour cela que cette île est si peuplée et qu'elle est si fré-
« quentée par les étrangers (*).

« Auprès de cette île, il en existe une autre (**), peu con-
« sidérable, dominée par une haute montagne dont le som-
« met et les flancs sont inaccessibles, parce qu'elle brûle
« tout ce qui s'en approche (***). Durant le jour, il s'en
« élève une épaisse fumée, et durant la nuit, un feu ar-
« dent. De sa base coulent des sources, les unes d'eau froide
« et douce, les autres chaudes et salées.

« Auprès de l'île de Zanedj susmentionnée, on en trouve
« une autre nommée *Kermedet*, dont les habitants sont de
« couleur noire. On les appelle *Nerhin* (1). Ils portent le
« manteau nommé *Azar* et la *Fouta*. C'est une peuplade
« audacieuse, brave et marchant toujours armée. Quelque-
« fois ils s'embarquent sur des navires et attaquent les bâ-

(*) C'est ici que la note de M. Reinaud (ci-devant page 208) nous semblerait venir en sa place. Mais sont-ce bien des Chinois, et non pas des
Malais, qui vinrent à Madagascar? N'est-ce pas aussi, par suite de la
confusion que fait Edrisi des îles des Zendj avec les îles Malaises, que
l'île d'El-Andjebeh se trouve ici avoir part aux résultats de cette émigration?

(**) Cette île, dont Edrisi ne donne pas le nom, semble devoir être l'île
qu'Ibn-Sayd désigne sous celui de Berkan dans sa description des îles
de Mend.

(***) Il s'agit ici manifestement de l'une des Comores, Maïotte ou,
plutôt, la grande Comore; le volcan de cette dernière conserve encore
son activité souterraine. Celui de Pamanzi, l'un des îlots situés dans
les eaux de Maïotte, qui a dû être bien moins considérable, est, sans
doute depuis bien longtemps, éteint; son cratère est aujourd'hui trans-
formé en un petit lac d'eau bitumineuse et sulfureuse.

(1) Le manuscrit n° 334 porte Karnoa et Boumin; le manuscrit B.
Kermebet et El-Boumin. (*Note du traducteur.*)

« timents de commerce, dont ils pillent les marchandises.
« Ils ne laissent rentrer chez eux que leurs compatriotes
« et ne redoutent aucun ennemi. Entre cette île et le ri-
« vage maritime, on compte un jour et demi de naviga-
« tion (*); entre elle et l'île Zanedj, nommée *El-An-*
« *frandji* (**), on compte une journée (***)....... »

Si l'on veut bien se rappeler ce que nous avons dit de la configuration donnée, par la carte d'Edrisi (carte qui résumait les idées des géographes de son époque), à la partie méridionale de l'Afrique, on pourra, malgré la confusion qui règne dans son récit, démêler la vérité de l'erreur, et se rendre compte des causes de cette dernière. Le continent africain, nous le répétons, se prolongeait, selon Edrisi et les autres géographes, vers l'orient, jusqu'au sud-est de la Chine, englobant dans ce trajet la plupart des grandes îles qui forment, entre le 5ᵉ et le 12ᵉ parallèle, cette longue chaîne dont Madagascar, les îles de la Sonde et les Moluques font partie. Tout cet immense continent était, à leurs yeux, séparé des côtes de l'Arabie et de l'Inde par un long canal, qui commençait au détroit de Bab-el-Mandeb et s'avançait jusqu'au sein de la mer de Chine. Ce canal était, comme on le voit, singulièrement rétréci par eux, surtout dans la partie qui correspondait au vaste espace compris entre Madagascar et la côte méridionale de l'Inde. C'est comme conséquence de ce tracé fictif que nous avons

---

(*) Le texte porte *le madjra d'un jour et demi.*

(**) Cette île, dont il n'est fait mention sous ce nom ni dans ce qui précède ni dans ce qui suit, est probablement l'île Andjebeh décrite plus haut, et que le géographe aura voulu désigner ici par le nom de la ville principale, El-Anfoudja.

(***) Le texte porte le madjra d'un jour.

vu Melinde et Mombase mises en face de Socotra et du prolongement de la côte d'Aden. Dans le changement de front (qu'on nous passe l'expression) imprimé ainsi par eux à la côte orientale d'Afrique et aux îles situées en regard de cette côte, il arrivait que certaines de ces îles étaient prises pour d'autres, et même se trouvaient confondues entre elles ou avec le continent. Les noms alors, comme la situation, l'étendue, les mœurs, les langages, les productions, subissaient des déplacements arbitraires et bizarres.

Ainsi il est facile de distinguer, dans la description qui précède, des particularités qui s'appliquent à Madagascar, aux Comores et au canal de Mozambique. En même temps, nous y voyons figurer aussi une île du nom de Cherboua, dont les produits, tels que les perles, les aromates et les parfums, nous paraissent être plus en analogie avec ceux de Ceylan qu'avec ceux de Madagascar et des autres îles de l'Afrique orientale. Ce rapport est même tellement frappant, que, si ce n'était qu'Edrisi décrit, plus loin, avec assez de détails, l'île de Serendib, le nom de Seranda, qui, dans quelques manuscrits, remplace celui de Cherboua pour l'île dont il s'agit, donnerait peut-être quelque apparence de vérité à l'identification de cette île avec l'île indienne. Mais, outre que cette difficulté n'est pas de nature à être levée, nos doutes et nos hésitations augmentent encore quand nous voyons l'auteur assigner à El-Andjebeh 400 milles de tour et 1,200 milles à Cherboua ou Seranda. Si encore l'étendue attribuée à l'une l'avait été à l'autre, et *vice versâ*, le chiffre de 1,200 milles pour Madagascar et celui de 400 pour Ceylan seraient encore beaucoup trop faibles, il est vrai; mais, du moins, on trouverait entre ces deux estimations erronées à peu près le rapport qui existe réellement entre les périmètres des deux îles.

Au reste, il est un fait qui dénote clairement l'ignorance d'Edrisi concernant la position de Cherboua ou Seranda, c'est le silence qu'il garde à cet égard ; tandis que, pour les autres îles Zanedj, il indique et leur situation respective et la distance à laquelle elles sont du continent. Aussi nous hâterons-nous de terminer ce que nous avions à dire au sujet de Cherboua, en faisant simplement observer que, si, par les raisons signalées plus haut, cette île ne peut être rapportée à Madagascar, elle peut moins encore l'être à une des Comores.

Quant à l'île Andjebeh, les analogies que nous avons indiquées entre certains détails de sa description et ce que nous savons de l'île Malgache nous porteraient à ne voir dans les deux qu'une seule et même île ; mais, comme Edrisi place la sienne à la distance d'un madjra d'El-Banès, sur la côte des Zendj, nous devons reconnaître que cette distance approcherait beaucoup plus de celle qui sépare la grande Comore de la même côte. De plus, le mot Angazidja, nom indigène de cette dernière île, diffère très-peu, en écriture arabe, du mot Anfoudja, nom de la ville principale de l'île Andjebeh. Comme celle-ci, la grande Comore est traversée, dans toute sa longueur, par une chaîne montagneuse, ou plutôt elle n'est qu'une haute et longue montagne volcanique que semble avoir fait surgir une éruption sous-marine. Enfin on y trouve, en quantité remarquable, diverses variétés de bananiers. Malheureusement, sous le rapport de l'étendue, il n'y a pas d'assimilation possible entre la grande Comore et l'île El-Andjebeh d'Edrisi, puisque, au lieu d'un circuit de 400 milles attribué à l'une, l'autre n'en a qu'un de 130 à 140 milles. D'ailleurs, le sol de la grande Comore n'a jamais pu être propre à la culture du riz, et à aucune époque non plus cette île n'a dû, par son commerce, par sa population, par son importance en un mot, réaliser le tableau que nous fait Edrisi d'El-Andjebeh, et ce qu'il rapporte de l'immigration qui avait rendu cette île si florissante. Enfin cette particularité de l'existence d'un volcan, particularité si caractéristique pour la grande Comore, n'est point attribuée, par le géographe, à l'île Andjebeh, mais bien à une autre île du groupe.

Comme on vient de le voir, nous ne nous sommes dissimulé en rien les contradictions que présente cette description des îles Zanedj, telle que nous l'a faite Edrisi; comme aussi nous n'avons éludé aucune des objections que soulève leur identification avec telle ou telle autre des îles connues dans la mer de l'Inde : toutefois, on sera forcé de reconnaître, avec nous, que l'île de Ceylan, celle de Madagascar et deux ou trois des îles Comores sont indiquées, par ce géographe, dans la mesure des connaissances qu'il possédait sur le pays et la mer des Zendj. Or ces connaissances nous ont paru trop vagues et trop incomplètes pour que nous nous étonnions, outre mesure, de le voir, à propos des îles Zanedj, confondre des particularités de l'une avec celles d'une autre, et comprendre même dans leur groupe des îles qui, à aucun titre, ne devaient en faire partie.

Nous avons cru inutile de suivre la description des îles de la septième section au delà de l'île Kermedet ou Kermoua, parce que tout ce qui vient après cette île nous a semblé ne pas avoir le moindre rapport direct ou éloigné avec celles de la mer des Zendj. Quant aux îles qu'Edrisi appelle l'île des Singes et l'île El-Cotroba ou Cotorié, il nous est impossible d'établir aucun rapprochement entre elles et l'une quelconque des îles aujourd'hui connues dans les eaux de l'Afrique orientale (1).

Après avoir parcouru les pages qui précèdent, le lecteur ne peut manquer de reconnaître la vérité des paroles suivantes :

« Le plus grand désordre, a dit M. Reinaud (2), règne
« dans la manière dont Edrisi a disposé les îles de la mer
« Orientale. Certaines îles sont répétées plusieurs fois,
« d'autres ne reposent que sur des idées chimériques..... »

Ce jugement, porté par un homme dont la savante critique fait autorité en ces sortes de matières, nous justifierait, au besoin, de ne pas continuer une discussion désormais aussi dénuée d'intérêt que de bases solides.

Certes, les marchands et les navigateurs arabes connaissaient fort bien tous les parages que nous venons de parcourir, puisqu'ils y étaient les agents d'un commerce fort actif, comme nous le verrons plus loin. Mais un très-petit nombre d'entre eux avaient une idée d'ensemble sur ces mers et leurs dépendances, et nul n'était assez savant pour coordonner les matériaux qu'une pratique longue et étendue avait fournis à quelques pilotes, habiles peut-être, mais étrangers à toute idée de cosmographie. Les renseignements arrivaient donc morcelés et incomplets aux hommes

---

(1) Si nous avions à donner notre opinion sur la position de ces îles, nous verrions dans l'île des Singes, située *à deux petits madjras du continent qui touche à l'Abyssinie et à deux madjras de Socotra*, l'une des îles Curia-Muria, et dans l'île Cotroba, l'île Mazeira ou Mozeira.

(2) Voyez *Introduction à la géographie d'Aboulféda*, page 315.

de cabinet; la science, alors incomplète elle-même, venait ajouter sa propre confusion à celle des données de la pratique, et les géographes se trouvaient ainsi dans l'impossibilité de corriger la théorie par les faits ou de rectifier les faits par la théorie.

Nous croyons en avoir dit assez sur ce point pour que le lecteur puisse désormais comprendre, dans les citations que nous avons à analyser, les excentricités des géographes arabes, en ce qui touche à l'orientement général de la côte et à la situation respective des lieux. Revenons maintenant à Edrisi, que nous avons laissé au pays de Sofala.

« 1er climat. — 8e section. — Cette section comprend la
« description du restant du Sofala.

« On y trouve d'abord deux villes ou plutôt deux bourgs
« entre lesquels sont des villages et des lieux de campe-
« ment semblables à ceux des Arabes. Ces bourgs se nom-
« ment *Djentama* et *Dendema*. Ils sont situés sur les bords
« de la mer et peu considérables. Les habitants sont pau-
« vres, misérables, et n'ont d'autres ressources pour vivre
« que le fer; en effet, il existe un grand nombre de mines
« de ce métal dans les montagnes du Sofala. Les habitants
« des îles de Zanedj (1) et des autres îles environnantes
« viennent chercher ici du fer, pour le transporter sur le
« continent et dans les îles de l'Inde, où ils le vendent à
« un bon prix; car c'est un objet de grand commerce et
« de grande consommation dans l'Inde, et, bien qu'il en
« existe dans les îles et dans les mines de ce pays, cepen-
« dant il n'égale pas le fer du Sofala, tant sous le rapport

(1) Le manuscrit B porte les îles *Raneh*. (*Note du traducteur.*)

« de l'abondance que sous celui de la bonté et de la mal-
« léabilité. Les Indiens excellent dans l'art de le fabriquer
« et dans celui de préparer le mélange des substances au
« moyen desquelles, par la fusion, on obtient le fer doux
« qu'on a coutume de désigner sous le nom de *fer de*
« *l'Inde.* Ils ont des manufactures où l'on fabrique les sa-
« bres les plus estimés de l'univers ; c'est ainsi que les fers
« du Sind, de Serendib et de l'Yémen rivalisent entre eux
« sous le rapport de la qualité résultant de l'atmosphère
« locale, aussi bien que sous celui de l'art de la fabrica-
« tion, de la fonte, de la forge, de la beauté du poli et de
« l'éclat ; mais il est impossible de trouver rien de plus
« tranchant que le fer de l'Inde. C'est une chose universel-
« lement reconnue et que personne ne peut nier.

« De Djentama à Dendema, on compte, par mer, deux
« journées (*) ; par terre, sept journées.

« Dendema est une des principales villes du Sofala ; trois
« autres touchent au territoire de ce pays. L'une d'elles est
« Siouna, ville de médiocre grandeur, dont la population
« se compose d'Indiens, de Zendj et autres. Elle est située
« sur un golfe où les vaisseaux étrangers viennent mouil-
« ler (1). De Siouna à Boukha (2), sur le rivage de la mer,
« trois journées (**) ; de la même à Dendema, du Sofala,
« vers l'ouest, par mer, trois journées (***), et par terre

(*) Le texte porte 2 madjra.

(1) Le manuscrit B ajoute : « C'est là que réside le gouverneur ; il a des soldats, mais il n'y a point de chevaux dans le pays. » (*Note du traducteur.*)

(2) Le manuscrit B porte Barka. (*Note du traducteur.*)

(**) Le texte porte 3 madjra.

(***) Le texte porte 3 madjra.

« environ vingt journées (*), parce qu'il y a, dans l'inter-
« valle, un grand golfe qui s'étend vers le midi et qui
« oblige à un détour considérable. De Boukha à Djen-
« tama (**), par mer, une journée (***); par terre, quatre
« journées. Dans tout le pays de Sofala, on trouve de l'or
« en abondance et d'excellente qualité. Cependant les habi-
« tants préfèrent le cuivre, et ils font leurs ornements avec
« ce dernier métal. L'or qu'on trouve sur le territoire de
« Sofala surpasse, en quantité comme en grosseur, celui
« des autres pays, puisqu'on en rencontre des morceaux
« d'un ou de deux mitheals, plus ou moins, quelquefois
« même d'un roll. On le fait fondre dans le désert, au
« moyen d'un feu alimenté par de la fiente de vache, sans
« qu'il soit nécessaire de recourir, pour cette opération, au
« mercure, ainsi que la chose a lieu dans l'Afrique occi-
« dentale; car les habitants de ce dernier pays réunissent
« leurs fragments d'or, les mêlent avec du mercure........
« L'or de Sofala n'exige pas l'emploi de ce procédé; mais
« on le fond sans aucun artifice qui l'altère. »

Edrisi passe ensuite aux îles Roïbahat, nom sous lequel
il désigne probablement ces nombreux archipels qui se trouvent entre Madagascar et Ceylan ou la côte de l'Inde. Nous
n'avons pas à le suivre dans ces parages, quelle que soit
l'incertitude qui règne, dans ses écrits, sur le point de sé-

---

(*) Le texte porte 20 marhâla.

(**) En examinant avec attention ce qui précède depuis le commencement de l'alinéa, il nous paraît évident que Djentama a été mis ici par
erreur ou pour Dendema, ou plutôt pour Djetta ou Djebetta, sur laquelle
Edrisi revient plus loin, 9ᵉ section.

(***) Le texte porte 1 madjra.

paration où se termine ce qui a trait au continent africain et à ses îles.

Disons seulement qu'en suivant avec attention l'exposition des diverses particularités attribuées à chacune, nous n'y avons rien trouvé qui puisse autoriser l'identification de l'une quelconque d'entre elles avec Madagascar. Il y a plus : le cocotier, signalé comme abondant en toutes ces îles et fournissant, avec ses fruits, une partie essentielle de la nourriture de leurs habitants, n'est point indigène à Madagascar; sur les points de cette île où il existe aujourd'hui, l'introduction n'en remonte pas à deux siècles, et, tout insignifiant que ce fait puisse paraître d'abord, nous y voyons un caractère distinctif dont on doit tenir grand compte, en cherchant à rapporter Madagascar à l'une des îles mentionnées par les géographes arabes. Nous n'admettons donc pas, et pour bien d'autres raisons encore, que l'île de Comor, telle que la représente Edrisi, puisse indiquer Madagascar. Nous aurons à examiner plus loin si les nouvelles données fournies, au sujet de l'île de Comor ou Comr, par les géographes qui vinrent après Edrisi, sont de nature à modifier notre opinion.

Voici, maintenant, la suite de sa description du pays de Sofala :

« 1ᵉʳ climat. — 9ᵉ section. — Nous disons donc qu'au
« midi de cette mer est une partie du Sofala (dont nous
« avons déjà parlé), et qu'au nombre des lieux habités de
« ce pays est la ville de Djesta ou de Djebesta (*), peu con-
« sidérable. On y trouve de l'or en quantité; son exploita-

(*) Le traducteur fait remarquer que le manuscrit B porte *Djesta*. Hartmann a lu *Gasta*.

« tion est la seule industrie et la seule ressource des habi-
« tants. Ils mangent des tortues marines et des coquillages;
« le dhorra n'est pas abondant parmi eux. Cette ville est
« située sur un grand golfe où peuvent entrer les navires.
« Les habitants de Djebesta, n'ayant ni navires ni bêtes de
« somme pour porter leurs fardeaux, sont obligés de les
« porter eux-mêmes et de se rendre service réciproque-
« ment. Ceux de Comor et les marchands du pays de Meh-
« radj viennent chez eux, en sont bien accueillis et trafi-
« quent avec eux. De la ville de Djebesta à celle de Da-
« ghouta, trois jours et trois nuits par mer, et à l'île Co-
« mor un jour (*).

« La ville de Daghouta est la dernière du Sofala, pays
« de l'or; elle est située sur un grand golfe; ses habitants
« vont nus; cependant ils cachent avec leurs mains leurs
« parties sexuelles, à l'approche des marchands qui vien-
« nent chez eux des autres îles voisines. Leurs femmes ont
« de la pudeur et ne se montrent ni dans les marchés ni
« dans les lieux de commerce, à cause de leur nudité; c'est
« pourquoi elles restent confinées dans leurs demeures. On
« trouve de l'or, dans cette ville et dans son territoire, plus
« qu'ailleurs dans le Sofala. Ce pays touche à celui de Ouac-
« Ouac, où sont deux villes misérables et malpropres, à
« cause de la rareté des subsistances et du peu de ressources
« en tout genre. L'une se nomme Derou ou Dadou, ou
« Dadoua, et l'autre Nebhena ou Iana'àna. Dans son voisi-
« nage est un gros bourg nommé Dargha ou Daghdagha;

(*) Il sera, plus loin, tenu compte de cette indication concernant l'île
Comor, et qui tendrait à en faire admettre l'identité avec Madagascar.
Voyez ci-après la discussion au sujet de l'île Comr d'Ibn-Sayd.

« les naturels sont noirs, de figure hideuse, de complexion
« difforme; leur langage est une espèce de sifflement; ils
« vont absolument nus et sont peu visités par les étran-
« gers; ils vivent de poissons, de coquillages et de tor-
« tues. »

D'après l'ordre de sa description et la manière dont il rattache le pays de Ouac-Ouac à celui de Sofala, Edrisi nous semble placer le second au delà du premier; cependant nous nous occuperons d'abord du pays de Ouac-Ouac, que nous soupçonnons devoir être placé entre le Sofala et le Zanguebar, et voici pourquoi :

Edrisi est, à notre connaissance, le seul auteur arabe qui ait cité des villes appartenant à ce pays; mais d'autres auteurs l'ont mentionné comme formant un groupe d'îles. Or Massoudi, qui dit partout *la contrée de Ouac-Ouac*, la fait confiner au Sofala, et donne pour limite à la terre des Zendj la contrée de Sofala et de Ouac-Ouac. Il signale ces deux derniers pays comme produisant beaucoup d'or et comme étant le terme de la navigation des bateaux de l'Omân et de Syraf. Edrisi lui-même nous dit que le pays de Sofala touche à celui de Ouac-Ouac. Enfin Ibn-Alouardy confirme à la fois l'assertion des deux premiers auteurs, en disant que les habitants de Sofala sont voisins du pays de Ouac-Ouac, et que la terre des Zendj s'étend jusqu'au Sofala et au pays de Ouac-Ouac. Cette réunion, toujours faite par Ibn-Alouardy et Massoudi, du pays de Ouac-Ouac et du pays de Sofala, lorsqu'il s'agit pour eux d'indiquer soit la limite du Zanguebar, soit les bornes de la navigation de la mer des Zendj, montre suffisamment, ce nous semble, que, dans leur pensée même, Ouac-Ouac ne venait pas après Sofala, et n'était pas séparé, par ce dernier, du pays des Zendj ; car alors ils auraient, sans doute, dit tout simplement : la terre des Zendj s'étend jusqu'au Sofala. Notons, d'un autre côté, que, malgré tous les emprunts faits par lui à Edrisi, Ibn-Sayd, que nous analyserons bientôt, ne place pas d'autre pays au delà de Dagouta, qui, pour lui comme pour Edrisi, est la dernière ville du pays de Sofala ; et il ajoute que cette ville est située au pied et du côté du nord de la montagne du Repentir, *dont les navires ne peuvent approcher sans être brisés contre elle ou poussés dans la mer Environnante, où on n'en a plus de nouvelles*. Comment donc aurait-on pu se rendre aux villes de Dadou, de Iana'âna et de Daghdagha, si elles avaient été placées, comme semble l'indiquer Edrisi, au delà de Dagouta ?

Remarquons enfin l'immense lacune laissée, par ces deux derniers géographes, dans leur description de la côte : l'un, Edrisi, l'interrompt à partir de Thonet, dont la position est probablement voisine et au sud du cap Delgado, jusqu'à la ville de Dendema, que nous allons voir placée à 5 madjra en deçà de l'embouchure du Zambèze ; Ibn-Sayd a fait plus encore ; il n'a rien dit du littoral compris entre Banyna et Seyouna, séparées, d'après lui, par un intervalle de 12 degrés, qui, pour nous, doit représenter l'étendue de côte comprise entre un point situé au nord du cap Delgado et l'embouchure du Zambèze.

De l'ensemble de ces considérations, nous croyons pouvoir conclure que le pays de Ouac-Ouac se trouvait probablement dans l'intervalle signalé par nous (1), si, comme le

(1) A ce sujet, nous rappellerons, sans vouloir nous faire un argument péremptoire de cette particularité, qu'en arrière et au nord de Mozam-

dit Edrisi, et comme Massoudi et Ibn-Alouardy le donnent à penser, ce territoire faisait partie du continent africain.

Edrisi ne fournissant, sur les villes de ce pays, aucune indication quant à leur position respective, ni quant à celle qu'elles occupaient par rapport à quelqu'une des villes précédemment citées dans sa description, nous nous bornerons, d'après ce que nous avons dit plus haut, à les supposer placées dans la partie du littoral qui est figurée, sur nos cartes, sous le nom d'*État de Mozambique*.

Nous allons examiner maintenant s'il est possible de tirer quelque conséquence de ce qu'il dit du pays de Sofala.

L'une des principales villes du Sofala, dit Edrisi, est Dendema, et trois autres touchent au territoire de ce pays, dont l'une, Siouna, est (d'après la traduction de M. Jaubert) *sur un grand golfe où les vaisseaux étrangers viennent mouiller*, et (d'après la traduction d'Hartmann) *sur le rivage de la mer, à l'embouchure d'un grand fleuve dans lequel entrent les navires qui se dirigent vers la ville*. Nous ne sommes pas apte à décider laquelle des deux versions est la mieux justifiée par

bique, c'est-à-dire sur le territoire dont le rivage est compris entre cette île et le cap Delgado, il existe encore aujourd'hui une peuplade nombreuse dont le nom Makoua (au singulier), Ouakoua ou Ouamakoua (au pluriel), offre une assez grande analogie avec le mot Ouac-Ouac, nom du pays dont nous venons de chercher la situation. Toutefois, et pour n'omettre aucun fait connu de nous qui puisse aider à résoudre la question, disons aussi qu'on trouve en arrière de la côte comprise entre la baie Delagoa et Inhambane, mais à quelque distance dans l'intérieur, une population désignée sous le nom de *Vatouahs*, dont le nom n'est pas non plus sans analogie avec celui de Ouac-Ouac : seulement ce qu'Edrisi raconte du pays de Ouac-Ouac et de ses habitants n'a aucun rapport avec les mœurs et la situation géographique, au moins actuelle, des Vatouahs. (Voyez la relation du lieutenant Boteler, *Voyages to the shores of Africa*, pages 50 et 321.)

le texte arabe, mais, si celle d'Hartmann est correcte, le fleuve dont il s'agit est, selon toute apparence, ou le Zambèze ou l'un des bras de ce fleuve; et alors Siouna pourrait bien, comme il l'a remarqué, avoir quelque rapport avec l'origine et la situation de Sena, sise, on le sait, à une trentaine de lieues du bord de la mer, et à 18 lieues au-dessus du sommet du delta formé par les deux principaux bras de ce fleuve. Ceci étant admis, nous pourrions supposer Djentama située vers l'embouchure du Likongo, Dendema, à peu près au lieu où est aujourd'hui Quillimane, et enfin, Boukha, vers l'endroit de la côte où débouche la branche du Zambèze dite *Luabo*, ce qui s'accorderait assez bien avec les positions respectives données aux villes de Dendema, Djentama et Boukha. Mais, nous ne nous le dissimulons pas, les hypothèses qu'on pourrait imaginer sur l'identité plus ou moins probable de chacun de ces points avec des lieux connus depuis seraient d'autant plus illusoires que, d'après l'aspect actuel du littoral et la nature de sa formation, on ne peut douter que la configuration n'en ait été notablement modifiée depuis le temps ou écrivait Edrisi (1), et que les points qui se trouvaient alors

(1) Voici ce que nous lisons à ce sujet dans un rapport remis au département de l'agriculture et du commerce, par M. Loarer, à la suite d'une exploration dont il avait été chargé par ce département : « Toutes les « terres comprises entre les embouchures du Likongo, au nord, et le « Luabo, au sud, sont évidemment des formations alluvionnaires assez « récentes; elles offrent, sur un espace de plus de 40 lieues du nord au « sud, sur 10 à 15 lieues de large de l'est à l'ouest, des plaines d'une « uniformité remarquable, dont le sol est formé de couches de sable fin « et d'argile rougeâtre stratifiés, le tout mélangé de détritus végétaux et « animaux, de telle sorte qu'un examen attentif pourrait amener à dire « combien il a fallu d'inondations pour l'élever à cette hauteur. Enfin « cette formation de sable argileux est recouverte d'une couche de limon « plus fin, enrichie des débris de la végétation qui s'y est développée de-

sur le bord de la mer sont aujourd'hui enclavés dans les *prazos* du delta ou dans les plaines marécageuses qui forment maintenant le littoral.

Quant à la ville de Djebesta, d'après ce que dit Edrisi de la quantité d'or qu'on y recueillait, de sa situation sur un grand golfe, de la manière d'être de ses habitants, enfin du grand commerce maritime qui s'y faisait, on pourrait, avec assez de vraisemblance, la rapporter à la localité où les Portugais trouvèrent, plusieurs siècles après, le riche marché de Sofala : à l'époque où écrivait ce géographe, Sofala était, en effet, ainsi que nous l'avons dit précédemment, fréquenté par les Arabes de Moguedchou et de Kiloua, et même, sous la suzeraineté du sultan de cette dernière cité. Enfin, la ville de Daghouta devant se trouver à trois jours et trois nuits de navigation de Djebesta, il nous faudrait alors la chercher au moins aux environs du cap Corrientes, peut-être dans la baie où est aujourd'hui Inhambane. Mais ce n'est là encore qu'une nouvelle hypothèse ajoutée à toutes celles auxquelles il nous a fallu recourir pour rapprocher quelque peu de la réalité les données d'Edrisi.

En résumé, le traité que nous venons d'examiner, pour ce qui a trait à l'Afrique orientale, manque de la précision dont la longue fréquentation du littoral de cette contrée par les Arabes aurait dû fournir les éléments. Cependant sa description a, sur la relation de Massoudi, l'avantage de présenter quelques renseignements généraux touchant le commerce

---

« puis plusieurs siècles, en même temps que les sables charriés par les
« eaux des fleuves, ne pouvant plus être élevés à la hauteur qu'elle avait
« atteinte, étaient reportés de plus en plus avant dans la mer, où leurs
« dépôts gagnent continuellement d'une manière sensible. »

de certaines localités, l'industrie et les mœurs de leurs populations, et de constater l'existence déjà stable des villes de Meurka, Braoua, Melinde et Mombase au commencement du XIIe siècle de notre ère.

Dans les premières années du XIIIe siècle, un autre écrivain arabe, connu sous le nom de *Yacout*, voyageur commerçant et lettré, composa, entre autres écrits, un dictionnaire de géographie intitulé, *Dictionnaire des lieux*. Ce traité, qui comprend plusieurs volumes, est signalé par les orientalistes comme l'un des ouvrages les plus importants de la littérature arabe (1). La bibliothèque de Paris ne possédant qu'un abrégé de ce dictionnaire, c'est seulement à ce dernier que nous avons pu recourir pour nous faire une idée des connaissances géographiques de l'auteur. Les indications que cet abrégé nous a fournies ne portent que sur un très-petit nombre des localités dont nous avons à nous occuper, et la forme même de l'ouvrage a rendu ces indications peu explicites. Toutefois, nous y trouvons mentionnées les villes de Moguedchou, d'El-Djoub et de Kiloua, dont l'existence n'avait pas été signalée par les géographes antérieurs à Yacout. Voici ce qu'il contient au sujet de ces lieux :

« *Moguedchou* est une ville placée au commencement du pays des Zendj, au sud de l'Yémen, dans la terre des Berbers et au centre de leur pays. Ces Berbers ne sont pas les mêmes que ceux qui habitent à l'ouest; ils sont d'une couleur qui tient le milieu entre celle des Abyssins et celle des nègres. Les habitants de cette ville vont nus, sans aucun vê-

---

(1) Voyez, dans l'*Introduction à la géographie d'Aboulféda*, l'intéressante notice relative à Yacout, page 129 et suivantes.

tement. Ils n'ont pas de sultan (*); leurs affaires sont traitées et dirigées par des *M'kaddem* (**) pris parmi eux. Si un négociant aborde en ce pays, il est nécessaire qu'il descende chez l'un d'eux, qui le sauvegarde et lui sert de patron. On exporte de ce pays du sandal, de l'ébène, de l'ambre et de l'ivoire, qui sont les plus grandes richesses du pays. »

« *El-Djoub* est une ville des Zendj dans le pays de Beurbera (***); on en exporte des peaux de girafe. »

« *Kiloua* est un endroit du pays des Zendj. »

Quant aux autres points de la côte orientale d'Afrique, dont les noms se retrouvent dans le dictionnaire abrégé de Yacout, l'auteur ne donne aucun renseignement que nous n'ayons déjà plus amplement trouvé dans la géographie d'Edrisi. Nous remarquons seulement qu'il signale comme ville Sofala, que ses prédécesseurs n'avaient mentionné que comme pays. « Sofala, » dit Yacout, « est la ville la plus reculée du pays des Zendj. » Enfin enregistrons aussi, sauf à nous servir plus tard de cette indication, que l'île El-Qomr ou Comr est citée par lui comme une île *située au milieu de la mer des Zendj et la plus grande qui s'y trouve.*

Le grand dictionnaire contient, sans doute, plus de détails; mais ceux que nous venons de reproduire sont remar-

---

(*) Si nous en croyons les traditions que nous avons recueillies sur les lieux mêmes, les renseignements donnés par Yacout doivent se rapporter à une époque bien antérieure à celle où il écrivait. Au commencement du XIIIe siècle, en effet, plusieurs sultans, d'une dynastie dite des *M'doffeur*, s'étaient succédé dans la souveraineté de Moguedchou. Ces traditions et les conséquences que nous en avons déduites se trouvent exposées ci-après, dans notre appréciation des renseignements fournis par Ibn-Bathouta sur Moguedchou.

(**) *M'kaddem* a le sens de *préposé, directeur, prince.*

(***) Peut-être l'El-Djoub de Yacout n'est-elle que l'El-Nedja d'Edrisi.

quables, malgré leur peu d'étendue, par leur précision relative, due probablement à la position personnelle de l'auteur, c'est-à-dire aux rapports fréquents qu'il avait eus avec les patrons et les marchands de l'Omân.

Après Yacout, nous arrivons à Ibn-Sayd, géographe qui écrivait vers le milieu du xiii⁶ siècle. Au nombre de ses ouvrages (1) se trouve un petit traité intitulé *Djagrafya*, dont nous allons extraire et analyser les passages relatifs à la côte orientale d'Afrique, en les présentant dans l'ordre selon lequel les pays dont ils traitent sont situés, en allant du nord au sud. Et d'abord, pour rendre le récit d'Ibn-Sayd plus intelligible, et faire pressentir en même temps toutes les erreurs auxquelles l'auteur a dû être entraîné par la donnée générale qu'il a prise pour base de sa description, nous reproduisons textuellement l'opinion exprimée par M. Reinaud, au sujet de cette description.

« Ibn-Sayd, dit M. Reinaud, donne une description de la côte orientale d'Afrique, et cette description s'étend jusqu'au cap de Bonne-Espérance. Son récit, digne de toute l'attention des géographes, et qui fournit de nouveaux détails sur la race malaie, ne pèche qu'en deux points. D'abord l'auteur, se laissant entraîner par l'autorité de Ptolémée, part de l'idée que le continent africain, au lieu de tourner à l'ouest, se développait à l'est, à quelques degrés au sud de la ligne équinoxiale. En second lieu, il suppose que l'île de Madagascar ne faisait qu'un avec les Séchelles, et que, se prolongeant un peu au sud de Ceylan, elle embrassait une partie des îles de Sumatra et de Java. C'est cet ensemble qui for-

---

(1) Voir la notice relative à cet auteur, dans l'*Introduction à la géographie d'Aboulféda*, § 11, page 111 et suiv.

mait pour lui l'île Comor ou Mâlay ; l'île Comor se prolongeait jusqu'à la mer *Environnante*, qu'Edrisi nomme la mer *Résineuse*, et Ibn-Sayd, la mer *Noire*. En même temps, le canal de Mozambique, au lieu de tourner au sud-ouest, se développait au sud-est, entre le continent africain et l'île Comor, et ne se terminait qu'à la mer *Environnante*, ce qui tendait à reporter le cap de Bonne-Espérance au sud-est de la Chine (1). »

Passons maintenant au traité d'Ibn-Sayd, 1re partie, 4e section (2), où, après avoir parlé des villes, fleuves et montagnes compris dans la partie habitée au sud de l'équateur, l'auteur continue ainsi :

« ..... Beurbera, capitale des Berbers, dont Amrou-el-
« Qis a décrit les esclaves et les chevaux, qui passent pour
« fort beaux. La plupart de ses habitants sont maintenant
« convertis à l'islamisme. Cette ville est par 68° de longi-
« tude et 6° 50' de latitude.

« Le Nil de Magdachou, à sa sortie du lac de Koura, ne
« cesse de s'avancer dans cette section jusqu'à ce qu'il ait
« atteint le 11e degré de latitude (*) et le 66e de longi-

---

(1) *Introduction à la géographie d'Aboulféda*, page 316.
(2) Dans ce traité, Ibn-Sayd représente la terre habitée comme divisée en neuf parties, savoir : les pays habités au sud de la ligne équinoxiale; les sept climats qui se comptent suivant leurs limites au nord de cette ligne; enfin, les pays habités au nord des sept climats, qui comprennent les points les plus reculés au nord. La description de la partie habitée au sud de la ligne équinoxiale comprend dix sections, dans quelques-unes desquelles l'auteur décrit cependant des lieux situés au nord de cette ligne, soit par inadvertance, soit plutôt par ignorance de leur situation réelle à l'égard de celle-ci; car il ne donne pas de dénomination à la latitude qu'il leur assigne. C'est à la 4e section de la 1re division que nous commençons nos extraits.
(*) Ce passage d'Ibn-Sayd, dit M. Reinaud, se trouve dans le chapitre

« tude ; ensuite il descend à l'est de la ville de Beurbera,
« dont il ne reste alors séparé que par environ 1 degré de
« distance : après cela, le fleuve fait un détour à l'orient de
« Magdachou. Dans cette section, parmi les villes des Ber-
« bers et après Beurbera, qui en est la capitale, on trouve,
« sur le rivage de la mer de l'Inde, Serfouna ou Car-
« founa, qui est placée dans une baie au commencement de
« cette mer, par 64° 30' de longitude et 0° 20' de latitude;
« plus à l'est, se trouve une autre ville berbère, nom-
« mée Berma (1), située également dans une baie et par
« 66° de longitude et 1° de latitude. Encore plus à l'est,
« est Ilhafouny, grande montagne très-connue des voya-
« geurs ; elle semble s'avancer au sud dans les terres, à une
« distance d'environ 100 milles ; en même temps elle s'a-
« vance dans la mer, à la distance d'environ 140 milles,
« dans la direction du nord, avec une inclinaison vers l'est.
« Dans la partie que l'on voit, on compte sept caps : les
« navigateurs les comptent et se réjouissent quand ils les
« ont passés et sont sortis de ces parages.

« A l'orient de Ilhafouny, parmi les villes des Berbers
« qui sont connues sur le bord de la mer, est celle de
« Meurka, dont les habitants sont musulmans ; elle est par
« 69° 30' de longitude et 1° 10' de latitude. C'est la capitale
« du pays des Haouiia, qui forment plus de cinquante tri-

---

consacré aux régions situées au midi de l'équateur ; mais, sans doute, il s'agit ici de la latitude septentrionale, et c'est ainsi qu'Aboulféda l'a entendu dans ses tables (*Géographie d'Aboulféda*, page 206). Cette opinion est d'autant mieux fondée qu'à la fin de la section précédente, fol. 2, Ibn-Sayd dit, lui-même, que le Nil de Magdachou *sort* au nord de la ligne.

(1) Edrisi écrit Termeh.

« bus ou bourgades. Sa situation est sur les bords d'une ri-
« vière qui sort du Nil de Magdachou, et qui a son embou-
« chure à 2 marhâla de la ville du côté de l'est ; de cette
« rivière se détache un bras qui forme, par rapport à
« Meurka, une espèce de golfe. A l'orient de Meurka, est la
« ville musulmane de Magdachou, dont le nom revient
« souvent dans la bouche des personnes qui ont voyagé de
« ces côtés..... Elle est par 72° de longitude et 2° de lati-
« tude septentrionale, sur le bord de la mer de l'Inde :
« son port offre peu de sécurité (1). »

3ᵉ section. — « Au commencement de cette section, à
« 0° 10′ de la précédente et par 2° de latitude, est l'em-
« bouchure du Nil de Magdachou, qui passe à travers les
« terres dépendantes de la ville du même nom, à environ
« 12 milles de celle-ci, et débouche dans la mer de l'Inde.
« Auprès de Magdachou, il semble, à la vue, moins con-
« sidérable que le Nil d'Égypte ; mais il est profond et il
« perd de ses eaux dans son cours (il donne naissance à
« d'autres rivières). Ibn-Fathima dit : Ce Nil sort du lac
« de Koura, situé sous la ligne équinoxiale, et de la mon-
« tagne *El-Moquecem* (de la bifurcation), ce Nil formant
« alors un fleuve jumeau du Nil d'Égypte : le lieu de la
« bifurcation est par 51° de longitude et par 0° 30′ de la-
« titude dans le premier climat (c'est-à-dire au nord de
« l'équateur). Son cours est tantôt sinueux, tantôt en ligne
« droite ; il en sort des rivières qui vont enrichir la con-
« trée, comme cela a lieu en Égypte pour la canne à sucre
« et la banane, et dans l'Inde, pour le poivre, le m'qeul (le

(1) Manuscrit 1905, supplément arabe, fol. 3 et 4.

« cocotier), le foufoul (le palmiste) et autres (*). Les gens
« du pays sèment deux fois par an : l'une peu après le dé-
« bordement du fleuve, à l'aide duquel les terres sont arro-
« sées ; l'autre, quand vient la saison des pluies. Le fleuve,
« après un parcours d'environ 2,000 milles, débouche à
« l'est et près de Magdachou. A la rive orientale de ce
« Nil, finit le pays de Beurbera et commence le pays de
« Zendj (1). »

Nous retrouvons, dans les extraits que nous venons de
donner, plusieurs des points déjà nommés dans la partie
correspondante du récit d'Edrisi, et de plus une mention
de la ville de Moguedchou ; mais si les assertions d'Ibn-Sayd,
quant à la situation de Serfouna ou Carfouna, de Berma, qui
est évidemment le Termeh d'Edrisi, ne contredisent pas les
conjectures que nous avions déduites du récit de ce dernier,
elles ne nous fournissent non plus aucune indication dont
nous puissions tirer autre chose que de nouvelles hypothèses.
La latitude et la longitude attribuées à chacun de ces lieux,
loin de nous aider à rectifier ce qu'il y avait d'erroné dans le
récit d'Edrisi, y apporteraient une cause de confusion de plus,
si nous voulions en tenir compte ; mais elles nous paraissent

---

(*) Il paraît qu'on pourrait traduire ce dernier membre de phrase
comme il suit : « Il en sort des rivières qui, comme cela a lieu en
Égypte, vont enrichir la contrée de cannes à sucre, de bananes et de
fruits de l'Inde, tels que le poivre et les palmistes dits *m'qeul, foufoul*
et autres. » Mais la première leçon nous paraît plus conforme à la réalité ; car, d'après tous les renseignements qui nous ont été donnés touchant son cours et les pays qu'il traverse, nous sommes fondé à croire
que la plupart des plantes susmentionnées, sinon toutes, n'existent nulle
part dans le pays des Soumal.

(1) Manuscrit déjà indiqué, fol. 4.

trop défectueuses (1) pour servir à reconnaître, d'après la position géographique qu'elles leur assignent, les lieux dont les noms nous sont inconnus : nous ne nous en préoccuperons donc que très-secondairement dans l'analyse qui va suivre. Cette complication écartée, voyons ce qu'il est possible de conclure du texte :

Le point dont nous fait partir Ibn-Sayd est Beurbera, capitale du pays des Berbers, après laquelle vient Carfouna, autre ville berbère, située dans une baie au commencement de la mer de l'Inde, c'est-à-dire, sans doute, à l'endroit où celle-ci cesse de porter ce nom pour prendre celui de mer de Beurbera. D'après cette interprétation, Carfouna nous paraîtrait bien placée, à l'endroit où nous l'avons déjà rapportée, c'est-à-dire aux environs du cap Guardafui. Mais si nous devions tenir compte des positions assignées à Beurbera et à Carfouna, la position de cette dernière serait tout autre, puisque alors il faudrait la chercher à 420 milles dans le sud 30° ouest de Beurbera. Toutefois, remarquons-le, si un point situé près du cap Guardafui ne peut correspondre à Carfouna sous le rapport du gisement indiqué, il en serait autrement sous le rapport de la distance, car il y a précisément 400 et quelques milles entre Beurbera et Guardafui.

(1) On pourra juger de la vérité de ce que nous avançons en comparant aux positions que ces villes occupent réellement à l'égard l'une de l'autre les positions respectives résultant, pour les villes de Beurbera, de Meurka et de Magdachou (Moguedchou), des latitudes et longitudes qui leur sont données par Ibn-Sayd. Les erreurs de ce géographe, erreurs qu'on aurait pu s'expliquer par l'idée fausse qu'il se faisait de la direction générale de la côte, ne portent pas seulement sur le gisement des lieux : il se trompe encore sur les distances qui les séparent.

A défaut de renseignements plus positifs, nous conserverons donc à Carfouna la position que nous lui avons déjà donnée tout près de Ras-Assir ou Guardafui, et continuant d'avancer avec Ibn-Sayd le long de la côte, non vers l'est comme il le croyait, mais selon le gisement réel de cette côte, nous supposerons que Berma est l'un des points situés entre Guardafui et Hhafoun, peut-être en la petite baie que forme Ras-Benna. A l'orient de Hhafouny (toujours comme conséquence de l'erreur relative à la direction générale de la côte), c'est-à-dire au delà de cette presqu'île, nous devons trouver Meurka, dont les habitants sont musulmans (ce que ne nous avait pas appris Edrisi), et qui est la capitale du pays de Haouiia. Ces deux particularités, attribuées à Meurka, nous paraissent exactes; du moins elles s'accordent avec les traditions que nous avons recueillies sur les lieux et que nous produirons dans le cours de notre relation (1). Quant à sa situation sur le bord d'une rivière qui sort du Nil de Magdachou, Ibn-Sayd, tout en étant plus explicite qu'Edrisi, s'écarte réellement plus que lui de la vérité. Ce dernier, plaçant la ville de Meurka à deux journées de la rivière, mettait entre elles une trop grande distance : Ibn-Sayd a commis une erreur en sens contraire; il les a rapprochées outre mesure, et quant à la rivière elle-même, dont Edrisi n'avait rien dit que d'exact, il accumule erreur sur erreur. Nous savons, en effet, que le cours d'eau qui passe en arrière de Meurka n'est pas une branche du fleuve appelé par les Arabes Nil de Magdachou, mais ce fleuve lui-même; que ce dernier n'est pas une branche du Nil d'Égypte; qu'il n'a pas de commu-

(1) Voyez IIe partie, chap. xx.

nication avec la mer aux environs de Moguedchou ; enfin, qu'il n'en a pas davantage après avoir passé en arrière de Meurka, mais qu'il se perd dans les sables à une quarantaine de lieues dans le sud-ouest de cette ville (1).

Ibn-Sayd a donné la position de Meurka en latitude et en longitude, et il est à remarquer que sa latitude ne diffère de la véritable que de 0° 32′. Quant à la longitude, nous ne pouvons juger jusqu'à quel point elle est ou non exacte, car nous ignorons l'endroit précis où les géographes arabes plaçaient leur premier méridien. Mais nous pouvons au moins, en comparant entre elles plusieurs de ces longitudes, juger de leur exactitude relative : le résultat de cette comparaison pour Meurka et Moguedchou, entre les méridiens desquelles il y a réellement une différence de 0° 31′, nous fait voir qu'elles différaient pour Ibn-Sayd de 2° 30′ ; erreur considérable pour deux points aussi peu éloignés l'un de l'autre, même en ayant égard aux moyens imparfaits dont on se servait alors pour déterminer les longitudes : car ce calcul avait, en général, pour seuls éléments, la distance parcourue et la direction suivie par un voyageur pour se rendre d'un point à un autre ; or, la distance de Moguedchou à Meurka n'est que de 12 à 14 lieues.

Ce n'est pas tout, et les erreurs de distance commises par Ibn-Sayd sont peu de chose auprès de la confusion qu'il apporte dans la position respective des lieux. Ainsi, pour la seule partie de la côte où sa théorie sur le prolongement de celle-ci vers l'est serait appliquée à propos, il s'en écarte et place les deux villes maritimes de Carfouna et de Berma, la

(1) En lisant avec attention les détails donnés par Ibn-Sayd sur le cours du Nil de Magdachou, on voit qu'une partie de ces erreurs pro-

première à 420 milles dans le sud-ouest $\frac{1}{4}$ sud, la seconde à 554 milles dans le sud-sud-ouest de Beurbera ; supprimant, par là, du continent africain l'immense quadrilatère compris entre le point où tombe ainsi Berma, la ville de Meurka, le cap Guardafui et Beurbera.

Par contre, appliquant cette théorie alors qu'elle devient fausse, il est conduit à placer, dans l'ordre successif des villes de la côte, Meurka avant Moguedchou, tout en conservant à celle-ci une latitude plus nord et une longitude plus est qu'à Meurka, preuve qu'il avait été suffisamment renseigné par les navigateurs sur la position relative de ces deux points. Cependant l'ordre dans lequel se présentaient les villes de la côte et l'inclinaison de celle-ci dans le sud-ouest devaient être également indiqués par eux, car pas un des patrons de barques du golfe Persique, qui avaient fait le voyage de la mer des Zendj, ne pouvait les ignorer ; mais, aveuglé par son système, notre géographe ne comprenait pas que Magdachou, étant à l'orient de Meurka, dût se présenter avant celle-ci dans le développement de la côte.

Nous avons insisté sur la première erreur résultant de ce déplorable système, parce qu'elle nous expliquera d'autres déplacements analogues que nous aurons encore à signaler ; conséquences forcées d'une donnée générale fausse avec la-

viennent de ce qu'Ibn-Fathima et lui ont attribué à leur Nil des particularités dont les unes s'appliquaient à la rivière Dénoq, les autres au Djoub, qu'ils croyaient sans doute n'être qu'un seul et même fleuve. Ainsi le commencement de la description, à part la communauté de source avec le Nil d'Égypte, se rapproche suffisamment de ce que nous savons de la partie supérieure du cours du Dénoq ; mais la fin de la même description, c'est-à-dire ce qui a trait à l'embouchure du Nil de Magdachou et à la limite qu'il établit entre le pays de Beurbera et celui des Zendj, se rapporte évidemment mieux au Djoub qu'à la rivière Dénoq.

quelle on ne pouvait, qu'au prix de nouvelles erreurs, accorder les faits constatés par la pratique de la côte.

Pour terminer cette longue discussion, nous dirons que, bien que Magdachou figure seulement de nom dans la description d'Ibn-Sayd, néanmoins la manière dont il en parle suffirait, au besoin, à prouver qu'à l'époque où il écrivait, cette ville devait être assez importante. Remarquons, en outre, avant de passer à de nouvelles localités, qu'Ibn-Sayd traite les villes d'El-Nedja et de Bedouna comme Edrisi avait traité Moguedchou : il n'en fait pas la plus légère mention.

Reprenons maintenant la description commencée :

« On trouve dans cette 5ᵉ section, parmi les villes des
« Zendj qui sont connues, Melinde, par 81° de longitude
« et 2° 50' de latitude (*) ; elle est située sur une baie
« qui se développe à l'occident et où se jette un fleuve qui
« descend de la montagne de Comr. Sur les bords de ce
« golfe, sont de nombreuses habitations appartenant aux
« Zendj ; les habitations des peuples de Comr se trouvent
« au midi. A l'est de Melinde est Alkerany, nom d'une
« montagne très-connue des voyageurs. Cette montagne
« s'avance dans la mer à la distance d'environ 100 milles,
« dans la direction du nord-est ; en même temps elle se
« prolonge sur le continent en droite ligne, dans la direc-
« tion du midi, à la distance d'environ 50 milles. Entre au-
« tres singularités qu'offre cette montagne, se trouve celle-
« ci : la partie qui est sur le continent renferme une mine
« de fer qui fournit à la consommation de tout le pays des

(*) Aboulféda, en citant ce passage d'Ibn-Sayd, dit latitude *méridionale*.

« Zendj et à l'exportation ; l'autre partie, qui est dans la
« mer, contient de la pierre d'aimant qui attire le fer. On
« trouve à Melinde l'arbre du Zendj (*). Le roi des Zendj
« réside dans la ville de Mombase, entre laquelle et Melinde
« il y a environ 1 degré de distance. Mombase se trouve
« sur les bords de la mer. A l'occident est un golfe que les
« bâtiments peuvent remonter pendant deux jours, et qui
« s'étend à plus de 300 milles. Dans cette division se trouve
« le désert (El-Mefaza) qui sépare le pays des Zendj de celui
« de Sofala (**). »

Nous ne retrouvons dans le paragraphe ci-dessus ni la Beroua, ni la Medouna ou Nedouba d'Édrisi, mais seulement les villes de Melinde et de Mombase, avec quelques particularités relatives au littoral qui les précède immédiatement et à celui qui les suit. A part l'exagération d'étendue et l'erreur que nous avons déjà fait pressentir dans l'orientement des lieux, nous pouvons rapporter le golfe signalé à l'occident de Melinde, à la baie Formose, où vient déboucher la rivière Ouzi. Quant à la montagne Alkerany, située à l'est, c'est-à-dire au delà de Melinde, ou bien dans le sud-ouest, en tenant compte du gisement réel de la côte, nous voyons dans ce que dit Ibn-Sayd de la partie de cette

―――

(*) Dans une note dont M. Reinaud accompagne ce passage cité par Aboulféda, il insinue qu'il s'agit probablement ici de l'arbre qui donne naissance au gingembre. Mais il faut alors que le mot arabe traduit ici par *arbre* signifie de même une plante herbacée ; car le gingembre est la racine d'une plante de ce genre.

Au reste, M. Reinaud ajoute qu'au lieu de *l'arbre du Zendj* il faut peut-être traduire *les enchanteurs d'entre les Zendj*. (Voy. *Géographie d'Aboulféda*, traduction de M. Reinaud, page 207.)

(**) Manuscrit déjà indiqué, fol. 1.

montagne, qui se prolonge vers le midi sur le continent, une allusion aux terres élevées qui commencent en arrière de Mombase par les montagnes de Rabaye, et se prolongent à peu de distance de la côte jusque par le travers de l'île Pemba. On assure que plusieurs de ces montagnes renferment des mines de divers métaux, au nombre desquels toutefois on ne compte pas le fer (1). Pour ce qui est de la partie de la montagne Alkerany qui s'avance à 100 milles dans la mer et quant à sa mine d'aimant, nous ne pouvons voir qu'une fable dans la mention qui en est faite par Ibn-Sayd. Disons, en passant, que ce roi des Zendj, dont parle notre auteur comme résidant à Mombase, nous paraît être tout simplement le cheikh de cette ville, partageant la souveraineté du littoral du pays des Zendj avec les chefs des autres établissements arabes fondés par les diverses émigrations musulmanes dont nous avons parlé. Mais l'erreur relevée, on pourrait au moins induire de l'assertion d'Ibn-Sayd que le cheikh de Mombase était puissant à cette époque, et que la cité elle-même avait une certaine importance.

Le golfe situé à l'occident de Mombase, golfe que les navires remontent pendant deux jours et qui s'étend à plus de 500 milles, est le même dont parle Edrisi et sur lequel nous nous sommes déjà expliqué (2) : ajoutons seulement que, pour être conséquent avec son idée dominante, Ibn-Sayd aurait dû dire *à l'orient* de Mombase, afin de conserver à ce golfe la place qu'il occupe dans le développement

(1) Nous donnerons quelques détails à ce sujet dans le chapitre de la relation consacré à Mombase.
(2) Ci-devant, page 213.

de la côte ; mais comme probablement les navigateurs l'avaient signalé *à l'occident*, il s'est conformé, quant à l'expression, aux données de la pratique, et il a enregistré l'indication fournie par eux sans y réfléchir davantage, sans chercher à se rendre compte comment ce golfe, d'une étendue de plus de 500 milles, pouvait se trouver placé entre Mombase et Melinde, villes entre lesquelles il n'admettait lui-même que 1 degré environ de distance.

Le désert qui sépare le pays des Zendj de celui de Sofala ne peut nous représenter autre chose qu'une immense étendue de littoral sur lequel Ibn-Sayd n'avait aucune notion : nous nous demandons seulement pourquoi ce géographe, qui a tant emprunté à Édrisi, n'a pas cité, d'après ce dernier, les bourgs d'El-Banès et de Thonet, à moins que la ville de Banyna ne soit la même qu'El-Banès, ce que nous examinerons en analysant le paragraphe suivant, relatif au pays de Sofala.

Après avoir mentionné le désert qu'il dit exister entre le pays des Zendj et celui de Sofala, Ibn-Sayd continue ainsi :

« Puis viennent les villes du pays de Sofala ; Banyna, si« tuée à l'extrémité d'un grand golfe qui entre dans les
« terres jusqu'à une distance de 4 degrés de la ligne équi« noxiale, et dont l'ouverture a 2 degrés de largeur ; la ville
« est par 2° 50' de latitude et 87° 10' de longitude..... A
« l'ouest de Banyna est Adjred (*), nom d'une montagne
« qui se prolonge dans la mer, vers le nord-est, jusqu'à une

(*) Adjred signifie *bruyant, qui fait du bruit*. Ce nom a, sans doute, été donné à la montagne ou au cap dont il s'agit, par allusion aux remous de courants qui s'y forment, et peut-être aussi, à des brisants qui en bordent l'extrémité.

« distance de 100 milles ; les vagues que la mer forme en
« cet endroit font un grand fracas, et cette montagne at-
« tire à elle tout ce qui l'approche. Les voyageurs en ont
« grand'peur, et se gardent de son action. Banyna a une
« baie assez longue dans laquelle débouche un fleuve qui
« vient des montagnes de Comr, situées à l'est. La lon-
« gueur de la baie et du fleuve est d'un mois de voyage ;
« leurs bords sont garnis d'arbres et d'habitations (*).

« 6° section. — Cette section comprend les habitations
« des gens de Sofala qui donnent sur la mer de l'Inde. Il
« ne s'y trouve pas de villes connues avant leur capitale,
« nommée Syouna, par 99° de longitude et 2° 30' de la-
« titude méridionale. Cette ville est située sur un grand
« golfe, où se jette une rivière qui descend de la montagne
« de Comr, et qui est à l'ouest de la ville. Le fleuve em-
« brasse, dans son cours, une étendue de 5 degrés en lon-
« gueur. C'est à Syouna que réside le roi de Sofala. Les in-
« digènes de ce pays, de même que les Zendj, adorent des
« idoles de bois et de pierre, qu'ils enduisent d'huile de
« gros poissons. La plupart des ustensiles dont ils se ser-
« vent sont en or et en fer. Ils se vêtent de peaux de ti-
« gre. Ils n'ont point de chevaux, et leurs troupes vont
« toutes à pied. El-Massoudi rapporte que les Zendj se font
« la guerre montés sur leurs bœufs comme les Nubiens
« se battent sur leurs dromadaires dits *mehdri*. A l'est de
« Syouna, commence le canal de Comr qui s'étend de la
« mer de l'Inde jusqu'aux confins des terres habitées au
« sud. Sa largeur, en cet endroit, est d'environ 200 milles.

(*) Manuscrit déjà indiqué, fol. 4 et 5.

« Il se dirige en décrivant un arc vers le sud et l'est, en
« conservant cette largeur ou à peu près, jusqu'à son abou-
« tissement à la montagne El-Nedama (montagne du Re-
« pentir), dont nous donnerons plus loin la description.

« A l'orient de Syouna commence le *Djebel-el-Molaththam*
« (montagne Battue), qui s'étend le long du canal sur un
« espace d'environ 260 milles. Les bâtiments que le vent
« du nord pousse dans sa direction sont portés vers elle, et
« les voyageurs s'en défient. S'ils peuvent s'élever dans
« l'est, ils n'ont rien à en craindre ; mais, s'ils sont entraînés
« au sud dans le canal, ils sont dès lors placés en cette
« cruelle alternative, ou de sortir de leur dangereuse posi-
« tion à la faveur d'un vent du sud, ou d'être jetés par les
« courants et les vents du large sur la montagne El-Ne-
« dama et d'y périr ([*]). »

Le reste de cette section est consacré à l'île de Comr, et
nous en remettons la reproduction au moment où nous examinerons, dans leur ensemble, les détails donnés sur cette
île par Ibn-Sayd. Nous passons à la section suivante, pour
terminer tout de suite la description du Sofala et de l'Afrique orientale.

7ᵉ section. — « Le pays des nègres, qui commence, on le
« sait, aux confins du Magreb, finit, dans cette section, à la
« montagne du Repentir (Djebel-el-Nedama). La mer rem-
« plit les espaces qui sont à l'est de cette montagne et de
« l'île de Comr. La montagne du Repentir commence avec
« cette section par 108° 1' de longitude; on prétend que
« son sommet s'élève à une hauteur de trois journées de

([*]) Manuscrit déjà indiqué, fol. 5 et 6.

« marche; sa couleur est d'un gris mélangé de rouge. Elle
« côtoie les premiers pays habités à partir de 16° de lati-
« tude sud, et cela pendant une vingtaine de journées,
« puis elle suit le rivage de la mer sur une étendue de vingt-
« quatre journées jusque par 117° 30′ où elle finit.

« La mer Environnante qui vient du sud et de l'est bai-
« gne sa partie sud, et sa partie nord fait face au canal
« de Comr. Or, quand un navire sortant de la mer de
« l'Inde est entré dans ce canal, et que les courants et les
« vents l'entraînent en vue de cette montagne, son équi-
« page n'a plus qu'à se repentir ou se désoler du malheur
« qui le poursuit et à s'abandonner aux décrets divins, car
« ou le navire est brisé contre la montagne, ou bien il
« passe outre, et on n'en entend plus parler. On prétend
« qu'il y a, dans cette mer, des tournants qui ne cessent de
« faire pirouetter les navires sur eux-mêmes jusqu'à ce
« qu'ils sombrent. Les navigateurs de la mer de l'Inde nom-
« ment ces parages El-Ilherab (mer de la Ruine); ils l'appel-
« lent aussi mer de Sohayl, parce que, quand on y est ar-
« rivé, on voit l'étoile Sohayl au-dessus de sa tête.

« Au pied de la montagne El-Nedama, du côté du nord
« et sur le canal de Comr, est la ville de Daghouta, la der-
« nière du pays de Sofala et le dernier des lieux habités
« dans les terres qui bornent cette mer (*); elle est par
« 109° de longitude et 12° de latitude. Au nord, il y a
« une baie et une rivière qui vient des montagnes de Comr
« et a, dit-on, une origine commune avec la rivière de
« Syouna. »

(*) Manuscrit déjà indiqué, fol. 6 et 7.

A la fin de nos observations sur l'extrait d'Ibn-Sayd relatif au pays des Zendj, nous avons insinué que l'El-Banès d'Edrisi pourrait être identique à la Banyna que nous rencontrons en tête de la citation qui précède ; nous allons montrer actuellement, en comparant ce que chacun de ces auteurs dit de l'une ou de l'autre localité, que cette identité n'est point improbable. Nous pourrions faire remarquer d'abord la ressemblance des deux noms (1) ; mais nous ne voulons pas nous y arrêter, ayant à présenter d'autres considérations plus sérieuses, qui donneront à la première la valeur qu'elle doit avoir.

El-Banès et Banyna sont l'un et l'autre situés au delà d'un grand golfe et dans le voisinage d'une montagne que l'un des géographes appelle *Adjoud*, et l'autre, *Adjred*. Si nous comptons les 6 degrés de longitude indiqués par Ibn-Sayd entre Mombase et Banyna, dans le sens de la latitude, ou plutôt dans le sens du développement réel de la côte, Banyna se trouvera répondre à un point voisin de Kiloua, c'est-à-dire, à peu de chose près, celui où nous avons cru pouvoir placer l'El-Banès d'Edrisi. Nous verrions alors dans le prolongement de la montagne Adjoued ou Adjred *dans la mer, vers le nord-est, jusqu'à une distance de 100 milles*, le cap Delgado, auquel s'appliquerait avec assez d'à-propos ce qu'Ibn-Sayd dit du fracas des vagues de la mer *en cet endroit*, et de l'attraction qu'y subissent les navires.

On peut objecter, contre cette interprétation, qu'Edrisi

---

(1) Le mot El-Banès a été lu El-Baïes dans certains manuscrits d'Edrisi : n'est-il pas possible que le manuscrit original ait porté El-Banyna ?

place El-Banès dans le pays des Zendj, tandis qu'Ibn-Sayd met Banyna dans le pays de Sofala ; mais nous croyons cette objection beaucoup moins grave en réalité qu'elle ne l'est en apparence. En effet, El-Banès, d'après Edrisi, est située sur l'extrême limite du pays des Zendj et touche au Sofala ; quant à Banyna, c'est la première ville citée dans la description du Sofala par Ibn-Sayd, qui procède, comme on le sait, de l'ouest à l'est, en réalité du nord au sud. Banyna serait donc sur la limite sud du Sofala, comme El-Banès se trouve sur la limite sud du pays des Zendj, c'est-à-dire que ces deux localités seraient voisines l'une de l'autre. Or, d'après toutes les inexactitudes que nous avons déjà constatées dans les écrits des deux géographes arabes, n'est-il pas permis d'admettre qu'Ibn-Sayd a pu prolonger un peu trop au nord le pays du Sofala, ou Edrisi un peu trop au sud celui des Zendj, de façon que l'un des deux géographes ait ainsi compris la localité mentionnée par lui dans une circonscription territoriale dont elle ne faisait point partie ? Cette erreur nous paraît d'autant plus possible de la part d'Ibn-Sayd qu'après avoir, à la fin de sa 5e division, cité Banyna comme ville du Sofala, il dit, au commencement de la 6e, en parlant des habitations des gens du Sofala sur la mer de l'Inde : « Il n'y a pas de ville connue, avant leur capitale, nommée Syouna. » Banyna n'était donc pas une ville du Sofala ?

Toutefois, une autre difficulté se présente : si ces deux villes ou cette ville unique pouvaient se trouver, en réalité, placées près de celle de Kiloua, bien plus importante sous tous les rapports, Ibn-Sayd et Edrisi n'auraient pas manqué de faire mention de cette dernière, et pourtant ils n'en disent pas un mot!.... A moins donc qu'on ne veuille se résigner à une nouvelle hypothèse, qui consisterait à confondre les trois localités en une seule, cette difficulté est insurmontable. Mais, pour notre compte, nous ne repousserions pas absolument cette nouvelle supposition. Il n'est pas douteux que beaucoup de localités de la côte orientale d'Afrique ont porté plus d'un nom; que, souvent, les noms donnés par les Arabes étaient tout différents de ceux dont se servaient les indigènes; nous citerons, entre autres, Mombase, que les indigènes appelaient et appellent encore *M'vita*; Pemba, qui devait ce nom aux indigènes et que les Arabes nomment *Djeziret-el-Khodora*; Zanzibar, que les indigènes désignent sous le nom d'*Angouya*. On peut donc admettre qu'il en a été de même pour Kiloua (1), et, quoique nous ne regardions pas notre opinion comme prouvée, il nous paraît beaucoup moins difficile de s'y ranger que d'expliquer le silence gardé par Edrisi et Ibn-Sayd sur cette dernière cité, dont l'importance était déjà grande au temps où ils écrivaient. La question relative à Banyna étant ainsi réglée, poursuivons nos recherches sur les diverses localités du Sofala dont parle Ibn-Sayd.

Nous pensons avoir fait accepter au lecteur notre hypothèse qui identifie le cap Delgado avec l'extrémité de la montagne Adjred, et celle qui place la ville de Banyna dans le voisinage de Kiloua. Si, à partir de cette ville, nous comptons sur la carte, en suivant la côte, les 12 degrés de longitude qui, pour Ibn-Sayd, représentent la distance comprise entre

---

(1) On a vu, précédemment, que Kiloua était nommé, dans le dictionnaire de Yacout, comme un endroit du pays des Zendj; mais on n'y trouve ni El-Banès ni Banyna.

Banyna et Syouna, le lieu où nous arrivons est le sommet du delta du Zambèze. Or, placée aux environs de ce point, la ville de Syouna serait bien *située sur un grand golfe* (celui qui commence au-dessous des îles d'Angoxe et finit aux îles de Bazaroute), golfe *où se jette une rivière à l'ouest de la ville* (le Zambèze, seul cours d'eau important de la côte de Sofala), rivière *qui descend de la montagne de Comr*. (On sait que le Zambèze s'avance dans l'intérieur jusqu'à une chaîne de montagnes qui avoisine le grand lac Nyaça.)

A part quelques rares localités, les auteurs arabes ne nous ont pas habitués à une exactitude aussi satisfaisante dans leurs indications. Nous n'avons pas, il est vrai, la position rigoureusement exacte de Syouna, mais, d'après la description, c'est évidemment sur la rive droite du fleuve, un peu au-dessus de son embouchure, qu'elle était située; et nous ne voyons rien que de parfaitement plausible dans l'opinion de Hartmann, que nous avons déjà rappelée en analysant la description d'Édrisi. Le nom de *Sena* pourrait bien, en effet, n'être qu'une corruption par contraction du mot Syouna ou Seyouna.

De même qu'avant Syouna Ibn-Sayd n'a fait aucune mention des villes de Djentama et de Dendema, de même il ne signale, après cette capitale du Sofala, ni Boukha, ni Djesta, mais seulement la ville de Daghouta (1), désignée par lui et par Édrisi comme la dernière ville du Sofala. Pour ce

(1) Dans sa description du Sofala, qu'il annonce avoir empruntée à Ibn-Sayd, Aboulféda indique entre Syouna et Daghouta une ville nommée Leyrana. Or Ibn-Sayd ne cite de ville ainsi nommée que dans l'île de Comr. Ce n'est donc que par une confusion de ce que ce dernier avait écrit, d'une part, sur le Sofala, et de l'autre, sur l'île de Comr, qu'Aboulféda a pu placer la ville de Leyrana dans le Sofala.

qui est du pays de Ouac-Ouac, situé, d'après ce dernier auteur, au delà de Daghouta, Ibn-Sayd n'en dit pas un mot, et ne saurait, d'ailleurs, nous l'avons déjà fait observer, lui attribuer cette position, puisque Daghouta est pour lui le dernier des lieux habités de ce côté.

Quant au point de la côte qui pourrait représenter, selon nous, la position de cette ville, les détails donnés par Ibn-Sayd, sur les terres littorales entre lesquelles elle est située, nous semblent confirmer l'opinion que nous avons émise d'après les indications d'Édrisi, savoir que la ville de Daghouta devrait être placée près et au nord du cap Corrientes. La côte comprise entre Sofala et ce cap figure assez bien, par son étendue comme par son gisement, la montagne El-Molattham, commençant pour Ibn-Sayd, à l'orient de Syouna, *longeant le canal sur un espace d'environ 260 milles et attirant les navires que les vents du nord poussent dans ces parages* : ce qui signifie évidemment que son gisement étant perpendiculaire à la direction des vents de la mousson de nord-est, les navires qui s'en approchent, battus en côte par ces vents, ne peuvent plus s'en relever. Enfin, si notre appréciation au sujet d'El-Molattham est rationnelle, le cap Corrientes doit aussi correspondre au commencement de la montagne El-Nedama, *où finit le canal de Comr*, montagne *dont la partie sud est baignée par la mer Environnante*, et au delà de laquelle les navigateurs arabes ne croyaient pas pouvoir avancer, *sans être exposés à voir leurs navires brisés sur ses côtes ou entraînés et engloutis dans les tournants de la mer de la Ruine*. Il est, en effet, difficile de ne pas reconnaître dans tous ces détails, malgré l'apparence fantastique sous laquelle ils nous sont présentés, un tableau assez fidèle de ce qui se passe dans la portion de mer comprise entre Sofala et le cap Corrientes. Entraînés vers ce cap au delà duquel la côte incline au sud-ouest, en même temps que celle de Madagascar cesse de former le canal de Mozambique, les malheureux bateaux arabes, s'ils parvenaient à éviter la côte, étaient jetés hors du canal et trouvaient devant eux l'Océan où, on le sait, depuis le méridien de Madagascar jusqu'à celui du cap de Bonne-Espérance, les orages sont très-fréquents, et les tempêtes, d'une extrême violence.

La description de la côte orientale d'Afrique nous semble s'arrêter, dans le traité d'Ibn-Sayd comme dans la géographie d'Édrisi, au cap Corrientes (1). Toutefois il existe, entre les deux descriptions, des différences notables qu'il est difficile de s'expliquer. On se rappelle qu'ils vécurent à peine à un siècle d'intervalle l'un de l'autre, et que le dernier venu, Ibn-Sayd, a beaucoup emprunté aux écrits de son prédécesseur. De toutes les villes du pays de Sofala citées par Édrisi, Ibn-Sayd ne mentionne que Syouna et Daghouta; des omissions et des changements de nom existent aussi dans ce dernier auteur pour le pays de Beurbera et celui des Zendj. Faut-il attribuer ces différences aux changements

(1) Dans la citation que nous avons faite du jugement porté par M. Reinaud sur la description de la côte orientale d'Afrique donnée par Ibn-Sayd, il est dit que cette description comprend tous les pays qui s'étendent jusqu'au cap de Bonne-Espérance. Nous ignorons s'il existe dans le traité du géographe arabe, et relativement à cette côte orientale, autre chose que ce que nous avons reproduit; mais, s'il n'en est rien, nous ne saurions, malgré notre déférence pour le savant orientaliste à qui nous devons tant, admettre que la description d'Ibn-Sayd s'étend au delà du cap Corrientes : nous croyons avoir suffisamment justifié cette opinion par l'analyse que nous venons de présenter.

survenus dans la topographie du littoral, pendant le siècle qui s'était écoulé entre les deux géographes? Mais alors comment se fait-il qu'ayant sous les yeux le récit d'Édrisi, Ibn-Sayd ne nous ait pas donné la raison des retranchements ou des additions qu'il y faisait. A cette façon d'agir, on reconnaît bien l'impassibilité et la flegmatique confiance des Orientaux, suivant imperturbablement le fil de leurs idées sans se soucier des objections qui peuvent leur être faites. Du moment qu'un géographe arabe avait majestueusement débuté par cette formule : « Notre intention est de décrire toutes ces choses avec clarté, s'il plaît à Dieu ! » tout était dit, et peu lui importaient les perplexités des commentateurs à venir.

Si nous jetons maintenant un coup d'œil sur la description faite par Ibn-Sayd des îles dont le nom ou les particularités qu'il leur attribue pourraient faire supposer qu'elles sont situées dans les eaux de l'Afrique orientale, nous trouvons tout d'abord, en suivant l'ordre qu'il a adopté, l'île de Comr : l'auteur commence à en parler dans la 6e section de la 1re partie, qui est celle où il traite des pays habités au sud de l'équateur. Voici ce qu'il dit de cette île :

6e section. — « Parmi les villes de l'île de Comr, » située, d'après Ibn-Sayd, à environ 200 milles de Syouna,
« la longue, la large, dont on dit que la longueur est de
« quatre mois de marche, et la plus grande largeur, de vingt
« journées, on trouve Leyrana. Ibn-Fathima, qui l'a visitée,
« rapporte qu'elle est, ainsi que Magdachou, au pouvoir
« des musulmans; ses habitants sont un mélange d'hommes
« venus de tous les pays. C'est une ville où arrivent et d'où
« partent les navires. Les cheikhs, qui y exercent l'auto-

« rité, tâchent de se maintenir dans de bons rapports avec
« le prince de la ville de Malay, qui est située à l'orient.
« Leyrana est située sur le bord de la mer, par 102° moins
« quelques minutes de longitude et 0° 32' de latitude, sur
« une grande baie où débouche un fleuve qui vient des
« montagnes comprises dans cette section. A 5° au delà est
« la ville de Malay, où réside un des souverains de l'île.
« Parfois il y a un sultan qui parvient à faire reconnaître
« son autorité sur toute l'île ou sur sa plus grande par-
« tie ; mais cet état de choses dure peu, car la grande dis-
« tance qui existe entre les points habités empêche toute
« centralisation gouvernementale. La latitude de Malay est
« la même que celle de Leyrana. A l'ouest est l'embou-
« chure d'une rivière se jetant dans le fleuve qui va à Ley-
« rana............ »

7ᵉ section. — « Dans cette 7ᵉ section, on trouve, parmi
« les villes de l'île de Comr, qui sont résidences souve-
« raines, Dehemi, par 112° 30' de longitude et 3° de la-
« titude. A l'est est une baie alimentée par une grande
« rivière et qui, en s'avançant à l'intérieur, décrit un arc
« qui va presque jusqu'à la ligne équinoxiale. Au sommet
« de l'arc qu'elle décrit est la ville de Balbeuq (ou Balaba?),
« qui est aussi résidence de l'un des souverains de l'île ;
« elle est située par 118° 30' de longitude et par 1° de
« latitude. A l'est est une île qui dépend de cette ville, et
« dont la largeur est d'environ 2° de l'ouest à l'est, et la
« longueur, d'environ 1°. A l'est de Balbeuq est le grand
« fleuve, qui décrit un arc et qui est le fleuve de Ley-
« rana. Il descend de la montagne des sources (Djebel-el-
« Aïoun), dont la longueur est de 8 marhâla de l'ouest

« à l'est. Ces sources donnent naissance à cinq petites ri-
« vières qui se rendent en un grand fleuve. Là ce fleuve
« décrit un arc et se jette dans (*)....... et la mer de Bal-
« beuq. A l'est de Balbeuq est l'île de Serendib. »

La différence entre les longitudes données par Ibn-Sayd à Balbeuq et à Marka (Meurka), suppose, entre ces deux villes, une distance plus grande de quelques degrés que la distance comprise entre Meurka et le point de la côte situé sur le même parallèle que l'extrémité sud de Madagascar. Ainsi, même en supposant, comme Ibn-Sayd, le développement du continent africain dans le sens de la longitude, la ville de Balbeuq serait plus Est que l'extrémité sud de Madagascar et ne ferait pas partie de cette île. Il nous paraît donc inutile de pousser plus loin cette citation, pour discuter l'identité de l'île de Comr avec l'île de Madagascar : en admettant même que la partie de Comr décrite ci-dessus puisse être rapportée à Madagascar, la partie située au delà, c'est-à-dire à l'orient de Balbeuq, ne saurait nous représenter que les grandes îles Malaises, dont, nous le répétons, Ibn-Sayd semble ne faire qu'une seule île.

Lorsque, précédemment, nous avons repoussé la possibilité d'identifier l'île Comor d'Edrisi avec aucune des îles de l'Afrique orientale, nous nous sommes réservé d'examiner si les indications données par d'autres géographes étaient ou non de nature à modifier notre opinion. C'est ici le moment de procéder à cet examen.

Les auteurs arabes ne s'accordent ni sur l'orthographe ni sur l'origine du nom de cette île. Les uns, comme Edrisi,

---

(*) Mots illisibles dans le manuscrit arabe.

ont écrit El-Comor (1); d'autres, comme Yacout et Ibn-Sayd, ont écrit El-Comr, faisant dériver cette appellation du nom des Comr, qui y émigrèrent. D'autres enfin, tels qu'Ibn-el-Ouardy et El-Bakoui, ont désigné cette île par le nom d'*El-Camar* : c'est sans doute par suite de cette dernière leçon, et en rapportant l'île ainsi désignée à l'île de Madagascar, que d'anciens commentateurs, traduisant le mot *Camar*, ont nommé cette dernière l'*île de la Lune*. Quoi qu'il en soit, les géographes arabes, on peut s'en convaincre en comparant leurs descriptions, désignaient, sous ces différentes dénominations, une seule et même île.

Ce point préalable arrêté sans conteste, abordons le fond de la question. Quelle était cette île? Pour arriver à la solution cherchée, deux éléments principaux nous serviront de guide : d'une part, la situation attribuée à l'île; de l'autre, les particularités que les géographes en racontent. A ne con-

---

(1) Nous devons reconnaître, toutefois, que le texte d'Edrisi nous laisse quelque incertitude à cet égard ; ainsi, outre la description qu'il fait d'une île Comor, fol. 18, *recto*, on voit apparaître au fol. 19, *recto*, le nom de Comar comme celui d'une île voisine de l'île de Senf. D'autre part, le nom de Malaï, que nous voyons figurer comme celui de la ville où réside le roi de Comor (fol. 18, recto), se représente, plus loin (fol. 22, recto, et fol. 23, verso), comme celui d'une île dont Édrisi dit, d'abord, *qu'elle s'étend de l'occident à l'orient, que son roi demeure dans une ville, qu'il a une monnaie d'argent, beaucoup de troupes, d'éléphants et de vaisseaux; que les productions de cette île sont la banane, la noix de coco et la canne à sucre;* enfin que, *d'après le dire de ses habitants, elle touche à la mer résineuse à l'extrémité de la Chine.* Puis, parlant une seconde fois de cette île, il ajoute *qu'on s'y livre au commerce le plus avantageux, qu'il s'y trouve des éléphants, des rhinocéros, et diverses espèces de parfums et d'épiceries, telles que le clou de girofle, la cannelle, le nard, la noix muscade, et que dans ses montagnes sont des mines d'or d'excellente qualité et le meilleur de la Chine.* Il nous est bien venu à l'idée que, si l'on traduisait le mot

sidérer que la position qui lui est assignée par Edrisi et Ibn-Sayd relativement à la côte de Sofala, il semble, au premier abord, que ces deux auteurs ont voulu indiquer l'île de Madagascar. Sans doute, si l'on tient compte de la fausse direction selon laquelle ils se représentaient le continent africain, et qui leur faisait reporter la côte de Sofala en face des côtes méridionales de l'Asie et des îles qui la bordent, il n'y aurait pas impossibilité absolue à ce que l'île de Comr fût l'une de ces dernières. Mais n'oublions pas que, dans ce déplacement de la grande terre, dont elles sont, pour ainsi dire, les satellites, les îles africaines subissaient un déplacement correspondant, et que l'île de Madagascar, par exemple, quoique se trouvant ainsi plus rapprochée des côtes de l'Asie, conservait néanmoins la même position relativement à la ville de Daghouta du Sofala. A ce titre, il est certain que Madagascar mérite, sur les îles asiatiques,

Djeziret par presqu'île, et cela est permis, l'île Comor, décrite par Edrisi dans sa huitième section, c'est-à-dire entre les îles Roibahat et Serendib, pourrait, attendu même certains détails caractéristiques de la description, être rapportée à la partie méridionale de l'Hindoustan, placée entre les Maldives et Ceylan. Mais, puisqu'en parlant de Comor, Edrisi lui a donné une étendue de quatre mois de marche vers l'est, et qu'en parlant de Malaï, il la représente comme s'étendant vers l'orient et comme la plus longue des îles, on peut admettre que, sous les divers noms de Comor, Comar et Malaï, il désigne toujours la même île.

Ajoutons que les îles ou les parties d'île ainsi diversement désignées constituent, dans leur ensemble, l'île Comr d'Ibn-Sayd. En effet, l'île El-Comr de ce dernier, commençant à 3 degrés dans l'est de Syouna (d'après la longitude donnée par lui à Leyrana), finit à plus de 50 degrés dans l'est (d'après la longitude qu'il assigne à Couria, ancienne capitale de l'île); or Edrisi place l'extrémité occidentale de Comor ou Malaï à 1 madjra de Daghouta, et représente cette île comme se développant toujours entre le nord et l'est, jusqu'à ce qu'elle atteigne le rivage de la Chine : la Comor ou Malaï de l'un est donc bien l'île Comr de l'autre.

une préférence incontestable, et il ne faudrait même point se laisser arrêter par la position beaucoup trop nord et trop est que les géographes arabes ont donnée à l'île de Comr, car cette position s'explique d'ailleurs fort bien comme conséquence de leur erreur fondamentale.

Sous un autre point de vue, les choses changent complétement de face. La description d'Edrisi et celle d'Ibn-Sayd attribuent à l'île Comr ou Comor des caractères généraux, soit physiques, soit ethnographiques, totalement inapplicables à l'île de Madagascar. Ainsi, pour ce qui est du traité d'Edrisi d'abord, voici, entre autres particularités, les renseignements qu'on y trouve : « *Le roi de ce pays n'est en-*
« *touré ou servi, soit pour boire, soit pour manger, que par*
« *de jeunes hommes prostitués, vêtus d'étoffes précieuses*
« *tissues en soie de la Chine et de la Perse, et portant au*
« *bras droit des bracelets d'or.* — *Dans ce pays, on épouse*
« *des hommes au lieu de femmes.* — *Les habitants cultivent*
« *le cocotier* (*). — *Ils font usage de bétel.* — *Ils sont*
« *blancs, peu barbus et ressemblent aux Turcs, desquels ils*
« *tirent leur origine, etc.* (**). »

(*) Voir ce qui est dit au sujet de la récente introduction du cocotier à Madagascar, ci-devant page 277.

(**) Nous ne voulons point dissimuler que d'autres détails de cette description seraient, à la rigueur, applicables à Madagascar ; ainsi, les étoffes fabriquées avec une herbe semblable à celle dont les habitants de l'Égypte se servent pour faire du papier, les nattes blanches ornées de dessins, les barques longues de 60 coudées, faites d'une seule pièce, etc., pourraient désigner, en effet, les pagnes en fil de rafia, les nattes et les pirogues des populations qui habitent la côte orientale de l'île malgache. Mais *le rafia* dont ces populations font leurs pagnes n'a, que nous sachions, aucun rapport avec les cartas ou papyrus d'Égypte, non plus qu'avec le bananier, coffo ou *abaca* des îles Malaises, dont la fibre est employée, dans ces îles, à faire des tissus. Les plus fines des pagnes

Certes, aucune de ces particularités si caractéristiques ne peut s'appliquer à l'île de Madagascar ni à ses habitants, même pour le temps où écrivait Edrisi ; car, voulût-on arguer de l'immigration de Malais dont il a été déjà question, et voir, dans les usages et les circonstances ci-dessus mentionnés, des conséquences naturelles de cette immigration, il faudrait expliquer comment ces coutumes malaises ne se sont pas conservées au moins dans la population hova, à laquelle on donne une origine malaise, et qui s'est maintenue au cœur de l'île, compacte et isolée des autres peuplades, jusqu'au commencement de ce siècle. D'ailleurs, comme nous l'avons fait remarquer au sujet de l'île El-Andjebeh, les effets de cette immigration des Chinois ou des Malais peuvent bien n'avoir été reportés sur les îles africaines que par suite du déplacement imaginaire que les géographes arabes faisaient subir à ces îles en les supposant voisines des côtes de l'Asie, et en confondant les unes avec les îles de la mer d'Herkend, les autres, avec les îles du Zabedj. Voilà pour l'île ou la partie d'île désignée par Edrisi sous le nom d'*île de Comor*. Ce qu'il dit de l'île Malaï (1) peut encore moins nous permettre (le lecteur a pu en juger) de la rapporter à Madagascar.

Le peu d'indications que nous trouvons dans l'abrégé du

---

malgaches ne sauraient, comme les tissus en abaca, se comparer en beauté aux étoffes de soie ; aussi doutons-nous fort qu'elles aient jamais été *transportées dans toutes les parties de l'Inde*. Les nattes malgaches sont beaucoup moins belles que celles des îles Malaises. Enfin, les plus grandes pirogues faites jadis par les Bétsinisarak ne contenaient pas plus de cinquante hommes, et, pour que notre auteur eût voulu faire allusion à celles-ci, il faudrait qu'il eût abusé de l'hyperbole.

(1) Voir, ci-devant, la note de la page 261.

dictionnaire de Yacout au mot *El-Comr* ne sont pas de nature à éclairer cette discussion. Nous dire qu'El-Comr est une île sise au milieu de la mer des Zendj, mer que la plupart des géographes arabes confondent avec la mer de l'Inde ou mer Habaschy ou mer de Chine, ce n'est pas, mieux qu'Edrisi et Ibn-Sayd, caractériser la situation de cette île dans les eaux du Zanguebar et du Sofala plutôt que dans la mer de Chine. Yacout partageait probablement l'erreur de ces géographes sur le développement du continent africain vers l'orient ; et, comme nous ne trouvons jointe à l'indication précitée aucune particularité descriptive, nous ne pouvons dire s'il a ou non voulu faire allusion à l'île de Madagascar. Peut-être, ainsi que l'a insinué M. Reinaud, Yacout entendait-il seulement désigner la plus grande des îles Comores, qui a donné son nom au groupe dont elle fait partie et dont nous avons plusieurs fois parlé.

Quant à l'île El-Comr d'Ibn-Sayd, nous admettrons sans difficulté que les deux premières villes mentionnées dans sa description, Leyrana et Dehemi, pouvaient appartenir à Madagascar ; nous possédons en faveur de cette opinion un indice suffisant : c'est le rapprochement, établi par Ibn-Fathima, entre Leyrana et Magdachou, au sujet de la dépendance musulmane sous laquelle, selon lui, ces deux villes se trouvaient. Notre conviction serait, il est vrai, plus complète, si nous avions la certitude qu'Ibn-Fathima s'est rendu à Leyrana en partant de quelque point de la côte d'Afrique, et si la durée de sa traversée nous était connue. On comprend, en effet, que s'il est allé dans cette ville, non en traversant le canal de Comr, mais bien de quelque point de l'Omân, du golfe Persique ou de la mer Rouge, on pourrait croire, jusqu'à un certain point, que Leyrana était une ville des îles Malaises, ne se trouvant en face de la côte de Sofala que par suite de la déviation supposée du continent africain. — Il y a plus, fût-il certain pour nous que le point de départ d'Ibn-Fathima avait été un port de la côte d'Afrique, il nous faudrait encore savoir s'il nommait El-Comr l'île où se trouvait la ville par lui *visitée*. Or, nous ne connaissons de ses écrits que ce que les géographes arabes, venus après lui, en ont cité, et le peu qu'ils en ont dit n'est point de nature à nous donner satisfaction à ce sujet. Si ce voyageur a réellement, en visitant Leyrana, abordé en l'île malgache, mais sans désigner celle-ci autrement que comme une grande île voisine de la côte de Sofala, le placement de Leyrana sur l'île Comr par Ibn-Sayd peut bien n'avoir été, de sa part, qu'une conséquence de ce mode de procéder que nous avons indiqué au début de notre dissertation (1).

Quant à la partie de la description d'Ibn-Sayd que nous nous sommes abstenu de reproduire, et dont les limites indiquées sont comprises entre les 108° et les 154° de longitude, elle ne s'applique évidemment qu'aux îles de la Sonde et à celles de la mer de Chine : l'auteur la termine par quelques détails ethnographiques empruntés, pour la plupart, à la description d'Edrisi, et que nous avons déjà signalés comme inapplicables à Madagascar.

En résumé, ce qu'a écrit Edrisi de son île El-Comor ne peut se rapporter qu'aux îles Malaises, tandis qu'il a réuni quelques-unes des particularités qui rappellent véritablement l'île malgache dans la description qu'il donne de l'île

(1) Ci-devant, page 262.

El-Andjebeh. Quant à Ibn-Sayd, qui nous paraît avoir mentionné cette dernière sous le nom d'Anfoudja, il n'a fait certainement, pour son île de Comr, que reproduire sous une autre forme une partie de ce qu'avait dit Edrisi sur l'île Comor ou Malaï ; il y a seulement ajouté le nom et la position géographique de quelques villes, sans, pour cela, nous aider à reconnaître la véritable situation de l'île ou à en établir l'identité avec Madagascar. Nous conservons donc nos doutes à l'égard de cette identité (1); et même, avouons-le, plus que des doutes. Car, s'il faut dire sur ce point toute notre pensée, nous croyons que les géographes arabes, sachant, d'une part, qu'il existait une grande île en face du pays de Sofala, et, de l'autre, ayant acquis des renseignements sur une île Comor ou Comr placée au delà de la mer d'Herkend, ont, par suite de leur idée erronée sur la direction du continent africain, confondu l'île qui leur était signalée dans les eaux de ce dernier, avec l'île de Comr, et appliqué à la première les renseignements qu'ils possédaient sur la seconde.

Les autres îles de la description d'Ibn-Sayd qui nous pa-

(1) Il est à remarquer que Madagascar nous a été, dès la fin du XIIIᵉ siècle, signalée positivement sous le nom de *Mandesgascar* ou *Mandeschar*, par Marco-Polo, qui donna sur cette île quelques détails recueillis, dit-il, sur les bords du golfe Persique et de la mer de l'Inde. Et, cependant, l'île Comr ou Kamar continue de figurer dans les traités de géographie écrits par des Arabes jusqu'à une époque postérieure de plus d'un siècle au voyage du Vénitien. Comment donc, s'ils voulaient, sous ces derniers noms, faire allusion à l'île de Madagascar, ces auteurs ne se servaient-ils pas, pour la désigner, du nom employé par Marco-Polo, nom qui était depuis si longtemps familier aux marins arabes et hindous, et même, à ce qu'il paraît, le seul usité parmi eux, puisque seul il figure dans le récit du voyageur.

raîtraient, d'après quelques indices, pouvoir être comprises en dedans des limites que nous nous sommes posées, et, à ce titre, appeler notre attention, sont présentées par lui en deux groupes : l'un sous le nom d'îles de Mend, l'autre, sous celui d'îles Ranehh. Voici la description qu'il fait de chacun des groupes :

« A la fin du premier climat, est une mer où sont situées
« les îles de Mend (Djezaïr-el-Mend) qui sont renommées
« par la grande quantité de cocotiers qu'on y trouve. La
« plus remarquable d'entre elles est l'île de Kiloua, ainsi
« nommée actuellement par les navigateurs. Les îles sont
« nombreuses, et Ptolémée en a beaucoup parlé sous le nom
« d'îles des Mend. Les Mend sont de la race des Indiens et
« des hommes du Send, mais ils sont bien moins célèbres
« que leurs frères de race. Ibn-Fathima rapporte que les
« Zendj les ont battus, en ont repoussé une grande partie
« dans le Send, et que ceux d'entre les Mend qui ont conti-
« nué de demeurer sur les îles y sont restés à l'état de
« rayas. Il y a dans l'île de Kiloua trois villes citées dans les
« livres, et qui sont toutes les trois situées sur le bord des
« rivières. La première porte le même nom que l'île : c'est
« la résidence du maître de ces îles, et le lieu où les na-
« vires abordent pour le commerce ; elle est située à la par-
« tie sud-ouest de l'île par 84° 30' de longitude et 7° 55' de
« latitude (*). Dans la partie sud-est se trouve la ville de
« Mend, et, à la partie nord-ouest, la ville de Kenk. Le
« pourtour de l'île est de 1,400 milles ; sa forme est à peu

(*) Selon son habitude, Ibn-Sayd ne donne pas de dénomination à cette latitude ; mais, évidemment, il s'agit, pour lui, de latitude septentrionale, puisqu'il place les îles de Mend dans le 1er climat.

« près celle d'un carré, dans lequel se découpent plusieurs
« baies bien fermées.

« A l'ouest gisent de petites îles dont les noms sont pour
« la plupart inconnus, mais parmi lesquelles on cite, dans
« l'ouest du groupe, l'île Cotria. L'étendue de cette île, de
« l'ouest à l'est, est de 160 milles, et sa largeur, de
« 60 milles environ. Ses habitants sont un fléau sur la route
« de l'Inde et celle du golfe Persique; ils profitent de leur
« position pour arrêter les navires au passage. De la partie
« de la mer des Indes où sont ces îles, à l'île de Kiloua, il
« y a un madjra et un tiers de navigation.

« Au sud, est l'île des Singes (Djeziret-el-Qeroud) qui est
« de forme ronde, très-montagneuse et boisée; les singes
« l'ont envahie. Le pourtour de cette île est d'environ
« 660 (*) milles; elle est située à l'angle sud-ouest de l'île
« de Kiloua et distante de la mer de l'Inde d'à peu près
« deux madjra.

« Au pied de l'île Kiloua est l'île de Kermouah (ou Ker-
« mouh), qui a environ 350 milles de circuit; ses habitants
« sont des nègres pirates. A l'est est l'île du Volcan (Djezi-
« ret-el-Beurkân), où se trouve une montagne qui ne cesse
« de vomir du feu pendant la nuit, et d'où s'échappe con-
« stamment de la fumée pendant le jour. Ses habitants sont
« des Zendj; son pourtour est d'environ 300 milles.

« A la suite de ces îles qui dépendent de Kiloua, sont les
« îles Ranehh (**) bien connues des navigateurs. La princi-
« pale d'entre elles est Serira, dont la longueur, du nord au

(*) Les caractères se lisent difficilement ici dans le manuscrit; ce chiffre est donc douteux.

(**) M. Reinaud pense qu'ici encore il faut lire Zabedj; son opinion

« sud, est de 400 milles, et dont la largeur est partout de
« 160 milles. Elle a des baies bien fermées. Sa capitale,
« nommée aussi Serira, est placée au centre de l'île; un
« golfe venant de la mer s'y avance, et la ville est sur le
« bord d'une rivière qui débouche en ce golfe. Sa longitude
« est de 88° 30' et sa latitude 3° 40'. En cette île, se trou-
« vent d'autres villes dont nous ignorons les noms.

« Parmi les îles Ranehh, on distingue encore l'île d'An-
« foudja, dont le souverain possède des richesses et beau-
« coup d'hommes au moyen desquels il commande la plu-
« part du temps dans tout l'Archipel ; sa famille domine
« sur les autres îles Ranehh.

« A la partie sud de cette île, est la ville de Khablia (ou
« Djeblia?). La principale nourriture des habitants de ces
« îles est la banane. L'île Anfoudja a environ 170 milles
« de longueur et à peu près 90 milles de largeur. Le canal
« qui la sépare de Serira est large d'un demi-madjra. Au
« sud et à l'est de Serira, il y a un nombre infini de petites
« îles qui font partie de l'Archipel de Ranehh. La plupart
« sont habitées par des noirs. Un petit nombre d'entre elles
« seulement font partie de cette 3° section dont la fin cor-
« respond avec le point de la ligne équinoxiale où se trouve
« la coupole d'Arin dont il a été déjà parlé..... »

Cette description des îles de Mend et celle des îles Ranehh
d'Ibn-Sayd ne sont pas faites, on le voit, pour fixer les incertitudes que nous avons exprimées en analysant la description qu'Edrisi a donnée des îles nommées par lui Zanedj,

nous paraît d'autant plus fondée, que Massoudi range Serira (désignée par Ibn-Sayd comme la principale de ces îles) au nombre des possessions du Maharadj, titre qu'il applique aux souverains de la mer de Senf, *renfermant le centre de l'empire du Zabedj.*

Zaledj, ou Raledj. Tout ce que nous pouvons induire en comparant l'une à l'autre, c'est que les îles décrites par Ibn-Sayd, sauf leur division en deux groupes différents et l'adjonction faite à l'un de ces groupes de l'île de Kiloua, sont les mêmes que les îles mentionnées par Edrisi. Cette identité est du moins fort probable, soit en raison de la similitude ou du rapprochement possible des noms, soit eu égard à certaines particularités que leur attribuent également les deux géographes.

Nous admettons donc que les îles Cotria, El-Qeroud, Kermouah, Beurkân, Serira et Anfoudja d'Ibn-Sayd correspondent, par ordre d'énumération, aux îles Cotroba, El-Qeroud, Kermedet, l'île non dénommée, Cherboua et El-Andjebeh d'Edrisi. Ajoutons, toutefois, qu'en dépit de sa prétention à fixer la position des lieux, Ibn-Sayd, grâce à ses indications de latitude sans dénomination et à l'étendue qu'il assigne à plusieurs de ces îles, nous en a rendu la reconnaissance plus impossible encore qu'elle ne l'était par la description qu'en avait faite son prédécesseur.

Quant à son île de Kiloua, en la voyant figurer par 7° de latitude dans le premier climat, c'est-à-dire au nord de l'équateur, et comme l'une des îles de Mend, îles voisines, d'après ce qu'il en dit lui-même, des côtes du Sind (1), nous nous demandons si c'est bien Kiloua qu'il faut lire dans le texte; et en ce cas, si ce mot n'y a pas été écrit par une de ces erreurs de copiste que, tant de fois

---

(1) C'est aussi dans cette position qu'Edrisi place l'île de Mend, la nommant d'abord parmi les pays qui touchent au Sind, puis indiquant plus loin que, de cette île à Kambaïa (Cambaye), le trajet est de 6 milles. Voy. *Géographie d'Edrisi*, fol. 11, recto.)

déjà, nous avons eu à signaler dans les manuscrits arabes. Il nous est impossible, en effet, de trouver aucun rapport entre l'île de Kiloua que nous connaissons sur la côte du Zanguebar et l'île dont parle Ibn-Sayd. La situation et les particularités ethnographiques attribuées à celle-ci nous la feraient supposer dans cette partie de la mer de l'Inde qui baigne les côtes du Gouzerate et du Sind ; on sait, d'ailleurs, que quelques géographes, et entre autres Schems-Eddin, désignent cette partie de la mer de l'Inde sous les noms de mer de Send, de Send-Mend et de Mend, indiquant ainsi, sans doute, qu'elle baigne les côtes de ces trois pays. D'autre part, n'est-ce point encore par une erreur analogue que nous voyons les Zendj figurer dans le passage où l'auteur raconte, d'après Ibn-Fathima, l'expulsion des Mend de leur pays et leur retraite dans le Sind? Le mot *Zendj* n'a-t-il pas été substitué, soit par inadvertance, soit par ignorance, au mot *Indiens*? Ce qu'Ibn-Sayd rapporte de l'origine commune des Mend et des Indiens, de l'infériorité des premiers comparés aux seconds, enfin, et comme conséquence de ces deux premières particularités, de la défaite des Mend, nous semblerait autoriser cette supposition. Toujours est-il que nous ne saurions nous rendre compte de l'envahissement des îles de Mend par les Zendj. Un fait analogue nous a été, il est vrai, transmis par les historiens arabes au sujet de Bassora et d'une partie du territoire de Bagdad ; mais là ce fait avait été naturellement amené par la présence d'une grande quantité d'esclaves du Zanguebar, qui, par les effets combinés de la procréation et de la traite, en étaient venus à former une population naturalisée, pour ainsi dire, dans la Mésopotamie, et dont se recrutait l'armée des khalifes : or, nous n'avons lu nulle part qu'une pareille situation ait existé pour les Zendj sur aucun point du Sind ni de l'Inde. En résumé, par sa position, par son étendue, par les particularités ethnographiques citées dans sa description, l'île que désigne Ibn-Sayd sous le nom de Kiloua nous semble pouvoir être rapportée à la presqu'île de Gouzerate ou à celle de Cutch (1); mais elle ne saurait l'être à l'île Kiloua du Zanguebar. A l'égard de cette dernière, la géographie arabe ne nous a donc encore rien appris, si ce n'est la simple mention qui en est faite par Yacout, comme d'un *endroit du pays des Zendj*.

A l'époque de la mort d'Ibn-Sayd, parut un nouveau traité de géographie composé par Zakaryaben-Mohammed, ordinairement appelé El-Cazouyny; ce traité est, en ce qui a rapport à l'Afrique, beaucoup moins explicite que celui d'Ibn-Sayd, et il ne nous a été d'aucun secours pour l'objet de nos recherches (2).

A la même époque aussi, naissait Aboulféda; ses travaux en géographie l'ont rendu célèbre dans la littéra-

(1) Nous rappellerons, comme pouvant aider à la solution de cette question, que le principal port de commerce du pays de Cutch est nommé Mendivi, nom qui pourrait bien, comme cela a lieu pour les mots Maldives et Lakdives, n'être qu'un composé des mots *Mend* et *dive* ou diva, et dont le sens serait alors, île des Mend ou de Mend.

Quant au Gouzerate, on sait que son territoire, désigné ordinairement sous le nom de *presqu'île de Gouzerate*, devient, en certaines parties de l'année, une île véritable, puisque alors les golfes de Cutch et de Cambaïe, dont les eaux la bornent à l'ouest et à l'est, sont mis en communication par les Runns. Il y aurait à tenir compte de cette particularité, si on croyait devoir traduire, dans ce cas, le mot Djeziret par *île*, ainsi que semble l'exiger l'expression dont Edrisi s'est servi, et que M. Jaubert a rendue par *île maritime*. (Voyez sa traduction d'Edrisi, page 170.)

(2) C'est dans l'édition imprimée à Gottingue que nous avons pris connaissance du texte arabe, grâce à l'obligeance de M. Kazimirski de Biberstein.

ture orientale; et cependant, son traité est pour nous une nouvelle preuve de la lenteur des progrès que fit cette science chez les Orientaux. Ce traité, écrit par un homme qu'on a appelé le prince des géographes, nous semblait ne pouvoir être consulté sans fruit pour l'accomplissement de notre tâche, et il nous a été très-facile de le compulser à l'aide de la traduction de M. Reinaud, de qui le savoir et l'érudition devaient ajouter encore à l'utilité du texte. Après l'étude approfondie et comparée qu'en a faite le savant professeur, et le jugement qu'il en a porté, il serait plus que téméraire de nous livrer à une appréciation de ce traité, appréciation qui n'entre pas, d'ailleurs, dans le cadre restreint que nous essayons de remplir et dont nous avons déjà peut-être outre-passé les limites. Disons seulement que, pour la géographie de l'Afrique orientale, Aboulféda se borne presque à copier Ibn-Sayd, et que, même dans l'emploi des passages qu'il lui emprunte, il n'a pas mis tout le discernement désirable (1); et pourtant, par son instruction variée, par son esprit exact et sérieux, par sa position sociale enfin, Aboulféda était, certes, de tous les auteurs de son époque, le plus apte à étendre le cercle si restreint des connaissances qu'avaient ses prédécesseurs. De ce qu'il ne l'a pas fait, nous sommes bien obligé de conclure que, pour les lettrés de l'Arabie, la géographie de l'Afrique orientale était restée presque stationnaire depuis Edrisi.

Au reste, le traité d'Aboulféda se recommande aujour-

(1) Nous avons eu occasion d'en faire la remarque au sujet de la ville de Leyrana, qu'il dit être placée dans le pays de Sofala par Ibn-Sayd, tandis que, dans la géographie de ce dernier, Leyrana est citée comme l'une des villes de l'île de Comr. (Voy. ci-devant, page 258.)

d'hui à l'attention du monde savant, bien moins par son mérite intrinsèque que par la remarquable introduction dont l'a enrichi son savant traducteur. Le premier paragraphe de cette introduction est consacré à un exposé général des progrès de la science géographique chez les Orientaux ; M. Reinaud y passe en revue les écrivains musulmans qui ont plus ou moins contribué à ces progrès, et nous y trouvons successivement mentionnés, comme contemporains d'Aboulféda, Schems-Eddin, Nowaïri, Omary, Ibn-el-Ouardy et Hamd-Allah, qui ont écrit dans la dernière moitié du XIII° siècle et la première moitié du XIV°. Nous avons pris connaissance de ce que ces traités contiennent de relatif au pays qui nous occupait ; ils nous ont sans doute aidé quelquefois à nous former une opinion sur certains points des descriptions que nous avons analysées, mais ils ne nous ont malheureusement fourni aucun document nouveau.

Les Arabes, qui, du milieu du XIV° siècle à la fin du XV°, se sont adonnés à la géographie, ont été bien peu nombreux. M. Reinaud ne nous signale, pendant cette période, que deux ouvrages : l'un, écrit en l'an 806 de l'hégire (1403 de J. C.) par Abd-er-Rachid-Ben-Saleh, surnommé El-Bakoui, est intitulé : *Exposé sommaire des monuments et des merveilles du roi tout-puissant ;* l'autre, dû à Abd-el-Razzac, surnommé El-Samarkandy, est intitulé : *Lever des deux astres favorables et réunion des deux mers.* La partie géographique de ce dernier ouvrage ne s'étendant pas à la région qui nous occupe, il ne pouvait nous être d'aucune utilité.

Quant au traité d'El-Bakoui, après avoir lu l'analyse qui en a été faite par Deguignes, nous n'avons pas cru devoir

recourir au texte, car, suivant la notice de cet illustre savant, ce texte ne présente, sur les quelques localités qui y sont mentionnées, que les indications déjà plus amplement fournies par les géographes antérieurs. En outre, la forme de dictionnaire dans laquelle il est rédigé, et qui, obligeant à s'occuper de chaque lieu isolément, exclut l'ordre géographique, augmente encore la difficulté de trouver la position des lieux quand ils sont désignés sous des noms différant de ceux qui leur ont été donnés par d'autres géographes. Une seule indication nous a paru nouvelle et intéressante à extraire de l'ouvrage d'El-Bakoui : c'est celle d'une île dont le nom a été lu *Bandgouïa* par Deguignes, mais qui se lit aussi Leikhouna, et enfin, qui est écrit *Lendjouya* dans le dictionnaire de Yacout. A ces trois noms correspond une même description qui, sous plusieurs rapports, nous a paru désigner l'île Zanzibar. De plus, *Angouya*, le nom souahheli de cette dernière, a, comme on le voit, beaucoup d'analogie avec deux des leçons que nous avons reproduites pour le nom de l'île mentionnée dans le traité de Bakoui. Voici, du reste, ce qu'on y lit au sujet de cette île : « Grande île du pays
« des Zendj, où réside leur roi. Tous les vaisseaux qui com-
« mercent sur cette côte viennent y aborder. Il y a des
« vignes qui portent fruit trois fois l'an. »

Yacout, après s'être exprimé dans les mêmes termes au sujet de l'île Lendjouya, ajoute : « Les habitants ont été
« transportés de cette île dans une autre nommée *Tambat*
« dont les habitants sont musulmans. »

Ce que disent l'un et l'autre auteur s'applique assez exactement à l'île Zanzibar, et la dernière circonstance notée par Yacout se trouve de même en rapport avec ce fait qu'à la partie nord-ouest de Zanzibar est une autre île beaucoup plus petite nommée *Tombat* sur laquelle les Arabes musulmans ont eu pendant longtemps un fort. Nous croyons donc pouvoir comprendre l'île Zanzibar au nombre des lieux dont l'existence a été mentionnée par les géographes arabes.

Après cette courte indication prise au traité d'El-Bakoui, nous pensons avoir extrait des ouvrages des géographes de sa nation tout ce qu'ils contenaient de documents sur l'état de l'Afrique orientale pendant les neuf siècles qui suivirent la venue de Mahomet, période que nous avons nommée *musulmane*, parce que, pendant toute sa durée, les Arabes musulmans eurent à peu près seuls des relations avec cette région, où le prosélytisme religieux, le monopole commercial et de nombreux établissements fondés par leurs compatriotes, leur donnaient une influence sans partage, sinon une suzeraineté réelle.

On a pu voir à quelles incertitudes, à quelles erreurs même en étaient encore, à l'égard de cette région, les lettrés musulmans, dont les écrits pouvaient seuls, pourtant, initier l'Europe à la connaissance de l'Afrique orientale, et compléter l'œuvre des géographes d'Alexandrie, qui n'en avaient décrit qu'une partie, les uns niant son prolongement méridional, les autres en soupçonnant à peine l'existence. Nous avons, à diverses reprises, dans le cours de ce livre, indiqué les causes générales du peu de progrès fait par les auteurs arabes dans la géographie physique et politique des contrées orientales, dont les côtes étaient cependant incessamment parcourues par les marins et les marchands de l'Arabie. Nous avons attribué la stagnation de la science, d'une part, à l'esprit de système chez les savants qui ne voyageaient pas; de l'autre, au manque de connaissances et d'esprit d'observation chez les navigateurs, patrons et commerçants; enfin, et surtout, à l'isolement dans lequel théoriciens et praticiens demeuraient à l'égard les uns des autres. Ajoutons à cela que le champ des découvertes était, en quelque sorte, fatalement borné, pour les navigateurs arabes, par les théories de leurs savants sur les divisions du globe terrestre, sur sa partie habitable, sur l'innavigabilité de la mer Environnante; si bien que la géographie serait peut-être encore aujourd'hui au point où l'ont laissée les derniers auteurs cités, si le génie scientifique des peuples de l'Occident, se dégageant enfin des ténèbres du moyen âge, n'avait poussé ces peuples dans la voie des découvertes maritimes que Dias, Colomb, Gama et Magellan frayèrent avec tant de hardiesse et d'habileté.

Sans doute, des progrès partiels pouvaient être accomplis, et il y en eut, en effet, de réalisés avant ces immortelles conquêtes, grâce aux voyages entrepris par des hommes intelligents et instruits, tels que le Vénitien Marco Polo et le Marocain Abou-Abd-Allah-Mohammed, plus connu sous le nom d'Ibn-Bathoutha. Ces voyages contribuèrent même à porter la pensée de l'Europe au delà des limites de la géographie ancienne, et il est permis d'admettre, avec Malte-Brun, que celui du célèbre Marco Polo, spécialement, a dû contribuer à stimuler le génie entreprenant de Colomb. Mais ces efforts isolés de quelques voyageurs ne s'étendaient pas au delà des contrées déjà connues, et, pour les Arabes en particulier, leurs explorations s'arrêtaient aux pays où leur religion et leur commerce avaient plus ou moins pénétré. Les résultats ainsi obtenus devaient donc nécessairement être bornés à des indications plus précises sur la position relative des lieux et des pays visités, à des renseignements moins incomplets sur l'ethnographie des populations qui les habitaient; encore, ces nouveaux renseignements, se trouvant le plus souvent en désaccord avec les opinions des savants ou avec les idées établies, couraient-ils le danger d'être repoussés ou tout au moins mis en doute, jusqu'à ce que l'exactitude en eût été constatée par de nombreux témoignages. Tel fut, en Europe, le sort de la relation du voyageur vénitien; et, selon Ibn-Kaldoun, celle d'Ibn-Bathoutha fut accueillie avec la même incrédulité dans quelques pays musulmans.

La première de ces relations ne contient que peu de chose sur l'Afrique orientale; Marco Polo n'a parlé qu'indirectement de cette région, et d'après ce qu'il en avait ouï dire à son passage sur les côtes de l'Inde. Mais Ibn-Bathoutha, qui exécuta son voyage environ un demi-siècle plus tard, visita lui-même plusieurs points du littoral africain. Une partie de son itinéraire se rapportant à notre sujet, nous allons la reproduire, et en faire ressortir les particularités propres à donner un caractère de certitude à plusieurs des opinions que nous avons émises dans le cours de ce livre.

Nous prenons le récit (1) au moment où le voyageur quitte Zeyla pour se rendre à Makdachaou (Moguedchou) et au Souahhel, voyage qu'il exécuta en l'an 731 de l'hégire (1330-31 de J. C.) : probablement en janvier ou février de 1331, époque à laquelle les bateaux descendent ordinairement la côte.

(1) Nous avons extrait ces passages de la traduction des voyages d'Ibn-Bathoutha faite par MM. Defrémery et le docteur Sanguinetti, et qui a été récemment publiée.

« Après être partis de Zeïla', nous voyageâmes sur mer
« pendant quinze jours, et arrivâmes à Makdachaou, ville
« extrêmement vaste. Ses habitants ont un grand nombre
« de chameaux, et ils en égorgent plusieurs centaines cha-
« que jour. Ils ont aussi beaucoup de moutons, et sont de
« riches marchands. C'est à Makdachaou que l'on fabrique
« les étoffes qui tirent leur nom de celui de cette ville, et
« qui n'ont pas leurs pareilles. De Makdachaou on les ex-
« porte en Égypte et ailleurs. Parmi les coutumes des ha-
« bitants de cette ville est la suivante : lorsqu'un vaisseau
« arrive dans le port, il est abordé par des sonboûks, c'est-
« à-dire de petits bateaux. Chaque sonboûk renferme plu-
« sieurs jeunes habitants de Makdachaou, dont chacun ap-
« porte un plat couvert, contenant de la nourriture. Il le
« présente à l'un des marchands du vaisseau en s'écriant :
« Cet homme est mon hôte ; et tous agissent de la même
« manière. Aucun trafiquant ne descend du vaisseau, que
« pour se rendre à la maison de son hôte, sauf, toutefois, le
« marchand qui est déjà venu fréquemment dans la ville et
« en connaît bien les habitants ; dans ce cas, il descend où
« il lui plaît. Lorsqu'un commerçant est arrivé chez son hôte,
« celui-ci vend pour lui ce qu'il a apporté et lui fait ses
« achats. Si l'on achète de ce marchand quelque objet pour
« un prix au-dessous de sa valeur, ou qu'on lui vende autre
« chose hors de la présence de son hôte, un pareil marché est
« frappé de réprobation aux yeux des habitants de Makda-
« chaou. Ceux-ci trouvent de l'avantage à se conduire ainsi.

« Lorsque les jeunes gens furent montés à bord du vais-
« seau où je me trouvais, un d'entre eux s'approcha de moi.
« Mes compagnons lui dirent : « Cet individu n'est pas un

« marchand, mais un jurisconsulte. » Alors le jeune homme
« appela ses compagnons et leur dit : « Ce personnage est
« l'hôte du kâdhi. » Parmi eux il se trouvait un des employés
« du kâdhi, qui lui fit connaître cela. Le magistrat se rendit
« sur le rivage de la mer, accompagné d'un certain nombre
« de thâlibs (étudiants); il me dépêcha un de ceux-ci. Je
« descendis à terre avec mes camarades, et saluai le kâdhi
« et son cortége. Il me dit : « Au nom de Dieu, allons saluer
« le cheïkh. » — « Quel est donc ce cheïk ? répondis-je. » —
« C'est le sultan, répliqua-t-il. » Car ce peuple a l'habitude
« d'appeler le sultan, cheïkh.—Je répondis au kâdhi : « Lors-
« que j'aurai pris mon logement, j'irai trouver le cheïkh. »
« — Mais il repartit : « C'est la coutume, quand il arrive un
« légiste ou un *chérif* ou un homme pieux, qu'il ne se re-
« pose qu'après avoir vu le sultan. » Je me conformai donc
« à leur demande en allant avec lui trouver le souverain.

« DU SULTAN DE MAKDACHAOU.

« Ainsi que nous l'avons dit, le sultan de Makdachaou n'est
« appelé par ses sujets que du titre de cheïkh. Il a nom Abou-
« Beer, fils du cheïkh Omar, et est d'origine berbérienne.
« Il parle l'idiome makdachain, mais il connaît la langue
« arabe. C'est la coutume, quand arrive un vaisseau, que le
« sonboûk du sultan se rende à son bord, pour demander
« d'où vient ce navire, quel est son propriétaire et son *roub-*
« *bân* (¹), c'est-à-dire son pilote ou capitaine, quelle est sa

---

(¹) Si ce n'était l'explication qu'Ibn-Bathoutha donne lui-même de ce mot, et probablement après information prise sur les lieux, nous penserions que c'est Hebban qu'il a voulu dire. Hebban désigne, à Mogued-chou, l'individu qui prend charge d'un étranger et de la direction de ses affaires. Dans le passage ci-dessus, il aurait le sens de notre mot *consignataire*.

« cargaison et quels marchands ou autres individus se trou-
« vent à bord. Lorsque l'équipage du sonboûk a pris con-
« naissance de tout cela, l'on en donne avis au sultan, qui
« loge près de lui les personnes dignes d'un pareil honneur.

« Quand je fus arrivé au palais du sultan, avec le kâdhi
« susmentionné, qui s'appelait Ibn-Borhân-Eddîn et était
« originaire d'Égypte, un eunuque en sortit et salua le juge,
« qui lui dit : « Remets le dépôt qui t'est confié, et apprends
« à notre maître le cheïkh que cet homme-ci est arrivé du
« Hidjâz. » L'eunuque s'acquitta de son message et revint,
« portant un plat dans lequel se trouvaient des feuilles de
« bétel et des noix d'arec (faoufel). Il me donna dix feuilles
« du premier, avec un peu de faoufel, et en donna la même
« quantité au kâdhi ; ensuite il partagea entre mes cama-
« rades et les disciples du kâdhi ce qui restait dans le plat.

« Puis il apporta une cruche d'eau de roses de Damas, et en
« versa sur moi et sur le kâdhi, en disant : « Notre maître
« ordonne que cet étranger soit logé dans la maison des thâ-
« libs. » C'était une maison destinée à traiter ceux-ci. Le kâ-
« dhi m'ayant pris par la main, nous allâmes à cette mai-
« son, qui est située dans le voisinage de celle du cheïkh,
« décorée de tapis et pourvue de tous les objets nécessaires.
« Plus tard, ledit eunuque apporta de la maison du cheïkh
« un repas ; il était accompagné d'un des vizirs, chargé de
« prendre soin des hôtes, et qui nous dit : « Notre maître
« vous salue et vous fait dire que vous êtes les bienvenus ; »
« après quoi, il servit le repas et nous mangeâmes. La nour-
« riture de ce peuple consiste en riz cuit avec du beurre,
« qu'ils servent dans un grand plat de bois, et par-dessus
« lequel ils placent des écuelles de *coûchân*, qui est un ra-

« goût composé de poulets, de viande, de poisson et de lé-
« gumes. Ils font cuire les bananes, avant leur maturité,
« dans du lait frais, et ils les versent dans une écuelle. Ils
« versent le lait caillé dans une autre écuelle, et mettent
« par-dessus des limons et des grappes de poivre confits dans
« le vinaigre et la saumure du gingembre vert et des man-
« gues, qui ressemblent à des pommes, sauf qu'elles ont un
« noyau. Lorsque la mangue est parvenue à sa maturité,
« elle est extrêmement douce et se mange comme un fruit;
« mais, avant cela, elle est acide comme le limon, et on la
« confit dans du vinaigre. Quand les habitants de Makda-
« chaou ont mangé une bouchée de riz, ils avalent de ces
« salaisons et de ces conserves au vinaigre. Un seul de ces
« individus mange autant que plusieurs de nous; c'est là
« leur habitude; ils sont d'une extrême corpulence et d'un
« excessif embonpoint.

« Lorsque nous eûmes mangé, le kâdhi s'en retourna.
« Nous demeurâmes en cet endroit pendant trois jours, et
« on nous apportait à manger trois fois dans la journée, car
« telle est leur coutume. Le quatrième jour, qui était un
« vendredi, le kâdhi, les étudiants et un des vizirs du cheïkh
« vinrent me trouver, et me présentèrent un vêtement. Leur
« habillement consiste en un pagne de filoselle, que les hom-
« mes s'attachent au milieu du corps, en place de caleçon,
« qu'ils ne connaissent pas; en une tunique de toile de lin
« d'Égypte, avec une bordure; en une *fardjïyeh* (robe flot-
« tante) de kodsy (étoffe de Jérusalem) doublée, et un tur-
« ban d'étoffe d'Égypte, avec une bordure. On apporta pour
« mes compagnons des habits convenables.

« Nous nous rendîmes à la mosquée principale, et nous

« y priâmes derrière la tribune grillée. Lorsque le cheikh
« sortit de cet endroit, je le saluai avec le kâdhi; il répon-
« dit par des vœux en notre faveur, et conversa avec le kâ-
« dhi dans l'idiome de la contrée; puis il me dit en arabe :
« Tu es le bienvenu, tu as honoré notre pays et tu nous as
« réjouis. » Il sortit dans la cour de la mosquée, et s'arrêta
« près du tombeau de son père, qui se trouve en cet en-
« droit; il y fit une lecture dans le Coran et une prière;
« après quoi, les vizirs, les émirs et les chefs des troupes ar-
« rivèrent et saluèrent le sultan. On suit, dans cette céré-
« monie, la même coutume que les habitants du Yaman. Ce-
« lui qui salue place son index sur la terre, puis il le pose
« sur sa tête, en disant : « Que Dieu perpétue ta gloire! »

« Après cela, le cheikh franchit la porte de la mosquée,
« revêtit ses sandales, et ordonna au kâdhi et à moi d'en
« faire autant. Il se dirigea à pied vers sa demeure, qui était
« située dans le voisinage du temple, et tous les assistants
« marchaient nu-pieds. On portait au-dessus de la tête du
« cheikh quatre dais de soie de couleur, dont chacun était
« surmonté d'une figure d'oiseau en or. Son vêtement con-
« sistait, ce jour-là, en une robe flottante de kodsy vert,
« qui recouvrait de beaux et amples habits de fabrique égyp-
« tienne. Il était ceint d'un pagne de soie et coiffé d'un tur-
« ban volumineux. On frappa devant lui les timbales et l'on
« sonna les trompettes et les clairons. Les chefs des troupes
« le précédaient et le suivaient; le kâdhi, les jurisconsultes
« et les chérifs l'accompagnaient. Ce fut dans cet appareil
« qu'il entra dans sa salle d'audience. Les vizirs, les émirs
« et les chefs des troupes s'assirent sur une estrade située
« en cet endroit. On étendit pour le kâdhi un tapis sur le-

« quel personne autre que lui ne prit place. Les fakhîs et
« les chérifs accompagnaient ce magistrat. Ils restèrent ainsi
« jusqu'à la prière de trois à quatre heures de l'après-midi.
« Lorsqu'ils eurent célébré cette prière en société du cheïkh,
« tous les soldats se présentèrent et se placèrent sur plu-
« sieurs files, conformément à leurs grades respectifs; après
« quoi l'on fit résonner les timbales, les clairons, les trom-
« pettes et les flûtes. Pendant qu'on joue de ces instruments,
« personne ne bouge et ne remue de sa place, et quiconque
« se trouve alors en mouvement s'arrête, sans avancer ni
« reculer. Lorsqu'on eut fini de jouer de la musique mili-
« taire, les assistants saluèrent avec leurs doigts, ainsi que
« nous l'avons dit, et s'en retournèrent. Telle est leur cou-
« tume chaque vendredi.

« Lorsque arrive le samedi, les habitants se présentent à
« la porte du cheïkh et s'asseyent sur des estrades, en de-
« hors de la maison. Le kâdhi, les fakhîs, les chérifs, les
« gens pieux, les personnes respectables et les pèlerins, en-
« trent dans la seconde salle et s'asseyent sur des estrades
« en bois, destinées à cet usage. Le kâdhi se tient sur une
« estrade séparée, et chaque classe a son estrade particu-
« lière, que personne autre ne partage avec elle. Le cheïkh
« s'assied ensuite dans son salon, et envoie chercher le kâ-
« dhi, qui prend place à sa gauche; après quoi, les légistes
« entrent, et leurs chefs s'asseyent devant le sultan; les
« autres saluent et s'en retournent. Les chérifs entrent alors,
« et les principaux d'entre eux s'asseyent devant lui; les
« autres saluent et s'en retournent. Mais, s'ils sont les hôtes
« du cheïkh, ils s'asseyent à sa droite. Le même cérémonial
« est observé par les personnes respectables et les pèlerins,

« puis par les vizirs, puis par les émirs, et enfin, par les
« chefs des troupes, chacune de ces classes succédant à une
« autre. On apporte des aliments; le kâdhi, les chérifs, et
« ceux qui sont assis dans le salon, mangent en présence
« du cheïkh, qui partage ce festin avec eux. Lorsqu'il veut
« honorer un de ses principaux émirs, il l'envoie chercher
« et le fait manger en leur compagnie; les autres individus
« prennent leur repas dans le réfectoire. Ils observent, en
« cela, le même ordre qu'ils ont suivi lors de leur admission
« près du cheïkh.

« Celui-ci rentre ensuite dans sa demeure; le kâdhi, les
« vizirs, le secrétaire intime, et quatre d'entre les princi-
« paux émirs, s'asseyent, afin de juger les procès et les
« plaintes. Ce qui a rapport aux prescriptions de la loi est
« décidé par le kâdhi; les autres causes sont jugées par les
« membres du conseil, c'est-à-dire les vizirs et les émirs.
« Lorsqu'une affaire exige que l'on consulte le sultan, on
« lui écrit à ce sujet, et il envoie sur-le-champ sa réponse,
« tracée sur le dos du billet, conformément à ce que décide
« sa prudence. Telle est la coutume que ces peuples obser-
« vent continuellement..... »

Quoique plusieurs des particularités racontées par Ibn-Bathoutha ne se représentent plus aujourd'hui au voyageur qui aborde à Moguedchou, nous n'en croyons pas moins, et on en pourra juger, d'ailleurs, par notre propre relation (1), que l'écrivain arabe a tracé un tableau fidèle de ce qui se passait à l'époque où il visita cette ville. Les changements qui, depuis, se sont successivement opérés dans

---

(1) Voir II⁰ partie, ch. XVI.

l'état politique et les relations commerciales de Moguedchou comme des autres villes de la côte ont dû amener des modifications correspondantes dans les mœurs, les usages et la richesse de ses habitants. Nous exposerons, dans les deux livres suivants, les causes de ces changements à partir du commencement du xvie siècle; quant à la période antérieure, nous allons faire connaître les traditions que nous avons recueillies sur les lieux mêmes, et qui confirmeront, nous le croyons, les récits d'Ibn-Bathoutha.

D'après ces traditions, qui s'accordent avec la chronique de Kiloua, pour les circonstances de la fondation de Moguedchou, des maisons en pierre, dans le style arabe, furent peu à peu substituées aux cases en bois et en paille recouvertes de peaux que les premiers émigrés musulmans, les Émozéides, y avaient d'abord élevées. Le gouvernement se constitua, et se transmit héréditairement dans la famille du chef qui avait conduit la nouvelle immigration, et cette dynastie fut désignée sous le nom d'El-M'doffeur, du nom ou surnom de son fondateur.

Le territoire compris entre le cours inférieur du Djoub et le pays nommé aujourd'hui Chebellèh était alors, dit-on, très-peuplé. Une partie de ce territoire, et notamment celle qui environnait la cité arabe, était occupée par les Odjourane, une des grandes tribus haouiia, à laquelle s'étaient déjà mêlés quelques Émozéides. Des relations amicales existaient entre les Odjourane et les cheikhs ou sultans M'doffeur, qui probablement exerçaient sur ces indigènes l'influence que donne une supériorité morale incontestable. D'ailleurs, les Odjourane tiraient avantage des relations de commerce qui se développaient à Moguedchou : le marché de cette ville leur était ouvert et leur offrait un échange facile des produits qu'ils se procuraient dans l'intérieur, entre lequel et le marché arabe ils étaient des intermédiaires naturels. Les chameaux, qui abondent dans le pays, leur rendaient les transports et les communications faciles. Toutefois, ces bonnes relations n'excluaient pas certaines précautions de la part des chefs de Moguedchou à l'égard des Odjourane, et tous les jours, après la prière de l'Eûcha (une heure environ après le coucher du soleil), des crieurs parcouraient la ville, disant à haute voix : « Que ceux du « dehors sortent et que les habitants restent chez eux. » Puis ils fermaient les portes de la ville en pierre, ville dont les chérifs (c'est-à-dire les individus d'origine arabe) restaient seuls possesseurs pendant la nuit.

Sous la dynastie M'doffeurienne, Moguedchou acquit un haut degré de prospérité ; elle était devenue comme la capitale de tout le pays environnant, et le chef-lieu des divers établissements arabes, fondés successivement sur d'autres points de la côte par des familles sorties de sa population : ainsi s'élevèrent les villes de Braoua, Meurka, Djellip, Gondeur-Cheikh, Djezira et Ouarcheikh. A certaines époques de l'année, on se transportait de tous ces points à Moguedchou, dont la grande mosquée était pour les fidèles un lieu de pèlerinage, et où toute la population de la ville assistait à la prière du vendredi. Tel est, en substance, ce que la tradition orale nous a appris sur l'importance de cette cité pendant la période dont nous esquissons l'histoire. Ainsi s'explique pour nous l'existence de ce royaume de *Magadaxo* mentionné, d'après les récits des premiers navigateurs portugais, par les géographes des XVIe et XVIIe siècles. Le peu que les géographes arabes nous ont dit de Moguedchou n'infirme aucunement l'ensemble des données de la tradition. Plusieurs des particularités recueillies sur cette cité, et publiées par Yacout plus d'un siècle avant le voyage d'Ibn-Bathoutha, s'accordent avec quelques-uns des détails donnés par le voyageur : ce que le premier dit de la nudité des habitants s'applique évidemment à la partie indigène de la population, qui devait, alors surtout, l'emporter de beaucoup en nombre sur la population des chérifs. Ibn-al-Madjd, de Mossoul, dans le Mozyl-Alirtyab, fait remarquer que Moguedchou est une grande ville ; Ibn-Sayd en constate aussi l'importance, quand il dit que le nom de cette ville revient souvent dans la bouche de ceux qui ont voyagé à la côte orientale d'Afrique. On verra, dans le livre suivant, ce qu'elle était à l'arrivée des Portugais sur cette côte; mais disons ici que maintenant même, par conséquent plus de cinq siècles après le passage d'Ibn-Bathoutha, ce qui reste de l'ancienne cité arabe témoigne encore de sa splendeur passée. Outre plusieurs mosquées abandonnées depuis bien longtemps, et dont les minarets ont seuls résisté aux efforts du temps et à l'envahissement des sables, il en est une encore affectée au culte et en assez bon état, grâce aux restaurations successives dont elle a, sans doute, été l'objet. Il s'y trouve une inscription (1) qui indique pour date de sa fondation l'année 637 de l'hégire (1259 de J. C.), c'est-à-dire près d'un siècle avant le passage d'Ibn-Bathoutha, et quelques années seulement après l'époque à laquelle Yacout en représentait les habitants comme vivant dans un état voisin de la sauvagerie : ceci prouve clairement, ainsi que nous

(1) Voir à l'appendice, pièce n° 1.

l'avons précédemment avancé, que les renseignements produits par Yacout se rapportaient à des temps bien antérieurs à celui où il écrivait.

La décadence de Moguedchou commença, d'après la tradition, avec le renversement de l'autorité des M'doffeur, événement qui eut lieu à la suite d'une invasion de la cité par la puissante tribu des Abgal, comprise, comme les Odjourane, dans la grande famille des Soumal-Haouiia. Le cheikh ou sultan M'doffeur qui gouvernait alors était nommé Fekeur-Eddin; il fut le dernier membre de cette dynastie, à laquelle l'État de Moguedchou devait tout à la fois son origine, son développement et le degré de prospérité auquel il était arrivé. L'autorité des Abgal s'établit dès lors sur la ville en la personne de leur chef Omar-Djeloulé, dont le pouvoir s'est, depuis lors, transmis héréditairement dans sa descendance. Nous ne pouvons dire, avec quelque garantie d'exactitude, quelle fut l'époque de la prise de la ville par les Abgal. Au premier abord, les indications données par Ibn-Bathoutha sur le sultan qu'il y trouva régnant, et entre autres sur son origine beurberienne et son titre de *fils d'Omar*, nous avaient semblé offrir la possibilité d'un rapprochement entre ce sultan et le fils de cet Omar-Djeloulé, qui nous a été signalé comme ayant substitué dans Moguedchou l'autorité des Abgal à celle des M'doffeur; mais, outre que les données de la tradition sont insuffisantes pour établir ce synchronisme, d'autres raisons nous empêchent d'en admettre la possibilité. La première, c'est que nous nous trouverions par là conduit à fixer l'époque de l'invasion des Abgal à la fin du xiiie siècle, et, cet événement important étant de date assez récente encore au passage d'Ibn-

Bathoutha dans la ville, le voyageur n'eût probablement pas manqué d'en faire mention. La seconde, c'est qu'il s'ensuivrait que Moguedchou, à l'arrivée des Portugais, en 1507, aurait été aux mains des Abgal depuis plus de deux siècles. Or, en 1507, et même longtemps après, cette ville était encore puissante et prospère ; et nous ne saurions comprendre qu'elle eût pu se conserver telle, plus de deux siècles après la substitution du gouvernement ignorant et barbare des Abgal, à l'administration créatrice et civilisatrice des M'doffeur. Enfin, d'après ce qui nous a été dit sur les lieux, neuf cheikhs ou sultans abgal seulement, auraient exercé le pouvoir depuis Omar-Djeloulé jusqu'au sultan actuel, et, tout en faisant, bien entendu, nos réserves quant à la complète exactitude de ce renseignement, nous croyons devoir ne pas le négliger entièrement. Or, l'intervalle de plus de cinq siècles qui nous sépare de l'époque du voyage d'Ibn-Bathoutha est évidemment trop long pour ne comprendre que huit règnes. Nous concluons donc des considérations qui précèdent, qu'à l'époque du passage d'Ibn-Bathoutha, la ville était encore gouvernée par des sultans M'doffeur ; dès lors les détails fournis par ce voyageur sur les usages du pays, les cérémonies dont il a été témoin, et l'appareil somptueux dont le sultan était entouré, nous semblent ne pouvoir être révoqués en doute.

Reprenons maintenant la relation, et suivons Ibn-Bathoutha dans sa relâche à Mombase.

. . . .

« Je m'embarquai sur la mer dans la ville de Makdachaou,
« me dirigeant vers le pays des Saouâhil (*) (les rivages) et

(*) Le Souahhel.

« vers la ville de Couloua (Kiloua), dans le pays des Zendjs.
« Nous arrivâmes à Manbaça (*), grande île, à une distance
« de deux journées de navigation de la terre des Saouâhil.
« Cette île ne possède aucune dépendance sur le continent,
« et ses arbres sont des bananiers, des limoniers et des ci-
« tronniers. Ses habitants recueillent aussi un fruit qu'ils
« appellent *djammoun* (*djambou*, *Eugenia Jambu*), et qui
« ressemble à l'olive; il a un noyau pareil à celui de l'olive,
« mais le goût de ce fruit est d'une extrême douceur. Ils ne
« se livrent pas à la culture, et on leur apporte des grains
« du Saouâhil. La majeure partie de leur nourriture con-
« siste en bananes et en poisson. Ils professent la doctrine
« de Châfi'y, sont pieux, chastes et vertueux; leurs mos-
« quées sont construites très-solidement en bois. Près de
« chaque porte de ces mosquées se trouvent un ou deux
« puits, de la profondeur d'une ou deux coudées; on y
« puise l'eau avec une écuelle de bois, à laquelle est fixé
« un bâton mince, de la longueur d'une coudée. La terre,
« à l'entour de la mosquée et du puits, est tout unie. Qui-
« conque veut entrer dans la mosquée, commence par se la-
« ver les pieds. Il y a près de la porte un morceau de natte
« très-grossier, avec lequel il les essuie; celui qui désire
« faire les lotions tient la coupe entre ses cuisses, verse
« l'eau sur ses mains et fait son ablution. Tout le monde
« marche nu-pieds. »

Ces détails sont peu nombreux et presque insignifiants
sous le rapport de l'ethnographie; mais Ibn-Bathoutha n'a
passé qu'une nuit à Mombase, et le temps lui a manqué
pour examiner cette localité : aussi a-t-il un peu exagéré

(*) Mombase.

l'étendue de l'île. Ce qu'il dit de la distance qui la sépare de la terre du Souahhel, donnerait à penser qu'alors le littoral ainsi désigné comprenait seulement la partie de côtes basses qui s'étend depuis la pointe Pouna jusqu'aux environs du cap Delgado ; aujourd'hui, le pays des Souahhéli ou le Souahhel est considéré comme commençant à partir du Djoub.

Quant aux autres indications, elles nous paraissent devoir être suffisamment exactes pour l'époque où le voyageur visita Mombase. En effet, au commencement du XIV° siècle, cette localité n'avait pas encore l'importance qu'elle acquit plus tard. Ce ne fut que dans le cours du XVI° siècle que l'un de ses cheiks, chef d'un groupe de Schiraziens qui s'étaient établis depuis quelques années dans l'île, l'ayant soustraite à l'autorité du cheikh ou sultan de Zanzibar, en fit une cité indépendante, dont les possessions augmentèrent peu à peu aux dépens des petits États voisins, et particulièrement de celui de Melinde. D'autre part, la superficie restreinte de Mombase s'oppose à ce qu'elle produise beaucoup de céréales, et, de tout temps, ses habitants ont tiré une grande partie de leur subsistance soit de Pemba, soit de la côte en regard de cette île. Cette circonstance vient encore justifier l'assertion d'Ibn-Bathoutha relative à l'importation de grains du Souahhel à Mombase. Il a pu dire aussi, avec vérité, qu'elle ne possédait pas de dépendances sur le continent ; car, lors de son passage, les terres qui enserrent la baie de Mombase n'étaient point occupées par les Ouanika et les Ouadigo, qui y sont maintenant établis. L'émigration de ces populations de l'intérieur vers le littoral a été, d'après les traditions locales, à peu près contemporaine de l'établissement des Portugais dans l'île ; elle doit dater du commencement du xvııe siècle. Jusqu'alors, la partie du continent en arrière de l'île Mombase était sans doute abandonnée aux incursions des tribus pillardes et nomades, que, sous le nom de *Zimbos*, les historiens portugais nous montrent envahissant et dévastant, en l'an 1588, l'île de Kiloua, puis, en l'an 1589, celle de Mombase, et combinant leur invasion de cette dernière île avec l'attaque que la flotte portugaise, commandée par Thomé de Souza Coutinho, dirigeait contre la ville du côté de la mer. Bref, tous les faits que nous connaissons comme ayant contribué à constituer l'État de Mombase et à donner quelque importance à la cité de ce nom, sont d'une date bien postérieure à celle du voyage d'Ibn-Bathoutha, et ce qu'il dit de cette localité dans sa relation nous semble donner une idée assez exacte de ce qu'elle pouvait être quand il y relâcha. Accompagnons-le maintenant à Kiloua :

« Nous passâmes, dit-il, une nuit dans cette île (l'île
« Mombase) ; après quoi nous reprîmes la mer pour nous
« rendre à Couloua, grande ville située sur le littoral, et
« dont les habitants sont pour la plupart des Zendjs, d'un
« teint extrêmement noir. Ils ont à la figure des incisions,
« semblables à celles qu'ont les Limiïn de Djenâdah. Un
« marchand m'a dit que la ville de Sofâlah est située à la
« distance d'un demi-mois de marche de Couloua, et qu'entre
« Sofâlah et Yoûfi (Noufi), dans le pays des Limiïn, il y a
« un mois de marche. De Yoûfi, on apporte à Sofâlah de la
« poudre d'or. Couloua est au nombre des villes les plus
« belles et les mieux construites ; elle est entièrement bâtie
« en bois ; la toiture de ses maisons est en *dis* (sorte de

« jonc *ampelo-desmos tenax*), et les pluies y sont abondantes.
« Ses habitants sont adonnés au *djihâd* (la guerre sainte);
« car ils occupent un pays contigu à celui des Zendjs infi-
« dèles. Leurs qualités dominantes sont la piété et la dé-
« votion, et ils professent la doctrine de Châfi'y.

« DU SULTAN DE COULOUA.

« Lorsque j'entrai dans cette ville, elle avait pour sultan
« Abou'l mozhaffer Haçan, surnommé également *Abou'l-
« mewâhib*, à cause de la multitude de ses dons (mewâhib)
« et de ses actes de générosité. Il faisait de fréquentes in-
« cursions dans le pays des Zendjs, les attaquait et leur en-
« levait du butin, dont il prélevait la cinquième partie,
« qu'il dépensait de la manière fixée dans le Coran. Il dé-
« posait la part des proches du Prophète dans une caisse
« séparée, et lorsque des chérîfs venaient le trouver, il la
« leur remettait. Ceux-ci se rendaient près de lui de l'Irâk,
« de l'Hidjâz et d'autres contrées. J'en ai trouvé à sa cour
« plusieurs du Hidjâz, parmi lesquels Mohammed, fils de
« Djammâz, Mansoûr, fils de Lébidah, fils d'Abou-Nemy, et
« Mohammed, fils de Chomaïlah, fils d'Abou-Nemy. J'ai vu
« à Makdachaou Tabl, fils de Cobaïch, fils de Djammâz, qui
« voulait se rendre près de lui. Ce sultan est extrêmement
« humble; il s'assied et mange avec les fakirs, et vénère les
« hommes pieux et nobles.

« RÉCIT D'UNE DE SES ACTIONS GÉNÉREUSES.

« Je me trouvais près de lui un vendredi, au moment
« où il venait de sortir de la prière, pour retourner à sa
« maison. Un fakir du Yaman se présenta devant lui et lui
« dit : O Abou'lmewâhib! — Me voici, répliqua-t-il; ô fa-
« kir! quel est ton besoin? — Donne-moi ces vêtements qui

« te couvrent. — Très-bien ; je te les donnerai. — Sur
« l'heure. — Oui certes, à l'instant. Il retourna à la mos-
« quée, entra dans la maison du prédicateur, ôta ses vête-
« ments, en prit d'autres, et dit au fakir : Entre et prends-
« les. Le fakir entra, les prit, les lia dans une serviette,
« les plaça sur sa tête, et s'en retourna. Les assistants com-
« blèrent le sultan d'actions de grâces, à cause de l'humi-
« lité et de la générosité qu'il avait montrées. Son fils et
« successeur désigné reprit cet habit au fakir, et lui donna
« en échange dix esclaves. Le sultan, ayant appris combien
« ses sujets louaient son action, ordonna de remettre au
« fakir dix autres esclaves et deux charges d'ivoire; car la
« majeure partie des présents, dans ce pays, consiste en
« ivoire, et l'on donne rarement de l'or.

« Lorsque ce sultan vertueux et libéral fut mort, son
« frère Dâoûd devint roi et tint une conduite tout opposée.
« Quand un pauvre venait le trouver, il lui disait : Celui qui
« donnait est mort, et n'a rien laissé à donner. Les visi-
« teurs séjournaient à sa cour un grand nombre de mois,
« et seulement alors il leur donnait très-peu de chose; si
« bien qu'aucun individu ne vint plus le trouver.

« Nous nous embarquâmes, à Couloua, pour la ville de
« Zhafâr al houmoûd (Zhafâr, aux plantes salines et amères);
« elle est située à l'extrémité du Yaman, sur le littoral de
« la mer des Indes. »

Les principales assertions de notre voyageur, en ce qui concerne Kiloua, s'accordent parfaitement avec certains détails de la chronique des sultans de Kiloua, que nous avons reproduite au commencement de ce livre. D'après cette chronique, le sultan régnant en l'an 731 de l'hégire était bien, comme le dit Ibn-Bathoutha, un sultan Ilhacen, auquel succéda son frère Dâoud, environ douze ans après le passage du voyageur à Kiloua, particularité dont celui-ci eut, à ce qu'il paraît, connaissance dans la suite de ses pérégrinations. Elle nous apprend aussi que ce Ilhacen, à l'époque de la mort de son père, faisait le pèlerinage de la Mekke, et que le pouvoir, exercé, en son absence, par son frère cadet Dâoud, lui fut remis à son retour. Ce pèlerinage, qui, si nous en jugeons par l'ignorance des lettrés de l'Arabie au sujet des villes de la côte d'Afrique, était rarement accompli par les chefs musulmans de cette côte, confirme encore ce que le voyageur raconte des sentiments religieux et des bonnes œuvres du sultan qu'il trouva régnant à Kiloua. Enfin, cette concordance entre deux documents de nature et d'origine toutes différentes nous semble témoigner à la fois et de l'exactitude de la relation et de celle de la chronique.

Ajoutons, en dernier lieu, que le rite suivi par les habitants de Kiloua, comme par ceux de Mombase et de tout le Souahhel, est bien le rite chaféite.

Pour ce qui est du pays de Limiîn, dont faisait partie la ville de Yoûfi, située, d'après les informations données à Ibn-Bathoutha, à un mois de marche de Kiloua, nous ne pouvons, sur cette simple indication, nous faire une idée de sa position ni de celle du pays auquel elle appartenait.

Il est à regretter qu'Ibn-Bathoutha ne se soit pas étendu plus qu'il ne l'a fait sur les relations politiques et commerciales de l'État de Kiloua, qui était alors la partie de la côte des Zendj où la colonisation musulmane était le plus développée et le plus solidement constituée : mieux que tous les géographes ses compatriotes, il aurait pu donner sur ce pays des détails ethnographiques intéressants. Mais il nous dit à peine quelques mots même de la ville, où il a pourtant séjourné, et, si nous en croyons la chronique déjà citée, le peu qu'il en dit manquerait de précision. D'après ce document, en effet, à l'époque dont il s'agit, Kiloua ne devait plus être, comme l'indique Ibn-Bathoutha, entièrement bâtie en bois, puisque 150 ans auparavant une forteresse et quelques édifices en pierre y avaient été élevés par un sultan du nom de Séliman-Ilhacen ; or, notre voyageur ne fait mention ni de cette forteresse ni de ces édifices. Il se tait également sur la position insulaire de la ville, particularité qui n'a pu, cependant, lui échapper, et qu'il n'a pas omise, d'ailleurs, en parlant de Mombase.

Malgré tout ce que laisse à désirer la relation d'Ibn-Bathoutha sur les points de la côte qu'il a visités, on attache un très-grand prix aux quelques renseignements précis qu'elle contient, quand on a, comme nous l'avons fait, compulsé presque sans résultat les volumineux traités des géographes arabes. En comparant ce que ces derniers nous ont appris au sujet de Moguedchou, de Mombase et de Kiloua, à ce qu'étaient réellement ces villes au temps où ils écrivaient, on ne trouvera, sans doute, pas trop sévère le jugement que nous avons porté sur leurs travaux.

Nous terminerons la série des renseignements que nous leur avons empruntés par quelques mots concernant les villes de Lâmou et de Moguedchou, extraits du *Manhal-el-Safi* d'Aboul-Mahassen. L'auteur nommant, d'après Makrisi, un certain individu né en l'an 780 de l'hégire (1385 de J. C.), et désigné comme ayant été « cadi de la ville de Lâmou, ville du pays des Zendj, sur la mer de Beurbera, à environ

20 marhâla de Moguedchou, » l'auteur, disons-nous, signale cette ville comme étant actuellement ensevelie sous les sables (1), à une profondeur de plusieurs hauteurs d'homme; puis il ajoute : « Or voici ce que dit Makrisi au sujet de ce
« cadi : Il vint à la Mekke pendant que j'y étais, à la fin de
« 859 de l'hégire (1441 de J. C.); je reconnus que cet
« homme était fort instruit dans la jurisprudence, d'après
« le rite de l'Iman-Chafey. Ce cadi nous dit que les singes
« s'étaient rendus maîtres de Magdachou depuis environ l'an-
« née 800 (1402 de J. C.), au point qu'ils gênent les habi-
« tants dans leurs demeures et dans leurs marchés. Ils vien-
« nent prendre les aliments jusque dans les plats, attaquent
« les hommes dans leurs maisons, et enlèvent ce qu'ils
« trouvent. Le maître de la maison poursuit le singe voleur,
« et ne cesse de lui faire des flatteries jusqu'à ce que la
« bête, ayant mangé l'aliment, lui ait rendu le plat ou le
« vase. Quand les singes entrent dans une maison et qu'ils
« y trouvent une femme, ils ont commerce avec elle.

« L'usage est que le roi de Magdachou convoque à une
« certaine heure les officiers de l'empire dans son palais.
« Lorsque ceux-ci sont tous rassemblés, il ouvre la fenêtre
« au-dessous de laquelle ils se trouvent. Aussitôt les offi-
« ciers se prosternent, et, quand ils se relèvent, ils voient
« le roi qui, de la place qu'il occupe au-dessus de leur tête,

---

(1) On ne sait trop, d'après la contexture de la phrase, si c'est de Lâmou ou de Moguedchou qu'il s'agit; mais nous penchons pour cette dernière. Aujourd'hui même toute la partie orientale de Moguedchou est envahie par les sables, qui, incessamment balayés de la plage par les vents du large, viennent s'amonceler contre les murailles des maisons ou des tombeaux situés à la partie est de la ville. Nous n'avons ni vu ni appris rien d'analogue au sujet de Lâmou.

« leur donne ses ordres et règle les affaires de l'État. Un
« jour que, suivant l'usage, cette cérémonie s'était accom-
« plie, les officiers, au moment où ils se relevèrent et diri-
« gèrent leurs regards vers la fenêtre ouverte, aperçurent
« un singe à la place du roi.

« Les singes sont divisés en bandes, et chacune a son
« chef particulier, derrière lequel ils marchent en bon or-
« dre. Les habitants ont beaucoup à en souffrir.

« La mer jette de l'ambre sur la côte de Lâmou : c'est
« toujours le roi qui s'en empare. Une fois, on en trouva
« un morceau qui pesait 1,200 rotols. Les bananiers y vien-
« nent très-grands. Il y en a de différentes espèces, et en-
« tre autres une dont le fruit atteint la longueur d'une
« coudée. On en fait un miel qui dure plus d'un an, et di-
« verses friandises. Voilà ce que dit Makrisi, qui parle de
« cela plus au long. »

La seule conséquence de quelque intérêt ressortant de ces passages de Makrisi et d'Aboul-Mahassen, c'est que non-seulement la ville de Lâmou existait en 1585, mais encore que sa fondation remontait à une époque assez éloignée pour qu'à la date citée il s'y trouvât une population musulmane ayant un cadi savant dans la jurisprudence.

Ici nous terminons notre tâche ; car de nouvelles recherches n'apporteraient pas une pierre de plus à notre édifice : combien, pourtant, il est informe et incomplet !

Point de science, peu de vérités, beaucoup d'erreurs et de fables, voilà ce que nous offre la lecture des documents laissés par les Arabes relativement à la côte orientale d'Afrique. Et cependant, leurs marchands et leurs navigateurs de l'Arabie sillonnaient ses mers et fréquentaient ses rivages depuis un temps immémorial ! Et cependant, des établissements intéressants sous le double rapport politique et religieux y avaient été fondés, et leur commerce était assez important pour y attirer de nombreux marchands de la mer Rouge, du golfe Persique et de l'Inde ! De tout ce bruit de vie, les écrivains arabes semblent n'avoir entendu que quelques échos lointains et trompeurs.

En effet, que nous ont-ils appris ? Les noms d'un petit nombre de villes, et, pour quelques faits insignifiants, le plus souvent mal exposés, une foule de particularités extravagantes ou puériles. Heureusement, il s'est trouvé sur ce vaste rivage de 800 à 900 lieues un point où il y a eu tout juste assez de civilisation pour que les traits principaux de son histoire aient été conservés dans une chronique que les Portugais nous ont transmise. C'est à cette circonstance seule que nous devons de connaître l'origine de l'établissement politique des Arabes musulmans à la côte d'Afrique, l'émigration des Émozéides, leur fusion avec les indigènes, par suite d'immigrations subséquentes ; la fondation de Moguedchou et de Braoua ; enfin, celle de Kiloua et l'extension de la prépondérance de cette ville sur les pays qui l'avoisinaient, notamment sur les îles Zanzibar et Mafiia et sur Sofala. Ainsi, pour découvrir les éléments de l'histoire de ces populations, il a fallu nous porter de sept siècles en avant, et fouiller dans les annales d'un peuple qu'une distance de 2,500 lieues séparait d'elles. Certes, il est un fait incontestable, et l'on en verra de nouvelles preuves dans les pages suivantes : c'est la prééminence de l'État de Kiloua, au moins dans les quatre ou cinq derniers siècles qui précédèrent l'arrivée des Portugais sur la côte ; et pourtant il n'en est pas fait la moindre mention dans les récits des géographes orientaux qui, tous, sauf Yacout, semblent n'en avoir pas même connu le nom. En revanche, celui de Sofala, d'abord comme pays, puis comme ville, revient sans cesse dans leurs écrits, grâce, sans doute, à la célébrité que lui donnait l'or de ses mines inépuisables; mais comment ce nom ne rappelait-il pas celui de Kiloua, qui possédait le monopole du trafic de cet or, et qui y avait placé, en qualité de gouverneur, ce Dâoud, qui fut un de ses rois, deux cents ans avant le voyage d'Ibn-Bathoutha, et même avant l'époque où écrivait Edrisi?

Le nom de Moguedchou, ville que le voyageur arabe a dite être si importante, ne commence, malgré l'antiquité de son origine, à figurer dans leurs descriptions qu'au VIIe siècle de l'hégire. Lâmou, moins heureuse encore, n'obtient une mention que postérieurement à Ibn-Bathoutha. Enfin, les noms de Braoua, de Melinde et de Mombase, ajoutés aux trois précédents, complètent la nomenclature aride des villes dont l'existence a été signalée par les écrivains arabes sur ce vaste littoral, où les Portugais trouvèrent, à moins d'un demi-siècle au delà de l'époque à laquelle nous nous sommes arrêté, tant de cités populeuses et florissantes.

Et, même pour les villes dont ces écrivains parlent, le nom de chacune, souvent défiguré, est à peu près tout ce qu'ils nous en apprennent : ils ne disent rien ou presque rien de leur origine, de leur puissance, de leur population, des conditions de leur gouvernement, de leur industrie ni de leur commerce particulier; rien, enfin, de leurs relations avec les indigènes ou avec cette race de métis descendus des Émozéides, qui habitaient la zone continentale la plus voisine du littoral.

C'est, il nous faut bien le redire, que les historiens et les géographes étaient mal renseignés : les propos de quelques rares pèlerins venus aux lieux saints, ou quelques commerçants préoccupés, avant tout, du soin de leur négoce, les rapports de quelques patrons de barques ignorants et crédules, telles étaient les sources où ils puisaient. C'est, aussi, que toutes ces villes de la côte orientale d'Afrique étaient des colonies de marchands plus ou moins enrichis, ne s'occupant que d'exploiter, d'un côté, les naturels, de l'autre, les consommateurs de l'extérieur qui s'adressaient à leur monopole ; des marchands s'isolant dans leurs îles, qui les mettaient, il est vrai, à l'abri des attaques des naturels, mais où ils se trouvaient, par cela même, hors d'état d'exercer une influence civilisatrice sur les populations de l'intérieur. Peu soucieux, en outre, d'étude et de science, il y avait parmi eux tout juste assez d'érudition pour qu'il se soit trouvé à Kiloua quelques lettrés transmettant à ses futurs habitants la tradition de ses premiers jours et la liste de ses rois ; à Lâmou, quelque cadi conteur allant amuser les badauds de la Mekke du récit des exploits accomplis par les singes dans la cité de Moguedchou.

Sans aucun doute, les relations des écrivains musulmans eussent été plus fécondes pour la science, la présence des établissements arabes aurait plus contribué à la civilisation de cette région, si, au lieu d'être isolés et indépendants l'un de l'autre, tous les petits États, entre lesquels cette côte était partagée, avaient été reliés à quelqu'un des grands centres politiques et religieux que créa la conquête musulmane. Mais l'islamisme portait alors toute son énergie et tous ses efforts vers les régions envahies par les civilisations antérieures, laissant derrière lui ses marchands occupés à lui assurer le monopole du riche commerce de l'Orient, et ne prévoyant pas que l'Europe chrétienne viendrait un jour l'attaquer à l'improviste dans ces mers, que ses géographes et ses savants croyaient inaccessibles par le sud de l'Afrique.

Ce jour, cependant, n'était pas éloigné, et, au moment même où Aboul-Mahassen écrivait les derniers récits que nous transcrivions tout à l'heure, les flottes portugaises s'avançaient hardiment, le long de la rive occidentale du continent africain, vers ce Cap des Tempêtes, que, dans ses glorieuses et persévérantes aspirations, le roi Jean II baptisa, dès sa découverte, du nom de Cap de Bonne-Espérance.

LIVRE IV.

PÉRIODE PORTUGAISE.

Les Portugais établissent leur domination à la côte orientale
d'Afrique.

La conquête musulmane avait, depuis longtemps, fermé la route de l'Inde aux nations européennes ; mais la Grèce et l'Italie se souvenaient toujours des trésors que l'Orient recélait, et les marchands de ces deux pays tenaient sans cesse leurs regards avides fixés sur cette vieille terre d'Égypte, autrefois leur domaine, qui s'interposait alors comme une barrière infranchissable entre eux et l'objet de leurs convoitises.

Enserrée depuis quatre cents ans dans le vaste cercle de la domination arabe, qui, du voisinage des Pyrénées, s'étendait jusque sous les murs de Constantinople, l'Europe, dont les nouvelles populations s'étaient accrues et fortifiées en s'assimilant le jeune sang des barbares et l'esprit chrétien, venait, pour la première fois, de réagir contre l'ennemi commun par les croisades. Quelque désastreux qu'aient été, pour la prospérité intérieure des peuples croisés, les résultats de cette gigantesque et généreuse folie, elle n'en produisit pas moins, indirectement il est vrai, des effets d'une haute importance pour le développement de la civilisation occidentale. En mettant dans un contact forcé l'Orient et l'Occident, elle raviva chez les peuples de l'Europe centrale le goût du luxe, des beaux-arts et des sciences, que l'invasion des barbares y avait étouffé.

D'abord ces expéditions aventureuses servirent à l'accroissement de la puissance maritime de Venise, mieux placée que toute autre pour opérer le transport de troupes nombreuses et de matériel considérable qui s'établit entre l'Europe et l'Asie. Une prospérité commerciale inouïe fut, dès ce moment, acquise à cette république et partagée plus tard par ses voisines, que son exemple entraîna dans la même voie. Malgré les guerres continuelles qu'une ardente rivalité suscita entre elles, et surtout entre Gênes et Venise, le commerce ne cessa de suivre une marche ascendante, et la navigation fit des progrès proportionnels au mouvement commercial.

Parmi les événements remarquables de cette période de progrès se place au premier rang l'invention de la boussole, faite, suivant l'opinion générale, par Flavio Gioja, natif d'Amalfi, petite ville du territoire de Naples. Cette découverte ne produisit pas, il est vrai, une révolution instantanée dans l'art de la navigation; car les marins ne s'en servirent d'abord que comme d'un auxiliaire utile, et non comme d'un guide unique. Mais il n'en est pas moins vrai aussi que l'invention arrivait en temps opportun au moment où l'activité européenne s'apprêtait à s'épandre au dehors et se disposait à des moissons fécondes.

Pendant qu'à l'est de l'Europe, Venise et Gênes, les deux

sœurs rivales, voyaient s'élever leur merveilleuse fortune, que jalousaient les plus grands royaumes, et attiraient à elles toutes les richesses de l'Asie et de l'Afrique orientale, à l'occident surgissait un peuple qui, depuis des siècles, communiait forcément avec l'Orient. Les Maures, maîtres de la péninsule Ibérique, y avaient implanté avec eux les coutumes fastueuses des peuples asiatiques. Grâce aux importations de leurs marchands, les perles, les parfums, les tissus précieux affluaient sur les plages de l'Espagne et du Portugal. Le long contact des chrétiens avec ce luxe prodigieux et cette sensualité raffinée avait dû nécessairement influer sur leurs mœurs et leurs usages, et leur faire des habitudes splendides qu'ils avaient peu à peu contractées, une sorte de besoin impérieux. Aussi, quand les Maures eurent été rejetés pour toujours sur le rivage africain, le vainqueur se vit forcé de demander à des sources nouvelles les produits opulents qui, depuis la fuite de ses ennemis, n'arrivaient plus jusqu'à lui. Venise et Gênes ne pouvaient suffire aux exigences de ce nouveau marché, et d'ailleurs leur commerce était pour les nouveaux clients un sujet d'envie et une excitation incessante de leurs instincts cupides.

De toutes les causes que nous venons d'énumérer naquit sans doute, chez les nations maritimes de l'Europe, le désir de s'ouvrir un passage vers l'Inde par l'Océan. A ces deux mobiles, la passion du luxe et l'avidité commerciale se heurtant à l'obstacle que leur opposait, sur le littoral de la Méditerranée, la domination des Arabes, à ces deux mobiles, disons-nous, la civilisation moderne doit ses deux plus belles conquêtes, l'Amérique et la route de l'Inde par le cap de Bonne-Espérance.

Les Portugais furent les premiers à s'élancer dans la voie des grandes découvertes maritimes. Après avoir complétement chassé les Maures de leur territoire, ils les avaient poursuivis jusque sur les côtes d'Afrique. Dom Henri, l'un des fils de Jean Ier, qui avait, en 1415, suivi son père dans une expédition contre Ceuta, s'étant distingué par sa valeur et ses talents, avait reçu pour récompense le gouvernement des dernières conquêtes du roi de Portugal et le duché de Viseu. Le jeune prince trouva, dans les riches revenus attachés à ce dernier titre, un moyen de tenter la réalisation de grandes entreprises qu'il méditait.

En effet, Dom Henri, actif et intelligent, joignait à ses autres qualités toutes les connaissances d'un savant, et pouvait passer pour un des hommes les plus instruits de son époque. Dès ses plus jeunes ans, il avait conçu une vive passion pour les expéditions maritimes. Sa nouvelle position en Afrique lui fit concevoir le projet de résoudre la grande question commerciale qui agitait tous les peuples navigateurs de l'Europe et le mit à même d'en préparer l'exécution. Pendant son séjour parmi les Maures, il obtint beaucoup de renseignements sur les peuplades qui bordent les côtes de la Guinée et les nations de l'intérieur de l'Afrique. Il en conclut la possibilité d'arriver à cette contrée par l'Océan, et il résolut de surmonter toutes les difficultés d'une pareille navigation.

Déjà, depuis trois ans, dès 1412, Dom Henri avait, chaque année, envoyé un vaisseau explorer la côte occidentale d'Afrique; mais ses marins n'avaient réussi, jusqu'alors, qu'à doubler le cap Noun, et s'étaient arrêtés en deçà du cap Bojador comme devant une barrière dont on ne pouvait songer même à s'approcher. Enfin, en 1418, deux gentilshommes de la marine du prince, voyant son ardent désir de poursuivre les découvertes sur cette côte, s'engagèrent volontairement à tenter de doubler le terrible cap et à s'avancer au sud. Mais, comme leurs prédécesseurs, ces nouveaux aventuriers suivirent la côte, et, comme eux aussi, ils allaient s'épuiser en vains efforts contre les courants et les brisants du cap Bojador, quand un hasard de mer vint suppléer à l'habileté ou à la hardiesse qui leur manquait. Une tempête qui s'éleva les emporta en pleine mer et leur fit perdre de vue la terre. Ils se croyaient perdus sans retour, lorsque, le vent s'étant calmé, ils aperçurent, à peu de distance de leur navire, une île qu'ils nommèrent *Porto Santo*.

Cet heureux événement encouragea les efforts de Dom Henri, qui envoya dans l'île une expédition composée de trois vaisseaux commandés par Zarco Vaz et Bartholomeu Perestrello. Pendant le séjour qu'ils y firent, ils remarquèrent plusieurs fois, et dans le même endroit de l'horizon, un point noir qui excita leur curiosité. Ayant fait route sur ce point, ils trouvèrent une île inhabitée et couverte de bois épais : à cause de cette dernière circonstance, ils lui donnèrent le nom de *Madeira* (1) (Madère).

Pendant quinze ans, les navigateurs portugais ne s'avancèrent pas au sud de l'île que nous venons de nommer. Ce fut seulement en 1433 qu'un individu nommé Gil Eanes, natif de Lagos, parvint à doubler le cap Bojador, et revint dire en Europe qu'au delà de ce cap la mer était parfaite-

---

(1) Le mot *Madeira* signifie, en portugais, *bois*.

ment navigable. Quelque temps auparavant, Dom Henri avait obtenu du pape Martin V une donation perpétuelle, à la couronne de Portugal, de toutes les terres et îles qui seraient découvertes entre le cap Bojador et l'Inde, et, de plus, une indulgence plénière à tous ceux qui périraient dans les expéditions entreprises pour arracher ces vastes contrées aux païens et aux infidèles. C'était faire habilement conspirer, pour le succès de son entreprise, deux puissants mobiles, l'intérêt et le sentiment religieux.

En 1441, Dom Henri confia le soin de continuer les découvertes à Antam Gonçalves et à Nuno Tristam. Ce dernier s'avança jusqu'au cap Blanc, à 150 lieues environ du cap Bojador. Dans une seconde expédition, il découvrit l'île d'Arguin, quelques-unes des îles du cap Vert, et explora la côte jusqu'à Sierra-Leone.

Des nègres et un peu de poussière d'or rapportés du Rio-do-Ouro, bras de mer au fond duquel avait mouillé Gonçalves, excitèrent en Portugal l'avidité et l'orgueil national. Les Portugais avaient, dès lors, donné des preuves certaines de leurs progrès dans l'art de la navigation. Les imaginations s'exaltèrent; la renommée, en racontant à travers l'Europe et les découvertes faites et les grands bénéfices qu'on en retirait, poussa vers le Portugal une foule d'étrangers et surtout d'Italiens, qui passaient pour les marins les plus habiles et les plus expérimentés. Tous ceux qui se distinguaient par leurs connaissances en astronomie et en marine furent favorablement accueillis par le prince, qui sut employer à propos leurs talents et leur expérience. C'est ainsi qu'en 1444 il envoya Vicente de Lagos et Aluise da Cà-da-Mosto, gentilhomme vénitien, explorer les mers de l'Afrique. Ces navigateurs se dirigèrent sur le cap Blanc et la Gambie, où ils trouvèrent le Génois Antonio de Nova, qui reconnaissait aussi la côte par les ordres de Dom Henri. Cà-da-Mosto fit deux voyages le long de cette côte ; d'autres navigateurs y furent également envoyés, et, grâce à leur concours, le digne prince eut la satisfaction et la gloire de créer pour sa patrie un vaste commerce et des colonies florissantes. Il mourut en 1463, à l'âge de soixante et dix ans, après avoir, par ses tentatives incessantes et le courage de ses serviteurs, établi la probabilité, devenue, plus tard, une certitude, qu'on pouvait étendre vers le sud les limites de la navigation, et qu'il ne fallait que de la persévérance pour arriver au but.

Toutefois, dans cette longue période de cinquante-deux ans, les travaux du prince n'avaient amené que la reconnaissance de 1,500 milles de côtes, aucun de ses serviteurs n'ayant dépassé avant sa mort le 6e ou le 8e degré au delà de l'équateur. Mais, dans cette longue et patiente conquête faite pas à pas sur des mers inconnues, qu'importent, pour la gloire de Dom Henri, l'étendue et la richesse des régions qu'elle embrassa? Son principal mérite est dans l'élan que ses hautes conceptions, sa constance et son courage surent donner à sa patrie dans une carrière au bout de laquelle il y avait pour récompense un monde. Cette force d'impulsion fut telle, que, sans méconnaître la part que ses successeurs prirent à cette grande œuvre, on peut dire qu'elle entraînait encore Vasco da Gama lorsque la proue de ses navires sillonnait les flots de l'océan Indien, et que c'était elle encore qui enflait la voile de l'heureux navigateur en face des montagnes du royaume de Calicut.

Cependant la mort de Dom Henri suspendit les progrès des Portugais le long des côtes d'Afrique ; mais cette suspension ne fut que momentanée. Depuis l'année 1455, des importations considérables avaient eu lieu d'Afrique en Portugal, et le mouvement ne se serait pas ralenti si la cour de Lisbonne n'avait été exclusivement occupée de ses querelles avec la cour de Castille. En 1469, un marchand nommé Fernando Gomes afferma du roi Dom Alphonse le commerce de la Guinée, s'engageant, entre autres conditions, à reconnaître, pendant la durée du privilége qu'il obtenait, 500 lieues de côtes au midi : c'est ainsi que furent découvertes les îles Fernando-Pô, du Prince, de Saint-Thomas et d'Annobon. Il paraît certain, en outre, que, dans l'espace de dix-huit ans qui s'écoula entre la mort de Dom Henri et celle du roi Alphonse, de 1463 à 1481, les navigateurs portugais reconnurent toute la côte de Guinée, avec ses golfes, les baies de Bénin et de Biafra, les îles adjacentes, et s'avancèrent jusqu'à la frontière septentrionale du royaume de Congo.

L'avénement de Jean II au trône de Portugal imprima aux voyages de découvertes une ardeur nouvelle. Convaincu, comme son glorieux oncle, des résultats importants qu'on devait attendre de ces voyages, et surtout de l'ouverture d'un passage par mer aux Indes, ce roi demanda au pape la confirmation des concessions déjà faites à son prédécesseur. Il obtint même d'Édouard IV, roi d'Angleterre, que ce prince renonçât à toute entreprise le long des côtes concédées, et en défendît la navigation à ses sujets.

En 1484, Diogo Cam s'avança au delà du cap Sainte-Catherine, et atteignit l'embouchure d'une rivière considérable que les naturels appelaient *Zaïre*, et qu'on a nommée depuis le Congo.

Dans un second voyage, il essaya de reconnaître la côte située au delà de cette rivière; mais nous ignorons jusqu'où il s'avança.

Encouragé par les succès obtenus, le roi Jean se prépara à faire une tentative définitive, et, pour en assurer la réussite, il résolut de chercher à pénétrer vers l'Inde, à la fois par la voie de terre et par la voie de mer. D'un côté, il chargea Pero da Covilham et Affonso de Payva de se frayer un passage à travers les continents de l'Afrique et de l'Asie; de l'autre, il fit équiper une flottille composée de deux caravelles et d'un petit bâtiment d'approvisionnement, et en donna le commandement à Bartholomeu Dias, gentilhomme de sa maison.

Celui-ci mit à la voile, pour la côte occidentale d'Afrique, à la fin du mois d'août 1486. Arrivé à la Serra-Parda, à environ 2 degrés du tropique austral et à 120 lieues au delà du point le plus éloigné qui eût été reconnu par tous les précédents navigateurs, Dias, avec un courage digne de la grande entreprise qu'il tentait, se dirigea directement au sud par la pleine mer, et perdit bientôt la terre de vue. Jeté enfin à l'est par de violentes tempêtes, il vint attérir à une baie qu'il nomma *Dos Vaqueiros* ou *des Vachers*, à cause des nombreux troupeaux que les naturels gardaient sur le rivage. Il se trouvait alors à 40 lieues à l'est du cap qu'il cherchait, et qu'il avait doublé sans s'en apercevoir. Continuant sa route à l'est, il atteignit une île qu'il appela *Santa-Cruz*; puis il arriva à la baie *da Lagoa* : sa flottille ne comptait plus alors que deux bâtiments; ses provisions étaient épuisées, et la tempête avait précisément séparé de lui le petit navire qui en portait d'autres ; ses équipages, harassés de fatigue et manquant de vivres, se montraient irrités et demandaient à retourner dans leur pays. Bartholomeu Dias, ignorant qu'il avait déjà doublé le cap, engagea les mutins à continuer encore leur voyage 25 lieues plus loin. La côte inclinait alors directement à l'est : les Portugais, en la longeant, arrivèrent enfin à l'embouchure d'une rivière qu'ils nommèrent le *Rio-do-Infante*, aujourd'hui la grande rivière des Poissons. Là ils se décidèrent à arrêter leur mouvement de progression.

Mais quelle ne fut pas la joie de Dias et de ses compagnons lorsque, en revenant désappointés et mécontents, ils aperçurent ce promontoire qu'ils avaient si longtemps cherché en vain ! Pour comble de bonheur, ils retrouvèrent là le petit bâtiment perdu, ce porteur de provisions dont l'absence leur avait été si préjudiciable.

Après avoir déterminé avec exactitude la position du cap, Bartholomeu Dias revint à Lisbonne au mois de décembre 1487. Le fameux cap, qu'il avait nommé *O cabo Tormentoso* en souvenir des violentes tempêtes qu'il y avait essuyées, reçut du roi de Portugal celui de *cap de Bonne-Espérance* (*o cabo de Boa-Esperança*).

Dans cet intervalle, Covilham et Payva s'étaient mis en route au mois de mai 1487, avec l'intention de traverser l'Égypte. Ils se joignirent à une caravane de marchands arabes de Fez et de *Tremecem* (1), qui les conduisit à Tor, au pied du mont Sinaï, dans l'Arabie Pétrée, où ils recueil-

(1) Tlemcen.

lirent quelques informations précieuses concernant le commerce de Calicut. Ils se séparèrent ensuite au port d'Aden. Payva alla visiter l'Abyssinie et Covilham se rendit dans l'Inde. Après avoir visité Calicut, Cananor et Goa, il partit pour Sofala, afin d'examiner par lui-même les célèbres mines d'or de ce pays, et il y recueillit les premiers renseignements précis que les Européens aient pu se procurer sur l'île de Madagascar. Il se préparait à revenir en Portugal quand il apprit, au Caire, la mort de Payva, qui venait d'y être assassiné. Il se dirigea alors vers l'Abyssinie, où il reçut du roi de ce pays l'accueil le plus bienveillant. Les bonnes dispositions du monarque, ou plutôt les obstacles qu'il mit au retour de Covilham, décidèrent celui-ci à passer en Abyssinie le reste de ses jours. Rodrigo de Lima, qui y fut envoyé en ambassade en 1525, y retrouva encore vivant le vieux voyageur, après trente-trois ans de séjour dans sa patrie d'adoption.

Covilham avait écrit souvent au roi de Portugal, son maître; il lui avait appris, entre autres choses, qu'il était possible d'aller aux Indes par mer, depuis le cap de Bonne-Espérance, et il affirmait que les navigateurs indiens et arabes connaissaient parfaitement ce promontoire.

Dix ans après la découverte du cap de Bonne-Espérance, Emmanuel, le nouveau roi de Portugal, fit partir une flottille composée de trois vaisseaux montés par soixante hommes, sous le commandement de Vasco da Gama, gentilhomme déjà célèbre par son courage, sa prudence et ses talents de marin. Vasco da Gama mit à la voile le 8 juillet 1497. Il se dirigea directement sur les îles du cap Vert, continua sa route au sud et vint mouiller dans la baie de

Sainte-Hélène. En quittant cette baie, il atteignit en deux jours la pointe méridionale du continent africain. Là il eut à lutter avec les vents de sud-est, et ne triompha que par sa fermeté et son adresse du découragement et de la mutinerie de ses équipages. Enfin, naviguant à l'est, le long de la côte méridionale de l'Afrique, il vint jeter l'ancre dans la baie de Saint-Blaise, d'où, peu après, il arriva à la petite île de *Santa-Cruz*, où s'étaient arrêtées les découvertes de Dias. Gama, qui voulait trouver les contrées visitées par Covilham, suivit la côte, en ayant soin de ne pas la perdre de vue, et envoyant ou descendant à terre pour y prendre des renseignements. Il continua ainsi de faire voile vers l'est et passa même devant le pays de Sofala, où il supposait que Covilham se trouvait peut-être en ce moment, sans rien apercevoir qui fût digne de son attention. Enfin, au commencement du mois de mars 1498 (le 1er mars, suivant Osorius; le 28 février, selon le *Diario Portuguez*), il jeta l'ancre devant la ville de Mozambique.

L'accueil que Gama reçut dans cette ville fut des meilleurs. Il est vrai qu'on prenait les Portugais pour des mahométans venus des côtes de Barbarie. La population de l'île sur laquelle s'élevait Mozambique était en majorité idolâtre; mais elle comprenait aussi un certain nombre de négociants sarrasins. Les navires du pays étaient munis de boussoles (1), de cartes marines et d'instruments pour observer les hauteurs du soleil. Gama apprit que Mozambique dépendait du sultan de Kiloua, et que celui-ci y avait un gouverneur désigné par lui : le gouverneur alors en fonction

(1) Ce fait a été nié par des commentateurs modernes.

se nommait Zacoëja. Kiloua, lui dit-on, était un des ports les plus célèbres de toute cette contrée ; ses navires avaient des communications fréquentes avec l'Arabie et l'Inde, d'où ils rapportaient beaucoup de marchandises. On lui parla aussi du pays de Sofala et de la grande quantité d'or qu'on en retirait. Gama demanda des pilotes pour le conduire en Calicut ; le gouverneur s'empressa de lui en fournir deux.

Mais les relations amicales qui s'étaient établies entre les Portugais et les habitants cessèrent quand ceux-ci découvrirent que les nouveaux venus étaient chrétiens. Cette découverte donna lieu, de la part des Arabes, à des tentatives hostiles qui forcèrent Gama de lever l'ancre.

Alors il se dirigea vers Kiloua ; mais les vents contraires ou la mauvaise foi de ses pilotes l'empêchèrent d'y aborder. Ceux-ci lui conseillèrent d'aller à Mombase, lui faisant accroire que la plus grande partie de la ville était habitée par des chrétiens, et qu'elle lui offrait le lieu le plus convenable pour faire reposer ses équipages et soigner ses malades. Cette ville, défendue alors par quelques fortifications munies d'artillerie, contenait aussi une garnison nombreuse. On y trouvait en abondance des fruits, des légumes et des grains, du gros et du petit bétail et de l'eau douce. L'air y était fort tempéré, les maisons y étaient bien bâties. Gama, séduit par le récit de ses pilotes, s'empressa d'aller y mouiller, désirant y faire rafraîchir ses hommes et s'y ravitailler. Mais il ne tarda pas à acquérir la preuve que les misérables aux conseils desquels il se confiait le trahissaient : échappé, par un heureux hasard, aux embûches qu'ils lui avaient tendues, il reprit la mer et fit voile pour Melinde.

Là, du moins, Gama n'eut à subir aucune déception. La ville était sous les ordres d'un vieillard nommé Ouagerage (1), qui, ne pouvant quitter son palais à cause de son grand âge, envoya à bord du capitaine portugais son jeune fils, nommé Ali, avec qui Gama eut une entrevue des plus cordiales. Ces bonnes dispositions ne se démentirent point durant tout le séjour que la flottille fit à Melinde. Des pilotes expérimentés furent donnés au navigateur étranger, et on lui fit promettre d'y revenir lorsqu'il opérerait son retour en Europe, l'intention du cheikh étant d'envoyer une ambassade en Portugal, pour faire, avec le roi Emmanuel, un traité d'amitié et d'alliance.

Le 22 avril, Gama partit de Melinde. En peu de jours, les Portugais passèrent l'équateur, revirent avec grande joie les constellations du nord, et, le 28 mai 1498, mouillèrent près de Calicut.

Ainsi se trouvait accompli le rêve conçu quatre-vingt-six ans auparavant par Dom Henri, et dont il avait lui-même, avec tant de persévérance et de courage, poursuivi la réalisation pendant un demi-siècle.

Après un assez long séjour sur la côte de Calicut et une visite faite à Goa, la flotte portugaise reprit le large, traversa la mer d'Arabie et vint longer la côte orientale d'Afrique, du nord au sud. En passant, elle canonna la ville de Moguedchou, abattit une grande partie de ses maisons, et coula un grand nombre des bateaux qui s'y trouvaient; puis

---

(1) Nous n'acceptons pas la responsabilité de l'orthographe des noms trouvés dans les histoires portugaises ou espagnoles : quand nous avons pu la corriger avec certitude, nous l'avons fait ; en tout autre cas, nous avons reproduit les noms tels qu'ils y étaient écrits.

elle vint mouiller à Melinde, s'y ravitailla, prit à bord l'ambassade promise, et remit à la voile au bout de cinq jours, pressée de doubler le cap avant l'hiver qui s'approchait. Le 29 avril 1499, elle arriva à l'île de Zanzibar. Quoique mahométans, les habitants accueillirent bien les Portugais et leur fournirent des vivres et des fruits en abondance. La flotte passa ensuite le long du Mozambique, alla faire de l'eau à Saint-Blaise, doubla le cap, toucha à Terceire, où Vasco da Gama eut la douleur de voir mourir son frère Paul, et arriva enfin, au mois de septembre de l'année 1499, à Lisbonne, où elle reçut le prix de ses travaux et de son courage : les fatigues et les maladies avaient emporté dans sa laborieuse campagne les deux tiers de ses hommes.

On ne peut suivre sans un immense intérêt cette magnifique épopée, qui, des premières tentatives du prince Dom Henri au voyage heureux de Vasco da Gama, se déroule majestueusement, à travers mille péripéties, vers un but gigantesque, ayant un siècle pour durée, et pour théâtre cette vaste étendue de l'Océan qui baigne trois continents. Du jour où le merveilleux dénoûment est atteint, l'axe du mouvement commercial a changé ses pôles ; l'immense courant s'élance dans des voies nouvelles ; la Méditerranée a cessé d'être le lien exclusif entre l'Orient et l'Occident, et l'Europe, traînée à la remorque des vaisseaux de Gama, va prendre possession de ce monde aux profondeurs infinies, dont le génie et l'audace lui ont ouvert les portes.

Désormais un va-et-vient continuel s'établira des rivages du Portugal aux mers indo-africaines. Dans ces communications incessantes, l'Afrique orientale n'aura, sans doute, qu'une part secondaire ; mais elle deviendra le point de repos obligé entre l'Europe et l'Asie, le parvis du sanctuaire indien, et la place qu'elle occupera dans l'histoire ne sera pas sans importance.

Le roi Emmanuel, heureux et fier de ce grand événement qui marquait son règne du sceau de la gloire, ne laissa pas aux brises de l'Océan le temps d'effacer le glorieux sillon tracé par la flotte de Gama : peu de mois après le retour du grand capitaine, il en fit équiper une nouvelle, montée par quinze cents soldats bien armés, et fournis d'artillerie et de munitions de guerre de toute espèce. Il en confia le commandement à un gentilhomme nommé Pedro Alvares Cabral. Celui-ci mit à la voile le 8 mars 1500. Arrivé à l'île Saint-Jacques, une bourrasque sépara un navire de sa flotte et jeta celle-ci sur une côte inconnue, où elle atterrit le 24 avril. Cabral donna à cette terre le nom de Sainte-Croix. C'était le Brésil. Il en partit le 5 mai. Le 28, une tempête fit sombrer, sous ses yeux, quatre de ses navires. Les sept navires restant avec leurs équipages, consternés de l'épouvantable événement dont ils venaient d'être les témoins oculaires, se remirent en route. Une seconde tempête les dispersa encore, et l'un d'eux fut entraîné par le vent jusqu'auprès du golfe Arabique. Il retourna en Portugal, n'ayant plus que six hommes de son équipage. Les six autres navires allèrent mouiller à Mozambique le 21 juillet.

Les habitants de cette ville, se souvenant des mauvais procédés qu'ils avaient eus envers Gama et voyant venir des hommes de la même nation accompagnés de forces plus considérables, trouvèrent à propos de manifester une grande satisfaction de leur arrivée. La flotte put se remettre de ses fatigues ; elle fit de l'eau sans rencontrer aucun obstacle, et, après avoir pris un pilote, mit à la voile pour Kiloua.

Dans la crainte de manquer le but, Cabral navigua en vue de la côte, et découvrit ainsi plusieurs îles habitées, toutes sous la domination du sultan de Kiloua. Il arriva devant cette ville le 26 juillet.

Kiloua était une des plus anciennes cités de cette côte. Nous avons donné au livre précédent (1) l'histoire de sa fondation et la série des souverains qui la gouvernèrent. Le sultan régnant alors était un Maure nommé Ibrahim, qui jouissait d'une grande autorité dans le pays. Il avait eu longtemps le gouvernement de la contrée de Sofala, et y avait acquis de grandes richesses et la puissance qu'elles donnent. Cabral était muni de lettres et commissions délivrées, par Emmanuel, pour la conclusion d'un traité d'amitié et d'alliance avec le chef de Kiloua. Dans une entrevue demandée à Ibrahim, et accordée sans difficultés, la missive du roi de Portugal et ses propositions furent accueillies avec faveur. Le représentant de celui-ci eut donc tout lieu d'être satisfait des dispositions qui lui furent montrées.

Mais les marchands arabes, que leurs intérêts rendaient plus clairvoyants que le sultan, commencèrent à le poursuivre de leurs supplications et à l'entourer de leurs intrigues. Ils lui dépeignirent les Portugais comme des hommes cruels et avides, et lui firent entendre que l'admission de ces étrangers dans le pays aurait bientôt pour effet d'anéantir sa fortune et sa puissance : ils parvinrent enfin à mettre la défiance au cœur d'Ibrahim. Dès lors, celui-ci fit traîner

(1) Voyez ci-devant, page 177 et suivantes.

en longueur la conclusion du traité, et, pendant ce temps, de grands préparatifs de défense avaient lieu dans la ville. Cabral fut instruit de tout ce qui se passait par un cheikh nommé Omar, frère du roi de Melinde, qui se trouvait alors à Kiloua; mais, pour ne point retarder l'achèvement de sa mission, il remit sa vengeance à un autre moment, et fit voile vers Melinde.

La nouvelle de son arrivée y fut accueillie avec joie par le vieux cheikh, qui s'empressa d'envoyer à la flotte une abondante provision de tout ce que le pays produisait en vivres et en fruits. Cabral ramenait avec lui l'ambassadeur qui avait suivi Gama, et qui était chargé par Emmanuel de riches présents destinés à son maître. Celui-ci les reçut avec une vive satisfaction. Il fit tout son possible pour retenir Cabral pendant quelques jours : il aurait désiré trouver dans la présence de ses nouveaux amis une protection contre un de ses voisins, le cheikh de Mombase, dont la puissance l'emportait sur la sienne, et qui lui faisait payer cher, disait-il, l'amitié qui l'unissait aux Portugais. Dans la guerre survenue entre eux, depuis le passage de Gama, le cheikh de Melinde avait déjà perdu beaucoup d'hommes et d'argent. Mais Cabral était pressé d'arriver dans l'Inde; il prit donc congé de ce fidèle allié, laissant sur les lieux deux bannis, qui devaient tenter de pénétrer, par terre, en Abyssinie, pour y étudier les mœurs et les usages de cette nation, et prendre des informations sur le souverain de la contrée, qu'on savait être chrétien et auquel on donnait, en Europe, le nom de *Prêtre-Jean* (1).

(1) Voici ce qu'on lit dans João de Barros sur ce Prêtre-Jean :
« Au dire de certains écrivains orientaux, parmi les nations tartares

Le 7 août, Cabral partit de Melinde pour la côte de l'Inde, sur laquelle il séjourna jusqu'en 1501, et revint en Portugal, où il arriva le dernier jour de juillet.

Avant l'arrivée de Cabral, Emmanuel avait, dans le courant de mars, envoyé dans l'Inde quatre navires, sous le commandement de Juan de Nova, gentilhomme de Galice. Celui-ci avait touché à Mozambique, à Kiloua et à Melinde. Mais rien d'important ne signala ces différentes relâches. En allant, il avait découvert la petite île de la Conception, et au retour, il découvrit celle de Sainte-Hélène.

L'année suivante, 1502, le roi de Portugal envoya, pour la seconde fois, Vasco da Gama vers l'Inde, avec dix navires

« qui habitent la province du Cathay, pays qui correspond à la Scythie,
« au delà du mont Imaü, de Ptolémée, il avait existé quelques princes
« chrétiens nestoriens, des plus puissants de la contrée, que les Tartares
« païens de ce temps nommaient *Uncha*, et que leurs vassaux appelè-
« rent *Jean*, du nom de Jonas, le prophète : ce nom se transmettait par
« héritage. Les Occidentaux de l'Église romaine les appelaient *Prêtre-*
« *Jean des Indes*, parce qu'ils habitaient cette partie du monde. Ce sur-
« nom de *Prêtre* leur venait de ce qu'au temps où ces princes floris-
« saient (suivant ce qu'écrit Antoine, archevêque de Florence), on por-
« tait devant eux, en guise de bannière, une croix en temps de paix, et
« en temps de guerre deux, l'une d'or et l'autre de pierres d'un grand
« prix. Cet étendard, en même temps qu'il était l'emblème de leur foi,
« était aussi celui de leur noblesse et de leurs richesses, qui surpassaient
« celles de tous les princes de la terre. Ils étaient si puissants, qu'ils
« avaient pour vassaux soixante et douze rois. Sous le règne d'un de ces
« princes du nom de David, les Tartares, auxquels il réclamait le tribut
« qu'ils étaient dans l'habitude de lui payer, se révoltèrent à l'instiga-
« tion d'un de leurs capitaines, nommé *Gingis*. Il s'ensuivit une guerre,
« dans laquelle David perdit ses États et la vie. L'empire passa aux mains
« de Gingis, qui, selon certains historiens, tenait à la famille royale par
« les femmes. Pour se concilier l'amour du peuple, le nouveau monarque
« épousa la fille du roi détrôné, et, abandonnant le titre qui apparte-
« nait aux héritiers légitimes du trône, il prit celui de Vlar-Kan du Ca-
« thay. Selon Marco-Polo, le sujet de la guerre suscitée par Gingis était

bien armés. Une autre flotte de cinq navires fut aussi expédiée sous le commandement de Vicente Sodré. Cette dernière avait ordre de courir la mer de l'Inde et de faire vigoureusement la guerre aux Sarrasins qui trafiquaient dans ces contrées. Elle quitta Belem le 10 février. Elle fut suivie de près par une autre flotte de cinq navires, partie le 5 avril, sous la conduite de don Estevam da Gama. Emmanuel, passionné pour les grandes choses, venait de former le projet de conquérir les contrées nouvellement découvertes, d'exterminer les ennemis des chrétiens, et d'implanter la religion du Christ aux Indes orientales.

Vasco da Gama, après avoir touché à Sofala, vint mouiller à Mozambique. Le chef qui l'avait si mal reçu à son pre-

---

« le refus que le Prêtre-Jean avait fait à celui-ci de la main de sa fille,
« Gingis étant déjà roi des Tartares.

« L'héritier légitime du Prêtre-Jean resta chef d'un État très-borné, « dans lequel il recueillit les restes de la population chrétienne nesto- « rienne. Comme il était cruellement persécuté par les usurpateurs de « son trône, le pape Innocent IV, à qui il avait adressé ses plaintes, en- « voya, en l'année 1246, à l'empereur tartare qui régnait alors, un cer- « tain nombre de moines dominicains, dont le chef s'appelait le frère « Anselme, pour le prier de ne pas tremper ses mains dans le sang chré- « tien, et l'engager à embrasser la religion du Christ.....

« Bref, ce nom de *Prêtre-Jean*, que les Européens avaient pris l'ha- « bitude de donner aux rois chrétiens de l'Inde, fut, après la chute de « leur empire, transporté aux rois de l'Abyssinie, qui étaient aussi chré- « tiens. Des religieux qui s'étaient rendus dans ce pays, apprenant que « le souverain appartenait à la religion chrétienne et qu'il portait pour « insigne une croix à la main, le prirent pour le Prêtre-Jean des Indes, « si célèbre en Europe. Une circonstance singulière, c'est que le nom « de ce souverain abyssin avait une grande conformité de consonnance « avec celui de Prêtre-Jean, *Preste-João*. Aussi, les bons religieux le « prenaient-ils pour une dénomination donnée par les Européens. »

Voyez, pour le même sujet, le Voyage de Marco-Polo, édition de la Société géographique de Paris.

mier voyage n'existait plus ; son successeur accueillit bien les Portugais. Gama fit construire à Mozambique une caravelle qu'il destinait à courir la côte ; il l'adjoignit à la flotte et vint mouiller à Kiloua, où son frère ne tarda pas à le rejoindre avec sa division. La flotte comptait alors dix-neuf navires.

Ibrahim, éperdu à la vue de cette grande quantité de vaisseaux, accourut se jeter aux pieds du capitaine portugais. Celui-ci le retint d'abord prisonnier ; mais Ibrahim, ayant imploré son pardon, fut relâché sous la condition de payer au roi de Portugal une certaine quantité d'or. Il laissa, en outre, pour otage, Mohhammed Anconij, personnage d'une grande autorité qui le secondait dans son gouvernement. Une fois libre, Ibrahim, en vrai Arabe qu'il était, refusa de payer la rançon promise. Il savait bien que Gama pourrait se venger sur Mohhammed ; mais cela le touchait peu. C'était un homme ambitieux et méchant, qui, disait-on, avait tué traîtreusement son prédécesseur pour régner à sa place, et qui, depuis, tenait pour suspect tout homme sage et de quelque valeur. Mohhammed instruisit Gama des projets déloyaux d'Ibrahim, et paya de ses deniers la rançon convenue. Gama lui rendit la liberté, et se décida ensuite à partir pour Melinde. Mais le vent l'empêcha d'y aborder, et porta ses vaisseaux dans un golfe situé à 15 lieues plus loin, d'où il fit voile pour l'Inde. Près d'y arriver, il rencontra un grand navire appartenant au soudan d'Égypte, et chargé d'épices, de denrées précieuses et de passagers en destination pour la Mekke. Gama donna l'ordre de l'attaquer, et, après l'avoir pillé et avoir égorgé tous ceux qui le montaient, à l'exception d'une vingtaine d'enfants, il le coula. Dans ces temps de fanatisme, on avait une façon d'user de la victoire qui ne permettait point de demander miséricorde à ses ennemis au jour des représailles, et certes celles-ci ne devaient pas manquer d'avoir lieu. L'acte barbare de Gama n'était que le prélude de cette guerre d'extermination qu'allaient bientôt se faire, sur l'océan Indien, les chrétiens et les enfants de Mahomet.

Cependant le roi Emmanuel, toujours préoccupé des intérêts de son naissant empire, envoyait flotte sur flotte dans la mer des Indes. Déjà les deux frères, Affonso et Francisco d'Albuquerque, ayant chacun trois navires sous leur commandement, étaient partis, en 1503, pour porter des secours aux Portugais et au roi de Cochim, qui, à cause de sa fidélité au Portugal, venait d'être attaqué par celui de Calicut. Dans la même année, une autre flotte partit aussi avec la mission d'aller croiser à l'entrée de la mer Rouge, et d'y arrêter les navires arabes qui naviguaient entre ce golfe et l'Inde. Cette mission fut confiée à Antonio de Saldanha, qui eut aussi trois navires placés sous ses ordres. L'un de ceux-ci, dont le capitaine était Diogo Fernandes Pereira, fut séparé des autres par une tempête et porté à Melinde. De là, en faisant route vers le golfe Arabique, Pereira découvrit Socotra, où il résolut de passer l'hiver. Quant à Antonio de Saldanha, l'ignorance de son pilote lui avait fait perdre sa route, et il avait abordé à l'île Saint-Thomas, sous l'équateur. A son départ de cette île, un coup de vent sépara de lui l'autre navire que commandait Rodrigo Lourenço Ravasco. Ce dernier, après avoir touché à Mozambique, vint mouiller à Kiloua, où il attendit Saldanha pendant vingt jours. Voyant qu'il tardait trop, Ravasco prit la route de Zanzibar. Il rôda autour de cette île deux mois, durant lesquels il arrêta vingt navires chargés de marchandises, qu'il ne voulut pas relâcher sans que ceux à qui ils appartenaient lui eussent payé rançon. Ces actes de brigandage irritèrent les habitants de Zanzibar et des autres îles, et rendirent les Portugais odieux à beaucoup de gens qui les aimaient auparavant. Aux représentations qui lui furent faites, Ravasco ne répondit que par des injures et des outrages. Alors le cheikh de Zanzibar, poussé à bout, fit équiper quelques petits navires pour assaillir les Portugais; mais Ravasco s'empara de quatre de ces barques et mit les autres en fuite. Le fils du cheikh perdit la vie dans cette échauffourée. « *Le battu paye l'amende,* » dit, à ce propos et fort judicieusement, le vénérable Osorius. En effet, le vaincu acheta la paix par la promesse de reconnaître la suzeraineté du roi de Portugal, et de lui payer un tribut annuel.

Zanzibar, visitée, pour la première fois, par Vasco da Gama, lors de son retour de l'Inde, en 1499, était une île peuplée de Cafres et de Maures. On y trouvait des bois épais, de bonnes aiguades et des bestiaux en abondance. Il s'y faisait un grand commerce d'écaille, d'ambre, d'ivoire, de cire, de miel et de riz, et l'on y fabriquait beaucoup de cordages en fil de coco, et de bonnes étoffes de soie et de coton. Cette île avait, en outre, un bon port, et offrait ainsi une relâche commode et avantageuse.

Après avoir conclu le traité qui rangeait Zanzibar au nombre des dépendances du Portugal, Ravasco prit la route de Melinde.

Le cheikh de cette dernière ville et celui de Mombase se faisaient alors une guerre acharnée. Ravasco vint dans ce dernier port et y combattit deux navires de charge et trois autres barques, qu'il prit, ainsi que leurs équipages. Au nombre des prisonniers se trouvaient douze Maures qui comptaient parmi les plus riches et les plus notables de la ville de *Braoua*. Ils attendaient là un autre navire chargé de marchandises de grand prix : dans le but de sauver leurs richesses, ces honnêtes commerçants ne se contentèrent pas de payer rançon pour eux; ils firent encore hommage de leur ville, et promirent, par serment, que tous leurs compatriotes demeureraient à toujours les sujets du roi de Portugal. Ravasco leur imposa un tribut annuel d'une certaine quantité d'or.

Sur ces entrefaites, Saldanha vint mouiller, à Mombase, suivi par trois navires qu'il avait capturés. A la vue de cette flottille, le cheikh du pays craignit que les Portugais ne lui fissent un mauvais parti, et se hâta de conclure la paix avec Melinde. De là, Saldanha fit voile pour l'Inde, où les renforts devenaient de plus en plus nécessaires à ses compatriotes.

En effet, la puissance des Portugais ne s'établissait pas sur la côte de la Péninsule sans conteste ni sans obstacle. Maîtres depuis si longtemps du commerce de ces régions, les Arabes usaient de tous leurs moyens pour susciter des ennemis à leurs nouveaux concurrents et les chasser des marchés où, avant eux, ils régnaient sans partage. C'était à leur sollicitation que le roi de Calicut avait fait la guerre aux Portugais, d'abord si amicalement reçus par lui, et qu'en ce moment il poursuivait de ses hostilités son voisin, le souverain de Cochim, l'allié fidèle du roi de Portugal.

Mais la révolution opérée dans le mouvement commercial par l'arrivée des Portugais avait produit dans les intérêts un bouleversement qui ne se bornait pas à atteindre les localités prochaines : il s'étendait, au contraire, à des pays lointains, et associait à la même ruine et aux mêmes colères de vastes régions et de puissants intéressés. C'est ce que va démontrer un coup d'œil jeté sur la direction des courants commerciaux au sein des mers de l'Inde, antérieurement à l'époque dont nous parlons.

Les transactions (1) ne se bornaient pas alors à exploiter ce qu'on appelait l'Inde en deçà et au delà du Gange ; elles s'étendaient jusqu'à la côte orientale de la Chine et comprenaient tout ce vaste archipel dont quelques îles sont grandes comme des continents, et qui va toucher à l'Océanie, découverte des temps modernes. Les Maures, les païens eux-mêmes étaient, dans ces contrées, les agents d'un trafic actif et incessant. Dès que le vent favorable venait à souffler, toutes les épices, les pierres et les tissus précieux, l'or et l'argent produits par les pays à l'est de cette presqu'île, que les anciens avaient nommée la *Chersonèse d'or*, le girofle des Moluques, la noix et le macis, le sandal de Timor, le camphre de Bornéo, les parfums, les aromates et toutes les richesses de la Chine, de Java, de Siam, etc., venaient s'amonceler à Malacca, le plus riche comptoir et la marché universel de l'Orient. C'est là que les habitants des pays situés à l'ouest de cette ville, jusqu'à la mer Rouge, allaient, sans avoir besoin de l'intermédiaire d'aucune monnaie, prendre ces marchandises en échange de celles qu'ils apportaient.

(1) Voyez les *Décades* de João de Barros.

En cheminant vers l'occident, ce commerce s'enrichissait encore de la cire de Pégu, des tissus et des perles du Bengale, des diamants de Norsinga, de la cannelle de Ceylan, du piment et du gingembre, et autres épices de toute espèce de la côte du Malabar. C'était ce commerce, qui avait rendu opulentes et célèbres Calicut, sur la côte de Malabar; Cambaye, dans le golfe du même nom; Aden, aux approches du détroit de la mer Rouge; Hormouz, sur l'île de Gérun, à l'entrée du golfe Persique. A Hormouz venaient s'entasser les produits de la Turquie et de l'Europe destinés à s'échanger avec ceux de l'Orient. Arrivé à ce point central, le torrent se bifurquait. Une partie des marchandises s'écoulait à travers le golfe Persique jusqu'à Bassora, à l'embouchure de l'Euphrate, où elles étaient réparties sur les diverses caravanes qui se dirigeaient, tantôt vers l'Arménie, Trébisonde et la Tartarie, tantôt sur Alep, Damas, et jusqu'au port de Beyrouth, où venaient les prendre les Vénitiens, les Génois et les Catalans, qui étaient alors les maîtres de ce commerce.

L'autre partie côtoyait l'Arabie, faisait escale aux ports de la mer Rouge et arrivait à Suez ou à Tor. De là, les caravanes transportaient les denrées au Caire; celles-ci s'embarquaient ensuite sur le Nil et descendaient à Alexandrie, où les navires des nations européennes que nous avons citées plus haut venaient les chercher pour les distribuer dans toute la chrétienté.

Quelle que fût la route suivie, tout le commerce de l'Orient aboutissait donc aux ports du sultan du Caire. Avant qu'ils fussent passés aux mains des Turcs-Ottomans, les États de ce prince s'étendaient depuis la limite orientale du royaume de Tunis, au cap nommé par les marins Ras-Assein, et par Ptolémée, le promontoire Borée, jusqu'au golfe de Larazze, où se trouvait la ville du même nom. Sur cette étendue de côte d'environ 560 lieues s'ouvraient plusieurs ports célèbres.

Du côté de l'intérieur, ces États atteignaient, sur le bord du Nil, le sud de la Thébaïde, nommée *Saïd* par les naturels, arrivaient à l'antique Ptolémaïs, aujourd'hui Hicina, et étaient baignés par la mer Rouge. Au delà, ils entraient sur la terre d'Arabie, longeaient les possessions du chérif de la Mekke, venaient, à travers le désert, toucher à Bir, sur l'Euphrate, et de là rejoignaient le golfe de Larazze. Dans ce vaste circuit étaient englobés une grande partie de l'Arabie Déserte, toute l'Arabie Pétrée, la Judée, une bonne partie de la Syrie, et tout le *Metser de Mesraïm*, nom donné, par les Hébreux et les Arabes, à l'Égypte proprement dite.

Le soudan du Caire était alors Kansou-Algouri; Sélim X régnait en Turquie; le chérif de la Mekke était Baracat, plus célèbre par son grand âge que par ses hauts faits; Aden avait pour chef Ilhammed; à Hormouz régnait Sif-Eddin II, et à Gouzerate, enfin, Mahhmoud, 1er du nom.

Pour tous ces princes et pour toutes ces populations, la nouvelle puissance des Portugais, surgie depuis cinq ans à peine et devenue déjà maîtresse des mers de l'Inde, était à la fois une ruine et une honte, une honte surtout pour la ville sainte, dont elle venait enlever les pèlerins jusqu'aux portes de la mer Rouge; aussi le nom Portugais était-il partout abhorré, et chacun rêvait la destruction de l'ennemi commun.

Les Arabes qui trafiquaient sur la côte de l'Inde, plus

directement lésés, résolurent d'envoyer une ambassade au sultan du Caire. Ils déterminèrent le zamorin à y joindre des présents. Le cheikh d'Aden envoya aussi un chérif (descendant de la famille de Mahomet), pensant que le caractère religieux de son ambassadeur donnerait plus de poids à sa supplique. On priait le sultan d'interposer son pouvoir et d'arrêter le fléau qui s'était appesanti sur tous, et avait déjà fait couler abondamment le sang des enfants du prophète.

Mais le soudan n'avait pas besoin du stimulant des plaintes et des colères étrangères. Il ne s'apercevait que trop des pertes que subissait son trésor depuis que les Portugais avaient violemment détourné le commerce de son cours naturel. Cependant il crut devoir commencer par adresser des remontrances au pape; à cet effet, il lui fit porter une lettre par un religieux du couvent de Sainte-Catherine. Le pape envoya la lettre et l'ambassadeur au roi de Portugal; mais ni l'un ni l'autre n'eurent de succès auprès de ce prince : prières et menaces vinrent se briser contre deux obstacles invincibles, son ambition de roi et sa foi de chrétien. Voyant ses tentatives de conciliation avortées, le soudan se décida à recourir à la force des armes. Une ère de luttes sanglantes allait s'ouvrir dans les mers de l'Inde, pour les Portugais; mais ce devait être aussi pour eux une ère de victoires.

Au moment même où le pauvre moine du Sinaï, ambassadeur à la fois du vicaire de Jésus-Christ et du principal représentant de Mahomet, abordait à Lisbonne, le roi de Portugal venait de faire équiper une grande flotte et l'avait mise sous le commandement de Dom Francisco d'Almeïda, à qui il donnait le titre et le pouvoir de vice-roi de l'Inde. La flotte, partie de Lisbonne le 25 mars 1505, vint, au mois de juillet suivant, aborder à Kiloua.

Dès son arrivée dans ce port, Almeïda envoya complimenter le sultan Ibrahim; mais celui-ci, qui avait sur la conscience ses mauvais procédés envers les Portugais, s'enfuit de la ville pendant la nuit. Les soldats se rangèrent alors autour de Mohhammed-Anconij, personnage dont nous avons parlé plus haut, afin de résister aux tentatives des Portugais. Mais Almeïda, lassé d'attendre une réponse aux ouvertures qu'il avait faites, descendit dans la ville à la tête de cinq cents hommes. Mohhammed, ses soldats et toute la population avaient fui. Resté maître de Kiloua sans coup férir, Almeïda ordonna de construire immédiatement une forteresse; puis il fit engager les habitants à rentrer dans leurs foyers, promettant que les biens et les personnes seraient saufs, et qu'il nommerait chef du pays Mohhammed, homme généralement estimé. Ces propositions furent parfaitement accueillies, et toute la population rentra dans la ville, ayant à sa tête Mohhammed, qui fut reconnu sultan au nom du roi de Portugal. Un tribut peu onéreux lui fut imposé, et il se déclara vassal d'Emmanuel.

Cependant Mohhammed n'était pas un ambitieux; il exposa à Almeïda que, si le sultan Alfudaïl, traîtreusement assassiné par Ibrahim, eût encore existé, il lui aurait remis le pouvoir qui lui appartenait; mais que ce sultan avait un fils qui ne devait pas être déshérité : il demandait, en conséquence, quoiqu'il eût lui-même un fils, que celui d'Alfudaïl fût désigné pour lui succéder. Un pareil désintéressement excita, comme de raison, l'étonnement et l'admiration des Portugais. Almeïda accueillit la prière qui lui était faite, et envoya chercher le jeune prince, que les habitants reconnurent dès lors pour leur futur sultan.

Comme nous l'avons vu dans le livre précédent, Kiloua était la plus importante des villes de la côte. C'est elle qui avait peuplé d'Arabes une grande partie de la terre ferme voisine, quelques îles adjacentes et quelques ports de l'île Saint-Laurent (Madagascar). Sa position moyenne sur la côte, entre la cité de Moguedchou et le cap Corrientes, avait facilité son développement politique. Trouvant au sud et au nord l'espace nécessaire à l'extension de sa puissance, elle s'était rendue maîtresse de Mombase, des îles Pemba, Zanzibar, Mafiia, Comore, et de beaucoup d'autres localités où des établissements se fondèrent, grâce à son impulsion et à ses richesses. Mais déjà, avant l'arrivée des Portugais, elle s'était presque entièrement éclipsée par suite des divisions qui, plusieurs fois, éclatèrent à la mort de quelques-uns de ses souverains.

Almeïda, après avoir construit la forteresse à laquelle il donna le nom de Santiago, y laissa un gouverneur et une garnison, et partit le 8 août pour Mombase, où il arriva le 15 avec onze navires et trois barques. Dès son arrivée, il fit sonder l'entrée du port pour s'assurer s'il était vrai, comme le disaient les pilotes, que ses vaisseaux pussent s'y engager. Il envoya ensuite proposer au roi de se soumettre. Ses offres ayant été repoussées, il attaqua la ville, la prit et la brûla.

Almeïda fit ensuite voile de là pour Melinde; mais, n'ayant pu y aborder, il se rendit aux Anjedives, où, conformément à ses instructions, une forteresse fut construite. A quelque temps de là, il reçut la nouvelle d'une tentative d'assassinat faite sur Mohhammed de Kiloua, à l'instigation de l'ancien gouverneur Ibrahim. Mais l'assassin, arrêté, avait été puni, et, en ce qui concernait la côte orientale d'Afrique, le vice-roi ne prit, pour le moment, d'autre mesure que d'envoyer plusieurs bâtiments y croiser.

Après qu'Almeïda eut quitté le Portugal, le roi Emmanuel, qui, par suite des relâches que les Portugais avaient faites à Sofala, avait eu de nombreux renseignements sur le commerce de l'or dans ce pays, s'était déterminé à prendre des mesures énergiques pour s'emparer de ce commerce. La construction d'une forteresse à Kiloua était un commencement d'exécution du plan conçu par le roi. Pour le compléter, ce prince venait de décider qu'il en serait élevé une autre à Sofala : à l'aide de ces deux forteresses et d'une forte croisière s'appuyant, du côté du nord, sur' Melinde, dont le cheikh était dévoué, Emmanuel comptait dominer tout le mouvement commercial de la côte. En conséquence, il avait fait équiper une flotte de six navires, qu'il plaça sous le commandement de Pero da Nhaya. A la même époque, deux autres navires, commandés par Cyde Barbudo et Pedro Quaresma, partaient avec l'ordre d'aller découvrir toute la côte, du cap de Bonne-Espérance à Sofala. Des six navires conduits par da Nhaya, les trois plus gros devaient se rendre dans l'Inde; les trois autres étaient destinés à servir de stationnaires et de croiseurs dans les eaux de l'Afrique. Ceux-ci étaient commandés par João de Queiros, Francisco da Nhaya, fils de Pero, et Manoël Fernandes. Ce dernier devait résider, comme facteur, dans la forteresse qu'on allait construire à Sofala, et que da Nhaya serait chargé de garder avec les officiers et les soldats nécessaires.

Arrivé devant Sofala, da Nhaya trouva le pays sous le commandement d'un vieillard aveugle âgé de soixante et dix ans, et nommé Youceuf. La ville n'était pas grande ; elle avait une garde de soldats maures aux costumes bariolés, coiffés de turbans, nus jusqu'à la ceinture et portant au côté un cimeterre à poignée d'ivoire. Youceuf n'était là que gouverneur pour le sultan de Kiloua ; mais il s'intitulait sultan lui-même et refusait d'obéir à son suzerain, à cause des révoltes et des dissensions qui régnaient dans la métropole. Youceuf, ayant appris qu'Almeïda s'était emparé de Kiloua, craignit que, Sofala étant vassale de cette cité, le vice-roi ne vînt l'inquiéter et revendiquer ses droits de souveraineté. Cette crainte le détermina à faire un accueil amical à da Nhaya, espérant, par ce moyen, conjurer le péril qui le menaçait, et s'assurer, en outre, une protection contre son gendre Mengo-Musaf, homme influent et d'un grand renom, soupçonné de nourrir des projets ambitieux contraires aux droits héréditaires des fils de Youceuf. Dans de pareilles dispositions, ce dernier ne put qu'accorder sans peine au capitaine portugais la permission de bâtir un fort dans le pays. Da Nhaya se mit à l'œuvre immédiatement, et y fut aidé même par les gens de Sofala. Au bout de quelques mois, les travaux étant très-avancés, il envoya dans l'Inde les navires et les hommes qui ne lui étaient plus nécessaires. Mais la bonne intelligence ne devait pas être de longue durée entre les nouveaux venus et leurs hôtes. Le gouverneur, influencé par quelques Maures qui lui firent un tableau lugubre des méfaits des Portugais et des maux qui lui étaient réservés, se laissa entraîner à conspirer leur perte. Ceux-ci, prévenus du complot par un Éthiopien du nom d'*Acote*, qui s'était déclaré leur ami depuis leur arrivée, se préparèrent à soutenir l'attaque. Elle eut lieu, et le résultat en fut désastreux pour le vieux cheikh. Après un combat acharné, ses gardes furent vaincus, et lui-même perdit la vie.

Voulant se concilier l'amitié des gens du pays, da Nhaya suspendit le carnage; puis, quand tout fut rentré dans l'ordre, pour récompenser *Acote*, il le nomma gouverneur, au nom du roi de Portugal, à l'autorité de qui le nouvel élu jura de rester soumis (1).

(1) Voici ce qu'on savait du royaume de Sofala au temps de Barros :
Ce territoire, dit l'auteur portugais dans ses *Décades*, fait partie d'une vaste contrée sur laquelle règne un prince nommé *Bénomotapa*. Elle est entourée, en forme d'île, par les deux bras d'une rivière qui prend sa source dans le lac le plus considérable de toute l'Afrique, celui où les anciens géographes plaçaient la source du Nil, et d'où naît aussi le fleuve Zaïre, qui traverse le Congo. On sait, à présent, que, de ces trois rivières remarquables, celle qui s'enfonce le plus dans les terres est le Nil, que les Abyssins nomment *Facuij*, dans lequel se jettent deux autres grandes rivières auxquelles Ptolémée donnait les noms d'*Astabora* et *Astapus*, et que les naturels appellent *Tacazij* et *Abanhi*. Celle-ci (dont le nom signifie *père des eaux*) vient d'un autre grand lac appelé *Barcena* (et par Ptolémée, *Coloa*), et contient dans son sein plusieurs îles où s'élèvent quelques monastères de religieux. Quant au grand lac, il paraît avoir plus de 100 lieues de long. La rivière de Sofala se divise en deux branches : l'une va se jeter en deçà du cap Corrientes, et a pris successivement le nom de *rivière de la lagune* (da Lagoa) et de *rivière du Saint-Esprit*; l'autre vient se jeter dans la mer, à 25 lieues au nord de Sofala. C'est le *Couama*, nommé, dans l'intérieur, *Zambeze*. Cette branche est beaucoup plus considérable que l'autre; elle est navigable à plus de 250 lieues; elle reçoit six cours d'eau remarquables, qui portent les noms suivants : *Panhamea, Louamgoua, Arrouya, Manjouo, Inadire* et *Rouenia*. Toutes arrosent la terre du *Bénomotapa*, et la plupart charrient de l'or.

Le delta enfermé entre ces deux bras de rivière, et qui forme le royaume de Sofala, a plus de 750 lieues de circuit. Il ressemble au Zanguebar par l'aspect du pays, les animaux qui s'y trouvent, les hommes qui l'habitent et les aliments dont ceux-ci se nourrissent. Tout ce ter-

L'infortuné Youceuf avait eu tort de ne pas suivre plus longtemps ses premières inspirations. Il eût mieux fait, pour sa sûreté comme pour sa vengeance, de se confier plutôt au

ritoire est riant, fertile, boisé, arrosé de ruisseaux, couvert de bêtes fauves et de bétail, et très-peuplé. Il forme contraste avec la terre qui avoisine le cap Corrientes, et qui est nue, aride et balayée par des vents très-froids. Comme le delta de Sofala est très-peuplé, les éléphants s'en éloignent et se réfugient dans les solitudes du Zanguebar, où ils se promènent en grandes bandes comme des troupeaux. Les Cafres prétendent qu'il s'en tue de quatre à cinq mille par an, ce qui explique la grande quantité d'ivoire qui s'exporte de ce pays pour l'Inde.

Les mines d'or les plus voisines de Sofala sont celles qui portent le nom de *Manica*; elles sont situées dans une vallée entourée d'un amphithéâtre de montagnes de 30 lieues de circuit. Les endroits qui recèlent l'or se reconnaissent à la sécheresse et à la nudité de la terre qui les recouvre. Tout ce territoire se nomme *Malouca*, et les peuples qui le fouillent pour en extraire le précieux métal sont les *Botongas*. Quoique le pays soit situé entre l'équateur et le tropique du Capricorne, les montagnes sont couvertes d'une si grande quantité de neige, que ceux qui y séjournent pendant l'hiver meurent de froid; mais pendant l'été, l'air est, sur ces sommets, d'une pureté et d'une sérénité sans égales.

Dans toutes ces mines de Manica, qui s'étendent à 50 lieues dans l'ouest, la terre est sèche, et, comme l'or y est en poudre, les naturels y creusent des trous que les pluies de l'hiver remplissent, en y entraînant les parcelles d'or des terres environnantes. En général, personne ne creuse à plus de 6 ou 7 palmes; à 20 palmes, on trouve le roc.

Les autres mines plus éloignées de Sofala sont distantes de 100 jusqu'à 200 lieues. On y trouve l'or en morceaux, soit enfermés en filons dans la pierre, soit dans les lits des torrents que l'hiver a formés et que l'été dessèche. Dans certains dormants des rivières, les naturels plongent et trouvent beaucoup d'or dans la vase qu'ils rapportent. Quelquefois ils se réunissent jusqu'à deux cents hommes, pour épuiser l'eau d'une mare et mettre à découvert la vase et l'or qu'elle renferme. Enfin la terre est si riche, que, si les habitants étaient cupides, ils se procureraient d'énormes quantités de ce métal; mais ils sont si paresseux et ont si peu de besoins, qu'ils doivent être poussés par la faim pour se décider à creuser la terre.

Pour exciter leur convoitise, les Maures qui se rendent au milieu d'eux ont recours à la ruse; ils les couvrent, eux et leurs femmes, d'étoffes et

climat meurtrier de cette côte qu'à la puissance de ses armes.

En effet, les Portugais ne tardèrent pas à se ressentir de l'insalubrité du pays ; les maladies vinrent les assaillir et firent

de bijoux, qui excitent leur joie, et, quand ils voient leur ravissement arrivé à son comble, ils leur abandonnent ces objets avec confiance, leur disant : « Allez chercher de l'or, et vous nous payerez au retour. » Par le crédit qu'ils leur imposent ainsi, ils les obligent à aller creuser la terre ; car telle est la bonne foi de ces pauvres gens, qu'ils ne manquent jamais de remplir leurs engagements.

Il y a d'autres mines encore dans un district nommé *Taroa*, qui porte aussi le nom de royaume de *Bouloua*, et qui a pour seigneur un prince vassal du *Bénomotapa*. Ces mines sont les plus anciennes que l'on connaisse dans le pays ; elles sont toutes en pleine campagne. Au centre du terrain existe un édifice fort remarquable ; c'est une forteresse garnie, en dedans et en dehors, de pierres fort bien taillées, d'une grandeur merveilleuse et dont la surface a 25 palmes de largeur et un peu moins de hauteur. Elles ne paraissent pas être jointes par de la chaux. Sur la porte de ce monument est une inscription que certains Maures marchands et savants qui ont été sur les lieux n'ont pu lire ; ils n'ont même pu deviner à quelle écriture elle appartient. Autour de l'édifice, sur certaines élévations, il y en a d'autres construits de la même manière, avec un revêtement de pierres sans chaux, et au milieu desquels est une tour haute de plus de 12 brasses. Ces édifices portent, dans le pays, le nom de *Symbaoë* (Zimboë), qui signifie pour eux une résidence royale. En effet, ils nomment ainsi tous les lieux où le *Bénomotapa* réside. Selon eux, c'est parce que cet édifice avait une origine royale que toutes les autres demeures du roi prirent le même nom. Un homme de race noble est préposé à sa garde et porte le titre de *symbacaijo*, gardien du *Symbaoë*. Il y réside aussi toujours quelques-unes des femmes du *Bénomotapa*.

Quand et par qui furent construits ces édifices? Comme les gens du pays n'ont pas d'écriture, le souvenir ne s'en est pas conservé parmi eux ; ils disent seulement que c'est l'ouvrage du diable, parce que, comparé à ce qu'ils savent et peuvent faire, il ne leur paraît pas croyable que des hommes aient eu la puissance d'exécuter un pareil travail. Des Maures qui l'avaient vu, montrant à Vicente Pegado, capitaine de Sofala, la construction de la forteresse portugaise, avec ses fenêtres sculptées et ses arcades, affirmaient qu'il n'y avait pas de comparaison à établir entre ce travail et celui du *Symbaoë*, tant ce dernier était net et parfait. Sa

bien des victimes : da Nhaya fut du nombre. Les survivants, d'un commun accord, élirent à sa place Manoel Fernandes.

Sur ces entrefaites, une sédition éclata dans Kiloua. Moh-

distance de Sofala était d'environ 170 lieues, à vol d'oiseau, à la hauteur du 20ᵉ ou du 21ᵉ degré, et, dans tout ce trajet, il n'existait aucun édifice analogue, ni ancien ni moderne : la population est, en effet, très-barbare, et les cases sont toutes en bois.

On a fait naturellement beaucoup de conjectures sur l'origine et la destination de cette forteresse. Les Maures qui l'ont vue lui attribuent une grande antiquité; mais il n'existe, dans le pays, aucune tradition qui s'y rapporte, et d'ailleurs les caractères de l'inscription leur sont complétement étrangers. Ils pensent que le but de sa construction a dû être d'assurer à ceux qui l'élevèrent la possession des mines, qui sont très-anciennes, mais desquelles on ne retire pas d'or depuis longtemps, à cause des guerres qui désolent le pays. (Barros pense que cette contrée doit être celle que Ptolémée désigne sous le nom d'*Agyzimba*. Ce nom offre, en effet, une certaine analogie avec celui que porte l'édifice en question.)

Les habitants de cette contrée sont noirs, à cheveux crépus; ils ont plus d'intelligence que ceux de la côte de Mozambique, de Kiloua et de Melinde. Il en est beaucoup parmi eux qui sont anthropophages et qui saignent le bétail pour en boire le sang. Ceux du *Bénomotapa* sont très-bien disposés pour être convertis au christianisme. En effet, ils croient à un seul dieu, qu'ils appellent *Mozimo*, et n'adorent aucune idole, à l'opposé de tous les autres nègres, qui sont idolâtres et fétichistes. Le fétichisme est même, chez eux, en abomination, et ils le punissent de mort. Ils ne sont pas moins sévères pour le vol et l'adultère, et, pour convaincre un homme de ce dernier crime, il suffit qu'il ait été vu sur la natte où une femme était assise. Ce simple indice suffit aussi pour faire déclarer la femme sa complice.

Les hommes sont polygames; ils prennent autant de femmes qu'ils en peuvent nourrir. Mais la première conserve toujours la préséance, et les autres la servent. Ce sont ses fils qui sont héritiers des biens du père, constitués ainsi en une sorte de majorat. Un homme ne peut épouser une femme que lorsqu'elle est apte à concevoir, c'est-à-dire lorsqu'elle a donné la preuve de l'établissement de ses fonctions menstruelles; l'époque en est habituellement célébrée par de grandes fêtes.

Les vêtements en usage sont faits d'étoffe de coton; ils sont fabriqués dans le pays ou importés de l'Inde. Les femmes et les nobles y font entrer beaucoup de soie et des broderies d'or, et leurs vêtements sont quel-

hammed venait de périr, attiré dans un guet-apens par le cheikh de Tirendiconde (1), parent d'Ibrahim. Le vice-roi Almeïda, informé de cet événement en même temps qu'il apprenait la mort de Pedro da Nhaya, désigna Gonçalo Vaz de Goes pour aller, en Sofala, prendre le commandement du fort, et lui ordonna de toucher, en passant, à Kiloua, afin d'y apaiser les troubles et d'en châtier les auteurs.

Voici ce qui s'était passé dans cette ville.

Par suite des ordres du roi Emmanuel relatifs à la garde

---

quefois d'un prix très-élevé. Le *Bénomotapa* seul ne porte que des habits confectionnés dans le pays, pour éviter que des étrangers y fassent entrer quelque substance nuisible ou quelque maléfice. Ce titre de *Bénomotapa* a une signification qui correspond à celle d'empereur.

Les femmes sont l'objet d'une vénération particulière. Le fils du roi lui-même, s'il en rencontre une, lui cède le pas. Le *Bénomotapa* a plus de mille femmes, filles de grands du pays; mais la première, fût-elle la moins élevée en naissance, est maîtresse de toutes les autres, et son premier fils est héritier du trône. Quand vient le temps des semailles et des récoltes, la reine tient à honneur d'aller elle-même aux champs pour y surveiller les travaux et soigner ses intérêts agricoles.

Tels sont les principaux détails que Barros nous a transmis sur cette intéressante contrée.

Il est bien entendu que nous ne donnons sa description que pour ce qu'elle vaut; en beaucoup de points, comme on l'a vu, elle est incomplète ou erronée; mais, quelle qu'elle soit, elle n'en occupe pas moins ici la place qui lui appartient dans le développement historique des connaissances acquises, à diverses époques, sur les contrées dont nous écrivons l'histoire. Au reste, notre relation se bornant à parler des pays situés au nord du cap Delgado, nous n'aurons à faire, du moins en détail, la description d'aucun des points appartenant encore au Portugal, ni des contrées qui leur sont limitrophes du côté de l'ouest. Ceux qui désireront avoir de plus amples et de plus véridiques renseignements sur les régions intérieures du Sofala et du Mozambique (d'ailleurs encore peu connues) les trouveront dans quelques ouvrages modernes, et surtout dans l'*Africa oriental* de Sébastien-Xavier Botelho. (*Memoria estatistica sobre os dominios portuguezes na Africa oriental*, Lisboa, 1835.)

(1) Ville et territoire situés non loin de Kiloua.

des côtes, Pedro Ferreira, capitaine de Kiloua, avait affecté deux navires à ce service. Une des prises qu'ils firent était un bateau venant des îles d'Angoxe, sur lequel se trouvait un fils du cheikh de Tirendiconde. Comme le père était en guerre avec les Portugais, à cause de sa parenté avec l'ancien sultan Ibrahim, Ferreira retint en son pouvoir le fils prisonnier et toute sa suite. Mohhammed Anconij, homme nouveau et sans alliances, désirant s'attirer, par des prévenances, la bienveillance de ses voisins, racheta les prisonniers, et, après les avoir comblés de bons procédés et couverts de vêtements dont la richesse était en rapport avec leur rang, il les renvoya dans leurs foyers.

Le cheikh de Tirendiconde, paraissant vivement touché du témoignage d'amitié que lui donnait Mohhammed, adressa de grands remercîments à celui-ci, et lui fit dire que, sa haine contre les Portugais s'opposant à ce qu'il allât à Kiloua, il le priait de se rendre auprès de lui pour conférer de choses qui importaient à leur intérêt commun, lui montrant en perspective la possibilité de mariages entre leurs enfants, et lui promettant la restitution de l'or avancé pour la rançon de son fils. Mohhammed, par suite du grand désir qu'il avait de complaire à cet homme, et quoique le capitaine Pedro Ferreira cherchât à l'en détourner, alla avec quelques-uns de ses gens au rendez-vous qui lui était donné. Il venait de se livrer au sommeil, quand, pour prix de sa noble confiance et des services rendus, son hôte le fit assassiner, alléguant, comme justification, qu'il était beaucoup plus obligé par sa parenté avec Ibrahim, dont il venait de venger les affronts, qu'il ne l'était envers Mohhammed par les bienfaits dont celui-ci l'avait gratifié.

La nécessité de donner un successeur au malheureux sultan créa des dissensions dans Kiloua, et divisa la ville en deux camps : d'un côté, les officiers de la factorerie, avec quelques Maures, soutenaient Ali-Hhocen, fils du défunt, et présentaient à l'appui de sa candidature un écrit du vice-roi, qui mentionnait les services rendus par Mohhammed au roi Emmanuel, en même temps que les trahisons et les méchancetés d'Ibrahim. D'un autre côté, le capitaine Pedro Ferreira, une partie des hommes influents du pays, et même les Cafres de l'île Songo, située à 1 lieue de Kiloua, soutenaient qu'il n'était pas dans l'intérêt du roi Emmanuel d'appeler à régner un homme d'une aussi basse extraction que le fils de Mohhammed Anconij, et préféraient un cousin d'Ibrahim nommé Micante (1). Les troubles inséparables d'un tel débat avaient forcé un grand nombre d'habitants à aller s'établir à Melinde, à Mombase et sur tout le littoral.

Mais l'événement que nous venons de raconter n'avait pas été la seule cause de perturbation. Un règlement du roi de Portugal défendait aux Maures de trafiquer en Sofala avec des objets de prix ; et, par suite de contraventions à ces règlements, dont la cupidité de ses agents les portait même à exagérer la sévérité, les Portugais avaient fait de nombreuses prises. Toutes ces rigueurs ayant soulevé beaucoup de mécontentements, le pays se dépeuplait de plus en plus.

Gonçalo Vaz de Goes avait été instruit, avant son arrivée, de toutes ces circonstances ; désireux de rendre à Kiloua

---

(1) Micante était probablement le nom de ce fils d'Alfudaïl, que Mohhammed avait proposé et fait accepter, pour son successeur, au vice-roi Almeïda (voyez page 333). Mais João de Barros ne s'explique pas à ce sujet.

son ancienne prospérité, et ayant pris conseil des personnes compétentes, il avait, en longeant la côte, envoyé proclamer, dans les villes de Melinde, Mombase et Kiloua, que tout marchand pourrait trafiquer avec les mêmes marchandises et de la même manière qu'au temps du sultan Ibrahim, sans encourir aucun dommage. A peine cette décision fut-elle connue, que les émigrés commencèrent à s'embarquer avec leurs femmes et leurs enfants; de sorte qu'en arrivant à Kiloua, Vaz de Goes y entra accompagné d'une vingtaine de barques, chargées d'anciens habitants qui apportaient avec eux une grande quantité de marchandises. On était alors au milieu du mois de décembre 1506. Sur la rade se trouvait un navire commandé par Lionel Coutinho, que la tempête avait séparé d'une flotte nouvellement arrivée de Portugal, sous le commandement de Tristam da Cunha.

Vaz de Goes s'occupa aussitôt de mettre un terme aux dissensions qui troublaient la ville, et dont le choix à faire du successeur de Mohhammed lui paraissait le motif le plus sérieux. Les deux prétendants étaient, nous l'avons dit, Micante et Ali-Ilhocen. Celui-ci n'avait pas d'autres droits que les services rendus par son père. L'autre, soutenu par un fort parti, dans lequel comptaient les officiers portugais, avait pour lui sa naissance : il était du sang des sultans qui avaient fondé Kiloua et l'avaient gouvernée si longtemps. Vaz de Goes lui-même jugeait ces dernières raisons péremptoires, et il craignait de donner lieu à de nouveaux troubles, s'il accordait la préférence à un homme de basse extraction, eu égard aux seuls mérites de son père. Mais il fut bientôt convaincu que la principale cause du mécontentement et de l'agitation était réellement dans l'exécution trop sévère du règlement imposé par le roi de Portugal, et que l'élection d'un nouveau chef n'avait, pour les Maures, qu'un intérêt tout secondaire. En effet, la modification apportée au règlement suffit pour calmer rapidement les esprits, et il put bientôt désigner comme sultan Ali-Ilhocen, sans que la moindre réclamation se produisît.

Pour n'avoir plus à revenir sur les affaires de Kiloua, que les Portugais cessèrent bientôt d'occuper militairement, disons tout de suite ce qui eut lieu postérieurement à cette élection. Après le départ de Vaz de Goes, Ali-Ilhocen, fort de la faveur du chef portugais, résolut de faire la guerre au meurtrier de son père. Dans ce but, il envoya secrètement vers un chef de nègres nommé *Mougna-Mongo* (1), homme puissant par le nombre de ses sujets, pour lui proposer de se porter, par terre, sur Tirendiconde, pendant qu'il irait lui-même, par mer, surprendre cette ville, et la mettre à feu et à sang. De grands présents décidèrent le chef nègre. L'attaque eut lieu, et la cité, prise d'assaut, fut livrée à la destruction. Le meurtrier de Mohhammed parvint néanmoins à s'échapper; mais la plus grande partie de la population sauvée du carnage fut emmenée prisonnière par les Cafres.

Ce triomphe exalta l'orgueil de Ilhocen. Il gaspilla les trésors que son père lui avait laissés et que les nécessités de sa fatale expédition avaient considérablement diminués. Sa correspondance avec ses voisins devint blessante; il écrivit aux cheikhs de Melinde, de Zanzibar et de toute la côte, en homme qui s'estimait bien au-dessus d'eux. La vanité de

---

(1) C'est sans doute Moigni Monge : Moigni est un mot souahhéli qui équivaut au mot *monsieur*, *le sieur*. Les Portugais en ont fait, par erreur, un nom ou une partie de nom d'homme.

ceux-ci en fut blessée, et ils devinrent ses ennemis. Ils lui reprochèrent la mort d'un grand nombre de leurs sujets, qui, se trouvant à Kiloua pour leur commerce, avaient été, soit par supplication, soit par force, entraînés dans l'expédition contre Tirendiconde. Ils ne lui pardonnaient pas surtout le sort funeste de tant de vrais croyants emmenés en esclavage par les Cafres. La haine, l'envie et les passions politiques liguèrent ces cheikhs avec les anciens partisans du rival de Ilhocen, et tous écrivirent au vice-roi que, s'il tenait à maintenir la tranquillité dans le pays et à ne pas dépeupler Kiloua, il devait enlever le gouvernement à Ilhocen pour le donner à Ibrahim, ou, en cas de refus de ce dernier, à son cousin Micante. Le vice-roi, ému de toutes ces plaintes, acquiesça à la demande qui lui était faite; il en écrivit à Pedro Ferreira, et Ilhocen fut déposé. Ibrahim, qui se méfiait des Portugais, ayant refusé de lui succéder, Micante fut nommé sultan. Ilhocen, ne se sentant pas en sûreté à Kiloua, où, pensait-il, ses ennemis chercheraient à le faire périr, demanda à Pedro Ferreira de l'envoyer à Mombase. Peu de temps après, il y termina ses jours plus misérablement qu'un homme du peuple.

Micante ne tarda pas à faire regretter son prédécesseur. Il avait d'abord gouverné avec sagesse; mais bientôt il s'abandonna à l'ivrognerie, et, par les excès auxquels ce vice le conduisit, il se rendit odieux aux Portugais, et surtout aux indigènes, dont il enlevait les femmes, et qu'il livrait à la mort, sous prétexte qu'ils voulaient attenter à ses jours. Il était devenu, en un mot, un véritable fléau pour le pays.

Sur ces entrefaites, Pedro Ferreira fut remplacé dans sa capitainerie par Francisco Pereira Pestana. Malgré la méfiance qui s'établit, à son arrivée, entre lui et Micante, le nouveau capitaine eut la faiblesse de se laisser entraîner à prendre une part active aux querelles extérieures du sultan de Kiloua. En effet, Micante sachant que l'exilé Ibrahim le voyait avec envie maître du gouvernement, et craignant ses entreprises, lui avait déclaré la guerre. Plusieurs rencontres eurent lieu, et l'assistance des Portugais y fut très-utile au sultan. Dans une des attaques faites contre la ville, par ses adversaires aidés d'un grand nombre de Cafres, Francisco Pereira tua beaucoup de monde à l'ennemi et fit prisonnier un neveu d'Ibrahim, nommé Mougno (1) Came. Cet état de guerre avait, d'ailleurs, un résultat heureux : au milieu de ses travaux belliqueux et des soins de la défense, Micante, qui combattait vaillamment, se livrait moins à ses vices. En outre, par haine de son cousin, il restait fidèle aux Portugais, et, à cause de sa fidélité, Francisco Pereira supportait moins impatiemment les écarts auxquels son allié se livrait encore. Mais le sang portugais avait coulé dans la lutte, et la forteresse s'était trouvée exposée à de grands dangers, car, à cette époque, elle n'était défendue que par quarante hommes en état de prendre les armes, tous les autres étant malades. Aussi, quand le roi Emmanuel eut connaissance de tout ce qui se passait à Kiloua, il adressa au vice-roi l'ordre de faire raser la forteresse et d'envoyer Francisco Pereira à Socotra, dont les Portugais venaient de s'emparer.

L'abandon de la forteresse de Kiloua avait d'autant moins d'inconvénients que, deux ans après son érection, il venait d'en être construit une autre sur l'île Mozambique, opéra-

1) Nous croyons qu'ici encore c'est Moigni qu'il faut dire.

tion dont avait été chargé Gomes d'Abreu, quand il fut expédié de Lisbonne pour l'Inde, en 1507.

A la réception de l'ordre d'Emmanuel, transmis par le vice-roi, Francisco Pereira avait pris la résolution de déposer Micante avant de partir, et de le remplacer par Ibrahim; il expédia donc plusieurs messages à celui-ci. Mais Ibrahim ne crut pas à la bonne foi de Pereira, et, craignant qu'un stratagème n'eût été ourdi entre le capitaine et Micante dans le but de s'emparer de sa personne, il fit répondre que son neveu, Mougno Came, étant retenu prisonnier, il ne pouvait considérer l'offre de Pereira comme sérieuse. Celui-ci, qui était déjà embarqué et sur son départ, fit mettre à l'instant son captif en liberté. Peu de temps après, Ibrahim vint prendre possession de Kiloua pendant que, d'un autre côté, Micante s'enfuyait. Celui-ci, persécuté par son cousin, se réfugia dans l'une des îles Quirimba, où il acheva ses jours aussi malheureusement que l'avait fait son prédécesseur.

Ibrahim régna désormais en paix, et remit le pays dans un état meilleur que celui où il était avant la conquête portugaise; ses malheurs lui avaient peut-être enseigné à bien gouverner. Jusqu'à sa mort, il recommanda à ses fils de rester fidèles au roi Emmanuel.

Tels furent les événements arrivés à Kiloua après la nomination du sultan Ali-Ilhocen par Vaz de Goes; celui-ci, après avoir mis ordre aux affaires de cette ville, s'était rendu à Sofala, afin d'exécuter la seconde partie de la mission qui lui avait été donnée par le vice-roi Dom Francisco d'Almeïda. En passant à Mozambique, il y avait trouvé quatre navires faisant partie de la flotte de Tristam da Cunha, dont nous avons déjà signalé l'arrivée.

Disons maintenant par suite de quels événements cette flotte se trouvait sur la côte.

Le désir de fortifier et d'étendre sa puissance dans l'Inde et d'y propager la foi catholique ne faisait que s'accroître dans le cœur d'Emmanuel. Ce monarque voulait porter des coups de plus en plus terribles aux infidèles, ruiner leur commerce et les chasser de ces mers. Les obstacles même qui interrompaient de temps en temps le cours des victoires du vice-roi ne servaient qu'à redoubler l'énergie du prince et son opiniâtreté. Chaque année, des flottes nouvelles et plus nombreuses quittaient le Portugal pour aller remplacer les navires engloutis par la tempête ou ceux qui revenaient de l'Inde chargés de richesses. Il fallait aussi satisfaire aux exigences toujours croissantes d'une conquête qui, en s'agrandissant, faisait surgir, à chaque pas des vainqueurs, des ennemis nouveaux.

Parmi ces ennemis brillait au premier rang le soudan du Caire : il avait à se dédommager de l'insuccès de sa campagne diplomatique et se préparait à combattre; mais, pour cela, il avait besoin d'une flotte dans la mer Rouge, et les moyens de construction manquaient totalement de ce côté. Venise, qui voyait sa gloire éclipsée et son commerce en décadence, la jalouse Venise, offrit de lever cette difficulté; les haines communes rapprochent les adversaires les plus acharnés. La reine à demi découronnée de l'Adriatique envoya à Alexandrie les bois et les autres matériaux nécessaires, qui, conduits au Caire par le Nil, puis portés à Suez à dos de chameaux, servirent à construire quatre grands vaisseaux, un galion, deux galères et trois galiotes. Nous retrouverons plus tard, dans les mers de l'Inde, cette flotte, espoir de tant de rancunes et source de tant d'illusions.

La cour de Portugal, prévoyant le péril qui la menaçait, avait, dès l'année précédente, résolu de fermer la mer Rouge, en établissant une forte croisière dans le golfe d'Aden et en s'emparant de Socotra, qui, par sa situation à l'entrée du golfe, semblait devoir faciliter l'exécution de ce plan. Une autre raison, d'ailleurs, militait en faveur de cette conquête : l'île passait pour renfermer une population chrétienne soumise aux Arabes, et le pieux Emmanuel tenait à ce que ses capitaines délivrassent celle-ci du joug des infidèles.

En conséquence, le 6 mars 1506, une armée navale, forte de quatorze voiles, quitta le Tage. Affonso d'Albuquerque, qui allait préluder à sa gloire future, commandait quatre de ces navires, destinés à courir la côte d'Arabie; tous étaient placés sous le commandement supérieur de Tristam da Cunha.

La flotte, partie de Lisbonne, où la peste venait de se déclarer, perdit d'abord quelques hommes atteints par le fléau; mais celui-ci disparut heureusement quand elle doubla la ligne équinoxiale. Au cap de Bonne-Espérance, le mauvais temps dispersa les navires. Da Cunha, avec ceux qui lui restaient, s'éleva si haut dans le sud, que le froid lui tua plusieurs matelots; enfin, au mois de décembre, il arriva à Mozambique, où il se proposait de séjourner jusqu'à la fin de la mousson de nord-est, quand Vaz de Goez l'y rencontra.

Les autres navires de la flotte avaient été entraînés vers des points divers; et, tandis que leur chef atteignait Mozambique, Affonso Lopes da Costa relâchait à Sofala; Lionel

Coutinho, à Kiloua; Alvares Telles était emporté jusqu'au cap Guardafui, d'où, après avoir pillé quelques bateaux arabes, il se rendit à Socotra. Enfin, Rodrigo Pereira Coutinho trouvait un refuge contre la tempête dans un port de l'île Saint-Laurent (Madagascar). Cette dernière relâche fut l'occasion d'un voyage de Tristam da Cunha en cette île. Dans l'espoir de l'y attirer, Rodrigo Pereira Coutinho, ravi de la beauté du pays, retint à bord de son bâtiment, à l'aide de présents, deux habitants de l'île qu'il emmena à Mozambique.

Da Cunha, voyant que la saison n'était pas encore propice pour faire route vers Socotra, céda aux instances de Coutinho, et se rendit avec lui à l'île Saint-Laurent. Il y aborda dans une baie qui fut, plus tard, appelée *baie de la Conception*, mais que son fils nomma alors *baie dona Maria da Cunha*, du nom d'une jeune dame qu'il aimait. Après avoir couru quelque temps la côte, sur laquelle se perdit le navire de Ruy Pereira, il rentra à Mozambique, et y retrouva Affonso d'Albuquerque. Il en partit bientôt, et, après avoir touché à Kiloua pour faire rallier ceux des vaisseaux de la flotte qui s'y étaient réfugiés, il se rendit à Melinde.

Le cheikh accueillit les Portugais avec la cordialité qui lui était habituelle, n'oubliant pas, toutefois, d'ajouter aux démonstrations amicales les doléances ordinaires sur les mauvais traitements que ses voisins lui faisaient endurer pour sa fidélité au roi de Portugal.

Notons, en passant, que le vieil Arabe ne disait pas complétement la vérité sur l'origine des vexations exercées contre lui par les cheikhs de Mombase, d'Oja et autres lieux; il est constant que ses différends avec eux remontaient à une époque bien antérieure à la conquête portugaise. Elle avait sa source dans les rivalités qui, de tout temps, avaient existé entre tous ces petits chefs arabes. A mesure qu'ils établissaient leur influence sur les indigènes et qu'ils acquéraient du pouvoir, non contents du titre de cheikh, ils se paraient pompeusement de celui de sultan, et se disputaient la souveraineté de certains points de la côte. Cependant les chefs de Kiloua et de Zanzibar avaient seuls, sérieusement et du consentement unanime, porté le titre de Sultan. Le cheikh de Mombase, l'un des plus riches et des plus puissants, ne l'avait pris que plus tard, lorsqu'il s'était révolté contre son suzerain, le cheikh de Zanzibar. Quant au cheikh de Melinde, qui n'était exempt ni de vanité ni d'ambition, il prétendait rivaliser avec les plus puissants chefs de la côte, se disant issu des souverains qui avaient anciennement régné dans la ville de Quitau (1). Cette ville avait été, selon les uns, la maîtresse de tout le pays, et quoiqu'elle ne fût plus, lors de la venue des Portugais, qu'une pauvre bourgade, quelques monuments encore debout et des ruines gisant çà et là sur le sol témoignaient de son importance première. D'autres, cependant, désignaient Louziva, ville peu éloignée de la précédente, comme la souveraine de la contrée, et prétendaient que Patta, Mandra, Lâmou, Jaca, Oja, etc., lui obéissaient.

Quoi qu'il en soit, le cheikh de Melinde, s'appuyant sur ses prétentions surannées, soutenait que Kiona (2) et Ki-

---

(1) Nous n'avons pu nous procurer aucun renseignement sur cette ville ni sur la position qu'elle occupait. Son nom même, si tant est qu'elle ait existé, est aujourd'hui inconnu des indigènes.

(2) Peut-être Tchiogny.

lifi, qui sont au sud de Melinde, lui appartenaient : c'était là le principal, disons-mieux, l'unique sujet de ses querelles avec le cheikh de Mombase. Du côté du nord, ses contestations avec le cheikh d'Oja avaient des causes semblables.

Mais Tristam da Cunha ne jugea pas à propos de se préoccuper de tous ces détails et de rechercher de quel côté était le bon droit. Il ne fallait aux Portugais, sur cette côte, que des sujets ou des amis, et c'était bien le moins, de par le droit du plus fort, que leurs amis y fussent respectés. Da Cunha prit des résolutions en conséquence, et, en quittant Melinde, il se dirigea d'abord sur Oja.

Dès son arrivée, il envoya dire au cheikh qu'il désirait l'entretenir d'affaires importantes; celui-ci lui fit répondre qu'étant vassal du soudan du Caire, il ne pouvait entrer en pourparler avec les ennemis de ce prince. Da Cunha, craignant la venue du mauvais temps sur une côte dangereuse, fit aussitôt attaquer la ville, qu'il prit, saccagea et livra aux flammes.

Il fit voile ensuite pour Lâmou. Cette ville, craignant le sort de sa voisine, prit le parti de se soumettre. Le cheikh alla lui-même au-devant de Tristam pour lui offrir de reconnaître la suzeraineté du roi de Portugal et de lui payer un tribut de 600 miticals d'or par an (1).

L'amiral portugais se rendit ensuite à Braoua, une des villes les plus populeuses et les plus commerçantes de ces parages. Déjà, comme nous l'avons rapporté, quelques-uns de ses principaux habitants s'étaient engagés pour elle envers

(1) Le mitical valait 10 réaux.

Ruy Lourenço Ravasco, à reconnaître la souveraineté du roi de Portugal. Mais cette promesse n'avait pas eu de suite, le cheikh ne s'étant pas cru obligé d'y souscrire. Aussi, quand la flotte se montra, fit-il, comme pour la braver, déployer sur la plage une troupe de plus de six mille hommes bien armés, dont la vue pouvait suggérer à l'agresseur quelques réflexions prudentes. Cependant celui-ci ne se laissa pas intimider; il mit à terre quatre cents hommes divisés en deux colonnes d'attaque, l'une sous son commandement, l'autre sous celui d'Albuquerque, et donna l'assaut. Le combat fut long et acharné, mais la victoire resta aux Portugais, qui la souillèrent de cruautés sans nombre, et dont l'avidité ne connut pas de bornes. La ville, après le pillage, fut incendiée aux yeux de ses habitants, qui s'étaient retirés sur les collines voisines. A la suite de ce triomphe, Tristam da Cunha et son fils Nuno, furent armés chevaliers par Albuquerque.

La flotte se rendit ensuite à Moguedchou. Les habitants s'y préparaient à combattre, et, quoiqu'on leur eût envoyé des gens de Braoua pour leur faire connaître le sort de cette ville, ils persistèrent dans l'intention de résister. Da Cunha jugea l'entreprise périlleuse : d'une part, la ville était bien défendue et gardée par des hommes résolus; de l'autre, la mousson de sud-ouest prenant de la force, il était à craindre que, si un premier assaut ne suffisait pas, le mauvais temps ne vînt mettre la flotte en péril. L'amiral portugais, suivant d'ailleurs en cela l'avis de ses capitaines et de ses pilotes, renonça à l'attaque et prit la route de Socotra, où il arriva en peu de jours.

Socotra renfermait alors une population de chrétiens jacobites venus d'Abyssinie. Ces chrétiens avaient des temples et des autels comme ceux d'Europe, mais ornés de croix seulement et sans images. Leurs fêtes étaient les mêmes et se célébraient aux mêmes jours que celles des Européens. Ils observaient strictement les jeûnes et n'épousaient qu'une femme. A part cela, leur ignorance était telle, qu'ils ne savaient pas un mot des dogmes de la religion chrétienne. Ils étaient, du reste, paresseux et lâches, stupides et hébétés, au point qu'une petite troupe d'Arabes suffisait pour les contenir, même en les tyrannisant. A l'arrivée de Tristam da Cunha, ils étaient sous la domination du roi de Kechen, en Arabie Heureuse, qui les gouvernait avec rigueur et qui, pour leur enlever toute idée de s'affranchir, faisait garder le pays à l'aide d'une petite forteresse et de quelques soldats, que commandait en ce moment son propre fils, nommé Ibrahim.

Da Cunha envoya, dès son arrivée, un parlementaire au jeune prince, pour le sommer de lui livrer le fort Ibrahim répondit fièrement qu'il n'avait d'ordre à recevoir que de son père. L'amiral portugais fit alors débarquer des troupes et donner l'assaut; le fort tomba en son pouvoir, malgré une défense désespérée, dans laquelle Ibrahim, en combattant vaillamment, périt avec presque toute la garnison.

Da Cunha, en reconnaissance de ce succès, convertit une mosquée voisine en une chapelle chrétienne, qu'il dédia à *Notre-Dame-de-la-Victoire*. Puis, ayant remis la citadelle en état de défense, il y établit comme commandant Affonso de Noronha, qu'il laissa sur l'île avec quelques officiers et cent soldats. Ces mesures prises, il partit pour l'Inde le 10 août 1507. Albuquerque, de son côté, mit à la voile le 20, se dirigeant sur Roselgad (Ras-el-Hhad).

Arrêtons-nous un moment, et jetons un regard en arrière pour passer en revue les préliminaires accomplis de l'œuvre gigantesque que les Portugais vont exécuter dans l'océan Indien.

L'arrivée de Vasco da Gama dans les mers de l'Inde, c'était, comme nous l'avons déjà fait comprendre, la croix et le croissant se heurtant aux extrémités du monde; c'était Rome et la Mekke aux prises à plus de 1,500 lieues de leurs champs de bataille ordinaires; c'était l'Europe chrétienne envoyant ses soldats au delà du continent africain, pour prendre l'islamisme à revers, le placer entre deux feux et tarir les sources où il puisait ses richesses, condition de sa grandeur et de sa puissance. Aussi, à peine l'heureux capitaine a-t-il touché la côte de Malabar et reçu l'accueil amical du Zamorin, que les enfants de Mahomet se sentent blessés. L'influence de l'Arabe est grande dans l'Orient : c'est un parasite colossal dont les mille suçoirs sont partout; l'ébranlement causé par l'apparition des Portugais ne tardera pas à se propager dans les innombrables ramifications de ce vaste réseau. En attendant, les Arabes de Calicut, comme une sentinelle avancée surprise par l'ennemi, poussent le cri d'alarme, et commencent à s'agiter avec toute l'énergie et la persistance que peut donner la cupidité aux abois. Leurs intrigues jettent la méfiance dans l'esprit du Zamorin, et l'amitié promise se retire de Vasco da Gama. Le signal d'une longue guerre a été donné.

Vaine colère! Le chemin est frayé; aucune puissance humaine ne le fermera plus. Pedro Alvares Cabral suit de près le Christophe Colomb des Indes orientales dans la route que celui-ci a ouverte. Aux premières entrevues amicales du nouveau venu avec le roi de Calicut succède bientôt une nouvelle rupture. Les hostilités commencent; mais cette côte n'a pas pour Cabral que des ennemis : les princes de Cochim, de Cangranor et de Coulam, rivaux du Zamorin, envoient des ambassadeurs au capitaine portugais pour solliciter son amitié. Celui-ci retourne en Portugal, après avoir semé çà et là des facteurs chargés de recueillir des marchandises.

En 1501, Juan de Nova aborde à Cananor. Le souverain de ce pays désire en vain le retenir; instruit que le roi de Calicut envoie contre lui une flotte de quarante voiles, le capitaine portugais se dirige néanmoins sur Cochim, rencontre la flotte ennemie et la met en déroute. Après avoir ramassé, sur les divers points de la côte de Malabar, les marchandises préparées par les facteurs, il retourne en Portugal.

Mais il faut augmenter dans l'Inde les moyens d'attaque et de défense; il faut surtout empêcher les navires arabes de sortir de la mer Rouge ou d'y rentrer. Vasco et Estevam da Gama et Vicente Sodré partent avec une flotte nombreuse. Cochim et Cananor donnent de nouveaux gages d'amitié; le roi de Calicut éprouve rudement les effets de la vengeance portugaise. Partout des factoreries sont créées dans les villes amies. Mais le Zamorin montre, dans sa résistance, une opiniâtreté digne d'un meilleur sort. A peine Vasco da Gama est-il parti, que ce prince attaque Cochim et la brûle. Le roi de cette ville, Trimumpara, est forcé de se retirer sur l'île Vaïjpi.

En 1503, des renforts arrivent de Portugal avec les deux Albuquerque et Antonio de Saldanha. Les rois de Calicut et de Repelin sont châtiés. Un traité de commerce est fait avec la reine de Coulam. Le Zamorin sollicite la paix et passe un traité; mais, peu de temps après, il le viole et recommence la guerre. Le roi de Cochim, pour résister à la haine et aux hostilités de son adversaire, demande et obtient qu'un certain nombre de Portugais soient laissés près de lui. Les Albuquerque retournent à Lisbonne.

Après leur départ, le Zamorin convoque à la défense commune tous les souverains de la côte de Malabar : les rois de Tanor, de Bespour, de Cotugham, de Corin répondent à son appel. Une armée de terre nombreuse et une flotte considérable s'organisent ; elles comptent cinquante mille hommes sous les armes. Dom Duarte Pacheco, nouvellement venu de Portugal, bat sur terre et sur mer les rois coalisés. Pendant cinq mois, ce ne sont que batailles sans fin ; mais la victoire a fait un pacte avec les Portugais. Le roi de Repelin demande et obtient la paix.

L'année suivante, mêmes combats, mêmes triomphes : Lopo Soares, arrivé avec une flotte de treize voiles, canonne la ville de Calicut, en ruine une partie, bat d'autre part la flotte du Zamorin, à Bananè, châtie le roi de Cangranor, qui molestait celui de Cochim, et force le roi de Tanor à se soumettre.

Mais, jusqu'à présent, les Portugais n'ont été, dans ces parages, que des vainqueurs et des marchands (vainqueurs souvent cruels, marchands souvent cupides); ils n'ont fait que semer la terreur et recueillir des richesses : ils ne se sont pas encore établis comme puissance régulière dans le pays.

En 1505, Dom Francisco d'Almeïda paraît ; une flotte de vingt vaisseaux l'accompagne, et il vient avec le titre de vice-roi des Indes. Nous l'avons vu, à la côte d'Afrique, imposer partout la suzeraineté du roi de Portugal, faire et défaire des sultans, placer des garnisons, imposer des tributs ; puis nous l'avons laissé élevant, par l'ordre d'Emmanuel, une forteresse sur l'une des Anjedives, à 12 lieues de Goa. L'empire portugais d'Orient avait pris pied.

Là, Almeïda reçoit des ambassadeurs du roi d'Onor, qui lui offre son amitié ; des marchands d'Hormouz, notables de cette ville, lui apportent le tribut de leurs hommages et de leur admiration pour les grandes actions des Portugais, et les Maures de Cincatora (1) lui envoient des présents. C'est la terreur qui fait tous ces miracles, et les avis qu'on transmet de Cochim au vice-roi lui annoncent qu'elle se répand tout le long de la côte de l'Inde depuis qu'on a reçu la nouvelle de la venue de sa flotte et du traitement sévère qu'il a fait subir à Kiloua et à Mombase.

La forteresse achevée, Almeïda se rend à Onor, dont le roi se déclare vassal de celui de Portugal. Il se dirige ensuite vers Cananor, où un terrain lui est concédé pour la construction d'une forteresse. A Cochim, il apprend qu'Antonio de Sà, facteur de Coulam, a été, avec tous ses officiers, tué par les Arabes ; il envoie son fils Lourenço infliger à ceux-ci un châtiment exemplaire.

Au retour du jeune capitaine, une nouvelle occasion de vaincre lui est donnée. Le roi de Cananor s'était révolté ; Dom Lourenço l'attaque et le bat. Sa défaite et l'arrivée

(1) C'est peut-être de Tutacorin, dans le golfe de Manas, que les auteurs portugais ont voulu parler ici.

des renforts amenés par Tristam da Cunha forcent le rebelle à demander la paix.

Mais, pour n'avoir plus à nous écarter de notre sujet principal, achevons à grands traits l'esquisse du tableau merveilleux que le Portugal grava avec la pointe de son épée dans les fastes de l'Orient, ce pays des merveilles.

La côte d'Afrique soumise, Socotra prise et occupée, et les forces du vice-roi remises sur un pied respectable par l'arrivée de Tristam da Cunha, il ne restait, pour compléter l'exécution des plans arrêtés par la cour de Lisbonne, qu'à surveiller activement les côtes de l'Arabie et à s'assurer la domination du golfe Persique. Maîtres de cette mer intérieure et du golfe d'Aden, les Portugais interceptaient le cours des deux affluents du commerce de l'Égypte. Albuquerque, que nous avons laissé se dirigeant sur Ras-el-Hhad, se présente d'abord devant Calayate (Keulhât); le gouverneur s'empresse de lui offrir des présents et fait un traité de paix avec lui. Albuquerque passe alors à Curiate (Keriat), à 10 lieues plus loin; là il rencontre une vive résistance, mais il en triomphe, saccage la ville et la réduit en cendres. Il vogue ensuite vers Mascate; celle-ci, effrayée du sort de Keriat, demande la paix et expédie des vivres à la flotte portugaise. Cependant deux mille hommes envoyés par le sultan d'Ormuz (Hormouz) s'introduisent dans la ville, l'empêchent de se soumettre, et font jouer l'artillerie des remparts contre les Portugais. Ceux-ci donnent l'assaut et franchissent la muraille avec une telle impétuosité, qu'ils laissent à peine aux assiégés le temps de s'enfuir. Mascate est mise à sac. Albuquerque fait alors voile vers Soar; les habitants de cette cité l'abandonnent, à l'exception du gouverneur et de quelques-uns des notables, qui se déclarent vassaux du roi de Portugal et s'engagent à lui payer le tribut qu'ils payaient au sultan d'Hormouz. De Soar, Albuquerque va à Orfacan (Khour-Fekan), qui, après une faible résistance, est emportée et livrée pendant trois jours au pillage.

Enfin, Albuquerque arrive à Hormouz, le but principal de son voyage. Hormouz, c'est la clef du golfe Persique, et, comme nous l'avons déjà dit, de toutes les routes commerciales qui portent les produits de l'Inde à la Perse, à l'Asie Mineure, aux rives orientales de la Méditerranée. L'île de Géroun, sur laquelle elle s'élève, n'est qu'un rocher aride, et ne fournit rien à ses habitants; il faut que le Mogostan, les îles de Queixome (Kéchm), Larek et autres, l'alimentent; mais elle est gorgée de richesses. Son roi est Sif-Eddin, enfant de douze ans, qui règne sous la tutelle d'un esclave nommé Cojè-Atar, homme astucieux, mais plein d'énergie. La ville compte dans ses murs trente mille soldats, parmi lesquels quatre mille Persans, adroits archers; elle a dans son port quatre cents barques, dont soixante d'un tonnage considérable, et cette flotte porte deux mille cinq cents hommes.

Albuquerque, *pour montrer à ces barbares que son courage est plus grand que leur multitude* (ainsi s'exprime l'historien Faria y Souza), entre dans le port avec ses vaisseaux pavoisés comme en un jour de fête, et va mouiller au milieu des plus forts navires d'Hormouz; puis il envoie dire au gouverneur qu'il vient, de la part du roi son maître, prendre la suzeraineté de ces mers et lui imposer un tribut. Au lieu de répondre, on se prépare secrètement à la défense. Lassé d'attendre, Albuquerque canonne la flotte, coule ou incendie la plus grande partie des navires, et tue dix sept cents Arabes et alliés. Cojè-Atar, ébranlé par un tel désastre, fait appel à la clémence du vainqueur. Le sultan d'Hormouz s'engage, par serment et par écrit, à reconnaître le roi de Portugal pour son suzerain, et à lui payer un tribut annuel de 15,000 séraphins (1) d'or; il concède, en outre, à Albuquerque, l'autorisation de construire une citadelle pour la protection des Portugais qui resteront dans le pays. La forteresse s'élève rapidement. Mais Cojè-Atar a pu compter ses ennemis, et il rougit de s'être laissé vaincre par un si petit nombre d'hommes. Toutefois, n'osant pas encore se confier à ses forces, il a recours à l'intrigue et à la corruption, et jette la discorde parmi les capitaines de la flotte. Albuquerque juge prudent d'abandonner les travaux commencés, et prend le parti d'affamer la ville en interceptant les communications de l'île avec l'extérieur. Il allait saisir sa proie, quand trois capitaines l'abandonnent honteusement avec leurs vaisseaux. Contraint, par cette trahison, de remettre à un meilleur moment l'exécution de ses projets, Albuquerque lève l'ancre et va hiverner à Socotra, où il trouve la garnison mourant de faim. Son arrivée sauve ceux qui avaient survécu. Enfin, l'hivernage passé, il se dirige vers l'Inde.

L'occupation de Socotra n'avait pas produit les avantages qu'on en avait espérés. L'île était stérile, malsaine, et n'avait pas de port. Les navires qui se rendaient de la mer Rouge dans l'Inde n'y touchaient jamais, et la distance qui

(1) Le séraphin valait 6 réaux 1/2.

la sépare du cap Fartaque (Ras-Feurtok), sur la côte d'Arabie, était trop considérable pour que la navigation pût être interceptée sur cette étendue ; aussi, dans le courant de l'année 1508, la flotte égyptienne, sous le commandement de l'émir Hhocen, pénétra-t-elle sans obstacle dans l'océan Indien, où elle opéra sa jonction avec la flotte de Cambaye. Ses premières rencontres avec l'ennemi qu'elle cherchait eurent des résultats heureux pour elle. Par suite du départ pour l'Europe d'un grand nombre de navires chargés de marchandises, les Portugais étaient fort affaiblis. Ils furent battus par l'émir Hhocen, dans un combat où le fils du vice-roi perdit la vie.

Mais des renforts considérables ne tardèrent pas à arriver de Portugal. En même temps, le vice-roi recevait l'ordre de remettre le gouvernement de l'Inde (1) à d'Albuquerque. Francisco d'Alméida avait à venger et la défaite de ses capitaines et la mort de son fils ; il retarde la remise de ses pouvoirs, rassemble ses forces et marche à la rencontre de Hhocen. En passant, il réduit en cendres la ville de Daboul. Puis il joint à Diou les flottes combinées de Cambaye et d'Égypte, les attaque et remporte une victoire sanglante. Son triomphe jette l'épouvante sur toute la côte de l'Inde : Cambaye et Chaul se soumettent ; ses alliés lui renouvellent leurs protestations de fidélité : Cananor et Cochim le reçoivent en triomphateur. Enfin, comblé de gloire, mais abreuvé de douleur et de dégoûts, Alméida, laissant le gouvernement à d'Albuquerque, part pour Lisbonne et va périr, misérablement assassiné par un nègre, dans la baie

(1) Alfonso d'Albuquerque n'eut pas le titre de vice-roi, mais seulement celui de Gouverneur.

de Saldanha, où avait relâché le vaisseau qui le ramenait.

Affonso d'Albuquerque, devenu Gouverneur des Indes, songe d'abord à affermir son pouvoir à la côte de Malabar, afin de s'occuper ensuite librement de l'exécution des vastes desseins qu'il médite, pour l'extension de la puissance portugaise. Il se porte, en conséquence, sur Goa, dont il s'empare après une victoire désastreuse pour les Maures qui défendaient ses remparts. Il fortifie sa nouvelle conquête, y place une garnison, et Goa devient dès lors la capitale et la première place d'armes de toutes les possessions portugaises dans les mers d'Orient. La prise de cette ville amène la soumission d'une foule de princes de la côte de Malabar.

Tranquille de ce côté, Albuquerque cherche à s'étendre vers l'est de l'Asie. Sans s'arrêter à Ceylan et laissant sur sa gauche la côte de Coromandel, il vogue vers Malacca, le grand centre commercial de l'océan Indien. Déjà quelques Portugais s'y étaient présentés plutôt comme commerçants que comme conquérants. Mais les Arabes, sachant à quoi ils devaient s'attendre de la part des nouveaux venus, s'étaient hâtés de faire partager leur haine aux habitants, et plusieurs Portugais tombés dans des embûches dressées contre eux avaient été massacrés.

Ces violences donnaient aux projets ambitieux d'Albuquerque un prétexte de justice dont il se hâta de profiter. Au commencement de 1511, il paraît devant la ville de Malacca, et, après bien des combats sanglants et opiniâtres, il s'en empare. Les rois de Siam, de Pégou, et plusieurs autres, envoient des ambassadeurs lui offrir un traité d'alliance.

De retour à Goa, Albuquerque s'apprête à exécuter l'ordre qui lui a été donné par Emmanuel de s'emparer d'Aden et d'y établir une forteresse. Les Égyptiens, après la défaite de Ilhocen à Diou, n'avaient pas cessé de faire passer leurs navires dans les mers de l'Inde, en dépit des croisières du golfe d'Aden. Sans doute, ces expéditions isolées ne pouvaient avoir aucun résultat décisif; mais les combats de détail qu'il fallait livrer entretenaient l'inquiétude chez les Portugais et avaient, deux ans auparavant, décidé le Gouverneur à faire évacuer et détruire la forteresse de Socotra, dont il jugeait la garnison trop exposée aux attaques des vaisseaux ennemis.

Albuquerque va mouiller devant Aden, débarque ses troupes et fait donner l'assaut à la ville. Mais la fortune, cette fois, lui est infidèle, et ses soldats sont repoussés. Il entre ensuite dans la mer Rouge, et conçoit le projet d'aller ruiner Suez. Les obstacles de toutes sortes que cette mer offre à la navigation sont plus forts que son talent, son expérience et son courage. Après avoir pénétré fort avant dans le golfe, il est obligé de revenir sur ses pas. Il ne rêve alors rien moins que de décider le roi d'Abyssinie, qui briguait l'alliance du Portugal, à détourner le cours du Nil dans la mer Rouge, et, d'un autre côté, il veut lancer contre la Mekke un corps de cavalerie qui, s'emparant des lieux saints, jettera la perturbation dans tout l'islamisme. Mais les moyens dont il disposait étaient au-dessous de son génie.

Revenu sur la côte de l'Inde, il répare quelques désordres qui s'y étaient produits durant son absence, envoie des navires courir le golfe d'Aden et se montrer à l'île de Baharein

(Bahharin'); puis il part lui-même pour Hormouz. Sif-El-din et Cojè-Atar n'étaient plus. Le nouveau sultan, Raïs-Hamet, et le gouverneur, Nour-Eddin, lui font un accueil amical. Il obtient qu'on lui rende la forteresse commencée à son premier voyage, et il est autorisé à l'achever; il décide même le jeune prince à y faire porter les canons des remparts de la ville.

Pendant le séjour du Gouverneur devant Hormouz, le Chah de Perse lui expédie un ambassadeur avec de riches présents, et l'invite à venir à sa cour ou à s'y faire représenter par un de ses lieutenants. Ce monarque commençait à souffrir du voisinage et de l'ambition des Turcs, et désirait trouver, dans les conquérants de l'Inde, des amis et un appui pour l'avenir.

Tous ses projets accomplis, et s'étant assuré, par ses égards et ses bons conseils, l'affection de Raïs-Hamet, Albuquerque retourne à Goa, où il trouve l'ordre de remettre le Gouvernement à Lopo Soares d'Albergaria. Il était arrivé malade : l'ingratitude de son roi jette dans son âme une tristesse qui accélère les progrès de sa maladie, et le précipite dans la tombe. Cet illustre capitaine, que les Portugais ont appelé, avec raison, *le Grand Alphonse d'Albuquerque* (o Grande Affonso de Albuquerque), mourut, le 15 décembre 1515, dans cette cité qu'il avait, avec tant d'autres villes, conquise au Portugal.

Pendant ces événements, une division détachée de la flotte portugaise prenait, par ordre de la cour de Lisbonne, la route des Moluques. Les Arabes s'étaient depuis longtemps répandus sur ces îles et en avaient monopolisé le commerce. Lorsque les Portugais, inévitables ennemis qui les suivaient partout, arrivèrent dans cet archipel, les Arabes essayèrent encore, par leurs intrigues, de mettre obstacle à l'établissement de leurs rivaux dans ces parages; mais leurs tentatives échouèrent, et ils ne purent empêcher que les indigènes n'autorisassent les nouveaux venus à construire une forteresse sur l'une des îles du groupe. Dès ce moment, le Portugal avait compris les Moluques au nombre de ses possessions.

Lopo Soares, qui venait de remplacer Albuquerque, ne resta pas au-dessous des grands projets de son prédécesseur. Il eut d'abord à lutter contre les embarras sans cesse renaissants que les Arabes et les indigènes lui suscitaient sur la côte de Malabar. Mais, délivré de cette inquiétude, il se porta sur Ceylan, dont il s'empara et où il éleva une forteresse.

La cour de Portugal préparait, à cette époque, une expédition pour la Chine. Dès les premières années de son gouvernement, cet important dessein entrait déjà dans les prévisions d'Albuquerque. A Malacca, des rapports fréquents et tout bienveillants de sa part s'étaient établis entre lui et les Chinois, qu'il avait encouragés à y continuer leur commerce. Il s'était ainsi procuré, sur la puissance, les richesses et les mœurs de leur pays, des renseignements détaillés qu'il transmit à son maître, et qui donnèrent à celui-ci l'idée d'ouvrir des négociations avec le souverain du Céleste Empire.

En conséquence, dans le courant de l'année 1518, une flottille commandée par Fernando d'Andrade partit de Lisbonne, et alla déposer, à Canton, un ambassadeur nommé Thomas Pires. Celui-ci fut conduit à Pékin, et y trouva la cour heureusement prévenue en faveur de sa nation, dont la gloire remplissait l'Asie. Ces bonnes dispositions furent d'abord entretenues par la conduite pleine de convenance et de loyauté de Fernando d'Andrade, qui, pendant ce temps-là, parcourait la côte en faisant du commerce. Mais, sur ces entrefaites, arriva, avec une autre flottille, le frère de ce dernier, Simon d'Andrade, qui fut assez insensé pour traiter les Chinois comme les Portugais n'avaient que trop pris l'habitude de traiter tous les autres peuples de l'Asie. Le gouvernement de Pékin, indigné de ces violences, rompit les négociations et fit jeter l'ambassadeur en prison, où celui-ci mourut quelques années après. Les Portugais, par suite de cette rupture, furent forcés de disparaître des côtes de la Chine. Mais ils y revinrent un peu plus tard et rétablirent leurs affaires : des procédés plus convenables, la bonne foi et la modération dans leurs transactions, enfin une heureuse occasion qui s'offrit à eux, de secourir avec succès les Chinois contre un pirate qui désolait la côte, les remirent en bonnes grâces. Le gouvernement de Pékin les autorisa à trafiquer avec ses sujets et leur fit don de la presqu'île de Macao.

Pour terminer cette longue série de conquêtes, nous ajouterons qu'en 1542, une tempête fit découvrir aux Portugais le Japon, qui leur ouvrit avec empressement ses ports, et dont les produits leur fournirent les éléments d'un nouveau et magnifique commerce.

Pendant que les Portugais étendaient ainsi leur gloire et leur puissance aux confins de l'Asie, la côte orientale d'Afrique n'avait pas été négligée : n'était-elle pas une fraction considérable du vaste empire colonial qui s'étendait des plages de la Guinée aux mers de la Chine? n'était-elle pas la mine féconde d'où sortait la plus grande partie de l'or employé à couvrir les immenses dépenses que nécessitaient le développement et la conservation de cet empire? Quoique Sofala fût devenue, depuis l'abandon de la forteresse de Kiloua, le chef-lieu de tous les établissements de la côte, Mozambique, par sa position moyenne et la bonté de son port, en était le point le plus important. A ce titre, elle recevait de fréquentes visites des navires qui venaient de l'Inde ou qui s'y rendaient, et, grâce aux forces maritimes qui s'y trouvaient en permanence, maintenait sans trop de peines la suzeraineté du roi de Portugal sur presque toutes les villes du littoral et la perception régulière des tributs. La connaissance des événements qui se passaient dans l'Inde, entretenue par des communications continuelles entre les deux côtes, assurait la soumission des populations africaines, en répandant parmi elles un effroi salutaire. Le théâtre de la guerre était assez rapproché pour que cet effet fût produit, et trop éloigné pour que la vue des combats et du massacre de leurs frères pût réveiller les passions des Maures d'Afrique et les exciter à la vengeance. Aussi les événements y sortaient-ils rarement de leur cours régulier, et l'histoire ne trouve à enregistrer dans cette longue période de l'année 1507, époque où nous avons interrompu notre récit, à l'année 1560, que les faits suivants.

En 1522, deux navires, commandés l'un par Diogo de Mello, qui allait prendre la capitainerie d'Hormouz, et l'autre, par Dom Pedro de Castro, vinrent hiverner à Mozambique. João da Mata, qui en était alors le capitaine et le facteur, craignant pour les équipages les maladies qui sévissaient à cette époque de l'année dans la localité, voulut les employer, au dehors, à une expédition dont voici le sujet. Le cheikh de Zanzibar, qui était vassal du roi de Portugal et lui payait tribut (1), avait lui-même pour tributaires les insulaires de Quirimba. Ces derniers, s'étant alliés avec le cheikh de Mombase, qui était ennemi des Portugais, profitaient de cette circonstance pour refuser les tributs et faire même la guerre à Zanzibar. Le cheikh de cette dernière île avait plusieurs fois adressé des plaintes à João da Mata, lui exposant que cet état de choses le mettait dans l'impossibilité de lui payer son propre tribut. La présence, à Mozambique, des navires que nous avons signalés plus haut fut, pour ce cheikh, une occasion de renouveler ses plaintes, et c'est sur ses instances que João da Mata proposa à Pedro de Castro l'expédition dont il s'agit. Celui-ci, en ayant accepté la direction, partit pour les îles Quirimba avec son navire et trois barques du pays, emmenant avec lui une centaine de volontaires. Allant mouiller devant l'île principale du groupe, il attaqua la ville, et, quoiqu'elle eût pour défenseurs, outre ses habitants, bon nombre de gens de Mombase, il s'en rendit maître, la livra au pillage et la brûla. Les îles circonvoisines n'attendirent pas qu'il leur fût infligé un semblable châtiment, et elles se hâtèrent de se replacer sous l'obéissance du cheikh de Zanzibar.

Le plus remuant de tous les cheikhs de la côte, le plus difficile à soumettre, et le plus prompt à la révolte, était celui de Mombase. La forte position de cette ville, les nombreux moyens de résistance qu'elle possédait, entretenaient

(1) On se rappelle que l'île de Zanzibar avait fait sa soumission au roi de Portugal entre les mains de Ruy Lourenço Ravasco.

chez ses habitants la passion de l'indépendance. Une fois déjà, elle avait été ruinée par Almeïda, comme nous l'avons raconté précédemment. Sa destinée, on en verra de fréquentes preuves dans le cours de ce livre, était d'être alternativement révoltée et soumise, détruite et relevée.

En 1528, Nuno da Cunha, fils de Tristam, allant prendre le gouvernement de l'Inde, avait touché à Zanzibar et à Melinde, et reçu des cheikhs de ces deux villes les plaintes ordinaires au sujet des hostilités de leur turbulent voisin. La mousson l'obligeant à séjourner sur la côte, il résolut d'aller à Mombase et de réduire cette ville. Le cheikh de Melinde lui offrit un secours de huit cents hommes; mais Nuno da Cunha, craignant tout délai qui donnerait au cheikh de Mombase le temps de se mettre en état de défense, accepta seulement cent cinquante hommes, auxquels se joignirent deux des principaux personnages du pays, l'un nommé Zacoëja, l'autre Cide-Bubac (1). L'intention de Nuno était, après la prise de la ville, d'en donner le gouvernement à Mougno (2) Mohhammed, fils de Ouagerage, l'ancien roi de Melinde au temps de Vasco da Gama, en récompense du bon accueil fait par son père aux Portugais. Mais Mohhammed, sachant que sa naissance serait un obstacle (son père l'avait eu d'une esclave cafre), refusa noblement ce témoignage de la munificence du Gouverneur, et, en exposant les raisons de ce refus, lui conseilla de donner la préférence à son frère, Cide-Bubac, plus jeune, il est vrai, mais neveu du cheikh régnant et issu de la famille des sultans de Kiloua. Nuno, étonné d'un pareil acte de désintéressement, remit à décider cette

(1) Probablement Sïd-Abou-Bekr.
(2) Sans doute Mojgui, voir la note de la page 315.

question après la prise de la ville. L'expédition partit le 14 novembre; elle se composait, en tout, de huit cents hommes.

Nuno, arrivé en face de Mombase le 17, et ayant mouillé à l'entrée du port, vit venir à lui, dans une sambuque bien équipée, un Maure, chef d'un lieu nommé Otondo, situé non loin de Mombase. Celui-ci était encore une victime du cheikh de cette ville. Il se disait vassal du roi de Portugal, et, dans l'espoir de se venger des insultes de son voisin, il venait offrir sa coopération au capitaine portugais. Les services du cheikh d'Otondo furent acceptés.

Depuis sa destruction par Almeïda, Mombase s'était fortifiée; elle avait augmenté son artillerie en y joignant les canons de navires perdus et abandonnés par les Portugais dans la baie; de plus, un fortin défendait l'entrée du port. Averti des desseins de Nuno, le cheikh avait amassé des munitions et introduit dans la ville cinq ou six mille archers noirs, très-agiles et très-hardis dans le combat.

Aussitôt après son arrivée, Nuno envoya sonder la passe, et, malgré le feu du fortin qui lui causa quelques pertes et emporta une main à Cide-Bubac, il vint mouiller, à portée de mousquet, en face de la ville. Le lendemain, au point du jour, il fit donner l'assaut, et la place fut emportée avec assez de facilité, malgré son matériel de défense et le grand nombre de ses défenseurs.

Les Maures, avant l'attaque, avaient mis en sûreté, sur la terre ferme, leurs femmes, leurs enfants et ce qu'ils possédaient de plus précieux. Voyant la ville envahie, ils prirent d'abord la fuite; mais, les jours suivants, ils revinrent à la charge : cachés dans les bois et jardins environnants, ils escarmouchèrent à coups de flèches empoisonnées, et tuèrent quelques hommes aux Portugais.

Nuno da Cunha, inquiet et irrité des pertes que lui faisait subir cette guerre de tirailleurs attaquant à couvert et se dérobant promptement par la fuite, se détermina à faire venir des gens du pays habitués à cette manière de combattre. Il en écrivit au cheikh de Melinde, qui lui envoya aussitôt un de ses neveux, accompagné de plusieurs Maures notables et de cinq cents hommes. Ces auxiliaires arrivèrent tout heureux de pouvoir satisfaire leur désir de vengeance et leur cupidité; car la ville était vide d'habitants, mais non de butin. A l'appel de Nuno accourut aussi le cheikh de Montagane (1), petit pays voisin de Mombase, qui disait aussi avoir eu beaucoup à souffrir du cheikh de cette ville pour cause de son alliance avec les Portugais. Il n'amenait que deux cents hommes, ses luttes avec les cheikhs de Mombase l'ayant déjà fort affaibli. Pemba, Zanzibar et autres villes environnantes firent porter des présents à Nuno, pour lui exprimer leur satisfaction d'être délivrés du tyran qui les opprimait.

Les nouveaux combattants, faits au climat et encouragés, d'ailleurs, par la présence des Portugais, forcèrent les gens de Mombase d'abandonner l'île et de passer sur la terre ferme. Mais, comme ceux-ci campaient près d'un endroit où l'on pouvait, à mer basse, passer à gué, et que ces malheureux, poussés par la faim plutôt que par le désir de se battre, s'introduisaient sans cesse dans l'île, venant jusque dans la cité enlever des vivres et blesser ou tuer quelques

(1) Peut-être s'agit-il ici de M'tangata, petite ville située sur la côte, en face de la partie sud de Pemba.

Portugais, Nuno, poussé à bout, donna l'ordre de détruire les maisons et de couper les palmiers à l'abri desquels se glissaient les assaillants.

Quand le cheikh de Mombase fut instruit de cette détermination et qu'il commença à en voir les effets, il dépêcha à Nuno un de ses parents, nommé Mototo, pour lui offrir de reconnaître la suzeraineté du roi de Portugal, et de payer un tribut annuel de 1,500 mithicals d'or, s'engageant à verser immédiatement trois années et 12,000 mithicals, pour la rançon de la ville, qu'il tenait à préserver des flammes et de la destruction. Il devait aussi s'engager à servir le roi de Portugal et à ne jamais recevoir ni les Turcs ni ses autres ennemis. 1,500 mithicals furent donnés en à-compte.

Mais pendant les jours qui suivirent ce traité de paix, dont l'exécution se faisait nécessairement attendre, ainsi qu'il arrive toujours avec les Maures, les gens de Mombase, à la faveur des communications établies entre le camp et la ville, apprirent que les Portugais étaient presque tous malades, et en conclurent que Nuno ne tarderait pas à abandonner l'île. Cet espoir leur fit retarder encore l'accomplissement de leurs promesses.

Les Portugais étaient, en effet, dans un état déplorable. Les fatigues et l'insalubrité du climat avaient déterminé des maladies qui les décimaient, et les capitaines pressaient Nuno de partir pour ne pas laisser plus longtemps exposés à tant de périls ses équipages et sa vie, plus précieuse que sa conquête. Nuno résista jusqu'à ce que la mousson fût devenue favorable. Mais au commencement de mars, il se décida à incendier la ville, qui fut entièrement détruite par les flammes; il passa alors à Melinde, où il laissa quatre-vingts hommes pour aider le cheikh à se défendre contre celui de Mombase, et partit, le 3 avril 1529, pour la côte de Malabar.

L'expédition que nous venons de raconter ramena une tranquillité à peu près absolue sur toute la côte orientale d'Afrique ; et, dès ce moment, la suprématie des Portugais y fut, du moins pour un temps assez long, établie sans conteste, du cap Corrientes à Braoua. Aussi, durant cet intervalle, ne se passa-t-il, dans ces parages, aucun fait assez important pour mériter une attention particulière. Nous profiterons de ce moment de repos pour jeter un dernier coup d'œil sur l'ensemble du vaste empire dont faisaient partie les établissements de l'Afrique orientale.

Ce n'est certes pas sans raison que tous les historiens ont envisagé avec étonnement l'avénement de cette domination colossale, s'étendant de l'océan Atlantique aux mers de la Chine, surgie et fondée, dans l'espace de soixante ans à peine, par les efforts d'un peuple n'ayant de remarquable, en Europe, que l'exiguïté de son territoire. Conquête prodigieuse par sa rapidité comme par son immensité, et qui produirait sur l'esprit du philosophe une impression sans analogue, si la chute qui la suivit n'avait été tout aussi prompte et tout aussi complète : car, nous pouvons le dire dès à présent, l'abaissement de cet empire fut égal à sa grandeur. Il n'a pas eu même, pour consolation, ce qui reste d'ordinaire aux puissances tombées, le témoignage éloquent des grandes ruines. D'un siècle à l'autre, le souffle des événements a balayé l'édifice géant comme s'il eût été de sable, et l'histoire seule racontera aux peuples futurs les merveilles de son passé.

Une foi ardente, d'autant plus active qu'elle était plus aveugle; de mâles vertus, une grande simplicité de mœurs, des habitudes austères; un courage personnel bouillant, indomptable, sans pitié, mais aussi préparant de prompts retours à la fortune, tant il allumait la soif de la vengeance par ses inexorables fureurs; la force du corps entretenue par une vie rude et frugale, l'habitude des périls, le mépris de la mort, un enthousiasme que poussait jusqu'au délire l'orgueil de la nationalité et des grandes choses accomplies par les devanciers, une confiance illimitée dans le succès, la supériorité des armes, du nombre de vaisseaux, de l'audace, de la discipline; la conviction d'avoir à remplir non-seulement une mission d'honneur pour la patrie, mais encore une mission de salut pour la chrétienté; l'ardeur et la noble émulation que savent inspirer les princes désireux de s'illustrer; quelques grands hommes, produit inévitable des époques fameuses que d'autres grands hommes ont préparées; puis, cette exubérance de vie des peuples adolescents qui font leurs premiers pas dans la gloire; l'ambition accrue par le succès, la cupidité surexcitée par la vue de tant de richesses dans ces parages où les vaisseaux du commerce, de l'extrémité de l'Afrique aux rives orientales de l'Asie, couvraient, pour ainsi parler, la mer d'or et d'objets précieux de toutes sortes; enfin, — il faut le dire, car il est des bornes à toute admiration, — l'absence de rivaux sérieux; des adversaires surpris à l'improviste et frappés de stupeur, mal armés, sans organisation militaire, n'ayant pour se défendre, dans cette partie redoutable, où ils jouaient l'existence de leur patrie, que des barques mal construites, pesantes, dépourvues d'abord d'artillerie, et des peuples énervés, le plus souvent, par les ardeurs du climat ou amollis par les largesses d'une nature trop féconde : voilà ce qui explique l'impétuosité de la conquête et les merveilles de la victoire.

Certes, l'avidité des Portugais et leur orgueil devaient être satisfaits : ils avaient des possessions considérables sur les côtes de la Guinée et du Congo; ils étaient maîtres de tout le rivage oriental de l'Afrique; ils possédaient l'amitié de l'empereur d'Abyssinie et une grande influence sur sa politique; ils pouvaient faire trembler la Mekke et inquiéter Suez; le golfe Persique, toute la côte d'Arabie, du cap Raz-el-Ilhad à l'Euphrate, étaient à eux ou leur payaient tribut; sur le littoral de l'Inde et de la Perse, ils détenaient presque tous les ports et toutes les îles de quelque importance : ils régnaient même en souverains sur toute la côte de Malabar, depuis le cap Diou jusqu'au cap Comorin, sur la côte de Coromandel, le golfe du Bengale et la presqu'île de Malacca : Ceylan et les îles de la Sonde leur payaient tribut; les Moluques étaient sous leur obéissance; enfin, la Chine et le Japon leur avaient ouvert leur marché. Dans toute cette immense étendue s'amoncelaient pour eux des richesses sorties de la triple source des tributs, des prises de guerre et d'un négoce dont ils fixaient arbitrairement les conditions. Le Congo, Sofala et le Japon leur versaient des métaux précieux, dans des proportions incalculables. Il y avait bien là de quoi rassasier le peuple le plus affamé de gloire et de lucre.

Disons maintenant, en peu de mots, quelle organisation politique présidait au maintien et à la direction de cet empire.

L'autorité souveraine était entre les mains d'un seul, assisté d'un conseil. Ce chef suprême avait le titre de gouverneur ou, selon le cas, de vice-roi. Ses pouvoirs, en quelque sorte illimités, avaient néanmoins un contre-poids dans ce fait, que leur durée ne s'étendait guère au delà de trois ans. Il disposait des forces militaires, et l'amiral des Indes lui-même, quand il en existait un, était soumis à ses ordres. Dans les affaires civiles, le tribunal du vice-roi, siégeant à Goa, décidait en dernier ressort et sans appel.

En dehors du gouvernement de l'Inde proprement dit, le vice-roi ou gouverneur avait à diriger quatre grands gouvernements placés sous l'autorité de gouverneurs qui ne relevaient que de lui. Ces gouvernements, par ordre d'importance, étaient : 1° celui de la côte orientale d'Afrique, dont le centre politique avait été transporté à Sofala, après l'abandon de la forteresse de Kiloua, et le fut ensuite à Mozambique ; 2° celui de Malacca, dans la presqu'île de ce nom ; 3° celui de la citadelle et de la ville d'Hormouz, qui comprenait aussi toutes les possessions portugaises, dans le golfe Persique ; 4° enfin, celui de l'île de Ceylan.

Chacune des dépendances de ces gouvernements avait son organisation militaire, ses administrations civiles, financières, religieuses, toutes reliées au gouvernement dont elle relevait, et par lui, au gouvernement central de Goa.

Partout des villes considérables, des forteresses puissantes, de nombreuses églises et d'autres établissements religieux s'étaient élevés. Goa, en 1559, avait été érigé en archevêché et primatie. L'ordre des Jésuites arrivait à la même époque, pour y poursuivre sa propagande active sur les pas de l'illustre François Xavier (1), et l'inquisition y avait établi son tribunal et son funèbre cortége. Heureusement, par un trait de politique habile, la liberté de conscience était respectée, dans cet empire, pour ceux qui n'appartenaient pas à l'Église catholique. Sans cette circonstance, les marchands de tous les pays et de toutes les religions qui affluaient dans les établissements portugais s'en seraient à jamais éloignés, au grand détriment du commerce des conquérants de l'Inde.

Enfin, à côté de ce gouvernement aux cent bras, aux proportions gigantesques, et sous son autorité dictatoriale, vivaient, ou plutôt végétaient, une multitude de rois terrifiés et soumis, livrant, bon gré mal gré, à leurs vainqueurs, l'influence et les richesses qu'ils n'avaient pas su défendre.

Comment s'éclipsa cette puissance? Comment cet édifice immense s'écroula-t-il?

A ce colosse il manquait d'abord une condition première de stabilité : une largeur suffisante à sa base. Le Portugal et son empire d'Afrique et d'Asie, c'était comme une pyramide mise en équilibre debout sur sa pointe, et que le dérangement d'un grain de sable peut faire vaciller.

Borné dans sa population comme dans son étendue, le petit royaume de Portugal ne pouvait alimenter longtemps, sans s'épuiser, les garnisons de tant de forteresses et les équipages de tant de flottes, décimés rapidement par un climat dévorant et des batailles incessantes. Aussi se trouva-

---

(1) Voyez, pour les faits relatifs aux actes de François Xavier dans l'Inde portugaise, le premier volume de *Oriente conquistado à Jesus Christo pelos Padres da companhia de Jesus da provincia de Goa* (l'Orient conquis à Jésus-Christ par les Pères de la compagnie de Jésus de la province de Goa), par le P. Francisco de Souza.

t-on forcé bientôt d'être peu scrupuleux dans le choix des soldats, et d'en prendre une partie plus ou moins grande soit parmi les repris de justice, soit parmi les indigènes des colonies. ceux-ci ignorants, paresseux et cupides, toujours disposés à la trahison et à la révolte, ceux-là corrompant les autres par leurs vices, ou les irritant par leurs violences.

En outre, longtemps féconde en grands hommes, la mère patrie, comme il arrive ordinairement, devait avoir des phases de stérilité. Pour la vice-royauté, il y eut des choix déplorables, marqués par l'incapacité souvent, par la cupidité presque toujours, par l'une et l'autre quelquefois. Sur toutes ces déprédations, toutes ces insuffisances, la métropole, éloignée comme elle l'était, ne pouvait avoir l'œil assez ouvert ni aviser assez promptement au remède. D'ailleurs, tant que l'argent attendu continuait d'affluer dans ses caisses, elle restait aveugle ou fermait les yeux, ne s'apercevant pas que ses fondés de pouvoir lui tuaient petit à petit sa poule aux œufs d'or.

Enfin les Portugais ne restèrent pas ce qu'ils étaient au début de la conquête. Cette valeur bouillante qui les emportait s'attiédit; l'enthousiasme s'épuisa; la foi se tut devant des intérêts plus immédiats; le mépris de la mort s'affaiblit devant les séductions d'une vie enivrante; le climat et les voluptés faciles énervèrent les forces physiques; la faculté de jouir et de s'enrichir abâtardit les consciences et les courages; les caractères se dégradèrent; les sentiments chevaleresques se prirent en pitié; les probités devinrent accommodantes; ce qu'on attendait autrefois du commerce et des chances heureuses de la guerre, on le demanda à la contrainte et à la spoliation. En même temps l'orgueil croissait en raison directe de l'abaissement de tous, et faisait peser sur les vaincus, sur les alliés même, une tyrannie dont l'imprévoyance seule égalait la cruauté. Insensés, qui oubliaient, dans l'ivresse de leurs convoitises assouvies, dans le délire et les excès de leur toute-puissance, que, pour conserver les biens acquis, braver le désespoir des victimes et résister à des ennemis implacables et semblant renaître de leurs cendres, ils avaient plus que jamais besoin, en vue des périls du moment et des menaces de l'avenir, de ce courage et de cette force qui, chaque jour, en eux, s'alanguissaient.

En effet, les obstacles et les périls de toute sorte allaient désormais croître sans cesse pour les Portugais, et précipiter chaque jour leur ruine, déjà commencée par les causes de destruction qu'ils portaient en eux-mêmes. Nous avons signalé les premières luttes qu'ils avaient eues à soutenir avec les princes dépossédés ou tyrannisés des divers royaumes de l'Inde. Ces luttes, fomentées et soutenues avec ardeur par les Arabes, et surtout par le sultan du Caire, avaient eu, sans doute, presque toujours une issue funeste. Mais un adversaire plus belliqueux et plus acharné que les khalifes fatimites des bords du Nil, apparut bientôt sur la scène : en 1517, les Turcs se rendirent maîtres de l'Égypte, et dès lors commença, entre ce jeune et vigoureux peuple et l'empire portugais d'Orient, une guerre qui, pendant près d'un siècle, rougit de sang ottoman et de sang chrétien la mer qui baigne les rivages de l'Arabie et les côtes occidentales de l'Inde. Sans doute, dans cette longue bataille, où, malgré d'assez nombreux revers, le Portugal se couvrit de gloire, celui-ci rendit à la chrétienté, encore une fois menacée, un immense service en occupant, au loin, une partie des forces de cette puissance envahissante des Osmanlis, qui fit trembler l'Europe et amena ses hordes victorieuses jusque sous les murs de Vienne; sans doute aussi, les flottes infatigables du sultan de Constantinople finirent un jour, vaincues et lassées, par disparaître des mers de l'Inde. Mais les ressources des Portugais s'usèrent dans ce conflit; d'énormes pertes d'hommes s'ensuivirent fatalement pour eux, et les peuples conquis, entretenus dans une habitude de rébellion funeste au conquérant, apprirent, par les quelques victoires des Turcs, que leurs dominateurs n'étaient pas invincibles. En dernier résultat, quand ces agresseurs opiniâtres disparurent du champ de bataille, les Portugais étaient si affaiblis, que les Persans, s'y montrant à leur tour, sous le règne d'Abbas le Grand, au commencement du XVIIe siècle, ne tardèrent pas à se rendre prépondérants dans les eaux du golfe Persique, et finirent par les chasser de leur magnifique établissement d'Hormouz.

Ce n'est pas tout; des complications survenues dans la politique intérieure du Portugal hâtèrent le mouvement de décomposition qui s'opérait dans son empire d'Orient. Après la malheureuse expédition faite en Afrique, par le roi Dom Sébastien, expédition qui coûta la vie à ce jeune prince, le cardinal Henri, son oncle, avait occupé le trône pendant deux ans; mais, à la mort de celui-ci, les deux branches masculines de la maison régnante se trouvant éteintes, une guerre de succession s'alluma entre l'Espagne et le Portugal, qui, peu de temps après, en 1580, passa sous la domination espagnole. Cependant les Portugais ne se soumirent qu'avec une répugnance manifeste, et il résulta, pour eux, de la perte de leur indépendance, un état d'anarchie morale, de dégoût et de découragement qui se propagea jusque dans leurs établissements les plus éloignés. L'esprit de nationalité ayant cessé de les stimuler au milieu des luttes qu'ils avaient continuellement à soutenir dans l'océan Indien, ils se battirent avec moins de courage, plus soucieux de leurs intérêts privés que d'une gloire qui ne rejaillissait plus directement sur la patrie, mais sur l'Espagne. Lorsque, soixante ans plus tard, une révolution nouvelle arracha aux successeurs de Philippe II le trône de Portugal, et y fit monter la maison de Bragance, le mal était fait et en grande partie irrémédiable. De plus, les guerres qui s'ensuivirent entre les deux nations furent, pour le Portugal, une nouvelle cause d'affaiblissement, et le mirent ainsi hors d'état de s'occuper sérieusement de la conservation de ses possessions de l'Inde et de lutter avec avantage contre les nouveaux compétiteurs entrés dans la lice pour les lui disputer, vers la fin du XVIe siècle.

En effet, l'Europe, au sein de laquelle se formaient de puissantes nations, ne pouvait ignorer longtemps la route qui avait conduit les Portugais vers ces pays lointains dont la possession les enrichissait et faisait pour tous le sujet permanent d'une jalouse envie. Déjà les Espagnols, leurs rivaux de gloire et de génie dans la carrière des découvertes maritimes, étaient venus les inquiéter à l'extrémité orientale de leur empire. En 1520, Magellan franchissait le détroit auquel il a donné son nom, traversait l'océan Pacifique, et se heurtait contre eux dans l'archipel des Moluques, mettant, par cette rencontre, dans un grave embarras "infaillibilité du pape, dont les bulles avaient attribué à la couronne de Portugal les contrées à découvrir du côté de l'Orient, et à la couronne d'Espagne, celles que ses navires rencontreraient du côté de l'Occident. En cette circonstance, les Portugais ne durent le maintien de leur domination dans l'archipel des Moluques qu'à un heureux traité passé, en 1529, par le roi Jean II avec l'empereur Charles-Quint, qui, plus occupé des affaires continentales que de celles d'outre-mer, et réduit, par son ambition, à avoir toujours besoin d'argent, consentit, moyennant une somme de 35,000 ducats, à engager ces îles au roi de Portugal.

Mais des rivaux plus opiniâtres et moins accommodants devaient se présenter bientôt sur la scène. Sous le règne de Philippe II, maître alors du Portugal, la Hollande, petite république de pêcheurs et de marchands, commençait à devenir une des puissances maritimes les plus importantes, grâce à l'austérité des mœurs de ses habitants, à la sagesse de ses lois et de sa constitution, à sa tolérance et au génie entreprenant de son commerce, auquel les principaux habitants d'Anvers, de Gand et de Bruges, fuyant la tyrannie du sombre monarque de l'Escurial, étaient venus porter le secours de leurs capitaux et de leur industrie. Les Hollandais, dont les flottes militaires protégeaient efficacement les flottes marchandes, et avaient plus d'une fois humilié la marine espagnole, sentaient leur ambition s'accroître par suite de leurs premiers succès, et cherchaient à étendre partout leur commerce. Déjà ils étaient maîtres, en quelque sorte, du marché de Lisbonne, où ils achetaient les denrées de l'Inde pour les revendre dans toute l'Europe; et lorsque Philippe, en l'année 1594, défendit à ses nouveaux sujets toute relation commerciale avec eux, cette interdiction impolitique n'eut pas seulement pour résultat de faire perdre aux marchands portugais les bénéfices qu'ils faisaient avec la Hollande, elle força celle-ci, dont le commerce ne pouvait se soutenir sans les denrées de l'Orient, à rechercher sérieusement le moyen d'aller les prendre elle-même à leur source première. Après quelques tentatives pour trouver un passage vers la Chine et le Japon par les mers du Nord, les Hollandais écoutèrent les propositions d'un de leurs marchands, nommé Cornélius Houtman, homme de tête et d'un génie hardi, qui, prisonnier pour dettes à Lisbonne, offrit aux négociants d'Amsterdam de leur ouvrir la route de l'Inde et de les renseigner sur le commerce de cette contrée, s'ils voulaient faire cesser sa captivité. L'offre ayant été acceptée, Houtman sortit de prison, et ses libérateurs, ayant formé une association sous le nom de *Compagnie des pays lointains*, lui confièrent, en 1595, quatre vaisseaux, avec lesquels il doubla le cap de Bonne-Espérance, toucha à Madagascar, aux Maldives, et se rendit enfin aux îles de la Sonde.

Dès ce jour, les Hollandais ne sortirent plus des mers de l'Orient, où ils eurent pour auxiliaire la haine que les peuples de l'Indo-Chine avaient vouée aux Portugais, haine que les nouveaux venus devaient mériter et subir à leur tour, lorsque, corrompus par le pouvoir et l'opulence, ils laisseraient l'orgueil et la cruauté remplacer dans leur cœur cette austère simplicité et cette mansuétude qui les avaient aidés à supplanter leurs rivaux.

Mais la Hollande ne fut pas la seule ennemie à laquelle le Portugal dut disputer ses possessions : une rivale non moins envahissante vint aussi demander sa part de la curée. L'Angleterre, au sein de laquelle s'étaient réfugiés (cause première de sa prospérité commerciale et manufacturière) d'habiles fabricants chassés de la Flandre par les cruautés du duc d'Albe, et des ouvriers de toutes sortes poussés hors de la France par les persécutions des catholiques contre les réformés, l'Angleterre, disons-nous, sous le gouvernement ferme et éclairé de la reine Élisabeth, avait fait des progrès remarquables dans le commerce et la navigation. Après avoir, pendant quelque temps, demandé à la Turquie les marchandises de l'Orient, ses marchands à leur tour songèrent à s'ouvrir une route directe vers l'Inde. Déjà plusieurs tentatives avaient été faites sous Henri VIII, mais sans succès, pour se frayer, vers la Tartarie, la Chine ou le Cathay, ce passage par le nord-ouest, encore vainement cherché de nos jours. Mais bientôt, s'élançant par des routes plus sûres et plus faciles, les navigateurs anglais pénétrèrent aux Indes, soit par la mer du Sud, soit par le cap de Bonne-Espérance : tels furent Francis Drake, en 1579 ; le capitaine Stéphens, en 1582 ; et Cavendish, en 1587. Ces voyages furent assez fructueux pour déterminer les principaux négociants de Londres à former, en l'année 1600, une société qui obtint le privilége exclusif du commerce de l'Inde.

Tels étaient (et nous ne parlons pas de la France, qui ne fit son apparition dans ces mers qu'en 1664, sous Colbert), tels étaient les nouveaux ennemis qu'allaient avoir à combattre les Portugais déjà affaiblis, d'un côté, par leurs fautes, leurs vices et leurs crimes, de l'autre par les révoltes des peuples conquis et les hostilités acharnées des sultans de Constantinople que devaient bientôt remplacer celles de la Perse, et plus tard celles de l'Omân.

Par quel moyen pouvait-elle résister à tant d'éléments de destruction, cette puissance dont l'éclat et l'étendue étaient en quelque sorte factices? Quelque splendide et vaste que soit sa feuillée, et à cause de son exubérance même, un arbre sans racines ne résiste pas à la tempête. Tel est le sort des empires fondés et exploités par la conquête : ils vivent à la surface du sol, brillants comme le sable, et comme lui mobiles ! La conquête !.... Pour qu'elle pénètre dans le sol et s'y consolide, il faut qu'elle soit aussi bienfaisante pour les populations conquises qu'avantageuse pour les conquérants; mais si elle n'est autre chose que l'exploitation du faible par le fort, du vaincu par le vainqueur, une sorte de piraterie intérieure, un pillage organisé au profit d'une oligarchie de marchands et de soldats, elle ne se créera pas d'assises solides, et les siècles ne s'accumuleront pas sur elle. Ainsi en a-t-il été pour la conquête portugaise comme pour tant d'autres, et un avenir prochain nous dira si ces principes doivent recevoir un démenti de l'expérience que poursuit, depuis deux siècles à peine, la puissante Angleterre, qui possède aujourd'hui, dans les mêmes contrées, des domaines encore plus vastes que ceux dont les Portugais furent jadis les maîtres.

Nous allons revenir maintenant à la côte orientale d'Afrique, et nous suivrons désormais, sans digression, le cours des événements qui s'y passèrent. Nous avons déjà dit qu'après la destruction de Mombase par Nuno da Cunha, en l'année 1529, la domination portugaise avait été, sur toute l'étendue de cette côte, exempte de contestation sérieuse. Mombase elle-même, si prompte à la révolte, resta longtemps inoffensive, au moins si nous en jugeons par le silence des traditions à cet égard. Un fait rapporté par Faria y Souza nous en donne même la preuve positive; il nous apprend, en effet, qu'à la fin de l'année 1554, le navire *l'Espadarte*, faisant partie de la flotte envoyée dans l'Inde, sous les ordres de Dom Pedro de Mascarenhas, relâcha à Mombase, circonstance qui fait penser non-seulement que le sultan de cette ville était alors en paix avec les Portugais, mais encore que, si l'histoire est muette, c'est qu'elle n'avait rien à enregistrer, puisqu'elle ne reste pas indifférente à un fait si peu important que la relâche d'un navire.

Pendant le temps écoulé jusqu'à l'époque que nous venons de citer, la domination portugaise à la côte orientale d'Afrique s'était à la fois fortifiée et organisée. Puis, quand elle fut ainsi maîtresse assurée du littoral, l'ambition des capitaines s'accrut, et ils en vinrent à rêver de porter la conquête jusqu'au milieu des immenses régions de l'intérieur. Pour de pareils projets, si disproportionnés avec les moyens d'action de ceux qui les concevaient, le sabre ne saurait être que le jouet d'un enfant ou d'un fou, impuissant contre l'obstacle, et dangereux pour la main qui le manie. C'est dans ces cas que les influences pacifiques viennent montrer leur supériorité sur la puissance matérielle et rappeler à celle-ci que, soumise aux lois physiques, il lui faut proportionner la force à la résistance. La foi et l'intérêt, qui, tous les deux, transportent les montagnes, pouvaient seuls, par la religion et le commerce, conquérir peu à peu, mais plus vite encore et plus sûrement que la guerre, l'empire convoité. La religion, comme nous l'avons déjà indiqué, n'avait pas été inactive dans les colonies portugaises. La première des missions apostoliques qui travaillèrent de concert à la propagation de la foi catholique fut fondée et dirigée par saint François Xavier et ne paraît pas avoir créé d'établissement religieux à la côte orientale d'Afrique; mais la seconde, qui fut celle de Saint-Dominique, en fonda un à Mozambique; celle des Augustins, qui vint après, en organisa un autre à Mombase; enfin, la compagnie de Jésus, dont les missions se répandirent dans le monde entier, en établit plusieurs à Mozambique et sur les bords du fleuve Couama. C'est à ce dernier ordre de religieux que sont dues les premières tentatives faites pour conquérir, à l'intérieur de l'Afrique orientale, une influence pacifique. En 1560, le père Gonçalves da Sylveira, jésuite portugais, réussit à baptiser (1) l'empereur régnant du Monomotapa et sa mère, dont un nombre considérable des principaux personnages de l'empire suivirent l'exemple. Mais les cérémonies du culte ne font pas le chrétien, et les conversions ne sont pas solides quand les signes extérieurs seuls y ont présidé et que l'esprit n'y a pris aucune part. En effet, un an à peine écoulé, l'empereur, cédant aux suggestions de ses favoris, qui étaient mahométans, abjura sa nouvelle religion et fit mettre à mort celui qui la lui avait enseignée,

(1) Quand nous parlons de la puissance du prosélytisme religieux, nous ne l'envisageons qu'au point de vue absolu. Nous n'avons garde d'oublier la vanité des efforts (efforts glorieux sans doute) tentés par les missionnaires religieux au sein des populations de l'Asie et de l'Afrique, depuis les découvertes des Portugais jusqu'à nos jours. Une religion s'impose vite et sûrement à une société, quand celle-ci est déjà préparée, par son état moral, à la recevoir, mais seulement alors. Ainsi fut-il du catholicisme pour la société gréco-romaine. Quant aux peuples de l'Orient, leurs mœurs, on ne peut plus le nier, les rendent réfractaires au catholicisme. Essayer de les convertir avant d'avoir, par d'autres moyens, modifié les mœurs et cultivé les intelligences, c'est vouloir commencer un édifice par le faîte et donner au monde le regrettable spectacle de l'infécondité du sang des martyrs.

et cinquante de ses nouveaux prosélytes. Mais les conseillers eurent le tort qu'avaient eu déjà les convertisseurs, de compter sans la mobilité d'esprit du monarque. En effet, celui-ci se repentit bientôt de sa précipitation et fit punir les mahométans du dernier supplice. Aussi, quand les jésuites de Cochim, informés du revirement qui s'était opéré dans les dispositions de leur catéchumène, envoyèrent deux des leurs faire une nouvelle tentative auprès de lui, ceux-ci le décidèrent sans peine à revenir sur son abjuration, et obtinrent de lui pleine liberté de propager leur religion dans ses États. Ils avaient ainsi l'occasion de conquérir une immense influence; mais l'imprudence de Dom Sébastien, alors roi de Portugal, vint bientôt faire évanouir leurs espérances, en substituant à l'action lente, mais pacifique, des missionnaires un projet ambitieux d'agression et de conquête.

Cette conquête, c'était celle des mines d'or et d'argent du Monomotapa (1). L'expédition fut confiée à Francisco

---

(1) Voici, en résumé, ce que les historiens portugais postérieurs à Barros nous ont appris au sujet du Monomotapa :

Le Monomotapa se divise en empire oriental et en empire occidental. Ce dernier, le plus étendu, se nomme Mocaranga et comprend huit royaumes, savoir : Corrouro-Medra, Moudjàou (*), Mococo, Tourgéno, Gengir-Bomba, Manoemougess (**), Rouenga et Bororo. L'empire oriental, qui s'appelle plus particulièrement le Monomotapa, comprend aussi huit royaumes, qui sont les suivants : Chicova, Sacoumbé, Ignabasaé, Mougnare, Chiroro, Manica, Chingamira et Sofala. Tous ces royaumes sont tributaires de l'empereur du Monomotapa, excepté Sofala, dont les Por-

(*) Les historiens portugais nous paraissent avoir donné au pays le nom que les indigènes donnent à ses habitants. Moudjàou, ou plutôt Mouiào, et, par contraction, M'iâo, signifie un homme du pays de Iaô. (Voyez ci-après la note 1 de la page 399.)

(**) Nous ferons, au sujet de ce mot, la même observation qu'à la note ci-dessus. Manoemougess, ou plutôt Mounyamouézy, et par contraction M'nyamouézy, signifie un homme du pays de Nyamouézy.

Barreto, naguère gouverneur des Indes, et qui, au sortir de ce poste éminent, accepta, par dévouement à son pays, le titre précaire de gouverneur du Monomotapa.

Barreto vint mouiller à Mozambique vers la fin de l'année 1569, avec une flottille de trois vaisseaux et mille hommes de troupes destinées à l'expédition. A son arrivée sur la côte, il eut d'abord à châtier le sultan de Patta, qui s'était révolté contre l'autorité portugaise. Il fit ensuite ses dispositions pour la conquête qu'il avait mission d'entreprendre. Le personnel et le matériel de l'expédition furent transportés par mer jusqu'à l'embouchure de la rivière Couama (1) (*rio dos bons sinaes*), et remontèrent jusqu'à Sena, d'où l'armée se rendit à Iranapola.

tugais sont possesseurs exclusifs. Tout ce territoire est riche en mines d'or et de pierres précieuses, fertile en cannes à sucre, riz, blé, légumes, bétail, et en toutes sortes de productions; il abonde en éléphants et en chevaux marins. Les montagnes sont très-froides et les vallées brûlantes. Il est parcouru, du nord au sud, par une cordillère qui porte le nom de montagnes de Loupata; ces montagnes sont très-élevées et toujours couvertes de neige.

Les naturels sont régis par un gouvernement despotique, dont le chef a un titre analogue à celui d'empereur. Ils croient à un être suprême mais ne lui rendent aucun culte; ils sont superstitieux et ont foi aux philtres et aux enchanteurs; ils ont des jours fériés, parmi lesquels est celui de la naissance de l'empereur. Celui-ci a une cour et une garde d'honneur; les lieux où il réside se nomment *Zimboë*.

Ces quelques détails, joints à la grande description de Barros (ci-devant page 337, note 1), suffiront à l'intelligence du récit qui va suivre et des autres faits que nous aurons à raconter plus tard. Du reste nous avons déjà recommandé au lecteur curieux de renseignements plus détaillés sur cette région le livre, fort intéressant, de Dom Sebastien Xavier Botelho.

(1) La rivière Couama ou le Zambèze est un des fleuves les plus remarquables de l'Afrique. La source en est inconnue, et quelques auteurs ont supposé qu'elle était la même que celle du Nil. Elle se divise en deux

A partir de ce point, la marche des Portugais se trouva entravée par de sourdes hostilités de la part des indigènes, et Barreto, jugeant nécessaire de s'assurer d'abord l'adhésion de l'empereur du Monomotapa, envoya des ambassadeurs à ce prince et lui fit offrir le concours des forces dont il disposait pour ramener à l'obéissance le roi de Mongas, révolté contre son suzerain. L'offre de Barreto n'avait d'au-

bras sur le territoire de Quipango, 30 lieues au-dessus des embouchures par lesquelles elle se jette à la mer. Le bras le plus au sud porte le nom de Louabo, emprunté du territoire qui en borde la rive gauche; celui du nord prend le nom de Quilimane. Du côté de la terre ferme, le fleuve arrose, au nord, les terres de Botonga; au sud, celles de Bororo. Les deux bouches sont séparées l'une de l'autre par un intervalle de 18 lieues, et le delta circonscrit entre les deux divisions principales du fleuve s'appelle l'île de Chingoma. Ce sont, à proprement parler, deux îles très-rapprochées que sépare seulement un bras de rivière; elles portent le nom d'îles Louabo et Mayndo. Cette dernière est un *prazo* de la couronne de Portugal; autrefois fort riche, elle est aujourd'hui très-pauvre de colons et de culture.

Le Zambèze reçoit plusieurs affluents considérables. L'un d'eux, le Chiri, s'y jette 10 lieues en dessous de la ville de Sena, un peu au-dessus de son confluent, enceint l'île d'Ignagone.

Le Zambèze remonte ensuite vers Sena, coupe en deux la cordillère de Loupata, baigne le territoire de Mongas, reçoit les eaux de la rivière de Chireira, et arrive à Tete, distante de Sena de 60 lieues. Au-dessus de Tete, le fleuve est navigable jusqu'au royaume de Lacoumbé; puis, pendant vingt-quatre lieues, jusqu'au royaume de Chicova, il ne l'est plus, à cause des rapides et des roches qui s'y rencontrent fréquemment. Au-dessus du royaume de Chicova, il redevient navigable, et on ignore où il cesse de l'être.

C'est par la barre du nord, autrement dit celle de Quilimane, que les navires entrent dans le Zambèze, le bras dit Louabo étant d'une navigation très-irrégulière et périlleuse; aussi la ville de Quilimane est-elle devenue de bonne heure fort importante comme centre du commerce qui s'est établi entre Mozambique et les villes de Sena et de Tete. (Voir l'ouvrage de Xavier Botelho déjà cité, et, pour certains points de cet ouvrage, les assertions contraires contenues dans le Rapport manuscrit de M. Loarer au ministre de l'agriculture et du commerce.)

tre but que de justifier, aux yeux de l'empereur, l'invasion du territoire de Mongas, qui, placé sur la route de Sena aux mines, devait être nécessairement traversé par l'expédition. Les ambassadeurs furent bien accueillis du prince, qui accepta les propositions de Barreto et voulut même, prétend l'historien portugais, placer sous ses ordres cent mille de ses guerriers, que le général portugais refusa. L'armée se dirigea alors vers le territoire de Mongas, et, sans être arrêtée par les difficultés de la route et la résistance des indigènes, arriva devant la ville du même nom et s'en empara. Effrayés des rapides succès des Portugais et de l'usage terrible qu'ils faisaient de leurs armes à feu, les indigènes demandèrent la paix, et la marche de l'expédition allait, sans doute, devenir plus facile, grâce aux négociations qui se poursuivaient dans ce but, lorsque la nouvelle de la révolte d'un de ses lieutenants, à Mozambique, fit penser à Barreto que sa présence y était nécessaire. Il laissa donc le commandement de l'expédition à Vasco Fernando Homem, et se hâta de retourner vers la côte. Son arrivée à Mozambique y rétablit l'ordre, ce qui le laissa libre d'aller reprendre la conduite de l'expédition ; mais, à son passage à Sena, il mourut. Vasco Homem, désigné pour succéder à Barreto dans le commandement, fut détourné de poursuivre sa route par les suggestions du R. P. jésuite Monclaros, et ramena ses troupes à Mozambique. Mais ce religieux vint à mourir, et Homem, cessant d'être sous son influence, prit de nouveau la résolution de tenter la conquête des mines. Cette fois, il choisit, pour y pénétrer, la voie de Sofala, offrant beaucoup moins de difficultés que celle qui avait été précédemment suivie par Barreto. Elle le conduisait plus directement aux mines de Manchika, situées dans le royaume de Chicanga, qui borde, du côté de l'ouest, celui de Quiterve. Après avoir vainement cherché à se concilier le bon vouloir du chef de ce dernier royaume, Vasco Homem s'engagea à travers les États de ce prince, et défit plusieurs bandes de Cafres qui tentaient de s'opposer à son passage. Le roi de Quiterve ordonna alors à ses sujets d'abandonner leurs villages et de fuir, en emportant tout ce qu'ils possédaient, devant les envahisseurs : il espérait ainsi affamer les Portugais, qui, en effet, souffrirent beaucoup de la disette. Mais cela n'empêcha pas Vasco Homem d'arriver à *Zimbaze* (1), la ville capitale du pays, que le roi avait lui-même quittée pour se retirer dans les montagnes. Vasco Homem brûla cette ville et continua sa marche vers le pays de Chicanga, où la crainte, plus que la sympathie, le fit recevoir avec de grandes démonstrations d'amitié. Il obtint du souverain de cette contrée la liberté du passage pour arriver jusqu'aux mines ; mais, pour en extraire les produits, il fallait beaucoup de travail, et plus de bras et d'instruments que les Portugais n'en avaient à leur disposition : aussi, parvenus au but de leur voyage, ils s'aperçurent bientôt de la vanité de leurs espérances. Vasco Homem prit donc le parti de retourner sur ses pas, et rentra dans le Quiterve, dont le roi, revenu de ses préventions, lui permit de pénétrer jusqu'aux mines de Manninas, à la condition de payer un tribut annuel. De là, il passa dans le royaume de Chicova, où on l'avait flatté de trouver des gîtes argentifères d'une grande richesse. Vasco Homem, après y avoir assis son camp, apporta tous ses soins à se

---

(1) Il s'agit probablement ici d'un *Zimboë* ou résidence du souverain.

procurer des informations précises. Mais les indigènes, jugeant que, si les mines étaient connues, leurs intérêts en souffriraient beaucoup, employèrent divers stratagèmes pour rendre inutiles les recherches des Portugais; alors, désappointé de l'insuccès des fouilles qu'il avait fait exécuter, voyant, en outre, que les provisions commençaient à manquer, Vasco Homem prit le parti de se retirer, laissant dans le pays le capitaine Antonio Cordoso d'Almeïda, avec deux cents hommes et le matériel nécessaire pour continuer les travaux commencés. Après le départ de Vasco Homem, Cordoso d'Almeïda et sa troupe s'étant laissés aller aux fallacieuses promesses des indigènes, tombèrent dans une embuscade, où ils périrent tous.

Telle fut la fin du prétendu gouvernement portugais dans le Monomotapa : il n'eut pas plus de réalité que de durée, puisque, des deux personnages qui portèrent le titre de gouverneur, l'un périt, presque en arrivant, du chagrin, dit-on, de se voir outragé par un homme d'église (1), et que l'autre, à peine sur les lieux, se laissant tromper, comme un enfant, par les ruses de quelques sauvages, se décida à une retraite presque immédiate. Quoi qu'il en soit, la paix ne fut nullement troublée par les tentatives qui venaient

---

(1) En arrivant à Sena, Barreto avait reçu du Père Monclaros les reproches les plus sanglants et les invectives les plus imméritées à propos de cette malencontreuse expédition, dont Barreto était loin d'être l'auteur, et qu'il n'avait entreprise que sur les ordres du roi Dom Sébastiam. Les historiens portugais attribuent la mort prématurée de Barreto au chagrin que lui causèrent les attaques violentes dont il fut l'objet de la part du jésuite que nous venons de nommer.

L'auteur d'*Oriente conquistado* a protesté contre cette allégation et l'a déclarée calomnieuse. (Voyez *Oriente conquistado*, etc., tome II, conq. v, d. 1, § 12.)

d'être faites, et les relations commerciales n'en subsistèrent pas moins entre les Portugais et l'empereur du Monomotapa.

Le maintien de leur domination à la côte d'Afrique exigeait que les Portugais ne se départissent jamais d'une grande prudence et d'une grande modération dans leurs rapports avec les peuples de l'intérieur. L'expédition dont nous venons de rendre compte n'était pas seulement insensée au point de vue de la disproportion qui existait entre les moyens de l'attaque et ceux de la défense; elle exposait encore les établissements de la côte à un double péril, en leur suscitant des ennemis du côté du continent, alors qu'ils pouvaient craindre, à chaque instant, d'être attaqués du côté de la mer. Dans cette dernière prévision, il était d'une saine politique de se ménager toujours l'amitié ou, tout au moins, la neutralité des nations indigènes. Le gouvernement de Lisbonne se trouvait dans l'impossibilité d'entretenir des forces suffisantes sur tous les points de l'immense littoral de son empire; et si la paix qui, depuis longtemps, régnait à peu près complète à la côte d'Afrique, lui avait permis de n'y entretenir que des forces peu importantes, cet état de choses pouvait changer d'un moment à l'autre, comme le prouvent les événements qui survinrent quelques années après la folle tentative faite dans le Monomotapa.

Les agressions des Turcs n'avaient pas encore été dirigées contre les établissements portugais de l'Afrique orientale; mais, en l'année 1586, un aventurier de cette nation, connu sous le nom de l'émir Ali-Bey, réputé pour sa bravoure, son audace et son activité, et qui s'était rendu célèbre, quelques années auparavant, par une attaque hardie contre Mascate, qu'il avait saccagée, résolut d'exécuter, sur la côte d'Afrique, une entreprise digne de la réputation qu'il s'était faite. Il partit de la Mekke avec deux navires en si mauvais état, que l'un d'eux périt bientôt de vétusté. Avec l'autre, il vint se présenter devant Moguedchou et annonça aux chefs de cette ville que, sur l'ordre de son souverain, il venait faire reconnaître l'autorité de celui-ci par tous les cheikhs de la côte de Melinde, et qu'il avait, pour l'appuyer dans cette mission, une grande flotte, qu'il précédait. La population de Moguedchou s'empressa de reconnaître la suzeraineté du sultan de Constantinople. Ali-Bey se transporta ensuite à Louziva, où, aidé par la trahison du cheikh de la ville, il s'empara d'un navire richement chargé. Roque de Brito, qui le commandait, et son équipage parvinrent à s'échapper et se réfugièrent à Lâmou ; mais le cheikh de cette île, prenant parti pour Ali-Bey, les lui livra. Roque de Brito fut, avec ses compagnons, réduit en esclavage, et mourut à Constantinople. A Patta, un autre navire portugais eut le même sort que celui de Brito, et Ali-Bey se vit bientôt à la tête d'une flottille de bateaux capturés, à l'aide desquels il trafiqua dans toutes les villes du littoral, prêchant partout la révolte. En peu de temps, il décida ainsi les gens d'Ampaza (Paza ou Faza), de Lâmou, de Mombase, de Kilifi, de Braoua, de Jougo (1) et autres villes à se soumettre au sultan de Constantinople, comme avaient fait ceux de Moguedchou. Tout cela fut exécuté sans obstacle, au moyen de la fausse nouvelle, qu'il répandait partout, de l'arrivée prochaine d'une flotte turque nombreuse.

(1) Ce nom est tout à fait inconnu ; c'est probablement de *Koujou* ou de *Joubo* que les historiens ont voulu parler.

Car les forces avec lesquelles il se présentait n'étaient pas de nature à effrayer beaucoup : il n'avait eu, pour armer ses prises, que les quatre-vingts hommes qui étaient sur sa galère; et celle-ci se trouvait, d'ailleurs, en si mauvais état, qu'à son retour elle s'entr'ouvrit et sombra dans le port de Massouah, sur la côte d'Abyssinie, où il avait relâché.

Le cheikh de Melinde seul était resté fidèle au gouvernement portugais. Instruit par lui de ce qui se passait, le vice-roi Dom Duarte de Menezes fit partir de Goa une flotte de dix-huit navires, sous le commandement de Martim Affonso de Melo Bombeyro. Celui-ci, s'étant présenté successivement devant Mombase et les autres villes où l'insurrection avait éclaté, incendia la première et réduisit les autres à l'obéissance.

Quelque éphémère qu'ait été le succès de cette romanesque échauffourée, il montre combien était précaire l'état de soumission de la côte orientale d'Afrique. Aussi dut-il faire comprendre aux populations soumises combien étaient grandes les chances de la révolte; aux ennemis des Portugais, à quel point était vulnérable leur domination dans ces parages.

L'émir Ali-Bey ne tarda pas à mettre à profit les enseignements qu'il avait puisés dans le cours de son expédition, et on le vit bientôt se remettre en campagne. Parti de Moka dans les premiers jours de 1589, avec une flottille de cinq voiles, il se présenta devant Melinde; mais une vaillante résistance de Mattheos Mendes de Vasconcellos l'obligea de renoncer à son entreprise sur cette ville. Alors il se dirigea sur Mombase, pour préparer dans ce port une nouvelle attaque contre Melinde. En même temps, le gouverneur de l'Inde, Manoel de Souza Coutinho, qui avait été prévenu de la prochaine arrivée de l'émir Ali-Bey à la côte, envoya, pour mettre obstacle à ses desseins, une flotte de vingt navires, montée par neuf cents hommes et commandée par son frère Thomé de Souza Coutinho. Après avoir relâché à Braoua, Ampaza, Lâmou et Melinde, le capitaine portugais vint jeter l'ancre, le 5 mars 1589, devant Mombase, où s'était retranché l'émir Ali-Bey. Pendant qu'il s'apprêtait à attaquer la ville par mer, une armée nombreuse d'indigènes se trouvait campée sur la terre ferme, autour de l'étroit canal qui la sépare de l'île.

Ces indigènes étaient un essaim sorti d'une nombreuse peuplade de Cafres connus sous le nom de *Zimbas* (1), et sur le compte desquels nous aurons bientôt occasion de revenir. Ils avaient quitté les territoires qu'ils occupaient sur les bords du fleuve Couama, et s'en allaient à travers les régions intérieures de l'Afrique orientale voisines du littoral, ravageant tout sur leur passage, égorgeant et dévorant tout ce qui avait vie, hommes et animaux, ne laissant après eux qu'un vaste désert (2). Quelques mois avant d'arriver devant Mombase, ils s'étaient arrêtés devant Kiloua, et avaient assis leur camp sur les bords du bras de mer qui enceint l'île où était bâtie cette cité. Kiloua se trouvait, de la sorte, bloquée et ne recevait plus du continent les approvisionne-

(1) Nous croyons que Zimba était le nom du pays habité par cette peuplade, et qu'il faut dire les Ouazimba, c'est-à-dire *les hommes du pays de Zimba*; au singulier, Mouzimba ou M'zimba, *un homme du pays de Zimba*. Les monosyllabes *mou* et *oua* sont les abréviations des mots souahhéli *moutou* et *ouatou*, par lesquels on désigne *un homme* et *des hommes*.

(2) Voyez, pour les détails concernant cette peuplade, chapitre xvii, page 83, IIe décade de l'*Asie*, par Diogo do Couto.

ments qu'elle avait coutume d'en tirer. D'ailleurs, tous les bestiaux et toutes les plantations que les Maures possédaient sur la terre ferme avaient été, en peu de temps, détruits ou consommés par les Ouazimba. Mais ceux-ci, dépourvus de barques, ne pouvaient pénétrer dans l'île. La trahison vint alors à leur secours. Un Maure ambitieux et cupide sortit secrètement de l'île, pendant la nuit, en suivant un gué qui existait à mer basse, et alla offrir au chef de cette multitude de lui indiquer ce passage, s'il voulait assurer la vie sauve à tous les membres de sa famille et lui faire sa part dans le butin. Ces propositions furent acceptées, et les Ouazimba pénétrèrent dans l'île sur les pas du traître, pendant que les habitants se livraient au sommeil dans la plus complète sécurité. Une grande partie d'entre eux furent massacrés, et les autres faits prisonniers, à l'exception de quelques-uns qui parvinrent à s'enfuir et à se tenir cachés dans les bois, jusqu'à ce que leurs ennemis, rassasiés de massacres et de pillage, et laissant la ville à demi ruinée, fussent repassés sur la terre ferme. Le sort des prisonniers fut encore plus misérable que celui des victimes qui avaient succombé. Ils devinrent, les jours suivants, la proie des appétits monstrueux de ces barbares, qui étaient anthropophages. Selon Diogo do Couto, mais nous n'admettons cette assertion que sous réserve, trois mille Maures, hommes et femmes, furent dévorés en cette circonstance.

Après la destruction de Kiloua, la horde dévastatrice se porta vers le nord et vint établir ses campements en face de l'île de Mombase, où ils se trouvaient, comme nous l'avons dit, lorsque la flotte de Thomé de Souza se présenta devant la cité rebelle; les infortunés habitants de cette ville se trouvaient donc pris entre deux feux, et de toute part ils avaient à combattre des ennemis impitoyables.

Quand le chef m'zimba vit les hostilités engagées par les Portugais et leurs affaires en bon train du côté de la mer, il leur offrit sa coopération, qui fut acceptée par eux avec une déplorable imprudence. Mais la haine et la vengeance ne laissaient aucune place dans leurs esprits à une politique plus humaine. Les Ouazimba passèrent alors le gué, pénétrèrent dans la ville, et firent de ses habitants Maures et Turcs un carnage épouvantable. Ces malheureux, pour échapper aux flèches et à la sagaie des nègres, se précipitaient à la mer, où les attendaient l'épée et le mousquet des chrétiens, qui complétaient l'œuvre de destruction. Quelques-uns furent cependant épargnés, et, en devenant captifs des Portugais, ils échappèrent au sort affreux qu'avaient subi les prisonniers faits à Kiloua par les Ouazimba, et qui fut aussi celui des gens de Mombase tombés aux mains de ces sauvages.

Au nombre des individus pris par les Portugais se trouvait l'audacieux Ali-Bey, qui, envoyé à Lisbonne, y mourut après avoir embrassé le christianisme.

De Mombase, Thomé de Souza se rendit à Lâmou ; et, pour terrifier les rebelles par un acte éclatant de sévérité contre les principaux fauteurs de la révolte, il fit décapiter le cheikh de cette ville, le frère du cheikh de Kilifi, et deux personnages marquants de Patta qui avaient été pris combattant dans les rangs des Turcs. Les cheikhs de Patta, de Sio (Sihoui) et de Paza furent forcés d'assister à ces exécutions, et leurs villes furent condamnées à payer les frais de la guerre : le cheikh de Sihoui fut, en outre, emmené prisonnier. Les habitants de Mandra subirent aussi un châtiment exemplaire : leur ville, située sur une île au sud de Patta, et les plantations de cocotiers qui l'entouraient, furent saccagées et détruites.

L'effroi que ces terribles représailles répandirent parmi les populations les fit encore une fois rentrer sous le joug, et leurs chefs prêtèrent de nouveau serment de fidélité au roi de Portugal, s'engageant à repousser les Turcs toutes les fois qu'ils se présenteraient.

Quant aux singuliers alliés d'un jour qui avaient coopéré, avec les troupes de Thomé de Souza, au sac de Mombase, ils se dirigèrent vers le nord, poursuivant le cours de leurs dévastations ; et, peu de temps après que le capitaine-major eut quitté la côte, ils allèrent se présenter devant Melinde, qui se vit ainsi menacée du sort déjà éprouvé par Kiloua et Mombase. Mais la fermeté du sultan de cette ville et, surtout, le courage de Mattheos Mendes de Vasconcellos la sauvèrent de l'invasion. Trois mille Mosséguejos (1) s'étant joints à la petite troupe de Melinde, l'armée des Ouazimba fut attaquée et mise en déroute.

Peu de temps avant l'époque où les villes rebelles de la côte de Melinde recevaient la cruelle leçon dont nous avons raconté les détails, une atteinte avait été portée à l'autorité

(1) Par les raisons données à la note 1 de la page 399, nous croyons qu'il faut dire les Ouacegueyo. Les Ouacegueyo étaient une tribu d'indigènes qui habitaient la côte de Melinde et les territoires environnants. Diogo do Couto les signale comme des hommes très-barbares, très-féroces et très-belliqueux, chez lesquels une éducation toute particulière entretenait la force du corps et un courage à toute épreuve ; ils passaient pour être très-fidèles dans leurs amitiés. (Voyez XIe décade, chap. xxi, page 93 et suiv.)

des Portugais dans l'île de Pemba. Pemba était très-fertile en vivres de toute espèce, et particulièrement en riz : le bétail y était beau et en grande abondance. Le pays, coupé par de nombreux ruisseaux, était couvert de bois d'orangers et de citronniers donnant leurs fruits à qui voulait les cueillir. Malheureusement si fraîche, si boisée et si fertile qu'elle fût, elle était fort malsaine. Néanmoins, plus charmés de ses avantages qu'effrayés des inconvénients qui faisaient ombre au tableau, beaucoup de Portugais, commerçants ou soldats, s'y étaient établis, bravant les maladies pour jouir de l'existence facile et confortable qu'on y menait.

Mais là, comme ailleurs, les Maures du pays avaient à souffrir, de la part de leurs dominateurs, des violences et des humiliations de toutes sortes. Les fourberies des Portugais de Pemba étaient même passées en proverbe : *les fourberies de Pemba!* disait-on sur toute la côte. Or il arriva que les Maures, lassés du joug ignominieux qui pesait sur eux, résolurent de se soulever contre les Portugais et contre leur propre cheikh, qui s'entendait avec ces étrangers. Peut-être l'effet produit par la récente apparition de l'émir Ali-Bey dans ces parages entra-t-il pour quelque chose dans cette détermination. Quoi qu'il en soit, ils profitèrent d'une nuit pour assaillir les Portugais dans leur village, massacrèrent hommes, femmes et enfants, et envahirent aussi la demeure de leur cheikh. Ce dernier, cependant, parvint à s'échapper avec quelques Portugais, et ils quittèrent l'île, à l'aide de barques qui se trouvaient près du lieu du massacre. Ils se réfugièrent à Melinde, et se trouvaient dans cette ville au moment où le capitaine-major Thomé de Souza Coutinho y arrivait, envoyé par le vice-roi, son frère, contre l'émir Ali-Bey. Cet officier s'empressa de secourir le cheikh dépossédé, et le rétablit dans son gouvernement. Mais, quelques années après, les Maures de Pemba s'insurgèrent de nouveau, et notifièrent à leur cheikh qu'ils lui refusaient à jamais obéissance. Celui-ci se retira alors dans la forteresse de Mombase (1), où, après s'être fait chrétien, il épousa une Portugaise prise parmi les orphelines que la métropole envoyait dans ses colonies.

Pemba n'était pas la seule localité où la domination portugaise fût contestée ou précaire. Il résulte de certains passages de la relation d'un voyage exécuté, en 1591, aux Indes orientales, par J. Lancaster (2), que, lorsqu'il se présenta, en septembre de cette même année, à Zanzibar, il s'y trouvait un petit comptoir et quelques facteurs portugais; que ceux-ci firent tous leurs efforts pour empêcher les Maures de cette île d'avoir des communications avec les Anglais, mais qu'ils n'avaient aucune force pour s'y opposer, ni assez d'autorité sur le cheikh du pays pour obliger lui et ses administrés de souscrire à leurs exigences. Cependant il est bien certain, et Lancaster lui-même en eut la preuve durant son séjour à Zanzibar, que cette île était comprise au nombre des localités où les Portugais exerçaient un droit d'inspection et de souveraineté extérieure; mais, outre que cette souveraineté et ce droit étaient bornés et conditionnels, là comme dans toutes les localités où le sou-

---

(1) Comme la forteresse de Mombase ne fut construite qu'en 1594, c'est postérieurement à cette date que dut avoir lieu la dépossession définitive du cheikh de Pemba.

(2) Voyez le récit du voyage de Jacques Lancaster aux Indes orientales, *Histoire générale des voyages*, tome I, liv. II, chap. XVI.

verain ne pesait pas sur les populations à l'aide de forces suffisantes, la révolte ou la résistance se produisaient avec une désespérante facilité.

Si les choses se passaient ainsi sur le littoral, les Portugais ne jouissaient pas de plus de calme et de sécurité sur les points de l'intérieur où ils avaient des établissements. Dans leur État de Mozambique, Sena et Tete, qui en étaient les principales dépendances, se trouvaient, par leur situation au cœur du pays, en rapport, en contact même avec diverses peuplades des plus remuantes et des plus belliqueuses. Comme Sena, que nous avons eu l'occasion de citer à propos de l'expédition de Barreto, Tete était une forteresse portugaise, bâtie sur la rive droite du Zambèze, et autour de laquelle il y avait onze villages habités par des Cafres vassaux du Portugal. Ces villages étaient placés sous le commandement direct de chefs cafres, qui, dans le langage du pays, portaient le nom d'*Encosses*; mais ceux-ci étaient sous l'autorité souveraine du capitaine de Tete, qui pouvait, selon son bon plaisir, les nommer et les déposer. Ces Cafres étaient essentiellement guerriers, et, livrés à eux-mêmes, ils eussent été sans cesse occupés à guerroyer. « Il vaut mieux se battre, disaient-ils, que de labourer la terre. Le guerrier qui meurt en combattant n'a plus besoin de travailler; celui qui survit est riche des dépouilles de ses ennemis. » Sitôt que l'intérêt public réclamait leur assistance, au premier appel de l'autorité portugaise, chaque village envoyait son contingent de combattants, armés d'arcs, de flèches, de sagaies, de haches, rangés en bon ordre sous le commandement de leurs *Encosses*, et marchant, drapeaux en tête, au son des tambours et des trompes. Le Capitaine de Tete pouvait ainsi disposer de plus de deux mille soldats, pleins de courage et prêts à tout (1). En face du fort de Tete, dans le nord-est et l'est du fleuve Zambèze, étaient établies deux peuplades non vassales, les Zimbas ou Mouzimbas (2), dont nous avons déjà parlé, et les Moumbos : toutes deux étaient anthropophages et, au dire de Diogo do Couto (3), tenaient boutique de chair humaine. En 1592, il y avait, parmi les Cafres Moumbos, un homme du nom de Quizoura, qui, ayant attaqué à main armée un Cafre vassal des Portugais, lui avait ravi ses propriétés et enlevé, égorgé et dévoré plusieurs esclaves. Le Cafre spolié ayant réclamé l'intervention du capitaine de Tete, Pedro Fernandes de Chaves, ce dernier traversa le fleuve à la tête d'un corps de troupes composé de soldats portugais et de Cafres; puis il se dirigea sur Chicarougo, propriété de l'individu dépouillé, et dans laquelle Quizoura s'était renfermé et fortifié. Six cents Moumbos étaient réunis autour de lui. Fernandes de Chaves les attaqua et, malgré la résistance énergique qu'ils lui opposèrent, les battit et les passa au fil de l'épée.

Dans la même année, le capitaine de Sena, André de Santiago, inquiété par les Ouazimba et n'ayant pas assez de forces pour leur résister, fut obligé de demander des se-

(1) Diogo do Couto, décade XI, chap. xv, p. 76.
(2) Diogo do Couto, à qui nous empruntons ces détails, en donnant ces deux mots comme pouvant désigner une même peuplade, confirme ce que nous avons dit précédemment, que Zimba était le nom d'un pays dont les habitants devaient être nommés Ouazimbas; seulement l'auteur portugais semble ne connaître que la forme du singulier, Mouzimba. (Voyez décade XI, chap. xv.)
(3) Diogo do Couto, décade XI, chap. xv, pages 77-78.

cours au capitaine de Tete. Celui-ci se mit en route pour lui amener du renfort; mais les Ouazimba, informés de ce mouvement, se portèrent à sa rencontre, et, avant qu'il eût opéré sa jonction avec Andre de Santiago, l'attaquèrent, le mirent à mort et dispersèrent la troupe qu'il conduisait. Quelques jours après, les vainqueurs se présentèrent de nouveau devant Sena, et Andre de Santiago, voyant l'impossibilité de leur résister, tenta de s'échapper pendant la nuit; mais il tomba entre les mains de l'ennemi avec plus de cent trente Portugais, et tous furent tués et dévorés par ces cannibales.

Après cette double victoire, les Ouazimba se livrèrent sans obstacle à la dévastation des dépendances de Sena et de Tete, inquiétant et arrêtant les mouvements des commerçants portugais sur le fleuve. Ils leur causèrent de tels dommages, que le capitaine de Mozambique, Dom Pedro de Souza, se vit forcé de prendre des dispositions pour mettre fin à un pareil état de choses. Il se rendit à Sena, emmenant avec lui quelques soldats, et de là, après avoir pris connaissance de la situation des Ouazimba et de leurs forces, marcha contre eux avec environ deux cents Portugais et quinze cents Cafres, traversa le Zambèze et arriva devant le camp où s'étaient fortifiés ses ennemis. Il en fit inutilement le siége pendant deux mois, et, se voyant près d'être abandonné d'une grande partie de sa troupe, composée plutôt de marchands et de cultivateurs que d'hommes de guerre, il se décida à se retirer. Mais il ne put le faire sans que l'ennemi en fût averti, et celui-ci, fondant à l'improviste sur les Portugais au milieu du désordre de leur retraite, en massacra une partie et mit le reste en fuite. Pedro de Souza, obligé de renoncer à ses projets, revint à Sena, et de là à Mozambique. Il y reçut bientôt un message, dans lequel le chef des Ouazimba, après avoir justifié ses hostilités envers les Portugais par l'initiative que ceux-ci avaient prise à son égard, témoignait le désir de vivre désormais en bonne intelligence avec eux et proposait la paix : Pedro de Souza l'accepta avec empressement.

Heureusement, sur d'autres points, la fortune servait mieux les Portugais. En cette même année 1592, ils virent augmenter leur influence dans leurs possessions du nord par un double triomphe obtenu, de concert avec le cheikh de Melinde, contre les cheikhs de Kilifi et de Mombase, qui, après la retraite de la flotte de Thomé de Souza et la destruction des Ouazimba, avaient repris possession de leur territoire et restauré leurs villes. Le cheikh de Kilifi, parent et vassal de celui de Mombase, se livrant incessamment à des déprédations contre les sujets du cheikh de Melinde, ce dernier, après s'être concerté avec le capitaine de la côte, se décida à en tirer vengeance. A sa troupe, augmentée des quelques soldats portugais qui formaient la garnison de Melinde, se joignit un corps nombreux de Ouacegueyo. On marcha sur Kilifi, qui fut prise après une résistance acharnée, et dont le cheikh fut tué dans l'action. Ceux de ses habitants qui échappèrent au carnage se réfugièrent à Mombase.

Informé, par les fuyards, de ce qui venait de se passer, le cheikh de Mombase rassembla environ cinq mille hommes pris parmi les Cafres, ses vassaux, qui habitaient le territoire continental voisin de son île, et entreprit d'aller venger la défaite et la mort de son parent. Toutefois, avant d'entrer sur le territoire de Melinde, il jugea prudent de disperser la troupe des Ouacegueyo, qui, dévouée au cheikh de cette ville, pouvait se porter à son secours et mettre les Mombasiens entre deux feux, comme avaient fait, quelques années auparavant, les Ouazimba, lors de l'attaque de Mombase par la flotte de Thomé de Souza. Mais les Ouacegueyo, loin d'être effrayés de son approche, s'avancèrent à sa rencontre et mirent son armée en fuite, malgré la résistance de quelques Maures des premières familles de Mombase groupés autour du cheikh, qui lui-même fut tué avec trois de ses fils, et les Ouacegueyo, profitant de leur victoire, passèrent sur l'île de Mombase et prirent possession de la ville. Ils expédièrent ensuite un bateau au cheikh de Melinde, pour l'informer qu'ils étaient maîtres de Mombase et prêts à la lui livrer. Comme signe de leur triomphe, ils avaient mis à bord de ce bateau un jeune fils du cheikh défunt.

A la nouvelle inespérée d'un tel succès, le cheikh de Melinde se rendit en toute hâte dans la ville conquise, où les vainqueurs l'accueillirent avec de grandes démonstrations de joie; il s'y établit dès lors comme souverain et confia aux soins d'un gouverneur la garde de Melinde.

D'après une chronique arabe de Mombase (1), dont l'original en langue arabe fut trouvé, il y a quelques années, entre les mains d'un habitant de cette ville, le sultan régnant lors des événements dont il vient d'être question se nommait Chaho-Ben-M'chabham, désigné encore sous le nom de *Chao-mou-M'vita*. Il fut le dernier prince de cette famille de cheikhs ou sultans schiraziens qui avaient gou-

(1) Voyez à l'appendice, pièce n° 2.

verné Mombase depuis qu'elle avait cessé d'être dépendante de Zanzibar. D'après cette même chronique, le cheikh de Melinde, successeur de Chaho dans le gouvernement de Mombase, avait pour nom Ahhmed.

L'avénement de la famille souveraine de Melinde au gouvernement de Mombase entraîna naturellement l'occupation permanente de ce point par les Portugais. Cette famille, restée toujours fidèle à ses alliés, et qui n'avait dû qu'à leur protection de se maintenir dans ses États, en dépit de l'animosité et des agressions répétées de ses voisins, allait trouver dans cette occupation une garantie de sécurité contre les protestations qui pourraient s'élever à propos de sa nouvelle possession. De leur côté, les Portugais devaient désirer de tenir enfin sous leur dépendance immédiate, à l'aide d'un établissement fort et durable, cette ville de Mombase, si importante par son port, constamment rebelle à leur domination, et qui, plusieurs fois réduite par eux, s'était toujours relevée de ses ruines pour devenir le foyer de nouvelles révoltes.

Dans ce but, une forteresse y fut construite en 1594, par les ordres du vice-roi Mathias d'Albuquerque. Nous voyons, en outre, dans la douzième décade de Diogo do Couto, qu'à son arrivée à Mombase, en décembre 1596, le vice-roi Dom Francisco da Gama y trouva établi, comme capitaine, Antonio Godinho d'Andrade, et qu'obligé d'y passer l'hivernage, la saison ne lui permettant pas de se rendre à Goa, il fit ajouter à cette forteresse quelques ouvrages nécessaires pour en assurer la défense. En même temps, le vice-roi régla, de concert avec le sultan, le régime des douanes, pour l'exécution duquel ce dernier s'engageait à fournir tous les agents nécessaires. A son départ pour l'Inde, Dom Francisco da Gama emmena avec lui le cheikh déchu de Pemba, lui faisant la promesse d'envoyer plus tard une flotte pour le rétablir dans le gouvernement de son île.

Mombase soumise, les Portugais semblaient devoir jouir paisiblement de leur souveraineté à la côte orientale d'Afrique; mais, par suite des complications politiques survenues en Europe, cette tranquillité ne pouvait être de longue durée. Quelques mois s'étaient à peine écoulés depuis les derniers événements dont nous venons de faire le récit, que les Hollandais, poussés vers l'Orient, comme nous l'avons dit, par la fausse politique de Philippe II, parurent dans les mers de l'Inde. En juillet 1597, deux vaisseaux de cette nation, ayant besoin de faire de l'eau, se présentèrent dans le port de Quintangone, à quelques lieues au sud de Mozambique. Cette apparition des Hollandais était bien propre à causer des inquiétudes aux autorités portugaises. Aussi, le capitaine de Mozambique, Fernandes de Noronha, s'empressa-t-il d'en donner avis au vice-roi (1). Toutefois les deux navires n'occasionnèrent d'autre dommage aux Portugais que la perte de quelques bâtiments marchands aux environs du cap Comorin. Mais les Hollandais étaient entrés dans les mers de l'Asie pour n'en plus sortir, et ils ne tardèrent pas à démembrer à leur profit l'empire colossal que les Portugais y avaient élevé. Cependant la côte orientale d'Afrique n'eut guère à souffrir de leurs tentatives. Les premières hostilités qu'ils dirigèrent contre elle eurent lieu en 1607. Le 29 mars

---

(1) Voyez la XII⁰ décade de Diogo do Couto, liv. I, chap. vii.

de cette année, l'amiral Van Caerden, conduisant une flotte de huit vaisseaux, montée par plus de mille hommes, matelots et soldats, se présenta devant Mozambique, dont Estevam d'Ataïde était capitaine. Le lendemain, il s'empara de deux caraques mouillées dans le port; puis il fit des dispositions pour opérer, le jour suivant, un débarquement. La descente, retardée jusqu'au 1er avril au matin, fut effectuée sans perte pour les assaillants, malgré les vives décharges de mousqueterie faites par la garnison qui avait pris position dans la ville, mais qui bientôt se retira sans faire plus de résistance. La ville occupée, les habitants furent désarmés, et Van Caerden, ayant fait avancer ses troupes, serra de près la citadelle, et en commença le siége. Les opérations furent continuées régulièrement pendant un mois, après lequel, les maladies ayant sévi avec une grande intensité sur les assiégeants, l'amiral hollandais se vit contraint, au commencement de mai, de rembarquer ses hommes et son matériel. Avant de s'éloigner, il écrivit au commandant de la forteresse, pour le sommer de payer une rançon, s'il voulait sauver les maisons et édifices qui se trouvaient en dehors de la citadelle, et, après un énergique refus d'Estevam d'Ataïde, il les incendia, ainsi que les caraques et toutes les barques mouillées devant l'île. De leur côté, les Portugais causèrent un grand dommage aux vaisseaux hollandais, qui, en sortant du port, avaient à passer sous le feu des batteries de la citadelle, et l'un d'eux, s'étant échoué, fut tellement désemparé par l'artillerie ennemie, que l'amiral Van Caerden fut obligé de le décharger et de le brûler. Le reste de la flotte resta quelques jours mouillé hors de la portée des canons du fort pour réparer ses avaries, et alla ensuite se ravitailler aux îles Comores.

Après y avoir séjourné six semaines, Van Caerden retourna vers Mozambique, et parut le 23 juillet à l'entrée du port, où se trouvaient trois nouvelles caraques venues de Lisbonne. Il tenta d'abord, mais vainement, de s'en emparer; puis, ayant appris que trois autres caraques étaient attendues d'Europe, il alla croiser sur la côte dans l'espoir de leur couper la route. La force des vents et des courants l'obligeant à abandonner cette nouvelle entreprise, il se dirigea vers l'Inde, but principal de son voyage (1).

A la suite de ces premières agressions des Hollandais, le siége du gouvernement, fixé jusqu'alors à Sofala, fut transporté à Mozambique, qui était, en effet, le point le plus important de ce gouvernement. Néanmoins Estevam d'Ataïde, eu égard à sa belle défense, conserva le commandement de ce poste avec le titre de gouverneur.

L'attaque infructueuse de Van Caerden ne fut pas la dernière tentative faite par les Hollandais contre les possessions portugaises de l'Afrique orientale. En juillet 1608, l'amiral Verhoeven parut avec une flotte de treize vaisseaux devant le port de Mozambique, où se trouvaient une caraque et deux petits bâtiments, qui furent enlevés immédiatement. Le jour même de son arrivée, l'amiral débarqua ses troupes : elles prirent position devant le fort et exécutèrent les premiers travaux d'un siége, sans que les Portugais fissent rien pour s'y opposer; mais, la tranchée ayant été

---

(1) Voyez *Histoire générale des voyages*, par l'abbé Prévost, vol. VIII, page 378 et suivantes, second voyage de Van Caerden aux Indes orientales.

ouverte, ceux-ci accueillirent les assaillants par un formidable feu de mousqueterie, et, opérant une vigoureuse sortie, forcèrent les Hollandais à la retraite. L'amiral fit alors élever d'autres batteries et bloquer l'île au moyen de chaloupes armées, afin d'intercepter toute communication entre les assiégés et ceux qui pouvaient les secourir; puis il envoya sommer le gouverneur de lui rendre la place. Les Portugais répondirent par une sortie, dans laquelle ils tuèrent quelques hommes aux Hollandais, dont ils détruisirent, en outre, les ouvrages. De nouvelles batteries établies par les assiégeants éprouvèrent encore le même sort. Enfin, rebuté par tant d'échecs et par l'héroïque résistance de ses adversaires, l'amiral hollandais prit le parti de se retirer, ajoutant à la honte de sa défaite celle d'un acte de barbarie inqualifiable : sous le prétexte du refus que lui avait fait le capitaine de la forteresse de lui livrer un déserteur, il ordonna de conduire à la tranchée tous les prisonniers portugais enchaînés et de les fusiller sous les yeux de la garnison. Après cette lâche vengeance, il abandonna l'île, sur laquelle il avait préalablement exercé toutes sortes de ravages.

En quittant Mozambique, les Hollandais s'emparèrent du galion *le Bon-Jésus*, qui, faisant route vers ce port, se trouva inopinément au milieu de la flotte ennemie. Ils se dirigèrent ensuite vers Goa, puis vers Calicut, où Verhoeven ratifia un traité antérieurement conclu avec le Zamorin, par l'amiral van der Hagen, traité qui établissait une alliance offensive et défensive, entre ce prince et les Hollandais, contre les Portugais, leur ennemi commun. A cette époque, l'influence des Hollandais était déjà puissante dans les Indes, et leur alliance était hautement appréciée à Sumatra, Johor, Bantam et autres lieux (1).

Dans cette même année 1608, les Anglais se montrèrent aussi à la côte orientale d'Afrique. L'Angleterre n'était plus en guerre avec l'Espagne, ni par conséquent avec le Portugal, depuis l'avénement de Philippe III ; mais sa concurrence commerciale était déjà redoutable aux Portugais. On lit dans la relation d'un voyage effectué par le capitaine anglais Sharpey dans les Indes orientales, que cet officier toucha à Pemba, dans le courant du mois de décembre, et que les Portugais, à qui portait ombrage la venue des Anglais, poussèrent les Maures de cette île à attaquer traîtreusement les gens de son équipage, après les avoir attirés à terre par de feintes démonstrations d'amitié (2).

Dans le mois de février de l'année suivante, 1609, le capitaine Rowles, commandant le navire anglais *l'Union*, séparé, par une tempête, de celui de Sharpey, se présenta à Zanzibar : les habitants de cette île, qui lui avaient fait d'abord un bon accueil, manifestèrent, plus tard, des dispositions hostiles, et deux de ses hommes furent tués dans une embuscade. Il est probable que, dans cette dernière circonstance comme dans la première, les violences qui furent exercées contre les Anglais eurent pour principale cause les

---

(1) Voyez *Hist. gén. des voyages*, vol. VIII, page 386. Voyage de Villems Verhoeven.

(2) Ce fait de la présence des Portugais à Pemba lors du passage du capitaine Sharpey donne à penser que leur autorité avait été rétablie dans l'île. Le vice roi Dom Francisco da Gama avait-il réalisé la promesse faite au cheikh déchu de Pemba, et que nous avons mentionnée (voyez ci-devant, page 111)? Les historiens portugais ne s'expliquent pas sur ce point.

suggestions perfides des Portugais, qui, du reste, souverains de ces pays, étaient responsables des actes commis contre les sujets d'une puissance en paix avec le Portugal ; mais les Portugais se sentaient dès lors trop faibles pour ne pas être perfides et violents. Leur empire d'Orient se lézardait déjà de toutes parts sous les coups redoublés des Hollandais, qui l'attaquaient à la fois par les armes et par la concurrence commerciale. Dans une pareille situation, même les actes les plus inoffensifs d'un peuple ami leur devenaient un sujet de jalousie et de haine, et ils s'abandonnaient à ces passions, au risque de s'attirer encore un ennemi de plus, ennemi dont ils connaissaient pourtant la force ; car, peu de temps auparavant, sous le règne de Philippe II, la marine anglaise avait plus d'une fois vaincu celle de l'Espagne.

Quoi qu'il en soit, le moment n'était pas encore venu où les Anglais devaient porter de si terribles coups à la puissance portugaise dans l'Orient, et, pour ce qui regarde particulièrement la côte orientale d'Afrique, ni de leur part ni de celle des Hollandais, les Portugais n'eurent, postérieurement aux tentatives des amiraux Van Caerden et Verhoeven, aucune attaque sérieuse à repousser. Aussi peut-on dire que, jusqu'à l'intervention des Arabes d'Omân, ils n'eurent jamais, sur cette côte, de plus grands ennemis qu'eux-mêmes.

Orgueil et cupidité, fourberie et violence : ces quatre mots semblent résumer désormais l'histoire de la domination portugaise dans ces contrées. Mombase, plus que toute autre localité, devait en être la preuve. Elle paraissait, dit Faria y Souza, destinée à avoir pour commandants de sa forteresse les officiers les plus insolents et les plus avides.

On n'a pas oublié qu'après l'occupation de Mombase par les Ouacegueyo, le cheikh de Melinde avait été installé dans la cité conquise, devenue siége de son gouvernement érigé en sultanie. Cet avénement des sultans melindi, dont la fidélité ne s'était pas démentie une seule fois depuis le temps de Vasco da Gama, et l'érection d'une forteresse auraient dû assurer le maintien de l'autorité portugaise à Mombase, pour peu qu'elle eût été sage et prudente. Mais sagesse et prudence étaient des mots vides de sens pour des hommes que la soif du gain dévorait, et qui, songeant bien plus à leurs intérêts privés qu'à ceux de la patrie, restaient inaccessibles aux idées de justice et aux sentiments de reconnaissance que devaient leur inspirer pour Ahhmed (1) les nombreux et loyaux services rendus aux rois de Portugal par tous ses ancêtres, les sultans de Melinde.

En 1614, la forteresse de Mombase avait pour capitaine un homme plus insolent encore et plus avide que tous ses prédécesseurs; il s'appelait Manoel de Melo Pereira. Sa haine contre le malheureux sultan et les vexations dont il l'accablait avaient leur source dans la résistance opposée par celui-ci à la rapacité cynique de son persécuteur, qui cherchait tous les moyens de le dépouiller. Malheureusement, cette haine avait pour complice l'ambition astucieuse

(1) Faria donne au premier sultan de Melinde et de Mombase réunies le nom de *Hazen*; mais nous pensons que l'historien espagnol a commis une erreur. La chronique de Mombase, que nous avons déjà citée et que nous donnons en entier à l'appendice, nous paraît offrir plus de garantie d'exactitude que les documents portugais d'après lesquels Faria a écrit. Il est possible que le sultan s'appelât *Ahhmed-Ben-Hazen* (ou plutôt *Ilhacen*), et que les chroniqueurs portugais n'aient retenu et noté par inadvertance que la dernière partie du nom composé.

I.   27

d'un oncle d'Ahhmed, nommé *Mounganaje*, vieillard d'un esprit méchant, qui, cherchant à s'emparer du pouvoir au détriment de son neveu, ne reculait, pour y arriver, devant aucune intrigue, si odieuse qu'elle fût. Il avait commencé par feindre un zèle ardent pour les intérêts portugais : c'était un moyen de plaire à Melo, moyen superflu, sans doute, car les passions de ces deux hommes suffisaient pour les unir. Cette union eut lieu en effet, et, du moment où ils se furent entendus, le pauvre Ahhmed n'eut plus le moindre repos.

Un jour, Mounganaje entre précipitamment dans la citadelle, s'écriant que le sultan a voulu l'assassiner. L'accusation était, à n'en pas douter, sans fondement; mais elle fournit à Melo un prétexte pour envahir et occuper la ville mauire. Ahhmed ne songea pas plus à la résistance qu'il n'avait songé au crime qu'on lui imputait. Il se contenta de quitter sa demeure, et, faisant porter devant lui la bannière de l'ordre du Christ (1), il se retira au milieu des Cafres de Kilifi. Démarche imprudente, dont ses ennemis ne devaient pas manquer d'abuser!

Au récit du guet-apens dont il était victime, les Cafres, indignés, éclatèrent en menaces, et insistèrent près de lui pour le décider à reconquérir par les armes son pouvoir et son repos. Ahhmed, aimant mieux tout perdre que de faire suspecter sa fidélité, repoussa leurs propositions et s'efforça de calmer leur fureur. Mais, ses efforts étant inutiles, il leur déclara qu'il ne les suivrait pas, les suppliant de respecter

---

(1) On sait que la bannière de l'ordre du Christ flottait sur les établissements portugais, à l'est du cap de Bonne-Espérance. Le roi Emmanuel avait accordé ce privilége à l'ordre, en récompense des grands services rendus par ses membres dans la conquête des Indes orientales.

les Portugais et de n'attaquer que les habitations des Maures, complices de Mounganaje.

Cependant ceux-ci s'étaient réfugiés auprès des Portugais dans la forteresse, et les Cafres, soit qu'ils fussent arrêtés par cet obstacle, soit qu'ils voulussent obéir aux recommandations du sultan, revinrent sur leurs pas. Melo, qui épiait leurs mouvements, les atteignit pendant leur retraite, et, tombant sur eux à l'improviste, en massacra une grande partie.

Peu de jours après, le sultan rentra dans sa demeure. Son retour ne donna lieu, de la part de Melo, à aucune manifestation ; mais le silence du capitaine cachait une machination infâme. Pendant que le malheureux Ahhmed s'abandonnait à une sorte de sécurité, Melo dressait contre lui, auprès du vice-roi, une accusation circonstanciée de complot et de trahison. Le vice-roi, qui était, à cette époque, Dom Jeronimo d'Azevedo, accueillant avec trop de crédulité les impostures de son lieutenant, ordonna d'arrêter le sultan et de le diriger sur Goa : Simon de Melo Pereira, qui allait remplacer à Mombase son frère Manoel, fut chargé de l'exécution de cet ordre. Ahhmed, instruit du sort qu'on lui destinait, s'enfuit à Rabaye, lieu habité par ses esclaves, au milieu desquels il croyait être en sûreté ; mais Simon de Melo parvint soit à corrompre, soit à effrayer un certain nombre d'entre eux, et ces misérables assassinèrent leur maître ; puis ils lui tranchèrent la tête, et ce sanglant trophée fut envoyé à Goa par le nouveau capitaine de Mombase. Mounganaje recueillit alors le fruit de ses abominables intrigues ; le gouvernement fut remis entre ses mains ; mais on lui adjoignit comme collègue le gouverneur de Melinde, Mohhammed, frère du sultan si lâchement assassiné. Ce partage de l'autorité ne pouvait convenir à l'ambitieux Mounganaje. Les mêmes piéges où s'était perdu Ahhmed furent tendus à son frère, qui ne tarda pas à être, comme lui, traîtreusement égorgé (1).

Pendant que ces choses se passaient à Mombase, des événements importants avaient lieu dans la capitainerie de Mozambique, à propos des mines du Monomotapa; mais, pour en faire le récit, nous sommes obligé de revenir de quelques années en arrière.

Il a été dit précédemment que, lors de la première expédition dans le Monomotapa, l'empereur avait triomphé avec le secours des Portugais des agressions d'un de ses vassaux, le roi de Mongas. En reconnaissance des services à lui rendus dans ces graves circonstances, il avait fait donation perpétuelle de toutes les mines de son pays au roi de Portugal. Le premier août 1607, cette donation fut acceptée, au nom de son souverain, par le capitaine de Tete, Diogo Simoens Madeira, l'un des officiers qui avaient combattu pour l'empereur dans les dernières affaires. L'acte de donation portait en substance : « Que l'empereur donnait toutes les
« mines d'or, d'argent, de cuivre, d'étain, de fer et de
« plomb qui se trouvaient dans son empire au roi de Por-
« tugal, à la condition que ce prince l'aiderait de ses forces
« militaires et le reconnaîtrait pour son frère d'armes;
« que, l'année suivante, il enverrait un de ses fils, avec
« un ambassadeur, à Goa; qu'il remettait dès à présent
« aux mains de Diogo Simoens deux autres de ses fils, et

---

(1) Voyez *Asia portugueza*, par Faria y Souza, tome III, partie III, chap. III.

« qu'il lui confierait bientôt encore deux de ses filles pour
« les faire chrétiennes. »

L'occasion se présenta immédiatement d'exécuter une des clauses du traité : l'empereur se mettait en campagne contre un de ses vassaux, nommé Ancogne. Diogo Simoens Madeira l'accompagna avec ses soldats. Le rebelle fut vaincu, et le capitaine portugais revint à Tete, emmenant avec lui les deux enfants que l'empereur lui avait confiés. Ces deux jeunes princes furent instruits dans la religion catholique et baptisés, l'un, sous le nom de Dom Philippe, l'autre, sous le nom de Dom Diogo : celui-ci resta à Tete ; celui-là, sur instances de sa mère, retourna, au bout de peu de jours, auprès de ses parents.

Cependant l'empereur, s'attribuant tout le mérite des succès obtenus en commun avec les Portugais, s'imagina bientôt qu'il pourrait, avec ses seules forces, dompter ses ennemis. Mais cette présomption lui devint funeste. Son armée, étant entrée dans le royaume de Baroë, y fut mise en déroute. D'un autre côté, chez les Moungas, ses troupes furent encore vaincues, et on lui tua un fils. Enfin, un autre de ses ennemis, nommé Matouziagne, se rendit maître d'une grande partie du Monomotapa. Heureusement, il pouvait toujours, aux termes du traité, réclamer l'assistance des Portugais; il s'adressa donc au capitaine-major du Mozambique, qui était alors (1609) Nuno Alvares Pereira. Sur l'ordre qu'il reçut de ce dernier, Diogo Simoens Madeira marcha de nouveau au secours de l'empereur. Ce monarque fut rétabli dans ses États, à la suite de deux victoires remportées par les Portugais sur Matouziagne, qui perdit la vie dans la seconde rencontre.

Estevam d'Ataïde, qui avait succédé à Nuno Alvares Pereira comme capitaine-major, eut aussi l'occasion d'employer les armes portugaises contre d'autres ennemis de l'empereur du Monomotapa. Ces ennemis étaient des Cafres pillards appartenant au district de Quizinga, qui couraient le pays et causaient de grands dommages au commerce. Dans le but de les combattre avec plus de succès, peut-être aussi avec l'arrière-pensée de s'établir plus fortement dans un pays où un intérêt sérieux, l'exploitation des mines, réclamait une protection de tous les instants, Estevam d'Ataïde avait fait construire un fort dans le district de Massapa, voisin de celui de Quizinga, et y avait mis une garnison portugaise, sous le commandement de Diogo de Carvalho. Nous n'entrerons dans aucun détail au sujet des rencontres sans importance qui eurent lieu entre la garnison du fort de Massapa et les maraudeurs, dont elle était destinée à réprimer les brigandages; nous passerons immédiatement au récit d'un fait qui eut pour les Portugais des conséquences désastreuses, dont ils ne pouvaient, d'ailleurs, accuser qu'eux-mêmes. Voici ce qui se passa.

Toutes les fois qu'un nouveau capitaine-major était nommé pour le Mozambique, l'usage voulait que ce fonctionnaire envoyât un présent à l'empereur du Monomotapa. Ce présent, nullement facultatif, était comme un droit payé en échange de l'or que les Portugais retiraient des domaines de l'empereur. La quantité de ce métal qu'on en extrayait était alors considérable, et rapportait au capitaine-major du Mozambique d'énormes bénéfices, tandis que le présent que celui-ci avait à faire valait à peine 5,000 ducats.

Or, à son avénement, Estevam d'Ataïde, informé que

des ambassadeurs envoyés, peu de temps auparavant, à Nuno Alvares Pereira allaient rejoindre leur souverain, voulut profiter de leur départ, et ordonna à Diogo de Carvalho de les accompagner pour réclamer la remise des mines. Cet officier était, en même temps, chargé de porter à l'empereur la redevance obligée de tout nouveau capitaine-major.

Le commandant du fort de Massapa ne remplit que la moitié de sa mission ; il se fit remettre les mines, et revint sans faire aucune mention du présent. L'empereur, choqué de cet oubli, garda néanmoins quelque temps le silence ; puis il adressa à Carvalho des réclamations qui n'amenèrent aucune réponse satisfaisante. Alors, indigné de l'impudence avec laquelle les Portugais venaient enlever l'or de ses terres, sans se soucier de remplir les conditions du contrat, l'empereur ordonna à ses gens de faire main basse sur tous les objets apportés pour les échanges par le commerçant portugais. L'exécution de cet ordre fit perdre à ceux-ci une immense quantité de marchandises, et donna lieu à des collisions où quelques-uns d'entre eux perdirent la vie. Carvalho, furieux de la spoliation dont les Portugais étaient victimes (par sa faute cependant), eut recours, pour en tirer vengeance, à une infâme trahison. Il avait auprès de lui un grand nombre de nègres que l'empereur lui avait envoyés pour l'aider à se procurer des subsistances et à combattre les pillards de Quizinga ; il fit une alliance secrète avec ceux-ci, et une nuit, de concert avec eux, il surprit les gens du Monomotapa pendant leur sommeil, et en égorgea une grande partie. Ceux de ces malheureux qui réussirent à prendre la fuite allèrent répandre partout la nouvelle de cet horrible guet-apens, et l'horreur qu'inspirèrent l'ingratitude et la déloyauté des Portugais souleva contre eux tout le pays.

Effrayé des suites de son crime, Carvalho abandonna le fort et revint à Tete.

C'était Estevam d'Ataïde qui avait lui-même conseillé secrètement à Carvalho de ne point remettre le présent dont il était porteur à l'empereur du Monomotapa et de l'abuser par de fausses promesses. Quand il vit les fâcheux résultats dont sa duplicité était la cause première, il n'osa sévir contre son subordonné pour la trahison que celui-ci venait de commettre, et, au lieu de chercher à apaiser l'empereur, il se disposa à lui faire la guerre, et se rendit à Sena. De là, après avoir publié « qu'il était, à son grand regret, obligé de reprendre, par la force, les mines dont on le dépossédait, » il partit pour Tete, et envoya Carvalho élever un fort à trois journées au delà de cette ville; mais, ayant été informé que les Hollandais voulaient faire une troisième tentative contre Mozambique, il retourna en toute hâte à la côte, laissant à Tete, pour capitaine, Diogo Simoens Madeira. On était alors au mois de mars de l'année 1612.

Après avoir vainement attendu la flotte ennemie pendant six mois, Dom Estevam repartit pour Tete. La guerre dans le Monomotapa avait été, durant son absence, suivie de tels succès, qu'à son arrivée des envoyés de l'empereur vinrent lui proposer de cesser les hostilités et de se conformer de part et d'autre à l'exécution du traité. Toutefois l'empereur ne renonçait pas au présent qui lui avait été dénié, et demandait qu'il lui fût enfin remis. Estevam ne voulut ni voir ni entendre ces envoyés. Et, pourtant, le présent qu'on lui réclamait à si juste titre était, comme nous l'avons dit, d'une valeur minime auprès de ce que les mines pouvaient lui rapporter. Déjà, en refusant de le payer, il avait attiré aux Portugais des ennemis innombrables, il perdait tout le fruit de 50,000 ducats dépensés pour l'établissement de Massapa, il avait légitimé la spoliation ruineuse exécutée par les Cafres contre les marchands de sa nation, il se condamnait, enfin, à une guerre longue et dispendieuse. Mais la passion ne calcule pas; Estevam d'Ataïde commença cette guerre injuste. Cependant la réflexion lui fit reconnaître bientôt ce qu'il y avait eu d'insensé dans sa première détermination. Peut-être aussi voulut-il attendre des nouvelles du Portugal et de l'Inde, pour savoir comment sa conduite, dans cette circonstance, était jugée par ses supérieurs. Quoi qu'il en soit, il s'arrêta dans sa marche agressive, et, en juillet 1613, il reçut l'ordre de laisser le commandement du fort de Tete à Diogo Simoens Madeira, de remettre le gouvernement du Mozambique à Dom João d'Azevedo, frère du vice-roi, et de se rendre à Goa.

Diogo Simoens de Madeira poursuivit l'exécution des projets belliqueux d'Estevam d'Ataïde, quoiqu'il n'eût à sa disposition que cent quarante soldats portugais presque entièrement dépourvus de toutes les choses nécessaires à une pareille campagne; il avait, il est vrai, pour auxiliaires six mille indigènes pris parmi les populations soumises à la juridiction de la forteresse. Il se mit en route, avec cette armée, au commencement de septembre. Le premier ennemi qu'il résolut d'attaquer était un Cafre puissant du nom de Chomba. Celui-ci, pour contre-balancer la supériorité que donnaient à son adversaire ses fusils et deux canons qu'il traînait avec lui, avait élevé une immense fortification, qui, au dire de Faria, n'avait pas moins d'une 1/2 lieue carrée. Dans cette enceinte étaient retranchés plus de huit mille hommes. Diogo Simoens Madeira livra plusieurs assauts infructueux, et, malgré un renfort de quarante fusiliers portugais et de trois mille indigènes, qui lui fut envoyé par Diogo Pires Brandam, capitaine de Sena, il eût été arrêté indéfiniment devant cet obstacle, si l'un des Cafres assiégés désertant les siens ne fût venu dans le camp portugais, et n'eût enseigné à Simoens Madeira un endroit où l'enceinte se trouvait plus abordable. En effet, le 14 novembre, après un assaut donné sur le point désigné, l'enceinte fut emportée. Les Portugais mirent alors en déroute l'armée ennemie et forcèrent son chef, Chomba, de prendre la fuite. Diogo Simoens Madeira confia la garde de l'enceinte fortifiée à Quitambo, Cafre vassal qui avait mis au service du Portugal un grand courage et une grande fidélité.

Diogo Simoens Madeira se dirigea ensuite vers Chicova pour s'emparer des mines d'argent de ce district. Quand l'empereur du Monomotapa eut connaissance de la marche des Portugais, il fit dire à leur chef qu'il était prêt à lui remettre les mines, ainsi qu'il l'avait déjà fait une première fois, entre les propres mains de Simoens Madeira, à la condition que celui-ci renoncerait à s'y faire accompagner par des gens en armes. Le capitaine de Tete saisit cette ouverture avec empressement, et fit prier l'empereur de nommer des agents chargés de lui faire la remise des mines et de recevoir en même temps une valeur de 4,000 ducats en étoffes pour le présent dont on lui était redevable. Ainsi fut terminé, par la sagesse et la modération de cet officier, un différend qui ne s'était élevé que par suite de la mauvaise foi d'Estevam d'Ataïde. Tout parut, d'ailleurs, réglé à la satisfaction générale, et le capitaine portugais, aux applaudissements de la population de Chicova, fut mis, le 8 mai 1614, en possession des mines de ce territoire, par Ignanchangue, cousin de l'empereur. Simoens Madeira y fit aussitôt commencer la construction d'un fort, pour mettre ses gens en sûreté. Il contracta ensuite une alliance avec un Cafre puissant, qui lui avait offert son amitié et qui créa aux Portugais des relations fort utiles avec ses vassaux. Ce Cafre se nommait *Sapoë*, et le territoire qui lui était soumis, *Bororo*.

Cependant, après avoir donné toutes les preuves possibles de bon vouloir, l'empereur du Monomotapa en vint à regretter d'avoir fait donation des mines de Chicova, et, lorsque le moment fut arrivé d'en signaler les gisements, il eut recours à des ruses et à des détours qui ne tardèrent pas à indisposer ses alliés contre lui. Sur ces entrefaites, une discussion s'étant élevée entre un Portugais et un Cafre, il s'ensuivit une lutte dans laquelle ce dernier fut tué. Ce fatal événement détermina un soulèvement général des populations environnantes, et la guerre se ralluma, au grand contentement de l'empereur.

Dans le courant du mois de mars 1615, une armée de près de dix mille Cafres vint assaillir le fort, défendu seulement par quarante Portugais. Simoens Madeira, qui était parti pour Tete quelque temps avant ces événements, revint, avec ses troupes, au moment où l'ennemi tentait un dernier assaut avec une furie incroyable, qu'augmentait, à chaque instant, l'espoir du succès. Cet espoir fut déçu et anéanti par une éclatante défaite. Après sa victoire, Simoens Madeira réussit, en employant la menace, à se faire donner des renseignements exacts sur les lieux où étaient les mines d'argent. Les fouilles qui y furent pratiquées ayant eu un résultat satisfaisant, il put envoyer en Portugal de beaux échantillons, qui, de là, transportés à Madrid, y mirent en émoi toutes les imaginations.

Mais la conquête si heureusement effectuée par Diogo Simoens Madeira se trouva bientôt compromise. Les maladies occasionnées par les chaleurs excessives de ce climat décimèrent la forte garnison de Chicova. Les soldats étaient emportés en quelques jours et mouraient désespérés de se voir, à leur dernière heure, privés des sacrements (1). Ce n'est pas tout : à ce premier fléau vint s'en joindre un autre non moins terrible, la famine. Pour échapper à ce double péril, les Cafres qui servaient dans le fort s'enfuirent, et leur absence, au lieu de diminuer la détresse, l'augmenta, car seuls ils pouvaient procurer des vivres à la garnison. Les hommes qui survivaient ne soutenaient plus leur débile existence qu'en mangeant un petit fruit tellement âpre, qu'ils étaient obligés, pour l'avaler, de le saupoudrer de cendre. Plusieurs fois, avant d'en être réduit à cette extrémité, Diogo Simoens avait fait savoir au vice-roi que, s'il ne recevait de prompts secours, il serait obligé d'abandonner la conquête; mais on avait mis peu d'empressement à répondre à ces demandes. Néanmoins les approvisionnements seraient encore arrivés à temps, s'ils n'avaient été arrêtés à

---

(1) A cette occasion accourut de Sena, pour remplir son pieux ministère, le frère João dos Santos, religieux de l'ordre de Saint-Dominique, connu pour un livre curieux qu'il a écrit sur l'Afrique orientale.

Mozambique par suite du calcul le plus infernal que l'envie puisse inventer.

L'ouvidor Francisco de Fonseca Pinto venait d'être envoyé dans cette île, pour y déposséder de la capitainerie Ruy de Melo e Sampayo, que ses excès y avaient rendu odieux à tous; il était en outre, chargé d'accompagner les vivres et instruments d'exploitation destinés, par le gouvernement central, à la garnison de Chicova, et de les conduire jusqu'au fort. Il devait aussi s'assurer de l'existence réelle des mines, dont, à ce qu'il paraît, on doutait encore. Malgré les avis répétés de Diogo Simoens, qui l'instruisait du triste état où l'établissement se trouvait, Fonseca Pinto, qui nourrissait contre le capitaine des sentiments d'envie et de haine, s'arrangea de manière à perdre trois mois à Mozambique. A Tete, il reçut de Diogo Simoens une dernière dépêche, qui le rendait responsable de la perte de la conquête : il y répondit par un arrêt de confiscation lancé contre les terres appartenant à cet officier; puis il en envahit une partie à main armée, les livra au pillage et enleva les esclaves, qu'il fit vendre à Sena. Il défendit ensuite aux habitants de Tete, sous peine de mort, d'avoir aucune communication avec la garnison de Chicova et de la secourir. D'un autre côté, il envoya dire à l'empereur du Monomotapa qu'il pouvait courir sus à Diogo Simoens Madeira, accusé d'avoir, sans ordres du vice-roi, envahi les mines comme un bandit de grand chemin. Enfin il se mit en route pour Chicova, se faisant précéder par des affidés qui devaient s'assurer, par ruse, du malheureux capitaine.

Mais celui-ci, pressentant qu'on en voulait à sa vie, se tint éloigné du fort. L'ouvidor, informé de cette absence, et quoique très-près du fort, revint sur ses pas sans avoir communiqué avec la garnison, sans lui envoyer aucun secours, sans même visiter les mines, comme il en avait reçu l'ordre. Diogo Simoens, voyant l'infâme trahison dont il était victime, se décida à évacuer le fort, et revint à Tete, versant des larmes de douleur, moins à cause de sa conquête perdue que pour le déshonneur que faisait rejaillir sur son pays le misérable acharné à sa ruine. En arrivant à Marenga, il trouva un édit de l'ouvidor, qui lui enjoignait de se présenter, sous neuf jours, à Sena, pour rendre compte de sa conduite. Fonseca Pinto croyait encore Diogo Simoens au fort de Chicova ; quand il apprit que le capitaine revenait à Tete, il envoya deux mille Cafres se mettre en embuscade pour l'attendre sur le chemin et le tuer à son passage, et il se trouva un Portugais qui accepta le commandement de cette troupe d'assassins. Toutefois ceux-ci craignirent de commettre le crime dans un pays où l'homme qu'ils voulaient égorger s'était acquis une grande influence et pouvait, s'il échappait à leurs coups, leur faire un mauvais parti ; ils le laissèrent donc passer sain et sauf, et Diogo Simoens, instruit du péril auquel il avait failli succomber, se réfugia à Ignambanzo, dans une terre qui lui appartenait.

Fonseca Pinto rendit alors un jugement qui déclarait Diogo Simoens Madeira rebelle, pour avoir abandonné le fort de Chicova ; puis il se disposa à partir pour l'Inde. Mais, voulant que, même après son départ, sa victime ne pût rester en repos, il écrivit à l'empereur du Monomotapa de poursuivre Diogo Simoens jusque dans la retraite où il se croyait en sûreté. Chassé de ce dernier asile, celui-ci finit par rentrer à Tete. Sa perte était accomplie.

Ainsi se termina la seconde conquête des mines du Monomotapa : la première avait causé la mort de Barreto ; la dernière ravit à Simoens Madeira tout ce qui fait qu'on ne veut pas mourir, honneurs, considération, richesses.

Nous avons extrait le récit qui précède de l'ouvrage de Faria, le seul historien que l'on puisse consulter pour les faits de cette époque ; malgré les lacunes et les obscurités qu'il présente, il montre à quel degré d'abaissement les caractères étaient descendus chez les conquérants de l'Inde, et combien ces maîtres de l'Orient, qui ne savaient pas défendre leurs meilleurs capitaines contre la jalousie et l'intrigue, offraient une proie facile à leurs nombreux ennemis. Parmi ceux-ci se trouvait depuis peu Abbas, Chah de Perse. Déjà ce prince avait, en 1615, fait une démonstration contre le fort de Comoran (Gambroun), sous prétexte d'un tribut non payé. Abbas cherchait une occasion de déclarer la guerre. Il avait toujours vu d'un œil de convoitise le brillant royaume d'Hormouz, et depuis longtemps il en rêvait la conquête. En 1620, d'autres démonstrations hostiles eurent lieu de sa part ; mais la plus grave fut l'alliance offensive qu'il contracta avec les Anglais, qui, sans être en guerre avec le roi d'Espagne, avaient eu déjà des collisions avec ses vaisseaux sur la côte de l'Inde. Cette alliance donnait au Chah de Perse les forces maritimes qui lui manquaient, pour qu'il pût diriger avec fruit ses agressions contre les établissements portugais ; aussi poursuivit-il, dès lors, avec acharnement une guerre dont l'issue pouvait satisfaire son ambition. Dès cette même année 1620, les confédérés canonnèrent le fort de Queixome (Kéchm'), que faisait construire Ruy Freire d'Andrade. Cette première attaque ne fut suivie d'aucun résultat ; ce ne fut que deux ans plus tard qu'ils réussirent à s'en emparer, malgré la courageuse défense faite par le même capitaine.

Mais Hormouz était la proie convoitée, et tout succès importait peu tant qu'Hormouz n'avait pas été conquise. Aussi le siége fut-il bientôt mis devant cette ville, et poussé avec énergie. Ses défenseurs n'ayant pas su opposer aux assaillants la fermeté et le courage dont Ruy Freire avait donné l'exemple dans Queixome, Hormouz fut bientôt emportée et à jamais perdue pour le Portugal, qui n'eut pas même, dans cette circonstance, la consolation de voir ses capitaines vaincus se retirer l'honneur sauf.

La perte d'Hormouz devait avoir, pour les Portugais, des suites fort graves. Placée dans une admirable situation commerciale, Hormouz, que la nature avait traitée en marâtre, était la plus étonnante création qui soit jamais sortie des efforts combinés du commerce et de l'industrie humaine. L'un et l'autre avaient fait de ce bloc de sel et de sable, sans végétation et sans eau, le plus merveilleux joyau que jamais prince d'Orient ait attaché à sa couronne; mais c'était peu que la perte de tant de merveilles et de richesses; c'était peu que celle d'un point commercial sans pareil : comme position politique et militaire, Hormouz était d'une bien autre importance ; elle tenait en échec à la fois, au nord, les côtes de la Perse; à l'ouest, au fond du golfe, les ports dépendants de la Turquie; dans le sud, l'Omân. Mais cette place enlevée au Portugal, une double conséquence se produisait : en même temps que la situation des autres possessions portugaises dans ces parages devenait précaire, les populations voisines, dont l'essor avait été jusque-là comprimé, acquéraient une plus grande liberté d'action. C'est ainsi que furent amenées et la chute de la forteresse de Mascate par l'Imam d'Omân, et la prépondérance des Arabes de ce pays non-seulement dans le golfe Persique, mais encore, ainsi qu'on le verra bientôt, à la côte orientale d'Afrique.

En faisant un récit lamentable de la perte de leur belle colonie, les historiens portugais et espagnols semblent avoir cherché un soulagement à leur douleur dans des récriminations contre les hommes qui ont figuré au milieu de ces événements. Ils ont accusé la lâcheté des uns, l'insouciance des autres, les mauvaises passions de tous; l'insolence des Anglais contre les Portugais à Surate, la duplicité d'Abbas-Shah; que savons-nous encore? des retards apportés aux secours par des accidents de mer. Pauvres raisons, dont se payent l'orgueil et l'imprévoyance des peuples! Il ne faut jamais attribuer à de petites causes les grands événements. Les Portugais étaient partout ce que les avaient faits la nature de leur conquête et leur manière de l'exploiter. De Sofala au fond de l'Indo-Chine, l'esprit des conquérants était le même, et les mêmes faits se produisaient; fautes semblables et semblables désastres. Et, vraiment, les personnalités devraient disparaître lorsqu'on raconte la décadence d'un empire puissant, sous peine de faire de la chronique et non de l'histoire. Si les malheurs des maîtres de l'Inde, comme leurs crimes, n'eussent pas tenu à des causes générales qui, un peu plus tôt, un peu plus tard, auraient fatalement agi, malheurs et crimes se seraient individualisés et localisés; mais ils éclataient et étaient commis partout. Les faits accomplis dans des contrées diverses pourraient, jusqu'à un certain point, être dépeints par les mêmes récits, en changeant seulement le nom des lieux et celui des personnes. L'histoire a sa logique, et, avec des prémisses identiques, elle conclut toujours de la même manière.

Revenons maintenant à la côte d'Afrique.

Ahhmed, le premier des sultans melindi de Mombase, avait laissé un fils du nom de Youceuf. Après la mort tragique de son père, cet enfant, alors âgé de sept à huit ans, fut envoyé à Goa et confié aux religieux de Saint-Augustin, pour être élevé dans les principes du catholicisme. Baptisé en 1627, sous le nom de *Dom Geronimo Chingoulia*, il écrivit, à cette époque, une lettre de soumission au souverain pontife. Il semblerait, d'après Faria, qu'il aurait été, dans cette même année, appelé à la sultanie de Mombase; mais la chronique arabe déjà citée par nous affirme textuellement que son élection eut lieu le samedi 7 de moharrem de l'an 1040 de l'hégire, c'est-à-dire, le 25 août 1630. Après son père avait régné, pendant un temps fort court, comme nous l'avons raconté, son oncle Mohhammed, gouverneur de Melinde, que les machinations de son collègue Mounganaje conduisirent à la mort. Ce qui se passa depuis ce dernier fait jusqu'à l'avénement de Youceuf, l'histoire ne le mentionne pas. Ce qu'il nous est permis de présumer, c'est que les excès commis par les Portugais contre les sultans de Mombase durent continuer; du moins, savons-nous que, dès son entrée au pouvoir, le jeune sultan (il avait vingt-trois ou vingt-quatre ans) eut à subir les mêmes avanies et les mêmes persécutions que ses prédécesseurs. Le capitaine de la forteresse était alors Pedro Leytam de Gamboa.

La foi de Geronimo Chingoulia était-elle sincère? ou n'avait-il fait acte de chrétien qu'afin d'obtenir le pouvoir qu'il ambitionnait? ou bien rêvait-il dès lors quelque terrible vengeance, dont il prévoyait les difficultés et préparait d'avance les moyens? On l'ignore!....... La conscience a de mystérieuses profondeurs où se cachent aussi bien les grandes passions que les petits calculs, et, pour décider si un homme a une âme vulgaire ou un grand caractère, il faut attendre que les circonstances lui aient permis de se révéler tout entier.

Si nous en croyons l'auteur de la chronique de Mombase, « quand Youceuf eut en main le pouvoir, il gouverna très-tyranniquement; il força le peuple à manger de la chair de porc, et il fut méchant et infidèle, etc. » Était-ce un rôle que jouait Youceuf en exerçant et autorisant de pareilles vexations? Il faudrait avouer alors qu'il ne négligeait rien pour paraître sincère, et une telle duplicité fait horreur. Mais, dans l'intimité de sa vie privée, comme nous l'apprennent les documents portugais, il rendait au souvenir de son père ce culte fervent qui dénote la noblesse des sentiments. Il avait coutume de visiter souvent le tombeau où reposaient les restes d'Ahhmed et, en offrant à cette dépouille vénérée le tribut de ses larmes, d'accomplir, quoique catholique, des cérémonies funèbres selon l'ordre prescrit par la religion musulmane. Quelle révélation sortit pour lui de cette tombe? Ces ossements mutilés lui racontèrent-ils seulement la triste destinée de son père comme une prophétie de celle qui l'attendait? ou lui inspirèrent-ils l'idée de la vengeance comme un devoir imposé à sa piété filiale? ou plutôt, enfin, allait-il épancher, dans l'enceinte funéraire, le secret longtemps gardé dans son cœur, et dire à l'ombre paternelle de patienter encore?... Dieu le sait! Mais les représailles accomplies par lui furent bien terribles et bien complètes, pour qu'il ne les eût pas longtemps méditées.

Un jour que Youceuf rendait aux mânes de son père l'hommage accoutumé, son secret fut surpris par un Portugais. Cet homme, qui soupçonnait le sultan de n'être chrétien que de nom, l'épiait depuis quelque temps : il informa aussitôt de ce qu'il venait de découvrir le capitaine Gamboa. Celui-ci lui répondit qu'il ferait arrêter le renégat et l'enverrait à Goa. Le délateur, soit indiscrétion, soit remords, s'empressa d'aller avertir Chingoulia du projet du capitaine. Le rusé sultan accueillit cette révélation avec de grandes protestations de reconnaissance : mais, redoutant que l'exécution du plan arrêté, à l'instant même, dans sa pensée ne fût entravée par quelque nouvelle indiscrétion qui éveillerait les soupçons de Gamboa, il fit suivre et égorger secrètement par des hommes sûrs l'imprudent donneur d'avis.

Ce premier pas fait, Youceuf n'hésite plus : il précipite l'exécution de ses desseins et marche au sinistre dénoûment avec la rapidité de l'homme qui sait que pour lui il n'y a plus de lendemain. Il assemble à la hâte trois cents Cafres dévoués, les arme et s'introduit avec eux dans la forteresse, sous prétexte de faire une visite au capitaine qui la commandait. La garnison et son chef, sans défiance, se laissent surprendre. Tandis que les Cafres se jettent sur les gardes et les frappent sans merci, Youceuf poignarde Gamboa de sa main. L'épouse et la fille du capitaine, le prêtre même qui leur disait en ce moment la messe, tombent, au pied de l'autel, sous les coups des meurtriers. Enfin le jeune sultan reste maître de la place.

Mais le sang déjà versé exalte la rage des assassins : ils envahissent la ville portugaise, la livrent aux flammes et massacrent impitoyablement tous ceux qu'ils peuvent atteindre.

Les Portugais qui échappèrent au fer et à l'incendie coururent se réfugier dans le couvent des Augustins, s'y renfermèrent et s'y défendirent pendant sept jours. Alors Youceuf leur fit promettre la vie sauve, s'ils voulaient sortir sans armes. Rien n'arrêtait cet homme. Pour assouvir sa vengeance, qu'était un parjure de plus? Sur la foi de sa parole, les malheureux quittèrent leur refuge, et il les fit, sans pitié comme sans honte, tuer à coups de flèches. Femmes, enfants, prêtres, religieux, tous furent immolés, et tout ce qui servait au culte sacré, chapelles, vases, saintes images, fut profané et détruit.

L'œuvre sanglante achevée à Mombase, Youceuf, après avoir répudié hautement le titre de chrétien, qu'il avait, disait-il, porté si longtemps comme un odieux fardeau, se hâta d'instruire les cheikhs ses voisins de ce qu'il venait d'accomplir, et les engagea à se débarrasser, ainsi qu'il l'avait fait, de tous les Portugais qui se trouvaient dans leurs domaines. Les cheikhs de Montangante (M'tanggata), de Tanga (Tanggata) et de Motone (1) s'empressèrent de suivre et son exemple et ses avis. Les autres lui envoyèrent des secours.

---

(1) Parmi les localités voisines de Mombase, nous ne connaissons aucun nom qui puisse être assimilé à celui que nous annotons. Le seul connu de nous qui s'en rapprocherait serait M'toni, lieu situé sur la côte ouest de Zanzibar, mais qui n'a jamais dû être assez important pour avoir d'autre chef que celui de l'île même.

A la nouvelle des funestes événements de Mombase, le vice-roi dom Miguel de Noronha, comte de Linhares, fit préparer une galère, une patache et quatorze autres petits bâtiments, parmi lesquels étaient sept galiotes : le tout monté par cinq cents Portugais. Il nomma son fils major de cette flotte, et en confia le commandement à Francisco de Moura, homme éprouvé, qui avait déjà servi dans l'Inde et au Brésil. La flottille quitta Goa au milieu de décembre 1631. Le 2 janvier de l'année suivante, elle toucha à Ampaza, où l'on apprit de quelques Portugais tout ce qui s'était passé depuis la révolte de Chingoulia. Le 10, la flottille entra dans le port de Mombase ; là vinrent se joindre à elle trois bâtiments, avec cent hommes envoyés de Mascate par Ruy Freire d'Andrade. Il vint aussi, d'autres endroits, quelques navires, qui portèrent le nombre des combattants à huit cents, marins et soldats. Mais ces forces avaient devant elles des ennemis nombreux et paraissant disposés à se défendre vigoureusement dans la forteresse où ils s'étaient établis. Francisco de Moura commença par débarquer son monde, opération qui fut difficile à cause de la grosse mer. Le 11, il alla, avec le fils du vice-roi, dans le canot de la galère, reconnaître la passe de M'coupa, près de laquelle il fit mouiller des navires destinés à intercepter le passage de la terre ferme sur l'île ; il en plaça d'autres à l'entrée du port pour empêcher la fuite de l'ennemi et l'arrivée des secours par mer ; enfin il fit mettre à terre le matériel nécessaire pour un siége. Dès les premiers instants de son arrivée il s'était emparé de deux bâtiments que le sultan avait préparés pour sa fuite en cas de défaite.

Ces préliminaires accomplis, le commandant de l'expédition, se croyant sûr d'un prompt succès, expédia à Mozambique une lettre destinée au roi d'Espagne, dans laquelle il promettait de recouvrer en peu de temps la forteresse perdue.

Mais l'homme propose, et la fortune décide : elle refusa, dans cette circonstance, de faire honneur, aux engagements de Francisco de Moura. Après trois mois d'un siége très-meurtrier pour les Portugais, désespérant du succès et jugeant que pour l'obtenir il fallait des forces plus considérables, il prit le parti de rembarquer son monde, pour ramener la flottille à Goa. Or on était, en ce moment, au milieu de mars, et plus de deux mois devaient s'écouler avant le mauvais temps ; aussi Francisco de Moura fut-il, par la suite, accusé de s'être trop hâté. Quoi qu'il en soit, dès que sa décision fut arrêtée, il s'occupa des préparatifs du départ. Mais l'ennemi, ayant été averti de ce qui se passait par un déserteur, fit braquer un canon sur l'aiguade, et rendit très-difficile aux Portugais l'approvisionnement d'eau nécessaire pour le retour de la flottille dans l'Inde ; de sorte que les derniers bâtiments ne purent prendre la mer qu'à la fin de mai. Deux navires, ayant à bord quelques soldats et des gens de Zanzibar, restèrent au mouillage extérieur pour bloquer le port : l'un commandé par Pedro Rodrigues Botelho, l'autre, par André de Vasconcellos. Ils étaient chargés de garder la côte et d'empêcher les assiégés de recevoir aucun secours. Les capitaines, dès qu'arriveraient les gros temps de la mousson, qui ne permettent pas de rester à l'ancre devant le port, devaient, d'après leurs instructions, se réfugier l'un à Patta, l'autre à Zanzibar. Cependant Botelho et de Vasconcellos ayant, on ne sait pour quelle raison, abandonné leurs navires, ceux-ci furent enlevés par les gens de Mombase. Le sultan, qui pensait bien que les Portugais reviendraient à la charge, et qu'il ne pourrait pas résister à une nouvelle attaque, résolut de mettre à profit, pour prendre la fuite, le moyen inespéré que la fortune lui offrait. Il transporta donc à bord des deux prises portugaises toute l'artillerie de la citadelle, la démantela, détruisit la ville maure de fond en comble et rasa tous les arbres à fruit; enfin, après avoir promené partout le fer et la flamme, il s'embarqua avec toutes ses richesses, et, accompagné de quelques Maures et de quelques esclaves, il se dirigea vers les côtes de l'Arabie, où il visita successivement Kechen, Chaël (Chehheur) et Aden.

Pendant deux mois après le départ de Youceuf, l'île de Mombase ne fut qu'un désert silencieux, où ne s'élevait que cette mystérieuse voix des ruines qui donne aux hommes de si austères et souvent de si inutiles leçons.

Enfin quelques Maures informèrent Pedro Rodrigues Botelho, alors à Zanzibar, des faits qui venaient de se passer à Mombase. Il s'y rendit aussitôt, reprit possession de l'île, et commença à relever de ses décombres la forteresse et la cité qui, tant de fois déjà, avaient accompli de si lugubres destinées.

En 1656 (Rezende dit à la fin de 1655), l'ex-sultan de Mombase, après avoir erré quelque temps sur les rivages de l'Yémen, vint chercher un refuge à Madagascar, où il se concilia la faveur du sultan de Masselege (1) et de quel-

(1) Il s'agit de la baie de Bouéni, côte ouest de Madagascar, où était établie une colonie d'Arabes venus de différents points de l'Afrique orientale, et particulièrement de Patta.

ques Maures originaires de Patta. Dès que les Portugais de Mozambique eurent connaissance de ce fait, ils résolurent d'aller attaquer l'auteur abhorré de la catastrophe de Mombase. Ils armèrent deux navires et quelques barques, sur lesquels montèrent soixante soldats portugais et cent dix Cafres. L'expédition était commandée par Roque Borges, qui avait sous ses ordres les capitaines Andre Borges et Antonio de Oliveiro.

Le 17 mai, cette petite troupe de vengeurs fit une descente sur la côte malgache et se porta vers l'enceinte fortifiée où s'était retiré Youceuf. Mais les assiégés étaient nombreux, et de plus ils occupaient une position inexpugnable. Cette dernière circonstance se rencontra fort à propos pour couvrir l'honneur des assaillants, qui furent obligés de se retirer sans avoir pu mettre la main sur le renégat Dom Geronimo Chingoulia. En revanche, ils brûlèrent quelques bateaux et de misérables villages, égorgèrent de malheureux noirs qui n'étaient pour rien dans le massacre de Mombase, emportèrent, pour trophée, des agrès, des munitions (1) sur les barques incendiées; et, comme ils rentrèrent à Mozambique avec ce butin, la vanité portugaise put se déclarer satisfaite de ce dénoûment, quoique le but de l'expédition eût été manqué.

Après ce dernier épisode, nous ne trouvons, dans Faria y Souza, dont le récit se termine avec l'année 1640, rien qui ait rapport à la côte orientale d'Afrique.

Ce qui arriva à la suite de la reprise de Mombase est résumé dans une inscription qui existe encore de nos jours

---

(1) C'était une partie des canons que Youceuf avait enlevés à la forteresse de Mombase.

au-dessus de la porte de la forteresse de l'île (1). Il paraît, d'après cette inscription, qu'en 1635, le capitaine-major Francisco de Sexas e Cabra releva la forteresse; qu'il réduisit la côte de Melinde, soulevée à la voix de Youceuf; qu'il rendit tributaires les cheikhs d'Otondo, de Mandra, de Louziva et de Jaca; enfin qu'il châtia Patta, dont les murailles furent rasées, Pemba et toutes les populations rebelles, livrant au supplice, sous sa responsabilité, les gouverneurs révoltés.

Rezende nous apprend, en outre, qu'à cette époque, la ville maure de l'île Mombase n'avait pas encore été repeuplée; il n'y existait qu'un seul habitant, du nom de Faquevalle (2), que le vice-roi nomma gouverneur du territoire de Mombase et de Melinde, à cause de son origine et de sa fidélité envers les Portugais : tous ses coreligionnaires, s'étant trouvés compromis dans la révolte de Youceuf, avaient pris la fuite après le départ de celui-ci. La population portugaise était aussi, comme on le pense bien, très-bornée, par suite du massacre général opéré précédemment, et vu le peu de temps écoulé depuis la reprise de possession. Le vice-roi fut donc obligé de faire venir de Patta et de Zanzibar une vingtaine de Portugais mariés pour peupler (3) la ville à mesure qu'on la réédifiait.

La sanglante expédition exécutée contre les villes de la côte de Mombase assura pour un certain temps leur sou-

(1) Voir appendice, pièce n° 3.
(2) Probablement Feki-Ali.
(3) C'est peut-être à cette époque que les Ouakilindini, tribu précédemment établie sur la terre ferme, se transportèrent sur l'île, avec l'autorisation des Portugais, fait dont il sera parlé dans la relation. (Voyez IIe partie, chap. xxiii.)

mission. Mais on comprendra aisément qu'elle restât précaire, si l'on se rappelle que la domination portugaise était alors partout ailleurs en décadence, et que cet état de choses devait, sur les points où elle existait encore, surexciter les désirs de rébellion. Avant d'entreprendre le récit de ce qui eut lieu ultérieurement à la côte orientale d'Afrique, arrêtons-nous un moment pour faire un résumé de l'état où était cette contrée lorsqu'elle passa sous la souveraineté des Portugais, et donner une idée générale de l'organisation de celle-ci à l'époque où Rezende écrivit son traité.

Quand les Portugais abordèrent à la côte orientale d'Afrique, ils y trouvèrent les établissements arabes dans une situation dont quelques-uns des documents examinés par nous dans le livre précédent ont pu déjà donner l'idée. Les récits d'Ibn-Bathouta ont surtout édifié le lecteur au sujet des villes de Moguedchou et de Kiloua. Si l'on en juge d'après certains détails de la chronique de ses sultans, Kiloua avait, à la fin du XVe siècle, perdu une partie de ses anciennes dépendances; mais, sous le rapport politique et commercial, cette ville était encore fort importante : elle comptait parmi ses possessions, Mozambique, si riche d'avenir, et Sofala, le comptoir le plus productif de toute cette partie du continent africain. Du reste, le développement successif de toutes les localités de second ordre créées par l'initiative des cités mères avait été la principale cause de l'amoindrissement de celles-ci. Dès qu'un centre de population s'était formé, il voulait vivre de sa vie propre et ne dépendre que de lui-même. C'est ainsi que l'État de Kiloua avait perdu, entre autres points, l'une de ses principales annexes, l'île de Zanzibar, dont le cheikh avait pris le titre de sultan. Cette dernière, Mombase, Melinde et Kiloua paraissaient être, lors de la venue des Portugais, les localités les plus considérables de la côte.

Mais, dans tous les lieux où étaient établis des Arabes ou des descendants d'Arabes, il existait des signes manifestes d'une certaine prospérité. Mozambique, qui eut l'honneur d'être le premier point visité par Gama, Mozambique, quoiqu'elle ne fût encore qu'un établissement de troisième ordre, pouvait déjà causer quelque surprise aux Portugais. Les maisons des habitants étaient en bois; mais au-dessus d'elles s'élevaient des mosquées, et la maison du cheikh, bâties en pierre, et, quand l'amiral vit venir au-devant de lui ce cheikh vêtu de soie et de velours brodés d'or, chaussé de sandales de soie, armé du sabre et du poignard, accompagné d'une suite nombreuse de Maures richement habillés eux-mêmes, marchant au son de divers instruments de musique, il dut comprendre le dédain avec lequel furent accueillis les modiques présents qu'il offrait à son hôte. Les Portugais s'étaient imaginé trouver au delà du cap de Bonne-Espérance des peuplades sauvages, semblables à celles qu'ils avaient rencontrées sur la côte occidentale du même continent; ils étaient détrompés. Ce fut bien autre chose lorsqu'ils mouillèrent devant Mombase! Il y avait dans le port un grand nombre de petits bâtiments de commerce, et l'île, riche en productions de toutes sortes, était couverte de vergers plantés de cocotiers, de grenadiers, de figuiers d'Inde, d'orangers et de citronniers. La ville était grande; la plupart des maisons, bâties en pierre, avaient forme de celles d'Espagne, avec des plafonds de plâtre travaillés en compartiments. Dans ses rues, fort belles, circulaient de nombreux piétons et d'adroits cavaliers, tous brillamment parés. Les femmes s'y faisaient remarquer par le luxe et l'élégance de leurs vêtements, qui étaient en soie, enrichis d'or et de pierres précieuses. Mombase recevait du continent une grande quantité d'ivoire, de cire et de miel.

A Melinde, nouveau sujet d'étonnement! Les Portugais, dit l'histoire, y admirèrent la beauté des rues, la régularité des maisons, bâties en pierre, à plusieurs étages, avec des plates-formes et des terrasses au sommet. La ville était peuplée d'Arabes possédant de spacieuses habitations, se piquant d'élégance et de politesse, vêtus de soie ou de fines étoffes de coton, portant des sabres et des poignards travaillés avec assez d'art et de goût. Les femmes, comme à Mombase, s'y distinguaient par la richesse de leur parure, et de plus elles étaient fort belles; aussi disait-on sur toute la côte : « femmes de Melinde, cavaliers de Mombase. » Melinde comptait aussi, dans sa population flottante, beaucoup de marchands du Cambaye et de Gouzerate, qui venaient chercher de l'or, de l'ambre, de l'ivoire, des résines et de la cire en échange des épices, du cuivre, du mercure et du calicot qu'ils apportaient de l'Inde. La campagne qui s'étendait derrière la ville était couverte de cocotiers et d'autres arbres donnant d'excellents fruits; le bétail, la volaille et les céréales y abondaient.

Gama avait éprouvé une grande joie de trouver une ville qui ressemblait à celles de sa patrie; il se sentit plus heureux encore quand il se vit accueilli avec une bienveillance et une cordialité inespérées par les principaux personnages du pays, dont l'aspect ne pouvait manquer de produire une vive impression sur lui et ses compagnons. En effet, lorsque ia flotte fut visitée par le fils du cheikh de Melinde, ce prince était dans sa barque, assis sur un beau fauteuil ; une longue robe de damas cramoisi doublé de satin vert couvrait ses autres vêtements, une riche écharpe était élégamment roulée en forme de turban autour de sa tête; vingt Maures ou Arabes somptueusement vêtus formaient sa suite, et l'un d'eux, debout à son côté, portait dans ses mains une magnifique épée à fourreau d'argent. En même temps, à mesure que les barques qui amenaient les visiteurs circulaient entre les navires, divers musiciens faisaient retentir l'air du son de leurs instruments.

Nous rappelons toutes ces particularités pour prouver l'opulence des villes auxquelles elles se rapportent et le degré de civilisation relative qu'elles avaient atteint. Du reste, la plupart des autres villes de la côte étaient, à des nuances près, aussi prospères. L'histoire des premières années de la conquête témoigne hautement de l'état florissant de Sofala, de Zanzibar, de Lâmou, de Patta, d'Oja, de Jaca, de Braoua. Meurka manque à cette nomenclature, et les Portugais paraissent ne l'avoir pas connue; du moins n'est-elle mentionnée par aucun de leurs historiens. Quant à la ville de Moguedchou, Vasco da Gama, revenant de son premier voyage à Calicut, la rangea d'assez près pour distinguer qu'elle était grande et fort belle, qu'elle avait une ceinture de murailles et des édifices remarquables, enfin qu'un nombre considérable de bateaux étaient mouillés dans son havre. Nous avons dit que, plus tard, lorsque Tristam da Cunha se présenta devant cette ville, avec l'intention de la soumettre ou de la détruire, il la trouva dans des conditions de défense assez imposantes pour qu'il jugeât prudent de renoncer à son projet.

Ce qui manquait à tous les établissements arabes de l'Afrique orientale, c'était une force militaire organisée; mais il ne faut pas oublier qu'ils ne devaient pas leur origine à la conquête : fondés par des marchands ou des proscrits, ils s'étaient développés peu à peu par l'action lente, mais sûre du commerce, presque toujours sans violence et du consentement des indigènes, souvent même avec leur concours. Aussi n'avaient-ils jamais eu à redouter que les jalouses compétitions qui les armaient les uns contre les autres, et les irruptions faites à de rares intervalles par certaines peuplades sauvages de l'intérieur. Contre de tels ennemis, quelques pans de muraille, de médiocres mousquets, l'arc, les flèches et la sagaie étaient de suffisants moyens de défense. Grâce, d'ailleurs, aux allures pacifiques de ces colonisateurs sans nom comme sans désir de gloire, l'union des races avait pu se faire dans la zone voisine de la côte, favorisée en outre, jusqu'à un certain point, par quelques heureux résultats de propagande religieuse. Ainsi le Cafre, l'Africain, dont le caractère a beaucoup plus d'affinités avec l'Arabe qu'avec l'Européen, s'était habitué à voir sans défiance circuler dans ses domaines, s'avancer même bien loin dans l'intérieur, les petits-fils des émigrés du Yémen et de l'Omân. Bref, toutes ces circonstances avaient amené, entre les colons et les indigènes, des relations solides et un vaste système d'échange, qui, par mille et mille canaux, faisait affluer les esclaves, l'or, l'ivoire et les autres productions du continent vers la côte, le long de laquelle la mer était sillonnée de barques innombrables, faisant escale aux villes mentionnées plus haut, que ce trafic ne cessait d'enrichir.

Aussi, quand les Portugais eurent sous les yeux un aperçu du tableau vivant et animé qu'offrait cette activité commerciale et de la prospérité qu'elle avait engendrée, conçurent-ils le désir de déposséder les Arabes de ce magnifique monopole et de se substituer à eux pour l'exploiter. Une double raison devait encore leur rendre précieuse la possession des établissements qu'ils venaient de découvrir : c'était, d'une part, la situation de la côte orientale d'Afrique sur la route de l'Inde; de l'autre, la richesse des gîtes aurifères du Sofala. Trouver à la fois un lieu de repos et de ravitaillement pour les flottes du Portugal, qui avaient à faire la longue traversée d'Europe en Asie, et un pays dont la fécondité de ses mines avait rendu depuis longtemps le nom célèbre, même à la cour de Lisbonne, il n'en fallait pas tant pour décider celle-ci à une conquête qui lui parut, avec raison, exempte de grandes difficultés. Cette conquête fut le but de l'expédition de Dom Francisco d'Almeïda, premier vice-roi de l'Inde. Nous avons fait le récit de ses rapides victoires et dit comment des forteresses avaient été construites à Kiloua et à Sofala, et que celle de Kiloua ayant été bientôt abandonnée, Sofala était alors devenu, au double point de vue hiérarchique et commercial, le premier établissement portugais de la côte. Le roi Emmanuel, préoccupé, sans doute, des intérêts de son trésor, voulut même, d'abord, conserver ce gouvernement de Sofala sous sa direction propre et en dehors de l'action immédiate du vice-roi. Plus tard, cependant, il fut placé sous la juridiction du gouvernement central de Goa, en conservant son rang de capitainerie majeure jusqu'au jour où ce titre, avec les prérogatives qu'il entraînait, passa, ainsi que nous l'avons raconté, après l'attaque des Hollandais en 1607, à l'établissement de l'île de Mozambique (1), sur laquelle, comme on le sait déjà, une forteresse avait été construite dès les premières années de la conquête (2). A part ces deux forteresses et celle de Mombase, dont l'érection n'eut lieu qu'en 1594, il n'existait sur toute la côte que quelques petits forts placés sur diverses îles ou sur des points de la terre ferme; plusieurs des endroits occupés par les Portugais n'avaient même pour toute force militaire que de simples garnisons. Melinde était dans ce dernier cas, probablement à cause du bon accord qui n'avait cessé de régner entre les cheikhs de cette ville et les Portugais; aussi est-il présumable que le petit nombre de soldats qu'on y entretenait était moins destiné à servir de garantie contre ces cheikhs, qu'à les défendre contre leurs propres ennemis. Au surplus, en substituant leur souveraineté à celle que les Arabes ou Maures exerçaient sur la côte, les Portugais n'eurent garde de les déposséder de leur autorité. Ces chefs, en effet, étaient, entre leurs vainqueurs et les populations maures ou cafres du littoral, des intermédiaires précieux qu'il valait mieux utiliser que supplanter. La cour de Lisbonne se contenta donc, autant que l'esprit de soumission des premiers occupants le lui

(1) Le capitaine qui commandait à Mozambique avant le changement dont il est fait ici mention avait, comme dans tous les établissements placés au même rang, le titre de *castellão* (commandant de château).

(2) Cette forteresse fut, plus tard, modifiée et agrandie, d'après les plans de Dom João de Castro, qui la trouva mal construite et insuffisante, lorsque, allant prendre la vice-royauté de l'Inde en 1545, il toucha à Mozambique.

permit, d'établir entre ceux-ci et elle des rapports de vassal à suzerain (1) et de leur imposer un tribut annuel. Les cheikhs, de leur côté, étaient trop prudents et trop bons calculateurs pour n'avoir pas compris tout de suite l'impossibilité d'une résistance soutenue, puisque les Portugais se trouvaient maîtres de la mer, et le danger auquel ils s'exposaient en l'essayant, de perdre le plus beau, le véritable joyau de leurs chétives couronnes, c'est-à-dire les bénéfices du trafic qu'ils faisaient, des produits de l'intérieur, avec les marchands affluant dans leurs ports de tous les points de l'Inde et de

---

(1) Nous avons trouvé, dans un ouvrage portugais intitulé *Documentos Arabicos para a historia portugueza, copiados dos originaes da Torre do tombo e vertidos em portuguez por Fr. João de Souza*, Lisboa, 1790, deux lettres écrites peu d'années après la conquête. Elles montrent dans quelle étroite dépendance étaient maintenus les cheikhs de la côte d'Afrique, même ceux dont la soumission datait des premiers jours de la découverte, et dont la fidélité n'avait jamais été douteuse. En voici la traduction :

Lettre du roi de Melinde au roi D. Manoel.

Après les compliments d'usage.

. . . .

« Et il (le roi de Melinde) vous demande votre protection et votre agrément afin qu'il soit plus honoré et considéré par vos serviteurs, lui permettant de pouvoir naviguer tous les ans une fois pour Goa et Mozambique dans un sien navire pour qu'il soit utilisé, sauf votre respect, et que vous n'oubliiez pas cette supplique. . . . .

. . . .

« C'est pourquoi votre serviteur le cheikh Ouagérage (*) vous demande que vous jetiez sur le peuple de Melinde des regards d'autant plus favorables et cléments que vous êtes la gloire, l'abri et le respect des hommes ; et comme le cheikh de Melinde n'a pas encore voyagé à Mozambique il espère que vous lui concéderez licence pour y aller et si quelqu'un, soit portugais, soit musulman lui disait quelque chose ou lui fai-

(*) Le cheikh Ouagérage était le seigneur de Melinde avec qui Vasco da Gama fit alliance en 1499, et dont il emmena l'ambassadeur en Portugal.

l'Arabie. Presque tous se résignèrent donc à leur mauvaise destinée et se soumirent après plus ou moins de tergiversations et avec plus ou moins de sincérité, jugeant qu'il valait mieux partager la proie que la perdre entièrement. A l'aide de ces derniers, les Portugais parvinrent à connaître la nature et les habitudes du commerce établi depuis si longtemps sur cette immense côte et à y prendre une part active. Ce commerce opérait principalement (à part quelques objets d'échange envoyés d'Europe) au moyen de certaines étoffes que les Portugais tiraient de leurs comptoirs indiens,

sait quelque dommage il répondra que le roi l'a voulu ainsi et de même qu'il commande et décide en Melinde comme il veut, l'autorité du monarque n'a pas de limite; et avec cette grâce qu'il espère, on dira, le cheikh de Melinde a été à Mozambique sans craindre les insultes des Portugais et tous sauront qu'il mérite cette faveur pour avoir toujours coopéré à l'élévation de votre nom, de votre crédit et de votre réputation, ainsi que pourront le témoigner vos serviteurs Simon d'Andrade, Francisco Pereira et tous autres aussi bien chrétiens que musulmans.

« Finalement, Monseigneur, je suis à votre service avec mes fils et mes biens, etc.

« Elle (cette lettre) a été écrite le 28 de zoukhada de 921 (30 septembre 1515). »

Lettre du chérif Mahomed-el-Aloui (*) de Mozambique, écrite au roi D. Manoel.

Après les compliments d'usage.

« . . . . Ce que je sollicite de votre bienfaisance, Monseigneur, est que vous n'oubliiez pas de m'envoyer la lettre que je vous ai déjà demandée, par laquelle je sois préservé de l'invasion et de l'hostilité de vos sujets dans l'État de l'Inde et puisse naviguer librement et avec toute sécurité en un mien navire sans que personne me violente ou me fasse aucun dommage. Telle est la faveur que j'implore de vous et grâce à elle je serai élevé parmi les musulmans et vous en aurai de la reconnaissance tous les jours et toutes les nuits de ma vie.

« Elle (cette lettre) a été écrite le 25 de rebi de 923 (27 mai 1517). »

(*) Le chérif Mahomed, qui gouvernait Mozambique à cette époque, était celui avec lequel Vasco da Gama fit connaissance et amitié lors de son second voyage dans l'Inde, en 1502.

comme avaient fait jusqu'alors les Arabes leurs prédécesseurs. L'autorité suprême des vice-rois ou gouverneurs de l'Inde s'exerçait, dans les possessions d'Afrique, par l'intermédiaire d'officiers dont le grade était en rapport avec l'étendue des circonscriptions placées sous leurs ordres. Celles-ci subirent des changements à mesure que se modifiaient les convenances politiques ou administratives qui les avaient limitées ; mais voici à peu près ce qu'elles étaient en 1635, époque à laquelle Barreto de Rezende, secrétaire du vice-roi comte de Linhares, écrivit, sur les colonies portugaises de l'Inde et de l'Afrique orientale, le traité dans lequel nous avons puisé la plupart des détails qui suivent (1).

Il existait deux circonscriptions principales, celle de Mozambique et celle de Mombase.

La première, et la plus considérable, comprenait les districts de Sofala, de Mozambique et de ce qu'on appelait Os rios de Couama (2), autrement dit les établissements placés sur les bords du fleuve Zambèze.

L'établissement de Sofala, situé, par 21° de latitude sud, sur une langue de terre de 400 brasses de tour, dont un bras de mer faisait une île à marée haute seulement, consistait en un simple fort carré de peu d'étendue, ayant un bastion à chaque angle ; quelques cases, habitées par cinq ou six

---

(1) Ce traité, resté manuscrit et dont un exemplaire se trouve à la bibliothèque nationale, a pour titre : *Breve tratado feito por Pedro Barreto de Rezende, secretario do senhor conde de Linhares vizorrey do Estado da India*. No anno 1635.

(2) Sur la plus grande des îles comprises dans le delta du Zambèze existait, lors de la conquête, un village nommé Couama. C'est, dit-on, par suite de cette circonstance que les Portugais ont donné le nom de *Rios de Couama* à la région découpée en îles par les nombreuses branches du fleuve et à ces branches elles-mêmes.

ménages portugais, étaient disséminées autour de cette fortification. Celle-ci ne contenait pas de garnison, et il ne s'y trouvait aucun autre militaire que le capitaine; mais les Portugais qui vivaient sous la protection de ce fort possédaient un certain nombre de Cafres esclaves, dont on pouvait faire, au besoin, des soldats pour le défendre.

Le capitaine de Sofala avait le monopole du commerce sur toute la côte comprise entre ce point et le cap de Bonne-Espérance, où il existait deux comptoirs assez importants, l'un, par 26° de latitude sud, dans la baie d'*Alagoa* ou de Lourenço Marques, nom du premier Portugais qui, pour la traite de l'ivoire, alla y établir des relations régulières avec les Cafres; l'autre, celui d'Inhambane, près du cap Corrientes, par 23° 50' sud. Inhambane fut le premier village notable que reconnurent les Portugais quand ils vinrent aborder à la côte orientale d'Afrique, en 1497; il faisait partie d'un royaume nommé, comme sa capitale, Tongue ou Otongue (1).

Quant à l'établissement de Sofala proprement dit, dépourvu d'une ville et n'ayant pour port qu'un petit bras de mer dans lequel ne pouvaient entrer que des bateaux d'un faible tonnage, il n'avait guère d'autre utilité que de servir d'entrepôt pour le commerce de l'or, dont la traite se

(1) Nous n'avons pu découvrir la date de la fondation du comptoir d'Inhambane; nous savons seulement qu'au milieu du xvi⁰ siècle il était en pleine exploitation. En 1560, le R. P. jésuite Gonçalo da Sylveira parcourut en missionnaire le royaume d'Otongue, et se rendit même dans la capitale, auprès du roi du pays; son influence y était, dit-on, fort grande. L'année précédente, le cousin, d'autres disent le fils de ce prince, avait été baptisé à Mozambique, ayant pour parrain Dom Sébastien de Sà, capitaine de la forteresse. (Voyez *Oriente conquistado*, conq. V, d. II, p. 829 et suiv.)

faisait à 60 lieues environ dans l'intérieur. De ce côté s'étendait, autour de Sofala, un vaste territoire que les commerçants portugais pouvaient parcourir en toute sécurité (1). Le roi de ce pays s'appelait le Quitève, comme le pays lui-même. Autrefois sujet de l'empereur du Monomotapa, il avait rendu cette dépendance purement nominale en profitant de l'appui qu'il recevait des Portugais, et, désirant se maintenir en paix avec ses dangereux voisins de la côte, il favorisait leur libre circulation dans toute l'étendue de son royaume.

A l'aide de leurs établissements du Zambèze, les Portugais exerçaient leur domination jusqu'au cœur de l'Afrique orientale. Ce beau fleuve leur permettait de transporter facilement à plus de 100 lieues dans les terres les marchandises destinées à la traite. On les expédiait de Mozambique à Quilimane par mer, en mars ou en octobre. Arrivées à ce dernier point, situé sur la rive gauche du bras de mer appelé rivière de Quilimane, à 4 lieues au-dessus de son embouchure, elles étaient débarquées et déposées dans des magasins à la garde d'un facteur, pour être transportées, au moment favorable, sur le fleuve, qu'elles remontaient dans des bateaux appropriés à sa navigation (2).

(1) Les royaumes compris entre le pays d'Inhambane et la barre de Louabo étaient les suivants : au nord d'Inhambane, le royaume de *Chicanga*, ayant pour limite septentrionale la rivière *Sabia*; puis le royaume de *Sedenda*, qui venait confiner aux terres de Sofala; ici commençait le royaume de Quitève, se terminant à une rivière que les Portugais nommaient *Tendanculo*; le territoire compris entre celle-ci et la rive droite du Zambèze était regardé comme possession portugaise. Tous ces royaumes faisaient partie de l'empire du Monomotapa. (Voyez *Oriente conquistado*, conq. V, d. II, p. 853.)

(2) Toutes les descriptions qui nous ont été données par les auteurs

Le fort de Quilimane était situé sur le territoire de Bororo. Aussi peu considérable que celui de Sofala, on l'avait laissé sans artillerie jusqu'en 1655, époque à laquelle une caravelle venue de Portugal avec des mineurs y apporta six pièces de faibles calibres. Dépourvu de garnison, sa défense était confiée aux quelques Portugais établis dans le pays; mais leurs esclaves pouvaient être armés, et à ceux-ci s'adjoignaient, au besoin, un certain nombre de Cafres vassaux du roi de Portugal, habitant les territoires voisins. Quand une guerre devenait imminente, la petite population disséminée autour du fort s'y enfermait et envoyait prévenir le capitaine de Sena ou celui de Mozambique.

Du reste, les relations des Portugais avec les indigènes étaient ordinairement pacifiques, à part quelques rares démêlés qu'ils avaient avec un chef indigène nommé le

---

portugais représentent le Zambèze comme se divisant, à 30 lieues dans l'intérieur, en deux bras qui viennent se jeter dans la mer, à 18 lieues de distance l'un de l'autre; celui du sud, qui est le plus considérable, porte le nom de Louabo; celui du nord est nommé *rivière de Quilimane*. Cependant, si l'on en croit M. Loarer, qui s'exprime à ce sujet d'une manière très-explicite, cette prétendue rivière de Quilimane ne serait qu'un bras de mer d'une vingtaine de lieues de profondeur, aboutissant, à l'ouest, à un cul-de-sac nommé *Bocca do Rio*, et séparé du fleuve par une langue de terre de 25 à 26 milles seulement, que les Portugais nomment *O Mazaro*. Les objets de traite seraient alors transportés, à travers cet isthme, jusqu'aux bateaux qui doivent leur faire remonter le Zambèze. Selon Xavier Botelho, déjà cité, le Zambèze, à certaines époques de l'année, c'est-à-dire dans la saison des pluies, communique avec le bras de mer de Quilimane, et cette communication aurait lieu pendant quatre mois, laps de temps suffisant pour légitimer le nom de rivière donné au bras de mer en question. Mais M. Loarer affirme que cette communication n'existe que pendant quelques jours, à la suite de pluies violentes et par un débordement du fleuve. (Voyez le rapport manuscrit de M. Loarer au ministre de l'agriculture et du commerce.)

Mozoura, souverain du pays compris entre le Samoroco, 10 lieues au nord de Mozambique et le territoire dépendant de Quilimane. D'après Rezende, ce territoire s'étendait, le long de la côte, sur une zone de 10 lieues de large, jusqu'à la rivière des Bons-Signes, et, le long du fleuve, jusqu'à Morabone, 5 lieues au-dessus de Quilimane, où se trouvait un cheikh maure ami des Portugais. Au sud de Quilimane, les Portugais possédaient le vaste et fertile territoire enfermé dans le delta du Zambèze (1), et qui n'avait pas moins de 80 lieues de circuit. Une partie de ce territoire était occupée par eux; le reste était entre les mains de chefs indigènes, ayant dans le pays le titre de Foumo (2), vassaux et tributaires de la couronne de Portugal. Malgré la fertilité de ces immenses possessions, la production n'y était pas développée au delà des besoins de leurs habitants; mais elles fournissaient un assez grand nombre d'hommes de guerre, que l'autorité portugaise pouvait, à volonté, appeler aux armes moyennant une faible rétribution en étoffes.

La fidélité de toutes ces populations noires des environs

(1) D'après Rezende, le delta du Zambèze renfermait deux îles, séparées seulement par un bras étroit de la rivière : l'une, appelée Louabo, donnait son nom à la branche du sud, dont elle formait la rive nord; l'autre se nommait Maïndo. Selon l'auteur d'*Oriente conquistado*, il y avait trois îles : celle du milieu, qui était de beaucoup la plus grande, prenait le nom de *Chingoma*; la seconde, qui était au sud de Quilimane, s'appelait l'île de *Linde*; la troisième enfin, et la plus petite, était l'île de *Louabo*, près de la barre du même nom.

Xavier Botelho, au contraire, n'en signale qu'une nommée *Chingoma*.

(2) Foumo, seigneur. C'est le titre que les indigènes du Sofala donnaient à leurs chefs. Il paraît avoir été adopté sur d'autres points de la côte fort éloignés de Sofala, et il est encore aujourd'hui employé par les Souahhéli de Patta, qui en font précéder le nom de leurs sultans : on en verra des exemples au livre suivant.

de Quilimane était garantie par le besoin qu'elles avaient des Portugais pour se défendre contre des voisins farouches, ceux de Bororo, par exemple, qui étaient adonnés à l'anthropophagie, et dont la cruauté leur inspirait une extrême terreur.

Quoi qu'il en soit, cet état de choses suffisait à protéger les mouvements de la navigation sur le fleuve, et les bateaux pouvaient, sans être inquiétés, remonter jusqu'à Sena et à Tete, et en redescendre avec leur riche cargaison.

Sena était une ville assez florissante, élevée sur la rive droite du fleuve, à 50 lieues de son embouchure et sur le territoire de Botonga. Siége du gouvernement central des établissements du Zambèze, un capitaine, à la nomination du gouverneur de Mozambique, y exerçait l'autorité. Il avait sous sa juridiction tous les postes portugais compris entre la barre de Louabo et la rivière nommée Arvegna, dont le cours passe à 50 lieues au-dessus de Sena, et au delà de laquelle commençaient les dépendances de Tete.

Aucun fort ne défendait la ville de Sena; elle en avait eu un autrefois, armé de huit fauconneaux, mais, tombé en ruines, il ne fut jamais restauré. Le gouverneur de Mozambique entretenait à Sena un facteur, qui en occupait la principale maison. La population se composait d'une trentaine de Portugais mariés, tous munis de mousquets et possédant, chacun, de trente à cinquante esclaves susceptibles d'être utilisés comme hommes de guerre.

On comptait quatre églises dans cette petite ville : parmi les indigènes sujets du Portugal se trouvaient, il est vrai, un certain nombre de gens baptisés qui grossissait celui des fidèles; mais, comme le fait observer Rezende, ils n'étaient chrétiens que de nom.

Le capitaine de Sena remplissait les fonctions de juge; toutefois on appelait de ses arrêts à l'ouvidor de Mozambique.

Les Portugais prétendaient être maîtres de tout le territoire qui s'étend du fond de la rivière de Quilimane (*bocca do rio*) jusqu'à plus de 120 lieues en amont, et ayant en largeur un espace s'avançant jusqu'à 30 et 40 lieues dans le sud du fleuve. Au reste, qu'elle fût illusoire ou réelle, cette souveraineté ne rapportait pas de grands bénéfices, d'abord parce que les bras manquaient pour la culture, ensuite parce que les Cafres qui habitaient ces régions, ayant souvent guerroyé contre leurs nouveaux maîtres, gardaient un secret ressentiment des nombreux revers que ceux-ci leur avaient fait autrefois essuyer.

Le territoire de Sena confinait au royaume de Baro, dont le chef, nommé le *Machone*, était en paix avec les Portugais, et qui leur garantissait, en échange d'une certaine quantité d'étoffes, la possibilité de voyager librement et avec sécurité à travers ses États. En passant par ce royaume de Baro, on se rendait dans celui de Manica, où se trouvait un fort nommé *Chipangoura*, qui servait d'asile aux marchands portugais lorsqu'ils parcouraient le pays pour faire la traite, et près duquel était une mine en exploitation. Un autre fort moins considérable existait encore dans le royaume de Manica; il portait le nom de *Matouca*.

A 60 lieues en amont de Sena, et comme elle au sud du fleuve, sur un plateau salubre faisant partie du royaume de Mocranga, était le comptoir de Tete, enceint d'une mutaille haute de 1 brasse 1/4, défendue par six bastions armés de fauconneaux. Là vivaient une vingtaine de Portugais mariés, quelques métis et noirs, tous pourvus de mousquets. Le capitaine de Tete était nommé par celui de Mozambique ; il remplissait les fonctions de juge dans les mêmes conditions que celui de Sena : sa juridiction s'étendait depuis la rivière Arvegna jusqu'aux limites des possessions portugaises, 10 lieues à peu près au-dessus de Tete. Il pouvait, au dire de Rezende, lever dans cette étendue de terre environ huit mille hommes de guerre parmi les Cafres soumis à l'autorité portugaise.

L'établissement de Tete était au centre même de la contrée où existaient les mines, et cette situation lui donnait une importance d'autant plus grande que les objets d'échange étaient amenés jusque sous ses murs par la voie du fleuve, encore navigable bien au-dessus de ce point. D'autres petits forts avaient été construits, par les Portugais, dans diverses localités où les traitants pouvaient avoir besoin de trouver un refuge ou une protection : c'était, sur les terres de Botonga, le fort de *Mayavao*, à 10 lieues de Tete ; à 40 lieues de cet établissement, dans le royaume du Monomotapa, le fort de *Louanze* ; puis celui d'*Ambérane*, celui de *Massapa*, dont nous avons parlé précédemment ; celui de *Matafouma*, celui de *Chiperivici* ; enfin un autre, le plus important de tous, dans la résidence même de l'empereur du Monomotapa. Le gouvernement de Mozambique entretenait dans ce dernier fort trente soldats commandés par un officier, et qui d'ordinaire suivaient l'empereur dans ses guerres.

Les Portugais avaient avec ce monarque des relations le plus souvent amicales. Nous avons déjà parlé du traité qui ouvrait toutes les terres de son royaume à leur commerce, moyennant le présent que devait lui envoyer chaque nouveau capitaine-major ; la situation des Portugais dans le Monomotapa était ainsi très-avantageuse ; ils pouvaient aller trafiquer dans les parties les plus reculées de ce pays, et les Cafres eux-mêmes se faisaient leurs colporteurs, colporteurs d'une fidélité rare, à qui ils confiaient toute espèce de marchandises, sans avoir jamais à craindre qu'on ne leur en rapportât pas la valeur en or, en ivoire et autres objets précieux.

Ce fonctionnaire avait, moyennant une redevance payée au roi de Portugal, le monopole des objets d'échange employés, pour la traite, dans toute l'étendue du district de *Rios de Couama*, comme dans celui de Sofala. C'était lui qui, par conséquent, approvisionnait les magasins de dépôt existant à Quilimane, à Sena et à Tete. Lorsque le gouvernement, comme cela arrivait quelquefois, se réservait l'exploitation du commerce de ce district, il concédait au capitaine-major, ainsi qu'aux facteurs, le droit de partiper, dans une certaine proportion, au fret des bateaux employés pour le transport des marchandises.

Le capitaine de Mozambique, nommé par le gouvernement de Lisbonne, ne conservait sa charge qu'un petit nombre d'années. Il résidait sur l'île, dont les Portugais avaient fait le plus beau, le plus puissant de tous les établissements de l'Afrique orientale. La bonté de son port en avait fait le point de ralliement de tout le commerce de ces parages; aussi était-elle la seule localité de la côte d'Afrique qui eût, en réalité, une ville portugaise, ville déjà fort remarquable en 1635. D'un autre côté, tout ce que l'art des fortifications offrait de ressources à cette époque avait été employé dans la construction de la citadelle et des forts élevés sur plusieurs points de l'île, devenue, par suite, le dépôt des munitions et du matériel naval ou de guerre nécessaire soit aux bâtiments de l'État, soit aux garnisons des autres villes de la côte.

Il y avait à Mozambique une administration des affaires ecclésiastiques ne relevant que de la métropole de Goa, et dont l'action s'étendait à tous les lieux de l'Afrique orientale où l'on pratiquait le culte catholique. Les églises et les couvents y étaient nombreux, et il en existait dans toutes les localités importantes de la circonscription. Sur les points de l'empire du Monomotapa où les Portugais occupaient quelques fortins isolés, il se trouvait même de petites chapelles, dans lesquelles un prêtre attendait l'occasion de convertir quelque idolâtre ou d'offrir aux soldats et aux traitants portugais malades les secours de la religion.

Un ouvidor, envoyé de Goa par le vice-roi, rendait la justice; il avait des pouvoirs très-étendus. On a vu, par l'affaire de Diogo Simoens Madeira, qu'ils étaient presque illimités.

Enfin un administrateur, désigné sous le titre d'*Escrivao da Fazenda de Sua Majestade e Feitoria*, surveillait les intérêts du trésor royal.

Au milieu de tous les avantages dont la nature et l'art avaient doté Mozambique, une chose essentielle lui manquait, c'étaient les denrées alimentaires. Exclusivement adonnés au commerce, les Portugais ne s'étaient jamais occupés de la culture des terrains fertiles que leur offraient les environs de l'île même, ni de celle des terrains, bien plus vastes, qu'ils possédaient dans le delta du Zambèze et tout le long de la rive droite de ce fleuve. Aussi les habitants de cette importante place de guerre et de commerce étaient-ils obligés de s'approvisionner à Madagascar, à Pemba, à Zanzibar et sur quelques points de la côte compris entre le cap Delgado et Mombase.

Pour terminer ce qui a trait à la circonscription de Mozambique, il nous reste à parler des îles d'Angoxo et de Querimba, qui en étaient dépendantes.

L'île d'Angoxo, la plus grande du premier groupe et qui lui a donné son nom, est située à 50 lieues dans le sud de Mozambique, devant l'embouchure d'une rivière, où elle s'enfonce d'à peu près la moitié de sa longueur, y formant ainsi deux canaux assez profonds. Elle était peuplée de Maures et de noirs, esclaves, au nombre d'environ quinze cents; le chef de l'île se considérait comme vassal du roi de Portugal. Le capitaine de Mozambique y entretenait un facteur chargé de trafiquer avec les indigènes de la terre ferme. Pendant longtemps un prêtre y avait résidé; mais, en l'année 1627, les Maures ayant assassiné celui qui s'y trouvait, il ne fut pas remplacé.

Les autres îles du groupe, situées dans le sud-est de la précédente, étaient toutes inhabitées.

Les îles Querimba forment une chaîne d'îlots très-voisins de la terre ferme, commençant à une soixantaine de lieues de Mozambique et s'étendant le long de la côte jusqu'au cap Delgado. Ces îles avaient peu d'importance à l'époque où Rezende en fit la description dans son traité; elles étaient la propriété de quelques colons portugais, qui payaient, chaque année, au capitaine de Mozambique une faible redevance en millet.

Matemo, la plus grande de ces îles (elle a 7 lieues de circuit), produisait, outre cette céréale, quelques autres plantes vivrières; les cocotiers y abondaient, et on y élevait beaucoup de petit bétail.

Les autres îles étaient, pour la plupart, inhabitées, sans étendue notable, dépourvues d'eau douce et de culture, n'ayant même qu'une végétation à peine suffisante pour nourrir quelques chèvres : il nous paraît donc inutile de reproduire la description détaillée qu'en a donnée Rezende, et nous nous bornerons à extraire de celle-ci les particularités caractérisant leur sujétion à l'autorité portugaise.

A Querimba, celle des îles dont le groupe porte le nom, se trouvait une église desservie par un vicaire appartenant à l'ordre de Saint-Dominique, et où les colons des autres îles étaient obligés d'aller entendre le service divin aux quatre principales fêtes de l'année. Sur O Ibo et Malacoe, toutes deux assez voisines du continent pour faire craindre à leurs habitants quelque attaque de ce côté, on avait élevé des maisons en pierre armées de fauconneaux et décorées par les Portugais du nom de forts. En résumé, la possession des Querimba était, au point de vue politique et militaire, sans utilité pour le gouvernement portugais; on ne s'y procurait d'autre article de commerce qu'un peu d'ambre jeté par la mer sur le rivage sablonneux de ces îles.

A partir du cap Delgado commençait la seconde circonscription dont nous avons parlé; Mombase en était le chef-lieu, et il y résidait un capitaine-major, dont la juridiction s'exerçait depuis le cap susnommé jusqu'au cap Guardafui.

La soumission des villes situées au nord de Patta, telles que Braoua, Meurka, Moguedchou, etc., était, il est vrai, bien problématique ; mais, par suite des dispositions prises, ces localités portaient, comme toutes les autres, le poids de la domination portugaise. Chaque année, le capitaine de Mombase devait envoyer un navire avec vingt-cinq soldats parcourir les îles et la côte jusqu'à Guardafui, pour faire acte de souveraineté ; sa mission principale consistait à forcer les bateaux qui, de Diou, Daman, Baçaïm et Chaul, venaient aborder à la côte d'Afrique avec des vivres et des étoffes, d'aller à Mombase, où une douane avait été établie pour percevoir des droits sur tous ceux qui trafiquaient dans l'étendue de la circonscription.

La forteresse de Mombase était, après celle du Mozambique, la plus considérable, disons mieux, la seule digne de ce nom dans les établissements de l'Afrique portugaise. Elle contenait une garnison de cent soldats environ, commandés par un capitaine sous l'autorité supérieure du capitaine-major.

Il existait, en outre, de l'autre côté de l'île, en face de la passe de M'Koupa, trois fortins destinés à empêcher les Mozoungalos (1), peuplade cafre qui occupait la zone de la terre ferme environnant Mombase, de s'introduire dans l'île en passant le gué ; toutefois un certain nombre de ces maraudeurs parvenaient, dans les nuits obscures, à le franchir, malgré cet obstacle.

Les Mozoungalos étaient la terreur des gens de Mombase :

(1) Ce nom, qui figure aussi dans l'inscription gravée au-dessus de la porte de la citadelle, n'appartient aujourd'hui à aucune peuplade des environs de Mombase. Nous n'en saurions dire la signification propre ; mais peut-être était-ce celui par lequel les habitants de l'île et les Portugais désignaient alors les Oua-Nika, qui, dès cette époque, devaient occuper la partie du littoral où Re**ude place les Mozoungalos.

Rezende fait un tableau sinistre du penchant de ces Cafres au vol et au meurtre et de l'effet terrible de leurs flèches empoisonnées. La crainte de les voir envahir l'île avait toujours été telle, qu'on ne se contentait pas seulement d'y faire bonne garde et de surveiller les mouvements de leurs embarcations : le sultan de Mombase, dont ils acceptaient l'autorité, avait soin, en outre, de se concilier leurs chefs et de les intéresser au maintien de la paix en leur payant une sorte de redevance en étoffes. Depuis la disparition de Youceuf, le roi de Portugal ayant hérité de tous les droits de souveraineté dont jouissait, avant sa révolte, le sultan infidèle, les Mozoungalos se disaient vassaux des Portugais; mais ils n'en exigeaient pas moins de ceux-ci le tribut accoutumé, dont l'acquittement ne garantissait pas néanmoins au tributaire une tranquillité parfaite.

Quelque peu solides que fussent les relations des Portugais avec cette peuplade, ils en obtenaient, moyennant échange, de grandes quantités de grains, et s'appropriaient de la même façon tout l'ambre ramassé sur les côtes voisines, substance dont la vente donnait lieu à de grands bénéfices pour le trésor royal. La douane de Mombase procurait également au trésor un revenu considérable, un peu diminué, toutefois, depuis l'attentat de Youceuf.

Les localités comprises dans la capitainerie de Mombase étaient les suivantes :

1° *L'île de Patta.* On y trouvait, outre la ville du même nom, celle d'Ampaza et celle de Sihoui. Les cheikhs de ces trois villes étaient Arabes ou de race arabe; ils se reconnaissaient vassaux du roi de Portugal et lui payaient tribut. Celui de Patta, qui prenait le titre de sultan, était de beaucoup le plus puissant des trois, et ses prédécesseurs avaient plusieurs fois commis, à l'égard des Portugais, des actes d'insubordination. Le cheikh qui vivait à l'époque où écrivait Rezende était soumis et fidèle; néanmoins il n'avait jamais voulu consentir à laisser construire une église sur son territoire. Le vice-roi comte de Linhares y avait établi une douane qui servait de succursale à celle de Mombase; les bateaux s'y rendaient pour acquitter les droits, lorsque la mousson ou quelque autre circonstance ne leur permettait pas d'aller jusqu'à Mombase. Le capitaine de Mozambique entretenait à Patta un facteur chargé des intérêts de son commerce.

A Ampaza, il y avait une église desservie par un vicaire appartenant à l'ordre de Saint-Augustin.

Les trois villes de l'île Patta comptaient un assez grand nombre de soldats maures; leurs habitants possédaient, tant sur l'île que sur la côte environnante, de grandes plantations de cocotiers; ils y cultivaient, en outre, beaucoup de millet et d'autres substances alimentaires. Cette île et ses dépendances contenaient une nombreuse population.

2° *L'île de Lâmou.* Elle était, comme la précédente, peuplée d'Arabes et de Maures, et son cheikh payait tribut.

3° *Melinde et son territoire.* Cette localité ne rapportait rien aux Portugais. Il fallait même que ceux-ci envoyassent, tous les ans, au cheikh de la ville une certaine quantité de fer et de pièces de toile, destinée à être distribuée aux Cafres ouacegueyos qui infestaient le voisinage; à ce prix seulement, la ville se mettait à l'abri de leurs agressions.

4° *L'île de Pemba et les îlots adjacents.* Cette île, remarquable par sa fertilité, était alors fort peuplée. Rezende assure qu'elle pouvait mettre cinq mille hommes sous les armes ; elle contenait quatorze villages. La population se composait de Maures et de Cafres, que les premiers y attiraient pour les employer à l'agriculture. Quoique les excès commis par les colons portugais qui l'avaient habitée autrefois les en eussent fait expulser, Pemba n'en était pas moins restée soumise à une redevance annuelle de 600 *macaudas* de riz. Cette denrée y était très-abondante et de meilleure qualité que dans l'Inde. Elle produisait aussi d'excellent sésame, beaucoup de légumes et de fruits, du beurre, enfin une quantité considérable de gros bétail et des porcs à l'état sauvage, provenant de ceux que les anciens résidents portugais y avaient laissés. Les plantations de cocotiers étaient nombreuses sur la grande île et même sur les îlots ; on pouvait tirer de la première de beaux bois de construction. Aussi Pemba fournissait-elle à Mozambique et à Mombase la plus grande partie de leurs approvisionnements.

Pour échapper aux tracasseries et aux inquiétudes que causait à la garnison de Mombase le voisinage des Mozoungalos, le gouvernement portugais avait eu, pendant quelque temps, le projet de faire évacuer cette forteresse et d'établir le siége de la capitainerie à Pemba ; mais il y avait renoncé, à cause de l'insalubrité de l'île et parce qu'on ne croyait aucun de ses ports susceptible de contenir de grands navires.

5° *L'île de Zanzibar.* Au temps de Rezende, elle avait cessé d'être vassale et tributaire ; mais son cheikh ou sultan conservait les meilleures dispositions pour les Portugais. Ceux-ci avaient beaucoup de leurs compatriotes établis sur l'île avec leurs familles et faisant valoir leurs plantations dans une complète sécurité. Il s'y trouvait une église desservie par un frère de l'ordre de Saint-Augustin, et le culte catholique y était activement protégé par le cheikh.

Zanzibar, non moins fertile et verdoyante que Pemba, pouvait fournir d'excellents bois pour la construction des navires de toutes sortes, et le cheikh n'en refusait jamais aux Portugais.

Le capitaine de Mozambique avait, à Zanzibar comme à Patta, un facteur chargé de faire des ventes et des achats pour le compte de ce fonctionnaire.

6° *L'île de Mafiia.* Bien que les habitants fussent sujets du sultan de Kiloua (1), le capitaine de Mozambique n'en avait pas moins un facteur sur l'île de Mafiia. Il y existait aussi, près du bord de la mer du côté de l'est, un petit fort qui recevait, en temps de guerre, douze soldats portugais fournis par la garnison de Mombase. Ce fort n'était, au reste, qu'une maison bâtie de pierres et de chaux, n'ayant pour toute arme défensive que les mousquets portés par les soldats.

On élevait à Mafiia beaucoup de gros bétail, dont la chair n'était pas bonne, mais qui donnait du beurre en abondance. Le capitaine de Mombase s'y procurait, en échange d'étoffes, beaucoup de résine (2), dont il devait fournir chaque année une certaine quantité au gouvernement.

---

(1) Nous avons vainement cherché, dans le traité de Rezende, quelque mention de Kiloua autre que celle qui en est faite à propos de l'île de Mafiia. Le silence gardé par l'auteur relativement à une ville autrefois si importante est d'autant plus étonnant qu'il semblerait indiquer la cessation de tout rapport entre les Portugais et le chef de cette localité.

(2) Il est probablement question ici de la résine copal, qu'on trouve en grande abondance sur toute la côte.

Enfin auprès de l'île Mafiia se trouvaient trois îlots nommés *Auxoly*, *Coa* et *Zibondo* (1), le premier ayant une 1/2 lieue de tour et les deux autres 5 lieues. Ils étaient peuplés de Maures, pour toute redevance, ayant la charge de nourrir les Portugais qui abordaient chez eux, pendant la première journée de leur séjour.

En résumé, presque tous les points dont nous venons de parler contribuaient, pour une forte part, à l'approvisionnement de Mozambique, en y envoyant du millet, du riz et du bétail : c'était la plus sérieuse des raisons qui faisaient considérer aux Portugais comme d'une nécessité urgente le maintien de leur domination sur cette partie de la côte.

Au point de vue commercial, les principaux articles fournis par la circonscription de Mombase étaient l'ivoire, l'ambre, la civette et les esclaves qu'on exportait dans l'Inde. En échange de ces objets, Mombase recevait du même pays des étoffes, que les Cafres et les Maures appréciaient par-dessus tout; puis du fer et du riz; car, à part l'île Pemba et les bords de l'Oufidji, on ne cultivait sur toute la côte que du millet, dont les indigènes font leur principale nourriture.

Les établissements de l'Afrique orientale rapportaient à leur métropole d'assez grandes richesses, même en faisant la part des exagérations portugaises. Outre les tributs et le produit des douanes, le trésor royal percevait de brillants

---

(1) Il s'agit ici des îlots situés dans le nord-ouest de Mafiia. Nous croyons les noms donnés par Rezende entachés d'erreur; nous n'y retrouvons pas, par exemple, celui de Coualey, que porte aujourd'hui l'un d'eux, le plus intéressant comme escale de commerce pour les bateaux, ni celui de Kouma, qui en désigne un autre.

revenus, provenant soit des monopoles que le gouvernement se réservait, soit de leurs fermages quand il n'en dirigeait pas lui-même l'exploitation. Ces fermages étaient ordinairement donnés à bail aux capitaines-gouverneurs, à charge, par eux, de subvenir aux dépenses publiques de leur district et de servir une rente au trésor.

Mais le gouvernement de Lisbonne ne réalisait tous ces bénéfices qu'à la condition de fermer les yeux sur les exactions, les violences et les concussions de ses agents, qui, afin d'amasser une rapide fortune pendant leurs courtes fonctions, pressuraient les populations, les trompaient, les spoliaient souvent, et les désaffectionnaient à jamais, de sorte qu'en moins d'un demi-siècle, avec l'or dont il regorgeait, le Portugal avait recueilli de sa conquête deux fruits bien amers : la corruption irrémédiable des conquérants et la haine inextinguible des peuples conquis.

Les historiens portugais ont systématiquement attribué la décadence de leur empire d'Orient à l'avénement de la maison d'Espagne au trône de Portugal. Durant la période d'annexion, la politique de l'Escurial suscita, en effet, à ce peuple des ennemis qu'il n'aurait peut-être pas eus sous un gouvernement indépendant. Mais est-il supposable que la Hollande et l'Angleterre, qui, cherchant à étendre leur commerce et à fonder des colonies, s'étaient déjà frayé une route vers l'Inde, n'eussent pas, quoique restées en paix avec le Portugal, saisi ou fait naître, un jour ou l'autre, l'occasion de prendre leur part du splendide festin ? Et du reste, bien avant l'annexion, le caractère des conquérants de l'Inde avait commencé à se dégrader, et *l'auri sacra fames*, l'ardente soif de l'or, s'était emparé de leur cœur;

bien avant cette époque, leur orgueil et leur cruauté avaient mis la rage et le désespoir dans l'âme des peuples conquis. Nous l'avons dit en d'autres termes, toute hypothèse qui fait résulter les grands événements de causes accidentelles est menteuse et inféconde; l'histoire ainsi interprétée serait sans autorité morale et n'aurait plus d'enseignements utiles pour la postérité. Nous ne saurions nous placer à un tel point de vue, et notre conviction est que, sous la maison de Bragance comme sous les descendants de Charles-Quint, l'empire portugais devait, par les raisons que nous avons énumérées, s'écrouler fatalement et donner, une fois de plus, à l'histoire sujet de flétrir toute conquête égoïste et brutale, c'est-à-dire n'ayant pas pour excuse l'amélioration du sort des vaincus.

Toutefois, après avoir repoussé ce qu'il y a d'absolu dans l'opinion des historiens portugais, nous reconnaissons que le passage d'une dynastie étrangère sur le trône d'Emmanuel dut contribuer à ébranler l'empire que ce grand roi avait fondé en Orient, et hâta probablement sa chute : si bien qu'en 1640, lorsque le duc de Bragance, Jean IV, rétablit l'indépendance du royaume de Portugal, il était trop tard pour que cet événement influât d'une manière notable sur les destinées des possessions portugaises de l'Inde. Déjà l'Angleterre et la Hollande y avaient fait de larges brèches, et les guerres que la métropole eut à soutenir en Europe pour assurer son indépendance reconquise ne permirent pas d'envoyer, dans les colonies, des forces proportionnées aux exigences de leur situation. Quant aux établissements de la côte d'Afrique, les conséquences funestes de la perte d'Hormouz allaient bientôt se faire sentir pour eux; car sur les ruines de la domination portugaise, dans le golfe Persique, grandissait la puissance des imams d'Omân, à qui l'indomptable Mombase devait un jour demander, pour soutenir sa lutte contre l'oppression, un appui aussi utile à sa cause que périlleux pour ses dominateurs.

Cette intervention de l'Omân dans les affaires de l'Afrique orientale et les événements politiques qui en résultèrent seront le sujet du livre suivant. Nous entrerons en matière par quelques recherches géographiques et historiques sur les origines et le développement de cette nationalité, dont le représentant actuel est le prince connu, en Europe, sous le nom d'Imam ou Sultan de Mascate.

LIVRE V.

PÉRIODE OMÂNIENNE.

Les Arabes d'Omân substituent leur domination à celle des Portugais sur la côte comprise entre les caps Delgado et Guardafui.

Le pays d'Omân est cette partie nord-est de l'Arabie dont le littoral, baigné par les eaux de l'océan Indien, est compris entre l'île Mocira et le cap M'cendem. On peut lui assigner des limites différentes du côté de l'intérieur, selon qu'on envisage la contrée sous les divers rapports de la géologie, de l'ethnologie ou de la politique. A ce dernier point de vue, et c'est celui sous lequel nous avons à nous en occuper plus spécialement, ces limites paraissent avoir varié sous l'influence des événements politiques et religieux qui s'y sont produits depuis l'époque de l'établissement en ce pays des Arabes de la tribu d'Azd, jusqu'à celle où nous sommes arrivé à la fin du livre précédent. Au reste, nous ne prétendons pas écrire ici l'histoire de l'Omân ; notre tâche doit se borner à signaler l'origine et à esquisser à grands traits le développement de cette puissance nouvelle, en face de laquelle les Portugais se trouvèrent à l'époque de leur décadence, et qui contribua à faire cesser leur domination dans une partie de la côte orientale d'Afrique.

Les plus anciennes notions qu'on possède sur ce pays sont dues à Pline le naturaliste; elles ne présentent qu'une description succincte des principaux points du littoral, et, si les indications que l'auteur donne relativement à certaines localités permettent de rapporter celles-ci à des points connus depuis sous d'autres noms (1), il ne s'y trouve, du moins, aucun détail ayant trait au sujet historique que nous avons à élucider.

La géographie de Ptolémée et le Périple de la mer Érythrée sont encore moins explicites (2), et les historiens des

---

(1) Voyez *Historical geography in Arabia*, par le révérend Charles Forster, vol. II, section IV, page 227 et suivantes.

(2) Tout ce que nous pouvons tirer de ces deux documents, c'est qu'à l'époque où ils furent écrits le nom d'Omân (*) était déjà appliqué à la partie orientale de l'Arabie Heureuse, et que plusieurs points de son littoral étaient fréquentés par les navigateurs gréco-égyptiens. Il paraît même que les Romains y auraient eu des établissements : on pourrait, entre autres faits à l'appui de cette opinion, rappeler qu'en 1601, les Portugais trouvèrent enterrées, dans la citadelle de Sohhar, des monnaies frappées sous le règne de Tibère, en quantité telle (dit l'écrivain qui rapporte le fait), qu'on ne pouvait douter qu'il n'y eût existé une colonie de Romains (**).

Quant aux assimilations qui ont été proposées par certains commentateurs entre les points mentionnés dans Ptolémée et le Périple, et diverses localités connues aujourd'hui, telles que Keulhât, Mascate, Sohhar, elles nous paraissent complètement arbitraires, et quelquefois même en désaccord avec les indications positives des deux auteurs grecs. Au surplus, il n'entre pas dans le plan de ce livre d'établir une discussion à ce sujet, puisque nous ne nous occupons de l'Omân qu'en ce qui rattache politiquement ce pays à la côte orientale d'Afrique.

(*) Dans une chronique arabe composée par le cheikh Abou-Soleiman-Mohhammed-ben-Amir-ben-Rachid-el-Maouli, et dont le manuscrit se trouvait à Zanzibar, nous avons lu que le nom d'Omân était primitivement celui d'une vallée située dans le pays dont il s'agit, et que les Persans l'avaient ensuite appliqué au pays tout entier.

(**) Voyez le paragraphe relatif à Sohhar dans le traité de Barreto de Rezende, manuscrit portugais déjà cité.

premiers siècles de notre ère ne nous apprennent rien de l'Omân, si ce n'est la prospérité commerciale de la ville de Sohhar, qui en était alors le marché le plus important et qui servait de point de relâche aux bâtiments naviguant dans le golfe. Il faut arriver aux écrits des géographes et des chroniqueurs arabes pour avoir quelques renseignements sur l'ethnologie et l'état politique de ce pays.

D'après les chroniques arabes, la population de l'Omân, d'abord composée de tribus descendantes d'Adnan, descendant lui-même d'Ismaël, se recruta, plus tard, d'Arabes de la tribu d'Azd, issue de Kahtan ou Jectan, quand l'annonce de la rupture prochaine de la digue de Mareb porta les habitants de ce pays à émigrer en diverses parties de l'Arabie, pour échapper au danger dont ils se croyaient menacés. A l'arrivée des Azdites, l'Omân était sous la dépendance du roi des Perses et gouverné, au nom de ce souverain, par un satrape qui refusa aux émigrés la permission de s'y établir. Malek-ben-Fehm (ou Fahm), qui les conduisait, attaqué par l'armée de ce gouverneur, la défit et parvint à affermir son autorité dans le pays, après en avoir expulsé les troupes persanes qui le gardaient. Il y accueillit ensuite d'autres tribus arabes, et il paraît même que quelques populations d'origine persane continuèrent d'y résider sous la domination des Azdites, ou qu'elles y fondèrent, plus tard, de nouveaux établissements (1).

(1) On lit, dans l'*Histoire des rois de Perse*, par Nibki-ben-Massoud (manuscrit persan, n° 61), que « Schabour, fils de Narsi, à la suite de sa victoire sur les Arabes, assigna la province de Bahhrin et le Teama pour résidence aux enfants de Taleb, et ordonna aux tribus de Kaïs et de Thémim de s'établir sur les côtes d'Omân et de Yémen, et de s'y

Le règne des descendants de Malek-ben-Fehm ne fut pas d'aussi longue durée dans l'Omân que dans l'Irak; peu de temps après sa mort, le gouvernement échut à la famille d'El-Djelindi, fils d'El-Moustenir, à laquelle les Sassanides, devenus maîtres de la Perse, imposèrent une sorte de vassalité. Ceux-ci entretenaient sur le littoral quatre mille cavaliers et un gouverneur, pendant que les montagnes et les plaines de l'intérieur étaient au pouvoir des Azdites. Cet état de choses dura jusqu'à l'adhésion des habitants de l'Omân à l'islamisme, c'est-à-dire jusqu'aux premières années de l'hégire (1).

transporter avec leurs bagages et leurs troupeaux. » (Voyez la Notice de M. de Sacy, au tome II des *Notices et extraits des manuscrits de la bibliothèque du roi.*)

(1) Les détails que nous donnons ici relativement à la situation politique de l'Omân depuis l'immigration des Azdites jusqu'à l'hégire sont extraits du *Kitab-Ansab-el-Arab* (livre des généalogies des Arabes), folio 112 à 438, manuscrit dont l'auteur est le savant cheikh Selma-ben-Moslem-el-Antabi-es-Sohhari (de Sohhar), qui a écrit aussi un livre intitulé El-Zia (la lumière). Nous nous sommes procuré un exemplaire de ce manuscrit à Zanzibar; M. Kazimirsky de Biberstein a bien voulu nous en faire l'analyse et nous donner en même temps la traduction de certains fragments de cet ouvrage qui se rapportent au sujet que nous traitons. Comme ce manuscrit ne se trouve pas dans la collection de la bibliothèque nationale et que nous le croyons fort rare, nous insérons ici un résumé sommaire de ce qui a trait à cette phase de l'histoire de l'Omân.

« *Dispersion des Azdites lors de l'inondation des digues* (*) (folio 112). — Ils se rendirent d'abord à la Mekke, où les uns restèrent, tandis que les autres allèrent dans l'Omân. Ce pays n'a été appelé ainsi que depuis qu'une partie d'émigrants azdites s'y furent établis; ils lui donnèrent ce nom en souvenir des localités appelées Omân dans le Mareb, qu'ils avaient quittées lors de l'inondation des digues (folio 113). — Ma-

(*) L'époque de la rupture des digues est rapportée par M. Noel Desvergers aux dernières années du 1er siècle de notre ère ou aux premières années du second.

Plus tard, à la suite de la scission opérée dans le khalifat par l'usurpation de Moawiah au préjudice d'Ali, quelques anciens partisans de ce dernier, mécontents de la faiblesse qu'il avait montrée en cette circonstance, abandonnèrent sa cause. Ne voulant pas, néanmoins, reconnaître le khalife choisi par leurs adversaires, qu'ils regardaient comme re-

lek-ben-Fehm se rendit dans l'Omân avec une partie de la tribu de Kodaa; ils y trouvèrent les Perses obéissant alors à Dara (Darius), fils de Dara, fils de Behmen, fils d'Isfendiar. Un satrape gouvernait le pays au nom du roi de Perse. Malek-ben-Fehm lui envoya des messagers pour lui demander la permission de s'établir dans une partie de l'Omân; en attendant la réponse, il campa à Eldjouf-el-Feledj, lieu nommé depuis *El-Feledj* ou *Feledj-Malek*. Le satrape résidait à Sohhar. Après avoir refusé d'accueillir les Azdites, il se prépara à les repousser; il marcha contre eux à la tête de trente à quarante mille cavaliers : il avait des éléphants dans son camp. Après quatre jours de combats acharnés, les Perses se retirèrent à Sohhar, et offrirent la paix aux Azdites, à condition que ceux-ci occuperaient les plaines, et les Perses Sohhar, ses environs et le littoral. Un armistice fut conclu; le satrape en profita pour demander des secours au roi de Perse. Les renforts étant arrivés, les Azdites furent attaqués à l'improviste. Malek se prépara aussitôt à la guerre, combattit les Perses et les chassa de l'Omân (folio 425). Ici l'auteur cite divers poèmes arabes sur la conquête de l'Omân par les Azdites. Malek-ben-Fehm s'établit dans ce pays, et accueillit d'autres tribus arabes (folio 430). Malek-ben-Fehm fut tué par son fils Sélima; alors celui-ci s'expatria et se rendit dans le Fars et dans le Kerman. Les fils de Malek étaient Héuat, Maan, Sélima; — Djodhaïma, régnant à Hira; — Thalaba, régnant à Tenoukh; — enfin Fecahid.

« Sélima conquit le Kerman (folio 433 et suivants). Son frère Héuat l'assista dans son entreprise en lui envoyant trois mille cavaliers azdites. Sélima avait dix fils : après sa mort, la discorde éclata entre ses enfants. Les Persans du Kerman et du Fars en profitèrent pour mettre fin à la domination des Arabes. Les Azdites se répandirent dans le Kerman, le Fars (folio 438), et les îles du Fars; une partie des Azdites se rendit dans les montagnes d'Omân. On compte parmi les descendants de Sélima les Arabes qui habitent les montagnes de Kafes dans le Kerman, les habitants d'El-Kerd, les Benou-Bélal, la famille d'El-Djelendi, fils de Kerker. Ce dernier est le grand-père d'Es-Saffah. Parmi les desbelles et coupables envers Dieu, ils se séparèrent également du parti de Moawiah, et formèrent une secte à laquelle on donna le nom de Khouaridj ou Khouaredjites (ceux qui sortent de la vraie voie).

Le premier soin des sectaires avait été de se donner un chef de leur choix, se fondant sur ce qu'Ali avait perdu son

cendants de Sélima, on compte encore les rois qui ont régné à Hern jusqu'à ce jour. Il y a beaucoup de descendants de Sélima dans le Fars et dans le Kerman, tandis qu'il y en a fort peu dans l'Omân (folio 138).

« Les Benou-Samit, descendants de Sélima, habitent en grand nombre les montagnes de Mangal (folio 139). On reprend, folio 148, le récit de l'histoire de l'Omân. Depuis que Malek-ben-Fahm s'empara de l'Omân, ce pays ne retourna plus sous la domination des Perses. Après lui, le royaume de l'Omân échut à la famille d'El-Djelendi, fils d'El-Mousteuir. Le Fars passa sous la domination des Sassanides ; entre ceux-ci et la famille d'El-Djelendi, il y eut trêve dans l'Omân ; mais il y avait, dans ce pays, pendant la trêve, quatre mille cavaliers perses avec leurs chefs et leur gouverneur, et, tandis que le littoral appartenait aux Perses, les montagnes et les plaines étaient au pouvoir des Azdites, et même, lorsque le roi de Perse voulait exiler quelqu'un de son royaume, il l'envoyait dans l'Omân. Ceci dura jusqu'à la propagation de l'islam dans l'Omân. A ce sujet, l'auteur cite une lettre de Mahomet adressée à Djeifer-el-Abd, fils d'El-Djelendi (folio 150). »

Il ne nous a point échappé que la version de l'auteur du *Kitab-An-sab-el-Arab*, relativement au rôle qu'elle prête à Malek-ben-Fehm, est en désaccord avec la version de Massoudi, ainsi qu'avec l'opinion de nos auteurs modernes, sur ce même Malek, considéré par eux comme le fondateur du royaume de Hira. Mais, ces derniers auteurs confessant *que les débuts de cette monarchie ont laissé bien peu de traces dans les traditions parvenues jusqu'à eux*, nous avons cru devoir ne pas dédaigner une indication nouvelle, surtout quand celle-ci était présentée par un habitant de l'Omân, mieux à portée, par cela même, que Massoudi et autres auteurs arabes de recueillir les traditions de son pays, d'ailleurs fort négligé dans les ouvrages anciens qui traitent de l'Arabie.

Les hommes compétents jugeront du crédit qu'il faut donner aux assertions de notre auteur.

droit à cet office en permettant que la contestation suscitée par la révolte de Moawiah fût décidée par le jugement des hommes au lieu de l'être par celui de Dieu ou de l'imam, son représentant. Ils s'étaient réunis alors aux environs de Koufa, et, en excitant autour d'eux la défection, ils travaillaient à miner le pouvoir qu'Ali conservait encore dans la Mésopotamie et la Perse ; mais, attaqués par ce khalife à la tête d'un corps de troupes considérable, ils furent mis en déroute à Nharouan, sur les bords du Tigre. Du petit nombre de ceux qui échappèrent à cette défaite, deux allèrent chercher un refuge dans l'Omân.

Les principes des Khouaridj, dont l'esprit était tout à fait en harmonie avec le caractère indépendant des Arabes, furent facilement acceptés par les habitants de l'Omân, et le schisme s'organisa sans entraves et se maintint paisiblement jusqu'au khalifat d'Abd-el-Melik (1). Sous le règne de ce prince, le fameux Ilhadjadj, devenu gouverneur de l'Irak, envoya des forces en Omân pour y faire reconnaître l'autorité du khalife : deux frères, Seliman et Saïd, de la descendance de Djelendi, y exerçaient alors le pouvoir. Ils battirent, dans toutes les rencontres, les troupes d'Ilhadjadj, qui se vit contraint de demander des renforts au khalife. Une armée nombreuse lui ayant été envoyée, il finit, grâce à ce secours, par triompher de ses adversaires, et força Seliman et Saïd de s'expatrier avec leurs familles. Dès ce moment, le gouverneur de l'Irak eut sous sa dépendance le pays conquis et en nomma le chef. Quelques années après, le khalife Se-

---

(1) Les détails qui suivent sont extraits de la chronique du cheikh Abou-Soleiman-Mohhammed, déjà citée à la note 2 de la page 174.

liman-ben-Abd-el-Melik rendit aux habitants le droit d'élire leur souverain; toutefois un délégué du gouverneur de l'Irak continua d'y résider, dans le but de surveiller la gestion du souverain élu : il en fut ainsi jusqu'au khalifat d'Aboul-Abbas-es-Saffah.

A cette époque, de grands désordres se produisirent en Omân; d'abord des sectaires, désignés sous le nom d'Ibadhi (1), attaquèrent le représentant du khalife, le défirent et lui substituèrent un des leurs, nommé Djelen'di-ben-Meçaoud, qui fut tué, deux ans après, à la suite d'une invasion de l'Omân par les Djebaber (2), et la guerre désola le pays jusqu'à l'avénement de l'imam

(1) Il s'agit ici des partisans de l'hérésie prêchée par Abdallah-ben-Ibadhi, de la famille de Sarih, issue de Temim. Le Hhadji-Khalfan dit, dans son *Djihan-Numa*, que ce fut sous le règne de Merwan, dernier khalife des Ommiades, c'est-à-dire entre l'an 127 et l'an 132 de l'hégire (744 et 749 de J. C.), que cet Abdallah parut, et qu'il fut vaincu et mis à mort. Mais il se trompe lorsqu'il fixe l'apparition des Ibadhi en Omân à l'année 674 de l'hégire, à moins, toutefois, que les mots *à Omân*, employés par lui, signifient seulement la ville ainsi nommée, et non le pays tout entier, ce qui ferait disparaître la contradiction que nous venons de signaler entre son assertion et celle de l'auteur de la chronique. On comprendrait, en effet, que les principes des Ibadhi, d'abord acceptés par les anciens dissidents (les Khouaridj ou Chera) établis à Nazoua, et s'étant entés sur ceux de ces derniers, ne se soient répandus que plus tard dans les villes du littoral. (Voyez la partie *Asie* de l'ouvrage cité, traduction manuscrite d'Armain, au paragraphe qui traite du pays d'Omân.) — Niebuhr, en signalant cette secte comme la plus importante de l'Omân, donne à ses adhérents le nom de Beïasi, et Abadhi. Nous avons toujours entendu les indigènes se servir du mot Ibadhi.

(2) La forme de ce nom est douteuse; peut-être s'agit-il des Ben-Djebre ou plutôt Beni-Djerbé, qui sont signalés, bien postérieurement, il est vrai, comme faisant presque chaque année, à l'époque des récoltes, une invasion dans l'Omân pour en piller les campagnes.

Rêzan, qui, à ce titre, exerça le pouvoir pendant environ quinze ans, et mourut l'an 207 de l'hégire (822 de J. C.).

A partir de cette époque, les imams se succédèrent régulièrement pendant un espace d'environ soixante-dix ans. Mais, au commencement du règne du khalife El-Motadhed, Azzan-ben-Temin el Mekhezoumi étant imam, des troubles graves vinrent agiter l'Omân, des partis nombreux s'y disputèrent l'autorité, et leurs luttes semblaient interminables. Deux de ses habitants, dont la tradition a conservé les noms, Mohhammed-ben-Qâcem et Béchir-ben el Men'deur, se rendirent auprès du gouverneur du Bahharin', Mohhammed-ben-Nour, pour solliciter son intervention et lui offrir le pouvoir. Ce dernier voulut, avant tout, s'assurer l'agrément du khalife; on se rendit à Bagdad pour l'obtenir, et, cette démarche ayant eu un plein succès, Mohhammed-ben-Nour envahit l'Omân à la tête de vingt-huit mille hommes (1). A son approche, la terreur s'empara des habitants; les uns prirent la fuite, le plus grand nombre se soumit. Azzan-ben-Temin, qui résidait à Nazoua, vit ses parti-

---

(1) Ce fait se trouve mentionné dans le traité du cheikh Abou-Ishak el Estakhry; il y est dit que, sous le khalifat d'El-Motadhed, une querelle s'étant élevée entre les sectaires de la tribu des Beni-Sama el Louy, l'une des plus puissantes du pays, le cheikh de cette tribu, Mohammed-ben-el-Qacem es Sami, se rendit auprès du khalife et réclama sa puissante intervention; celle-ci amena la soumission de l'Omân au khalifat, en témoignage de quoi la khotba fut dite dans les mosquées pour le khalife. El Estakhry ajoute que le schisme n'en persista pas moins et que les sectaires se retirèrent dans une partie de leur territoire nommée Nezoua (Nazoua), où ils étaient encore, avec leur imam et leurs trésors, à l'époque où l'auteur écrivait. (Voyez le traité d'El Estakhry, folio 7, verso, édition du docteur J. A. Moeller, sous le titre *Liber climatum*.) — D'après M. Reinaud, El Estakhry voyageait vers l'an 340 de l'hégire (951-52 J. C.).

sans l'abandonner peu à peu à mesure que l'ennemi s'avançait vers cette ville ; il voulut chercher un autre asile avec une poignée d'hommes qui lui restaient, mais atteint par les soldats de Mohhammed, il périt dans un combat inégal. Les Ibadhi, dans la personne de leurs imams, avaient gouverné cent soixante-trois ans.

Mohhammed-ben-Nour, proclamé souverain, s'établit à Nazoua. Toutefois, il ne jouit pas en paix du pouvoir conquis par lui ; il eut bientôt à combattre des révoltes sérieuses, qui lui firent prendre en haine ses nouveaux sujets. Dans son exaspération, il ravagea le pays, commit des cruautés sans nombre, et se décida enfin à rentrer dans le Bahharin', laissant le gouvernement de l'Omân à Ahhmed-ben-Hilal (1). Celui-ci, renversé peu après par une insurrection victorieuse, eut pour successeur Mohhammed-ben-el-Hassen.

Ici commença, pour l'Omân, une nouvelle période d'indépendance, qui se prolongea jusqu'à l'invasion de son territoire par les Carmathes (2). Cette invasion ne fut pas de longue durée, et, lorsque les envahisseurs eurent été chas-

---

(1) On lit, dans le *Moroudj-ed-Dzeheb*, manuscrit 598, folio 45, « qu'en l'année 304 de l'hégire, lorsque Massoudi arriva à Sohhar, capitale de l'Omân, l'émir de ce pays était Ahhmed-ben-Hilal. » C'est sans doute le même personnage mentionné dans la chronique à laquelle nous empruntons ces détails.

(2) La secte des Carmathes eut pour fondateur un certain Haudan, fils d'El-Aschath, surnommé *Carmath*. Elle acquit une grande puissance, et, pendant plus d'un siècle, ensanglanta l'Arabie, la Syrie, l'Égypte, en dépit des efforts faits par les derniers khalifes abassides pour arrêter les progrès de ces sectaires. Nous ignorons l'époque précise à laquelle ceux-ci envahirent l'Omân ; mais, d'après la place qu'occupe cette invasion dans la série des faits énumérés par la chronique, ce dut être dans les dernières années du III° siècle de l'hégire (premières années du X° siècle de J. C.).

sés, Mohhammed-ben-Izid el Kendi fut appelé à l'imamat.

Cependant la série des imams ne tarda pas à être encore une fois interrompue; des troupes envoyées de Bagdad s'emparèrent de nouveau de l'Omân et mirent en fuite Mohhammed-ben-Izid; le khalife donna alors le gouvernement à El-Hhakem-ben el Mâala. Enfin, à la mort de ce dernier, les Arabes d'Omân reconquirent le privilège d'élire leur chef, et nommèrent Saïd-ben-Abdallah-ben-Mohhammed. L'auteur de la chronique ignorait la date à laquelle cet imam fut élu; mais il donne celle de sa mort, qui eut lieu en l'année 328 de l'hégire (939-40 de J. C.). Après Saïd-ben-Abdallah, les imams se succédèrent jusqu'en 557 (1161 de J. C.).

L'auteur du document arabe auquel nous devons les renseignements précédents pense qu'à partir de cette époque il y eut un interrègne jusqu'en l'année 809 (1406-07 de J. C.). Selon lui, pendant cette longue période, l'Omân eut à souffrir des malheurs tels qu'il n'en avait jamais éprouvé; mais il n'entre dans aucun détail à ce sujet, et les seuls faits dont il fasse mention sont les suivants :

1° En 660 (1261-62 de J. C.), l'émir d'Hormouz, Mahmoud-ben-Ahhmed el Kousi, vint débarquer à Keulhât avec des troupes nombreuses, et somma les chefs de l'Omân de lui payer un tribut (1); ce pays avait alors pour sultans Abou-el-M'salli-ben-Nebehan' et son frère Omar.

2° En 674 (1775-76 de J. C.), le raïs de Chiraz, Fekeur-Eddin-Ahhmed-ben-ed-Daya, envahit l'Omân, s'empara de Nazoua et séjourna quatre mois dans le pays. Une tentative infructueuse fut faite par lui contre Behla. La mort du raïs

(1) Nous aurons occasion de revenir bientôt sur cette expédition du sultan d'Hormouz contre l'Omân.

vint bientôt délivrer le pays du joug de ses envahisseurs. Ces événements se passèrent sous le règne du sultan Omar-ben-Nebehan'.

3° Enfin, en 675 (1776-77 de J. C.), les enfants du raïs envahirent de nouveau l'Omân, qui avait alors pour sultan Hilal-ben-Omar-ben-Nebehan' (1) : celui-ci finit par triompher de ses ennemis, dont les premières opérations avaient été désastreuses pour le pays.

Quand nous avons parlé ci-dessus d'un interrègne, il ne s'agissait, bien entendu, que de l'absence d'une autorité spirituelle : l'auteur de la chronique a écrit la chronologie des imams d'Omân, et non l'histoire de ce pays, et cela explique le silence presque complet qu'il garde sur les événements arrivés dans l'intervalle de l'année 557 de l'hégire à l'année 809. Mais, en dehors des imams, l'autorité purement temporelle était exercée, dans l'Omân, par d'autres chefs, délégués du khalife ou de quelqu'un de ses représentants. Seulement il arrivait, à certaines époques, que le schisme, toujours vivant à l'intérieur, reprenait plus d'empire, et que les sectaires parvenaient à imposer leur propre chef à une plus grande partie du pays. Quant aux villes maritimes, et surtout à celles dont le mouvement commercial mettait incessamment les habitants en contact avec les partisans des sectes orthodoxes, leurs populations durent perdre peu à peu de leur ferveur dissidente, contenues qu'elles étaient, sans doute, d'abord par la surveillance plus facile que l'émir du khalife pouvait y exercer, puis par les

---

(1) Cette famille des Nebehân' paraît avoir joué un rôle important dans l'histoire de l'Omân; nous retrouverons, dans le récit d'Ibn-Bathouta, un Nebehan' sultan de Nazoua.

immigrations de Schiites, de Sunnites et de Métaoualis qui s'y incorporèrent à diverses époques. Mais, pour avoir quelques notions sur ces villes, dont l'auteur de la chronique ne cite pas même les noms, il nous a fallu recourir aux géographes et voyageurs arabes, et voici le résumé des renseignements que nous avons puisés dans leurs écrits :

Au commencement du IV° siècle de l'hégire, Massoudi et Abou-Zéid nous représentent Sohhar comme la capitale (1) de l'Omân, et Mascate comme un lieu où les navigateurs venant du golfe s'arrêtaient, dans leur route vers l'Inde, pour y prendre de l'eau et du bétail (2). A l'époque où écrivaient ces deux auteurs, Mascate n'avait donc pas encore une population notable; Massoudi, en effet, ne la désigne que comme un village.

Dans un passage du traité d'El-Estakhry, auquel nous avons déjà emprunté quelques renseignements sur l'état religieux de l'Omân, l'auteur dit aussi que Sohhar en était la capitale, et la plus peuplée, la plus riche et la plus commerçante non-seulement des villes de cette contrée, mais de toutes les villes musulmanes situées sur la mer de Perse (3).

Avec Édrisi, nous commençons à acquérir quelques connaissances de l'intérieur du pays, outre ce qu'il ajoute au petit nombre de celles que nous possédions sur le littoral. Il signale d'abord, le long de ce dernier, les deux villes ma-

---

(1) Nous ne pensons pas qu'il faille donner au mot *capitale* un autre sens que celui de ville principale du pays au point de vue commercial, car nous ne savons rien qui puisse mériter ce titre à Sohhar, au point de vue politique.

(2) Voyez *Relation des voyages arabes et persans*, Discours préliminaire, page 80, et Chaîne des chroniques, page 15.

(3) Voyez le traité déjà cité, folio 7, verso.

ritimes de Soûr et de Keulhât (1), petites, mais ayant beaucoup d'habitants; puis le bourg de Damar (2), renommé par la beauté des perles qu'on y pêche; enfin les villes de Mascate et de Sohhar, l'une et l'autre bien peuplées. Toutefois, selon l'auteur, cette dernière avait déjà perdu de son ancienne prospérité et de son importance commerciale. Édrisi impute ce résultat aux déprédations exercées par la marine d'un certain gouverneur de Keich (l'île de Kechm) contre les navires qui commerçaient dans le golfe Persique; ce qui, dit-il, avait contraint ces derniers à se détourner de la voie d'Omân et à se porter sur Aden (3). Il paraît, cependant, que l'activité de Mascate s'était accrue; car, sans cela, comment cet ancien *village* fût-il devenu une ville *bien peuplée*, telle que la représente Édrisi. Il est même probable que les faits rapportés par ce géographe n'étaient pas la seule cause de la décadence de Sohhar, à laquelle les commodités et les avantages propres au port de Mascate avaient dû contribuer aussi.

Quant à l'intérieur du pays, voici ce qu'en dit Édrisi :

« Vis à-vis de Sohhar, à une distance de deux journées

---

(1) C'est la ville nommée Calayat par les auteurs portugais; João de Barros la rapporte à la *Melacum* de Ptolémée, mais il n'y aurait, ce nous semble, pas moins de raisons d'identifier celle-ci avec Soûr, ville très-ancienne et qu'on suppose avoir été occupée par les Syriens. Quoi qu'il en soit, l'existence de Keulhât au commencement du XIe siècle nous est signalée positivement par la chronique des rois d'Hormouz, dont Texeira a donné une version portugaise. (Voyez *Histoire des rois de Perse*, par Texeira.)

(2) Probablement Bendeur-Daghmar, petit port près et au sud-est de Keriat.

(3) Voyez *Géographie d'Édrisi*, traduction de M. Jaubert, page 151 et suivantes.

« par terre, sont les deux villes S'al et O'fra. Elles sont
« l'une et l'autre peu considérables, mais bien peuplées et
« entourées de champs cultivés et de palmiers. La contrée
« dont elles dépendent s'appelle Nazoua. A une demi-jour-
« née de ces villes est celle de Mandj, qui est de peu d'im-
« portance et située au pied de la montagne de Charam,
« où sont les sources de la rivière El-Fah. Cette rivière est
« considérable ; ses bords sont couverts de champs cultivés
« et de villages jusqu'à la mer, où elle se jette auprès de
« Djolfara (Djulfar). Beaucoup des habitants d'Omân sont
« des dissidents (chera), dont la plupart vivent aujourd'hui
« réunis dans un pays nommé Bechroun, à l'ouest d'Omân,
« sur une montagne où sont leurs villages fortifiés, et qui
« leur appartient. Bechroun est situé au bas de cette mon-
« tagne (1)..... »

Ici nous retrouvons la trace de ces sectaires dont il a déjà été fait mention, et nous les voyons, au commencement du XIIe siècle de notre ère, établis au centre du pays, ayant

(1) Après l'analyse faite par nous, au livre III, de la description de la côte orientale d'Afrique contenue dans le traité d'Edrisi, on ne peut s'attendre à trouver beaucoup d'exactitude dans ses données géographiques sur l'Omân, surtout quant aux distances. Pour ce qui est des noms de lieux mentionnés au passage reproduit ci-dessus, d'après la traduction de M. Jaubert, nous les soupçonnons d'être entachés, au moins, de ces erreurs de copiste qui ne sont que trop communes dans les manuscrits dont le traducteur a fait usage. Ainsi cette rivière El-Fah, aux bords couverts de champs cultivés et de villages, nous semble ne pouvoir être que le Sib, dont le lit est côtoyé par la route qui mène à Nazoua. La ville désignée sous le nom de Mandj ou Maindj est peut-être Minna, nom qui lui-même doit être une rectification du mot Manna, donné par *João de Barros* à une ville voisine de Nazoua, et dont il sera fait mention ci-après. Au reste, pour la topographie du pays d'Omân, voyez la carte annexée à la relation que le lieutenant Wellsted a faite de son voyage en Arabie. (*Travels in Arabia*. London, 1838.)

leurs villages fortifiés sur une montagne aux environs d'une localité nommée Nazoua (qui nous est bien connue), voisine elle-même de la ville de Mandj.

Ce qu'Édrisi a écrit touchant la décadence de Sohhar était, à ce qu'il paraît, au moins exagéré ; car, un siècle environ après lui, Yacout signalait encore cette ville comme la plus importante du pays. « Sohhar est, dit-il, la Kasba (ville principale) de l'Omân du côté des montagnes, comme Touam est la Kasba du côté de la mer (1). C'est une ville riche et pleine de ressources ; ses maisons sont bâties en briques et en bois de tek. »

Dans le dictionnaire du même auteur, on trouve au mot Nézoua : « C'est une montagne de l'Omân. Aucune tribu de cette localité n'a de station considérable sur le bord de la mer : on désigne leur réunion par le nom de leur district. Elles sont *Ibadhi*. »

Au temps d'Yacout, quelques-unes des villes de la côte d'Omân étaient, d'après la chronique des rois d'Hormouz, déjà dépendantes de ce royaume. Il y est dit que la fondation de celui-ci est due à un prince régnant en Arabie, et qui, inquiété par un de ses voisins avec lequel il était en guerre, alla s'établir dans le Moguestan, où son fils Mohhammed, surnommé *Derem-Kou*, fonda la ville d'Hormouz. Le port de Kalayat (Keulhât), sur la côte d'Omân, avait été le point de départ des émigrants : ceux-ci, selon le chroniqueur, s'étaient assuré la possession de cette ville, pour s'en ser-

(1) On ne sait à quel point de la côte peut se rapporter ce nom de Touam, employé dans plusieurs ouvrages arabes pour désigner un lieu évidemment voisin de Sohhar. M. de Hammer pense qu'il s'applique à la partie de la ville de Sohhar qui est tournée vers la mer.

vir comme d'un lieu de retraite en cas de besoin (1). La date de cette émigration n'est point indiquée; mais, par une supputation de la durée approximative de chacun des règnes antérieurs à celui de Rokn'-Ouddin-Mahmoud, qui commença en l'an 641 de l'hégire, on peut admettre qu'elle eut lieu vers l'année 450 de la même ère, fin du xie siècle de l'ère chrétienne.

Les conquêtes de plusieurs des successeurs de Mohhammed agrandirent le territoire de cette principauté : ainsi fut constitué le royaume d'Hormouz, dont les dépendances s'étendirent jusqu'à Zafar (2), sous le règne de Rokn'-Ouddin-Mahmoud (3). Il est probable que c'est de ce règne,

(1) A la fin du xiiie siècle de notre ère, Marco Polo signale Calatù (Keulhât) comme servant à la fois de refuge et de point d'agression au Mélic de Cormose (Hormouz) contre les exigences du soudan du Kerman. Le Mélic de Cormose, dit-il, se retire alors à Calatù, d'où il intercepte la navigation du golfe; de telle sorte que le soudan du Kerman, auquel cela cause un grand dommage, fait la paix avec le Mélic de Cormose. (Voyez *Voyage de Marco Polo*, chap. cxcvi, édition de la Société de géographie de Paris.)

(2) Sans doute Zafar a été mis ici pour Dhofar ou Djulfar. D'après Amyn-Ahmed-Rāzy, il faudrait dire Djulfar. Nous lisons, en effet, dans son traité intitulé *Heft-Iclym*, le passage suivant, que l'auteur a lui-même extrait du *Madjma-oul-Ansab* : « Ce fut ainsi qu'en l'an 647 il (Rokn'-Ouddin-Mahmoud) se rendit maître, sans opposition, d'Hormouz, et annexa ensuite Kis (Kechme), Bahren et Djulfar à ses États. » (Voyez *Heft-Iclym*, manuscrit persan de la bibliothèque nationale. Fonds Bruyes, n° 17, folio 21, verso.)

(3) D'après la concordance des dates et l'analogie des noms, ce souverain est, sans nul doute, celui dont nous avons parlé précédemment, d'après la chronique du cheikh Abou'l-Soleyman-Mohhammed, comme ayant fait, dans l'année 660, une expédition en Omân pour imposer un tribut à ses habitants. Les détails qui y sont donnés concernant cette expédition justifient ce qui est dit des conquêtes de Rokn'-Ouddin-Mahmoud, dans le *Madjma-oul-Ansab*, et font présumer en quelles circonstances les villes maritimes de l'Omân auraient passé sous la dépendance

compris entre les années 641 et 676 (1) de l'hégire (1243

du sultan d'Hormouz. Voici à peu près comment s'exprime l'auteur de la chronique en question :

« L'émir d'Hormouz, qui s'appelait Mahmoud-ben-Ahhmed-el-Kousi fit
« une expédition contre la ville de Keulhât. Or, à cette époque, celui qui
« avait le pouvoir dans l'Omân était Abou'l-M'salli-Kahlan-ben-Nebehân,
« ainsi que son frère Omar-ben-Nebehân. En arrivant à Keulhât, Mah-
« moud fit appeler Abou'l-M'salli, et, lui déclarant qu'il imposait un tri-
« but aux habitants de l'Omân, il le somma d'en assurer la perception.
« Le sultan allégua que son pouvoir en Omân ne s'étendait qu'à une
« bien petite province. Mahmoud lui répondit : Prends de mes soldats
« tant que tu en voudras, et réduis par la force ceux d'entre les gens de
« l'Omân qui te résisteraient. Abou'l-M'salli répliqua que ceux-ci étaient
« trop pauvres et ne pouvaient payer le tribut. Mahmoud, irrité, agit de
« ruse, et, ayant invité les émirs ou notables du pays à se rendre au-
« près de lui, il leur remit des vêtements d'honneur et d'autres cadeaux;
« puis il obtint d'eux la promesse de l'aider contre les gens de l'Omân
« et de l'accompagner dans l'expédition qu'il allait faire. Il se rendit en-
« suite, par mer, à Dhofar, où il fit mettre à mort un grand nombre
« d'individus et s'empara de richesses considérables. Il retourna alors
« en Omân en suivant la route de la terre ferme ; mais les vivres et l'eau
« commencèrent bientôt à lui manquer, et la soif et la faim tuèrent
« 5,000 hommes de ses troupes, outre ceux qui périrent en combattant.
« Ceci se passa en l'an 660. »

Le mot Dhofar employé ici justifie la première assertion émise par nous à la note de la page 489, savoir, que le nom de Zafar, écrit dans la chronique des sultans d'Hormouz, l'avait été pour celui de Djulfar. Il n'est point admissible que Mahmoud, ayant à faire une expédition en Omân, accompagné des notables de ce pays, se soit rendu à Zafar ou Dhafar, sur la côte sud de l'Arabie, et soit revenu sur ses pas par terre, en traversant un espace de 200 lieues environ; tandis que le double mouvement par terre et par mer s'explique fort bien lorsqu'il s'agit de Djulfar ou de Dofar, situés l'un près du cap M'cendem, et l'autre dans le domaine de Sir ou Ser, limitrophe d'un des quatre grands districts (*) dont la réunion a formé ce qu'on appelle aujourd'hui l'Omân.

(1) Cette date et la durée de trente-cinq ans que nous assignons au

---

(*) Ce n'est que par suite des événements politiques survenus dans l'Arabie durant les deux derniers siècles que le nom d'Omân a été définitivement employé pour désigner tout le pays : de notre temps encore, les indigènes n'appliquent ce nom d'Omân qu'à sa partie centrale ; le reste est divisé en trois autres districts, nommés par eux Djailan, Bathna et Dhorrah. (Voyez *Travels in Arabia*, page 270 et suiv.)

et 1277 de J. C.), que date l'annexion de toutes les villes maritimes d'Omân au royaume d'Hormouz, dont elles faisaient encore partie lors de l'arrivée des Portugais.

A peu près à l'époque où fut opérée l'annexion dont nous venons de parler, la ville de Keulhât, la plus ancienne dépendance d'Hormouz, nous est représentée, par Ibn-Sayd, comme la ville capitale de l'Omân. Voici ce que nous lisons dans la partie de son traité relative à l'Omân :

« Keulhât, sise au commencement de l'Omân, et capi« tale actuelle de ce pays, est en latitude sur la limite « nord du premier climat, etc. » Puis encore : « Entre « Keulhât, capitale actuelle de l'Omân et Sohhar, se « trouve Maskat, port situé sur un grand golfe de la mer « de Perse. » Quant à Sohhar, « c'est, dit-il, l'ancienne « ville appelée Omân (1); entre elle et les sables mobiles « (le désert) est la montagne de Nizoua, qui se prolonge « du sud au nord; elle est habitée par les Khouaredjites (2),

règne de Mahmoud ne sont pas d'accord avec la version du *Madjma-out-Ansab*, reproduite par Amyn-Ahmed-Razy. D'après cette dernière, Mahmoud aurait régné pendant trente ans seulement et serait mort en l'année 685 de l'hégire; mais nous préférons nous en rapporter à la chronique des sultans d'Hormouz, écrite, on le sait, par l'un d'eux.

(1) Peut-être Ibn-Sayd, qui cite quelquefois Ptolémée dans ses écrits, fait-il allusion ici à l'*Ommanum emporium* de ce géographe; mais nous ne pensons pas qu'il veuille parler de la ville appelée Omân par quelques auteurs musulmans, qui, tous, représentent Sohhar et Omân comme deux cités différentes et contemporaines.

(2) La dénomination de Khouaredjites employée par Ibn-Sayd n'implique pas contradiction avec la qualité d'Ibadhi, attribuée par Yacout et par la chronique du cheikh Abou-Soleyman-Mohhammed aux habitants de Nizoua ou Nazoua. Le premier auteur constate simplement, par l'expression dont il se sert, leur état de dissidence. Les autres caractérisent cette dissidence en indiquant qu'ils étaient de la secte d'Ibadhi.

« qui en ont fait leur chef-lieu et l'ont nommée Nizoua (1). »

Moins d'un siècle après Ibn-Sayd, Aboulféda, dans sa géographie, cite Sohhar et la représente comme une petite ville en ruine, celle d'*Omân* étant seule en prospérité. Au sujet de cette dernière, il reproduit le passage suivant, emprunté au traité intitulé *Azizi*, écrit à la fin du IVe siècle de l'hégire ou du Xe (2) de notre ère.

« Omân est une jolie petite ville, avec un port où abon-
« dent les navires du Sind, de l'Inde, de la Chine et du
« pays de Zanguebar. Auparavant, la capitale était Soh-
« har ; on ne trouvait pas de plus belle ville sur le golfe
« Persique. »

C'est tout ce qu'Aboulféda nous apprend concernant les villes de l'Omân ; il ne cite même pas Mascat (3). Mais nous

---

(1) Manuscrit de la bibliothèque impériale (n° 1,095, supplément arabe, folios 23, verso, et 37).

(2) Voyez, pour cet ouvrage et son auteur, l'*Introduction à la géographie d'Aboulféda*, page 42.

(3) Dans sa traduction de la géographie d'Aboulféda, page 136, M. Reinaud, à propos du passage ci-dessus reproduit, émet la pensée que le géographe arabe désignait sous le nom d'Omân la ville de Mascate. Nous lisons, en outre, dans le *Djihan-Numa* (partie Asie, traduction d'Armain, déjà citée), au sujet de la ville d'Omân :

« L'Omân propre est une ville fortifiée située au bord de la mer et au-
« près de laquelle il coule plusieurs sources. Il y a auprès d'Omân une
« montagne ; la rivière (peut-être les eaux) d'Omân vient de cette mon-
« tagne. Cette ville a beaucoup de plantations de dattiers et de jardins,
« et toutes sortes de fruits y sont à bon marché ; le pays produit, d'ail-
« leurs, du froment, de l'orge, du riz et du millet. La rivière (peut-être
« l'eau) qui passe à Omân y a été conduite par un mage fort riche qui
« portait le nom d'Eboul-Feredz, et qui a fait bâtir dans la ville d'Omân
« de grands khans (édifices publics où logent les étrangers) pour les mar-
« chands. On dit que le prince d'Omân retire des fermes de cette ville
« 80,000 sequins par an. Il aborde dans son port beaucoup de bâtiments
« de la Chine, des Indes, du Zanguebar et d'autres endroits, etc..... »

voici enfin en présence de documents positifs recueillis *de visu* par celui qui les a publiés.

En l'an 781 de l'hégire (1350 de J. C.), Ibn-Bathouta aborda à Keulhât ; on lit, dans sa relation, que cette ville

Quiconque a vu Mascate, sa situation, son aiguade, y a trouvé réalisés presque tous les détails de cette description, et, pour notre compte, nous n'hésiterions pas à identifier avec Mascate l'Omân de l'*Azizi* et du *Djihan-Numa*, s'il n'était fait dans ce dernier traité, outre la description que nous avons reproduite, une mention distincte de Mesket (Maskat). Rappelons, toutefois, que le texte imprimé (*) du *Djihan-Numa*, traduit par Armain, a été augmenté, par l'éditeur, de plusieurs indications empruntées aux écrits européens; et dès lors on pourrait penser que, la ville d'Omân ayant été seule mentionnée dans la rédaction primitive de Hhadji-Khalfa, Ibrahim-Effendi, en éditant l'ouvrage, a compris, dans ce qu'il y intercalait, une description de Maskat, alors plus connue sous ce nom que sous celui d'Omân, sans avoir conscience du double emploi qu'il faisait ainsi d'une même ville en laissant figurer au texte imprimé ce qui était dit de celle d'Omân dans le traité original. Il est certain, du moins, qu'une partie de ce qu'on lit, au sujet de Mascate, dans ce texte (la reprise de cette ville sur les Portugais par les Arabes) n'a pu exister dans le manuscrit de Hhadji-Khalfa, composé dix ans avant l'accomplissement du fait dont il est question.

L'argument à tirer de ce que le *Djihan-Numa* signale Omân et Mascate comme deux lieux différents étant ainsi annihilé, toutes les probabilités nous semblent en faveur de l'opinion de M. Reinaud; car Omân était, d'après les descriptions de plusieurs auteurs, une ville maritime importante : ces descriptions, par tous leurs détails, désignent la ville et le port de Mascate, et non Sohhar, puisque les mêmes auteurs font de cette dernière une mention spéciale et distincte. Remarquons, de plus, que l'*Azizi* remonte à la fin du xe siècle, c'est-à-dire entre l'époque de Massoudi et celle d'Édrisi, qui, tous les deux, ont cité Maskat, sans parler d'Omân. Or, au temps de Massoudi, Maskat ou Mesket n'était, comme l'indique son nom, qu'un village à aiguade où les bateaux s'arrêtaient pour faire de l'eau et des provisions fraîches. Bientôt cette localité, prenant de l'importance par le grand nombre de bateaux qui y relâchaient,

---

(*) Le *Djihan-Numa*, c'est-à-dire le tableau ou le miroir du monde, est un traité de géographie divisé en deux parties. Il a été composé, en 1648, par el Hhadji-Moustapha-Khalifeh ou Khalfa. La première partie de ce manuscrit, contenant la description de l'Asie, a été imprimée, en 1733, à Constantinople, par les soins d'Ibrahim-Effendi, qui y a fait plusieurs additions.

avait une mosquée richement ornée à l'intérieur, et que la plupart de ses habitants étaient schismatiques (1), mais qu'ils ne manifestaient pas ouvertement leurs croyances, parce qu'ils dépendaient du sultan d'Hormouz, qui était sunnite.

De Keulhât, le voyageur s'avança à six ou sept journées dans l'intérieur, pour visiter le pays d'Omân, dans lequel, pour lui, cette ville n'était pas comprise (2). Voici comment il s'exprime en racontant cette excursion :

« Elle est située au pied d'une montagne ; des canaux
« l'entourent, ainsi que des vergers, et elle possède de
« beaux marchés et des mosquées magnifiques et propres.
« Ses habitants ont coutume de prendre leurs repas dans
« les cours des mosquées, chacun d'eux apportant ce qu'il
« possède ; ils mangent ainsi tous ensemble, et les voya-
« geurs sont admis à leur festin. Ils sont forts et braves,
« toujours en guerre entre eux. Ils sont de la secte ibadhite
« et font quatre fois la prière du vendredi, à midi. Après
« cela, l'Imam lit des versets du Coran et débite un dis-

devint une ville qui, probablement, reçut d'abord le nom d'Omân ; mais celui de Maskat, sous lequel la localité avait été d'abord connue, ne continua pas moins de la désigner, et, comme il était plus familier que l'autre aux navigateurs, le nom d'Omân cessa bientôt d'être usité. Aussi voyons-nous Édrisi, Yacout et Ibn-Sayd n'en pas faire mention et citer seulement Maskat. Que plus tard, l'ancien nom d'Omân ait été employé par Aboulféda et Hhadji-Khalfa, cela n'a rien d'étonnant, puisque leurs traités de géographie ne sont que des compilations d'ouvrages déjà vieux de deux et trois siècles pour Aboulféda, et de cinq à six siècles pour Hhadji-Khalfa.

(1) Le voyageur ne dit pas de quelle secte ils faisaient partie, mais l'auteur du *Marasid-el-Ittilâa* s'exprime ainsi au sujet de Keulhât :
« ..... Cité d'Omân sur le bord de la mer ; elle est bien habitée et popu-
« leuse ; tous les habitants sont schismatiques de la secte d'Ibadhi... »
Les sectaires dont parle Ibn-Bathouta étaient donc des Ibadhi.

(2) Voyez, page 490, ce qui est dit au renvoi (*).

« cours à l'instar du prône, dans lesquels il fait des vœux
« pour Abou-Becr et 'Omar, et passe sous silence 'Othman
« et 'Aly. Quand ces gens veulent parler de ce dernier, ils
« emploient comme métonymie le mot *homme*, et ils di-
« sent : « On raconte au sujet de *l'homme.* » Ou bien :
« *L'homme dit.* » Ils font des vœux pour le scélérat, le
« maudit Ibn-Moldjam (1), et l'appellent « le pieux servi-
« teur de Dieu, le vainqueur de la sédition. » Leurs fem-
« mes sont très-corrompues, et ils n'en éprouvent aucune
« jalousie et ne blâment point leur conduite.

« DU SULTAN D'OMÂN.

« Son sultan est un Arabe de la tribu d'Azd, fils d'Al-
« ghaouth, et qui est connu sous le nom d'Abou-Moham-
« med, fils de Nebhân. Chez ces peuples, Abou-Mohammed
« est une dénomination usitée pour tous les sultans qui
« gouvernent l'Omân, comme celle d'atâbec est employée
« pour les rois des Loûr. Il a l'habitude de s'asseoir, pour
« donner ses audiences, dans un endroit situé hors de son
« palais ; il n'a ni chambellan ni vizir, et tout individu,
« soit étranger ou autre, est libre de l'approcher. Ce sultan
« honore son hôte suivant la coutume des Arabes ; il lui
« assigne le repas de l'hospitalité et lui fait des présents
« proportionnés à son rang.....

« Parmi les villes de l'Omân est celle de Zaky (*) ; je ne
« l'ai point visitée, mais l'on m'a assuré que c'est une
« grande cité. Il renferme aussi Alkouriyyât (**), Chaba,

---

(1) Ibn-Bathouta fait ici allusion au meurtrier d'Ali, le khouaridj Abderrhaman-ben-Moldjem.

(*) Zekki.

(**) Quériat.

« Calba (*), Khaour-Fouccân (**) et Souhâr (***). Ce sont
« toutes des villes bien pourvues de canaux, de jardins et
« de palmiers. La plus grande partie du pays d'Omân est
« placée sous le gouvernement d'Hormouz (1). »

D'après les renseignements fournis par Ibn-Bathouta, voici donc quel était, au commencement du XIVe siècle, l'état de l'Omân. Au point de vue religieux, la plus grande partie des habitants de l'intérieur professaient le schisme ibadhite, qui comptait de nombreux prosélytes, même dans les villes dépendantes du royaume d'Hormouz. Sa population préludait ainsi, par la liberté de conscience, à l'indépendance nationale. Au point de vue politique, toute la zone maritime reconnaissait encore l'autorité du sultan d'Hormouz, et l'intérieur, ou plutôt l'Omân proprement dit, ayant pour capitale Nazoua, était gouverné par un chef dont le titre, Abou-Mohhammed, semblait attribuer à celui qui le portait la qualité de descendant du Prophète. Son autorité, d'après ce que raconte Ibn-Bathouta du titulaire alors en fonction, s'exerçait sous une forme libérale et patriarcale à la fois. Enfin le caractère belliqueux et intrépide des habitants du pays suscitait et entretenait parmi eux des luttes intestines; mais on comprend qu'un chef habile pouvait, en substituant à l'antagonisme de tribu à tribu le sentiment de la nationalité, trouver dans ces instincts guerriers un puissant moyen d'action en cas de lutte contre l'étranger.

(*) Quelba.
(**) Kour-Fekan.
(***) Sohhar.
(1) Voyez la traduction d'Ibn-Bathouta, par MM. de Frémery et Sanguinetti.

La relation d'Ibn-Bathouta est le plus récent des ouvrages arabes connus qui nous ait fourni des renseignements sur l'Omân (1). Or un intervalle de près de deux siècles sépare l'époque où elle fut écrite de celle à laquelle se passèrent les événements dont les historiens portugais nous ont transmis le récit.

Les seules données que nous possédions sur cette longue période sont contenues dans la chronique du cheikh Abou-Soleyman-Mohhammed; encore ne sont-elles pas de nature à nous intéresser ni à nous éclairer beaucoup. La série des imams, commencée en l'année 809, avec l'avénement de Malek-ben el Hhouari, paraît n'avoir plus subi d'interruption; mais il y eut, dans l'étendue du pouvoir de ces digni-

(1) Nous avons eu, il est vrai, à notre disposition la partie Asie du *Djihan-Numa*, traduction d'Armain déjà citée; mais cet ouvrage, bien qu'il ait été composé vers 1618, c'est-à-dire plus de trois siècles après le voyage d'Ibn-Bathouta, ne contient pas le moindre détail propre à nous éclairer sur l'histoire de l'Omân pendant cette longue suite d'années. On n'y trouve même aucune indication de la dépendance en laquelle, près d'un siècle et demi avant qu'il fût écrit, toutes les villes maritimes de ce pays étaient tombées à l'égard des Portugais. Le nom de ces conquérants fameux, dont l'arrivée dans les mers de l'Inde avait, entre autres événements bien plus sérieux, changé la situation politique de toutes les villes dont parle l'auteur, n'est cité qu'une fois au sujet de Mascate; encore, comme nous en avons fait précédemment la remarque, cette mention de la reprise de Mascate sur les Portugais par les Arabes n'a-t-elle été introduite dans le texte que plus tard, sans doute, par l'éditeur du *Djihan-Numa*.

Nous avons aussi consulté sans plus de fruit la relation du voyage qu'Abd-el-Razzak fit d'Hormouz dans l'Inde, en l'année 845 de l'hégire, et qui lui donna l'occasion de toucher à Mascate et de séjourner à Keriat et à Keulhât. L'auteur ne dit rien de l'état politique ni de l'Omân en général, ni des points du littoral visités par lui; il ne parle que de l'insalubrité de ce dernier et des maladies qu'il y contracta. (Voyez la traduction de cette relation, par M. Quatremère; *Notice des manuscrits du roi*, tome XIV.)

taires et le degré d'influence dont ils disposaient, de fréquentes variations, occasionnées soit par l'esprit versatile des populations, soit par l'ambition plus ou moins envahissante des sultans ou émirs qui gouvernaient les principaux districts et les villes les plus considérables.

Un des résultats de cette instabilité des hommes et des choses, qui fait le fond de l'histoire de l'Omân et que nous verrons s'accroître sans cesse, fut la translation du siége de l'imamat de Nazoua à Behla, translation qui dut avoir lieu sous le règne de l'imam Mohhammed-ben-Ismaïl, élu l'an 906 de l'hégire (1500-01 J. C.), et mort l'an 942 (1535-36 J. C.). En effet, la chronique nous apprend que Beurkat, son fils et son successeur, fut, en 965 (1557-58 J. C.), chassé de Behla par Mohhammed-ben-Hilal el Djeberi, mais que, trois ans après, dans le cours de l'année 968 (1560-61 J. C.), ce dernier fut assiégé dans cette ville par le même Beurkat, et contraint de la quitter à son tour.

Peu de temps auparavant, en 964, le sultan très-puissant Soultan'-ben-el-Mohassen-ben-Selyman-ben-Nebebân' avait pris possession de Nazoua : c'était un membre de cette même famille qui fournit tant de chefs à l'Omân, et, entre autres, le sultan régnant lors du voyage d'Ibn-Bathouta, ainsi que nous l'avons déjà vu. Selon la chronique, les fils et petits-fils de ce sultan lui succédèrent dans l'exercice du pouvoir, et étendirent leur autorité sur toutes les parties de l'Omân, jusqu'en l'année 1024 de l'hégire (1615 J. C.), époque à laquelle Selyman-ben-el-M'doffeur-ben-Soultan', après de longues luttes avec l'émir de Samaïl Amir-ben-Hhamir, perdit à la fois ses États et la vie, laissant l'Omân en proie à l'anarchie et aux dissensions.

Au reste, notre intention n'est pas de nous engager dans les détails du récit confus, souvent incompréhensible, presque toujours sans intérêt, que présente la chronique du cheikh Abou-Soleyman-Mohhammed. Si nous avons signalé quelques dates et le nom de quelques souverains, c'est qu'au règne d'un de ceux-ci, l'imam Mohhammed-ben-Ismaïl, correspond l'arrivée des Portugais sur les côtes de l'Omân, et de plus, l'époque du changement de résidence des imams, de Nazoua à Behla, circonstance qui concorde, comme nous le verrons bientôt, avec certaines indications données par João de Barros.

Lorsque, en 1507, la flottille portugaise, conduite par Affonso d'Albuquerque, parut dans les eaux du golfe Persique, toutes les villes maritimes de l'Omân dépendaient encore du sultan d'Hormouz; les plus importantes d'entre elles étaient occupées par des garnisons que ce souverain y entretenait, et administrées par des gouverneurs de son choix. On sait comment le grand capitaine s'empara successivement des villes de Keulhât, Keriat, Mascate, Sohhar et Khour-Fekan'; on sait aussi que celles de ces villes qui ne furent pas incendiées durent se reconnaître vassales du roi de Portugal et s'engager à lui payer tribut comme elles le faisaient auparavant au sultan d'Hormouz. Huit ans plus tard, l'île du même nom, siége du gouvernement de ce prince, tomba définitivement au pouvoir des Portugais, et le sultan Touran-Chah, qui régnait alors, devenait le vassal du roi Dom Emmanuel; toutes ses possessions d'Omân furent, par suite, placées sous la direction plus ou moins immédiate du vice-roi de l'Inde et comprises dans la capitainerie d'Hormouz.

Barros (1) nous représente l'intérieur de l'Omân comme étant, à cette époque, dans une situation politique à peu près semblable à celle où l'avait vu Ibn-Bathouta plus d'un siècle et demi auparavant. Le pays paraissait tranquille, et l'imam, que Barros appelle l'imam de Behla, y exerçait une autorité incontestée. Cet imam, qui était, comme il a été dit, Mohhammed-ben-Ismaïl, avait réussi, sans doute, à apaiser les rivalités et la turbulence habituelles aux gens de l'Omân, puisque la durée attribuée par la chronique à son règne (de 906 à 942 de l'hégire) explique le calme et la prospérité constatés par l'historien portugais. D'après celui-ci, l'imam n'était pas seulement chargé de la direction spirituelle que sa dignité lui conférait sur tous les fidèles; on en appelait aussi à sa juridiction pour les débats et les contestations qui s'élevaient dans le pays; enfin une dîme y était prélevée à son bénéfice sur tous les produits agricoles et industriels, « voire même sur les joyaux que les maris donnaient chaque année à leurs femmes (2). » Au reste, l'apaisement momentané des luttes politiques n'entraînait pas l'extinction de l'esprit de secte : celui-ci, toujours très-vivace parmi les populations, s'exaltait encore aux discussions des lettrés, si nombreux, dit Barros, qu'il semblait que Mahomet y eût rassemblé toute son école.

Les plus importantes cités de la contrée étaient : Manà (Minna), Nazoua, Bayla (Behla), ayant des dépendances dont plusieurs, telles que Zekki, comptaient jusqu'à dix mille âmes de population. Ces cités, qui jadis avaient cha-

---

(1) Voyez la IIe décade de l'*Asie*, par João de Barros, liv. III, chap. II.
(2) Expressions textuelles de l'auteur. (Voy. *loc. cit.*)

cune un sultan, s'étaient, au dire de Barros, affranchies de cette autorité, et se gouvernant depuis en forme de républiques, constituaient une sorte de fédération pour se protéger mutuellement contre les agressions de leurs rapaces voisins du désert, les Bengèbres (sans doute pour Beni-Djerbé). Cette dernière peuplade, alors la plus puissante de l'Arabie, et qui possédait un territoire de près de 300 lieues de circonférence, inquiétait d'abord les populations de l'Omân par les razzias qu'elle y faisait chaque année, à l'époque de la maturité des dattes et des autres produits de la terre; mais l'imam avait mis le pays à l'abri de ces dévastations en payant sur son revenu des dîmes un tribut annuel aux Beni-Djerbé.

Enfin, entre le territoire central où se groupaient les villes confédérées et le littoral dont les villes étaient encore dépendantes d'Hormouz, se trouvaient d'autres populations arabes commandées par des cheikhs à peu près indépendants et ne reconnaissant ni l'autorité de l'imam ni celle du souverain d'Hormouz. Aussi étaient-elles toujours en hostilité avec les corps de troupes persans que ce dernier souverain entretenait dans les villes du littoral, sans l'être toutefois avec les résidents arabes, parmi lesquels elles comptaient de nombreux parents ou amis, moins disposés, par conséquent, à soutenir les Persans qu'à se tourner contre eux. Ce fut par suite de cet antagonisme latent entre les garnisons et les habitants des villes maritimes de l'Omân, que les Portugais purent facilement rentrer en possession de celles-ci, lors de l'insurrection générale qui éclata contre eux, en 1522, dans toutes les parties de l'ancien royaume d'Hormouz. On lit, en effet, dans Barros, que, pour la reprise de Sohhar, Dom Luiz de Meneses, chargé de la réduire, recourut à l'intervention de deux chefs arabes qui campaient dans le voisinage de cette place. L'un d'eux, nommé Soultan'-Massoudi, disposait d'une force de deux mille hommes de pied et deux cent cinquante cavaliers; l'autre, un *capitaine du grand* Bengèbre nommé Hhocen-ben-Saïd, marchait à la tête de quatre mille hommes de pied et trois cents cavaliers; et la confiance des Portugais dans l'inimitié de ces cheikhs contre les Persans d'Hormouz était telle, que Dom Luiz, après s'être emparé de la forteresse de Sohhar, y laissa pour *guazil* et capitaine ce Hhocen-ben-Saïd, qui consentait à la tenir pour le roi de Portugal (1).

Nous n'entreprendrons pas le détail des faits mentionnés par Barros comme ayant eu lieu, durant le cours de la domination des Portugais sur les villes du littoral de l'Omân, jusqu'à l'époque où l'île d'Hormouz leur fut enlevée par les Persans, assistés de quelques vaisseaux anglais : ces faits sont, d'ailleurs, de peu d'intérêt pour le sujet que nous traitons. Keulhât, Mascate, Sohhar paraissent être les seules de ces places où les Portugais aient établi des agents chargés des intérêts de leur commerce et de la recette des douanes, et, politiquement parlant, ces places n'eurent pour eux, jusqu'au commencement du XVIIe siècle, qu'une importance toute secondaire. Ils n'en occupaient aucune militairement, sauf Mascate; et celle-ci même ne fut dotée de sérieux moyens de défense qu'après avoir été deux fois, en 1552 et 1581, momentanément prise, puis saccagée par les flottilles turques de Piri Reis et de l'émir Ali-Bey. En 1588 seulement,

---

(1) Voyez la IIIe décade de l'*Asie*, liv. VII, chap. V.

le vice-roi Manoel de Souza Coutinho y fit élever la forteresse qu'on voit encore de nos jours.

Lorsqu'ils se virent chassés d'Hormouz, ce boulevard de leur puissance dans le golfe Persique, les Portugais concentrèrent à Mascate tous les moyens d'action qu'ils entretenaient auparavant dans le premier établissement. Mais, pour s'assurer la conservation de cette place, qui tirait de la campagne environnante tous ses moyens de subsistance, il ne suffisait pas d'en augmenter les fortifications, il ne suffisait pas même de lui assurer des communications constantes avec les forces maritimes que le gouverneur de Goa maintenait dans le golfe, il fallait encore, et surtout, conserver des relations d'amitié durable avec les gens de l'intérieur, pour le cas où la mousson régnante rendrait les arrivages de l'Inde impossibles ou trop difficiles. Dans le but de remplir les deux premières conditions, toutes les places quelque peu importantes du littoral situées entre Ras-el-Hhad et Ras-M'cendem furent enlevées, de gré ou de force, à leurs chefs indigènes, et reçurent chacune une petite garnison protégée par quelques ouvrages de défense. Ce fut ainsi que les Portugais occupèrent successivement, dès cette époque, les places de Keriat, Meutrah, Sibo, Beurka, Kel'ba, Khour-Fekan', Libiddia, Dibba, Doubo et Mocambin : la forteresse de Sohhar était déjà entre leurs mains depuis 1616 (1). Mais, pour s'assurer, du côté de la terre ferme, des moyens de ravitaillement, des amitiés sincères, voire même de simples garanties de paix, il fallait bien

---

(1) Voyez Faria y Souza, *Asia portuguesa*, tome III, part. III, chap. xi, et le *Diario portuguese*, tome Ier, mois de mars. L'auteur de ce dernier ouvrage indique le 16 mars comme date de l'événement dont il s'agit.

autre chose que le bon vouloir des conquérants et même que l'esprit de conduite, qu'ils étaient d'ailleurs loin de posséder : le temps et les événements avaient amené, dans la situation politique de l'intérieur de l'Omân, des changements graves contre lesquels ne pouvaient rien désormais ni les sages et prudentes combinaisons de la diplomatie, ni la force matérielle dont s'appuyait la domination portugaise sur le littoral. La chronique du cheikh Abou-Soleyman-Mohhammed va nous édifier complétement à ce sujet.

La mort de Selyman, le dernier des sultans nebehân', avait, nous l'avons dit, livré l'Omân à toutes les agitations, à tous les désastres qu'engendre l'absence d'un pouvoir unitaire et fort dans un pays de quasi-féodalité, où chaque chef de province est assez ambitieux pour troubler l'État, mais pas assez puissant pour imposer son autorité à ses rivaux. Les principaux personnages figurant en Omân pendant l'interrègne qui suivit la chute du sultan de Nazoua étaient Amir-ben-Hamir, à Samaïl; Sif-ben-Mohhammed el Henaouï, à Behla; Malek-ben-Abou'l-Arab, le Yârebite, dans le Reustak, et El-Haïour, dans le Dahhara. Aucun de ces hommes n'avait le génie et la force qui sauvent un pays; tous avaient les passions qui le perdent. Les désordres et l'anarchie résultant de cet état de choses durèrent près de dix années, de 1024 (1615 J. C.) à 1054 (1624-25 J. C.), menaçant d'anéantir les bons effets qu'avaient déjà produits les longs règnes des imams Mohhammed-ben-Ismaïl et Beurkat, son fils, qui s'étaient maintenus pendant une soixantaine d'années, et celui de Soultan'-ben-el-Mohassen et de ses successeurs, restés maîtres du pouvoir temporel durant le même laps de temps. Mais laissons parler le cheikh Abou-Soleyman-Mohhammed, qui fait un tableau saisissant de cette époque critique dans l'histoire de sa patrie :

« ..... Les choses en furent là jusqu'au moment où pa« rut l'imam Naçeur-ben-Meurched, le Yârebite, qui fit la
« conquête de tout l'Omân. En effet, toutes les contrées se
« soumirent à lui, et il réprima le crime et les inimitiés,
« l'infidélité et les excès, et fit régner la justice et la vraie
« foi. Il rendit à chacun son dû et pratiqua la bienfaisance
« jusqu'à ce qu'il plut à Dieu de le recueillir dans le séjour
« des bienheureux..... Nous allons raconter l'apparition de
« cet imam.

« Lorsque les habitants de l'Omân dépassèrent, à l'égard
« les uns des autres, toute mesure en fait de violences et
« de pillage, lorsqu'ils furent devenus, les uns pour les
« autres, comme des loups, lorsqu'ils eurent abandonné
« leurs cœurs impétueux aux mauvaises passions, aux pen« chants violents, aux désirs sans bornes, se dépouillant
« de toute bienveillance et ne cherchant que leurs plaisirs,
« Dieu leur retira sa faveur jusqu'au moment où il vint
« enfin à leur aide par l'imam fort et l'homme illustre, Na« ceur-ben-Meurched. A l'époque de son apparition, il y
« avait une grande diversité d'opinion et une scission pro« fonde entre les gens du Reustâk; leur sultan était Malek« ben-Abou'l-Arab, le Yârebite; les hommes dévoués à la
« science demandèrent aux hommes connus par leur foi
« orthodoxe leur avis en matière de religion, et les prièrent
« de désigner un imam capable d'*ordonner le bien* et de
« *défendre le mal* (*). Ceux-ci jetaient partout leurs regards

(*) Paroles sacramentelles qui s'appliquent à l'exercice de l'autorité suprême spirituelle chez les musulmans.

« et réfléchissaient dans le fond de leur pensée pour trou-
« ver celui qui pourrait être propre à ce poste.....

« Tous furent enfin d'avis qu'il fallait élever Naceur-ben-
« Meurched au rang d'imam. Ils allèrent donc le trouver
« pour lui exprimer leur demande à ce sujet et les vœux
« qu'ils faisaient de le voir se charger de l'autorité destinée
« à *commander le bien* et à *défendre le mal.* Il se rendit à
« leurs désirs, et tous s'engagèrent à le reconnaître désor-
« mais pour imam. Ceci se passait en l'année 1054 (1624-25
« J. C.). »

A peine investi de cette dignité suprême, Naceur-ben-Meurched, que des hommes considérables du pays assistent de leurs personnes et de leurs biens, attaque dans la forteresse de Reustâk ses cousins, qui s'y étaient installés depuis la mort récente de Malek-ben-Abou'l-Arab, leur grand-père, et les en chasse. Puis il marche sur Nakhel, où s'est enfermé son oncle Soulṭan'-ben-Abou'l-Arab, et s'en empare. De tous côtés, on vient vers le nouvel élu : les gens de Nazoua, ceux de Samaïl accourent lui offrir le pouvoir. En vain les anciens agitateurs du pays, et parmi eux El-Haïour et le sultan de Behla, Sîf-ben-Mohhammed el Henaouï, se liguent contre lui : partout il combat avec énergie et avec bonheur, partout il trouve des auxiliaires dans les populations que le désordre avait lassées, que son esprit de justice et de modération, joint à la vigueur de son gouvernement, rallie à sa cause victorieuse.

Ainsi, au bout de peu d'années, l'Omàn presque tout entier était soumis à l'autorité spirituelle et temporelle de l'imam Naceur-ben-Meurched.

En face de cette puissance si rapidement et si fortement constituée, ayant pour point d'appui une nation habituée, par le travail des siècles, à regarder l'imamat comme le symbole de son indépendance politique et religieuse, et pour moteur un homme qui fut, dans sa sphère, un grand homme, en face de cette puissance, disons-nous, allait se trouver la domination portugaise, ébranlée, dans la mer d'Omân, par la perte d'Hormouz, battue en brèche, dans toute l'étendue de l'océan Indien, par des adversaires nombreux. Les succès du chah de Perse contre l'ennemi commun et l'affaiblissement croissant de celui-ci étaient des enseignements trop positifs et des circonstances trop favorables pour ne pas stimuler l'ambition de Naceur-ben-Meurched. L'imam sentait bien que, dans l'intérêt de son pouvoir et du pays qu'il venait de sauver par son énergie, il importait d'étendre ses domaines jusqu'à leur limite naturelle; cette limite était, du côté du nord, le rivage du golfe Persique, par lequel seulement l'intérieur du pays pouvait s'ouvrir des communications faciles au dehors. Il n'en eût pas fallu davantage pour que le chef de l'Omân fût irrésistiblement entraîné à agir de ce côté; à plus forte raison devait-il en être ainsi alors que les vaincus d'Hormouz représentaient l'obstacle contre lequel il devait employer ses moyens d'action.

Dans cette situation menaçante, si les Portugais avaient su jadis attacher à leur cause par une communauté d'intérêts et la mansuétude de leur domination les populations arabes occupant la zone intermédiaire et les environs de leurs établissements, ils auraient pu s'en faire d'utiles auxiliaires; mais, entravées dans leur commerce et leurs habitudes par l'avidité des capitaines et des facteurs portugais, ou le régime fiscal auquel elles étaient assujetties, froissées dans leurs sentiments religieux par le contact de ces chrétiens non moins fanatiques qu'elles-mêmes, ces populations devaient, autant que celles de l'intérieur, souhaiter de se voir délivrer d'étrangers monopoleurs et infidèles. Au moment où la lutte s'engagerait entre l'imam d'Omân et les Portugais, elles ne pouvaient donc manquer de prendre parti pour le premier, fût-ce au prix du sacrifice d'une indépendance territoriale rendue, d'ailleurs, à peu près illusoire par la présence des seconds sur le littoral. Du reste, à l'époque où les Portugais prenaient, pour s'y maintenir, toutes les mesures que nous avons énumérées, la soumission de la plupart des chefs de ces tribus était déjà acquise à l'imam : les cheikhs des environs de Mascate conservaient presque seuls des rapports de bonne intelligence avec les Portugais ; encore n'en agissaient-ils, sans doute, ainsi que par le désir de ne pas perdre leurs *quiazes*, c'est-à-dire la portion du revenu des douanes de ce port qu'ils recevaient, chaque année, en vertu du traité par lequel eux ou leurs prédécesseurs avaient autrefois abandonné la place aux Portugais.

Voici donc quelle était, vers l'année 1630, la situation des deux adversaires en présence :

Là, une population nombreuse et aguerrie, dont les habitudes belliqueuses, ne trouvant plus, comme autrefois, un aliment dans les guerres civiles, devaient, avec d'autant plus d'ardeur, se donner carrière contre des étrangers, que des raisons de toute sorte les portaient à combattre sans merci. A la tête de cette population, un homme hardi, entreprenant, entouré du prestige qu'engendrent la gloire acquise et la sainteté de la vie privée, un souverain absolu, parlant au nom du Prophète et disposant de toutes les forces et de toutes les ressources du pays : sectaire enthousiaste qui, s'intitulant restaurateur de la loi de Mahomet, allait, selon les préceptes de cette loi, proclamer la guerre sainte et courir sus aux chrétiens.

Ici, quelques centaines de Portugais, répartis en garnisons isolées, toujours trop faibles pour prendre l'offensive, et obligés, par suite, de rester enfermés dans leurs murailles, où, s'ils n'étaient pas secourus et ravitaillés à propos, le manque de vivres et munitions les mettrait bientôt dans l'impossibilité de tenir. Or, à cette époque, les embarras de la guerre que le gouvernement de Goa avait à soutenir contre les Hollandais et les Anglais, absorbaient tous les moyens d'action de la vice-royauté.

L'issue de la lutte qui allait éclater entre les Arabes d'Omân et les Portugais ne pouvait donc être que fatale à ceux-ci. Il nous reste à en signaler les principaux événements jusqu'au moment où, l'intervention de l'imam d'Omân venant à se produire dans les possessions portugaises de l'Afrique orientale, nous reprendrons le cours de l'exposé historique relatif à cette contrée, que nous avons suspendu à la fin du livre précédent.

Nous ignorons la date précise à laquelle Naceur-ben-Meurched engagea les hostilités contre les Portugais. Aucun des documents que nous avons pu consulter ne nous a fourni beaucoup de détails sur cette lutte. Les renseignements donnés par Rezende se bornent à peu près aux suivants :

Le siége du gouvernement de l'imam était toujours à Nizoua (Nazoua), l'une des plus grandes cités de toute l'Arabie. Ce prince disposait de quatorze à quinze mille bons fusils arabes, et mettait en campagne, quand les circonstances l'exigeaient, un bien plus grand nombre d'hommes, qui, à défaut de fusils, ceignaient une épée droite, courte, mais large, et se servaient de javelots et autres armes en usage dans la cavalerie. Il avait peu de celle-ci, mais bon nombre de gens montés sur des chameaux, qui, pour l'agilité et l'aptitude à supporter la fatigue et les privations, ne se prêtaient pas moins à la guerre que les chevaux. Les rapports de cet imam avec les Portugais étaient très-variables, tantôt pacifiques, tantôt hostiles, selon sa convenance et les moyens de résistance qu'ils pouvaient lui opposer ; souvent même, dit Rezende, feignant de vouloir négocier et proclamant son assentiment à la paix, il usait de trahison pour leur enlever des places (1).

Que cette dernière assertion de l'historien portugais soit fondée ou non, toujours est-il que Naceur-ben-Meurched dirigea, à plusieurs reprises, des agressions sérieuses contre les établissements des chrétiens : nous avons lu, dans un manuscrit arabe, sorte de recueil d'éphémérides, conservé par un des anciens cheikhs de Mombase, que, vers la fin de m'hharem de l'an 1045 de l'hégire (fin de juillet 1635 de J. C.), sous le règne de cet imam, les musulmans assiégeant Sohhar livrèrent, dans les environs de cette ville, un combat aux Portugais.

Quant à la chronique du cheikh Abou-Soleyman-Mohhammed, voici les détails que nous y avons trouvés :

« L'Imam équipa une armée et en donna le comman-
« dement au cheikh Mas'oud-ben-Ramadhan, à qui il or-

---

(1) Voyez le manuscrit déjà cité, § Mascate.

« donna de se diriger vers Mascate ; celui-ci se mit en
« marche et atteignit Meutrah, où la lutte s'engagea entre
« les musulmans et les idolâtres (chrétiens) ; mais Dieu se-
« courut les musulmans, qui mirent en ruine, à Mascate,
« des tours élevées et des édifices superbes (*) ; les idolâ-
« tres, ayant eu un grand nombre des leurs tués dans cette
« circonstance, demandèrent la paix. Elle leur fut accor-
« dée, moyennant la restitution des biens qu'ils avaient
« entre les mains et qui appartenaient à Sif de Sohhar.....
« Ils se soumirent à cette condition... »

Il résulte d'un autre passage de la chronique que l'Imam ayant envoyé contre Djulfar, « qui est la même chose que « Sir, » une armée commandée par Ali-ben-Ahhmed, celui-ci s'en empara, malgré la résistance combinée des Persans qui occupaient la ville, et des Portugais, dont les navires canonnaient les assiégeants.

La chronique fait ensuite mention du combat livré près de Sohhar en 1043, et que nous avons rapporté ci-dessus comme puisé à une autre source.

Plus loin, le chroniqueur s'exprime ainsi :

« L'Imam équipa une armée contre Sour, assiégea cette
« place, et la prit : une partie de l'armée marcha alors
« contre Keriat, où il y avait une forteresse appartenant
« aux chrétiens ; les musulmans la prirent, puis s'empa-
« rèrent de tout le pays de l'Omân, à l'exception de Soh-
« har et de Mascate. »

(*) Nous pensons que l'auteur de la chronique commet ici une erreur : il ne peut s'agir que d'un château dominant la baie de Meutrah et destiné à protéger cette ville. On ne comprendrait pas comment les tours et édifices de Mascate eussent pu être endommagés à l'issue d'une lutte engagée près de Meutrah.

La chronique termine le récit du règne de Naceur-ben-Meurched comme il suit :

« Il ne restait plus dans l'Omân qu'une troupe de chrétiens retranchés dans les murailles de Mascate. Mais, depuis que la guerre leur fut déclarée, ils devinrent très-faibles, leur puissance baissa, leurs auxiliaires furent dispersés ; la mort, tant naturelle que par les armes, en détruisit le plus grand nombre (*). Dieu fortifia l'Imam,

---

(*) Les combats des imams d'Omân contre les Portugais ont été célébrés dans des poésies arabes composées sous forme épistolaire et simulant une correspondance entre les chefs des deux parties adverses. Nous avons eu entre les mains quelques-unes de ces poésies, et nous insérons ici deux d'entre elles comme spécimen, et comme pouvant donner une idée de l'exaltation qui animait les Arabes. La traduction en a été faite par M. Vignard.

Lettre des chrétiens.

Au nom de Dieu clément et miséricordieux.

Dis : O Dieu! tu as créé le ciel et la terre ; tu connais les actions cachées et celles qui sont faites au grand jour. C'est toi qui fais justice entre les esclaves pour les fautes qu'ils ont commises. (Tiré du Coran.)

Sachez que nous sommes les légions de Dieu, créées dans sa colère et envoyées, pour leur châtiment, à tous ceux qui se sont attiré son ressentiment. Aucune plainte ne peut nous attendrir, aucun pleur ne peut nous faire faire grâce. Dieu a enlevé la miséricorde de nos cœurs. Malheur ! cent fois malheur à quiconque ne suivra pas nos ordres ; car c'est nous qui avons saccagé les villes, en avons fait périr les habitants et avons rempli la terre de désordres. Nos cœurs sont comme des montagnes, et nos bataillons plus nombreux que des grains de sable. Les populations sont tombées en notre pouvoir, et nous avons taillé en pièces les armées. Si vous acceptez nos avis et que vous vouliez ce que nous voulons, vous aurez ce que nous aurons et partagerez notre sort ; mais, si vous refusez et êtes d'un avis contraire, si vous voulez nous défier et nous désobéir, ne vous en prenez qu'à vous-mêmes, et le blâme retombera sur vous. Or, les citadelles ne nous repoussent pas, et les armées devant nous ne peuvent plus avancer. Vos imprécations et vos vœux contre nous n'auront pas plus d'effet et ne seront pas entendus, car vous

« et tous les hommes de bien furent satisfaits de lui et se
« reposaient de tout sur son autorité. Sa mort eut lieu le
« vendredi 11 du mois de rebi second de l'année 1059 de
« l'hégire (23 avril 1649). »

Les chroniques arabes disent que Naceur-ben-Meurched n'eut d'autre enfant qu'une fille, et lui donnent pour suc-

---

avez mangé des nourritures défendues et avez laissé de côté toutes les règles de la religion. Mais aujourd'hui a sonné l'heure du châtiment; recevez donc l'annonce de la honte et de l'abaissement dans lesquels vous allez tomber. Oui, c'est aujourd'hui le jour du grand châtiment. Si ce que nous vous ordonnons de faire vous plaît, sachez que nous sommes infidèles, et que nous vous considérons comme des êtres vils. Ce qui vous semble être beaucoup nous paraît peu de chose, et ce que vous élevez au suprême degré est chez nous quelque chose de bas. Nous avons pris la peine de vous expliquer ces choses et de vous envoyer les perles de cet écrit ; mais répondez vite, avant que les événements prennent leur cours, car alors il n'y aurait plus d'espoir pour vous, et les trompettes de la mort et de la ruine sonneraient sur vos têtes. *Les voyez-vous faire le moindre mouvement, ou les entendez-vous pousser le moindre souffle?* (Coran.)

Réponse.

Au nom de Dieu clément et miséricordieux.

Dis : O Dieu, tu possèdes la souveraine puissance, et tu la donnes et la retires à qui tu veux. Tu élèves ou abaisses les hommes à ton gré. Dans ta main est le bien, et tu peux tout. (Coran.)

Puis nous avons lu cette lettre, qui a été préparée près de très-haute et noble personne, et très-redoutable fléau, qui atteste tout d'abord que Dieu a enlevé la miséricorde et la pitié de vos cœurs. Certes, c'est là un de vos plus grands vices et une des plus vilaines choses entre celles par lesquelles vous vous dépeignez. En dernier lieu, vous dites : Nous sommes infidèles. *Que la malédiction de Dieu soit sur les infidèles!* Les gens faits pour aller à la tête de tous ne doivent même pas penser à fuir. Nous sommes les vrais croyants; aucun vice ne nous tache, aucune faute ne peut s'introduire en nous. C'est pour nous et sur nous que le Coran a été envoyé; il nous couvre d'une miséricorde qui ne doit pas finir; nous sommes pleins de sa grâce et de ses bons effets en général, et particulièrement protégés par sa splendeur; il nous couvre comme d'une cui-

cesseur Soultan'-ben-Sif-ben-Malek (1), son cousin germain.

Le nouvel imam, continuant le système de politique militante inauguré par son prédécesseur, poussa avec autant de vigueur que de succès les hostilités contre les Portugais.

Voici comment s'exprime, à ce sujet, le cheikh Abou-Soleyman-Mohhammed.

« Il était zélé pour la cause de Dieu, et ne lui fit pas dé-
« faut; il commença la guerre contre ce qui restait encore
« de chrétiens à Mascate, et marcha contre eux en per-
« sonne. Dieu le secourut dans cette entreprise, et il vain-
« quit les chrétiens, et il fit la conquête de Mascate (2). Il

---

rasse. Certes, c'est pour vous que le feu de l'enfer a été créé, et pour vos peaux qu'il pétille éternellement. Vous ajoutez : Nos cœurs sont comme des montagnes et nos bataillons plus nombreux que les grains de sable. Le boucher s'est-il jamais enquis du nombre des brebis? Un peu de feu ne suffit-il pas pour allumer un grand bûcher? Les cieux se sont-ils entr'ouverts, ou bien, prodige des prodiges, les boucs font-ils fuir les lions, les hyènes chassent-elles, dans leurs courses, les rois des carnassiers, le lâche imprime-t-il la terreur au brave? Nos chevaux sont marins et terrestres; notre conseil est sage et élevé. Si nous vous tuons, ce sera bonne marchandise (pour l'enfer); si vous nous tuez, sachez qu'entre nous et le paradis il n'y a qu'une heure. *Certes, ne croyez jamais que ceux qui sont tués pour la cause de Dieu soient réellement morts; bien au contraire, ils sont pleins de leur maître, comblés de biens.* (Coran.) Dites à celui qui a écrit votre lettre avec soin et en a paré les phrases avec minutie, que nous l'avons lue et qu'elle nous a produit l'effet du son aigre et strident d'une porte qui crie sur ses gonds ou du bourdonnement d'une mouche. Nous lui écrirons bientôt ce qu'il devrait dire, en lui faisant, en même temps, tenir une correction. Vous demandez une chose tellement forte, que les cieux sont sur le point de s'entr'ouvrir et d'abîmer la terre, et les montagnes de descendre de leurs faîtes élevés.

(1) C'est sans doute celui que Niebuhr, en parlant des imams de la famille El-Yâreby, mentionne sous le nom de Soultan'-ben-Malek-ben-Beul-Arrab-ben-Soultan; mais, dans la généalogie ascendante qu'il produit, il aura omis un degré.

(2) D'après les renseignements qui nous ont été donnés par les Arabes

« ne cessa pas de les combattre par terre et par mer ; il
« conquit la majeure partie de leur pays, détruisit un
« grand nombre de leurs navires, et s'empara d'une grande
« partie de leurs biens ; il bâtit la forteresse qui est dans
« Nazoua du produit du butin pris sur l'ennemi. »

Après avoir expulsé les Portugais de Mascate (1), leur

---

de Zanzibar, la prise de Mascate devrait être attribuée à l'imam Sif-ben-Soultan'-ben-Sif, fils de celui qui nous occupe. Sur ce point, ces renseignements sont d'accord avec le lieutenant Wellsted et le savant Ritter. (Voyez *Travels in Arabia*, tome Ier, page 392, et l'*Arabie* de Ritter, § Omân.) Mais, d'un autre côté, Niebuhr confirme l'assertion du cheikh Abou-Soleyman-Mohhammed en représentant Soultan'-(ben-Sif)-ben-Malek comme maître du littoral de l'Omân, de Ras-el-Hhad à Djulfar. Nous acceptons de préférence la version admise par ces deux dernières autorités. D'ailleurs, Wellsted et Ritter donnent pour date à la prise de Mascate l'année 1658, et on verra plus loin que le règne de Soultan'-ben-Sif a duré jusqu'au commencement de 1668.

Niebuhr attribue aussi à Soultan'-ben-Malek la prise du port de Kong et des îles de Kechm' et de Bahharin' ; mais nos documents n'en font pas mention, et Wellsted attribue ces faits à Sif-ben-Soultan'.

(1) Cette prise de Mascate est racontée par divers auteurs avec des circonstances différentes.

Selon le voyageur Dellon, qui passa en ce port dans l'année 1672, les Portugais auraient perdu Mascate « par l'avarice d'un gouverneur, qui vendait à un prix excessif aux Arabes les provisions qu'il avait, dans l'espérance qu'il lui en viendrait de nouvelles. Mais, avant cela, il fut assiégé par le roi du pays, qui emporta la place et contraignit les Portugais de se rendre à discrétion ; depuis ce temps-là, ils ont toujours continué la guerre sans pouvoir recouvrer ce qu'ils avaient perdu. » (Voyez *Voyage de Dellon aux Indes orientales*, tome II, pages 78 et 79.)

La version d'Hamilton est beaucoup plus détaillée et surtout plus vraisemblable ; en voici la traduction :

« Vers le milieu du XVIIe siècle, le roi de la province, étant alors en guerre avec les Persans, rassembla une armée de quarante mille hommes dans le but d'opérer une descente sur la côte de Perse, et réunit un nombre suffisant de barques, nommées trankies, pour le transport de cette armée, qui campait à peu de distance de Maskate : la flottille était mouillée dans la petite baie de Meutrah. Le roi envoya au gouverneur portugais un

dernière possession sur le territoire d'Omân, Soultan'-ben-Sif créa une flotte pour mettre le littoral à l'abri de leurs agressions, et ne tarda pas à prendre l'offensive contre leurs établissements de l'Inde et de la côte d'Afrique. C'est ainsi qu'il porta la désolation dans Bombay, et que, sollicité par une démarche que firent auprès de lui les habitants de Mom-

message poli, dans lequel il lui exprimait le désir de pouvoir s'approvisionner sur son marché. Le gouverneur y répondit par l'envoi au sultan arabe d'une pièce de porc, en lui faisant dire que, s'il manquait de cette sorte de provision, il pourrait la lui fournir. A cette réponse inconvenante et injurieuse à l'égard d'un musulman, le sultan, quoique profondément outragé, semblait vouloir cacher son ressentiment et en ajourner l'effet jusqu'au retour de son expédition de Perse. Mais l'armée, irritée, demandait une vengeance immédiate, et la femme du sultan, qui était de la famille des Séids (tribu de la descendance de Mahomet par Fatima, sa fille, et Ali, son apôtre), reprochant à son mari de tolérer un si grossier affront, jura, par le Prophète, qu'elle ne sortirait pas de la tente où elle était, que Maskate n'eût été enlevée aux Portugais. L'armée applaudit à cette déclaration et menaça de se révolter si on ne la conduisait immédiatement à l'assaut des murailles. Le sultan, voyant à regret, car le jour était déjà avancé, qu'il lui serait impossible d'arrêter la fougue des soldats, ordonna l'attaque de la ville. Les assaillants ne reculèrent pas devant la canonnade et la fusillade parties des forts portugais, et, sans se laisser intimider par le grand nombre de leurs morts, ils se firent de ces corps inanimés un moyen d'escalader les murs. Vers le coucher du soleil, ils forcèrent deux des portes de la ville et poursuivirent les assiégés si rudement, que pas un n'échappa, malgré la vitesse que ces derniers mirent à s'enfuir vers le grand fort où se tenait le gouverneur. Dans l'impossibilité d'emporter cet ouvrage, les Arabes en firent le blocus. Ils avaient perdu dans l'attaque de la ville quatre ou cinq mille de leurs meilleurs soldats; mais les Portugais étaient réduits, dans les forts qu'ils conservaient, à soixante ou soixante-dix personnes. Ceux d'entre eux qui occupaient les petits forts se rendirent par manque de provisions et de munitions. Ils furent tous passés au fil de l'épée, sauf quelques-uns qui, pour sauver leur vie, abjurèrent la foi chrétienne. Les Portugais du grand fort tinrent pendant environ six mois; mais, ayant perdu l'espoir d'être secourus, ils résolurent de se rendre; ce que voyant, le gouverneur, qui avait été par sa folle jactance la cause de cette calamité, se précipita du

base pour lui demander de les délivrer du joug des Portugais, il entreprit le siége de cette ville (1).

Il importe de fixer la date de ce dernier événement, car il est le chaînon qui doit souder à la partie achevée de notre récit historique celui des événements qui se passèrent ultérieurement à la côte orientale. Le silence que garde à ce sujet la chronique de Mombase est fâcheux, mais n'est pas irréparable : en effet, dans la relation d'un voyage exécuté, en 1663 (1074-75 hégire), par le Père Manoel Godinho, qui se rendait de l'Inde en Portugal en passant par le golfe Persique, l'auteur, après avoir rappelé la prise de

haut de la tour dans la mer, dans un endroit où, les eaux étant très-basses, il se brisa sur les rochers. La garnison, forcée de se rendre à discrétion, fut massacrée, à l'exception d'un petit nombre d'individus, qui embrassèrent l'islamisme. » (Voyez *Hamilton's new account of the East Indies*, etc.; 2 vol. in-8°. London, 1727.)

Enfin voici ce qu'on trouve dans le texte imprimé du *Djihan-Numa*, publié l'an 1733, et dans lequel, on le sait, des additions ont été faites au traité original :

« Les Portugais s'étaient ci-devant emparés de cette forteresse (Mascate); mais, vers l'an 1070 de l'hégire (1659 de J. C.), un fakir, avec son monde, la reprit sur eux, fit esclaves tous les Portugais qui y étaient, et s'empara de tous leurs bâtiments. Depuis ce temps, le prince de Mesket est toujours en guerre avec les Portugais. » (Voyez le *Djihan-Numa*, partie Asie, § Omân, traduction française d'Armain.)

(1) La chronique du cheikh Abou-Soleyman-Mohhammed ne fait aucune mention de l'expédition de Mombase.

La chronique de Mombase, déjà citée plusieurs fois dans le livre précédent, rapporte que, lorsque les habitants de cette ville allèrent en Omân réclamer l'assistance de l'imam de ce pays pour se délivrer du joug des Portugais, cet imam était *Soultan'-ben-Sif*; qu'il rassembla des troupes pour faire la guerre aux Portugais, et qu'il la continua pendant cinq ans, après lesquels il parvint à les chasser de la forteresse, où il laissa pour gouverneur Mohhammed-ben-M'bareuk. L'indication est précise quant au nom de l'imam; malheureusement elle n'est accompagnée d'aucune date relative à cet événement.

Mascate par l'imam d'Omân, ajoute : « Et, non content de « nous avoir expulsés de ses terres, il osa nous venir cher- « cher sur les nôtres, *assiégeant Mombase*, désolant Bombay « et s'emparant, au moyen de sa flotte, d'autant de navires « portugais que celle-ci en rencontrait en mer, etc. » La prise de Mascate par les Arabes a donc précédé le siége de Mombase par ces mêmes Arabes, et le premier événement ayant eu lieu en 1658 (1068-69 hégire), selon Reynal, Wellsted et Ritter, en 1659 (1069-70 hégire), d'après le *Djihan-Numa*, le second, c'est-à-dire le siége de Mombase, a dû se passer entre l'année 1658 et l'année 1663 (1074-75 hégire). En conséquence, nous croyons ne pas être loin de la vérité en adoptant l'année 1660 (1071 hégire) pour l'affaire de Mombase.

Ainsi donc, vers cette époque à peu près, Soultan'-ben-Sif, second imam de la famille des Yâreby, cédant aux prières des députés mombasiens (1), envoya une flotte devant leur ville, pour en entreprendre le siége. Toutefois, ce ne fut qu'après cinq années d'efforts, qu'il réussit à faire évacuer la citadelle par les Portugais ; dès qu'il en eut pris possession, il la fit restaurer et approvisionner, et y plaça pour gouverneur Mohhammed-ben-M'barcuk. Cette première occupation ne fut pas de longue durée; bientôt les Portugais revinrent en force, assiégèrent à leur tour la forteresse, défendue par la garnison arabe, et parvinrent de nouveau à s'en rendre maîtres. Ils remirent ainsi sous le joug la population de Mombase et du territoire dépendant de cette cité. Alors, au lieu de profiter des enseignements du passé,

---

(1) Voir la chronique de Mombase, à l'appendice, pièce n° 2.

ils redoublèrent de violence envers les vaincus et livrèrent à la mort un grand nombre des principaux habitants de la ville rebelle, pour la punir d'avoir sollicité l'appui de l'Imam. Cette sanglante réaction, loin de raffermir leur autorité, ne pouvait que la rendre plus précaire, en préparant de terribles représailles ; mais, exaspérés par les nombreux échecs qu'ils essuyaient, voyant l'édifice de leur domination s'écrouler de toutes parts sous les coups de nombreux ennemis, ne trouvant dans les populations jadis soumises que haine et révolte, ils s'acharnaient avec la férocité du désespoir contre celles qu'ils maintenaient encore sous le joug, se flattant, vain espoir ! d'imposer par la terreur une soumission que ne commandaient plus, comme autrefois, la supériorité de leur courage et la magie de leurs éclatantes victoires. Cependant leur aveugle et cruelle conduite à Mombase n'eut pas immédiatement pour effet d'y rappeler les forces de l'Imam.

Soultan'-ben-Sîf mourut vers l'année 1079 de l'hégire (1668-69 de J. C.), laissant deux fils, Belârcub et Sîf : le premier lui succéda.

Sous le règne de Belârcub, en 1670 (1080-81 de l'hégire), les Arabes de Mascate firent une descente dans l'île de Diou et en pillèrent la ville portugaise. Mais cette expédition n'amena aucun résultat plus important : le gouverneur de la citadelle, dans laquelle une partie de la population s'était retirée, ayant promis de rendre libres tous les esclaves qui voudraient se joindre à la garnison pour combattre l'ennemi, réunit autour de lui environ quatre mille hommes, avec lesquels il tomba sur les assaillants et les chassa de la ville, sans néanmoins empêcher ceux-ci d'emmener bon nombre de prisonniers des deux sexes (1).

Mais l'imam Belârcub se trouva bientôt empêché de suivre, à l'extérieur, le cours de ses expéditions : des dissentiments surgirent entre lui et son frère Sif, et la guerre civile troubla de nouveau l'Omân. Malgré l'appui que lui prêtèrent bon nombre de personnages distingués par leur piété, leur savoir et leur position sociale, Belârcub vit sa cause abandonnée peu à peu par la plus grande partie des gens du pays; les habitants de Nazoua lui refusèrent l'entrée de leur ville, et il se trouva réduit, après de nombreux combats, à n'avoir plus pour lui que le bourg où il s'était réfugié. Sur ces entrefaites, Sif, ayant été élevé à l'imamat, vint assiéger son frère dans son dernier asile. Belârcub mourut pendant le siége, et Sif se trouva dès lors, de droit comme il l'était déjà de fait, maître du rang suprême.

Toutes les traditions ont reconnu le caractère belliqueux du nouvel imam : pendant tout son règne, il se distingua par ses entreprises guerrières. En 1694 (1105-06 hégire), une expédition semblable à celle de Diou fut dirigée par ses ordres contre Daman et contre l'île Salsette. Ici les Arabes d'Omân commirent de grandes déprédations, pillèrent et incendièrent les églises, massacrèrent les prêtres et emmenèrent avec eux environ mille quatre cents prisonniers (2).

Du reste, Sif ne s'en prenait pas seulement aux Portugais : l'année suivante, s'étant brouillé avec le rajah du Carnatic, il envoya une flotte, de Mascate, devant Barsalore

---

(1) Voyez *Hamilton's new account of the East Indies*, etc.; ouvrage cité précédemment.

(2) Voyez même ouvrage que ci-dessus.

et Mangalore ; des débarquements ayant été alternativement opérés dans ces deux villes, elles furent pillées et incendiées (1).

Les succès obtenus par Sif-ben-Soultan', les soins et l'activité que réclamait la conservation de ses conquêtes, l'auraient peut-être empêché de renouveler l'agression faite par son père contre les établissements portugais de la côte d'Afrique ; mais les représentants du gouvernement portugais à Mombase semblaient avoir pris à tâche de se rendre odieux aux habitants de cette localité et de les pousser à la révolte par le désespoir. L'oppression, toujours aussi stupide que cruelle, qui pesait sur ces malheureux les décida encore une fois à faire appel à l'intervention de l'imâm d'Omân. Ce nouvel appel fut d'autant mieux accueilli par Sif, que son père lui avait laissé de ce côté une revanche à prendre contre les Portugais : il se mit en mesure de l'obtenir décisive.

Les dispositions des populations de la côte devaient partout seconder ses efforts et lui préparer les voies pour le succès de ses armes. Déjà quelques-unes d'entre elles s'étaient soustraites d'elles-mêmes à un joug détesté (2). Ce fut naturellement contre la citadelle de Mombase que Sif-ben-Soultan' dirigea d'abord ses forces, et cette place tomba en son pouvoir le 9ᵉ jour de djoumadi second de l'an 1110 de l'hégire (le jeudi 14 décembre de l'an 1698) (3). L'Imâm

(1) Voyez l'ouvrage d'Hamilton déjà cité.
(2) On lit, dans la relation d'Hamilton, qu'en 1692 les ports et le marché de Patta étaient fermés à tous les commerçants étrangers, y compris les Portugais : on n'y admettait que les Arabes.
(3) Nous avons trouvé cette date dans un chant guerrier fait en l'honneur des exploits de l'imâm Sif, et dont le manuscrit était entre les mains

fit occuper la citadelle et y laissa un gouverneur. Maître de ce point principal, il descendit la côte et sa souveraineté fut reconnue à Zanzibar et à Kiloua. D'après des traditions locales, il se serait même présenté devant la citadelle de Mozambique et en aurait entrepris le siége ; mais il renonça, disent-elles, à son entreprise, à cause de l'épouvante jetée au milieu de ses soldats par l'explosion d'une mine que firent habilement jouer les assiégés. Nous n'avons trouvé aucun document authentique propre à nous éclairer sur la vérité de ces traditions.

Le succès définitivement obtenu à Mombase par les Arabes avait été le signal du massacre ou de l'expulsion des Portugais, non-seulement de toutes les dépendances de cette ville, mais encore des divers points de la côte où il en existait à cette époque, et, pour se mettre à l'abri des représailles que pouvait attirer sur elles leur rébellion, les populations indigènes s'empressèrent de reconnaître la suzeraineté protectrice de l'Imam. Ce fut ainsi que tout le littoral au nord du cap Delgado cessa de faire partie des possessions portugaises de l'Afrique orientale. La cité de Mo-

---

d'un Arabe de Mascate. Toutefois, un autre document, au moins aussi positif, nous porterait à la croire inexacte : dans une instruction sur la route d'Europe aux Indes, faisant partie d'une collection communiquée par la Compagnie des Indes au dépôt des cartes et plans de la marine, on trouve, au sujet de Mombase, le passage suivant : « C'est la meilleure relâche, etc.......... ; mais les Arabes s'en sont emparés sur les Portugais. L'an 1696, nous sortîmes de Goa et fîmes route avec les vaisseaux de guerre portugais qui allaient secourir la place, en compagnie desquels nous continuâmes jusqu'à la côte déserte de l'Éthiopie ; nous la côtoyâmes jusqu'aux îles de Brava, en intention de les aider, et, comme ils mettaient trop de temps, nous les quittâmes pour venir en Europe. Ils arrivèrent à Mombase, qui était prise. »

guedchou elle-même, qui était toujours restée indépendante, se serait, à cette époque, reconnue, selon le dire des Arabes, vassale du chef de l'Omân.

En devenant sujettes d'un nouveau maître, les populations africaines conservèrent cet état mixte d'indépendance et de vassalité dans lequel elles avaient vécu sous l'autorité portugaise, comme nous l'avons exposé à la fin du livre précédent. L'autorité immédiate de l'imam Sif-ben-Soultan' ne s'exerça même alors qu'à Mombase, dont il fit restaurer la citadelle, où il mit une garnison et plaça un gouverneur de son choix. Les guerres que lui et ses successeurs eurent à soutenir ou à diriger contre leurs voisins dans le golfe Persique et contre les Portugais, les troubles intérieurs, qui survinrent plus tard en Omân, rendirent pendant longtemps la souveraineté des imams purement nominale dans leurs nouvelles possessions et n'y rétablirent pas le calme et la prospérité qui semblaient devoir résulter, pour elles, d'une domination plus appropriée à la religion, aux mœurs et aux habitudes commerciales des populations. De graves et fréquents désordres s'y produisirent et agitèrent longtemps celles-ci; mais nous les mentionnerons à mesure que se dérouleront les événements dont l'Omân et ses dépendances furent le théâtre.

Sous le règne de Sif, malgré les guerres nombreuses qu'il eut à soutenir, l'Omân fut très-florissant au double point de vue de la production et du commerce. Cet imam possédait personnellement des capitaux énormes; sa marine militaire, dit le cheikh Abou-Soleyman-Mohhammed, comptait de vingt-quatre à vingt-huit navires et portait quatre-vingts canons.

D'après les chroniques arabes, la mort de Sif-ben-Soultan'-ben-Sif-ben-Malek eut lieu à Reustak, le jeudi 2 (1) de ramazan 1123, c'est-à dire le mardi 14 octobre 1711. Il eut pour successeur son fils Soultan', cinquième imam de la famille des Yâreby.

« Celui-ci, dit, dans sa chronique, l'auteur que nous
« venons de nommer, tint une conduite droite et fit aux
« ennemis une guerre suivie sur terre et sur mer; il com-
« battit les Persans sur plusieurs points, et les chassa de
« leurs possessions et de leurs demeures dans le Bahharin',
« dans les îles de Kechm', de Lark et d'Hormouz. »

En effet, l'état où se trouvait alors la Perse ne permettait pas au Chah de protéger efficacement ses dépendances maritimes. L'empire d'Abbas-le-Grand n'avait pas conservé longtemps l'éclat qu'il devait à ce prince. L'incapacité ou la faiblesse de ses successeurs, hommes cruels et débauchés, presque toujours abrutis par l'ivrognerie, causa une décadence rapide, et l'esprit de révolte, excité par les exactions et la tyrannie des grands et des eunuques, se glissa peu à peu dans les diverses provinces. Au commencement du xviiie siècle, sous le faible Husseyn, les Afghans donnèrent l'exemple de l'insurrection, qui fut bientôt suivi par les Abdollis Hérats, les Tartares Uzbeks et les Tartares Lesgiens. Il en résulta de longues guerres qui amenèrent successivement le renversement de la dynastie des sophis par les usurpateurs afghans, les invasions des Turcs, puis le rétablissement de la dynastie légitime dans la personne du fils de Husseyn, Tahmas; enfin, l'expulsion des Afghans par Nadir-Kouli-Kan. Celui-ci ne tarda pas, à son tour, à supplanter le jeune roi

(1) Dans la nuit de vendredi, selon le cheikh Abou-Soleyman-Mohhammed.

Abbas III, et il monta sur le trône des chahs de Perse dans l'année 1736, en attendant qu'une révolution nouvelle fît tomber de sa tête la couronne usurpée.

Au milieu de toutes ces vicissitudes politiques et militaires, l'Omân était devenu pour la Perse un ennemi dangereux et difficile à vaincre. Aussi voyons-nous, dans le récit du cheikh Abou-Soleyman-Mohhammed, Soultan'-ben-Sîf mettre à profit, pour ses agressions, les embarras de ce dernier royaume, et, par d'audacieux coups de main, faire passer de l'autorité des sophis sous la sienne les principales îles du golfe Persique. Plusieurs de ces faits se trouvent, d'ailleurs, en partie, confirmés par Hamilton.

« Au commencement du xviii° siècle, dit cet écrivain, » par conséquent sous le règne de Soultan'-ben-Sîf, « ils
« (les Arabes de Mascate) s'emparèrent des îles Bahharin';
« mais les pêcheurs de perles ayant abandonné ces îles, et
« les Arabes voyant que, privés, par là, des bénéfices qu'ils
« en espéraient, leur possession coûterait plus qu'elle ne
« leur rapporterait, ils l'abandonnèrent et les pêcheurs y
« retournèrent. »

On lit dans un autre passage de la relation d'Hamilton :
« Vers 1719, » dernière année du règne de Soultan'-ben-Sîf, « les Arabes de Mascate vinrent avec deux flottes devant
« Hormouz, y débarquèrent cinq à six mille hommes et as-
« siégèrent le château ; mais, après trois mois d'opérations,
« ne pouvant réussir à s'en emparer, ils se retirèrent (1). »

(1) Niebuhr dit que, sous le règne de l'imam Soultan'-ben-Sîf, Nadir-Chah envoya une armée du côté de Djulfar, pour pénétrer en Omân. Cette agression, qui semblerait avoir pu être naturellement amenée en représailles des hostilités commises par les Arabes de Mascate contre les

Au surplus, le degré de puissance matérielle auquel étaient parvenus les imams d'Omân devait être considérable, si l'on en juge par les forces maritimes que possédait Soultan'-ben-Sîf : en voici un aperçu que nous empruntons encore au même auteur.

« En 1715 (1127-28 hégire), dit Hamilton, la flotte de
« Mascate comptait un vaisseau de 74 canons, deux de 60
« et un de 50 ; dix-huit navires de 32 à 12 et quelques
« tranquies de 8 à 4 pièces d'artillerie, avec lesquels les
« Arabes de Mascate répandaient la terreur sur toutes les
« côtes, du cap Comorin à la mer Rouge. »

Mais tous ces armements et toutes ces expéditions militaires coûtèrent beaucoup à l'Omân ; la chronique du cheikh Abou-Soleyman-Mohhammed le constate en ces termes :

« ..... Il (Soultan'-ben-Sîf) dépensa non-seulement tout
« l'argent qu'il avait hérité de son père, mais encore il
« en emprunta beaucoup aux mosquées et aux *Ouakfs*, —
« c'étaient des milliers et des laks, — sans que personne fît
« la moindre démonstration pour s'y opposer. On se taisait,
« sans doute, par suite de la crainte et du respect que son
« père avait su inspirer aux habitants de l'Omân. »

Ce prince mourut le mercredi 6 du mois de djoumadi se-

---

possessions de ce prince, n'est pas mentionnée dans les documents arabes que nous possédons. De plus, il est permis de penser que Niebuhr a fait ici une confusion de règnes, car, dans une note relative à cette prétendue invasion et à la déroute des Persans qui en aurait été la suite, il exprime la pensée que ces événements sont vraisemblablement ceux qui se trouvent racontés par Otter, dans son *Voyage en Turquie*. Or Otter, qui était dans le golfe Persique lorsque eurent lieu ceux dont il donne le récit, dit qu'ils se passèrent dans l'année 1742 (1155-56 hégire), à la suite de la déposition de l'imam Sîf-ben-Soultan', c'est-à-dire, comme on va le voir, vingt-trois ans après la mort de celui qui nous occupe.

cond de l'an 1131 de l'hégire (20 avril 1719, J. C.), dans le château fort d'El-Khourram qu'il avait fait bâtir pour y transférer sa résidence du Reustak.

Soultan'-ben-Sîf laissait un fils en bas âge nommé Sîf. L'extrême jeunesse de cet enfant parut, aux yeux d'une grande partie des habitants de l'Omân, rendre impossible son élévation immédiate à l'imamat. Le cadi suprême, les ulémas et beaucoup d'autres personnages marquants se rassemblèrent alors secrètement à Reustak et élurent imam Mehena-ben-Soultan'-ben-Madjed-ben-M'bareuk, beau frère de Soultan'-ben-Sîf. Mais le jeune fils de ce dernier comptait quelques partisans dévoués, et ceux-ci conspirèrent le renversement de Mehena, qui cependant gouvernait l'Omân avec sagesse. Pour arriver à leur but, ils suscitèrent contre lui Yâreub-ben-Belâreub, cousin germain du dernier imam, qui parvint, après plusieurs combats heureux, et grâce, sans doute, au prestige de sa naissance, à gagner à sa cause les partisans de Mehena. Celui-ci, se voyant ainsi abandonné, demanda l'*aman*. En retour de sa soumission on lui promit la vie sauve ; néanmoins, dès qu'il eut quitté sa retraite, il fut saisi, garrotté et mis à mort. Il n'avait régné que pendant une année.

Yâreub-ben-Belâreub demeura donc en possession du pouvoir ; il était censé exercer la régence pendant la minorité de Sîf : à ce titre seulement toutes les villes fortes comme la population des campagnes reconnurent son autorité, en l'année 1133 (1720-1721, J. C.). Toutefois, l'année suivante, ayant fait amende honorable entre les mains du cadi suprême, il fut nommé imam et il s'établit à Nazoua.

Cependant il existait toujours à Reustak, en faveur de

Sîf-ben-Soultan', un parti puissant, qui, mécontent de l'avénement d'Yâreub, prit pour chef Belâreub-ben-Naceur, oncle maternel du jeune prince, et leva l'étendard de la révolte. Le cadi fut tué et mis en croix, Yâreub contraint de se démettre du pouvoir, et Sîf-ben-Soultan' proclamé imam, sous la régence de Belâreub-ben-Naceur, dont l'autorité fut acceptée.

Des difficultés s'élevèrent bientôt entre Belâreub et plusieurs tribus, qui lui opposèrent Mohhammed-ben-Naceur-ben-Ameur; celui-ci sut attirer adroitement dans son parti Yâreub-ben-Belâreub; la guerre s'alluma et, après quelques sanglantes rencontres, Mohhammed, ayant forcé Belâreub-ben-Naceur à abdiquer, se fit reconnaître partout comme sultan exerçant l'autorité au nom de Sîf-ben-Soultan'.

Mohhammed-ben-Naceur, connaissant les sympathies de la population pour Sîf, proclamait hautement que ce jeune prince était le seul imam d'Omân; mais il aspirait secrètement à l'imamat, et en l'année 1137 (1724-25 J. C.), il parvint à se faire conférer cette dignité dans une assemblée générale des notables et des chefs de tribus. Il resta possesseur de ce titre jusqu'à sa mort, qui eut lieu à Sohhar. Sîf-ben-Soultan' fut alors solennellement proclamé imam, le vendredi premier de châaban de l'année 1140 (12 mars 1728, J. C.). Il eut d'abord à lutter contre un compétiteur nommé Belâreub-ben-Hamyro, qui, ayant quelques tribus pour lui, réussit à s'établir à Nazoua. Sîf appela à son aide les sultans du Mekram, et obtint d'eux, comme renfort, un corps de soldats beloutchis; mais, dans la première affaire à laquelle ces troupes auxiliaires prirent part, elles furent vaincues et perdirent leurs chefs. Sîf recourut alors aux Persans : ceux-ci envoyèrent à son secours une armée nombreuse, qui débarqua à Khour Fekan' le 14 du mois de deul-hhidja de l'année 1149 (16 avril 1737 J. C.) et alla camper à Sir, où Sîf-ben-Soultan', parti de Mascate, se rendit aussitôt. Une rencontre eut lieu, à l'endroit nommé Feldj-el-Semini, entre l'armée persane et celle de Belâreub : cette dernière fut défaite et dispersée. Les Persans, vainqueurs, voulurent agir en maîtres ; leurs exigences devinrent grandes, et Sîf fut obligé de les combattre : toutefois, une réconciliation ne tarda pas à s'effectuer entre eux.

Pendant ce temps-là, Belâreub avait réussi à se maintenir à Nazoua et à s'emparer de Behla ; mais, des renforts étant arrivés aux Persans, ceux-ci marchèrent contre ces deux villes et parvinrent à en chasser Belâreub, qui fut révoqué dans le cours de l'année 1151 (1738 J. C.). Les gens de l'Omân confirmèrent Sîf dans la dignité d'imam.

Ce fut, probablement, pendant les luttes intestines dont nous venons de faire le récit abrégé que les possessions d'Afrique, abandonnées à leurs seules ressources et subissant peut-être le contre-coup de ce qui se passait en Omân, retombèrent momentanément au pouvoir des Portugais. Nous avons dit plus haut que Mombase avait été le seul point de cette côte que l'Imam eût fait occuper militairement et où il exerçât son autorité par la présence d'un gouverneur de son choix. Plusieurs individus envoyés d'Omân s'y étaient succédé à ce titre, mais les seuls noms qui nous soient connus sont ceux de Sîf-ben-Saïd et de Naceur-ben-Abdallah, qui était en fonction quand se passèrent les faits que nous allons raconter.

A la suite de mécontentements inspirés à la garnison par ce dernier, les soldats résolurent de le déposer. Ils se saisirent de lui, le mirent en prison et élurent à sa place Sécé Rom'bé, leur commandant. Les habitants de Mombase, instruits de la révolte qui venait d'éclater, protestèrent et refusèrent de reconnaître le nouveau gouverneur. Leurs chefs souahhéli, indignés de cette usurpation et ne voulant pas être à la merci d'un homme dont l'autorité était illégitime, le sommèrent d'abandonner la citadelle, ce à quoi lui et ses soldats se refusèrent; dès lors, les hostilités commencèrent entre la garnison du fort et les habitants de Mombase. Les choses en étaient là lorsque les Portugais parurent devant cette place. C'était, sans doute, la flotte de Louis Mello de Sampayo, capitaine général qui, en 1728, au dire des historiens de cette nation (1), rétablit l'autorité du roi de Portugal sur toute la côte de Patta à Kiloua.

Comme, d'après la chronique de Mombase, ce fut dans les circonstances que nous venons de rapporter que les Portugais se rendirent, pour la dernière fois, maîtres de la forteresse, et que les événements qui amenèrent cette reprise de possession se trouvent coïncider, dans ladite chronique, avec l'apparition des navires portugais devant Patta, nous sommes autorisé à admettre un rapport synchronique entre ces événements et le fait général consigné dans le *Diario portuguese*. Nous assignerons donc pour date aux particularités locales dont nous avons commencé et dont nous allons poursuivre l'exposé succinct celle de 1728. Voici maintenant, suivant la chronique indigène, comment les Portugais furent amenés devant Mombase :

Un habitant de Patta nommé Ahhmed-ben-Koubaï, ayant

---

(1) Voir le *Diario portuguese*, tome 1ᵉʳ, mois de mars.

eu des différends avec le sultan de cette ville, qui était alors Bouana-Tamou-M'Kouhou (1), résolut, pour en tirer vengeance, d'aller solliciter l'aide des Portugais. Il se rendit à Mozambique, et, faisant entrevoir aux autorités de cette place la possibilité de s'emparer facilement de Patta au moyen des intelligences qu'il y avait, il obtint d'elles un armement de quatre bâtiments avec lesquels il se présenta devant l'île pour faire la guerre à son adversaire. Intimidé par cette démonstration, le sultan jugea plus sage d'entrer en arrangement que de soutenir la guerre. Les ouvertures qu'il fit dans ce sens à Koubaï furent accueillies par ce dernier, et, du moment qu'ils se furent réconciliés, les deux Arabes ne songèrent plus qu'à débarrasser leur pays des Portugais. Dans ce but, ils firent connaître à ceux-ci que les habitants de Mombase, se trouvant en état d'hostilité avec la garnison de la forteresse, ils les engageaient à profiter de cette circonstance pour reprendre cette place ; ils joignirent, sans doute, à ces suggestions des promesses d'obéissance, promesses dont les Arabes sont toujours prodigues en présence de la force ; enfin ils offrirent aux Portugais de leur servir d'auxiliaires dans cette expédition. Soixante-dix bateaux montés par les gens de Patta furent donc réunis aux quatre navires portugais, et ces forces combinées se portèrent devant la ville qu'elles se proposaient d'attaquer. La flottille mouilla dans le bras de mer du Sud, en face du village occupé par la tribu des Kilen'dini, du côté de l'île opposé à celui que commande la citadelle. Les alliés entrèrent en pourparlers avec les habitants et se présentèrent à eux comme étant venus pour

(1) *Bouana* est un mot souahhéli qui équivaut, comme *moigni*, à *monsieur, le sieur*.

les aider à chasser Sécé Rom'bé de la forteresse. Celui-ci, ne pouvant espérer de résister aux efforts des coalisés, se rendit bientôt sans combattre, et les Portugais se retrouvèrent ainsi maîtres de cet ancien boulevard de leur puissance. Tels sont, d'après la tradition indigène, les faits que les historiens portugais ont qualifiés pompeusement de reprise de possession de toute la côte.

Quoi qu'il en soit, les Portugais ne jouirent pas longtemps de leurs succès; les mauvais traitements qu'ils firent subir à la population de Mombase, n'épargnant même pas à ses cheikhs et aux personnes du rang le plus élevé l'humiliation d'un travail forcé, ravivèrent l'esprit de révolte parmi les habitants de cette malheureuse cité. En conséquence, ils firent porter à l'imam d'Omân et leurs plaintes et le vœu qu'ils formaient d'être délivrés de la présence des chrétiens. Mais les retards de l'aller et du retour ne convenaient pas à l'impatience des Mombasiens, et, ne voulant pas rester inactifs en attendant le résultat de leurs démarches, ils répandirent dans la garnison le bruit de la prochaine apparition d'une flotte envoyée par l'Imam contre Mombase. Au moyen d'un stratagème, et sous prétexte d'assurer la subsistance de la garnison pendant le siège dont ils la disaient menacée, ils se firent livrer tout le riz en paille et le maïs qu'il y avait dans les magasins, s'engageant à les préparer pour la consommation. Puis, profitant d'un jour de fête où la plus grande partie de la garnison, sortie de la forteresse, s'était rendue aux églises, ils se soulevèrent et massacrèrent ou firent prisonniers les Portugais qui se trouvaient dans la ville. Le petit nombre de ceux qui étaient restés dans le fort, dépourvus de provisions, furent bientôt réduits à capituler, à la seule condition qui leur fut accordée d'avoir la vie sauve et la liberté de retourner à Mozambique. En 1824, les habitants de Mombase signalaient encore avec orgueil à l'attention des étrangers une large masse de maçonnerie, tombeau où avaient été déposés les cadavres de ceux de leurs ancêtres qui étaient morts en délivrant une dernière fois le pays du joug des Portugais (1).

A la suite de ces événements, les Mombasiens, restés maîtres de la citadelle, y mirent pour garnison un homme de chaque tribu ; puis ils envoyèrent une députation à l'Imam pour lui demander protection et lui faire hommage d'obéissance. Cette députation comprenait un chef de chacune des tribus composant la population de l'île, et un délégué de chacun des villages de Ouanika. Enfin les populations de Ouacine, de Tangate et de M'tangata, villes maritimes dépendantes de Mombase et situées au sud de ce point, étaient également représentées.

L'Imam expédia à Mombase trois navires avec des troupes qui, à leur arrivée, prirent possession de la forteresse sous l'autorité de Mohhammed-ben-Saïd el Maamiri, gouverneur nommé par l'Imam. Une petite garnison fut également placée à Zanzibar. Quant aux autres villes et îles adjacentes, elles rentrèrent sans doute, à l'égard du souverain d'Omân, dans un état de vassalité analogue à celui qu'elles avaient précédemment accepté.

Au reste, nous n'avons pu nous procurer aucun renseignement sur les événements arrivés dans ces localités depuis la première intervention des imams d'Omân dans les

---

(1) *Voyage to the Shores of Africa by captain Boteler*, Tome II, chap. 1ᵉʳ, page 20.

affaires de la côte orientale d'Afrique, ni même sur les faits qui s'y passèrent après ceux que nous venons de raconter ; nous pouvons seulement en signaler quelques-uns relatifs à Patta.

Lorsque cette ville avait reconnu, pour la première fois, la suzeraineté de l'imam d'Omân, c'est-à-dire sous le règne de Sif-ben-Soultan'-ben-Sif-ben-Malek, le sultan indigène se nommait, dit-on, Bouana ou Foumo Chah-Ali (1). L'Imam y avait placé alors pour gouverneur un Arabe de la tribu des Nebehan', qui s'était allié, par mariage, à la famille du sultan, et dont un fils, issu de cette alliance, succéda plus tard à Chah-Ali, sous le nom de Bouana Tamo. C'est lui qui était sultan de Patta lorsque, en 1728, les Portugais reprirent momentanément possession de cette place avant de se rendre devant Mombase. A Bouana Tamo succéda son fils Foumo Bakari, sous le gouvernement duquel, par des causes que nous ignorons, la sultanie de Patta comptait pour dépendances les villes de Lâmou, de Mandra, l'île de Pemba et tout le littoral compris entre la rivière de Kilifi et l'embouchure du Djoub. Nous retrouverons bientôt ce personnage exerçant le pouvoir à Patta et mêlé aux événements que nous avons à décrire.

En ce qui concerne Mombase, après la dernière expulsion des Portugais, nous ne connaissons plus d'autres faits relatifs à cette ville et ayant eu lieu sous le règne de Sif-ben-Soultan' que le suivant : en 1755 (1148 hégire), cet imam remplaça dans le gouvernement de Mombase Moh-

(1) Ici on retrouve, comme nous l'avons annoncé à la note 2 de la page 456, le titre de Foumo appliqué à leurs chefs par les habitants de Patta.

hammed-ben-Saïd par Salêh-ben-Saïd el Hhadeurmi, qui, lui-même, fut, en 1739 (1152 hégire), remplacé par Mohhammed-ben-Osman el M'zouroui.

En Omân, le règne de Sîf-ben-Soultan' n'avait pas répondu aux espérances de ses partisans, et sa conduite faisait de nombreux mécontents : la popularité qui l'avait d'abord soutenu se retira de lui ; ses désordres, poussés jusqu'à la violation de certaines prescriptions du Coran, ceux qu'il laissait commettre à ses favoris et à ses soldats, irritèrent même à un tel point la plus grande partie de ses sujets, qu'ils résolurent de le déposer. Ils élurent à sa place un de ses parents, nommé Soultan'-ben-Meurched-ben-Djadi (1). D'après Otter, cette révolution aurait eu lieu en 1742 (1154-55 hégire), le 10 du mois de deul-hhidja 1154, selon le cheikh Abou-Soleyman-Mohhammed. Elle occasionna naturellement des troubles, qu'une autre invasion de l'Omân par les Persans vint encore compliquer.

Le nouvel imam, acclamé dans presque tout le pays, s'était emparé, en peu de temps, des quelques villes qui tenaient pour son rival, et avait réduit ce dernier à se réfugier dans Mascate avec ses partisans. Sîf, ayant dans ce port quelques vaisseaux de guerre et des soldats dévoués dans la ville et les forts, parvint à s'y maintenir malgré les tentatives faites par Soultan'-ben-Meurched pour s'en rendre maître. Mais ce dernier, s'étant établi à Meutrah, prit de telles mesures pour attirer le commerce sur ce point, que les navires et les marchands y abordèrent de préférence. Sîf, privé ainsi des ressources qu'il aurait pu attendre de la

(1) La mère de Soultan'-ben-Meurched était fille du premier Sîf-ben-Soultan'.

possession de Mascate, se décida à recourir à l'assistance des Persans.

Dans cette même année, en achetant, bon gré mal gré, quelques navires aux Européens qui commerçaient dans le golfe, et en y joignant ceux qu'il avait fait construire à Surate, Nadir-Chah était parvenu à rassembler une flotte dont il avait donné le commandement à Taki-Khan. Lorsqu'il prit la mer, l'amiral persan avait sans doute pour mission de donner suite aux projets de vengeance que Nadir-Chah nourrissait contre les Houlès (1), et au mois de juin 1742 il avait débarqué six mille hommes à Djulfar. Ce fut là, d'après Otter, que Sif, ayant laissé bonne garde dans le fort de Mascate, se rendit pour s'entendre avec les Persans. Il se fit débarquer au port de Khour-Fekan', d'où il se transporta, par terre, à Djulfar. La négociation qui suivit eut pour résultat un traité par lequel Sif s'engageait à reconnaître la suzeraineté de Nadir-Chah, qui, de son côté, devait employer ses forces à rétablir le prince arabe dans la dignité d'imam. Les opérations de l'armée persane furent dès lors, de concert avec ce dernier, dirigées dans ce but. Mais la conduite de Sif acheva de lui aliéner l'esprit de ses sujets ; un grand nombre de ses partisans même l'abandonnèrent en le voyant confondre sa cause avec celle des ennemis du pays, et se rallièrent au nouvel imam. Les Persans perdirent ainsi les ressources et les auxiliaires sur lesquels ils avaient compté pour s'emparer des principales places de l'Omân, et échouèrent dans leur première tentative sur Soh-

(1) Les Houlès étaient une tribu d'Arabes établie sur les deux côtés du détroit, et qui, à la fin de 1740, s'était révoltée contre l'autorité de Nadir-Chah.

har et Mascate. Au commencement de 1745, le général persan Kielb-Ali-Khan, à la tête de six mille soldats, avait mis le siège devant la première de ces places; mais la vigoureuse résistance d'Ahhmed-ben-Saïd, qui en était gouverneur, le contraignit à le lever. A Mascate, les Persans n'eurent pas plus de succès : après être entrés dans cette ville presque abandonnée de ses habitants, et dont les forts seuls restaient au pouvoir des partisans de Sif, ils en furent chassés par Soultan'-ben-Meurched, qui, de Meutrah, où il s'était retiré à l'approche de l'ennemi, tomba sur eux à l'improviste et les surprit en désordre dans la ville.

A quelque temps de là, la flotte persane, commandée par Taki-Khan, se présenta devant Mascate. Sif-ben-Soultan', dont elle servait en apparence la cause, accompagnait l'amiral et facilita la remise de la ville entre les mains de ses alliés; mais il refusa de leur livrer les forts; ceux-ci continuèrent à être occupés par les troupes et les chefs dévoués à qui il en avait confié la garde. L'amiral persan, ne voulant pas éveiller les soupçons de Sif sur les projets de son maître, ne s'opposa pas à cette mesure; mais il se promit d'obtenir par la ruse ce qu'il ne croyait pas pouvoir exiger encore. Connaissant le goût exagéré du prince pour les liqueurs fortes, il l'invita à un dîner à bord de son vaisseau, et, profitant de l'ivresse dans laquelle Sif se trouva plongé à la fin de ce repas, pour lui dérober une bague sur laquelle était gravé le sceau officiel, il apposa ce sceau au bas d'une lettre écrite au nom du Prince, et par laquelle celui-ci enjoignait aux trois commandants des forts d'en donner l'entrée aux troupes persanes. La perfidie de Taki-Khan eut un plein succès; il se trouva ainsi maître de la ville et des forts, et Sif, quand il eut recouvré l'usage de sa raison, s'aperçut, mais trop tard, du piége dans lequel il était tombé. Il ne lui restait plus, dès lors, d'autre parti que de s'abandonner aux volontés de Taki-Khan et de suivre les Persans dans leurs opérations.

Soultan'-ben-Meurched s'était retiré vers Sohhar, où il espérait, avec l'assistance d'Ahhmed-ben-Saïd, qui avait déjà vaillamment défendu cette place, faire tête à l'ennemi. Les Persans l'y suivirent bientôt et renouvelèrent leur attaque sur la ville ; alors les assiégés firent une sortie désespérée, et Soultan'-ben-Meurched, qui combattait au premier rang, ayant vu tomber près de lui plusieurs de ses proches parents, devint si furieux, qu'il se jeta aveuglément dans la mêlée, où il fut frappé d'un coup mortel. Peu après, Sif-ben-Soultan', qui avait abandonné les Persans et s'était retiré à Reustak, mourut du chagrin d'avoir fait, par sa conduite, son propre malheur et celui de son pays.

Après la mort de ces deux rivaux, un parent de Soultan'-ben-Meurched, nommé Belâreub-ben-Hamyro, ancien compétiteur de Sif-ben-Soultan', prit le titre d'imam et fut acclamé par une partie de la population ; mais dans la chronique du cheikh Abou-Soleyman-Mohhammed il n'est pas mention de ce fait, et l'auteur désigne Soultan'-ben Meurched comme le dernier imam de la dynastie des Yâreby.

Le reste de la population se partagea en deux fractions, qui se placèrent l'une sous l'autorité de Mattar, le cheikh du domaine de Sêr, et l'autre sous un chef parent de la famille de Soultan'-ben-Meurched : cette division des forces du pays favorisa encore la marche des envahisseurs. Cependant la mort du dernier imam devant Sohhar ne leur avait pas livré cette place. Ahhmed-ben-Saïd en avait si bien dirigé la défense, qu'il s'y était maintenu pendant huit mois et avait amené les Persans à lui offrir une capitulation aux termes de laquelle il resterait en possession du gouvernement de cette ville, à la condition de reconnaître l'autorité de Nadir-Chah et de lui payer le tribut. Il se conduisit même si habilement, que Taki-Khan lui donna, en outre, le gouvernement de Beurka. L'amiral persan, après avoir pris des mesures relatives à l'administration du pays conquis, et particulièrement pour la conservation de Mascate, dans les forts de laquelle il laissa une garnison et un gouverneur de sa nation, partit avec sa flotte pour retourner en Perse (1). Les faits que nous venons de raconter durent se passer dans le cours de l'année 1743, et peut-être, dans le commencement de 1744.

Ahhmed-ben-Saïd mit à profit le départ de Taki-Khan. Il s'abstint, sous prétexte d'impossibilité, d'envoyer aux commandants persans de Mascate le subside qu'il devait payer, de telle sorte que l'argent manquant à ces derniers, ils virent peu à peu diminuer leurs troupes. Alors Ahhmed les engagea à se rendre à Beurka, où il résidait, afin de s'entendre avec lui sur les moyens de se procurer de l'argent. Les chefs persans s'y transportèrent, accompagnés de quel-

(1) Dans son récit des faits survenus à cette époque en Omân, Otter parle d'un combat naval engagé à la hauteur de Sevadi, entre la flotte persane et les forces combinées des Houlès et des Meskiétins. En cette rencontre, le cheikh Chahin, qui commandait les dernières, aurait enlevé trois vaisseaux aux Persans et poursuivi le reste. Si cet événement eut lieu en effet, il est vraisemblable que ce dut être au moment où la flotte de Taki-Khan opérait son retour, car on ne comprendrait pas comment, s'il avait eu lieu au début de cette opération, les Persans auraient pu, après une pareille défaite, poursuivre leurs agressions sur le territoire de l'Omân.

ques soldats, et l'entrevue eut lieu d'abord en rase campagne. Mais Ahhmed ayant su, dans ce premier entretien, inspirer toute confiance à ses interlocuteurs, ceux-ci se laissèrent attirer, avec leur escorte, à l'intérieur de la ville, et acceptèrent un dîner que le gouverneur leur offrit dans le fort. Là ils furent arrêtés, et l'on eut ensuite facilement raison de leurs soldats disséminés dans la ville. Après ce coup hardi, Ahhmed-ben-Saïd envoya sommer les troupes restées dans les forts de Mascate de les évacuer, ajoutant à cette injonction l'appât d'une somme d'argent pour quiconque se rendrait de bonne volonté, et, pour ceux qui résisteraient, la menace d'être traités en prisonniers de guerre. La condition de ces hommes étant très misérable, presque tous choisirent le premier parti. Ahhmed-ben-Saïd en fit mourir quelques-uns, laissa les autres libres de retourner en Perse, et il se trouva, dès lors, maître de tout le pays entre Sohhar et Mascate. Ainsi favorisé par la fortune, il aspira au pouvoir suprême et à la dignité d'imam, quoique Belàreub-ben-Hamyro eût déjà pris ce titre et fût considéré comme tel dans une partie de l'Omâm. Pour y arriver, il eut recours à l'influence du chef des cadis, dont il parvint à se concilier l'affection et qu'il gagna à ses intérêts. Ce chef, dans le but de favoriser le dessein d'Ahhmed, convoqua une grande assemblée à laquelle il soumit cette question : « L'homme qui a délivré sa patrie n'est-il pas le plus digne de la gouverner? » La réponse de l'assemblée, au sein de laquelle on s'était, sans doute, assuré des adhérents, fut affirmative. Celui qui l'avait réunie prononça alors un long discours dans lequel, après avoir fait un éloge pompeux des vertus et de la valeur d'Ahhmed, et des services rendus à son pays par son client, il proclama Ahhmed-ben-Saïd imam d'Omân, et lui baisa la main pour lui rendre hommage. La nouvelle de cette élection se répandit aussitôt dans la ville, que les crieurs publics parcoururent, annonçant au bruit du tambour qu'Ahhmed-ben-Saïd-ben-Ahhmed-ben-Abdallah-ben-Mohhammed-ben-M'bareuk el bou-Saïdi était nommé imam d'Omàm, et que chacun eût à le reconnaître en cette qualité.

Dès que Belâreub-ben-Hamyro fut informé de ce qui s'était passé, il marcha contre son rival : celui-ci, n'ayant pas de forces autour de lui et trouvant ses communications coupées avec Mascate, se jeta dans Afi, petite citadelle bâtie sur une montagne et dans laquelle il avait enfermé ses trésors. Belâreub, qui était à la tête de cinq à six mille hommes, prit ses dispositions pour l'y bloquer, et c'en était fait d'Ahhmed s'il n'était parvenu à s'échapper. Mais, à la faveur d'un déguisement et suivi seulement de deux de ses serviteurs, il réussit à gagner la campagne et arriva bientôt à Sohhar, qui n'est qu'à une journée d'Afi. Dans cette ville qu'il avait gouvernée pendant longtemps et où il avait su faire aimer son autorité, il put rassembler quelques centaines d'hommes et il se porta immédiatement à la rencontre de son ennemi, qui le supposait encore bloqué dans Afi. Belâreub avait établi son camp dans les vallons formés par la montagne d'Afi et les montagnes voisines. Ahhmed-ben-Saïd distribua sa troupe de manière à en fermer les défilés, à l'entrée de chacun desquels il plaça des détachements avec quelques trompettes, qui avaient ordre de sonner au signal qu'en donnerait le corps principal, dont il s'était réservé le commandement ; il espérait ainsi tromper son ennemi sur le nombre d'hommes avec lesquels il allait l'attaquer. Ayant pris toutes ses mesures, Ahhmed, engageant le combat, fit entendre le signal convenu, qui fut aussitôt répété sur tous les points occupés par ses soldats. Ceux de Belâreub, se croyant entourés d'ennemis nombreux, se débandèrent pour chercher leur salut dans la fuite; lui-même, marchant vers l'un des défilés, se trouva en présence d'Hilal, fils d'Ahhmed, qui, l'ayant reconnu, le tua et lui trancha la tête, qu'il porta aussitôt en triomphe à son père. La mort de Belâreub acheva la déroute de son armée et jeta le découragement parmi ses partisans. Le nouveau succès et la réputation d'Ahhmed augmentèrent, au contraire, le nombre des siens, et il ne lui fut pas difficile de réduire à néant les efforts tentés par quelques-uns des membres de la famille des Yâreby pour lui disputer le pouvoir. Ce fut en vain qu'un fils de Soultan'-ben-Meurched voulut faire valoir ses droits au titre d'imam; il dut se contenter de la possession de la ville de Nakhel et du territoire dépendant qu'il obtint, pour lui et sa famille, de la générosité d'Ahhmed. D'autres membres de la dynastie déchue, Belâreub-ben-Soultan' et deux fils de Sif-ben-Soultan', se trouvèrent aussi réduits, par l'élection d'Ahhmed, à la seule considération que pouvait leur donner leur fortune particulière. Enfin le nouvel imam, par son alliance avec une fille de Sif-ben-Soultan', ajouta encore au prestige de l'élévation qu'il devait à ses mérites celui qui s'attachait à la famille des imams Yâreby. L'élection d'Ahhmed dut avoir lieu à la fin de 1744.

La disgrâce de Taki-Khan, qui, peu après son retour en Perse, avait excité une révolte contre Nadir-Chah, les embarras qui assaillirent ce monarque dans les trois dernières années de son règne, ôtèrent à Ahhmed tout souci de ce côté, et lui permirent d'affermir en Omân le pouvoir que lui avaient acquis son courage et ses talents. Un de ses premiers soins fut de le faire reconnaître dans les dépendances africaines de l'imamat.

Nous avons dit, plus haut, que Mohhammed-ben-Osman avait été envoyé, en 1739, par l'imam Sif-ben-Soultan', pour prendre le gouvernement de Mombase. Son arrivée mit fin aux troubles et aux luttes de parti causés, dans cette localité, par l'imprudente conduite de son prédécesseur. Depuis lors, il y exerça son autorité sans conteste, aimé et respecté des chefs, ainsi que de la population. Mais, quand il reçut la nouvelle de l'élection du dernier imam, il se laissa imprudemment emporter à des récriminations et à des menaces, disant qu'Ahhmed-ben-Saïd n'était pas de la famille héréditaire, qu'il n'était que son égal, qu'il n'avait pas plus de droit sur l'Omân que sur Mombase; qu'enfin, puisque l'ancien gouverneur de Sohhar avait usurpé la souveraineté de l'Omân, lui, gouverneur de Mombase, pouvait, à aussi juste titre, se déclarer souverain de cette île.

Aussitôt que ces paroles parvinrent aux oreilles de l'Imam, celui-ci résolut de vaincre à tout prix une résistance qui menaçait son autorité naissante. Il envoya donc à Mombase, sous la conduite d'un certain Sif-ben-Kheleuf, six autres hommes dont le dévouement lui était assuré. Les agents du sinistre projet d'Ahhmed, arrivés auprès du malheureux gouverneur, se servirent, pour accomplir leur mission, d'une ruse infâme. Ils se présentèrent comme des ennemis de l'Imam, qui avaient fui l'Omân en révoltés, et s'étaient dirigés vers l'Afrique, afin d'offrir leurs services à Mohhammed et de le soutenir dans la lutte qu'il allait entreprendre contre l'usurpateur. Pour mieux endormir sa défiance, ils se dirent pauvres et lui demandèrent quelques secours en argent pour se rendre à Kiloua et sur d'autres points de la côte d'Afrique, où ils espéraient trouver des auxiliaires. Le gouverneur, abusé, accéda à cette demande, et ils firent ostensiblement des préparatifs de voyage.

La veille de leur prétendu départ, ils se rendirent à la citadelle sous le prétexte de prendre congé de Mohhammed. Celui-ci, ne soupçonnant pas le péril dont il était menacé, les reçut seul dans sa demeure; au milieu de l'entretien, l'un d'eux, donnant le signal, le frappa d'un bras mal assuré, et le blessa seulement. Le courageux M'zouroüi, saisissant son couteau, s'élança contre son agresseur, et le tua; mais les autres conjurés se jetèrent sur lui, le désarmèrent et le firent tomber sous leurs coups. Au moment où il expirait, son frère Ali-ben-Osman arrivait à la porte de la citadelle et allait, sans doute, subir le même sort; mais, ayant rencontré une des femmes de Mohhammed qui fuyait emportant le jeune fils de la victime, il fut informé, par elle, de ce qui venait de se passer, et, prenant l'enfant dans ses bras, il courut vers la ville et se réfugia dans l'une des anciennes églises portugaises, dite *Gueriza M'dogo* (Gueriza, corruption du mot portugais *Igreja*), et qui servait alors de demeure à un commerçant anglais.

Le meurtre de Mohhammed étant ainsi accompli, Sif-ben-Kheleuf, secondé par ses compagnons, s'empara du commandement et fit jeter en prison ceux des principaux membres de la tribu du gouverneur dont il put se saisir : il mit aussi tout en œuvre pour s'emparer d'Ali, et, dans l'espoir de l'attirer, il lui envoya même dire qu'il était appelé par son frère mourant. Malgré la juste défiance que lui inspirait l'assassin, Ali, rassuré, d'ailleurs, par les promesses de l'Anglais, qui lui garantissait la vie sauve et la liberté, Ali céda à des sollicitations plusieurs fois renouvelées, et se rendit dans la forteresse, où il fut aussitôt emprisonné. L'Anglais protesta vivement contre la mauvaise foi du nouveau gouverneur et réclama l'élargissement d'Ali; mais ce fut en vain. A la fin, voyant l'inutilité de ses réclamations, il eut recours, pour délivrer son protégé, à de plus puissants auxiliaires. Il se mit en rapport avec les chefs de Kilen'dini et des tribus ouanika qui n'avaient point approuvé la conduite de Sif-ben-Kheleuf et qui regrettaient le gouvernement de Mohhammed. Il leur rappela que c'était à la suite des démarches faites par eux auprès de l'imam Sif que Mohhammed et Ali, son frère, avaient été envoyés à Mombase, et, que par là, ils avaient établi entre eux et les chefs m'zara une solidarité qui ne leur permettait pas de rester insouciants ou inactifs en présence de l'assassinat de l'un et de l'emprisonnement de l'autre. Il ranima l'esprit d'animosité et d'antagonisme qui avait existé de tout temps entre les Ouam'vita (1) et les Ouakilen'dini (2),

---

(1) Les Ouam'vita ou les hommes de M'vita (nom indigène de l'île de Mombase) étaient la population de la ville même. Cette population comprenait, outre les Ouam'vita proprement dits, descendants des premiers colons qui s'y établirent, huit autres tribus, débris des populations de colonies arabes voisines abandonnées ou détruites pendant la domination portugaise.

(2) Les Ouakilen'dini ou les hommes de Kilen'dini étaient une population d'origine africaine, dont les premiers groupes venus de l'intérieur s'étaient établis et développés dans plusieurs villages sur le côté sud du bassin de Mombase. Elle s'était ensuite recrutée de quelques familles de colons arabes arrivées postérieurement à l'établissement des Schiraziens;

et fit si bien, qu'il décida ces derniers à prendre parti pour Ali. Bientôt, à l'aide d'intelligences établies entre eux et les soldats de l'ancienne garnison restés dans le fort avec les gens du nouveau gouverneur, ils préparèrent l'évasion du prisonnier, qui s'échappa, en effet, et se retira chez les Ouanika, au village de M'rera. Là, grâce aux bons offices de l'Anglais, qui mit à son service les ressources dont la présence d'un de ses navires dans le port lui permettait de disposer, Ali put organiser ses moyens de vengeance. Les Ouakilen'dini et les Ouanika lui fournirent une force suffisante pour attaquer la citadelle, dont il s'empara malgré la résistance de Sif-ben-Kheleuf et de ses gens. Tous ceux-ci furent tués dans la lutte, et leur chef, forcé de se rendre et pris vivant, fut décapité en représailles du meurtre commis sur la personne de Mohhammed. Une fois maître de la place, Ali, nommé gouverneur par la population, abandonna à celle-ci les richesses qui se trouvaient dans l'enceinte fortifiée, ne se réservant que les armes et les munitions de guerre. Enfin, pour consolider son autorité et intéresser les habitants de l'île à la maintenir, il leur concéda, ainsi qu'aux Ouanika, plusieurs priviléges dont ils n'avaient pas encore joui sous ses prédécesseurs.

Les événements que nous venons de raconter durent se passer dans le cours des années 1745 et 1746 (1) : Mom-

enfin une partie de cette population mélangée, ayant passé de la terre ferme sur l'île avec l'assentiment des Portugais qui dominaient alors à Mombase, y avait fondé, dans la partie sud, la ville de Kilen'dini.

(1) Ces deux termes extrêmes nous paraissent indiqués à la fois par l'élection d'Ahbmed-ben-Saïd, en Omân, et par l'épitaphe placée sur le tombeau de Mohhammed-ben-Osman, épitaphe dont nous donnons la traduction à l'appendice, pièce n° 4.

base, par l'élection d'Ali-ben-Osman, fut soustraite, au moins pour un temps assez long, à la domination de l'imam d'Omân.

A l'époque de l'avénement d'Ahhmed-ben-Saïd, Patta avait pour sultan Foum Bakari, fils de Bouana Tamo, et mentionné précédemment : les indigènes, ne voulant pas reconnaître l'autorité du nouvel imam et craignant que l'influence des Arabes établis dans l'île n'aidât celui-ci à s'en emparer, tuèrent une partie de ses gens et expulsèrent le reste. La famille des Nebehan' même se trouva comprise dans cette exécution, à l'exception des enfants, qu'on épargna, et que nous verrons plus tard recouvrer leur droit de succession. Foumo Bakari fut alors remplacé dans le gouvernement par un individu nommé Bouana M'Kouhou, surnommé Melani-Gniombé, qui dut bientôt le céder à une fille de Bouana Tamo nommée Mouana Mimi (1), ou plutôt à un chef nommé Foum' Omar, exerçant l'autorité au nom de cette femme, à titre de vizir, et qui maintenait l'indépendance de Patta à l'égard de l'imam d'Omân.

Ahhmed-ben-Saïd fut plus heureux en quelques autres points de la côte qui n'avaient pas les mêmes moyens que Mombase et Patta de résister aux injonctions venues de Mascate. L'île Zanzibar reçut une garnison et fut placée sous l'autorité d'un gouverneur nommé Abdallah-ben-Djaad, de la famille des Abou-Saïdi. Le sultan de Kiloua reconnut, au moins nominalement, la suzeraineté de l'Imam. Enfin le cheikh de Meurka envoya, à Mascate, deux des principaux habitants de sa ville en signe d'hommage et d'obéissance.

(1) *Mouana* a, devant les noms de femme, le même rôle que *Bouana* devant un nom d'homme.

Quant à Moguedchou, Braoua, Lâmou, de même que toutes les dépendances de Mombase qui s'étendaient alors, au sud, jusqu'à Qouavi, elles s'abstinrent de reconnaître Ahhmed-ben-Saïd comme leur souverain. Toutefois cette détermination de leur part ne constitua pas, pour elles, un état d'hostilité à l'égard de l'Omân, et leurs anciennes relations commerciales avec ce pays, de même qu'avec l'Inde et la mer Rouge, restèrent à peu près ce qu'elles étaient auparavant.

Mais quelques-unes de ces populations, en devenant maîtresses d'elles-mêmes, perdirent de leur tranquillité intérieure par suite des rivalités qui s'élevèrent bientôt d'état à état et qui, en l'absence d'un pouvoir médiateur, devaient nécessairement amener d'incessantes collisions. Peu de temps après l'élection d'Ali-ben-Osman au gouvernement de Mombase, la guerre éclata entre cette ville et celle de Patta au sujet de l'île de Pemba, que nous avons vue précédemment figurer au nombre des dépendances de cette dernière. Les habitants de Pemba, mécontents de l'administration de Foum' Omar, vizir de leur suzeraine Mouana Mimi, offrirent au gouverneur de Mombase de se placer sous sa souveraineté. Ali-ben-Osman acquiesça à cette proposition et dirigea vers Pemba une petite expédition qui, de concert avec les gens du pays, chassa les agents et les soldats de Foum' Omar, et y établit pour gouverneur un oncle maternel d'Ali, nommé Khamis-ben-Ali.

Les Ouam'vita n'avaient vu qu'à regret l'avénement d'Ali-ben-Osman, et ils se trouvaient lésés dans leurs intérêts par les priviléges accordés aux Ouakilen'dini et aux Ouanika ; la bonne intelligence qui avait régné entre ces deux populations et l'ex-gouverneur Mohhammed, la prédilection évidente qu'elles inspiraient à son frère Ali, reconnaissant de l'appui qu'il en avait reçu, avaient convaincu les Ouam'vita que, tant que cette famille conserverait le gouvernement, ils ne pouvaient espérer de recouvrer leurs anciennes prérogatives. Ils cherchèrent donc, à l'occasion de la prise de Pemba, à exploiter le mécontentement du vizir de Patta. Quelques-uns d'entre eux se rendirent, à cet effet, auprès de Foum' Omar et lui offrirent le concours de leur tribu pour l'aider à tirer vengeance de la perte qu'Ali lui avait fait subir. Une flottille armée partit bientôt de Patta et vint mouiller dans le bras de mer du Sud, en face de Kilen'dini, qui fut attaquée, prise et incendiée. Ses habitants se réfugièrent à l'abri des murailles de l'ancienne ville portugaise, désignée par les indigènes sous le nom de *Gavana* (abréviation corrompue du mot portugais *governo*, et indiquant, dans leur pensée, le lieu, la ville où siégeait le gouvernement). Là, les Ouakilen'dini se trouvaient protégés par la citadelle; mais les gens de Patta, secrètement appuyés par les Ouam'vita, entrèrent, sans opposition, dans la ville dite *Ihara-el-Quedima*, ancienne ville de Mombase (la ville noire des cartes portugaises). Alors on entra en pourparlers avec Ali, et, soit qu'ils fussent satisfaits des explications données par le gouverneur, soit qu'ils eussent été gagnés, comme on l'a dit, par des présents, les assaillants, au bout de trois jours, se rembarquèrent et retournèrent à Patta.

Après avoir consacré quelques années à affermir son pouvoir à Mombase et sur d'autres localités qui en dépendaient, Ali-ben-Osman entreprit une expédition contre Zanzibar dans le double but d'annexer à ses possessions cette île importante et de se venger ainsi d'Ahhmed-ben-Saïd, dont elle s'était reconnue vassale. La position de Pemba, dépendance de Mombase, dans le voisinage de Zanzibar, facilitait encore l'exécution de ce projet; les préparatifs en furent faits avec le concours de Messaoud-ben-Naceur, cousin germain d'Ali, et nommé, quelque temps avant, par lui, au gouvernement de Pemba, en remplacement de Khamis-ben-Ali décédé. Les forces réunies de Mombase et de Pemba que dirigeait, en personne, Ali-ben-Osman assisté de Kheleuf-ben-Qodib, son neveu, et de Messaoud, arrivèrent bientôt devant Zanzibar; le débarquement ayant eu lieu, les assaillants parvinrent, en peu de temps, à se rendre maîtres de la plus grande partie de la ville, ne laissant à ses défenseurs que le fort où ils s'étaient retirés et le quartier environnant. La tentative d'Ali eût été, sans doute, couronnée d'un plein succès; car la ville, ainsi attaquée à l'improviste dans une saison où la mousson régnante s'opposait à l'envoi de secours de Mascate, serait inévitablement tombée en son pouvoir. Mais l'ambition de Messaoud vint donner à l'entreprise une issue fatale pour Ali. Ce dernier n'ayant pas d'enfants et le pouvoir devant, à sa mort, échoir à son plus proche parent, Messaoud, celui-ci voulut en hâter le moment : dans ce but, il poursuivit Kheleuf-ben-Qodib de suggestions perfides, exagérant à ses yeux quelques torts que son oncle avait eus récemment envers lui, et le décida à poignarder secrètement Ali-ben-Osman, qui mourut ainsi assassiné après huit ans de gouvernement, c'est-à-dire en 1753. Cet événement mit le trouble et la division dans le personnel de l'expédition. Kheleuf, justement soupçonné d'avoir commis le crime, fut sommé de s'en expliquer devant les autres chefs, et, au milieu du conseil tenu à cet effet, le meurtrier fut tué sur place par un chef de la tribu des Ouacégueyo, ami d'Ali. Messaoud ramena la flottille à Mombase, où, le pouvoir lui ayant été offert, il feignit, pendant quelque temps, de le refuser, sous prétexte que son parent Abdallah-ben-Zaheur, qui était son aîné, y avait plus de droits que lui. Mais ce dernier n'ayant pas voulu s'en charger, Messaoud céda facilement à de nouvelles instances et fut nommé *ouali* (gouverneur).

Pendant son gouvernement, des querelles intestines survenues à Patta amenèrent un nouveau conflit entre la population de cette île et celle de Mombase. La mésintelligence s'était mise entre Mouana Mimi et son vizir Foum' Omar, qui, dit-on, avait manifesté la prétention de l'épouser et de s'assurer, par cette alliance, une autorité plus légitime que celle qu'il exerçait de fait. Mouana Mimi, voulant l'éloigner, l'envoya faire la guerre à Braoua, dans le but apparent de terminer une contestation qui existait depuis quelque temps entre les cheikhs de cette ville et les sultans de Patta au sujet de la souveraineté du Djoub. Foum' Alote, frère cadet de Mouana Mimi, avait pris le gouvernement en l'absence de Foum' Omar; lorsque ce dernier revint de Braoua, il voulut ressaisir le pouvoir; mais, son remplaçant ne se souciant pas de le céder, une lutte se prépara entre les deux rivaux. L'intervention de Messaoud ayant été réclamée par l'un et l'autre prétendant, le gouverneur de Mombase fit partir des troupes pour Patta, sous le commandement d'Ahhmed-ben-Mohhammed. Cette intervention s'exerça définitivement en faveur de Foum' Alote, mais ne suffit pas, à ce qu'il paraît, à le faire promptement triompher de son adversaire.

En effet, après cinq ans de luttes, Foum' Omar, qu'on avait attiré à Mombase pour l'y retenir prisonnier, ayant échappé à ce guet-apens, était revenu à Patta et allait peut-être l'emporter sur son compétiteur lorsqu'il fut assassiné. Foum' Alote fut alors nommé sultan, à la condition, toutefois, de reconnaître la suzeraineté du gouverneur de Mombase, qui installa, comme son représentant, près du nouvel élu, Abdallah-ben-Messaoud el Bouhouri. Cet Abdallah fut remplacé dans la suite par Kheleuf-ben-Naceur; mais ce dernier ne remplit pas longtemps ses hautes fonctions. Voici, en effet, ce qui arriva :

Le sultan Foum' Alote avait un frère nommé Foum' Amadi, qui ne mentait pas à son origine et qui méritait, à tous égards, de figurer dans cette interminable lignée d'ambitieux assassins. Il convoitait le pouvoir de son frère, en même temps qu'il formait le projet (dont il prétendait peut-être se faire une excuse) de soustraire Patta à l'autorité de Mombase. Il avait pour partisans les Badjougne ou Ouagougne : on appelait ainsi les habitants de Pazza, une des villes de l'île. Ces Badjougne se révoltèrent, et Kheleuf et Foum' Alote, s'étant portés à la rencontre des insurgés, périrent fort à propos dans la mêlée. Foum' Amadi gagna, à cet événement, le double honneur d'être élu sultan et de rendre à Patta son indépendance. Le sultan de Mombase ne tira vengeance de cette rupture et du meurtre de son agent qu'en faisant assassiner celui du sultan de Patta à Pemba, et qui s'appelait Badi-Séliman : l'avénement de Foum' Amadi avait eu lieu dans les derniers jours de 1774, et la mort de Messaoud, qui n'en fut séparée que de quelques mois, prévint, sans doute, de plus sérieuses hostilités entre les deux cités.

Abdallah-ben-Mohhammed succéda à Messaoud, et pendant son règne, qui dura sept ans, il ne se passa aucun fait remarquable. L'épitaphe inscrite sur son tombeau, qui existe encore à Mombase (1), porte qu'il mourut le mercredi 12 du mois de m'hharrem de l'an 1197 de l'hégire (18 décembre 1782).

Le choix du successeur à donner à Abdallah fut l'occasion de quelques débats parmi les M'zara (2), tribu au sein de laquelle figuraient trois familles principales, celle d'Ali et de Qodib, celle d'Abdallah-ben-Zaheur et celle de Messaoud, qui, toutes, avaient vu tour à tour leur chef au pouvoir. Les partisans de la première voulaient élire Ahhmed-ben-Mohhammed, frère du dernier gouverneur et neveu d'Ali-ben-Osman; les partisans de la seconde lui opposaient Salem-ben-Abdallah; enfin ceux de la troisième préféraient à l'un et à l'autre Abdallah-ben-Messaoud. Ces divers partis réussirent cependant à s'entendre au moyen d'une transaction par laquelle Ahhmed-ben-Mohhammed eut le gouvernement suprême avec la moitié des revenus, l'autre moitié devant être partagée entre ses deux compétiteurs, dont l'un, Abdallah, aurait, en outre, le gouvernement de Pemba, et Salem celui de Gueriama. Mais ce pacte, d'abord consenti par les intéressés, fut bientôt rompu par les deux adversaires d'Ahhmed, qui tentèrent de le déposséder violemment du pouvoir, et furent sur le point de s'emparer de la citadelle. Cependant les gens d'Ahhmed firent bonne contenance et parvinrent à repousser les assaillants, dont les

---

(1) Voir, à l'appendice, la pièce n° 4.

(2) M'zara, pluriel de M'zouroui, nom de la tribu dans laquelle étaient pris les gouverneurs de Mombase.

chefs s'enfuirent à Zanzibar, où ils firent les préparatifs d'une contre-expédition sur Pemba. Ahhmed, informé de leur projet, envoya aussitôt son cousin Séliman-ben-Ali avec quelques forces, pour prendre possession du gouvernement de cette île. Toutefois ce n'était pas réellement sur ce point que les révoltés comptaient diriger leur agression; ils n'en avaient fait répandre le bruit que pour masquer leur véritable intention, qui était d'attaquer Mombase, et ils étaient déjà en route vers cette île au moment où Séliman-ben-Ali s'avançait, de son côté, sur Pemba. Les bateaux qui l'y portaient avec ses gens, contrariés par la mousson de sud-ouest, avançaient péniblement à la perche, côtoyant de très-près le rivage, et étaient arrivés par le travers de Gassi : le besoin de renouveler leur provision d'eau les ayant obligés d'aborder en cet endroit, quelques hommes débarqués à cet effet se trouvèrent inopinément en présence de la troupe des révoltés, qui, se rendant, par terre, à Mombase, suivaient également la côte; un petit engagement eut lieu, et Séliman, averti de ce qui se passait, se hâta de retourner à Mombase prévenir Ahhmed de la prochaine arrivée de ses ennemis. Ceux-ci, ayant continué leur route, arrivèrent aussitôt que lui et se portèrent sur Kilen'dini, dont ils s'emparèrent, après en avoir tué le commandant, Kacem-ben-Djemmaâ el Maâmiri. Cependant assaillis bientôt eux-mêmes par les troupes d'Ahhmed, ils furent défaits et forcés de se retirer sur la grande terre, à Guerriama et à M'taoué; mais les Ouanika habitant ces deux villages ne leur donnèrent pas asile et ils massacrèrent leurs principaux chefs, notamment Abdallah et Salem, dont ils envoyèrent les têtes au gouverneur. La mort de ces deux personnages fit cesser les embarras que leur caractère turbulent et leurs ambitieuses prétentions avaient commencé de créer à Ahhmed dans l'exercice de son gouvernement ; mais de graves événements arrivés à Mascate vers la même époque vinrent lui susciter de nouveaux ennemis et des périls plus grands, qui remirent en question son pouvoir et l'indépendance de Mombase.

Pendant que les faits que nous venons de raconter se passaient à la côte orientale d'Afrique, Ahhmed-ben-Saïd s'était abstenu d'y intervenir. Les soins que nécessitait la consolidation de la dynastie nouvelle, les difficultés que pouvait amener pour lui la lutte de l'Angleterre et de la France, dont les navires avaient des rencontres sanglantes jusque dans le port de Mascate (1) ; enfin ses démêlés avec Kérim-Khan, régent de Perse, qui, pour arriver en Omân, avait attaqué Bassora (2) et forcé l'Imam d'accourir à la défense de cette ville ; toutes ces préoccupations, disons-nous, avaient rendu la présence d'Ahhmed nécessaire dans le golfe Persique et détourné son attention de toute autre affaire moins sérieuse ou d'un intérêt moins direct. Il s'était donc contenté d'exploiter commercialement les points du littoral africain ayant reconnu sa souveraineté, c'est-à-dire d'y expédier chaque année trois ou quatre navires, qui ramenaient à Mascate les esclaves, l'or, l'ivoire, enfin tous les produits de la côte affluant alors sur les riches marchés de Kiloua et de Zanzibar. Quant aux autres places réfractaires à son autorité, quoi-

---

(1) Voyez l'*Affaire du comte d'Estaing*, à la IIe partie, chap. III.

(2) On trouve des détails intéressants, au sujet des affaires de Bassora et de la part qu'y prit l'imam de Mascate, dans une correspondance de M. Rousseau, alors agent consulaire de France à Bagdad, correspondance qui se trouve aux archives des affaires étrangères.

que des relations existassent toujours entre elles et ses sujets d'Omân, il était resté, sous le rapport politique, complétement inactif à leur égard.

Cette inaction de l'Imam dura jusqu'à sa mort, qui eut lieu à la fin de 1783 ou au commencement de 1784 (1198 de l'hégire), c'est-à-dire un an environ après l'élection d'Ahhmed-ben-Mohhammed au gouvernement de Mombase. Mais la situation changea peu de temps après l'avénement du successeur d'Ahhmed-ben-Saïd, qui fut Saïd-ben-Ahhmed, l'aîné de ses fils. Sif-ben-Ahhmed, frère cadet du nouvel imam, convoitait le pouvoir : voyant qu'il ne pourrait, en Omân, le disputer avec succès, il réunit ses partisans sur quelques navires, et partit avec eux pour la côte d'Afrique, dans le but de soumettre à ses lois Zanzibar et les anciennes dépendances de l'Omân sur cette côte (1).

Arrivé devant Zanzibar dans les premiers mois de 1784 (1198 hégire), il somma le gouverneur de l'île, Khelfan-ben-Ahhmed, de lui remettre la place et de reconnaître son autorité. Ce gouverneur s'y étant refusé, Sif débarqua avec ses gens et s'établit dans la partie de la ville la plus éloignée du fort, où Khelfan s'était retiré avec la garnison et d'où il protégeait l'autre partie de la ville, dont les habitants étaient restés fidèles à l'Imam. Au bout de quelque temps, de nombreuses défections éclaircirent les rangs des assiégés et grossirent la troupe de Sif, qui parvint dès lors à investir complétement le fort. Il allait infailliblement s'en rendre maître, lorsqu'une flotte expédiée de Mascate, sous

(1) Pour l'intelligence de tous les événements de famille mentionnés dans la suite de ce récit, nous engageons le lecteur à consulter le tableau généalogique, pièce n° 5 de l'appendice.

le commandement d'Ahhmed, fils de l'Imam, arriva à Zanzibar dans les derniers mois de la même année, et y changea la face des choses. Soultan', autre frère de Saïd que celui-ci avait chargé d'accompagner son neveu, eut une entrevue avec Sif. Il le convainquit aisément de l'inutilité d'une tentative de résistance, et, l'ayant décidé à quitter Zanzibar, il favorisa son évasion. Sif se retira alors à Lâmou, où il mourut peu après.

L'expédition envoyée par Saïd à la côte d'Afrique n'avait pas seulement pour but de faire avorter le projet de son frère, révolté contre lui, elle devait aussi servir à replacer sous sa souveraineté les points de cette côte, dont les chefs indigènes s'étaient déclarés indépendants de l'imamat lors de l'avénement d'Ahhmed-ben-Saïd, son père. A cet effet, quand il eut raffermi l'autorité de Saïd à Zanzibar, Ahhmed se présenta avec un seul bateau devant Mombase, où il débarqua le 9 de rebi-el-aouel 1199 (20 janvier 1785). Il descendit à terre sans se faire annoncer, voulant garder l'incognito, afin de sonder les dispositions des habitants à l'égard du gouverneur. Mais un des Arabes de la ville, qui l'avait vu en Omân, le reconnut, et répandit aussitôt la nouvelle de l'arrivée du fils de l'Imam. Alors le gouverneur, suivi de ses principaux officiers, se porta à sa rencontre pour lui faire honneur, le reçut avec tous les égards dus à son rang et l'amena en grande cérémonie dans sa maison. Là, après quelques compliments échangés, Ahhmed, s'étant levé au milieu de l'assemblée et s'adressant à son hôte, lui demanda, d'un ton qui ne semblait pas admettre le doute, à qui appartenait la ville. L'air d'autorité et d'énergique résolution empreint sur les traits et dans la contenance d'Ahhmed, qui, disent les Arabes, ressemblait en ce moment *à un lion,* imposa tellement au vieux et prudent gouverneur, qu'il répondit aussitôt à son interlocuteur que la ville était à l'Imam. Ahhmed ne se contenta pas de cette réponse verbale, que les Arabes ont, d'ailleurs, l'habitude de prodiguer, en forme de politesse, à tout étranger qui se présente chez eux ; il demanda que la déclaration fût faite par écrit et signée du gouverneur lui-même. Ce dernier crut devoir encore condescendre à cette demande, malgré l'avis opposé de quelques-uns de ses parents. Mais ce qui donne à penser que le vieux M'zouroui, en cédant aux premières exigences, avait agi avec plus de politique que de désintéressement, c'est qu'on ne voulut pas laisser le fils de l'Imam visiter la citadelle. Quoi qu'il en soit, Ahhmed-ben-Saïd quitta Mombase, emportant avec lui l'acte qui constatait l'apparente soumission du gouverneur, et décidé à la rendre ensuite plus effective, si la conduite de celui-ci l'exigeait.

Il paraît que la situation des affaires, à Patta, était, lors de l'expédition dont nous venons de parler, favorable aux vues de l'Imam, car, dans le détail des opérations de la flotte et des actes de son chef, nous n'avons jamais entendu faire mention d'aucune mesure prise à l'égard de cette île. Nous trouvons, de plus, dans nos documents, qu'en l'année 1190 de l'hégire (1776-77 J. C.), c'est-à-dire environ deux ans après l'élection de Foum' Amadi à la sultanie de Patta, cette île et ses dépendances avaient été amenées à reconnaître la souveraineté de l'Imam par les suggestions d'un certain Naceur-ben-Mohhammed, de la famille des Abou-Saïd, que le chef de l'Omân y avait envoyé dans ce but.

Enfin quelques passages d'un rapport de M. Saulnier de Mondevit, commandant la corvette du roi *la Prévoyance*, et qui, en 1786, visita les principaux points du Zanguebar, nous permettent de constater que, sur toute la côte comprise entre Mombase et le cap Delgado, l'autorité de l'Imam n'était niée dans aucune localité importante (1).

La suzeraineté de Saïd ainsi rétablie dans toute la partie de la côte orientale d'Afrique jadis soumise aux imams de la dynastie des Yâreby, les choses restèrent en cet état pendant tout le temps qu'il conserva le pouvoir en Omân. Cependant, par son caractère doux et pacifique, et son esprit profondément religieux, ce prince était plus apte à la direction des affaires spirituelles qu'au gouvernement d'un pays souvent agité soit par l'esprit turbulent des populations, soit par les rivalités et les prétentions qui s'élevaient si fréquemment parmi les membres de la famille souveraine. Tant que son fils vécut, celui-ci, doué d'autant de sagesse que de fermeté, sut, il est vrai, faire respecter, parmi les populations de l'Omân, l'autorité de l'Imam. Mais quelques années après l'expédition racontée ci-dessus, Ahhmed-ben el imam Saïd mourut, et les ferments de désordre, jusqu'alors contenus par son administration énergique et habile, se ravivèrent à la faveur de la confusion et du relâchement qui se produisirent dans l'exercice du gouvernement, lorsque son père s'en trouva seul chargé. Soultan'-ben-Ahhmed, le plus entreprenant et le plus ambitieux d'entre les frères de Saïd, profita des troubles qui s'élevèrent

---

(1) Voir le rapport de M. Saulnier de Mondevit, lieutenant de vaisseau, inséré au tome VI des *Nouvelles annales des voyages*, sous le

et dont il avait été le plus actif instigateur. Entraîné par son caractère remuant et belliqueux, Soultan' avait, dès son enfance, quitté la maison paternelle pour aller vivre parmi des tribus de Bédouins où il s'était fait bientôt un parti assez puissant pour tenter une usurpation même du vivant de son père. Les circonstances dont nous venons de parler favorisèrent la réalisation de ses désirs, et vers 1791 (1205-06 hégire) (1) il parvint, à la tête de ses Bédouins, malgré la résistance de l'Imam qu'appuyaient ses autres frères, à s'emparer de tout le littoral et notamment du port de Mascate. Il laissa à Saïd le titre d'imam et la résidence de Reustak avec le territoire qui en dépendait, et ses deux frères, Qis et Mohhammed, conservèrent, le premier, le gouvernement de Sohhar, le second, celui de Souïgh, qui leur avaient été donnés par leur père : ainsi Soultan' eut tous les pouvoirs que donnait l'imamat, sans être revêtu de cette dignité, et même après la mort du titulaire, qui eut lieu en 1215 de l'hégire (1802 ou 1803), il sembla dédaigner de se la faire conférer, soit que l'élection au rang d'imam entraînât, quant à la conduite du dignitaire, certaines restrictions auxquelles il ne voulait pas se soumettre, soit qu'il comprît toute la vanité d'un titre qui ne lui avait pas été nécessaire

---

titre : Observations sur la côte du Zanguebar; voyez aussi, au dépôt des cartes et plans de la marine, le mémoire qu'après son exploration, le même officier rédigea *sur la nécessité de fonder un établissement à Mongalo.*

(1) Cette date, résultant des documents que nous possédons, est confirmée par le capitaine Dubois. On trouve, en effet, dans le récit de son voyage un passage ainsi conçu : « Mascate est actuellement (1793) gou« vernée par le sultan frère de l'Imam. Il parvint, *il y a deux ans*, à « chasser son frère du gouvernement. » (Voyage du capitaine Dubois, *Annales de Malte-Brun*, t. II, pages 64-65.)

jusqu'alors pour exercer dans toute sa plénitude l'autorité souveraine.

Peu de temps après son usurpation, Soultan' occupa les îles de Kechm' et d'Hormouz, et par le fait de cette prise de possession il se substitua au cheikh qu'il en dépouillait dans le fermage de Bendeur-Abbas et dépendances que la Perse louait depuis longtemps à ce cheikh et à ses prédécesseurs.

Quelques années plus tard, en 1800 (1215 hégire), il se rendit maître des îles Bahharin', qui étaient au pouvoir de la tribu arabe des Attouby. Durant le siècle qui venait de s'écouler, tous les bateaux du golfe commerçant avec les côtes de l'Inde, de l'Arabie ou de l'Afrique payaient à l'imam d'Omân un impôt, qu'ils devaient acquitter en passant devant Mascate pour rentrer dans le golfe : les Attouby s'y étant refusés, Soultan' envoya contre eux une expédition qui les chassa de Bahharin', où il mit alors pour gouverneur son fils Salem ; mais cette conquête lui échappa au bout de deux ans, et les embarras que lui donnaient, à cette époque, les succès croissants de la secte des Ouahabites et les projets hostiles de leur chef Souhoud contre l'Omân, empêchèrent Soultan' de rétablir son autorité dans ces îles. Sa position devint même très-critique en cette circonstance : menacé dans ses propres États, il dut employer, pour les mettre à l'abri de l'invasion de son puissant ennemi, toutes ses forces de terre, en même temps que sa flotte avait à protéger son commerce contre les agressions des hardis pirates de Djulfar et de Ras-el-Khima, appelés les Djouassim, qui, ayant adopté les principes de la nouvelle secte, étaient devenus les alliés de Souhoud. Après avoir vainement essayé, par quelques concessions, de contenter l'ambition de ce dernier, Soultan' avait fait alliance avec le pacha de Bagdad, dont le territoire était aussi menacé par les Ouahabites. Le concours qu'il attendait de son allié pour agir contre l'ennemi commun ne s'effectuant pas assez tôt au gré de ses désirs, il voulut juger, par lui-même, de la réalité et de l'importance des préparatifs qu'on lui annonçait comme étant faits dans ce but, et fit voile avec une flotte de 15 navires de guerre vers Bassora, au commencement de la lune de rejeb 1219 (octobre 1804). Arrivé devant ce port, il y reconnut, avec autant d'irritation que de regrets, la vanité des promesses dont on l'avait leurré : aucun mouvement de troupes n'était préparé. Alors, déçu dans ses espérances, Soultan' prit le parti de ramener sa flotte à Mascate, menaçant de se joindre à Souhoud pour se venger de l'inaction du pacha.

La flotte étant parvenue aux environs du détroit, Soultan' en laissa le commandement à son lieutenant et s'embarqua, avec quelques individus de sa suite, sur un bâtiment léger, pour se rendre à l'île de Kechm', d'autres disent à Bendeur-Abbass. Chemin faisant et le soir même, le bateau qu'il montait fut rencontré, dans les parages de Bassidou, par cinq bateaux des Djouassim; une lutte acharnée s'engagea, et Soultan' y fut tué d'un coup de feu. Cet événement eut lieu le 14ᵉ jour de châaban de l'an 1219 de l'hégire (18 novembre 1804).

Soultan' laissait deux enfants encore adolescents : l'aîné, Syed Salem, était d'un naturel doux et peu ambitieux; le cadet, Syed Saïd, né en l'an 1204 (1789-1790), et qui entrait ainsi dans sa seizième année, annonçait déjà le caractère entreprenant et énergique de son père, et ne semblait pas disposé à permettre jamais qu'on le frustrât de son héritage. Cependant Qis-ben el imam Ahhmed, frère aîné de Soultan', dont il n'avait toléré l'usurpation que par impossibilité de lutter contre lui, crut le moment favorable pour ressaisir le pouvoir, auquel son droit de primogéniture aurait dû l'appeler à la mort de l'imam Saïd. Prétextant, d'ailleurs, la grande jeunesse des deux princes et leur incapacité, au moins momentanée, à gérer les affaires du pays, il marcha sur Mascate, devenue, sous le dernier règne, le siége du gouvernement. Mais, d'un autre côté, se présentait un troisième compétiteur : c'était Bedeur, fils de Sif, mort, on se le rappelle, à Lâmou après son échauffourée dans les possessions africaines de l'imamat. Bedeur avait été, de même que Qis, quoiqu'à un moindre degré, lésé par l'usurpation de Soultan', puisque son père était l'aîné de celui-ci : il pouvait donc, au nom du même principe, contester aux enfants de Soultan' leur droit de succession. Au moment où Bedeur apprit la mort de son oncle, il vivait retiré auprès des Ouahabites, dont il avait accepté les principes religieux. Dans le but de faire valoir ses prétentions, aussi légitimes à l'égard des enfants de Soultan' qu'elles l'étaient peù à l'égard de Qis, le frère aîné de son père, il revint aussitôt en Omân, emmenant avec lui des troupes que Souhoud lui avait confiées. Instruit de ce fait, Saïd écrivit immédiatement à son cousin pour l'engager à se séparer des Ouahabites, lui promettant de partager avec lui les prérogatives du rang suprême, et de le traiter comme son aîné et son supérieur. Bedeur pensa sans doute avoir facilement raison de ses deux jeunes parents, et se décida, en conséquence, à répondre à l'appel de Saïd : il renvoya les soldats ouahabites qui l'accompagnaient et se rendit à Mascate. Là une alliance fut conclue entre lui et ses cousins, et leurs partisans réunis l'emportèrent sur ceux de Qis, lequel se vit contraint de s'en tenir encore une fois à son gouvernement de Sohhar. L'expérience et la maturité de Bedeur, son titre d'oncle maternel de Saïd, l'un des deux jeunes princes, lui acquirent bientôt une influence marquée dans la direction des affaires publiques, influence qui augmenta naturellement le nombre de ses partisans personnels. Fort de la situation que les circonstances et ses intrigues lui avaient faite, il songea à en profiter, et ne tarda pas, en effet, à manifester par tous ses actes l'intention qu'il avait de supplanter ses deux cousins.

Ainsi il les amena tous les deux à quitter la capitale, en faisant accepter à Salem le gouvernement de Monsanah, situé près de Mascate, et à Saïd le gouvernement de Beurka. Par cet arrangement, qui satisfaisait, au moins momentanément, l'amour-propre du premier et l'ambition de l'autre, il aurait, pendant quelques années peut-être, conservé sa position; mais des périls plus pressants allaient surgir pour lui du côté de l'extérieur : une invasion des Ouahabites devait porter un coup terrible à la stabilité de son pouvoir naissant. En effet, la mort de Soultan', dont le courage et l'activité mettaient seuls obstacle, depuis plusieurs années, au progrès des Ouahabites en Omân, avait inspiré à Souhoud l'espoir qu'en facilitant l'arrivée de Bedeur au pouvoir il lui ferait accepter sa suzeraineté. Voyant que celui-ci s'occupait exclusivement de ses intérêts, il fit entrer dans le pays des forces considérables. Bedeur, dont la bravoure était éprouvée, marcha à leur rencontre avec toutes les troupes qu'il avait de disponibles, et s'efforça d'arrêter la marche des envahisseurs; cependant, accablé par la supériorité numérique de ceux-ci, et réduit à s'avouer que l'unique moyen d'éviter une complète déchéance était de traiter avec Souhoud, il accepta les conditions imposées par ce dernier. La soumission de Bedeur au chef des Ouahabites, toute forcée qu'elle fût, n'en était pas moins ignominieuse et lui nuisit beaucoup dans l'esprit de ses sujets. Ce traité portait en substance : que Syed Bedeur conserverait la souveraineté de l'Omân sans y être désormais inquiété, mais qu'il enverrait, chaque année, à Déraïch un tribut de 50,000 piastres; qu'un agent de Souhoud résiderait à Mascate, et veillerait à ce que les habitants de cette ville observassent rigoureusement le rite et les cérémonies de la religion d'Abd-el-Ouahab; qu'un corps de quatre cents cavaliers ouahabites, chargé de prévenir les infractions au traité, occuperait le voisinage de Beurka; enfin que Bedeur, en qualité de vassal et de néophyte de la foi nouvelle, se conformerait, en toutes choses, aux ordres de Souhoud, et l'assisterait toutes les fois qu'il serait requis de le faire. Quelque amertume que dût ressentir Bedeur en se voyant soumis à tant d'humiliations, il y trouvait comme compensation l'avantage d'avoir obtenu, par ce traité, la reconnaissance de son titre de sultan et de chef de la famille souveraine, et il espérait, dès lors, que la puissante protection de Souhoud le mettrait à l'abri de prétentions ou réclamations qui pourraient surgir ultérieurement de la part de ses cousins. Mais cette situation, dans laquelle il croyait trouver des garanties solides, ne servit à retarder sa chute que de quelques mois, si tant est que celle-ci ne fut pas accélérée par l'impopularité que lui attira son abaissement. Plusieurs mesures adoptées par lui à la suite de ce traité, et particulièrement le licenciement du corps de troupes qui avait formé la garde personnelle de Soultan', et qui était très-attaché à ses fils, déterminèrent ces soldats, tous Belout'chis natifs du Mekran et du Sind, à servir les projets de Saïd, lequel, de son côté, conspirait déjà contre l'usurpateur. Le résultat de l'accord qui s'établit entre cette force armée et le jeune prince ne se fit pas longtemps attendre : des intrigues ourdies par ce dernier avec autant de résolution que d'habileté amenèrent Bedeur à une imprudente démarche, à la suite de laquelle il fut assassiné. C'était le 15e jour du mois de djoumadi premier 1221 (31 juillet 1806). Quarante jours après, Syed Saïd, quoique plus jeune que son frère, fut, du consentement de ce dernier, proclamé sultan le premier de redjeub 1221 (14 septembre 1806). Les détails relatifs à ces deux événements et aux principaux actes du gouvernement de Saïd, qui exerce encore aujourd'hui le pouvoir en Omân, trouveront leur place dans un chapitre spécial de la relation (1); mais il était nécessaire de les mentionner ici pour l'intelligence des faits qui terminent notre résumé de l'histoire politique de l'Afrique orientale.

Cette succession plus ou moins révolutionnaire de plusieurs des enfants d'Ahmed au gouvernement de l'Omân, et les troubles qu'elle produisit dans ce pays, ne paraissent pas avoir eu leur contre-coup dans les États africains dépendants de l'imamat. Pour ceux qui avaient accepté volontairement la suzeraineté de l'Imam, comme pour ceux à qui elle avait été imposée, la soumission était devenue d'autant plus facile que les préoccupations des divers souverains

(1) Voyez IIe partie, chapitre III.

qui avaient tour à tour gouverné la métropole et les difficultés de leur situation personnelle rendaient leur autorité peu active à l'égard de ces possessions éloignées. Au moment de l'élection de Saïd-ben-Soultan', aucun changement politique n'était survenu à Patta, Mombase, Zanzibar, Kiloua, depuis l'expédition faite, par Ahhmed-ben-Saïd, peu après l'avénement de son père à l'imamat. Mombase était toujours gouvernée par le cheikh Ahhmed-ben-Mohhammed, et Foum' Amadi avait conservé son autorité dans la sultanie de Patta. Ces deux chefs reconnurent le nouvel élu de l'Omân, et le gouverneur de Mombase suivit, à l'égard de Saïd, la conduite prudente qu'il avait tenue vis-à-vis de ses prédécesseurs. Mais la mort de Foum' Amadi, qui eut lieu le 17 de deul-qâada 1221 (28 janvier 1807), vint encore une fois troubler les bonnes relations d'abord entre Patta et Mombase, et par suite entre cette dernière cité et le souverain d'Omân.

Quand il s'agit d'élire un successeur à Foum' Amadi, la population de Patta et de ses dépendances se divisa en deux partis : l'un appuyait les prétentions de Foum' Alote, fils du sultan défunt, et l'autre voulait élire un certain Ouizir, gendre du même sultan, et fils du Foum' Alote dont nous avons mentionné précédemment l'assassinat par Foum Amadi. Les deux partis ne pouvant s'entendre, l'intervention de Mombase fut réclamée, et s'exerça d'abord sous la forme d'une simple médiation : trois individus, successivement envoyés par le cheikh de Mombase, en furent les agents. Mais les négociations n'ayant pas suffi pour mettre d'accord les deux adversaires, Ahhmed-ben-Mohhammed se décida à trancher le différend par une intervention armée en faveur de Ouizir, et se rendit lui-même à Patta à la tête de l'expédition. Il réussit, après quelques escarmouches, à faire triompher son client, qui fut élu sous le nom de sultan Ahhmed, et auprès duquel dut résider, comme agent du gouvernement de Mombase, un certain Ali-ben-Abdallah, en témoignage de la vassalité consentie, à l'égard de ce gouvernement, par le nouveau sultan de Patta.

A la suite de sa défaite, Foum' Alote, emmené à Mombase et jeté dans une prison, y fut, dit-on, étranglé quelque temps après. Ses partisans s'étaient retirés à Lâmou, dont ils avaient décidé la population à ne pas reconnaître l'autorité du nouveau chef de Patta. Lâmou devint, à cette occasion, le théâtre d'une lutte à laquelle le cheikh de Mombase prit personnellement une part active. Il marcha contre la ville, et, n'ayant pu s'en emparer dans une première attaque, il en fit le siége. Une seconde attaque tentée par lui sembla d'abord être plus heureuse. Il était arrivé avec ses troupes au pied des murailles, dont l'une des portes était déjà brisée, lorsque les habitants firent une vigoureuse sortie, forcèrent les assiégeants à s'enfuir, et, les poursuivant jusque sur le rivage, en tuèrent bon nombre et obligèrent le reste à s'embarquer. Ahhmed-ben-Mohhammed, vaincu, retourna à Mombase. Ces derniers événements occupèrent l'intervalle compris entre la fin de 1221 et celle de 1225 (de 1807 à 1811).

Pour se mettre à l'abri de nouvelles tentatives de la part des Mombasiens contre leur ville, les habitants de Lâmou réclamèrent la protection de Syed Saïd, et l'un d'eux, nommé Abd-er-Rahman-ben-Nour-eddin, se rendit, à cet effet, à Mascate. Le sultan consentit à envoyer un gouverneur à Lâmou, et choisit Kheleuf-ben-Naceur. Celui-ci, aussitôt arrivé, fit, par ordre de son maître, travailler à l'érection d'un fort, pour assurer la défense de la ville. Il fut remplacé bientôt par un certain Aross-ben-Kélébi, qui, lui-même, dut céder ce poste à Mohhammed-ben-Naceur el Bou-Saïdi, sous le gouvernement duquel le fort fut terminé.

Environ trois ans après l'échec subi par lui devant Lâmou, le gouverneur de Mombase, Ahhmed-ben-Mohhammed-ben-Osman, mourut. L'épitaphe inscrite sur son tombeau (1) indique qu'il mourut dans la nuit du vendredi, 25ᵉ jour de rebi second, l'an 1229 de l'hégire (le jeudi 14 avril 1814).

Son fils Abdallah lui succéda : quoique d'un âge déjà assez avancé, il était encore d'un caractère énergique et d'une grande bravoure ; il passait même pour le plus vaillant guerrier de la famille et le plus capable de soutenir la prépondérance de Mombase. Dès son avénement au pouvoir, il manifesta l'intention de se rendre indépendant de Mascate. Au lieu d'envoyer, ainsi que l'avait fait chaque année son prédécesseur, des présents au sultan, Abdallah s'en abstint, et, à la réclamation qui lui fut adressée à ce sujet au nom de Syed Saïd, il répondit par l'envoi d'un deraï (espèce de cotte de mailles) (2), d'un kibaba (petite mesure de capacité), d'un peu de poudre et de quelques balles. Syed Saïd n'accepta pas tout d'abord le défi que cachait ce singulier cadeau ; mais il se promit, sans doute, de tirer vengeance de l'insulte, dès qu'une occasion favorable s'offrirait. Abdal-

---

(1) Voir l'appendice, pièce nº 1.
(2) Cette cotte de mailles n'entrait pas dans l'armure des guerriers du pays ; elle avait été donnée à son père par un étranger.

lah ne se fit pas illusion sur le silence et l'inaction du sultan, et, prévoyant qu'il aurait bientôt une lutte à soutenir contre ce prince, il eut l'idée de s'assurer la protection du gouvernement anglo-indien : dans ce but, il se décida à faire un voyage à Bombay. Peu de jours après son départ, une voie d'eau qui se déclara dans son bâtiment le fit relâcher à Meurka, dont les habitants s'étaient précédemment montrés animés de sentiments peu bienveillants à l'égard du gouvernement de Mombase : en cette circonstance, une rixe s'étant engagée entre eux et les gens d'Abdallah, ceux-ci envahirent la ville et la mirent à sac. Arrivé enfin à Bombay, Abdallah y fut bien accueilli par le gouverneur, et il paraît que, depuis cette démarche, des relations continuèrent d'exister entre cette présidence et le gouvernement de Mombase.

La conduite habile d'Abdallah, la position hardie prise, aussitôt après son élection, à l'égard de Syed Saïd, le châtiment récemment infligé par lui aux habitants de Meurka, avaient donné dans toutes les villes de la côte une haute idée de sa puissance, et semblaient le désigner pour être l'arbitre naturel des dissensions qui s'élevaient si fréquemment parmi leurs habitants. C'est ainsi qu'il fut appelé à intervenir au sujet d'un différend survenu entre les diverses tribus composant la population de Braoua. Les troubles de cette ville avaient eu pour origine une cause assez minime : l'imam de la grande mosquée dite Djemmâa étant mort, chacune des deux tribus chérifs (1), Bidda et Ilhattémia, prétendait à l'honneur de nommer un de ses mem-

(1) On désigne par le nom de chérifs tous les descendants des premiers colons arabes qui fondèrent la ville de Braoua.

bres à cette dignité, et, les tribus soumal prenant parti pour l'une ou pour l'autre, la population se trouva ainsi divisée en deux camps. Le cheikh des Hhattémia, le Hhadji Rouffaï, se rendit alors à Mombase et pria Abdallah de se déclarer et d'agir en faveur de son parti, lui offrant de placer la ville sous sa suzeraineté. La démarche de ce cheikh eut alors pour seul résultat de grossir son parti de quelques hommes de renfort fournis par le gouverneur de Mombase, mais elle donna, plus tard, à l'un des successeurs d'Abdallah un prétexte pour revendiquer la souveraineté de Braoua.

Pendant que se passaient les événements que nous venons de mentionner, un nouveau changement s'opéra dans le gouvernement de Patta. Le plus jeune des fils de Foum' Amadi, Bouana Cheikh, qui était allé à Mascate, lors du triomphe de Ouizir ou Sultan Ahhmed, afin de réclamer contre ce dernier l'intervention de Syed Saïd, revint à Patta avec quelques soldats que ce dernier lui avait donnés pour appuyer ses prétentions. Ces soldats étaient sous le commandement d'Abd-el-Adi, qui, dès son arrivée, attaqua Sultan Ahhmed, le força à se retirer sur la grande terre, et fit élire, dans l'île dont il s'était emparé, Bouana Cheikh comme sultan de Patta, sous l'autorité souveraine de Syed Saïd. Le jeune sultan s'appela depuis Foum' Alote-es-serir (le petit, le jeune, pour le distinguer de son frère aîné, qui portait le même nom). Mais, à la mort de Sultan Ahhmed, survenue peu après, un de ses parents fit la guerre à Foum' Alote, qui eut recours, ainsi que l'avaient fait tant de fois ses prédécesseurs, à l'intervention de Mombase : elle lui fut accordée par Abdallah-ben-Ahhmed, de qui il dut reconnaître la suzeraineté.

Foum' Alote-es-serir vécut peu, et sa mort souleva de nouvelles contestations entre son fils Bouana Kombo-ben-Cheikh et le même Ouizir, contre lequel Foum' Alote-es-serir avait déjà eu à lutter. L'appui du gouverneur de Mombase fut continué au fils aux mêmes conditions qu'il avait été donné au père, et Bouana Kombo réussit à être élu; mais la protection dont il était l'objet causa bientôt sa chute. Les partisans de son adversaire en appelèrent au sultan d'Omân. Ce prince, de plus en plus irrité contre la ville de Mombase, mécontent de l'influence toujours croissante qu'elle avait acquise depuis qu'Abdallah en était devenu le chef, se décida à entrer en hostilité contre lui à propos de Patta, où le concours de l'un des partis en lutte lui permettait de compter sur un succès qu'il n'eût pas espéré obtenir en agissant directement à Mombase. Syed Saïd envoya donc à Bouana Kombo l'ordre de quitter le gouvernement de Patta, écrivant en même temps à Abdallah pour qu'il eût à retirer ses troupes de cette île, dont le territoire ne lui appartenait pas : cette double injonction étant restée sans effet, il expédia alors contre Patta, au commencement de l'année 1258 (fin de 1822), une flottille sous le commandement de l'émir Hhammad-ben-Ahhmed el bou-Saïdi. Dans sa route, la flottille mouilla devant Braoua pour y faire de l'eau, et, soit que l'émir en eût reçu l'ordre de son maître, soit de son propre mouvement, et sûr que ce dernier lui saurait gré d'avoir ajouté cette ville à ses possessions, il fit débarquer des troupes et somma les habitants de reconnaître l'autorité de Saïd. Le vieux cheikh des Hhattémia, le même Hhadji Rouffaï qui, quelques années auparavant, s'était rendu à Mombase pour offrir au gouverneur Abdallah la suzeraineté de Braoua, conseilla prudemment à la population de ne pas exposer la ville à être saccagée par les troupes de l'émir et de se résigner à la soumission qu'il réclamait. Un acte, par lequel elle reconnaissait la souveraineté du sultan de Mascate, fut rédigé et signé des cheikhs de Braoua. Ils firent, en outre, un présent en ivoire et en semen au chef de l'expédition, qui poursuivit sa route vers Patta. A l'arrivée de Hhammad, les troupes que Mombase entretenait sur cette île, et qui étaient destinées, avec le parti de Foum' Alote, à la défendre contre l'expédition envoyée de Mascate, se trouvaient commandées par M'bareuk, frère d'Abdallah, qui fit d'abord éprouver un échec aux troupes de Hhammad. Mais les munitions et les vivres vinrent à lui manquer; en effet, ces derniers lui étaient fournis par Pemba, et les munitions par Mombase : or la mousson de nord-est qui régnait alors rendait très-difficiles les communications entre ces points et Patta. D'autre part, Hhammad le pressait d'opérer sa retraite, afin d'empêcher une nouvelle effusion de sang : à l'appui de ses instances, il faisait valoir que la plus grande partie des habitants de Patta avaient, de leur propre mouvement, appelé l'autorité de Syed Saïd, et qu'en soutenant la cause du sultan révolté il soutenait une cause injuste. M'bareuk, voyant qu'il était dans l'impossibilité de continuer la lutte, feignit de se rendre aux représentations de Hhammad, et, profitant de la voie qui lui était offerte pour se retirer sans que son adversaire eût connaissance du dénûment et de la situation difficile dans lesquels il se trouvait, il retourna à Mombase. La prise des trois villes de Patta, Sihoui et Pazza mirent Hhammad en possession de l'île, et il y fit reconnaître pour chef, sous l'autorité de son maître, ce parent ou fils de Ouizir, en faveur de qui Syed Saïd était intervenu. Le nouveau chef de Patta prit le nom de Sultan Ahhmed-esserir.

Le succès obtenu par Hhammad à Patta ne produisit pas tout de suite une grande impression à Mombase; mais le cheikh de cette ville se trouva bientôt atteint lui-même dans ses propres intérêts. Le gouverneur de Zanzibar pour Syed Saïd, Mohhammed-ben-Naceur, informé de la présence et des succès de l'émir Hhammad à Patta, et comptant, au besoin, sur l'appui de ses troupes, prépara une expédition contre Pemba, la plus importante dépendance de Mombase. Il profita, pour l'y conduire, de l'absence du gouverneur de cette île, qui faisait chaque année un voyage à Mombase, et il parvint à prendre possession de Pemba presque sans coup férir. Dès qu'il eut connaissance du coup de main que venaient d'opérer les gens de Zanzibar, Abdallah-ben-Ahhmed fit partir des troupes dirigées par M'bareuk et trois autres de ses frères pour reprendre Pemba. Les bateaux qui les portaient abordèrent à Sizini, dans le nord de l'île, où ils furent laissés au mouillage sous la garde de quelques hommes seulement, et M'bareuk s'avança avec sa troupe contre les points occupés par l'ennemi. Pendant qu'on guerroyait des deux côtés, un grand boutre armé de Zanzibar arriva à Sizini et s'empara des bateaux-transports de l'expédition; les gens de Mombase, n'ayant pas eu l'avantage dans la lutte qu'ils avaient engagée, et trouvant leur retraite coupée, furent obligés de subir les conditions du vainqueur. M'bareuk n'obtint la liberté de ses gens et leur transport à la grande terre qu'en signant un acte qui stipulait l'abandon de Pemba au sultan de Mascate. Un individu nommé Naceur-ben-Seliman el Meskeri, élevé et enrichi par les bienfaits des M'zara, et qui, oubliant toute gratitude, avait contribué, par ses intelligences avec le chef de Zanzibar, à leur faire perdre cette île, fut, en récompense de sa défection, investi du gouvernement de Pemba, devenue dès lors dépendante de celui de Zanzibar.

M'bareuk et ses gens, transportés à Fon'zi, point de la côte situé entre Ouacine et Tchalè, étaient retournés par terre à Mombase. En apprenant ce nouvel échec, Abdallah, malade depuis quelque temps déjà, entra dans un accès de colère qui aggrava son état ; il reprocha amèrement à ses frères leur faiblesse en cette circonstance, et les humilia tellement, qu'ils résolurent de retourner à Pemba pour tenter de prendre une revanche de la défaite qu'ils avaient essuyée. Les bateaux manquant à Mombase, ils se rendirent, par terre, à M'tangata, petit port de la côte en face de Pemba, et où se trouvaient plusieurs boutres sur lesquels ils pouvaient compter pour leur transport sur l'île : s'y étant embarqués, ils franchirent le canal pendant la nuit, abordèrent à Pemba et combattirent plusieurs jours avec acharnement. Mais, dans l'intervalle qui s'était écoulé entre cette attaque et leur précédente retraite, une partie des forces placées sous le commandement de Hhammad avait, en prévision d'une seconde tentative des gens de Mombase contre Pemba, rallié cette île pour renforcer la garnison que le gouverneur de Zanzibar y avait laissée. D'ailleurs, l'arrivée de troupes envoyées de l'Omân était imminente; M'bareuk et ses frères, voyant leurs efforts inutiles contre celles qui s'y trouvaient déjà, se retirèrent encore une fois sans avoir atteint le but qu'ils s'étaient proposé. Ils ne rentrèrent à Mombase que pour assister aux derniers moments de leur aîné, qui succombait peut-être plus encore au chagrin causé par ses derniers revers qu'aux ravages de la maladie. L'épitaphe inscrite sur son tombeau (1) porte qu'il mourut le dimanche 12 du mois de ramazan l'an 1238 (le lundi 12 mai 1823).

A la mort d'Abdallah, le gouvernement devait régulièrement passer à son frère Salem, l'aîné des autres enfants d'Ahhmed. Mais l'un d'eux, M'bareuk, contesta à Salem son droit de succession; une guerre civile allait infailliblement résulter de ces prétentions opposées; et, dans la situation où se trouvait Mombase, menacée d'une agression prochaine de la part de Saïd, ces luttes intestines eussent été plus que jamais funestes au pays. Voyant que ni l'un ni l'autre des deux frères ne voulait céder, les membres influents de la famille des M'zara s'entendirent pour nommer provisoirement gouverneur Séliman-ben-Ali, ex-gouverneur de Pemba et oncle des deux prétendants. Cette transaction maintint l'ordre et la tranquillité dans le pays.

Mais Séliman, alors fort âgé et naturellement peu énergique, n'était pas l'homme capable de rétablir la suprématie politique longtemps exercée par Mombase sur les autres petits États de la côte, ni surtout de s'opposer aux projets d'envahissement que Saïd méditait. Après avoir fait successivement reconnaître son autorité à Patta, Lâmou, Braoua, et imposé à Pemba sa domination immédiate, le sultan arabe ne pouvait manquer d'agir bientôt contre Mombase elle-

(1) Voir à l'appendice, la pièce n° 4.

même, dont l'importance militaire lui faisait convoiter la possession. Déjà on y avait appris que Saïd, voulant effectuer le blocus de cette île, armait une flottille à Mascate, et que des ordres étaient donnés dans tous les ports soumis au sultan, afin qu'on s'abstînt d'en expédier des bateaux pour Mombase. Les entraves qui allaient être ainsi apportées au commerce de cette ville devaient augmenter encore l'état de souffrance et d'appauvrissement qui était résulté pour elle de la perte de Pemba, dont le sol fertile fournissait à la fois, au gouvernement, son plus important revenu, et à la population une grande partie de ses moyens d'alimentation. La place était, à la vérité, capable de résister aux attaques de Saïd; mais la supériorité des forces maritimes de ce prince lui assurerait au moins la possibilité d'en maintenir indéfiniment le blocus, et ce blocus entraînerait la ruine complète de Mombase. Ce fut sous la pénible impression produite par l'éventualité d'un tel désastre que Séliman, de concert avec les principaux habitants, résolut de se mettre sous la protection des Anglais, et de faire appel aux navires qui, sous les ordres du capitaine Owen, travaillaient, à cette époque, à l'hydrographie de la côte. Que cet appel eût été ou non effectué par les Mombasiens, toujours est-il que l'un de ces navires, le brick *Barracouta*, commandé par le capitaine Vidal, mouilla dans le port le 5 décembre 1825. Le lendemain, M'bareuk se rendit à bord avec une suite nombreuse; au nom du cheikh, son oncle, et de la population de Mombase, il demanda au capitaine l'autorisation d'arborer le pavillon anglais sur le fort et de placer la ville et son territoire sous la protection de Sa Majesté Britannique. D'après les détails qu'on trouve à ce sujet dans les relations d'Owen et de Botler, le capitaine Vidal n'aurait pas accepté la proposition du cheikh de Mombase, et il se serait seulement chargé de la transmettre soit à ses chefs directs, soit aux autorités du Cap, de Bombay ou de l'île Maurice; mais ce qui suivit permet de penser que, si cet officier refusa, ce fut en des termes qui laissaient aux habitants la faculté de l'initiative. Quoi qu'il en soit, le brick anglais quitta Mombase le 7 décembre, et bientôt la flottille de Mascate, dont la prochaine arrivée avait été annoncée et que commandait Abdallah-ben-Séliem, parut devant la ville. Deux grands beurrhela de guerre jetèrent l'ancre dans la passe et y établirent le blocus. Ce fut peut-être à l'apparition de cette flottille que les habitants de Mombase arborèrent le pavillon anglais sur la citadelle : il y flottait quand, le 7 février 1824, le capitaine Owen, montant la frégate *Leven*, arriva dans le port. Immédiatement, et sans tenir compte de l'état de blocus constaté par la présence de la flottille arabe, cet officier entra en communication avec les autorités de la ville, et, le lendemain, on passa, sous réserve d'acceptation par le gouvernement de la métropole, une convention stipulant que le port de Mombase et ses dépendances (l'île Pemba et le littoral compris entre Melinde et la rivière Panggani) étaient placés sous le protectorat de l'Angleterre aux conditions ci-après, savoir :

Que l'Angleterre ferait rentrer le gouverneur de Mombase dans ses anciennes possessions;

Que la souveraineté intérieure dudit État continuerait d'être exercée par le chef des M'zara et de se transmettre dans sa famille;

Qu'un agent du gouvernement protecteur résiderait auprès de ce chef;

Que les droits de douane seraient partagés, par moitié, entre les deux parties contractantes;

Que le commerce avec l'intérieur serait permis aux Anglais;

Enfin que la traite des esclaves était désormais abolie à Mombase (1).

Il paraît, d'ailleurs, que le commandant de la division du blocus, au lieu de protester contre cette irrégulière intervention du capitaine Owen, se rendit à son bord, et lui déclara qu'il était prêt à lui obéir en toutes choses, ajoutant que telle était la volonté de Syed Saïd : aussi, dès que la convention fut réglée, les navires du sultan allèrent mouiller dans le port, et des relations amicales s'établirent entre leurs équipages et les habitants.

L'un des articles du traité stipulait, on l'a vu, que l'état de Mombase serait remis en possession de ses anciennes dépendances, et, comme première conséquence de cet engagement, Owen consentit à embarquer sur sa frégate M'bareuk et cinquante de ses hommes, pour les déposer à Pemba.

---

(1) D'après certaines versions, l'établissement du protectorat anglais à Mombase n'aurait pas été aussi fortuitement amené que nous venons de le dire. On nous a assuré, en effet, qu'à la suite d'ouvertures faites en ce sens au gouverneur de Bombay par Seliman-ben-Ali, et même par son prédécesseur, le gouverneur de cette présidence avait pris des dispositions en conséquence; que le capitaine Owen, arrivant de Mozambique à Bombay au mois de novembre précédent, avait reçu les instructions nécessaires; qu'en passant peu après à Mascate, il s'était entretenu de l'affaire avec le sultan intéressé, afin de juger, sans doute, de ses dispositions et de la validité de ses prétentions; enfin que l'établissement du protectorat anglais à Mombase n'était que le résultat tout naturel de ces précédents.

Après avoir laissé à Mombase le lieutenant Reitz, du *Leven*, un midshipman, un caporal de *marines* destiné à former des soldats indigènes, et trois matelots, la frégate fit route, le 13 février, pour Pemba, et mouilla, le 15, devant l'un des villages de la côte ouest de cette île, où M'bareuk et ses gens furent descendus à terre; puis le capitaine anglais se transporta à Zanzibar, ayant l'intention de déterminer le gouverneur de cette île, Saïd-ben-Mohhammed el Akhabiri, à se désister volontairement de la possession de Pemba. Mais cette démarche ne réussit pas; Saïd-ben-Mohhammed déclara nettement qu'une pareille cession ne pouvait être faite que par le sultan son maître, et invita le capitaine à s'adresser à ce dernier.

Au départ du *Leven*, qui, dans sa nouvelle tournée, devait toucher à Maurice, M'bareuk s'y rembarqua pour se rendre auprès du gouverneur de cette colonie, et l'intéresser sans doute à la ratification du traité conclu entre le chef de sa famille et le capitaine de la frégate. A son arrivée à Maurice, il y fut reçu avec les honneurs militaires et présenté au gouverneur L. F. Cole. Mais il n'obtint pas de lui la ratification qu'il désirait, ce fonctionnaire ayant cru lui-même devoir en référer à Londres; néanmoins le prince m'zouroui, en retournant dans son pays, emporta l'espoir que la convention serait approuvée par le gouvernement anglais.

Telle était aussi, à ce qu'il paraît, la conviction du capitaine Owen, car, peu après la rentrée de M'bareuk à Mombase (dans les premiers jours de novembre 1824), le *Leven* reparut dans ce port. Pendant l'absence de ce navire, le lieutenant Reitz, mort en tentant une exploration de la rivière Panggani, avait été remplacé par les soins du commodore Nourse, qui s'était rendu à Mombase avec la frégate *Andromache*, dans le but d'y déposer un autre agent, le lieutenant Émery. Celui-ci eut à signaler au capitaine Owen une tentative d'infraction faite à l'article du traité concernant le commerce des esclaves, par le patron d'un bateau arabe. Les esclaves déjà embarqués à bord dudit bateau avaient été saisis par ordre du nouvel agent, et mis à terre sur une propriété dont on avait fait présent aux Anglais après la signature de l'acte relatif au protectorat. Dès que l'arrivée de la frégate fut connue, le propriétaire des noirs saisis essaya de les recouvrer frauduleusement, se proposant d'attribuer leur enlèvement à quelques maraudeurs ouanika; mais il échoua dans son entreprise, et l'un des individus qu'il avait chargés de ce coup de main, ayant été arrêté, fut jugé à bord du *Leven* et condamné à être déporté aux Seychelles, sentence qui reçut son exécution. La conduite d'Owen, en cette circonstance, prouverait à elle seule à quel point il prenait le traité au sérieux, et la conviction où il était qu'il serait ratifié par son gouvernement. Au reste, d'autres faits encore montrent combien il tenait à donner à cet acte son plein et entier effet. En partant de Mombase le 9 décembre, il prit à son bord l'un des chefs m'zara, Racheud-ben-Ahhmed, et sa suite, pour les transporter en plusieurs ports de la côte dont on espérait, sans doute, pousser les chefs à se rallier à la cause de Mombase et à se placer comme elle sous la protection des Anglais. Après une courte relâche aux Seychelles, le *Leven* vint aborder, à Moguedchou en janvier 1825, et y débarqua le représentant de Mombase. Les dispositions des habitants de cette ville étaient, depuis un an, tout à fait hostiles au sultan de Mascate. Cet esprit d'hostilité reconnaissait pour cause l'inconcevable conduite d'Abdallah-ben-Séliem, ce même officier que le sultan avait envoyé à la côte d'Afrique, en 1823, pour faire le blocus de Mombase. Dans sa route, Abdallah ayant mouillé devant Moguedchou et mandé à son bord les chefs de la ville, sous le prétexte de leur transmettre des ordres de Syed Saïd, deux des plus marquants s'y rendirent aussitôt avec quelques présents; mais à peine y étaient-ils arrivés qu'Abdallah, mettant à la voile, faisait route pour Zanzibar, où on les jeta en prison pour les contraindre à payer chacun une rançon de 2,000 piastres.

Toutefois, malgré les justes rancunes que les habitants de Moguedchou conservaient contre le sultan, depuis la violence exercée à leur égard par l'un de ses agents, il paraît qu'ils se montrèrent peu disposés à accueillir les propositions de Racheud-ben-Ahhmed. Le chef de la ville était à quelque distance dans l'intérieur, et la population, plus que jamais défiante, ne permit ni au député de Mombase ni aux officiers du *Leven* de parcourir la ville. La frégate fit alors route vers Braoua, où les négociations eurent plus de succès. L'un des cheikhs des tribus chérifs, Mohhammed-ben-Abou-Bekr, se fit conduire à bord avec quelques-uns des principaux habitants pour demander un pavillon et placer leur ville sous la protection des Anglais à titre de dépendance de Mombase, ce à quoi le capitaine Owen consentit, à la condition qu'ils renonceraient au commerce des esclaves. Enfin le *Leven* retourna à Mombase où, pendant son séjour, le capitaine Owen tint plusieurs conseils et prit diverses dispositions législatives concernant le gouvernement des indigènes. Le 2 février de la même année, il quitta définitivement cette localité, promettant aux habitants d'écrire à Saïd pour réclamer de lui qu'il les remît en possession de Pemba. Il fit voile ensuite vers cette île, où il eut avec Naceur-ben-Séliman, l'agent du sultan, des conférences sur l'administration et la politique du pays; enfin il toucha à Zanzibar et prit avec Saïd-ben-Mohhammed el Akhabiri, les arrangements propres à maintenir la paix et le *statu quo* dans les petits États du littoral jusqu'à ce que l'Angleterre eût fait connaître sa détermination au sujet de ceux de ces États qui avaient réclamé son protectorat.

Sous l'heureuse influence de la paix momentanée que lui procurait la protection du pavillon britannique, Mombase avait repris et même développé ses relations commerciales. Mais la sécurité dont elle jouissait du côté de l'extérieur ouvrit bientôt un libre cours aux ambitions personnelles que l'imminence d'une agression de la part du sultan retenait seule. Depuis que M'bareuk était revenu de Maurice, il avait été amené à reconnaître le droit de succession contesté par lui à Salem lors de la mort d'Abdallah, leur frère : cet accord entre les deux prétendants devait, d'après les conditions établies à l'avénement de leur oncle, mettre un terme à l'espèce d'intérim confié à ce dernier. Mais, comme Séliman-ben-Ali ne paraissait pas disposé à quitter le pouvoir, et qu'il était à craindre qu'il ne repoussât les justes réclamations de Salem au moment où elles seraient produites publiquement, celui-ci, pour prévenir toute résistance de la part de son oncle, s'entendit avec les autres enfants d'Ahhmed, qui s'emparèrent de la personne de Séliman. On arrêta aussi et l'on conduisit à la citadelle les deux fils et le petit-fils de celui-ci, qu'on supposait capables d'une opposition plus ou moins sérieuse : l'élection de Salem se fit alors sans obstacle. L'agent anglais ne prit, dit-on, aucune part à ce changement de personne dans le gouvernement de Mombase, changement qui lui fut, d'ailleurs, présenté sous un jour tout favorable à Salem, et comme l'exécution d'un engagement pris par Séliman lui-même au moment où il avait été élu.

L'avénement de Salem au pouvoir eut lieu en 1242 (dans le courant de l'année 1826), et, bientôt après, l'Angleterre n'ayant pas ratifié la convention relative à l'établissement de son protectorat à Mombase, le pavillon britannique cessait de flotter sur la citadelle, et les agents anglais quittaient la ville, la laissant livrée à ses seules ressources pour résister aux agressions nouvelles que Syed Saïd allait diriger contre elle. En effet, quand ce prince eut appris que le gouvernement anglais, cédant à ses représentations, n'avait pas adhéré aux arrangements pris par le capitaine Owen et se vit ainsi maître d'agir pour faire reconnaître son autorité à Mombase, il adressa, en 1242 (fin de 1826), à Salem, une lettre dans laquelle il lui demandait la remise de la citadelle, lui déclarant qu'un refus serait le signal du renouvellement des hostilités. Le porteur de ce message, qui avait aussi des pouvoirs pour prendre le commandement de la place, fut bien reçu par le gouverneur, mais ne put cependant le décider à obéir à la sommation qu'il était chargé de lui transmettre. Salem protesta de ses dispositions à reconnaître la suzeraineté de Saïd, ajoutant, néanmoins, qu'il ne livrerait pas la citadelle sans y avoir été contraint par la voie des armes. Il s'engagea d'ailleurs, pour témoigner de son désir d'une solution pacifique, d'envoyer bientôt à Mascate un de ses frères et quelque autre de ses parents donner au sultan les explications que celui-ci pouvait attendre à ce sujet. Cette réponse fut expédiée au commencement de la mousson de sud-ouest de 1242 (mai 1827), et les derniers vents de la même mousson emportèrent, quelques mois après, vers Mascate les envoyés de Salem, Racheud-ben-Ahhmed et Abdallah-ben-Zaheur.

La solution présentée par le cheikh de Mombase ne satisfit pas le sultan ; n'y voyant qu'un moyen dilatoire employé pour gagner du temps, il n'en donna que plus d'activité aux préparatifs de l'expédition qu'il avait projetée. Cette expédition, vraiment formidable relativement aux moyens de résistance de la localité contre laquelle elle était destinée à agir, se composait d'un vaisseau de 74, le *Liverpool;* d'une frégate de 64, le *Chah-Alleum;* de deux corvettes à batterie barbette, et de six ou sept beurrhela de guerre de 4 à 6 canons : elle comptait douze cents hommes de débarquement, avec les vivres et les munitions nécessaires. La flotte, commandée par Saïd lui-même, qui montait le *Liverpool*, partit de Mascate au commencement de la mousson de nord-est de la même année. Le sultan voulait arriver à l'improviste à Mombase pour surprendre la population, et, pour mieux réaliser ce plan, il avait, dit-on, fait mettre embargo sur tous les bateaux du golfe Persique qui, vers cette époque, se disposaient à partir à la côte d'Afrique, afin que la nouvelle de ses armements n'y parvînt pas avant lui. Il résulta de ces combinaisons que le bateau qui portait les envoyés de Salem rencontra la flottille de Mascate dans les eaux de Socotra, et communiqua avec elle. Racheud-ben-Ahhmed et Abdallah-ben-Zaheur se rendirent alors à bord du vaisseau amiral, pour informer le sultan de leur mission, puis retournèrent avec l'expédition à Mombase.

La flotte, arrivée devant le port dans les premiers jours de djoumadi second 1243 (premiers jours de janvier 1828), mouilla dans la passe à portée de la seule batterie existant de ce côté et qu'on appelle Séra-Koupa. Saïd garda près de lui Racheud, celui des deux envoyés qui s'était montré le plus opposé à ses prétentions, fit mettre à terre Abdallah qu'il croyait gagné à sa cause, et dont il avait, dit-on, acheté la défection par un cadeau de 300 piastres. Quoi qu'il en soit, Abdallah alla trouver le gouverneur Salem et s'efforça, en effet, de lui démontrer l'invincible supériorité de son adversaire et la nécessité de se soumettre à lui. Il parcourut ensuite la ville et chercha à décider les principaux habitants à se soumettre, au lieu d'engager une lutte qui, vu la disproportion des forces, ne pouvait avoir que de fâcheux résultats; mais il ne fut pas plus écouté d'un côté que de l'autre et ne réussit à effrayer personne, quoique, pour témoigner de la sincérité de ses appréhensions, il eût ostensiblement fait passer sur la terre ferme sa femme et une partie de sa famille.

Cette première démarche de Syed Saïd fut suivie de l'envoi d'un négociateur, Saïd-ben-Khelefan, qui entra en pourparlers avec les chefs m'zara; toutefois, au bout de trois jours, les deux partis n'ayant pu s'entendre pour arriver à une transaction, le sultan prit le parti de commencer les hostilités. La corvette *le Moussapha* et les beurrhela mirent sous voile et donnèrent dans le port du nord, échangeant quelques coups de canon avec les batteries qui se trouvaient sur leur passage, pendant que le *Chah-Alleum* protégeait leurs mouvements, en dirigeant son feu sur la batterie de Séra-Koupa. Après avoir dépassé la citadelle, la corvette mouilla devant la ville, qu'elle se mit à canonner; des coups de fusil seulement répondirent d'abord à son artillerie; les habitants travaillaient à élever une batterie en cet endroit pour égaliser la lutte, quand le feu de la corvette fut suspendu par l'arrivée du sultan, qui s'était rendu en canot à bord du *Moussapha*. Un nouveau parlementaire fut alors expédié par son ordre, pour aller inviter Salem et son frère M'bareuk à venir à bord, afin de s'entendre avec lui. Les M'zara y consentirent, à la condition que deux personnes de la famille du sultan fussent envoyées à terre en otages. Mohhammed-ben-Séliman et Saïd-ben-Khelefan débarquèrent en cette qualité, et, aussitôt après, Salem et M'bareuk, suivis d'une douzaine de M'zara, se transportèrent à bord du *Moussapha*. Ils y furent reçus avec beaucoup d'égards par le sultan; puis, après l'échange des compliments d'usage, ils entrèrent en conférence secrète avec lui. A la suite de cet entretien, où les deux parties s'accordèrent, une convention fut arrêtée, et chacune d'elles s'engagea, par serment sur le Coran, à en exécuter les clauses. Ce pacte contenait, assure-t-on, les dispositions suivantes : la citadelle, remise au sultan, recevrait une garnison de cinquante hommes, prise dans la tribu des Henaoui (1), amie de celle des M'zara; toutefois, Salem et les membres de sa famille continueraient d'y demeurer. Les droits de sou-

(1) Les Henaoui ou Henaouine sont une des principales familles de l'Omân, dont les rivalités avec les Raffeuri ou Raffeurine ont souvent troublé ce pays.

veraineté du sultan sur Mombase étaient reconnus; néanmoins Salem en conserverait le gouvernement pour lui et ses descendants, sans autre charge ni obligation que celle de partager avec le sultan la recette annuelle des douanes, dont le chef ou collecteur serait nommé par le gouverneur. Cette convention signée, Syed Saïd fit son entrée dans la citadelle le 25 de djoumadi second (11 janvier), et l'acte de prise de possession fut consommé.

A cet effet, un détachement de cinquante hommes, sous le commandement de Saïd-ben-Khelefan, fut introduit dans la citadelle pour en composer la garnison, conformément au traité; toutefois, sur ce point comme sur les autres, Saïd, à peine en possession du fort, chercha, par tous les moyens, à se soustraire aux conditions qu'il avait acceptées. En même temps qu'il travaillait, au moyen de cadeaux, à détacher de la cause des M'zara les principaux habitants de la ville, un certain nombre de nouveaux soldats, sous le prétexte de voir leurs camarades, pénétraient, chaque jour et par son ordre, dans la citadelle, d'où il n'en sortait qu'une partie le soir, de telle sorte qu'après peu de jours il s'y trouva deux cents soldats absolument dévoués à sa personne. Se sentant alors assez fort pour agir en maître, il fit entendre à Salem qu'il eût à cesser d'y demeurer et à s'établir dans la ville, ainsi que tous les membres de sa famille, voilant, d'ailleurs, sous des formes amicales et de prétendus motifs de convenance cette flagrante infraction au pacte qu'il avait juré. Salem et M'bareuk comprirent enfin combien peu ils devaient compter sur les promesses de Saïd; mais il ne leur était déjà plus possible de résister à ses exigences; ils se résignèrent donc, remettant à un moment plus favorable et à la volonté d'Allah le jour de la vengeance. Saïd visita la citadelle, y ordonna quelques travaux de réparations, et, après une station de quinze à vingt jours à Mombase, en partit, laissant dans le fort une garnison de trois cent cinquante hommes, composés de Beloutchis, de Zeudgali et d'Arabes; ces derniers, commandés par Séid-ben-Mohhammed-ben-Oulid, les autres par le Zeudgali Tchaho, dès longtemps attaché à sa fortune, et qui, sous le titre de *djemadar*, avait le commandement en chef de la citadelle.

La flotte, moins le *Moussapha*, qui avait été dirigé sur Mascate, fit route avec le sultan vers Zanzibar : ce prince se montrait pour la première fois dans cette île depuis son avénement au pouvoir. Il y fut reçu en grande pompe et s'installa à M'tony, où on travaillait déjà à lui construire le palais ou plutôt la demeure qu'il ne cessa d'habiter du jour où il fixa sa résidence à Zanzibar. M'bareuk l'y avait suivi, d'après le désir qu'en avait exprimé Syed Saïd. Outre la satisfaction que la vanité du prince tirait de ce témoignage public de la soumission des M'zara à son autorité, il espérait encore, par des conseils répétés, par de bons procédés et par le prestige de grandeur dont il était entouré, éteindre dans leur esprit tout espoir de recouvrer leur indépendance et la possession de Mombase.

Le sultan semblait vouloir prolonger son séjour à Zanzibar. Peut-être forma-t-il alors le projet, réalisé plus tard, de s'y établir définitivement, car il s'occupa d'y créer de grandes plantations de girofliers, et d'augmenter les propriétés et les habitations qu'il y avait. Mais, environ trois mois après son arrivée dans l'île, il fut arraché à ces paisibles occupations par une nouvelle que le *Moussapha* lui apporta de Mascate

Des troubles graves avaient récemment éclaté en Omân, et Mascate, menacée par une insurrection victorieuse, réclamait impérieusement sa présence. Cette insurrection avait pour chef Sâhoûd-ben-Ali-ben-Sif, neveu de Bedeur et petit-cousin en même temps que gendre de Syed Saïd : nous donnerons les détails qui concernent cette affaire dans un des chapitres de la relation (1).

A la réception de cet avis, Syed Saïd partit immédiatement pour l'Omân avec le *Liverpool* et deux corvettes : ce prompt retour arrêta les projets ultérieurs de Sâhoûd. En quittant Zanzibar, le sultan avait donné ordre à l'émir Hhammad-ben-Ahhmed de ramener le reste de la flottille à Mascate : ce dernier devait, en outre, s'arrêter devant Moguedchou, afin d'opérer une démonstation contre cette ville, et de l'obliger à se soumettre comme venait de le faire Mombase. En effet, Hhammad se présenta devant Moguedchou avec trois navires, deux beurrhela et deux bettils, à bord desquels se trouvaient une partie des troupes de l'expédition précédente. A son arrivée, il se rendit à terre pour parlementer, dit-on ; mais, voyant la plage couverte d'hommes armés et manifestant des intentions hostiles, il revint à bord sans avoir communiqué et fit canonner la place. Elle fut alors abandonnée par un grand nombre de ses habitants, et Hhammad profita de cette circonstance pour jeter à terre trois ou quatre cents hommes, qui, ayant presque sans résistance envahi la ville, la saccagèrent. Après ce coup de main, Hhammad rembarqua son monde et continua sa route vers l'Omân. Mais, dans le débarquement qui avait eu lieu, Ab-

---

(1) Voyez II⁰ partie, chap. III.

dallah-ben-Séliem, fort aimé de Syed Saïd, avait été tué : cette mort, quoiqu'elle ne fût cependant qu'un accident de guerre, pouvait amener sur les habitants des représailles terribles ; du moins le crurent-ils, et, dans leur effroi, ils se décidèrent à envoyer leur soumission et à demander l'*aman*.

Revenons maintenant aux affaires de Mombase.

Avant le départ du sultan pour Mascate, le gouverneur de Pemba, Naceur-ben-Séliman, qui avait déjà joué un rôle actif dans la politique locale, était, dit-on, parvenu à lui persuader que les M'zara profiteraient de cette circonstance pour rompre le traité : il espérait ainsi se faire agréer pour remplacer Salem dans le gouvernement de Mombase.

Une autre version attribue à Saïd lui-même l'initiative de ce projet de remplacement, et l'accuse, en outre, d'avoir autorisé Naceur à faire arrêter Salem, M'bareuk et les principaux M'zara, et il faut reconnaître que le peu de scrupule qu'il avait déjà mis à remplir ses engagements envers ceux-ci n'enlève pas à cette version toute vraisemblance. Quoi qu'il en soit, le sultan consentit au moins au changement dont Naceur lui avait donné l'idée, et ce dernier se rendit à Mombase avec l'assentiment de Saïd. Après s'y être entendu avec le commandant de la citadelle, il s'établit dans une maison de la ville, attira chez lui les principaux Souahhéli, leur fit des présents et finit par déclarer que le sultan l'envoyait pour exercer le pouvoir à la place de Salem.

Informés des propos et des actes de Naceur, Salem et M'bareuk lui firent demander l'ordre écrit que le sultan avait dû lui remettre en l'envoyant prendre possession du gouvernement de Mombase, contrairement aux stipulations du traité. Naceur déclara que sa *figure* suffisait pour témoigner de la volonté du sultan, ce à quoi M'bareuk répliqua que la *figure* de Naceur n'était pas même bonne à représenter le dessous de la sandale de Saïd ; et il fit signifier au prétendant qu'il eût à quitter la place dans les vingt-quatre heures. Naceur, ne se sentant pas assez en force dans la ville pour terminer le débat à son avantage, se retira dans le fort en disant que, puisque Salem ne voulait pas se conformer aux volontés de Syed Saïd, il allait faire tirer sur la ville. Les actes suivirent de près la menace, et la citadelle ouvrit bientôt son feu. Dès lors, Salem, soutenu par les Souahhéli, qu'exaspérait la conduite tenue par les agents du sultan, se crut autorisé à user de représailles ; des retranchements en terre et en sable, palissadés, furent élevés en face du côté de la citadelle qui battait sur la ville, et, protégés par ces fortifications improvisées, les citadins ripostèrent à coups de fusil au feu des bastions, qui finit par se ralentir : le peu de munitions dont disposaient les assiégés contribua sans doute aussi à ce résultat. Dès lors, le canon du fort ne se fit plus entendre que de loin en loin, et comme pour témoigner de la continuation des hostilités ; mais la garnison, s'y trouvant étroitement bloquée et n'ayant dans ses magasins que très-peu de provisions, se voyait déjà menacée de disette. Deux fois le gouverneur de Zanzibar, qui avait eu connaissance de la situation, essaya d'introduire dans la place des vivres et des renforts ; ces tentatives échouèrent, et Naceur, ainsi que les siens, en proie à la famine, furent, dit-on, réduits à manger le cuir de leurs boucliers et les animaux les plus immondes. Poussés au désespoir par le besoin, quelques hommes de la garnison s'échappèrent du fort en descendant au moyen de cordes dans le fossé, et se rendirent à l'ennemi, auquel ils apprirent l'état de dénûment complet où se trouvaient les assiégés. Les Souahhéli résolurent alors de tenter une escalade de nuit; mais, au début de l'exécution, une des échelles s'étant rompue, cet accident causa parmi les assaillants une émotion un peu bruyante, qui donna l'alerte aux sentinelles des remparts, et, la panique s'emparant des premiers, ils renoncèrent à leur entreprise. Cependant la garnison fut bientôt réduite à la dernière extrémité, et elle demanda à capituler : des pourparlers eurent lieu et amenèrent une convention aux termes de laquelle chefs et soldats devaient, en évacuant le fort, s'embarquer sur des boutres qui les transporteraient hors du territoire de Mombase. Puis les M'zara, se ravisant, craignirent que Naceur, redevenu libre, ne leur suscitât encore des embarras, et ils exigèrent pour condition de sa mise en liberté le payement d'une forte somme qu'ils savaient n'être pas à la disposition de leur prisonnier. Celui-ci demeura donc entre leurs mains. Les hostilités, commencées, dit-on, le mercredi 5 du mois de deulqâada 1243 (12 mai 1828), peu après le départ du sultan pour Mascate, avaient duré plus de sept mois; et quand la nouvelle lui en était parvenue, soit que toutes ses forces fussent occupées en Omân et qu'il ne pût les employer ailleurs, soit que le conflit survenu à Mombase ne lui parût pas assez sérieux pour nécessiter des mesures plus énergiques, il s'était contenté d'y expédier l'émir Hhammad-ben-Ahhmed avec la frégate *le Chah-Alleum* et quelques soldats.

Mais, lorsque ces renforts arrivèrent à leur destination, la place était, depuis plusieurs jours, au pouvoir des M'zara, et l'émir repartit aussitôt pour l'Omân.

L'évacuation de la citadelle par les troupes de Saïd rétablit l'ancien état de choses, et cette restauration du gouvernement des M'zara ne donna lieu, pour le moment, à aucune protestation armée de la part de Saïd. Ce prince était, à cette époque, engagé dans une guerre contre Bahharin', et il ajourna les mesures de répression qu'il comptait prendre à l'égard de Mombase. Ce fut deux ans après environ, vers le milieu de 1245 (fin de décembre 1829), qu'il se présenta pour la seconde fois devant cette ville avec une flotte composée du *Liverpool*, des trois corvettes *le Soultan'*, *le Rhamani* et *le Men'tès*, et de trois beurrhela, portant ensemble un effectif de quatorze cents hommes de débarquement. Naceur-ben-Séliman, retenu, comme il a été dit, dans Mombase à la suite de la capitulation, y avait été traité en prisonnier sur parole; puis, mis en prison et aux fers après deux tentatives d'évasion; il y était encore quand parut la flotte du sultan. Alors, prévoyant que l'un des premiers actes de Saïd serait de le réclamer, s'il le savait encore vivant, on le fit étrangler dans sa prison. Conformément à la marche suivie lors de la première expédition, les bâtiments mouillèrent à l'entrée du port, et on échangea des messages par lesquels, avec plus ou moins de raison, chacun des deux adversaires accusait l'autre d'avoir manqué à son engagement : Saïd concluant à ce que la citadelle lui fût de nouveau remise, Salem déclarant que la force seule pourrait le faire céder à cette exigence. Le sultan, dont la colère n'eut plus de bornes quand il apprit le meurtre récent de son serviteur, fit ses dispositions pour attaquer la place. Deux des corvettes entrèrent dans le port du sud, afin d'agir d'abord sur Kilen'dini, et les trois beurrhela chargés de troupes, donnant en même temps dans le bras de mer du nord, allèrent mouiller devant Kiçaouéni, pour opérer une diversion contre la ville de Mombase. Les M'zara divisèrent leurs forces de manière à faire face à cette double agression. Celles qui étaient chargées de la défense de Kiçaouéni dirigèrent, à l'abri des broussailles et des arbres qui recouvrent cette pointe, une fusillade tellement vive sur les bateaux dont l'un coulait déjà sous le feu de la citadelle, que leurs équipages, après avoir perdu bon nombre d'hommes sans pouvoir en quelque sorte riposter, se virent obligés de débarquer sur la grande terre, où les embarcations des navires stationnant au mouillage extérieur les recueillirent. Deux beurrhela, restés à flot aux mains des Mombasiens, furent déchargés de ce qu'ils contenaient et ensuite détruits, afin que Saïd ne pût les reprendre, si la lutte se terminait à son avantage. Du côté de Kilen'dini, son attaque n'avait pas eu plus de succès : dans le transport des troupes à la plage, deux embarcations trop chargées coulèrent bas, et beaucoup d'hommes furent noyés; les autres, accueillis, au débarquement, par une vive fusillade qui en tua encore une partie, poussèrent jusqu'au village, où quelques canons qu'on y avait mis en batterie et dont ils tentèrent vainement de s'emparer, les arrêtèrent. — Bref, après sept ou huit jours d'escarmouches sans autre résultat décisif que les pertes essuyées par lui, Saïd prit le parti de rentrer dans la voie des négociations. Les deux parlementaires qu'il choisit, à cet effet, Belâreub, cheikh de la tribu des Mâheuli, et Séliman-ben-Jahha, se rendirent auprès de Salem; ils exprimèrent, au nom de leur maître, un vif regret de la reprise des hostilités : en proie, dirent-ils, au chagrin et au ressentiment que lui avait fait éprouver le meurtre de Naceur, Saïd s'était laissé aller à des actes contraires à ses intentions, d'abord toutes pacifiques; mais ayant reconnu les torts de son serviteur, seule cause des maux que lui, Saïd, déplorait plus que tout autre, il proposait l'oubli du passé et le rétablissement de la paix aux conditions du premier traité. Salem répondit qu'il était disposé à accepter ces conditions, sauf celles qui avaient rapport à la remise de la citadelle et à son occupation par les troupes de Saïd, se bornant, sur ce point, à des assurances de dévouement et de respect pour le sultan. Saïd comprit qu'il insisterait inutilement; il se borna à réclamer la somme qui lui revenait, pour les années échues, sur la recette des douanes, en vertu des stipulations dudit traité : le montant en fut débattu et on convint que le payement aurait lieu entre les mains de l'agent du sultan à Bombay, à la fin de la prochaine mousson de sud-ouest. Saïd demanda aussi, en témoignage de cette réconciliation, que des parents de Salem l'accompagnassent à Zanzibar, où il allait se rendre, désir que satisfit également le gouverneur en chargeant de cette mission ses deux frères Râcheud et Naceur. Ce fut avec ce vain simulacre d'une soumission qu'en réalité il n'avait pu obtenir que le sultan fît triomphalement son entrée à Zanzibar. Cette fois il y resta un peu plus longtemps, manifestant toujours l'intention d'y établir le siége de son gouvernement; mais il fut, cette fois encore, obligé de retourner à Mascate, où des troubles venaient de se produire à l'instigation de

Hhamoud-ben-Azeran-ben-Qis, qui, à la mort de son grand-père, avait été dépossédé de son héritage par Saïd. Profitant de l'absence de celui-ci, il s'était emparé de tout le littoral jusqu'à Beurka, de la ville de Reustak, et menaçait Mascate. Toutefois un arrangement fait, à son arrivée, avec Hhamoud le laissa bientôt libre de reporter son attention vers les côtes d'Afrique (1).

Lors de sa dernière expédition contre Mombase, Saïd ne s'était sans doute arrêté dans ses exigences à l'égard des M'zara qu'à cause de son impuissance à obtenir la reddition de la citadelle; mais, dès que la tranquillité fut rétablie à Mascate, il songea de nouveau à s'emparer de cette place, et, manquant une seconde fois à ses engagements, il dénonça le traité et dirigea sur Mombase une de ses corvettes et deux beurrhela pour en faire le blocus pendant toute la mousson de nord-est de 1246-47 (de novembre 1831 à avril 1832); puis, l'année suivante, il s'y rendit lui-même avec quatre corvettes, et plusieurs beurrhela et bettils : cette flottille, ne comptant pas des navires d'un aussi haut rang que celles des deux précédentes expéditions, n'en était que plus propre à opérer dans le port sinueux et resserré où elle était destinée à agir. Les troupes de débarquement n'y étaient, d'ailleurs, pas moins nombreuses, et elles eussent été bien suffisantes si elles avaient eu à leur tête des chefs énergiques et habiles. Elles étaient conduites par l'émir Saïd-ben-M'sellem; mais l'émir Hhammad-ben-Ahhmed commandait en chef l'expédition, sous l'autorité supérieure de Saïd. Une partie de ses troupes fu-

(1) Voir II° partie, chap. III.

rent débarquées sur la terre ferme du côté du nord, et campèrent un peu à l'ouest de Nizingani ; une batterie de quatre canons et d'un mortier y fut établie, et ouvrit son feu à la fois sur la citadelle et sur la ville. Les Mombasiens ne s'effrayèrent pas de cette canonnade ; les femmes et les enfants avaient été mis hors de la portée des projectiles de l'ennemi, et l'artillerie du fort, ainsi que quelques pièces transportées sur deux autres points du rivage, répondirent au feu des assiégeants. Les coups, aussi mal dirigés d'un côté que de l'autre, ne produisaient pas grand effet. Ceux de l'ennemi, pointés trop haut, ébréchaient à peine les créneaux de la citadelle ou passaient par-dessus la ville, et des quelques bombes qui tombèrent dans l'enceinte de celle-ci, la plupart n'éclatèrent pas. Cette canonnade, qui, d'ailleurs, ne fut appuyée par aucune démonstration de la part de Saïd, n'amena point de résultat décisif.

Au bout de quelques jours, cependant, les Mombasiens, enhardis par la mollesse de l'attaque, formèrent le projet de passer sur la grande terre, et, par un vigoureux coup de main, de s'emparer de la batterie arabe. Ayant effectué ce passage pendant la nuit, ils divisèrent leurs forces en deux groupes : l'un, destiné à simuler un mouvement sur le front de l'ennemi, n'avait d'autre but que de l'attirer en dehors de ses retranchements, tandis que l'autre groupe, manœuvrant pour le prendre en flanc, se précipiterait sur les derrières du camp : tous les deux devaient attaquer simultanément, à un signal convenu. L'affaire était conduite par Mohhammed-ben-Ahhmed, réputé le plus brave des M'zara depuis la mort de M'bareuk. Mais la simultanéité d'action dont dépendait le succès n'eut pas lieu. L'une des deux troupes, s'engageant avec trop de précipitation, ne fut pas soutenue à temps par l'autre, et trouva ainsi plus de résistance qu'elle n'en attendait. La lutte commencée dans ces conditions devint sanglante et acharnée, et, Mohhammed-ben-Ahhmed y ayant été mortellement blessé, cet accident décida la retraite des Mombasiens, qui abandonnèrent le champ de bataille. Toutefois Saïd ne profita pas de cet avantage; il se borna à continuer de tirer inutilement sur la citadelle et sur la ville; puis, la fin de la mousson approchant, il fit rembarquer son monde et partit pour Zanzibar, et de là pour Mascate, sans avoir obtenu aucun résultat de cette expédition. Ceci se passait dans les mois de ramazan et de choual de l'année 1248 (février et mars 1833).

L'année suivante, l'autorité et la puissance du sultan subirent encore un échec à l'occasion de troubles survenus dans l'île de Patta. Les habitants de Sihoui, l'une des trois villes de cette île, voulant se soustraire à la dépendance du sultan, avaient mis à leur tête Bouana Ouizir, personnage qu'on a déjà vu figurer comme chef de parti dans les dernières luttes dont Patta avait été le théâtre. Le poste d'une cinquantaine d'hommes entretenus par Saïd dans Patta, joint à la faible population de cette ville, ne suffisant pas pour arrêter les révoltés, Syed Saïd avait envoyé aux gens de Lâmou l'ordre de se réunir à ses partisans pour réduire Sihoui, devant laquelle il se présenta bientôt lui-même. Mais les rebelles avaient, de leur côté, réclamé l'assistance des M'zara, et Salem s'était porté à leur secours avec quelques hommes de Mombase. En arrivant sur les lieux, le sultan trouva donc ses adversaires plus forts qu'il ne l'avait prévu. Ne comptant pas sur cette complication et pensant que sa présence et celle de quelques navires et bateaux qui l'accompagnaient suffiraient pour rétablir l'ordre dans l'île, il n'amenait pas de troupes de débarquement. Il ne put donc réduire Sihoui, et il dut se contenter d'adresser à Salem des remontrances sur son intervention dans les affaires de Patta, l'engageant à se retirer et à borner son ambition à la possession de Mombase. Puis il partit; toutefois, en s'éloignant, le rusé sultan laissa devant Patta deux ou trois de ses bateaux, qui devaient tâcher de s'emparer de Salem lorsqu'il retournerait à Mombase, et, dans le cas où ce dernier prolongerait son séjour à Sihoui, d'aller l'attendre à l'entrée de Mombase même. Ces dispositions n'échappèrent pas à Salem, qui essaya de faire enlever les bateaux par un coup de main que dirigeait son frère, Râcheud-ben-Ahhmed; mais cette tentative échoua, et Râcheud y perdit la vie. Cependant Salem parvint à sortir de Sihoui à la faveur de la nuit, et, quoique poursuivi par les bateaux de Saïd, put gagner l'embouchure de la rivière de Kilifi, d'où il se rendit par terre à Takaonggo. Là deux boutres envoyés à son secours dès qu'on l'avait su bloqué à Sihoui le rejoignirent, et ils le ramenèrent à Mombase, où il mourut quelques mois après, en m'hharem 1251 (mars ou avril 1835).

Disons maintenant quelle fut l'issue du conflit élevé à Patta : Bouana Ouizir, ayant réussi à chasser de l'île Bouana Cheikh, que l'intervention du chef de l'Omân y avait fait reconnaître pour sultan, se transporta à Mascate, dans l'espoir que ses prétentions seraient confirmées par Syed Saïd. Celui-ci sembla disposé à les appuyer, et Ouizir revint à Patta suivi d'un agent du prince, Mohhammed-ben-Séliman el

Marouzouki; mais bientôt Mohhammed, dont la mission était, en apparence, de soutenir le nouveau sultan, travailla, au contraire, à le renverser, ayant sans doute reçu de son maître des instructions dans ce sens. Bref Ouizir mourut assassiné et fut remplacé par Foum' Bakari, fils de Bouana Cheikh.

A Mombase, la succession de Salem avait donné lieu à quelques débats entre les autres enfants d'Abhmed. Des deux compétiteurs qui pouvaient y prétendre, l'aîné, Khamis, était le moins en faveur dans l'esprit de la population; il l'emporta cependant sur son frère Naceur, grâce à l'influence exercée dans le conseil par le vieux Râcheud-ben-Salem-ben-Abdallah, qui crut voir dans la prise en considération du droit d'aînesse de Khamis plus de garantie de tranquillité pour le pays. Naceur n'en continua pas moins de chercher à se faire un parti, et, servi par le mécontentement général qu'excitaient la conduite et les exactions de Khamis, il ne tarda pas à marcher directement à son but. A cet effet, il rallia les mécontents, leur prodigua les promesses pour les attacher à sa cause et forma avec eux le projet d'arrêter le gouverneur. Le cadi Khelefan-ben-Salem-ben-Qodib parut tremper lui-même dans le complot en se faisant l'instrument indirect de sa réalisation. Il feignit d'être malade, ne doutant pas que Khamis, dont il était le proche parent, ne vînt le visiter. Or ce dernier ne sortait ordinairement du fort que le soir, et Naceur, assisté de quelques-uns des affidés, devait profiter de cette sortie nocturne pour s'emparer de lui; mais la plupart des personnes qui semblaient agir de concert avec Naceur, en favorisant son avénement, travaillaient, en réalité, pour un autre et ne voulaient pas plus de lui que de Khamis. Leur candidat était Râcheud-ben-Salem-ben-Ahhmed, qui, instruit de la trame ourdie par son compétiteur, se disposait à la faire tourner à son profit en courant s'enfermer dans la citadelle aussitôt que Khamis en serait sorti, et s'y faisant proclamer *Ouali*. Cette combinaison ne fut pas de trop pour se débarrasser de Khamis, car, Naceur ne s'étant pas senti le courage de l'arrêter, conformément au plan adopté, celui-ci serait rentré dans le fort, si Râcheud ne s'y était déjà établi. L'élection de Râcheud fut confirmée par la population en ramazan 1252 (décembre 1836). Malheureusement, pendant que toutes ces intrigues étaient mises en jeu, parmi les M'zara, le cheikh des Ouakilen'dini, Maallem-ben-M'chafi, qui avait eu personnellement à se plaindre de Khamis, exploitait aussi dans l'intérêt de son propre ressentiment l'aversion que les actes du gouverneur avaient inspirée à tous. Chez beaucoup de Souahhéli, d'ailleurs, le mécontentement s'appliquait à la famille entière des M'zara, dont les luttes incessantes contre le sultan de Mascate n'offraient au pays que la perspective de guerres et de misères sans fin. Les désirs de vengeance du vieux cheikh avaient donc été facilement accueillis par les chefs de cette population, et ceux-ci, après s'être concertés sur les moyens d'en finir avec une domination qui leur était antipathique, décidèrent que quelques-uns des leurs se rendraient immédiatement à Mascate pour engager le sultan à entreprendre une nouvelle attaque contre Mombase, lui promettant le concours de tous les Souahhéli. Deux d'entre eux furent adjoints à Maallem pour remplir cette mission, et ils partirent en effet ; or, à leur arrivée à Mascate, le sultan faisait déjà de lui-même des préparatifs pour l'expédition qu'ils venaient solliciter, et leur démarche, en augmentant sa confiance dans le succès, lui fit encore hâter son départ : il arriva devant Mombase dans le courant du mois où Râcheud avait été reconnu gouverneur. Il résulta de ces divers incidents que ce dernier était depuis sept jours seulement maître de la forteresse, quand il lui fallut la défendre à la fois contre les forces de Saïd et contre les dispositions hostiles d'une partie de la population souahhéli. Dès que la flotte eut jeté l'ancre, le sultan dépêcha vers Râcheud un parlementaire qu'on renvoya sans l'avoir écouté. A la nuit, le vieux Maallem fut mis à terre pour aller disposer les habitants en faveur du sultan et lui créer des intelligences dans la place. Il débarqua sur le continent en face de Kilen'dini, dans un village de Ouanika, où vinrent le trouver tous ceux qui avaient conspiré contre l'autorité des M'zara. L'un de ceux-ci, Naceur, qui conservait ses prétentions, fut bientôt gagné au parti du sultan et amené à une entrevue nocturne avec Saïd : ce prince lui fit, dit-on, entrevoir que leurs intérêts étaient communs, et que le succès de l'un pouvait seul assurer la réalisation du désir de l'autre. Dès lors, les mouvements de Saïd furent combinés d'après les avis que lui transmettaient tous ceux qui espéraient obtenir quelque avantage en servant sa cause.

De même que dans la dernière expédition, des soldats et de l'artillerie furent établis sur la côte en face de la ville. Un des navires et un bateau portant un autre corps de débarquement entrèrent aussi dans le port du sud, et les hostilités commencèrent. Les troupes débarquées de ce côté se dirigèrent vers Kilen'dini et s'emparèrent, sans grande résistance, de ce village, dont les chefs appartenaient à Saïd. Une partie de ses habitants avaient, à l'approche de l'ennemi, émigré sur la terre ferme dans les villages Ouanika; les autres partisans des M'zara étaient rentrés avec eux dans *Gavana* pour prendre part à la défense de cette ville.

Une fois en possession de Kilen'dini, que ses soldats palissadèrent avec des troncs de cocotiers de manière à en faire une sorte de camp retranché, Saïd fit occuper le petit fort de M'koupa, qui commande la communication entre la partie ouest de l'île et le continent. Au reste, le sultan comptait moins encore sur ses forces pour enlever la place que sur la défection fomentée par ses intrigues dans le parti de ses adversaires. Aussi ne tenta-t-il d'abord aucune attaque sérieuse contre la ville. Les opérations quotidiennes du corps campé à Kilen'dini se bornaient à échanger quelques coups de fusil avec les gens de *Gavana*, tandis que des détachements de ce corps se répandaient impunément dans le vieux quartier, dit M'djioua-Kalé ou Ara-el-Kédima, dont les habitants, loin de les repousser, fraternisaient, pour la plupart, avec eux. Après chacune de ces escarmouches, des parlementaires étaient envoyés aux M'zara par le sultan. Mais ces parlementaires ne furent point écoutés tant que Râcheud et les siens purent se faire illusion sur les sentiments de la population de l'île à leur égard; ce fut seulement quand ils s'aperçurent de sa connivence avec l'ennemi, quand ils virent la désertion réduisant, chaque jour, le nombre de leurs partisans et leurs moyens de résistance, qu'ils comprirent l'impossibilité de continuer fructueusement celle-ci. Voulant alors se ménager le pouvoir sous la souveraineté de Saïd, ils consentirent à négocier. Les conditions du nouveau traité ne différèrent de celles du premier que par l'obligation imposée aux gouverneurs m'zara d'abandonner entièrement la citadelle et de résider désormais dans la ville. Ce traité fut conclu au mois de deul-qâada de 1252 (février 1837).

Le sultan, ayant pris possession de la citadelle, y mit une garnison de cinq cents hommes, Beloutchis et Arabes, sous le commandement d'Ali-ben-Mansour; puis il partit avec sa flottille pour Zanzibar. Les choses se trouvèrent ainsi établies à Mombase, quant aux rapports de cette ville avec le sultan, telles qu'elles l'avaient été à l'issue de la première expédition.

Quelques mois après, Râcheud-ben-Salem se transporta à Zanzibar pour rendre hommage à Saïd. Il était accompagné de ses parents, Khamis et Naceur, et de quelques autres individus attachés à sa personne. Le sultan affecta de les traiter avec beaucoup d'égards et de bienveillance; mais, se défiant toujours de la fidélité des M'zara, il employa toutes sortes de séductions pour décider Râcheud à se désister volontairement de son gouvernement et à se fixer à Zanzibar. Le gouverneur de cette île, Séliman-ben-Ahhmed, fut chargé d'entretenir Râcheud des désirs du sultan et de ses propositions d'indemnité en échange du désistement demandé. On laissait à Râcheud le choix entre ces trois partis : un établissement à Zanzibar avec une somme de 10,000 piastres une fois donnée et une rente viagère annuelle d'environ 300 piastres; ou le gouvernement de Mâfiia; ou enfin, celui de Pemba. Séliman se montra très-pressant : c'était, surtout, au nom des intérêts de Râcheud et par affection pour lui qu'il l'engageait à accepter les offres du sultan; puis, ajoutait-il, Saïd est un homme puissant, dont les désirs méritent de la déférence, et à qui chacun doit craindre de déplaire. D'autres personnes encore parlaient à Râcheud dans le même sens et toujours au nom de son intérêt personnel. Mais ses parents le détournèrent de suivre ces conseils : selon eux, la position qu'on prétendait lui faire était une humiliante déchéance pour lui et les siens, et ils lui répétaient sans cesse qu'il était plus honorable de conserver son titre, fût-ce au prix de la pauvreté. Ces derniers avis prévalurent, Râcheud refusa tout et retourna bientôt à Mombase avec sa suite, dont les personnes marquantes reçurent chacune un présent de Saïd.

Les chefs souahhéli de Mombase, venus aussi rendre hommage au sultan, restèrent à Zanzibar après le départ du gouverneur et travaillèrent, dit-on, à augmenter la défiance déjà si vive que Saïd nourrissait à l'égard des M'zara. Ceux d'entre ces chefs surtout qui, dans la dernière lutte, avaient pris parti pour le sultan contre le gouverneur sentaient bien que, tant que les M'zara auraient quelque pouvoir à Mombase, ils n'avaient à espérer ni places, ni avantages, et qu'ils couraient même le risque d'être inquiétés dans leurs personnes ou dans leurs biens. On comprendrait donc que, désirant d'en finir avec cette famille, ils eussent calomnieusement prêté à Râcheud et aux M'zara des sentiments hostiles et des intentions de révolte contre le sultan, et qu'en lui présentant ses propres soupçons comme des réalités ils l'eussent poussé à prendre une mesure violente. Toujours est-il que Saïd fit partir pour Mombase, moins de deux mois après que Râcheud y était rentré, une corvette portant son fils, Syed Kaled, et Séliman-ben-Ahhmed, chargés l'un et l'autre, par lui, d'arrêter tous les membres de la famille d'Ahhmed-ben-Mohhammed-ben-Osman.

Arrivés à Mombase, les deux chefs attendirent à bord la visite que, selon l'usage, les diverses autorités locales devaient faire au fils du sultan. Les chefs de la garnison se présentèrent les premiers et reçurent, sans doute, des instructions relatives à ce qui allait se passer. Le gouverneur Râcheud y vint aussi, accompagné de plusieurs membres de sa famille, et tous s'en retournèrent sans avoir été inquiétés et sans prévoir le sort qu'on leur réservait. Ce fut seulement deux jours plus tard que l'atroce décret de Saïd fut mis à exécution.

Leurs mesures étant prises, Syed Khaled et Séliman descendirent à terre sur le soir, et s'acheminèrent vers la forteresse. Ce dernier pénétra dans l'intérieur; Khaled resta en dehors sous la *beurza* (1), pour recevoir ses visiteurs. Râcheud, en ayant été averti, s'y rendit pour lui donner le salut. Après l'échange des compliments d'usage, le prince invita le gouverneur à rejoindre Séliman, qui, disait-il, avait à lui parler d'affaires; le malheureux entra sans défiance et fut immédiatement saisi et emprisonné. Le même moyen fut employé à l'égard de plus de vingt autres personnes, qui, par groupes de deux ou trois, allèrent tomber dans le guet-apens qu'on leur avait préparé.

Cette manœuvre, répétée pour tant d'individus qu'on ne voyait plus sortir du fort, éveilla des soupçons parmi les assistants; le bruit de l'arrestation des M'zara circula rapidement dans la ville, et, pendant la nuit, tous ceux qui avaient échappé au piége s'enfuirent sur la grande terre avec leurs

---

(1) Sorte de salle d'attente extérieure où le gouverneur, quand il habitait la citadelle, donnait ses audiences.

familles, sauvant ainsi leur liberté au prix de tout ce qu'ils possédaient.

Les individus arrêtés dans la citadelle, au nombre de vingt-cinq à trente, furent transportés à bord de la corvette pour être conduits à Zanzibar. Khaled et Séliman terminèrent leur mission en faisant publier que tous les autres M'zara pouvaient rentrer sans crainte dans la ville; que la volonté de Saïd étant satisfaite par l'arrestation des principaux perturbateurs, chacun devait désormais avoir confiance en ses intentions équitables et clémentes. Les fugitifs, on le comprend, demeurèrent sourds à cet appel. Khaled et Séliman quittèrent alors Mombase, dont le gouvernement fut laissé au commandant de la citadelle.

Après être restés environ un mois à Zanzibar, à bord de la corvette, et avoir en vain demandé d'être soumis à une simple déportation sans captivité, les prisonniers furent dirigés vers Mascate et de là sur Minou et Bender-Abbas, où on les jeta en prison. Tenus aux fers et condamnés aux plus dures privations, beaucoup d'entre eux ont péri, et leur triste agonie n'a pu exciter, nous ne dirons pas les sentiments généreux, mais la compassion du sultan à l'égard de ceux qui ont survécu. Tous sont, probablement, destinés par lui à une horrible fin, en expiation de leur longue et courageuse résistance à sa politique et à son ambition.

Ainsi périt misérablement, plutôt vaincue par ses divisions et ses luttes intestines que par les armes de ses adversaires, cette famille des M'zara qui sut jeter quelque intérêt et un certain lustre sur l'histoire de la cité longtemps gouvernée par elle. Avec sa domination finit l'indépendance de la province de Mombase, sur laquelle, depuis un siècle, la souveraineté des imams n'avait été qu'illusoire; et, du jour où cette ville avec sa forteresse fut aux mains de Saïd, la domination de ce prince s'étendit sans conteste sur toute la côte au nord du cap Delgado. Depuis ce temps-là jusqu'au moment où nous écrivons, Saïd a régné paisiblement sur ses possessions africaines, sans voir se produire contre lui autre chose que de rares et impuissantes protestations.

Dans ce dernier livre, nous ne nous sommes plus occupé de la partie de côte située au sud des États du sultan de Mascate et restée aux mains débiles des Portugais. Si quelque intérêt pouvait s'attacher à l'histoire d'une longue agonie sans gloire, et si, d'ailleurs, tout ce qui se rapporte au Mozambique n'était bien connu ou aisé à connaître pour tous, nous aurions suivi de chute en chute cette lamentable décadence et montré jusqu'où peut tomber un peuple, quelque grande qu'ait été son élévation. Et pourtant, le riche et fertile Mozambique, ce magnifique débris d'un empire colossal miné par l'orgueil et l'avarice, avait de si grands éléments de prospérité, qu'il eût peut-être, si quelque vitalité eût réellement persisté dans la nation portugaise, suffi à lui seul pour la consoler de ses nombreux revers. Mais, ébranlé déjà par les causes générales qui avaient ruiné de fond en comble l'Asie portugaise, l'État de Mozambique reçut le coup mortel le jour où il fut envahi par le honteux fléau de la traite des nègres. Ce déplorable trafic entraîna loin du travail industriel et de la culture des terres un peuple déjà trop enclin aux gains faciles et qui, devant l'or convoité, ne s'inquiétait ni de la pureté des sources où il le puisait, ni des périls cachés sous la satisfaction de son aveugle cupidité. Dès lors, malgré quelques tentatives faites à diverses reprises par le gouvernement central pour développer la richesse agricole de cette colonie, elle n'a plus été qu'un vaste comptoir de marchandise humaine, dont l'activité s'est trouvée réduite aux plus insignifiantes proportions dans ces dernières années, par suite d'une répression plus énergique de la traite.

Aujourd'hui le Mozambique n'est plus qu'un vestige d'État, une sorte de cadavre poussière conservant sa forme grâce à l'immobilité du milieu où il se trouve, et n'attendant plus, pour se dissoudre, qu'un doigt qui veuille le toucher. Et ce qu'il y a de profondément triste dans la situation de cette misérable colonie, c'est qu'après l'avoir comparée aux possessions du sultan de Mascate, on ne sait trop qui porte plus bas son drapeau, du prince musulman et barbare, ou du représentant de l'Europe chrétienne et civilisée.

Qu'adviendra-t-il de ces deux dominations qui se partagent la vaste étendue de côtes que l'Afrique déploie en regard de la mer des Indes? Le Portugal, voyant le Mozambique devenu un sujet de pitié ou de scandale pour les puissances maritimes dont le souffle du progrès enfle les voiles, fera-t-il un effort héroïque pour sauver d'une ruine complète, ou, mieux, pour rappeler à la vie une colonie renfermant tant de germes de force et de richesse, dotée par la nature de tout ce qui pourrait la rendre florissante, et qui, d'ailleurs, est aujourd'hui la plus importante de ses rares possessions d'outre-mer? Ne serait-ce pas trop lui demander, et le tronc conserve-t-il assez de séve encore pour que ses branches rabougries puissent porter de tels fruits? Un avenir prochain nous l'apprendra. Disons seulement, en passant, qu'il existe dans le Mozambique une cause d'annihilation prochaine pour la souveraineté portugaise : c'est la prééminence, non apparente peut-être, mais réelle, de la population maure, couvant de l'œil ses dominateurs aux abois, semblable aux vautours qui planent silencieusement au-dessus d'un animal blessé, et n'attendent, pour se précipiter sur leur proie, que le moment où ils seront protégés par la solitude et le silence; car ce ne sont pas les derniers efforts de la victime qu'ils redoutent, mais la lutte avec d'avides compétiteurs. Les Maures n'ont pas perdu le souvenir de leur antique suprématie; le sentiment de leur force et le spectacle de leurs vainqueurs agonisants leur en font désirer et entrevoir le retour. Le Mozambique appartiendra aux Maures le jour où ceux-ci pourront espérer qu'aucune puissance civilisée n'interviendra dans la lutte. Quant aux États africains du sultan de Mascate, nous exposerons ailleurs nos idées sur leur situation actuelle et l'avenir qu'il est possible de prévoir ou de souhaiter pour eux.

Nous avons maintenant accompli, selon la mesure de nos facultés, la tâche que nous nous étions imposée dans cette première partie de notre ouvrage. Un pareil travail a pu nous paraître long et ardu, mais nous avons tenu à l'achever parce que nous ne le croyons ni hors de propos ni dépourvu d'intérêt. L'histoire d'une contrée qui, au milieu des bruits vagues et incertains de son premier âge, a pu entendre murmurer les noms de Tyr et de Salomon; qui a été associée aux grands mouvements de conquête et de civilisation résumés par les noms d'Alexandre et des Césars; qui a ressenti le contre-coup de l'ébranlement donné au monde par l'avénement de Mahomet; qui a eu son Vasco da Gama comme l'Amérique son Christophe Colomb; qui a vu le flot de ses mers rougi par les luttes gigantesques de l'Orient et de l'Occident; que les enfants du Christ et ceux du Prophète se sont longtemps disputée; l'histoire d'une contrée, enfin, qui, bien que jetée aux extrémités du monde, loin du centre de l'activité humaine, s'est trouvée en rapport avec toutes les grandes nations et mêlée à tous les grands événements, valait la peine qu'on essayât de l'écrire, et mérite, nous le pensons, d'être lue. Que d'autres plus habiles viennent maintenant mettre sur cette ébauche des couleurs dignes du sujet; l'œuvre, dans des conditions plus parfaites, eût été au-dessus de nos forces : c'était assez pour nous de rassembler, de coordonner des notions historiques qui, disséminées jusqu'ici dans un grand nombre d'ouvrages où les érudits seuls peuvent songer à les chercher, restaient, à cause de cet état de dispersion, à peu près inutiles pour faire connaître l'Afrique orientale.

APPENDICE.

Pièce n° 1.

INSCRIPTION DE LA MOSQUÉE DE HHAMEUR-OUINE, ENCORE AUJOURD'HUI AFFECTÉE AU CULTE.

Sur le minaret.

Au nom de Dieu clément et miséricordieux.
On a commencé à bâtir ce minaret dans les premiers jours du mois de m'hharem de l'an 636 de l'ère de l'hégire (1).
Que celui qui a institué cette ère soit l'objet des bénédictions de Dieu. Que Dieu pardonne (ses fautes) à celui qui l'a bâti (ce minaret) et s'est chargé de cela; qu'il pardonne à lui, à son père et à sa mère, et à tous les musulmans.
La toute-puissance appartient à Dieu unique et fort.

Au-dessus de la porte de la mosquée.

O Dieu, tous les actes de ton serviteur Mohhammed-ben-Abd-ach-chedad sont faits à ton intention. Que Dieu fasse grâce à lui, à son père et à sa mère, et à tous les musulmans et musulmanes.

INSCRIPTION DE LA MOSQUÉE RUINÉE
SISE ENTRE HHAMEUR-OUINE ET CHINGANI, LES DEUX PARTIES DE LA VILLE DE MOGUEDCHOU.

Au nom de Dieu clément et miséricordieux.
Fais tes prières pendant le jour, et au commencement et à la fin de la nuit.
Certes, les bonnes actions effacent les mauvaises. En foi de quoi je prierai pour ceux qui prieront pour son maître et

---

(1) Août 1238 de l'ère chrétienne.

possesseur le Hhadji-Mohhammed-ben-Abdallah-Bahh'rani.
A la fin de châaban de l'an 667 (1).

Pièce n° 2.

Au nom de Dieu clément et miséricordieux.
C'est à lui que je demande aide.
Louange à Dieu, maître des deux mondes. Que la prière et le salut soient sur nous, seigneur Mohhammed, le dernier des prophètes.

Or ceci est l'histoire des anciens temps de Mombase et de ce qui s'y est passé entre les Arabes de l'Omân, les Portugais et les Souahhéli qui l'habitaient. Nous avons appris de ceux dont le récit nous inspire de la confiance et sur la parole desquels on peut se fier, que le dernier des cheikhs chiraziens qui gouvernaient les gens de Mombase fut Chahho-M'chahham ou fils de Michhâm, le même qu'on appelait encore Chahho Mou-M'vita. Après, les cheikhs furent pris parmi les Melindi. Les Portugais arrivèrent à Mombase du temps de Chahho-ben-Michhâm et apportèrent des pierres toutes taillées de Reinou (2) à Mombase, dont ils bâtirent la forteresse qui existe encore, et y mirent garnison en soumettant les habi-

(1) Avril 1269 de l'ère chrétienne.
(2) Dans aucune des contrées plus ou moins voisines de Mombase, il n'existe de ville du nom de *Reinou*. Voici, et nous croyons ne pas nous tromper, l'explication toute naturelle de ce mot.
Do reino signifie, en portugais, *du royaume*. Les Portugais employaient sans cesse ces mots. Il arrivait des nouvelles ou des ordres *do reino* (*du royaume*); il venait des navires *do reino*; pour bâtir des citadelles, on envoyait des pierres taillées *do reino*; les indigènes répétaient après eux *do reino*, et peut-être en ont-ils fait une ville : nous disons *peut-être*, car le mot ville n'est pas dans le texte; il y a seulement *de Reinou*, de même que dans les pages qui suivent on trouve *le sultan de Reinou* (le chef du royaume) pour *le roi* ou les agents *du roi de Portugal*. Tel est, selon nous, le sens des mots dont il s'agit. Mais, afin de rendre fidèlement le texte arabe, nous avons préféré les conserver dans notre traduction, qui se trouve ainsi conforme à la traduction anglaise donnée dans le voyage du capitaine Owen, et dans laquelle le passage en question est rendu comme il suit : *And sent stones ready cut from Rainü*. Et plus loin : *The sultan of Rainü*.

tants de Mombase. Les Souahhéli virent alors disparaître leur puissance; l'injustice et la loi du plus fort apparurent après. Ils ne purent cependant supporter cette dure position et formèrent le projet d'aller en Omân, près de l'imam Soultan'-ben-Sif, chef de la famille des Yâreby et de l'Omân. Arrivés près de lui, ils se plaignirent du joug de fer et de l'injustice que les Portugais faisaient peser sur eux, et des mauvaises actions de toutes sortes qu'ils commettaient à Mombase. L'Imam rassembla alors des troupes pour y porter la guerre contre les Portugais, et la leur fit pendant cinq ans, jusqu'à ce qu'il les eût obligés à évacuer le fort. Il en prit alors possession et y laissa pour gouverneur Mohhammed-ben-M'bareuk. Mais les Portugais rassemblèrent à leur tour des troupes, qu'ils conduisirent à Mombase pour y combattre les Arabes; ils les contraignirent de quitter le fort, et l'autorité et le pouvoir retournèrent entre leurs mains. Avec eux reparurent encore la force injuste et les mauvaises actions. Ils soumirent à toutes sortes d'exactions les habitants de la ville, et ils en condamnèrent même à mort pour avoir été en Omân demander des secours à l'Imam. Les Souahhéli ne purent rester plus longtemps dans le pays sous un tel régime, et ils se rassemblèrent en conseil. Dans ce conciliabule, il fut décidé qu'on enverrait vers l'Imam d'Omân; celui-ci s'appelait alors Sif-ben-Soultan' el Yâreby el Amani. Les députés des Mombasiens portèrent de nouveau à ce souverain les plaintes de leurs compatriotes contre les Portugais, et la façon inique dont ceux-ci administraient le pays. L'Imam forma une armée pour aller les combattre. Et il les combattit, et il les vainquit, car Dieu lui prêta son secours; et il les chassa du fort, en y laissant pour gouverneur Naceur-ben-Abdallah el M'zouroui. Or il y avait, dans ce fort, pour garnison, des serviteurs de l'Imam qui se prirent à désirer quelque chose et à se lever contre l'ordre du maître; ils formèrent un conseil et résolurent de garrotter le gouverneur Naceur-ben-Abdallah, et de mettre à sa place leur chef Sécé Rom'bé. Ils mirent, en effet, ce projet à exécution et nommèrent gouverneur Sécé Rom'bé susmentionné, en envoyant prévenir les gens de Mombase de cela. Les Souahhéli leur firent répondre qu'ils ne se soumettraient jamais à un homme qui exerçait une autorité illégitime, et qu'il eût à sortir de la forteresse. La réponse des révoltés fut que, si le soleil et la lune venaient à descendre du ciel, ils descendraient eux aussi du fort. Les Souahhéli leur firent donc la guerre ; leurs chefs étaient, à cette époque, Cheikh, fils d'Ahhmed el Melindi, Màallem-Daou, fils de Mouchati ; Moigni Gouti-ben-Zago, et Moigni Mouli-ben-Hhadji. Sur ces entrefaites, Dieu leur envoya les Portugais. En voici la cause. Un homme de Patta, dit Moigni Ahhmed-ben-Koubaï, avait eu des différends avec le sultan de Patta, Bouana Tamo-M'kouhou. Il se rendit à Mozambique en demandant des Portugais pour aller faire la guerre à Patta ; il en trouva, et ils arrivèrent à Patta avec quatre bâtiments. Dès leur arrivée, Moigni Ahhmed-ben-Koubaï envoya prévenir le sultan qu'il revenait pour le combattre ; ce à quoi le sultan Bouana Tamo-M'kouhou fit répondre : « N'y a-t-il pas moyen de nous réconcilier ? Nous n'avons, après tout, aucun intérêt à porter la guerre dans notre propre pays. » Moigni Ahhmed céda à ces paroles de paix, et la réconciliation eut lieu. « Mais, dit-il au sultan, que ferez-vous des Portugais que j'ai amenés de leur pays pour faire la guerre. » Le sultan lui dit alors : « Les gens de Mombase se battent avec leur gouverneur, et Naceur-ben-Abdallah a été mis aux fers ; envoyons-y les Portugais ; ils conquerront Mombase, et nous les ferons ainsi sortir de chez nous. » Moigni Ahhmed trouva bon ce conseil du sultan, et ce dernier, après avoir rassemblé quelques troupes, partit pour Mombase avec les quatre bâtiments et soixante-dix m'sifia (embarcations de la côte), qui étaient montées par des Badjougne habitant la terre ferme au nord de Patta. A leur arrivée, ils entrèrent du côté de Kilen'dini, et s'entendirent avec les gens de Mombase pour combattre Sécé Rom'bé et le chasser du fort ; puis ils lui envoyèrent une députation pour le sommer d'en sortir et de le livrer aux Portugais. Il en sortit sans combattre, et les Portugais se retrouvèrent encore maîtres des gens de Mombase et possesseurs du fort. Le sultan de Patta prit alors congé d'eux, en leur disant : « Je retourne à Patta, mais vous recommande de faire souffrir les Mombasiens et de les faire travailler comme des nègres. »

Le sultan retourna, en effet, à Patta, et les Portugais suivirent son conseil et firent endurer à la population toutes sortes de maux ; les injustices reparurent et les cheikhs furent forcés au travail, et entre autres Cheikh, fils d'Ahhmed el Melindi ; ils firent un malheureux sort aux musulmans ; ils entraient dans les maisons, en chassaient les propriétaires et violaient ensuite les femmes, à tel point que tous les Mombasiens tombèrent dans un piteux état. Ne pouvant supporter cette situation, ils résolurent de faire la guerre aux Portugais, tinrent conseil, et après allèrent les trouver. « Nous avons entendu dire, avancèrent-ils, que l'imam d'Omân rassemble une armée pour venir vous assiéger ; que pensez-vous faire ? — Et vous, leur fut-il répondu, qu'en dites-vous ? — Nous, dirent les Souahhéli, nous pensons que vous devez distribuer le riz en paille que vous avez aux habitants, afin qu'ils le pilent, et de telle sorte qu'il n'en reste plus dans le fort, et qu'on vous le rende tout blanc et pilé. » Cet avis fut goûté, et tout le riz en paille qui se trouvait dans le fort fut distribué aux habitants de la ville, afin d'être pilé ; il n'en resta que fort peu. Mais les Mombasiens ne rendaient pas le riz, et tout individu qui en avait reçu une quantité quelconque pour le piler le gardait après l'opération faite. Enfin le jour de la fête des Portugais arriva, et tous sortirent du fort, à l'exception d'un très-petit nombre, qui y restèrent. Ils furent entourés par les Souahhéli, qui les égorgèrent, et garrottèrent le fils du sultan (sans doute le fils du gouverneur portugais). La guerre éclata, et les Portugais se trouvèrent bientôt réduits à une fâcheuse position. Alors le fils du sultan envoya vers son père, et lui fit dire : « Fais la paix avec les Mombasiens et rends le fort, sans quoi ils ne me feront pas grâce, et je suis mort. » La paix fut donc conclue entre les deux partis ; on garantit aux Portugais la sûreté de leur personne, et on les transporta à Mozambique avec leurs bâtiments et leurs effets. Mombase resta alors sans gouverneur ; quant aux serviteurs de l'Imam qui avaient garrotté Naceur-ben-Abdallah et nommé à sa place leur chef Sécé Rom'bé, ils avaient été, à l'arrivée des Portugais, emprisonnés et mis aux fers ; mais, plus tard, on leur permit d'aller où bon leur semblerait : toutefois ils envoyèrent leur chef, Sécé Rom'bé, à Mozambique, où il resta jusqu'à sa mort. Pour Naceur-ben-Abdallah, il fut mis en liberté et retourna en Omân. A la suite de ces événements, les gens de Mombase prirent les clefs du fort et y mirent un homme de chaque tribu préposé à la garde de ce qu'il renfermait; puis ils allèrent en Omân trouver l'Imam. Les députés principaux furent Cheikh-ben-Ahhmed el Melendi, Moigni Gouti-ben-Zago, de Kilen'dini; M'chahhali-ben-Dadé, de Chinggani. Toutes les autres tribus de Mombasiens et toutes les villes ouanika envoyèrent aussi un député; ceux des Ouanika furent Magnagnié, de M'taoué; Mamanko, de Tihoui; les autres villes qui envoyèrent furent Rebabé, Cheboubi, Kambé, Kouma, Djébané, Rabayo, Gueriama, Dérouma, M'taoué Chim'ba, Lounggo, Debgou. Ils allèrent tous en Omân trouver l'imam Sif-ben-Soultan' el Yâreby, et l'instruire de leur position actuelle vis-à-vis des Portugais et de la guerre qui avait eu lieu entre eux. L'Imam envoya des troupes sur trois bâtiments nommés Kouberas, Malek, et un troisième dont le nom nous échappe, et nomma Mohhammed-ben-Saïd el Mâamiri pour gouverneur. Toutes les richesses et effets que contenait le fort furent distribués aux habitants, à l'exception de la poudre, du plomb et du cuivre. Ensuite on remplaça d'Omân Mohhammed-ben-Saïd par Salahh-ben-Mohhammed el Hhadeurmi. Ce dernier commit des exactions dans son gouvernement et abusa de son pouvoir envers quelques habitants. Plainte en fut portée à l'Imam, qui leur ordonna de le saisir et de le garrotter, ce qui fut fait; on le garda ainsi quelque temps, puis ensuite, de l'avis de tous, on lui rendit la liberté. Mais, dès qu'il l'eut recouvrée, il se mit à faire la guerre à Cheikh-ben-Ahhmed el Melendi et aux Ouakilen'dini, qui ne purent rester davantage à Mombase, et qui se réfugièrent chez les Ouanika. Les gens de Mombase avaient pris parti pour Salahh contre Cheikh et les Kilen'dini, et Cheikh avait envoyé son fils Moigni Kombo près de l'Imam avant cette guerre, et l'Imam lui avait donné de l'argent et des étoffes en cadeau. Lorsqu'il revint à Mombase, ignorant les hostilités qui existaient, il tomba entre les mains de Salahh avec toutes ses richesses. Dès que Cheikh apprit l'arrivée de son fils et comment il était tombé entre les mains de Salahh, il ne put goûter aucun repos ni attendre plus longtemps pour le voir, et il alla trouver Salahh. Celui-ci le reçut fort bien, lui portant honneur et respect, et lui donnant le droit de commandement et la libre action dans le fort. Mais tout cela n'était que trahison. Dans ce moment, il n'y avait pas d'approvisionnement de bouche dans le fort, et le gouverneur partit pour Pemba afin d'en aller prendre; il intima, en partant, l'ordre verbal de ne laisser sortir Cheikh et son fils du fort, sous aucun prétexte, jusqu'à son retour. Quand il revint, il les fit tous deux mettre à mort. Avant cet événement, Cheikh-ben-Ahhmed et son fils Ahhmed-ben-Cheikh, de concert avec les Kilen'dini, avaient dépêché une armée de Ouanika pour porter la guerre dans le vieux quartier de Mombase, et les habitants de cet endroit furent tués et pillés, à cause de leur entente avec le gouverneur Salahh. Cependant le bruit des méchantes actions de Salahh et de son gouvernement oppresseur arriva jusqu'à l'Imam, qui le fit remplacer par Mohhammed-ben-Osman el M'zouroui; Salahh retourna en Omân. Le nouveau gouverneur envoya des émissaires à Ahhmed-ben-Cheikh et aux Kilen'dini qui étaient réfugiés chez les Ouanika, les engageant à revenir, afin de faire la paix avec lui et pour que le pays rentrât dans l'ordre. Ahhmed et ses partisans arrivèrent en effet, et, s'étant arrangés avec le gouverneur, celui-ci leur fit faire la paix avec les autres habitants du pays, et tout redevint tranquille. Puis l'Imam mourut en Omân, et Ahhmed-ben-Saïd el Bou-Saïdi parvint à le remplacer. Dès que le gouverneur apprit l'avénement au pouvoir de l'imam Ahhmed-ben-Saïd, qui n'était pas de la famille des imams, il se déclara chef de Mombase, sans vouloir reconnaître le pays comme possession de l'Imam, disant : « Avant, l'Imam était mon égal; il s'est emparé de l'Omân, je m'empare de Mombase. » Dès que ces paroles parvinrent à l'Imam, il envoya à Mombase Sîf-ben-Kheleuf, Sîf-ben-Naceur, Sîf-ben-Saïd, Sîf el Bettache et Mâani-ben-Kelit, afin d'assassiner par trahison Mohhammed-ben-Osman. A leur arrivée à Mombase, ils circonvinrent le gouverneur et lui dirent : « Nous nous sommes révoltés contre l'Imam et sommes venus vers vous, désirant être de votre parti, voulant ce que vous voudrez, suivant votre fortune ; nous demandons que vous nous donniez quelque argent, afin de nous rendre à Kiloua et autres points de la côte d'Afrique. Le gouverneur leur accorda ce qu'ils demandaient, et, tandis qu'il préparait leur voyage, ils s'introduisirent un jour auprès de lui et le tuèrent traîtreusement. Ils s'emparèrent aussi de son frère Ali-ben-Osman, de Kheleuf-ben-Qodib et d'Abdallah-ben-Khamis, tous M'zara, de même que de Mohhammed-ben-Khamis el Afifi, et les mirent en prison. Alors, maîtres du gouvernement de Mombase, ils élurent pour gouverneur Sif-ben-Kheleuf. Mais il y avait dans le fort Hhabib-ben-Râcheud-ben-Ali el Djiferi, El-Kheroudi et Hhamid, fils d'Abid el Beloutchi, qui étaient dévoués à Ali. Ces deux individus s'ingénièrent pour faciliter l'évasion des prisonniers, et, ayant attaché une longue pièce de khami allant du haut du fort jusqu'en bas, ils les firent tous descendre par là à l'insu de la garnison. Ils furent reçus par les cheikhs de la ville, et ceux de Kilen'dini, Mouchafi-ben-Mâallem el Hadji, Moigni Gouti-ben-Khamis-ben-Miafé et Ahhmed-ben-Daou, qui les emmenèrent chez les Ouanika, dans le port de M'réra. Les gens de Mombase étaient, à cette époque, du parti du gouverneur Sif-ben-Kheleuf. Il se trouvait dans le port de Kilen'dini un bâtiment anglais dont le capitaine était appelé, par les indigènes, M'zoungo-Kogoù-Gou (1). Il était lié d'amitié avec Ali-ben-Osman et se rendit à M'réra. Il lui conseilla de faire la guerre et dit : « Si vous êtes vainqueur, vous aurez atteint le but de vos désirs ; sinon, je vous prendrai vous et votre suite à mon bord, et vous emmènerai à Bombay ; puis, l'année prochaine, je vous renverrai avec des bâtiments pour faire de nouveau la guerre à Sif-ben-Kheleuf et le chasser du fort. » Le conseil de l'Anglais fut trouvé bon, et il leur ordonna de construire une échelle de la hauteur du fort, ce qui fut fait. Alors les Ouanika formèrent une armée et entrèrent à Mombase de nuit. Ils appliquèrent l'échelle et montèrent tous par là à l'improviste. Ils tuèrent les soldats

(1) Peut-être le blanc *Cook* ou *master Coog*.

du fort et forcèrent Sif-ben-Kheleuf à se réfugier dans un grand magasin bastionné situé à l'intérieur du fort; là il se défendit pendant trois jours, sans qu'on pût s'emparer de lui; après quoi l'Anglais descendit un canon de son bord, l'ajusta en face du magasin, et se mit à tirer jusqu'à ce qu'il en eût démoli un côté. Alors le gouverneur cria grâce et rendit les armes; il fut pris et décapité, et Ali-ben-Osman reconnu gouverneur. Les richesses qui étaient dans le fort furent distribuées aux Mombasiens, à l'exception des armes, de la poudre et du plomb. Ensuite le gouverneur Ali-ben-Osman fit avec les habitants un pacte par lequel il leur accordait divers priviléges, et il agit de même avec les Ouanika. Puis il se prépara à aller faire la guerre à Zanzibar. Il y alla, descendit dans l'île, bloqua les habitants de telle sorte, qu'ils n'avaient presque plus de place. Mais Kheleuf-ben-Qodib fut poussé par le diable à tuer le gouverneur Ali; il s'introduisit près de lui à l'improviste et le frappa d'un coup de poignard dont Ali mourut. Meçaoud-ben-Naceur le remplaça et ramena les troupes à Mombase, où il fut nommé gouverneur, place qu'il occupa jusqu'à sa mort. Le règne d'Ali-ben-Osman fut de huit ans, et celui de Meçaoud de vingt-quatre. Après lui, Abdallah-ben-Mohhammed-ben-Osman el M'zouroui parvint au pouvoir et y resta huit ans, jusqu'à sa mort.

Ahhmed-ben-Mohhammed-ben-Osman el M'zouroui lui succéda. Son règne fut de trente-quatre ans. Après lui, on choisit Abdallah-ben-Ahhmed-ben-Mohhammed-ben-Osman el M'zouroui, qui vécut huit ans dans l'exercice du pouvoir et mourut. Il fut remplacé par Séliman-ben-Ali-ben-Osman el M'zouroui, qui est actuellement gouverneur. Dieu sait mieux que personne ce qui est juste et raisonnable. Or nous avons abrégé cette histoire pour en élaguer les longueurs et la profusion des paroles. Nous prions Dieu qu'il nous donne la meilleure fin lors de notre mort. Amen.

Et cette copie a été faite le 28 de châaban 1239.

Post-scriptum. Lorsque Chahho, fils de Michham, mourut, il n'y eut point, après lui, de cheikh chirazien. Ce furent les cheikhs de Melinde qui lui succédèrent : le premier de ceux-ci fut le sultan Ahhmed; le second, le sultan Mohhammed; le troisième, le sultan Youcouf. Celui-ci avait été élevé parmi les Portugais; il mangeait du porc comme eux, et usait, en général, de tous les aliments qui leur sont habituels. Il commença de régner le samedi 7 de m'hharem, à la 10e heure, en l'an 1040 de l'hégire (23 août 1630). Quand il eut en main le pouvoir, il gouverna très-tyranniquement; il força le peuple à manger de la chair de porc, et il fut méchant et infidèle. Et il était dépendant du sultan de Reinou; mais il y eut entre eux un conflit d'autorité, et il se révolta : de sorte que le sultan de Reinou marcha contre lui et le chassa de la citadelle. Youcouf s'enfuit alors dans l'Yémen, et mourut dans le port de Djedda. Après lui, il n'y eut plus de sultan, mais des cheikhs seulement. Dieu est celui qui sait le mieux.

Pièce n° 3.

INSCRIPTION GRAVÉE AU-DESSUS DE LA PORTE D'ENTRÉE DE LA CITADELLE DE MOMBASE.

« EM 1635, O CAPITAO MOR FRANCISCO DE SEIXAS E CABREIRA O FOI D'ESTA FORTALEZA POR 4 ANNOS SENDO DE IDADE DE 27 ANNOS, E REDIFICOU DE NOVO E FES ESTE CORPO DE GUARDA. E REDUZIO A S. MG^E A COSTA DE MELINDE ACHANDOA ALEVANTADA PELO REI TIRANO E FES LHE TRIBUTARIOS OS RES DE OTONDO, MANDRA, LUZIVA E JACA; E DEU PESOALMENTE A PATE E SIO HUM CASTIGO NÃO ESPERADO NA INDIA ATHE ARAZARLHE OS MUROS; APENOU OS MUZUNGULOS, CASTIGOU PEMBA E OS POVOS REBELDES, MATANDO A SUA CUSTA OS REGEDORES ALEVANTADOS E TODOS MAIS DE FAMA; E FES PAGAR AS PARIAS TODOS AVIÃO NEGADAS A SUA MG^E —. POR TAIS SERVIÇOS O FES FIDALGO DE SUA CAZA TENDOO JA DESPACHADO POR OTROS TAIS COM O ABITO DO CHRISTO COM MIL RES DE TENÇA E 6 ANNOS DE GOVERNO DE JAFAMPATÃO, E 4 DE BILIGAO COM A FACULDADE DE PODER NOMEAR TUDO EM SUA VIDA E MORTE. SENDO V. REY. P^O DA SILVA. ERA D. 1639. »

Traduction française.

En 1635, le capitaine Major Francisco de Seixas et Cabreira

fut capitaine de la forteresse pour quatre années, étant âgé de vingt-sept ans ; il la réédifia et construisit ce corps de garde. Il soumit de nouveau à Sa Majesté la côte de Melinde, qu'il avait trouvée soulevée en faveur du tyran, et il fit tributaires les rois d'Otondo, Mandra, Luziva et Jaca ; il infligea personnellement à Paté et à Sio (1) un châtiment inespéré dans l'Inde, jusqu'à raser leurs murailles ; il punit les *Mouzougoulos*, châtia Pemba et les peuples rebelles, faisant mettre à mort, sous sa propre responsabilité, les rois soulevés et tous les principaux chefs ; il fit payer enfin les tributs que tous avaient refusés à Sa Majesté. Pour tous ces services, elle le fit gentilhomme de sa maison, l'ayant déjà récompensé, pour des services antérieurs, par la décoration de l'ordre du Christ, avec 50,000 reis de pension, six années de gouvernement de Jafampatan et quatre de celui de Béligan, avec la faculté de pouvoir nommer à tous les emplois sa vie durant.

Pedro da Silva étant vice-roi. Année 1639 de l'ère du Seigneur.

Pièce n° 4.

ÉPITAPHES DES TOMBEAUX
DE QUELQUES-UNS DES GOUVERNEURS M'ZARA DE MOMBASE, AUXQUELLES IL EST FAIT ALLUSION DANS LE LIVRE V.

Au nom de Dieu clément et miséricordieux.

J'atteste qu'il n'y a de Dieu qu'Allah, et que Mohhammed est son prophète ; qu'il le couvre de bénédictions et le sauve. Ceci est le tombeau du cheikh Mohhammed-ben-Osman-ben-Abdallah el M'zouroui. Allah ! jette un voile sur ses fautes comme sur celles de son père et de sa mère, et celles de tous les musulmans 1159 (2).

8642. (Nombre cabalistique pour conjurer le mal et préserver le tombeau.)

(1) Patta et Sihoui.
(2) 1746 de J. C.

J'atteste qu'il n'y a de Dieu qu'Allah, et que Mohhammed est son prophète; qu'il le couvre de bénédictions et le sauve. Ceci est le tombeau du cheikh très-illustre le gouverneur feu Abdallah-ben-Mohhammed-ben-Osman-ben-Abdallah-ben-Mohhammed-ben-Abdallah-ben-Kehelan' el M'zouroui, mort le mercredi 12 du mois de m'harrem de l'an 1197 (1) de l'hégire. Que le salut et les prières les meilleures soient sur eux, qui ont fui dans ce temps (mots illisibles). Jette un voile sur ceux qui ont rallié et embrassé ta cause, et compris les châtiments de ton feu ardent. O notre maître, fais-les entrer dans ces jardins, édens que tu as promis à ceux qui auront fait de bonnes actions et se seront bien conduits, car tu es l'être cher et juste par excellence.

J'atteste qu'il n'y a de Dieu qu'Allah, et que Mohhammed est son prophète; que Dieu le couvre de bénédictions et le sauve. Ceci est le tombeau du puissant, du gouverneur Ahhmed-ben-Mohhammed-ben-Osman el M'zouroui. Il mourut dans la nuit du vendredi 23 de rebi second de l'an 1229 (2). Allah! jette un voile sur ses fautes, et que ta miséricorde lui pardonne. Allah! fais-le, par un effet de ta miséricorde, habiter largement dans tes jardins durables et pleins de délices, ô toi le plus miséricordieux des miséricordieux.

J'atteste qu'il n'y a de Dieu qu'Allah, et que Mohhammed est son prophète; qu'il le couvre de bénédictions et le sauve. Ceci est le tombeau du cheikh gouverneur Abdallah, fils du gouverneur Ahhmed-ben-Mohhammed-ben-Osman el M'zouroui. Allah! jette un voile sur ses fautes, celle de son père et de sa mère, de tous les musulmans et musulmanes, vrais et vraies croyants, tant ceux qui sont vivants que ceux qui sont morts. Que ce soit un effet de ta miséricorde, ô le plus miséricordieux des miséricordieux. Il est mort le dimanche 12 du mois de ramazan de l'an 1238 (3).

(1) 18 décembre 1782.
(2) Le jeudi 14 avril 1814.
(3) Le lundi 12 mai 1823.

ERRATA.

Page 76, ligne 21, au lieu de : Il prouve *encore*, de plus, que, si les navires,
lisez : Il prouve de plus, que si les navires.
Page 96, ligne 4, au lieu de : calculer, *très-approximativement*,
lisez : calculer *presque exactement*.
Page 101, note 2, au lieu de : Chapitre XVI,
lisez : Chapitre XV.
Page 103, note 1, au lieu de : Chapitre XVI,
lisez : Chapitre XX.
Page 129, ligne 7, au lieu de : la copie *de* texte,
lisez : la copie *du* texte.
Page 160, ligne 21, au lieu de : Alméyda,
lisez : Almeïda.
Page 160, ligne 23, au lieu de : Hhoucin,
lisez : Hhoucein.
Page 181, ligne 32 de la note et partout où le mot Capral se trouve, au lieu de : Pedro Alvarez Ca*p*ral,
lisez : Pedro Alvare*s* Ca*b*ral.
Page 181, ligne 32, au lieu de : Jo*ã*n de Nova,
lisez : J*uan* de Nova.
Page 181, ligne 33, au lieu de : Vasco *de* Gama,
lisez : Vasco *da* Gama.
Page 182, ligne 9, au lieu de : *ou* l'époque,
lisez : *ni à* l'époque.
Page 195, ligne 11, au lieu de : Die*g*o Fernande*z* Pereira,
lisez : Dio*g*o Fernande*s* Pereira.
Page 213, note 2, ligne 9, au lieu de : côtoyaie,
lisez : côtoyaien*t*.
Page 213, note 2, ligne 10, au lieu de : sur ses bords *ou* même,
lisez : sur ses bords *et* même.
Page 263, ligne pénultième de la note (**), au lieu de : bananier, coffo;
lisez : bananier coffo.
Page 302, ligne 12, au lieu de : a dit*e*,
lisez : a dit.

Page 380, ligne 28, au lieu de : *se prirent* en pitié,
         lisez :   *furent pris* en pitié.
Page 381, lignes 17 et 18, au lieu de : soutenir *avec les princes dépossédés ou tyrannisés des divers royaumes de l'Inde,*
         lisez :   soutenir *contre les divers souverains de l'Inde tyrannisés ou dépossédés par eux.*
Page 392, ligne 11 de la note, au lieu de : s'y jette,
         lisez :   *qui* s'y jette.
Page 421, ligne 12, au lieu de : sur instances,
         lisez :   sur *les* instances.
Page 444, ligne pénultième, au lieu de : avaient forme,
         lisez :   avaient *la* forme.
Page 452, ligne 19, au lieu de : 21° de latitude,
         lisez :   20° 10' de latitude.
Page 469, ligne 4, au lieu de : peuplés de Maures, *pour toute redevance ayant la charge de nourrir,*
         lisez :   peuplés de Maures *obligés de nourrir, à titre de redevance.*
Page 480, ligne 2 de la note, au lieu de : Le Hhadji Khalfan,
         lisez :   Le Hhadji Khalfa.

TABLE DES MATIÈRES

CONTENUES DANS LA PREMIÈRE PARTIE.

Pages.

DÉDICACE... v
PRÉFACE.. ix

LIVRE Iᵉʳ.

PÉRIODE ANTÉ-HISTORIQUE.

Les Arabes, les Hébreux et les Phéniciens à la côte orientale d'Afrique.. 1

LIVRE II.

PÉRIODE GRÉCO-ROMAINE.

Relations des navigateurs grecs et romains avec la côte orientale d'Afrique.. 63

LIVRE III.

PÉRIODE MUSULMANE.

Les Arabes fondent de petits États indépendants à la côte orientale d'Afrique.. 155

LIVRE IV.

PÉRIODE PORTUGAISE.

Les Portugais établissent leur domination à la côte orientale d'Afrique.. 305

LIVRE V.

PÉRIODE OMÂNIENNE.

Pages.

Les Arabes d'Omân substituent leur domination à celle des Portugais sur la côte comprise entre les caps Delgado et Guardafui. 473

APPENDICE. 613
ERRATA. 625

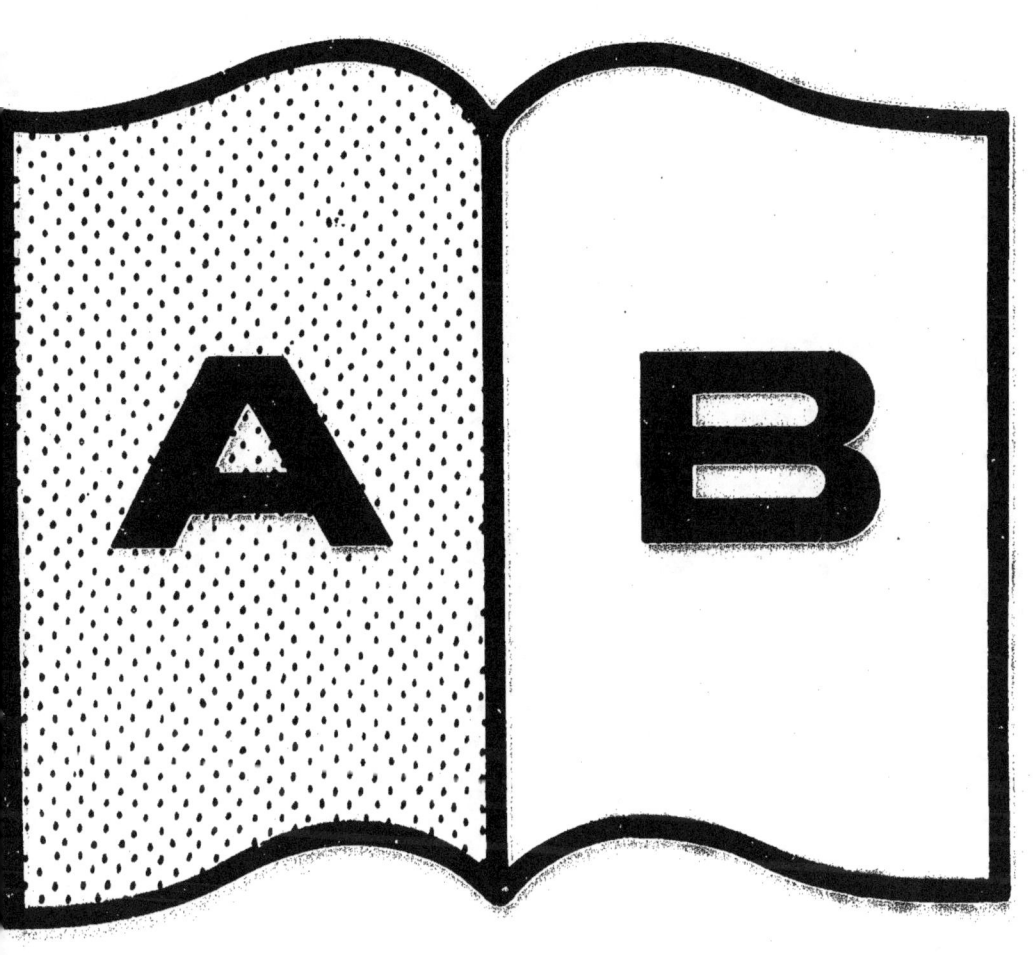

Contraste insuffisant

NF Z 43-120-14

www.ingramcontent.com/pod-product-compliance
Lightning Source LLC
Chambersburg PA
CBHW050318240426
43673CB00042B/1458